Aequator
TERRA
AVS
TRALIS
Circulus Antarcticus

図説 世界文化地理大百科

ルネサンス

Project manager Peter Furtado
Editor Chris Murray
Art editor Adrian Hodgkins
Picture editor Linda Proud
Cartographic manager Olive Pearson
Cartographic editor Sarah Phibbs
Index Ann Barrett
Production Clive Sparling
Typesetting Brian Blackmore,
Niki Moores
Advisory editor Nicholas Mann

AN ANDROMEDA BOOK

Planned and produced by Andromeda
Oxford Limited
9–15 The Vineyard
Abingdon
Oxfordshire, England OX14 3PX

図説 世界文化地理大百科

ルネサンス

Cultural Atlas of the RENAISSANCE

C.F.ブラック／マーク・グリーングラス
デヴィド・ハワース／ジェレミー・ローランス
リチャード・マッケニー
マーティン・ラディ／イーヴリン・ウェルチ
著

樺山紘一
監修

徳橋　曜／野口昌夫／石川　清
末永　航／加藤京子／久野裕子
貫井一美
訳

朝倉書店

目　次

8 年　表
11 序

第1部　ルネサンスの故郷

14 ルネサンスとは何か？
28 初期イタリア・ルネサンス
48 古典期ルネサンス
76 盛期ルネサンス

第2部　ルネサンスと広がる世界

108 イタリア，ヴェネツィア，そしてルネサンスの伝播
136 ドイツとネーデルランド
164 フランス
184 スペインとポルトガル
204 イングランドとスコットランド

225 執筆者リスト
226 図版リスト
229 参考文献
230 監修者のことば
231 地名索引
237 索　引

トピックス

18 象徴表現とアレゴリー
26 古代の発見
32 パラッツォ・プッブリコ，シエナ
42 ダンテと神曲
44 祭壇画
46 ジョットとアレーナ礼拝堂
52 書物の探求者
54 メディチ家のパトロネージ
69 ブルネレスキ：パースペクティヴ
70 ブルネレスキ：プロポーション
72 ウルビーノ：理想都市
74 1490 年のフィレンツェ
86 システィナ礼拝堂の天井画
92 ローマ再建
100 パラディオと新しい古典様式の建築
102 レオナルドと限りない自然の産物
104 学識ある女性
116 印刷業者と出版業者
120 ヴェネツィアの造船所
128 ルネサンス音楽
132 占星術と天文学
134 オスマン帝国
144 錬金術と薔薇十字団
148 マルティン・ルター
158 ファン・エイク：ヘントの祭壇画
160 ドイツの木彫
162 北方の視覚
168 シャンボール城
180 フランソワ 1 世の王室コレクション
182 宮廷の催し
194 新しい学問と異端審問
196 フェリペ 2 世
200 エル・エスコリアル修道院兼宮殿
202 プラテレスコ様式の建築
208 ハンプトン・コート
216 ミニアチュールの肖像画
218 イングランドの劇場
222 新しいカレッジ

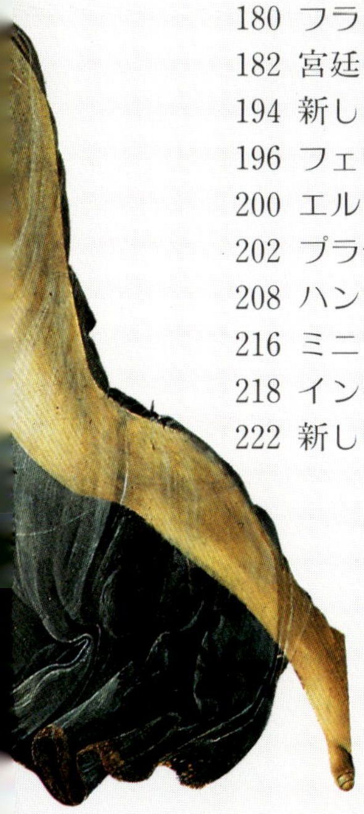

地図リスト

11 1993 年のヨーロッパ
15 イタリアの芸術活動の中心地
16 中世の西方キリスト教世界
23 中世末期のイタリア人の商業活動とヨーロッパ経済
28 14 世紀初頭のイタリア
34 1300 年頃のイタリアの文化的中心地
41 ペトラルカの旅
49 フィレンツェの人文主義者，1375—1460 年
52 古典手稿の再発見
56 ヴェネツィア，フィレンツェ，ミラノの拡大
58 15 世紀のイタリア
66 15 世紀イタリア文化の中心地
77 イタリア戦争
79 イタリア戦争終結後のイタリア
82 レオナルド・ダ・ヴィンチの旅
91 パラディオの建築
94 チェリーニの旅
95 16 世紀のイタリアの文化中心
108 ヨーロッパの交易，1500 年頃
110 ヨーロッパの学問の中心
112 文化の中心としてのヴェネツィア
115 15 世紀から 17 世紀にかけての絵画の中心地
119 分割されたヨーロッパ，1560 年頃
122 イベリア諸国の探検
125 北方探検，1390—1570 年
138 北方ヨーロッパの交易路
140 神聖ローマ帝国：印刷と教育
142 コンラート・ツェルティスの旅
146 エラスムスの旅
154 16 世紀の宗教の変転
165 フランスの領土拡大，1453—1559 年
167 ヴァロワ朝ルネサンス
170 フランス・ルネサンスの城館
177 フランスの宗教戦争
184 15 世紀イベリア半島の王国分布図
186 地中海におけるスペインの領土拡大
189 16 世紀のイベリア半島における宗教と文化の中心となった都市
207 1461—1509 年のイギリスにおける政治的不安定
212 イギリス・ルネサンスの主要建築

年　　表

キリスト頭部，ジョット

イングランド王ヘンリー7世

聖マタイ，リーメンシュナイダー

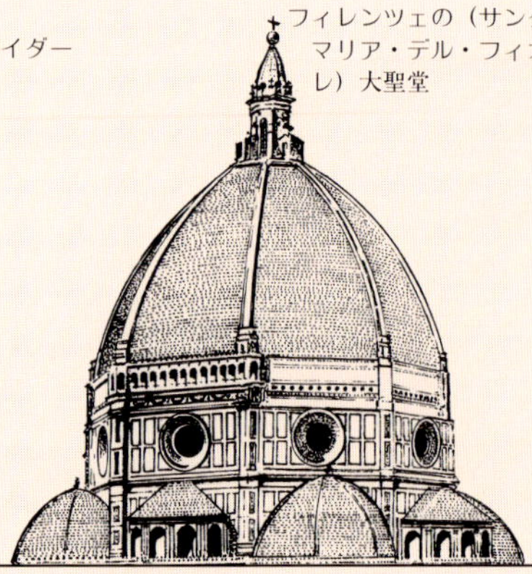

フィレンツェの（サンタ・マリア・デル・フィオーレ）大聖堂

	1300		1400		
イタリア	1302−10年　ジョヴァンニ・ピサーノ，ピサ大聖堂の説教壇 1305−6年　ジョット，パドヴァのアレーナ（スクロヴェーニ）礼拝堂（フレスコ画） 1314−21年　ダンテ『神曲』 1333年　マルティーニ「受胎告知」 1339年　ロレンツェッティ「善政と悪政」	1342−43年　ペトラルカ『我が秘密』 1348−53年　ボッカッチョ『デカメロン』	1404年　ブルーニ『フィレンツェ史』執筆開始 1416−20年　ドナテッロ「聖ゲオルギウス」 1425年　マサッチオ「聖三位一体」 1400年頃　フラ・アンジェリコ「受胎告知」 1440年　ヴァラ『コンスタンティヌスの寄進状（の虚偽について）』	1452−66年　ピエロ・デラ・フランチェスカ「聖十字架の賞揚（アレッツォ）」連作 1456頃−7年　ボッティチェリ「プリマヴェーラ（春）」 1469−74年　フィチーノ『プラトン神学』 1474年　マンテーニャ，カメラ・デリ・スポージ（マントヴァ）のフレスコ画 1485年頃　ジョヴァンニ・ベリーニ「法悦の聖フランチェスコ」	1486年　ポリツィアーノ『雑録』 1490−95年　カルパッチョ「聖ウルスラ伝」
ドイツおよびネーデルランド	1370年代　「新たな信仰」宗派の形成 1395−1403年　スリューテル「モーセの井戸」		1430年代　ファン・デル・ヴァイデン「キリストの十字架降下」 1432年　ファン・エイク「ヘントの祭壇画」	1455年　ウワーテル「ラザロの蘇生」 1476年　ファン・デル・フース「ポルティナーリの祭壇画」	1494年　ブラント『愚者の船』
フランス			1400年　フロワサール『年代記』完成 1413年頃　ランブール兄弟「ベリー公のいとも豪華なる時禱書」	1450年頃　フーケ「聖母子」 1461年　ヴィヨン『遺言書』	
スペインおよびポルトガル			1420年代　『アエネイス』初のスペイン語翻訳完成	1444年　メナ『運命の迷路』 1465年頃　ゴンサルベス「聖ビセンテ衝立画」	1481年　ネブリハ『ラテン語入門』 1499年　ロハス『ラ・セレスティーナ』
イングランドおよびスコットランド	1387年頃　チョーサー『カンタベリー物語』 1395−9年　「ウィルトン祭壇画」			1476年　カクストン，ロンドンで印刷業を開始 1490年代　グロシン，オクスフォードでギリシア語を講義	1496年　コレット，オクスフォードで聖書を講義
歴史的背景	1309−1377年　教皇のアヴィニョン捕囚 1337年　百年戦争始まる 1347年　ペスト大流行 1353年　オスマン帝国侵攻開始 1378年　教会大分裂開始 1385年　ジャン・ガレアッツォ，北イタリアのヴィスコンティ領を合併		1431年　ジャンヌ・ダルク火刑 1434年　コジモ・デ・メディチ，フィレンツェに戻る 1453年　百年戦争，イングランドの敗北で終わる 1453年　コンスタンティノープル，オスマン帝国に占領される 1454年　グーテンベルク，可動活字使用 1454年　ロディの和	1455−85年　イングランド，薔薇戦争 1458−64年　教皇ピウス2世 1469年　ロレンツォ・デ・メディチ，フィレンツェの政権を握る 1471−81年　教皇シクストゥス4世 1479年　スペイン宗教裁判所設立 1492年　コロンブス，新大陸到達	1492年　フェルナンド2世とイサベル1世，ムーア人をスペインから追放 1494年　スペインとポルトガル，新世界を分割する 1494年　イタリア戦争始まる 1498年　サヴォナローラ火刑

1500　1600

ジャン・カルヴァン

神聖ローマ帝国
皇帝カール5世

ヴェネツィア，「ロジェッタ」1540年頃

1502年　アリオスト『狂乱のオルランド』執筆開始 1505年　レオナルド・ダ・ヴィンチ「モナ・リザ」 1506年　ブラマンテ　サン・ピエトロ寺院建設に着手 1508−12年　ミケランジェロ，システィナ礼拝堂天井画 1510−11年　ラファエロ「アテネの学堂」 1513年　マキャヴェリ『君主論』	1528年　カスティリオーネ『宮廷人』 1537年　サンソヴィーノ，ヴェネツィア（マルチァーノ）図書館の建築開始 1538年　ティツィアーノ「ウルビーノのヴィーナス」	1545−54年　チェリーニ「ペルセウス」 1546年　ブロンジーノ「ウェヌス，クピド，愚行，そして時」 1560年代　パラディオ「ヴィラ・ロトンダ」	1573年　ヴェロネーゼ「レヴィ家の祝餐」 1575−9年　バロッチ「マドンナ・デル・ポーポロ」	1594年　ティントレット「最後の晩餐」	1600年　カラヴァッジオ「聖マタイ伝」
1505年頃　ボス「快楽の園」 1505年頃−10年　リーメンシュナイダー「聖パウロ」 1511年　エラスムス『痴愚神礼賛』	1510年頃−15年　グリューネヴァルト「イーゼンハイム祭壇画」 1513−14年　デューラー「騎士と死と悪魔」	1517年　ロイヒリン『カバラの術』 1525年　アルトドルファー「龍と戦う聖ゲオルギウス」	1530年　クラナハ「パリスの審判」 1558年頃　ブリューゲル「イカロスの墜落のある風景」	1584年　リプシウス『不動心について』	
1508年　ビュデ『ユスティニアヌス法典注釈』 1509年　ルフェーヴル『五欄対訳詩篇』 1519年　シャンボール城建設開始	1528年頃　ジャン・クルーエ「フランソワ1世」 1530年代　ロッソとプリマティッチオ，フォンテヌブローの仕事に携わる 1532年　ラブレー『パンタグリュエル』	1536年　カルヴァン『キリスト教綱要』 1552年　ロンサール『恋愛詩集』	1558年　マルグリット・ド・ナヴァール『エプタメロン』 1570年頃　カロン「戦争の勝利」	1580年　モンテーニュ『エセー』	1603年　ド・トゥー『同時代史』
1508年　モンタルボ『アマディス・デ・ガウラ』 1514−17年　『コンプルテンセの多言語聖書』 1534年　ハエン大聖堂	1563−84年　エル・エスコリアル修道院兼宮殿 1572年　カモンイス『ルシタニアの人々』	1586−88年　エル・グレコ「オルガス伯爵の埋葬」			1605−15年　セルバンテス『ドン・キホーテ』
1512−18年　トリジアーノ，ヘンリー7世の墓所を制作 1516年　モア『ユートピア』 1518年　リナカー，王立医師学校設立	1527年　ホルバイン「ニコラウス・クラッツァー」 1531年　エリオット『為政者論』 1566年　ダンバー『アザミとバラ』	1588年頃　ヒリヤード「無名の青年像」 1590年　スペンサー『妖精女王』 1590年　シドニー『アルカディア』	1597年　ダウランド「イングランドの旋律の初巻」 1599年　ジェイムズ6世『王の賜物』		1601年頃　シェイクスピア『ハムレット』 1616年　ジョーンズ，グリニッジ「クイーンズ・ハウス」
1503−13年　教皇ユリウス2世 1513年　フロドゥンの戦い 1513−21年　教皇レオ10世 1515−47年　フランソワ1世（フランス） 1517年　ルター「95ヵ条の論題」 1519−56年　皇帝カール5世	1519−22年　マゼラン世界周航 1527年　ローマの掠奪 1558−1603年　エリザベス1世（イングランド） 1569年　メルカトル，初の広域世界地図制作	1572年　聖バルテルミ祭の大虐殺 1587年　スコットランドの女王メアリ処刑 1588年　スペイン無敵艦隊，イングランドに敗北			1600年　東インド会社設立 1605年　ベーコン『学問の進歩』 1610年　ガリレイ，望遠鏡で月面の山を観測

国境
首都
主要都市
山頂(m)
2000 m
1000 m
500 m
0 m
縮尺 1：11 000 000
400 km
300 mi
シェトランド諸島
オークニー諸島
ノルウェー
オスロ
ストックホルム
ヴェーネン湖
ヴェッテン湖
スウェーデン
ゴットランド島
バルト海
デンマーク
コペンハーゲン
ボーンホルム島
北海
ベン・ネヴィス山
1343
グラスゴー
アイルランド
ダブリン
連合王国
（イギリス）
バーミンガム
ロンドン
テムズ川
大西洋
イギリス海峡
チャンネル諸島
オランダ
アムステルダム
ロッテルダム
ハンブルク
エルベ川
ベルリン
ヴィスワ川
ヴァルタ川
ポーランド
ハルツ山地
ライプツィヒ
ブリュッセル
ベルギー
リール
ケルン
ボン
アルデンヌ高地
ドイツ
フランクフルト
ルクセンブルク
プラハ
チェコ共和国
クラクフ
パリ
セーヌ川
マルヌ川
フランス
ロワール川
シュヴァルツヴァルト
ヴォージュ山脈
ミュンヘン
ドナウ川
ウィーン
ブラティスラヴァ
スロヴァキア
オーストリア
ボーデン湖
チューリヒ
ベルン
リヒテンシュタイン
グロース・グロックナー山
3798
ブダペスト
ハンガリー
スイス
アルプス山脈
ドロミティ・アルプス
リュブリャナ
スロヴェニア
ザグレブ
クロアティア
ボスニア・ヘルツェゴヴィナ
サライェヴォ
ピュイ・ド・サンシー山
1886
中央高地
リヨン
モンブラン
4807
ミラノ
ポー川
ビスケー湾
ガロンヌ川
ドルドーニュ川
ローヌ川
マリティーム・アルプス
マルセイユ
モナコ
リグリア海
サン・マリノ
カンタブリカ山脈
ピレネー山脈
アンドラ
リヨン湾
オポルト
ドーロ川
エブロ川
バルセロナ
ポルトガル
マドリード
タホ川
リスボン
グアディアナ川
スペイン
バレンシア
シエラ・モレナ山脈
グアダルキビル川
シエラ・ネバダ山脈
ムラセン山
3482
バレアレス諸島
コルシカ島
サルデーニャ島
ティレニア海
アペニン山脈
ローマ
イタリア
ナポリ
ヴェズヴィオ山
1277
アドリア海
イオニア海
パレルモ
シチリア島
エトナ山
3390
アルジェ
チュニス
沿岸アトラス山脈
アルジェリア
チュニジア
モロッコ
ラバト
カサブランカ
中アトラス山脈
オート・プラトー
サハラ・アトラス山脈
マルタ島
地中海

1993年のヨーロッパ
ルネサンスの位置と広がりを決定するうえで，地理は重要な役割を果たす．もっとも，当初，ルネサンスは地中海地域の商業都市に集中しており，ようやく後になって，アルプス以北に広まった．しかし一方，まさに実際の意味において，ルネサンスもヨーロッパの地理を決定づけた．この時代は偉大な発見と地図作製の時代だった．文字どおりヨーロッパを「地図の上に」載せたのである．そして，同じく大事なのは，ヨーロッパで最も長続きしている民族国家のいくつかが強国となるのに，ルネサンスの思想が決定的に重要だったということである．イングランドとフランスとスペインがここに含まれる．ドイツとイタリアは，19世紀末まで政治的に統一されなかったが，そのドイツとイタリアさえも，ルネサンス期に決定的な民族意識をもつに至ったのである．

序

過去を区分し，記述するのに歴史家の使う重要な用語は数あるが，その中で「ルネサンス」はおそらく最も強力で，最もいろいろなイメージを含むものだろう．というのも，再生という概念が，ある文明に適用されるならば，その文明はそれ以前に一度死んでおり，かつ将来的に成長するという二つの意味がその概念に含まれるからである．この概念の中には，異教の過去に依存しているという意識も含まれるし，根強いキリスト教的神話に従って，より良き生活がいずれやってくることも約束されている．いまや近代世界の始まりは，単なる一つの文明の再生(ルネサンス)としてではなく――それならほかにもいくつもあったから――歴史上唯一の「ルネサンス」として性格づけられるべきなのである．このことは，人間社会に自己改善の潜在能力が永遠にあることを証明するとともに，後世が過去に対して，はなはだしい，おそらく過度の楽観主義を抱いていることを証明している．

しかし，19世紀初頭に至るまで，英語でこの言葉そのものが使われることはなかったにせよ，ルネサンスなるものは純粋に近代の歴史家の発明ではない．すでに14，15世紀のイタリア人は，自分たちの社会の，なかんずく彼らの文化の変化に目ざとく気づいていたのである．彼らはそれをしきりに奨励しようとした．過去の価値観が日の当たる場所へ戻ってきた，あるいは生き返ったと考えたのだった．実際，彼ら自身，何かが再び生まれつつあると信じていた．同時に，自分たちの進歩を宣言しようと決意した結果，彼らはだんだんと，あの「中世」という否定的な用語でくくって過去を見るようになった．近代歴史学のもう一つの基礎概念に先んじたものである．そして，その「中世」とは，彼ら自身の時代と輝かしい古典古代の間に横たわる，おそらく千年ほど続いた未開の時代（もちろん実際はそうではなかった）だった．

1992年に祝われた500周年記念――コロンブスの航海500周年とロレンツォ・デ・メディチ没後500年――では，ルネサンスの二つの独特な局面に注意が向けられる傾向があった．すなわち，一つは既知の世界の探究と拡大，一つは，政治を動かす人間としてのみならずパトロンとしての，あるいは少なくとも文化的活動の中心的存在としての，強力な政治家の役割である．しかし，広がっていく地平は必ずしも海の向こうに新しく素晴しいルネサンス世界ができる前兆ではなかったし，すべての独裁的支配者が芸術と科学のパトロンであったわけでもなかった．実際，15世紀のフィレンツェは，建築・美術・哲学・文学の新たな発展の輝かしい中心ではあったが，忘れてはならないのは，フィレンツェが唯一の中心ではなかったこと，そして進歩がある意味では退歩の産物であったことである．新時代のジレンマは，12 世紀の一人の古典学者によってすでに見越されていた．自分の立場を巨人の肩に乗った小人になぞらえた，あの人物〔シャルトルのベルナルドゥス〕である．小人は過去の偉業のおかげで高みに登り，先達よりも遠くまで見通すことさえできる．14 世紀から 15 世紀の人文主義者も，過去にあったものすべてをどのように知り，どのようにその恩恵を得るか，さらにはどのように真の進歩を遂げるか，という問題に取り組んでいた．ここでの巨人とは，もちろん古典古代だった．

古代の再生がまずイタリアで起こったのなら，それは当然，当時のイタリアの特別な政治構造に負うところがあった．つまり多数の自治都市国家（コムーネ）の存在である．これらの都市国家は小規模にまとまっていて，市民としてのプライドが強く意識されていた．それが共和制ローマとの比較を促し，その価値観，儀礼，美術，建築，文学，言語が新しい文脈でまねられた．それは疑いもなく，たとえば，古代のテキストやモニュメントを再発見し，復元しようとしていた個々の学者や教師の努力のおかげでもあったし，日常の業務の中で古典の修辞法を参考にし，ローマ法の原則を 14 世紀の現実に適用するべく注釈をつけていた法律家にも負うところがあった．15 世紀の半ばまでに，イタリアの文化の至るところに古代世界の影響の痕跡が見出されるはずである．単に美術上・文学上の模倣という形態をとったばかりでなく，社会・政治生活のほとんどすべての局面に，古代の哲学と道徳的価値観がインパクトを与えた．ヴェネツィアもパドヴァも，ミラノもボローニャも，シエナもローマもどこもかしこもが，この特筆すべき革新にそれぞれ独自の役割を果たしたのだった．

しかし同時に，西欧世界の経済・社会構造と政治的権力のバランスが根底から変化したために，イタリアで生じつつあったことが，純粋にイタリア固有の現象にとどまらないのは明らかだった．貿易の拡大は，特に海上商業をなりわいとする富裕な都市国家，ジェノヴァとヴェネツィアによって主導されていたが，こうして拡大する貿易が，思想や様式を確実に普及させた．また書籍取引は，教会の会議のような外交上の大きな集まりによって促進され，また 1460 年代にドイツから新しい印刷術が導入されたことによってはずみがついて，急速に国際的になった．書物の内容もそうだった．たとえばソネットだが，その最初の偉大な代表的人物はペトラルカだった．だが 2 世紀を経る間に，これが汎ヨーロッパ的なジャンルとなることになった．美術家や建築家は，依頼に応じて出身地を遠く離れて旅をし，そこで仕事をした．学者や知識人は，パトロンのために外交上の使命を帯びていた．新しい学校と大学が設立されたおかげで，学生たちはだんだんと広い範囲を動き回るようになり，国際的になっていった．その移動性・国際性は，われわれが今日出会う以上に大きなものだった．さらに，1453 年にコンスタンティノープルがトルコの手に落ちたことで，ギリシア人の学者たちが西欧へ脱出することになった．この脱出は西欧にとって重要だった．古典期のアテナイとビザンツの文化のうちで残っていたものの多くを，彼らはたずさえてきたのである．

隣接する北方の国々との接触，またアラゴン朝のナポリ王国を通じたスペインとの接触によって，われわれが今日ルネサンスと結びつけて考えている特徴の多くが，一様にではないにせよ確実に，ヨーロッパの他の地域へ急速に広がり，ときには国によって全く異なる形態をとりながら，地域文化の中へ徐々に入り込んだ．こうして 15，16 世紀には，ルネサンスはいろいろと分化したものを含むようになり，ローマ・カトリックとドイツの宗教改革，パラディオ様式のヴィラとハンプトン・コート，ロンサールとセルバンテス，ミケランジェロとデューラーというように，その差異は大きかった．イングランドのルネサンス――一つだけ例をあげるなら――は，イタリアでのルネサンス文化の発展の文脈で理解される必要があり，しかも同時に，手本となったと認められるイタリアの文物のどれとも完全に異なる，独自の性格を明らかに示している．

したがって今日では，ルネサンスを概括的にまとめて考えるアプローチは，ほとんど不可能である．われわれは多くを知りすぎており，多様性に気づきすぎている．しかしもし，細部に目を奪われて，この新しい文化の豊かさと興奮を見失ってしまうことがないのなら，今も変わりつつある各地の国境に従ったおおまかな区分は，まだ有効である．もっとも，文化のほうはこの区分を超越した．文化の変容が広まっていくうえで，旅行や探検や通商が果たす役割を理解するためには，ある一つの地方や国に特有のものを観察できなければならないが，その一方で，そこと他の地域との間で，人々や思想が絶え間なく流動していることを意識しておかなければならない．これらの動きと，個々の政治的ないし地理的領域の範囲内で生じている不断の変動とを地図に表せば，解釈を視覚的に助けてくれる．ますます視覚に頼る時代となっている現在では，それは重要である．さもなければ，これらは一連の抽象概念になってしまうはずである．

ルネサンスの多様な様相は，図で説明する必要がある．たとえば，古典様式の復活，教育の普及，異教的理念とキリスト教的理念との複雑な相互作用，人間の尊厳に対する信頼の再発見，古代ローマの図像研究と儀礼によって，物事を壮麗にしたり儀礼化したりすることが意識されていった状況，異教の神々が復帰して重要な意味をもつようになる様子，そして，自然の景観を楽しむ描写，たとえ，すでに示唆したように，大きな尺度で文化史を書くことがもはや不可能であろうとも，歴史叙述に付加されたものとして絵や地図を注意深く吟味すれば，歴史家の手に負えない総括的ルネサンス・イメージを，読者はおそらく頭の中でつくり上げることができよう．疑いもなく，ルネサンスの多くの所産そのものと同じくらいに明瞭で，特異な総括である．ただし，これは新しい史料や美術品やモニュメントによって絶え間なく検証される必要があり，いつでも訂正・補完されるようになっていなければならない．というのも，20 世紀の末になってもわれわれはいまだ巨人の肩に乗った小人であり，一方では自分たちが過去に負債があることを認めながら，他方では今やそれよりも先を見ることができるという確信もあって，どっちつかずになっているからである．

ニコラス・マン

第１部　ルネサンスの故郷

THE HEARTLAND OF THE RENAISSANCE

ルネサンスとは何か？

「ルネサンス」という用語は，よく理解されているので定義する必要などないと，普通は考えられている．しかし実際には，二つの全く異なる意味で使われうるのである．これは，たとえば「15 世紀」というのと同じように，歴史上の一時期を示しうる．しかしまた，「中世的」とか「ヴィクトリア朝的」といった形容詞のように，他とは全く別個のひとまとまりの文化的理念や価値観を表すこともできる．たとえば，ルネサンスの美術家という場合，それは単純に，たまたまルネサンス期に生きただけの人間——一例をあげれば，ヒエロニムス・ボスは，彼の悪夢めいたヴィジョンがしばしば本質的に「中世的」だとみなされることがあろうとも，ルネサンスの美術家だった——かもしれない．あるいはそれは，ミケランジェロやボッティチェリのように，全体としてルネサンス文化の信念やものの見方を積極的に取り入れた（そしてその形成に一役買った）美術家かもしれない．この区別を念頭においておくことは重要である．なぜなら，ルネサンスの歴史の中では，われわれがルネサンスと緊密に結びつけて考えるさまざまな観念は，いずれは個人の小さな集団だけのものでなくなったからである．ただ単に，一般に通用するようになるのが遅かっただけである．

ルネサンスは通常，14 世紀に——おそらく画家のジョット（1266 頃—1337）やチマブーエ（1240 頃—1302 頃）の頃にはすでに——イタリアで始まり，16 世紀末に終わったと考えられている．それにもかかわらず，新しい文化様式というものは，それらが結局は取って代わる古い様式と並行して存在しうるようである．われわれがルネサンスと結びつける観念の多くは，12 世紀にもその存在を認められるだろうし，ルネサンスの中にも中世的な面がいろいろあった．あまりにもはっきりと境界線を引いてしまうのは，明らかに無分別である．

「ルネサンス」という単語は，すでに 1829 年にバルザックの小説の中に見出される．しかし，この語の最初の定義をしたのはフランスの歴史家ジュール・ミシュレで，1855 年にそれを書いている．ミシュレは，だいたい 1400 年から 1600 年にかけてのヨーロッパ史の一時代を叙述するのにこの語を使った．それは「世界の発見」と「人間の発見」の双方を目撃した時代であった．数年後，スイスの歴史家ヤーコプ・ブルクハルトによって『イタリア・ルネサンスの文化』（1860 年）が出版されると，これが多大な影響を及ぼし，この語は歴史家の用語の一つとして受け入れられるようになった．ブルクハルトは，ロマンティックな色をつけたルネサンス観をつくりだした．しかし，それにもかかわらず，ルネサンスをただの一つの時代としてではなく，中世世界から近代世界への移行の重要な契機となった文化的運動として提示したのは，彼の功績である．

ミシュレとブルクハルトは「ルネサンス」という用語を発明したかもしれないが，ルネサンスという神話の創造にはほ

左　「マギの旅」（1460 年頃），ゴッツォリ作．この作品はイタリア・ルネサンス美術の多くの重要な側面を統合している．技法に関しては，ゴッツォリは，遠近法によって空間的な奥行を感じさせるようにした最初の一人だった．さらに，彼のフレスコ画にしばしばローマ時代の建物や建造物が描かれることは，彼がどの程度まで古典時代の手本から霊感を得ていたかを示している．そのうえ，ゴッツォリはしばしば，作品の中に偉大なパトロンたちの肖像を描き込んだ．彼の世代の美術家は，これらのパトロンの気前の良さにすがっていたのである．このフレスコ画は，ロレンツォ・デ・メディチをマギ〔キリスト生誕を祝いに訪れた東方の三博士〕の一人に仕立てている．ロレンツォは，1469 年から死ぬまでフィレンツェを支配し，美術作品の熱心な収集家であるとともに，学者と画家のパトロンとしてイタリアでも屈指の人物だった．

イタリアの芸術活動の中心地
ジョルジョ・ヴァザーリは，ルネサンス時代の芸術生活について，おそらく最もいきいきとした絵を描いてみせた．しかし，それはすみからすみまで完全なものではない．16 世紀半ばに書いた『芸術家列伝』で，彼は自分の時代についてのみならず，14 世紀にまでさかのぼって芸術家たちの活動を描写した．彼の著作はフィレンツェに基礎を置いており，トスカナが相対的に重要であることと，北イタリアでも南イタリアでも美術が貧困だったことを強調しすぎている．南イタリアに至っては，彼の著作ではほとんど言及に値しないとされている．それにもかかわらず，現代に至るまで，彼の本はルネサンス期イタリアについての認識を彩り続けてきている．

とんどかかわりがなかった．15，16 世紀に生きていた学者や美術家は，自分たちが大きな文化変容の時代に生きていることを自覚していた．イタリアの美術家にして美術史家でもあったジョルジョ・ヴァザーリ（1511―74）は，1550 年にイタリアの美術の二度目の誕生について書いている．彼は，諸芸術が完璧なものを目指していること，そしてギリシア・ローマの古代文明の復興が起こりつつあることに着目した．また，人文主義の学者マルシリオ・フィチーノ（1433―99）は，「自由学芸を復活させた」フィレンツェの新たな黄金時代について語っている．「それらはほとんど廃れていた．ここでいうのは，文法，詩，修辞学，絵画，彫刻，建築，音楽，そしてオルフェウスの竪琴に捧げられた古代の歌曲のことである」．すでに 14 世紀のうちから，詩人で人文主義者のペトラルカ（1304―74）は，人間が「闇を抜けて」古代の「純粋で素朴な輝きに戻る」とき，一つの新しい時代が始まろうとしているのだと示唆していた．

上にあげたわずかばかりの引用から，ルネサンスなるものが実際には何だったのかということについて，一つのうまい定義ができる．すなわち，文化のあらゆる局面に――絵画や彫刻や建築はもちろん，文学や学問にも――影響を与え，古典古代が達成したものを意識的に復興し，回復しようとした一つの運動である．「ルネサンス」という言葉は「再生」という意味だが，これはそのまま，15，16 世紀の主導的な学者や美術家が，自分たちが生きて仕事をしている文化的環境をどう解釈していたかということになる．つまりは，長い退歩の時代の後での古典文明の再生としてみていたのである．

中世のルネサンス

5 世紀の（西）ローマ帝国の滅亡から自分の時代の芸術の再興までの期間のことを述べるのに，「メディウム・アエウゥム」つまり「中世」という語を最初に使ったのは，ルネサンスの学者フラヴィオ・ビオンド（1392―1463）だった．ビオンドにとって，そして彼の同時代の多くの人間にとって，中世とは，それ以前の時代に達成されたものが忘れ去られるか，あるいは後退するにまかされてしまった，衰退の 1000 年間を意味するものだった．彼らの信念には正当なところもある．しかしながら，中世の間に古典文化がヨーロッパから完全に消えたわけでは決してないこと，ルネサンスに先立つ数世紀にそれを復興しようとするいくつかの重要な試みがあったことが，今では明らかである．

最も早い「レノウァティオ」つまり「再興」は，8 世紀末から 9 世紀の間のシャルルマーニュ（カール大帝）の時代に起こった．800 年に皇帝として戴冠した後，シャルルマーニュはローマの建築や文学の復興を後援することによって，西ヨーロッパにローマ帝国を復活させようと努めた．アーヘンに古代ローマの様式で王宮を再建し，古代のテキストの写本をつくって広めることを公認し，ローマ文学の研究に専心している一団の学者を集めたのである．このメンバーは，ホラティウスとかホメロスというような古代の名前を自称し，アーヘンの王宮を第二のローマと呼んだ．またシャルルマーニュの帝国に「新しいアテナイ，ただし古代よりもはるかに素晴しいもの」を設立することも計画した．シャルルマーニュはこの一大計画に誠意をもって参加したが，本人は無学だった．

カロリング・ルネサンスのうぬぼれを笑うことはたやすい．しかしながら，この初期の古典復興のおかげで，古代の観念や手本は生き残ったのである．さもなければ，一掃されてしまっていたかもしれない．特に，シャルルマーニュの宮廷に仕えていた写本製作者たちは，ラテン語の手稿テキストを保存するのに一役買った．古典期の著作の最も早い写本は，カロリング朝のスクリプトリア（写字室）から生み出されたのだった．これらの著作を筆写するのに使われたはっきりした丸型の文字——カロリング小文字——は，後にルネサンスの学者たちによって古代ローマに使われた書体そのものだと考えられ，広く模倣された．そういうわけで，われわれが今日使っている「ローマン」体は，実は起源としてはカロリング書体なのである．

2 度目の古典復興は 12 世紀に起こり，以前のカロリング朝のときよりもはるかに広範囲に広まった．ローマ文明への関心が再び生じたことは，図書館が発達・普及したこと，また文字表現の純正さに新たな関心が向けられるようになったことからうかがわれる．古代の彫刻も，また建築も模倣された．オータンの聖堂のアーケード（拱廊）の縦溝彫りの壁柱は，近くにあるローマ時代の門，ポルト・ダルーを意識的に引き写したものである．一方，ローマにあるマルクス・アウレリウス帝の彫像は，12 世紀のいくつかの騎馬像のレリーフのモデルとなった．

しかし，12 世紀ルネサンスの最も重要な側面は，アラブ世界を通じてもたらされたものである．十字軍運動，それにスペインと南イタリアでのイスラム文明との接触，それらの結果，西欧の学者たちは古代ギリシアの自然科学や哲学の著作の翻訳を手に入れた．ことにアリストテレスの与えた衝撃は大きかった．というのも，彼の著作は，12 世紀の学者には全く馴染みのなかった哲学，物理学，天文学，論理学，政治学，倫理学の観念を含んでいたからである．ギリシアの学問の再発見の最も重要な結果のうちに，大学の設立があげられる．ボローニャ，パドヴァ，パリ，オクスフォードは特に名高い．新しい大学では，アリストテレスの論理学の研究に重点がおかれ，ついには他のすべての学問を実質的に排除するまでになった．これが，14，15 世紀に激烈な反動を引き起こした．「人文学」——詩と文学と歴史——をもっと教えるべきだという要求は，初期ルネサンスの重要な特徴だった．

したがって，完全な文化的衰退を背景にしてルネサンスが起こったわけではなかった．それまで複数の「復興（ルネサンス）」があり，いろいろな点で，15，16 世紀のルネサンスの諸業績に道をつけていたのである．実際，最近になって 10 世紀と 13 世紀のルネサンスが「発見」されたことで，イタリア・ルネサンスはいよいよ，過去と決別して全面的に新しく始まったというよりも，それ以前の一連の文化動向が輝かしい頂点に達したという様相を呈している．

異教とキリスト教

12 世紀にも 15 世紀にも生じた大きな困難の一つは，古典古代の文明とキリスト教の折り合いをどうつけるか，ということだった．中世の世界は宗教と強く結びついた世界で，あらゆる現象がキリスト教の枠組みの中で解釈された．しかし，ギリシアやローマの著述家は異教徒であり，彼らの世界観はしばしば教会の教えに反していた．14 世紀の 10 年代になってもまだ，詩人ダンテ（1265—1321）は，彼の『神曲』の中であらゆる古代の著述家を地獄に落としている．彼らが洗礼を受けておらず，「キリスト教の時代以前に生きていた」からである．しばらくは，アリストテレス哲学でさえ，異教と結びついているからというのでパリ大学で禁じられていた．2 人のドミニコ会士，アルベルトゥス・マグヌス（1206 頃—80）とトマス・アクィナス（1225 頃—74）が，アリストテレスの思想にキリスト教的注解を加え，彼らのおかげでアリストテレスは後代まで伝わったのだった．

イタリア・ルネサンスでも，古典の伝統とキリスト教的伝統の間に同様の妥協があった．異教の文学に傾倒するあまりにキリスト教を否定するような学者は，ほとんどいなかった．エロティックな韻文はたくさんつくられたものの，美術家や学者の大多数は，復元された古典文明を信仰に沿った形で取り入れていた．彼らの最も重要な任務の多くは，教会のために引き受けたものだったし，最も一般的な主題は聖書や教父たちの生涯からとられた．ルネサンス期を通して，美術家たちは一貫して，古典のテーマと技法をキリスト教の図像表象と混合していた．こうしたものの最も印象的な例から二つをあげれば，ヤン・ファン・エイクの「アルノルフィーニ夫妻」（1434 年）とボッティチェリの「プリマヴェーラ（春）」（1478 年頃）である．このどちらにも，精緻なキリスト教的象徴性が含まれていることが明らかにされてきているのである．

人文主義者による統合

ルネサンスとキリスト教の信仰の結びつきは，当時の人文主義文学において非常にはっきりしている．「人文主義」というのは，「ルネサンス」よりもいっそう定義のむずかしい用語

左右上 中世の西方キリスト教世界 教皇の権威が西方（ラテン）教会を覆っていたにもかかわらず，中世末期のキリスト教世界は単一の宗教圏というにはほど遠かった．ボヘミアのフス派やイングランドのロラード派のような異端運動の中では，教義上の正統性に対して控えめに抗議するばかりでなく，地域的な自意識を強く主張し，俗語の聖書を非常に重視するようになった．男性ではマイスター・エックハルト，女性ではシエナのカテリーナといった神秘主義者の思想が，オランダ，ベルギーとイングランドで流行したことは，ある程度の自由な考え方を示していたが，これは教会のヒエラルキーにとっては不安なものだった．さらに，教皇自身の政治的弱体化が非常に目立った．教皇庁はフランス王の勢力のもとでアヴィニョンにあり，分裂した組織の内部に統一性を回復するためには公会議が必要だったからである．

右 ゴッツォリ作「修辞学と哲学を教える聖アウグスティヌス」．ゴッツォリが初期の教父である聖アウグスティヌスを古典学の教師として描いた肖像は，異教的学問とキリスト教的伝統という伝統的な区別を，この美術家が拒否したことを象徴している．

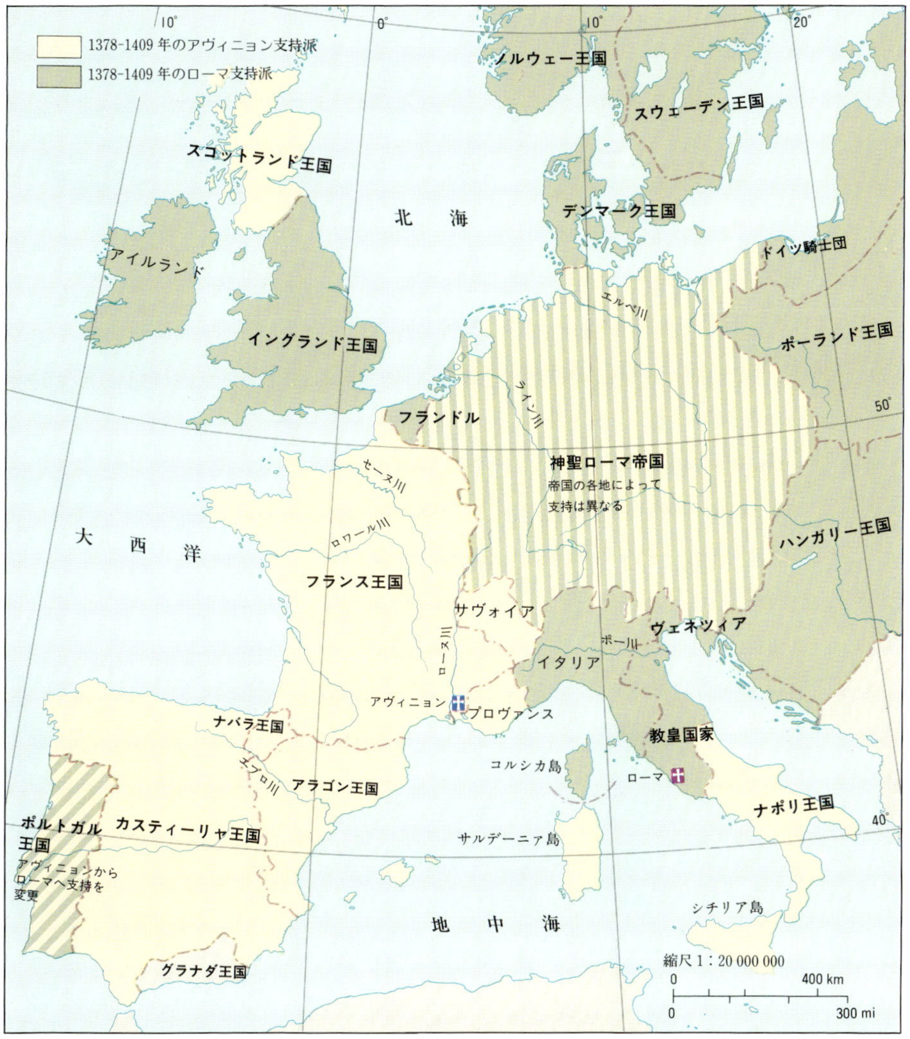

である．「フマニスタ humanista」という語は，自由学芸を学ぶ学生を示すスラングとして，16 世紀に初めて見出される．つまり，これに対照される語は，「カノニスタ canonista」(教会法を学ぶ学生)や「レギスタ legista」(ローマ法を学ぶ学生)であった．「人文主義」という用語は，18 世紀末か 19 世紀の発明だとしても，貴重である．というのも，ルネサンスの思想と学問の最も重要な特徴のいくつかに，注意を向けさせてくれるからである．

「フマニスタ」は，人文学，当時の呼び方では「ストゥディア・フマニタティス studia humanitatis」の研究に従事しているがゆえに，そう呼ばれた．その人物が，当時は文法と修辞学として知られていたもの――実際には文学，詩，歴史，それに明瞭かつ説得力のある話し方の技能を指す――を学んでいるという意味だった．これらのいくつかの主題を研究しているという以外には，「人文主義課程」があったわけではなく，一貫した人文主義者の哲学があったわけでもない．この明白な限定にもかかわらず，全体としてみると，この時代の人文学の研究のもつ意義は奥深いものとなった．

第一に，人文学の研究は，伝統的な大学のカリキュラムとの断固たる決別を意味していた．それまでのカリキュラムは論理学を教えることと無味乾燥な知の定式を学生にたたき込むことに圧倒的に意を傾けていたのである．第二に，人文学は超自然的価値よりもむしろ世俗的価値を強調する傾向にあった．「フマニスタ」は，学生であれ学者であれ，形而上学や神学の研究にはさほど関心をもたず，それよりも人間の行動を理解しようと努め，自らを一個の人格として向上させることに励んだ．古典文学はこの努力の手引きとなった．こうしたことから，フマニスタが夢中になって，リウィウスの歴史やホラティウスの詩，キケロの弁論，テレンティウスやプラウトゥスの戯曲を読むようになったのである．そしてここからいろいろな指南書も生まれた．最も著名なのがカスティリオーネの『宮廷人』(1528 年) である．

人文主義者が「人間の完全性」を捜し求めたというのは，決まり文句になっている．実際は，彼らは自分の向上を目指していただけだった．しかし，人文主義者が，教会とかかわらないまま人間を向上させようとしたことは，危険だった．教会が教え，監督するところに従って，人間はその徳に関して神の恩寵に完全に依存していると，中世では強く信じられていた．神の尊厳の定めに従って心を決め，意を固めることによって，そして教会の教えに従うことによって，はじめて人間は獣の段階を越えることが望めるのだった．しかし人文主義者は，人間は自分の内部に自らを向上させる力をもち，しかるべき教育と訓練を受ければ，この能力が解き放たれうると信じていた．ピコ・デラ・ミランドラ (1463―94) が『人間の尊厳について』(1486 年) で説いたように，人間は宇宙の中心にあり，「獣のような下等な生活へ堕落することも，神のようなより高次の生き方をするように生まれ変わることもできる」力をもっているのである．

しかしながら，この世における人間の位置と人間の意志のもつ力についてのミランドラの考えは，キリスト教に根ざした言葉で語られたのだった．人間を宇宙の中心に据え，天使にも獣にもなれる力を人間の手に委ねたのは神だと，彼は主張した．神の姿に似せてつくられたがゆえに，人間は自分の中に神性の一部を有しており，それを無視するか伸ばすか，どちらでも選べるのである．このように，ミランドラの思想はおよそ異教的なものではなく，むしろ，聖アウグスティヌスから引き出されたキリスト教の伝統的教義と，古典古代の思想との一種の融和を表していた．それにもかかわらず，キリスト教の儀式や儀礼的喜捨といった，魂の救済のために必

象徴表現とアレゴリー

中世とルネサンスのどちらの美術も，その多くが精緻な象徴主義をとっている．たとえば，蜂はしばしばつらい仕事の記号として使われた．バシリスク〔砂漠に住み，視線で人を殺すとされたヘビないしトカゲのような怪物〕や竜は悪魔を表した．そして熊は残酷さを示すものだった．もっと複雑な理念を寓意的に表すためには，いくつもの象徴(シンボル)が組み合わされることもしばしばあった．たとえば，善と悪のせめぎ合いとか，人生のいろいろな段階といったものを描写する場合である．個々の記号も，それを身につける本人やその祖先が有していると考えられたさまざまな資質を示す．しかし，ひとまとめにすると，これらの意匠はその家族の歴史と系図のアレゴリー(寓意)になるのである．8 世紀には，美術におけるシンボルやアレゴリーの使用が，教皇ハドリアヌス 1 世によって認められた．「一つの図像をじっと見ることで，われわれの心は精神的に動かされる」のであり，目に見えない概念は「目に見えるものによって」いちばんうまく表されるのだと彼は説明した．聖書がこのタイプの美術表現を助長した．そもそも聖書は，宗教的な象徴とたとえにあふれており，しばしばキリストをペリカン，魚，小羊，羊飼いなどと叙述しているのである．大半の人々が読み書きのできなかった時代には，シンボルは重要な教育的機能も果たした．むしろ書物のように，絵は「読む」ことができ，象徴や記号から物語を引き出せたのである．

象徴的・寓意的な美術の最も有名な例の一つは，ヤン・ファン・エイクの「アルノルフィーニ夫妻」である．この絵は 1434 年に完成したもので，1430 年代にブルッヘ〔ブリュージュ〕に住んでいた富裕なイタリア人，ジョヴァンニ・アルノルフィーニとジョヴァンナ・チェナーミの結婚の様子を描いている．この作品には，きわめて手が込んでいて謎めいた宗教的象徴主義が含まれており，今日ではその一部しか理解されていない．これは一種の結婚証明としてばかりでなく，結婚というもののアレゴリーとしての役割も果たしているのである．

上 「アルノルフィーニ夫妻」は，結婚の誓いを交わしているカップルを描いている．鏡（左）の中に映っている 2 人の証人は，この儀式が合法的なものであることを示し，シャンデリアの下方にある「ヨハンネス・デ・アイク・フイト・ヒック・1434(1434 年，ヤン・ファン・エイクここにありき)」という画家の署名は，彼自身がこの場に立ち会っていたことを強調している．象徴のいくつかは，結婚そのものの本質にかかわっている．前景の犬は貞節の印である．ベッドの脇にある椅子の背の聖マルガリータの彫刻は，出産を表している．ベッドそのものは，結婚の成就を表している．画面全体は，宗教的な象徴主義に染め上げられている．鏡の周囲のキリストの受難を描いた小さな円盤，ロザリオ，それに 1 本だけの蠟燭．この蠟燭はおそらくキリストの存在を意味しているのだろう．ファン・エイクの研究の第一人者である美術史家エルウィン・パノフスキーが，この部屋は「秘蹟の組合せによって清められた……婚礼用の部屋」だと説明したことがある．

ジョヴァンナはこの結婚のときにすでに妊娠していたに違いないと，しばしば考えられている．しかし，15 世紀の美術家が，処女の肖像でも腹部がふくらんでいるように描くのは，普通のことだった．それでも，新婦が腹に手を当てている動作は意味深長であり，実際にファン・エイクが，結婚の目的の象徴と予言の両方として，意図的に妊娠しているジョヴァンナを描いた可能性はある．このように，この絵全体が，結婚だけでなく，ジョヴァンニとジョヴァンナの未来の交わりをも示す，一つのアレゴリー（寓意）となっているのである．予言としては，「アルノルフィーニ夫妻」は失敗した．夫は 1470 年に死に，妻も 10 年後に死んで，二人は子供を残さなかった．しかし肖像画としては，「アルノルフィーニ夫妻」は，ルネサンス美術における象徴とアレゴリーの使用について，説得力のある一例となっている．

上　メダリオン（大型メダル）に浮き彫りにされたピコ・デラ・ミランドラの肖像．ミランドラはイタリアの主導的な新プラトン主義者の一人で，ヘブライのカバラ（神秘主義哲学）を神学に援用した最初のキリスト教徒の学者だった．教会に責められて，ミランドラはついにフィレンツェに腰を落ち着け，ロレンツォ・デ・メディチのもとに集まった人文主義者や学者のつくるアカデミア・プラトニカ（プラトン・アカデミー）の一員となった．

右　このドメニコ・ギルランダイオの「ザカリアへのお告げ」の部分図では，15世紀フィレンツェの偉大な人文主義者4人が一堂に会している．左から右へ順番に，プラトンの翻訳をしたマルシリオ・フィチーノ，ダンテ学者のクリストフォロ・ランディーノ，史上最初の音楽劇「オルフェオ」を書いたアンジェロ・ポリツィアーノ，そしてジェンティーレ・デ・ベッキである．「ザカリアへのお告げ」は，ギルランダイオ（1449―94）の作品の典型である．印象的な建築を背景に，よく知られた人物たちが顔を合わせているところを想像して描くのは，彼の得意とするところだった．

要だとカトリックの聖職者が教えていた決まりごとを否定したために，ミランドラも他の人文主義者たちの研究も，全体としては教会の卓越性と重要性に挑戦することになったのである．

ルネサンスの人文主義の主たる特徴の一つは，古典のテキストの正確な解釈への関心だった．そのため，人文主義者たちの著作の大部分に，ラテン語やギリシア語の著作の注意深い校訂が含まれており，それはしばしば学生のためのものだった．異なるテキストのつき合せは印刷術の発達によって容易になり，これが歴史研究や文学批評の新たな基準をつくりだした．しかし，学者たちに採用されたこうした技法は，まもなく古典以外のテキストにも適用されるようになり，これらの技法がもたらしたさまざまな発見が，教会のかかえる欠点に注意を向けさせることにもなった．たとえば，イタリアの大半について主権をもっているという教皇の主張は，8世紀に偽造された1枚の文書〔いわゆる「コンスタンティヌスの寄進状」〕に基づいていることが発見された．また，新約聖書の「公認の」ラテン語版であるウルガタは，それ自体が誤訳に満ちていることが判明した．それゆえに，ルネサンスの人文主義と，教会を批判し，キリスト教を再建するべく起こった宗教的運動たる16世紀の宗教改革との間には，明白なつながりがある．

新プラトン主義（ネオ・プラトニズム）

イタリアの人文主義の最初の段階――だいたい15世紀の半ばまで――では，主にラテン語文学に関心が向けられていた．第二段階になると，新たにギリシア語の古典文学に関心が向き，これが支配的になった．この動向は，イタリアとギリシアの学者の間に接触が増えたことで決定的になったのだった．1453年，ビザンツ帝国の首都コンスタンティノープルが，オスマン・トルコの手に落ちた．その結果，ビザンツ帝国の多くのギリシア人学者が，イタリアの諸都市に逃れたのである．

ビザンツの学者たちは，イタリアの同業者にプラトンの著作を紹介した．しかし，彼らが携えてきたテキストは原典ではなく，概してキリスト教時代の最初の数世紀につくり上げられた注釈書だった．これらの新プラトン主義的な注釈書は，プラトンの哲学を，宇宙の階層構造を表す複雑なアレゴリー（寓意）として説明していた．すなわち，神は至高の統一原理であり，物質界は，上へと何層にも連なる世界を仲立ちとして，天界と結びつけられているのである．新プラトン主義者にいわせれば，美術や建築や文学や音楽は，神の創造した作品を支配する完全と調和の原理を見習おうと努めるべきなのだった．

物質界と精神界の本質的な統一性を説くことによって，新プラトン主義の哲学者たちは，学者つまり「達人」が天界を動かしたり，自然を変形させたりする力をもつのだと示唆しえた．達人は，星々の運行を研究し，呪文や聖歌を唱えることによって，宇宙のヒエラルキーを昇ってゆき，精神的完成の条件を達成することもできた．これらの思想は，2世紀から3世紀にまでさかのぼるギリシア語のテキストの中で，最も強力に表されていた．

人間が自然を変形させる力をもつと主張することによって，新プラトン主義は錬金術と占星術双方の研究に寄与し，そのことで間接的に17世紀の科学革命への道を開くことになった．新プラトン主義はまた魔術も流行させ，これをもはや魔女の領分ではなくした．16 世紀までには，ルネサンスの影響を受けた学者たちは，もっと地味な知識の探究に身を任せる識者であると同時に，魔力を得ることに専心するマグス(魔術師)となっていたのである．15，16 世紀に翻訳された神秘主義的なカバラ（ユダヤ神秘主義哲学）のテキストは，魔法のシンボルや符号の探究をさらに促し，古典的なヘブライ語の著作への新たな関心を引き起こすのに大きな役割を果たした．

新プラトン主義はしばしば，ルネサンスの主流から不幸にして逸脱したものだったとされる．しかし，新プラトン主義哲学で精神界と物質界の本質的統一が重視されていたことが，盛期ルネサンスの美術に多大な影響を与えたことを，ここで理解することが大切である．レオナルド・ダ・ヴィンチ(1452—1519) やジョヴァンニ・ベリーニ (1430 頃—1516) やラファエロの作品では，調和と均整に力点がおかれており，その構図は幾何学的な正確さをもっている．これは，形相の完成ということについて，新プラトン主義の思想に多くを負っているのである．同様にボッティチェリの「プリマヴェーラ (春)」の中には，ウェヌス（ヴィーナス）と人類の同等化という，よく知られていた新プラトン主義的な図が含まれている．これは自然と文明の調和を象徴している．一方，ミケランジェロ (1475—1564) によるシスティナ礼拝堂の天井画(1508—12 年)も新プラトン主義的図像に満ちており，人が力を与えられている場面，つまり「アダムの創造」がその起点となっている．「そして神は御自らの姿に似せて人をつくられ……命の息をその鼻に吹き入れられた．そこで人は生きた者となった」．

ルネサンスのイタリア起源

19 世紀のオーストリアの政治家メッテルニヒがイタリアを評して，単に「地理的な表現」にすぎないといったことがある．同じことは 14，15 世紀のイタリアにも当てはまるだろう．イタリア半島は政治的に分断されていた．シチリアと南イタリアは別々の君主国に分かれており，それぞれアラゴン王家とナポリのアンジュー王家とに属していた．その一方，トスカナとロンバルディアには王国があったわけではなく，独立した自治都市国家（コムーネ）が寄り集まっていた．半島の中央には教皇領が存在し，名目的には教皇に服していた．しかし，教皇の支配力は衰えていた．14 世紀の間に歴代の教皇はローマを捨て，アヴィニョンに宮廷を構えていた．このアヴィニョン教皇庁 (1309—77 年) は，同時代の人間から教皇の「バビロン捕囚」だと非難された．教会大分裂の一時期がこれに続き，ローマの教皇とアヴィニョンの対立教皇とが並び立った．1449 年には大分裂は決着していたが，そのときまでに教皇権の政治的・精神的影響力は下り坂になってしまっており，当時の教皇たちは，北イタリアの諸都市が陥った混乱をうまく利用することもできない状態だった．

13 世紀以来，北イタリアの諸都市は互いに抜き差しならない争いを続けていた．しかもそれぞれの内政は不安定だった．民衆の蜂起，激しい党派争い，そしてコンドッティエーレ(傭兵隊長) の先導で続発するクーデターが，この地域の大都市の歴史に傷痕を残している．見せかけでも平和と秩序を達成するには，普通は一人の「専制君主」を任命し，これに主権を付与するしかなかった．外国の侵略軍も，容易に略奪ができると期待して，いくたびもイタリアへ来襲した．1494 年，フランスのシャルル 8 世が半島へ侵攻し，イタリア戦争の火ぶたを切った．そして，次の世紀の半ばまで戦闘が続いていったのである．

とはいっても，14，15 世紀のイタリアの暴力に満ちた歴史

右　ダンティによる 16 世紀のジェノヴァ市の俯瞰図．ジェノヴァは船乗りの町であり，クリストバル・コロン(あるいはクリストフォロ・コロンボ．いわゆるコロンブス) の故郷だった．ジェノヴァを囲む防壁は 1 周 19 km に及ぶもので，14 世紀初頭に建造された．ジェノヴァの政府と商業は，次第に教養を高めた商人貴族の小さなグループに牛耳られていった．

下　ボッティチェリ作の「プリマヴェーラ (春)」あるいは「春のアレゴリー」(1478 年頃)．「プリマヴェーラ」のうちには，高度に精緻な象徴主義がある．この絵は自然と人間の文明との調和のアレゴリー（寓意）なのである．こうした調和というのは，新プラトン主義哲学がよく取り上げた主題だった．ここでは自然は「春」によって表されており，その「春」は，花で飾られたローマの女神フローラの姿で擬人化されている．一方，絵の左側でバレエのアラベスクのようなポーズをとっている 3 人の美の女神は，音楽的調和つまり人類の文明を表している．そして，画面の中央にいるウェヌス(ヴィーナス)は，人間の思念を高めて，自然と文明の区別を超越した神の美を熟考できるようにしてくれる，異教的なマドンナとして描かれたものである．

は，多くの点でヨーロッパの他の地域で進行していたものとほとんど違わなかった．1337年から1453年までの間，イングランドとフランスは百年戦争にはまりこみ，さらにどちらの国もたび重なる内乱にさいなまれてもいた．1327年，1399年，1471年，1485年には，そのときどきのイングランド王が政敵に廃位されたり，殺されたりする事件が起こった．一方，フランスでは，野心的な封臣たちによって，国王の権限が侵害されていた．彼らは必要とあれば，フランス王の敵であるイングランド方につくことにも，なんら懸念を抱かなかった．そして，同様の戦争や内乱の進行は，スペインや神聖ローマ帝国や東欧の君主国の歴史にも痕跡を残している．それゆえに14，15世紀が「封建的無秩序の時代」と呼ばれてきたほどである．

しかし，北イタリアは，少なくとも三つの重要な点において，ヨーロッパの他の地域とは異なっていた．第一に，その頃になってもまだ都市の景観の中で目立っていたローマ時代の廃墟が，古典古代の文明の存在を十分に証言していた．14，15世紀の間に，過去に対する意識は増大し，それがこうした遺跡の研究や古代の文物の収集を刺激したのである．ブルネレスキ(1377—1446)がフィレンツェの大聖堂のドームをデザインしたときに，それまで天井がつくられてきた空間よりも広い空間に穹窿（ヴォールト）を架けることができたのは，ローマのパンテオンから霊感を得たおかげだった．後継の数世代の建築家たちも，アルベルティ(1404—72)，ブラマンテ(1444頃—1514)，パラディオ(1508—80)を含め，古代ローマの建築物から霊感を得て，自分の作品の中で古典的な均整の学説を模倣した．同様にギベルティ(1378—1455)は，フィレンツェの洗礼堂の扉のブロンズの浮き彫り(1425，1452年)をデザインするときに，当時まで残っていたローマ時代のさまざまな作品を手本とし，その影響を受けた．またドナテロ(1386—1466)の「ガッタメラータ騎馬像」(1453年）は，ローマ時代以降に鋳造された最初のブロンズの騎馬像だったが，明らかにローマ時代の墓の胸像やローマにあるマルクス・アウレリウス帝の像に影響されている．ルネサンス美術の際だった特徴のうちに数えられる精緻さ，リアリズム，均整への関心が，最初は絵画よりも彫刻のほうではっきり現れたことを思い起こすべきである．遠近法の使用によって，どうやったら二次元の画面で三次元の錯覚を引き起こせるかということを最初に示したのも，同じく建築家であるブルネレスキやアルベルティだった．

第二に，北イタリアはヨーロッパで最も裕福な地域の一つだった．ジェノヴァとヴェネツィアは，どちらも1400年にはざっと10万人の人口を有し，レヴァントとの間の地中海貿易の大半を牛耳っていた．フィレンツェとミラノは，それぞれ5万5000人と9万人の人口を有し，手工業と流通の中心となっていた．これらの各都市では，中産階級が多数を占めており，都市社会の中で一つの勢力を確立して，次第に教養も高くなった．多くのイタリアの貴族は，都市へ移住して都市生活とその政治に加わることが，自分の社会的地位に反するものではないと考えた．結局，彼らは，夏を過ごすためのヴィラ（別荘）を買いたいと熱望する都市の住民に，農村の領地を売ったのである．14，15世紀にロンバルディア平野で繰り広げられた戦争は，この地域をさらに繁栄させさえしたかもしれない．というのは，軍隊は糧食を調達する必要があったし，多くの傭兵が，たっぷりと儲けたおかげで，イタリアに落ち着いて贅沢な暮らしをしたからである．

フィレンツェは北イタリアの都市のうちで最も裕福で，ルネサンスの初期の段階を主導した．その富は毛織物業，銀行業，レヴァントとの奢侈品貿易を基盤としていた．ブォナッコルソ・ピッティ(1354—1432)のようなフィレンツェの商人や冒険的企業家は，ヨーロッパの大陸中で利益の上がる商取引に従事していた．フィレンツェの主導的な家門であるメデ

中世末期のイタリア人の商業活動とヨーロッパ経済
商業活動は，イタリアの都市国家をヨーロッパの経済的中心に据え，イタリア諸国家はきわめて広い範囲に強力な影響を及ぼした．海上活動を主としていたジェノヴァは，地中海世界にとどまることなく，北ヨーロッパでも同じように力をもって活動していた．フィレンツェの商人と銀行家（メディチ家やピッティ家のような）は，毛織物の陸上貿易を基盤にしながら，オランダ，ベルギーやドイツやイングランドの多くの重要な貿易中心地に入り込んでいた．しかし，彼らの富が地元の商人の活動を脅かしたので，彼らは一般に歓迎されなかった．1340 年代にペストがヨーロッパ中に蔓延すると，都市生活も遠隔地商業も，至るところで絶望的な停滞状態に陥った．

ィチ家は，教皇の御用銀行家であると同時に都市の事実上の支配者で，この都市のパトロネージ（パトロンたる有力者とその庇護を受ける者——特に芸術家や学者——との人脈）の最も重要な元締めだったが，そうしたパトロネージを握る家はほかにもいくつかあった．また，ギルド（組合）同士が張り合っていて，しかも大聖堂，洗礼堂，それにオルサンミケーレの礼拝堂と市場の双方〔オルサンミケーレ教会には穀物市場が併設されていた〕も含む多くの重要な施設が，これらのギルドの管理下にあったため，美術家や建築家に数多くの注文が舞い込むことになった．商人や金融業者は，おのれの救済に不安を抱いており，奉献するための美術作品にせっせと金をつぎ込んだり，財産をフランチェスコ会に遺贈したりした．この修道会は，清貧の誓いを立てているにもかかわらず（あるいは，おそらくその誓いゆえに），有力な芸術のパトロンだったのである．

第三に，北イタリアにはヨーロッパの他の地域と異なって，根本的に独特なところがあった．すなわちいくつもの都市国家に分かれていたことである．古典文明の刺激と都市の富とは，なぜこの地域でルネサンスが始まったのかという疑問の重要な手がかりとなる．また，都市国家の存在を考えれば，なぜあの時代にルネサンスが起こったのかを理解することができる．

北イタリアの都市は，古代のギリシアやローマの都市と多くの共通点をもっていた．人口の規模がだいたい同じくらいだった——2万5000人から10万人——ばかりでなく，市民としての誇りとアイデンティティについても同じようなものがあった．ルネサンス期のイタリア人がカンパニリズモと呼んだもの，つまり生まれた土地の鐘楼（カンパニーレ）への愛着である．都市生活のにぎやかさと煩わしさは，ローマ時代の著述家ユウェナリウスが述べているところだが，同じように14，15世紀のイタリア人にも——都市で暮らすことが，最も文明化された生活形態だという信念があったように——それはわかりきったことだった．アリストテレスの『政治学』が，1260年頃ラテン語に翻訳されており，これがイタリアで熱烈に受け入れられた．「市民でない者は人ではない．なんとなれば人は生まれながらにして社会的動物だからである」というその言葉は，教養あるイタリアの読者の心の琴線にもろに触れた．彼らは，自治市政のごたごたに関与するのに慣れた都市生活者だったのである．

14世紀半ばに，コーラ・ディ・リエンツォが，短命ながらローマに共和制を打ち立てたのに続いて，自分たちの都市と古典世界の都市とがきわめてよく似ていることを，イタリア人は次第に意識するようになった．特に1400年頃のフィレンツェでは，ローマの共和制にかかわる用語を使う政治的な議論が，ヴィスコンティ家の「専制政治」に対して都市の自由を擁護するものとして，前面に押し出され始めた．ヴィスコンティ家は当時のミラノの独裁者で，ミラノよりも小さな北イタリアの都市をいくつも支配下に置いたばかりだった．ヴィスコンティに対して用いられた議論は，フィレンツェ人の「力と自由と天賦の知性と名声」に訴えかけ，フィレンツェという都市を古代ローマの古典的価値の継承者にして宝庫だと主張するものだった．このフィレンツェの影響力は大きく，これに刺激されて，やはりヴィスコンティに——あるいはフィレンツェ自体にも——脅かされていた近隣の都市が，同様の自己賛美を生んだほどだった．

挿入部分　画家ジロラモ・デル・パッキアは「置き去りにされたアリアドネ」を描くのに，ギリシア神話のアリアドネとテセウスの物語からとった場面を15世紀の商船の船上に設定した．ここに描かれているのは代表的なタイプの商船で，こうした商船が，ジェノヴァその他のイタリアの港湾都市を豊かにしたのだった．

当然ながら，ローマ世界とのこうした類似性は見せかけで，実際にはフィレンツェの政体はミラノの政体とほとんど違わなかった．それにもかかわらず，14 世紀末から 15 世紀の政治論は，意識的に古代ローマの価値観と規準に引きつけてイタリアの都市を定義した．両者のこの歴史的なつながりがひとたびつくられた以上は，学者やパトロンや美術家が古代の文化的業績をまねたいと考えたのは，ごく当たり前のことだった．つまり，ルネサンスとして知られる古典文芸の復興の進行を刺激したのは，北イタリアの都市における自覚的な市民文化の発達だったのである．

ルネサンスの広まり

15 世紀の間に，北イタリアの市民文化は王侯文化へと変質した．フィレンツェのメディチ家が，ミラノのスフォルツァ家（ヴィスコンティ家の後継者）が，マントヴァのゴンザーガ家が，フェラーラのエステ家が，そしてローマのボルジア家の教皇たちが，芸術の主たるパトロンとなった．彼らの注文した作品は，彼らの属する権門と彼らのふるう権力とを賛美するべく意図されたものだった．彼らの好んだ美術的主題は叙事詩に取材したものと武勲をたたえるものであり，建物を建てるときの彼らの注文は，見栄えのする館や礼拝堂にしてくれというものであった．当時の美術のこの変質――マンテーニァ(1431―1506)の描いた武具と凱旋門の絵や，アルベルティの記念碑的建築物に最もはっきりと現れている――が，ルネサンスというものが広がるのを助けるうえで決定的に重要になったのである．

アルプス以北のヨーロッパは，有力な領邦君主と農村貴族によって支配されていた．この地域の「狩りと女と宴会」を好む精神(エートス)は，イタリアの市民的価値観とは全く異なっており，北ヨーロッパの人間は，教養人であってさえ，都市的な気取りと贅沢を軽蔑した．しかし，市民的要素の支配的なものから君主的要素の強いものへと，イタリア・ルネサンスが変質したということは，その革新の成果が北ヨーロッパの社会にとっても理解できるものになったということだった．イタリアの美術家や学者は次第に，市評議会の席上よりも公爵や教皇の随行者の中に見出されるようになり，またギルド(組合)のために仕事をするよりも宮廷に仕えることが多くなった．彼らの美術や文学のテーマも，同じように権門や武功の賛美に慣れていた社会がそのまま認識できるものだった．だからこそ，王侯貴族の支配するフランスやイングランドや北ヨーロッパの諸王国にルネサンスの理念が広がるのは，いまや容易になったのである．そして，外国の侵略軍がイタリアを通過し，また印刷機が発展したおかげで，ルネサンスがアルプス以北へ広まるのにはずみがついた．

イタリア・ルネサンスは，ひとたびアルプスを越えてしまうと，それぞれの地元のそれ以前の文化的趨勢と混じり合った．フランスの美術家フランソワ・クルーエ（1515 頃―72）の絵では，イタリア様式が，フランスとフランドルの絵画の流れを汲む伝統的技法に溶け込んでいる．フランスのルネサンスの流れは，ヴァロア朝の軍事遠征によって決定的になった．スペインでは，カトリックの信仰とハプスブルク朝の両方を賛美することが要求された．ドイツとオランダ，ベルギーでは，ルネサンスの美術と人文主義が，もっと深遠でイタリアには全く馴染みのない北ヨーロッパの精神性に影響された．不安をかき立てるようなグリューネヴァルトやボスの画像ばかりでなく，キリスト教的人文主義として知られる運動においても，こうした現象がみられた．このキリスト教的人文主義とは，ルネサンスの文学批評の技術を，聖書や初期の宗教的テキストに適用しようとしたものだった．

人間の精神的福利への関心は，教会の教理，おごり，堕落への不満を増大させた．カトリックの教えと実践に対する批判は，ドイツのプロテスタントの宗教改革によって 16 世紀初頭に頂点に達した．プロテスタントの神学者たちは，マルティン・ルター(1483―1546)に指導され，教皇の権威もカトリック信仰の伝統的教義も拒否した．彼らは，儀礼や儀式に縛られないより純粋な形の宗教的戒律を求め，教皇の発した教令よりも聖書を自分たちの宗教上の信念の基盤とした．そして，この世紀の間に，宗教改革は発祥の地たるドイツからフランス，オランダ，ベルギー，イングランド，スコットランド，スカンディナヴィア，東欧の大半へと広まったのである．

宗教改革は，ヨーロッパの文化生活に広範な影響を与えた．この時代の美術と文学には道徳的・宗教的主題が強く影響し，宗教上の党派心が人文主義の学問を妨げ始めた．そのうえ，宗教上の内乱が大陸中で勃発するにつれて，支配家門の不安定な権威を強化するのに，次第にルネサンス美術が使われるようになった．さらに今度は，カトリック側の対抗宗教改革が，多くの人文主義思想を拒絶するよう促した．というのも，これらの思想はいまや教会への脅威，潜在的な異端の源泉とみなされたからである．スペインでは，そしてそれほどではないがフランスでも，ルネサンスは戦闘的なカトリシズムの火に焼きつくされた．他の地域でも，ルネサンスは教会と国家に服従させられ，両者のために利用されたのだった．

イタリア以外の地域のルネサンスの歴史は，いくつかの点で 16 世紀のヨーロッパの大きな政治的変化を反映している．中世末期には，協同してカトリックの信仰を遵守することで，ヨーロッパはまだまとまっていた．「普遍の帝国」や「キリスト教徒の間の普遍的平和」の概念は，現実のものとなることがめったになかったとはいえ，熱心に信奉されていた．15 世紀になってさえ，異教徒に対する十字軍という共通の目的のために，大がかりな多国籍軍が集められたこともあった．教会のさまざまな制度――聖職者のあり方や修道会や教会法――は大陸のあらゆる地域で共通しており，中世ヨーロッパに文化的なアイデンティティと統一性を与えていた．それにカトリックのキリスト教世界は，代々の皇帝家を戴いてきた広大な帝国のうちに，教会に対応する世俗権力をもっており，この帝国が中世末期の大陸の大きな部分を占めていた．

しかし，宗教改革の結果，ヨーロッパは宗教論争によって引き裂かれた．こうした論争は，一つに統合されたキリスト教社会という理念に終止符を打つものだった．大陸の半分以上がプロテスタンティズムを信奉し，国家単位で組織されたいくつもの教会が，ローマ・カトリックの「普遍教会」に取って代わった．カトリックを奉ずるスペインとオーストリアのハプスブルク帝国のように，宗教改革の前夜につくり上げられた国際的な帝国は，その支配下にある諸民族の反乱に脅かされていた．反乱はオランダ，ベルギー，カタルーニャ，ボヘミア，ハンガリーといった地域で起こっていた．当時の政治的プロパガンダの中で，イングランドでもオランダ，ベルギーでも，民族国家をよしとする主張が進められ，その自信は強くなっていった．

ルネサンスも，カトリックの普遍主義から民族国家への移行の影響を受けないわけにはいかなかった．ルネサンスは大陸全体に影響する全ヨーロッパ的運動ではあったが，それが広まっていく先のそれぞれの国の固有の環境と条件に制約された．結果として，ルネサンスはまもなく，前世紀にヤーコプ・ブルクハルトが想像したような，つまり他の国々がひたすらイタリアのものを模倣しようとしたというようなものではなくなった．ルネサンスの拡散の結果，ヨーロッパに文化的な均一性が生まれるどころか，多様な文化的運動が個々の国で展開するということになったのである．こうして，ルネサンスがアルプス以北へ進行したことは，独立・競合する民族国家へとヨーロッパが分裂するのを助長した．それが，16 世紀以降の大陸の歴史の特徴となってきたのである．

右　カンピン作「女性の肖像」(1430 年頃)は，技術的にも画面構成の点でも，フランドルの画家たちが熟達していたこと，そして北ヨーロッパに独自の美術的伝統が存在していたことを教えてくれる．ロベルト・カンピン（1378 頃―1444）は，おそらく「フレマールの画家」と同一人物で，フランスとフランドルのミニアチュール（細密画）画家たちの芸術から強い影響を受けた．肖像画の力強い顔立ちやくっきりした輪郭や影のつけ方は，カンピンが，古くからのフランドル彫刻の伝統にも刺激されたことを示唆している．

古代の発見

中世の学者は，歴史についてはきわめて不完全に理解していたにすぎず，ほぼ完全に自分たちの時代の視点で過去をみていた．かくして，13 世紀のフィレンツェの一人の著述家にとっては，キリスト教以前の支配者を教会のミサに列席させるのも，ローマ時代の遺跡が無批判に「驚異」か「巨人たちの所業」のどちらかだとみなされることも，奇妙に思われなかったのである．中世の美術家のほうも，アレクサンドロス大王に騎士の鎧をつけさせたり，中世都市を遠景にして古代の戦闘を描いたりと，しばしば驚くべき時代錯誤を犯した．

14，15 世紀の間に，学者たちはもっと批判的な歴史理解を展開し，自分たちと過去との違いを認め始めた．自作の叙事詩『スキピオ』の中で，ペトラルカ（1307—74）は，ローマの遺跡に入って自分で調査した結果に基づいて，想像力豊かにスキピオの時代のローマを再構築しようと試みた．次の世紀になると，初期の世代の人文主義者たちは碑文を写したり，古銭を収集したり，ローマ時代のモニュメントをデッサンしたりした．フラヴィオ・ビォンド（1392—1463）も遺跡を見学したり，古典文献を読んだりしており，自著『ローマの復元』と『イタリア例証』では，その成果に基づいて古代イタリアの都市を地誌学的に描写してみせた．そしてビォンドの仕事は，ドイツのコンラート・ツェルティス（1459—1508）にとっても，イングランドの好古家ウィリアム・カムデン（1551—1623）にとっても，霊感を呼び起こす重要な資料となった．

これらの研究によって取り入れられた過去についての新しい意識は，当時の美術にも影響した．画家はもはや，聖書中の人物や古代の人物に当世風の衣服をまとわせるのをよしとせず，むしろ正確な歴史的文脈の中にそれらの人物を配しようと努めた．ピエロ・デラ・フランチェスカ（1420 頃—92）あたりが，依然としてローマの兵士と 15 世紀の騎士を同じ戦闘場面に描きこんではいたものの，こうした時代錯誤はまれになっていった．アンドレア・マンテーニャ（1431—1506）は画家であると同時に熱心な好古家で，彼の絵はこの史的リアリズムの新しい意識を力強く描き出している．

下　「ベルヴェデーレのアポロン」．15 世紀末にローマで発見されたギリシアの彫像で，1506 年に発掘されたラオコーン像とともに，教皇ユリウス 2 世がローマに設立したヴァティカン古物美術館の目玉となった．美術史家で画家のジョルジョ・ヴァザーリ（1511—74）によれば，レオナルド，ミケランジェロ，ラファエロの世代の美術家は，ユリウスのコレクションとそこで最も尊ばれたこの二つの展示物から，多大な影響を受けていた．

下左　タッツァ・ファルネーゼ〔ファルネーゼの皿〕と呼ばれるこの深皿は，1471 年にロレンツォ・デ・メディチが手に入れたもので，めのうと赤縞めのうを材料に，エジプトでつくられた古典ギリシア様式の深皿である．内側の彫刻は「エジプトの肥沃さ」を表しており，2 人の擬人化された季節風が，エジプトの神々の上を飛んでいるのが見える．これらの季節風のおかげで，ナイル川の洪水と，それによって流域が肥沃になることが保証されていたのである．これとほとんど同じ季節風の姿は，ボッティチェリによって，1485 年頃に完成した「ヴィーナスの誕生」（下）の中に描かれている．

右　アンドレア・マンテーニャは，古代史に題材をとった対象を歴史的に正確な表現で描こうとした美術家のうちで，最も初期の一人だった．彼は古代ローマの建築を正確に描写したが，これはローマの遺跡を調べようと計画した多くの旅行に負うところが大きい．1454 年頃に完成された「ヘロデの前の聖ヤコブ」の背景に見えるアーチは，ヴェローナにあるアルコ・デイ・ガーヴィに基づいている．

下　ブルネレスキ(1377—1446)とアルベルティ（1404—72）によって導入された古典的な建築様式は，古代ローマの遺跡の研究から思いついたところがある．ローマ時代の遺跡は，美術的な刺激を与える資料となっただけでなく，デッサンの技法自体を磨くのにも役立った——幾何学的に正確な描写をするために，ブルネレスキとアルベルティは遠近法の技術を磨かなければならなかったのである．デッサン技法の最大の提唱者はフェデリコ・ツッカリ(1543—1609)で，デッサンを最も完全な表現形態だと考えていた．

中世の美術家や彫刻家も，当時まで残っていた古典期の彫像をしばしば模写した．しかしながら，画家がギリシア・ローマの美術の技法と主題の両方をまねするようになったのは，15 世紀になってからだった．中世には宗教的なテーマが大勢を占めていたのに対して，古代ギリシア・ローマの美術を彷彿とさせる神話や古典的テーマを描いた場面が，ルネサンス期の間に次第に一般的になった．また，彫像や壺や大理石のフリーズ（小壁）が 15，16 世紀の間に発見され，また飾られて，ルネサンス期の美術家にいろいろと霊感を与えるようになった．この古典時代の美術に対する関心の結果，新しい種類の時代錯誤が生まれた．同時代の人々や出来事を古代ローマの設定で描くものである．建築家もまた，古典の遺産への関心の復活に影響された．紀元前 1 世紀に生きたローマの建築家ウィトルウィウスの書物は，15 世紀後半に行われたローマのヴァティカン地区の再建に強い影響を与えている．

下　ペトラルカのもっていたウェルギリウスの写本は，シエナ派の画家シモーネ・マルティーニ（1284 頃—1344）が挿絵を入れたことで，中世末期の絵画表現の典型となっている．左手奥に見えるアエネアスは，中世の兵士の格好をしている．一方，下方の農夫と羊飼いは，ウェルギリウスの牧歌を象徴しているのだが，こちらは中世の農民の服を着ている．マルティーニは，1339—40 年にアヴィニョンの教皇の宮廷でペトラルカと会ったことがわかっており，この扉絵はそのときに完成されたと思われる．後にペトラルカは，マルティーニとは全く正反対のやり方で過去を認識する新しい方法を発展させた．

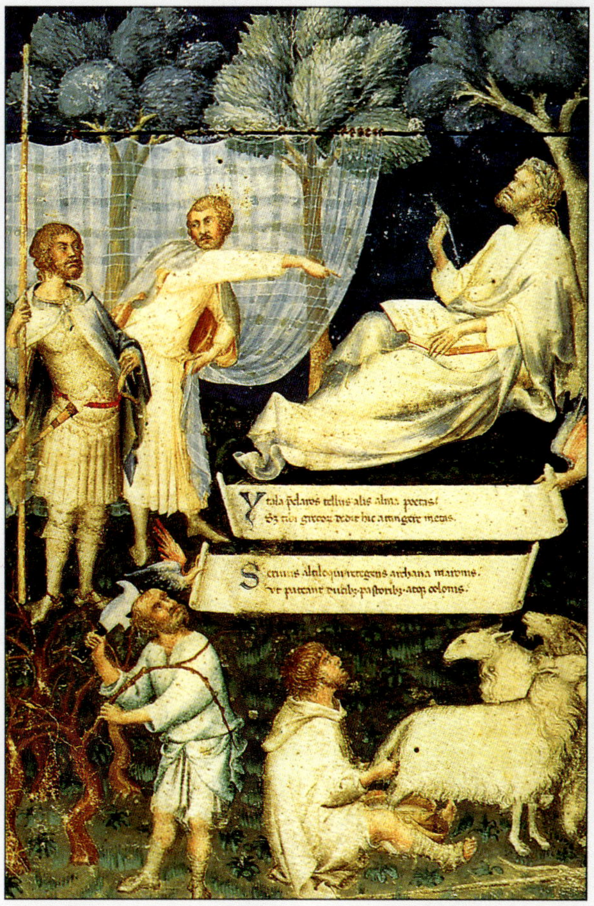

初期イタリア・ルネサンス

知性と芸術と道徳が根底から変化する最初のかすかな兆候は，13 世紀末のイタリアに現れた．これが最終的にはルネサンスとして知られることになる．なぜこれらの変化がこの時期に始まったのかを理解するためには，その背景となっている政治的・社会的発展をみることが必要である．

中世盛期にイタリアは大きく三つの地域に分かれていた．南部では，シチリアとこれに隣接した半島部とがシチリア王国を形成していた．これは 11 世紀末以来，ノルマン人の支配者たちが建設してきたものだった．中部イタリアの多くは教皇に属しており，しばしば教皇領と呼ばれる地域である．北イタリアは 10 世紀にドイツと接合されて，ドイツの帝国の一部となっていた．

ときとしてドイツの皇帝たちは，イタリア全土に及ぶ支配を確立しようと夢見た．要するに，もし可能ならローマを中心として，新しいローマ帝国を打ち立てようということである．この夢を実現しようと試みた皇帝もいた．その最も断固たる決意をもっていた皇帝の一人は，ホーエンシュタウフェン朝の支配者フリードリヒ 2 世で，ストゥポル・ムンディ（「世界の驚異」）とあだ名された．彼は 1194 年に生まれて，1197 年にシチリア王となり，さらに王位をめぐる闘争の末，1212 年にドイツ王となった．1220 年までに彼はローマ人の王（イタリア王）に選ばれ，皇帝として戴冠した．

シチリア王国では，すでにノルマン朝の支配者たちが，王の権威と強力かつ能率的な政体とを基盤として，高度に集権化された国家をつくり上げていた．フリードリヒ 2 世は，そうしたシチリアのやり方と官僚とを北イタリアに導入して，ここにも同じように強力な政体をつくり上げようとした．教皇庁はこれに危機感をもった．イタリアで強大な支配者に従属するようになってしまうことを恐れたのである．フリードリヒの野心は，北イタリアの多くの都市――フィレンツェ，ピサ，ジェノヴァ，ミラノ，ヴェネツィアといった都市――をも脅かした．11，12 世紀には，トスカナとロンバルディアのいくつかの都市は，東地中海と北ヨーロッパとの間の貿易を能率的にコントロールし，それを通じて富裕になっていた．また自治権も獲得しており，それを失うのを嫌っていた．

官僚を通じて北イタリアを統治しようというフリードリヒの望みは，主として二つの結果を生み出した．第一に，トスカナとロンバルディアの都市のいくつかに，皇帝に対する新たな反発と抵抗を引き起こした．第二に，都市内部の党派の分裂を悪化させた．それまでにも長い間，イタリアの諸都市は党派対立に苦しめられてきた．個人はまず第一に自分の家族に忠実だった．結婚によって結びついたこれらの家族は，より大きな門閥をつくった．これはしばしば，共通の敵に立ち向かうという忠誠を誓うものだった．都市や国家に対する忠誠心はほとんどなかった．一方，フリードリヒ 2 世の治世の間，イタリアを強力な皇帝の支配のもとに置こうとする彼の野心に対して，教皇庁は努めて抵抗しようとした．フリードリヒ 2 世の権力を切り崩すために，教皇庁が考えた策略の一つは，都市から――というよりむしろ各都市の内部の有力な党派から――支持を求めようというものだった．フィレンツェをはじめとして，その当時の都市では，教皇の支持者はグエルフィ（ゲルフ，以前からフリードリヒに対抗していたドイツのヴェルフェン家の名前に由来する）として知られるようになっていた．一方，皇帝を支持する党派はギベリーニ（ギベリン，ドイツにあった皇帝側の重要な拠点であるヴァイプリンゲンに由来する）として知られていた．都市の中でグエルフィとギベリーニの二つの党派は，互いに覇権を争った．ときとして，一方の党派が優勢になると，もう一方の党派が追放された．

1250 年にフリードリヒ 2 世が死ぬと，その後継者たちは，彼の達成したものを永続させることができなかった．彼の息子コンラート 4 世は 1254 年に死んだ．フリードリヒの庶子マンフレーディはシチリア王におさまったが，1266 年にフランスの王族シャルル・ダンジュー――教皇が招いた――によって王座を追われた．1268 年にはフリードリヒの孫にあたるコンラディンがイタリアに侵攻したが，敗れて処刑された．ホーエンシュタウフェン家とその帝国の夢はついえたのである．

14 世紀初頭のイタリア
中世のイタリアは，都市政治の二つの形態の間の争いで割れていた．つまり，フィレンツェとヴェネツィアの例に示されるような，しばしば党派主義的なコムーネ（自治都市）体制つまり共和制の形式と，専制君主ないしシニョリーア（僭主制）の形式である．後者はしばしばコムーネから統治をひき継いでいた．地方によっては（トスカナやウンブリア），ロンバルディアよりも長くコムーネ体制が生き残った．アルプスの南側での神聖ローマ帝国の権威は衰えており，イタリア諸都市の支配者たちの政治的決定にはほとんど影響力をもっていなかった．

ホーエンシュタウフェン朝以後の北イタリア諸都市

ホーエンシュタウフェン家が敗北しても，北イタリアの都市の内部の反目や抗争には何の関係もなかった．各党派は，グエルフィとギベリーニの名のもとに，互いに対立を続けた．ときにはこれらの党派自体も分裂した．たとえば，1300 年のフィレンツェでは，グエルフィ派が「白派（ビアンキ）」と「黒派（ネーリ）」に分かれている．その翌年，あるパーティーで，一方の若者たちが敵対する派のメンバーの一人の鼻を切り落としたことから，この二つの派閥は戦うことになった．

このような内部の分裂と抗争は，イタリアの主要都市が達成していた商業拠点としての成功を危うくするおそれがあり，住民の中にはより強い政府をつくる方法を模索する者もあった．その一つの結果が君主制である．アペニン山脈の北のロンバルディアでは，ミラノ，ヴェローナ，マントヴァ，フェラーラといった都市が，ときおり有力者を招き入れて都市の上級行政官に任じ，調停者の役割を果たさせた．たとえば 1240 年には，フェラーラのグエルフィの代表であったエステ家のアッゾ 7 世が，カピターノ・デル・ポポロ〔民兵隊長．最高行政職の一つ〕に任命されている． 24 年後彼が死んだとき，彼の支持者は団結して，彼の庶出の孫がカピターノ職に任命されるように手はずを整え――そして，この権門は 17 世紀まで力をもち続けたのである．統治者は，必ずしも平和裡に権力を得られたわけではない．ミラノでは，ヴィスコンティ家とデラ・トッレ家の二つの家門が，ほぼ 50 年にわたって覇権を争った．

これらの僭主すなわち実質的支配者は，都市内の他の有力家門との同盟と，恐ろしげな個人的評判とに依存していた．ある年代記作者によれば，マントヴァの最初の支配者ピナモンテ・ボナコルシは「仲間の市民を放逐してその財産をわが物にし，自分の敵だと考えた相手の家屋や塔を破壊した．彼は悪魔のように恐れられた」．ベルナボ・ヴィスコンティの残酷さについても，いろいろと語られている．この僭主の狩り場で罠を仕掛けているのを見つかった農民たちは，捕らえた獲物を生きたまま，皮から何からすべて食べさせられた．また，処罰にえこひいきはなかった．彼が自分の娘と廷臣の一人との情事を発見すると，彼女はすぐさま幽閉され，餓死させられた．しかし，その残忍さにもかかわらず，こうした人間が暴力行為を抑えたおかげで，彼らに攻囲された町々にはある程度の平和がもたらされたのである．

単独の個人や家門による支配が，党派争いを抑制する唯一の方法だったわけではない．重要な中核都市の中には，代議制の自治を選んだところもあった．たとえば，1297 年にヴェネツィアは，都市を動かしていた大評議会の「閉鎖」によって，有力貴族の寡頭政治を生み出した．家族の一員が 13 世紀末の「閉鎖」前の最後の政府に加わっていた家門だけが，市政に関与できることになり，約 1000 の有資格市民（人口の約 2%）から世襲貴族層が生まれた．この体制は 1797 年まで続いた．ドージェ〔ヴェネツィアの国家元首の呼称〕は，これらの貴族の家門の中から政府の首長として終身で選ばれ，君主のような権限をもっていたが，自分自身の利益と同じように都市の利益を代表しなければならなかった．

トスカナの都市も，同じく都市内抗争を終わらせようと躍起になり，やはり単独の指導者という概念をいじり回した．フィレンツェはやまない暴力沙汰に憤激して，一時的な僭主制〔僭主（シニョーレ）は実質的君主だが君主としての称号・支配権を皇帝から得ずに，都市から権限を委譲される〕を 3 回にわたって導入した．ナポリのロベルト王によるもの（1313—21 年），カラブリア公カルロによるもの（1325—28 年），そしてアテネ公ゴーティエによるもの（1342 年）である．しかし，いずれの場合も，僭主制が崩壊して共和制が復活することになり，今度は僭主が放逐された．都市は立法権をもった複数の評議会によって運営されており，これらの評議会は，9 人のプリオーレ，すなわち「シニョリーア」（執政府）として知られた執政委員会〔厳密には 9 人中 8 人が「プリオーレ」職で，残る 1 人は「正義の旗手」職だが，しばしばこれもプリオーレのうちに数える〕の監督のもとで機能していた．これらの評議会の議員は，都市の主要なギルドのメンバーから選

下　丘の上にあるサン・ジミニァーノの町は，フィレンツェとシエナの間に位置しているが，かつてはそのどちらもが，この都市に対する支配権を主張していた．高い塔がいくつもそびえる都市の景観は，13 世紀初頭の大半のイタリア都市の姿を垣間見せてくれる．このような塔は，党派間の激しい抗争のための拠点だった．彼らは政治的支配権をめぐって戦い，ここから石弓を発射したり，雨あられと矢を射かけたりしたのである．

左　グエルフィとギベリーニの戦い．13世紀のイタリアで起こった戦いの多くが，教皇の支持派（グエルフィ）と皇帝の支持派（ギベリーニ）がヨーロッパ規模でくり広げた，より大きな抗争を口実にして行われた．この時代のほぼすべてのイタリア都市で地域的な抗争が勃発したが，実際のところ，そうした抗争の多くは党派や家同士の私闘が原因だった．

ばれた．こうしたギルドは労働者の組合ではなく，金細工師や医者のような生産者，自営業者，中層の職人の同業組合だった．したがって，民主政治とはいっても，近代的な民主主義政治を意味したわけではない．ギルドのメンバーであることを市政に関与するための資格基準とすることによって，フィレンツェ市民は貴族層を政治から排除することができた．封建的暴力行為を理由に，彼らは貴族層を非難していたのである．また同じくこれによって，自分たちの社会内にいる貧困層も排除できた．

シエナでも，同じく富裕な法律家などの専門職業人と商人による統治形態が，1287年に設けられた．これは九人委員会体制（その行政官の数にちなむ）として知られている．行政官の選出には厳しい基準があった．男性で，30歳以上で，読み書きができ，税金を納めており，そして最も重要なこととして，規定以上の費用のかかった家屋を市内に所有していなければならなかった．フィレンツェの場合と同様に，これらの限定条件をつけることによって，それほど豊かではない階層を政治から排除できたのである．

フィレンツェとシエナのコムーネ（自治都市）政府は，ヨーロッパでも最も注目すべき建築物のうちのいくつかを建てた．しかし，これらの政府の文化的な業績は，その根底にあるもろさを隠しただけだった．1348年の黒死病とこれに続くペストの波状攻撃は，伝統的な生活様式を破壊した．フィレンツェでは，約9万人だった人口が約5万人に落ち込んだ．その結果としてまず，生き残った人間の豊かさが増した．労働力の供給が減退するにつれて賃金は上昇し，かつては卑屈だった労働者が傲慢になり，上下の階層秩序が崩れたことに不満が増大した．暴動や反乱が以前よりもありふれたものになると，その結果として，政治も不安定になった．1385年には，法外な税の徴収に怒った群衆が，エステ家の書記官長を捕らえて道路を引きずり回し，その後でリンチにかけた．シエナでは，肉屋が定価の設定に抗議して，市庁舎を襲撃しようとした．フィレンツェでは，1378年，チォンピ（毛織物の刷毛工など）の一揆によって，下層の毛織物労働者が短期間ながら権力の座についた．最終的には，富裕な家門が1382年に権力を奪還したが，そのあげく，外からの新しい脅威に直面することになった．

1380年代の末，ミラノの支配者ジャン・ガレアッツォ・ヴィスコンティ（1351―1402）は，ヨーロッパ最大規模の軍勢を集め始めた．フィレンツェ人の目から見れば，ヴィスコンティはネロやカリグラに匹敵する暴君だった．彼のほうは好んで，自らをカエサルや古代の帝政時代の他の偉大な英雄になぞらえた．ジャン・ガレアッツォは，めざましい出世で権力を握った人間だった．1378年に父親が死ぬと，彼はパヴィアの町に引きこもり，叔父ベルナボへの恐れが大きく，ロンバルディアの支配権を争うなどとは思いもよらないと思わせておいた．それよりもむしろ宗教に身を捧げるつもりだという顔をしていたのである．しかし1385年，彼は注意深くクーデターを計画し，自分がミラノの郊外のある聖所に参詣しているときに，叔父に敬意を表させてくれと頼んだ．ベルナボは，この段階まで甥にほとんど恐れを抱いておらず，武装した護衛もなしに甥に会いにいった．ベルナボの信用は見込み違いだった．彼は捕らわれ，幽閉され，翌年に死んだ．ジャン・ガレアッツォは，ただちに叔父の支配領域を自分が領有すると主張し，それから北西イタリアに進軍するべく軍勢を集めた．数年のうちに，彼はヴェローナとヴィチェンツァとパドヴァを征服した．1390年代までには，彼の目は南に向いていた．シエナ，ピサ，ペルージャ，そして最後にボローニャが，ことごとくヴィスコンティ軍の前に降伏した．あたかも，内部に不和を抱えるコムーネ政府よりも，強大な一人の君主のほうが優れていると，イタリア全土が認めたかのようだった．フィレンツェは，自らを共和主義の最後の砦だと考えていたので，完全に孤立したようにみえた．市当局は市壁を補強し，市民に武装させたが，世紀の変わり目にはその運命は悲惨なものと思われていた．

共和政府と公共建築

13，14世紀のイタリア都市で創設された新しい制度は，都市のためにも宗教上も新しい建物を必要とした．フィレンツェにあってバルジェロの名で知られる建物は，都市の裁判官であるポデスタを住まわせるために建てられたものだが，この建物のファサード（前面）に彫られた14世紀の銘文は，傲慢とも思えるような誇りを示している．

「フィレンツェはありとあらゆる富に満ちている．戦争でも内紛でも敵を打ち破る．運命の恩恵をこうむり，力にあふれた住民を擁している……．海も陸も全世界をも支配する．その統率のもとで，全トスカナが幸福を享受する．ローマのように，常に勝利に恵まれているのである」．

しかし，バルジェロは要塞化された公邸で，その田舎風に粗削りの褐色の石材と高く設けられた狭間は，威圧的に見えるようにデザインされていた．身を守るについては，ポデスタは民衆の好意をあてにできなかった．だから，堅固な防壁と武装した守衛が必要だったのである．一方，シエナのパラッツォ・プッブリコ（市庁舎）は，1299年に新しいコムーネ政府の公邸として建てられたが，こちらも防御を念頭においてつくられなければならなかった．市庁舎が建てられた隣には，グエルフィに敗れたギベリーニの本拠だった建物群の跡があった――しかし，グエルフィの政府は，自分たちの政府の建物をいまわしい敵の用地に隣接させるつもりはなかったから，敵が隣に建物を再建する望みを金輪際もてないように，その敷地を舗装してしまった．

これは一種の象徴的決定として典型的なものだった．市庁舎はしばしば，私的利益に対する公権の優位を強調するように計画された位置に建てられたのである．シエナでは，都市の中心の大きな広場であるカンポ広場が，盛り土をして数m高くされた．ここを都市の三つの主要な地区が交接する地点とするためだった．主要なピアッツァ（広場）は，清潔できちんとした場所であるべきだった．大半の都市の中心部では賭け事が禁じられていたし，娼婦はそうした場所で客引きをすることを許されなかった．ピアッツァは政治的行事にも使われた．臨時に法制上の変更が必要となったときは，資格をもった市民が，主要な広場で開かれる会合に呼ばれた．これらの会合場所に通じる狭い小路は，武装した警備隊によって封鎖し，新しい政府を「民衆本位で」選ぶのに会衆が同意するまで，あるいは変更を承認すると約束するまで，警備隊が彼らを外へ出さなかった．市庁舎そのものは，簡素な石造りの壁に，防備を施した出入口が設けられていて，外に集まった暴徒を閉め出せるようになっていた．これらの広場を見下ろすようにして，高くそびえる市庁舎の塔が，個々の家門の利益に対するコムーネの法の勝利を誇示していた．その塔の影のもとでは，公的に認められた法律が遵守されなければならなかったのである．塔の鐘と時計は，市民が確実に均一の

下　カンポ広場は，シエナの人々の集まる中心的な場所であり，それ以外では地区ごとのまとまりがきわめて強い都市の中で，一種の中立地帯だった．都市の重要な職務は，ここの市庁舎，つまりパラッツォ・プッブリコで執行された．そして，周囲の館や店舗は，この市庁舎のデザインに合わせなければならなかった．

日常生活を守るようにした．コムーネの定めた秩序に従って，起床し，働き，祈るというわけである．市庁舎のファサードには，謀反人や反逆者が逆さ吊りにされているところが描かれて，陰謀をたくらむかもしれない者への警告とされた．

教会と国家は密接につながっていた．フィレンツェでは，取引の契約書は洗礼堂で署名されたし，説教は定期的に市場で行われた．宗教は聖職者がかかわることであると同時に，市評議会の関心事でもあった．フィレンツェの新しいコムーネ体制が確立したと感じられるとすぐに，大聖堂が注目を集めた．都市の中心的な教会を建てるのは，世俗の都市当局の仕事であり，当局が自分たちの威信と成功を宣伝するのに利用したものだった．イタリア諸都市は，こうした事業を盛んに競い合っていた．すでに11世紀にはピサが，都市のはずれに広大な宗教複合体，つまり大聖堂とカンポサント(墓所)を建てて，自分たちが地中海を支配していることを誇示していた．シエナの発展は，1264年に完成させた新しい大聖堂によって強調された．1290年代になって，ついにフィレンツェの新政府がある程度まで安定すると，ここでも大規模に拡張された大聖堂の基礎が築かれた．これがサンタ・マリア・デル・フィオーレ聖堂である．建物のプランは，ピサの大聖堂のものよりも，またシエナのものよりも大きくて野心的で，古い都市の中心部の大半を壊すことになっていた．しかし，結局はこれに刺激されて，シエナ人は1316年にさらにもうひとつの大聖堂を建築させようと考えた．それは大がかりな事業で，技術者たちがこの新しく計画された建物の安定性に疑問をもち，また経済的破綻が市民の自信を揺るがすようになるまで，中止されることなく続けられたのだった．

1348年の黒死病とそれによる人口の減少はシエナの拡大を止め，フィレンツェの大聖堂の工事も進行が遅れた．しかし，死んでいく善男善女が，魂の救済のために聖所に金を遺

パラッツォ・プッブリコ, シエナ

シエナの市庁舎，パラッツォ・プッブリコは都市の政治生活の中心だった．14 世紀には，ここで政府の四つの主要な部局——最高委員会，ポデスタ，九人委員会，そして大評議会——が定期的に会合を開き，公益にかかわることがらを議論し，市民の日常生活を規制する法律を発布した．町は敵対し合う家門や隣人組織や党派に分かれており，統治者が私益を無視し，公共の福祉を目指して仕事をすることを確実にしなければならなかった．パラッツォ・プッブリコの至るところに，アンブロージョ・ロレンツェッティの「善政と悪政」(1339 年）のような絵があり，役人たちはこうした絵を見て，都市の繁栄を保証するために公正に分別をもって行動することを肝に銘じたのである．一つにまとまり，秩序の良く保たれている町というイメージとのかかわりで，建築の規制は重要だ

下　パラッツォ・プッブリコは 1298 年に建てられ始め，両側に延びる翼は 1307～10 年につくられた．マンジァの塔（1338—48 年）と呼ばれる鐘楼に冠せられた大理石の最上部は，画家のリッポ・メンミ（シモーネ・マルティーニの義理の兄弟）によって，1341 年にデザインされた．

下　サーノ・ディ・ピエトロ「説教をするシエナの聖ベルナルディーノ」．シエナの最も重要な民衆説教師を描いたこの絵には，15 世紀のパラッツォ・プッブリコとカンポ広場の光景が見られる．左手の小さな礼拝堂，カペッラ・デラ・ピアッツァ〔広場の礼拝堂〕は，1348 年の黒死病の後で聖母への捧げ物として建てられた．

下部　シモーネ・マルティーニの「マエスタ（荘厳の聖母）」の聖母子像は，1315 年に完成した．マリアは天使と殉教者の一群に囲まれて，シエナの紋章をつけた天蓋の下に座っており，都市の 4 人の守護聖人が花を差し出している．絵全体は，都市のために祈るように，と絵を見る者を促す銘文で覆われている．

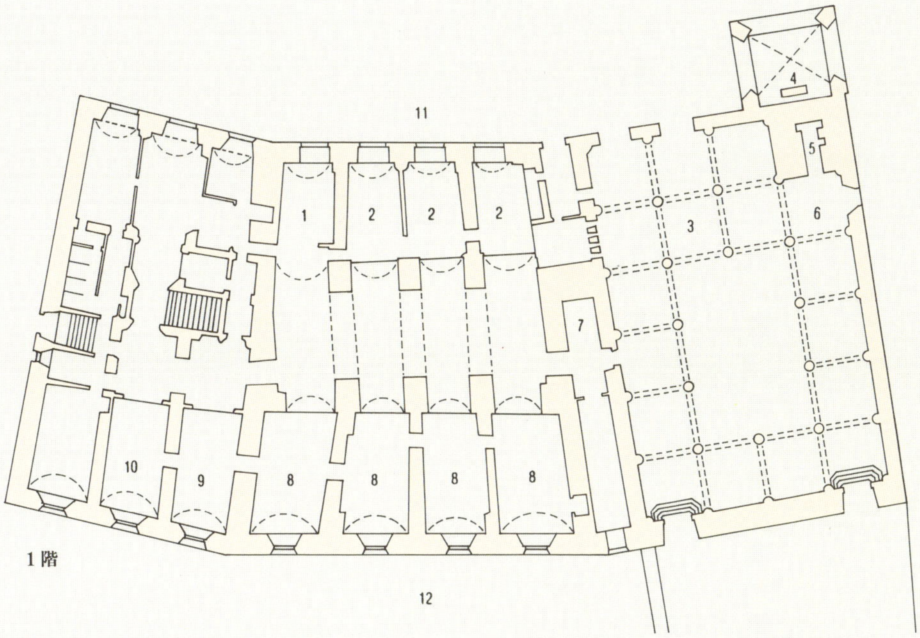

1階

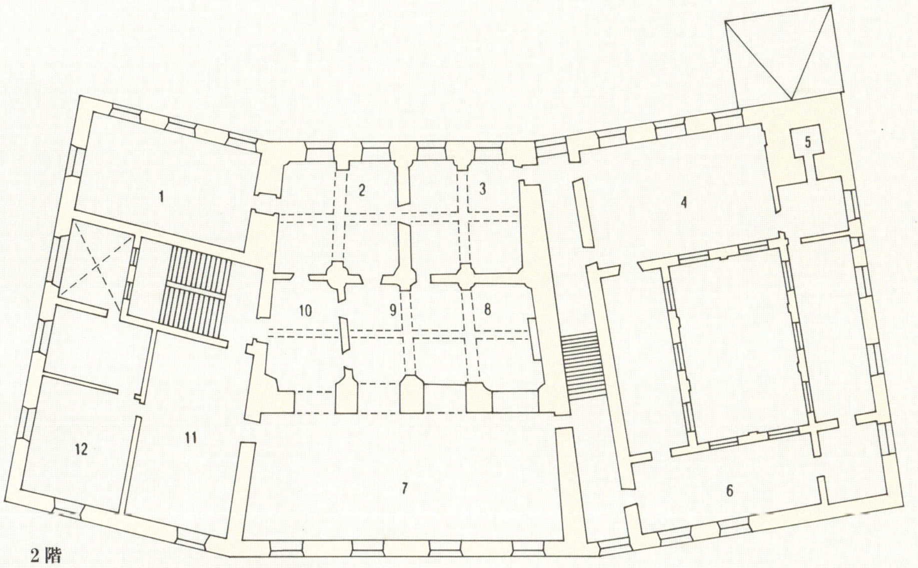

2階

1階の平面図
1. 九人委員会の礼拝堂
2. 行政課
3. ポデスタ法廷
4. 広場の礼拝堂
5. マンジャの塔
6. 監獄の礼拝堂
7. ポデスタの礼拝堂
8. 財務・国庫課
9. 税務課
10. カピターノ・デル・ポーポロの部屋
11. カンポ広場
12. 市場

2階の平面図
1. 会議室
2. 会議控室
3. バリーア(特別委員会)の広間
4. ポデスタの執務室
5. マンジャの塔
6. ポデスタの部屋
7. マッパモンドの部屋
8. 礼拝堂
9. 礼拝堂控室
10. 聖具室
11. 九人委員会の執務室
12. 列柱の広間

った．たとえば，1297年には，パラッツォ・プッブリコに面して建てられた館はすべて，同じタイプの窓とファサードを使用しなければならないと決定された．そして，1327年から1349年まで，これらの同型の家の所有者たちと都市政府は，シエナのいちばん中心的な広場であるカンポ広場の舗装に金を出した．広場に煉瓦でつくられた九つの区分は，九人委員会が市庁舎で行っていた善政を思い起こさせるためのものである．そこでいまだに催される競馬がある．パリオである．このパリオのおかげで，地区ごとの隣人組織であるコントラーダ〔一種の町内会〕は，以前のようにあからさまな暴力に訴えることなく，互いに競い合う機会を得たのだった．

贈するようになると，この悲劇は新たな一群のモニュメントも生み出した．フィレンツェの大聖堂と市庁舎の中間にある小さな教会，オルサンミケーレが，何よりもこの恩恵を受けた．宗教を日常生活の他の側面から切り離すことが不可能であることを，この教会は見事に例証している．14世紀，オルサンミケーレの拱廊は都市の中央穀物市場に通じており，そこでは食糧が政府の補助を受けた低価格で売られ，不作や飢饉に備えて貯蔵されていた．にぎやかに売台の並ぶ中に幕で仕切られたほこらが建っていて，1299年に絵に描かれた聖母マリア像が泣いているところを目撃された場所がそこであることを示していた．この奇跡の噂が広まると，巡礼が訪れ始め，さらに絵が奇跡的な治癒の力を発揮したという話が流布した．絵が病気や狂気を癒したとか，盲人の目を見えるようにしたとかいうものだった．帰依した男女からなる少人数の一団，つまり一種の兄弟団が，絵の面倒をみるために設立された．マリア像の力が衰えるのを防ぐために，像は覆いをかけて置かれ，夕べの祈りのときにだけ開帳された．開帳のときには，ラウダ（賛歌）として知られるマリアをたたえる聖歌が歌われ，マリアの癒しの恩寵を求めて祈る参拝者に蠟燭が売られるのだった．兄弟団の収入が増えるにつれて，もっと立派な参拝用のほこらを建てることが決められた．画家のベルナルド・ダッディ（1290頃—1348）が荘厳なマリア像を描くように依頼される一方，サンタ・マリア・デル・フィオーレ聖堂にたずさわった建築家アンドレア・オルカーニャ(1308頃—68)が，大理石とモザイクとエナメルを使った豪華なほこらにその像を納めてほしいという注文を受けた．そこで，彼は巨大な石造りのモニュメントを建てた．これには，大聖堂で立案された丸天井をまねた，八角形の円蓋があった．また，市場に開放されている拱廊を通して，ほこらの背面を見ることができたが，これは聖母が昇天する場面を彫刻した1枚の大きな大理石板だった．フィレンツェの住民たちが，繁華な大通りを急ぎ足で通る．そんなとき，金箔を貼られ，いきいきとしたこのマリア像のおかげで，確実に買物や取引に気をとられていた男や女の心の中にも，あの世の準備をしなければという自覚が入り込んだはずだった．

説教と説教壇

新しい大聖堂やオルサンミケーレのほこらは大理石でつくられたが，これは高度に組織化され熟練した労働力を必要とする資材だった．ピサの大聖堂の作業場からは，ヨーロッパでも最高の彫刻家が二人出た．ニコラ・ピサーノ（1258頃—78に活動）とその息子ジョヴァンニ（1263頃—1314に活動）である．彼らの最も印象的な彫刻はどれも，ある特定のタイプの構造のものに，すなわちあちらこちらの説教壇に施された．説教は新たな重要性をもつようになっていた．11，12世紀，教会が帝権との権力争いに巻き込まれたため，その伝統的な司牧の役割は減じた．司教はめったに自分の教会の信者を訪れない，教区司祭は無学で面倒見が悪い，といった不平の声がしばしばあがった．しかし，宗教的な指導を求める声と救済への関心とは消えることがなかった．そこで都市の人々は，町から町へと回って説教をし信仰上の指導を与える賢人に，次第に頼るようになった．彼らの設立した諸宗派にはそれぞれの見解があり，それは非常に過激にもなりえた——教皇ボニファティウス8世（在位1294—1303）は，裸で祈ることを主張するグループを断罪しなければならなかった．しかし，教会が堕落していて，地上の権力のことしか考えていないという一つの信念は，すべての宗派が共有していた．

教皇側は，自らの権威に対するこうした脅威を存続させておくわけにはいかなかった．13世紀初頭，教皇インノケンティウス3世は，アッシジの聖フランチェスコの力を利用することを決意した．若い頃にフランチェスコは，徹底した苦難の人生を望んで，父親の財産を受け継ぐことを拒否していた．彼の謙虚さ，神への敬意，熱烈な献身は，その時代の宗教感情に劇的な衝撃を与えた．やがて彼は，フランチェスコ会という一つの修道会をつくった．修道士は貞節と従順と清貧の誓いを立てた．そして，彼らは不動産や物を所有することを

拒否し，福音を広めるために托鉢をしながら旅をして回ることを誓った．これよりも前の時代なら，聖フランチェスコのような人物は異端として火刑に処せられたし，富裕な土地所有者である教会にとっては，フランチェスコの信念が脅威だった．なにしろ，物を所有することは悪しきことで，貧者のみに真に徳があるというのである．しかし，フランチェスコには，進んで教皇の権威を受け入れようという意志があった．それはつまり，彼の広まりつつある影響力が教会のためになりうるということだった．

1226年に死ぬ以前にすでに新しいグループがヨーロッパ中に設立されるにつれて，この聖人は次第に自分の修道会から乖離してしまっていた．彼のもともとの理想は決して完全に失われはしなかったが，追随者が急速に増えたために，運営事務を専門にする人間が必要になり，教団運営を恒常化しなければならなかった．これは彼が予想もしなかったことだった．その彼の埋葬場所はアッシジのサン・フランチェスコ聖堂で，ここはすぐに，イタリアで最も大きく，贅沢に装飾された教会の一つになった．フィレンツェやローマ出身の美術家も，ここの教会（上に一つ，下に一つで合わせて二つの聖堂がある）のフレスコ画を描くのに参加したし，著名人たちが聖人の遺体のそばに礼拝堂を注文した．世紀半ばまでに

上　1300年頃のイタリアの文化的中心地
14世紀初頭には，はっきりした文化的境界がイタリアの南部と北部の間にみられる．トスカナも北部に含まれ，そこに大々的な文化活動が展開した．「伝統的な」つまりゴシックの文化の地域も，やはり北西部で一つの特定の範囲にまとまっている．それは，古い文化が，古典時代の過去（ニコラ・ピサーノが先鞭をつけた）から霊感を得た新しい文化と重なった地点だった．これらの地点が，文化変容を刺激するうえでの中心となったのである．そして，そのうちで最も重要なものとしては，ピサ，ボローニャ，パドヴァ，アレッツォなどがあった．

右　夜のフィレンツェ．アルノ川はフィレンツェの市内を抜けて，うねるように流れており，フィレンツェの人々と産業のための水，水車の動力，そしてその製品を運ぶための輸送路を提供している．アルノ川にかかる橋は，構造の美しさで有名である．特にポンテ・ヴェッキオは有名で，今でも金細工師の店が橋の上の両側に並んでいる．またこの写真では，大聖堂の円蓋が都市の上にそびえている．

は，フランチェスコ会とそのライバルであるドミニコ会は異端審問を引き受け，異端者を火刑に処し（いわゆる「スピリトゥアーレ（聖霊派）」のフランチェスコ派，つまり「フラティチェリ」をも処刑した．修道会の兄弟たちがもはや聖フランチェスコの真の教えに従っていないと，フラティチェリは主張していた），ますます増える都市の大衆に悔悟の必要を説教するようになった．

フランチェスコ会士が説いて回るうちに，説教はより大衆的なものになった．修道士たちが永遠の地獄落ちの脅威と救済を求める必要を警告しにやってきて，彼らの力と霊験を目撃した，といった証言もある．それゆえ，ニコラ・ピサーノに出された最初の注文の一つが説教壇だったのも，べつに驚くにはあたらない．ピサの洗礼堂のために彼が 1260 年に制作した記念すべき作品は，驚くほど斬新なやり方でキリストの生涯の物語を表していた．説教台を見上げると，会衆は説教師の右側に人類の最大の罪であるイエス・キリストのはりつけの図を見ることになり，左に目をやると，最後の審判を見ることになった．この最後の審判のとき，死人ひとりひとりにそれぞれの最後の運命を宣告するために，キリストは戻ってくる．これらの場面は，ぞっとするほど詳細に，永遠に呪われた者の苦痛と苦難を描いていた．しかし，他の 4 枚のマリアの物語のパネルでは，ニコラはもっと穏やかな光景を描き出し，その手本として，ピサの地元にある古代の遺物から古典期の資料を得て，それを利用した．男性の美徳を表す擬人像は，古代の英雄ヘラクレスだった．聖母マリアの像でさえ，近くの墓地で見られるローマ時代の石棺を手本にしていた．

13 世紀のトスカナでは，都市同士が対抗心を燃やして張り合っていた．そうした環境の中で，ニコラの作品の効果はすぐに現れた．1265 年に彼と彼の工房は，ピサのライバルであるシエナのために仕事をしてくれるようにと招かれたのである．シエナの大聖堂で，彼と息子のジョヴァンニは，さらに大きくて複雑な構造物をつくりだした．ピサの洗礼堂のときに用いた穏やかな情景描写は，毎週の説教のレトリックにはふさわしくないということになったらしい．この新たな説教壇は細部まで念入りに彫刻され，感動的だった．人物像は，恐ろしい運命を聞く者に警告するために，虚空に身を乗り出しているようになっていて，彫刻のない空間は全く残されなかった．この作品の制作では，若いジョヴァンニがより大きな役割を果たした可能性がある．ジョヴァンニが独立して受けた最初の注文は，ピストイアのサンタンドレア教会のためのもの（1297—1301 年）で，ゴシック的情景描写に適した父親の初期の擬古的スタイルを彼が無視したことを，この作品は示唆している．身をよじり，動きのある人物群が説教壇を支える一方，上方の物語の場面は下地が深く彫り込まれ，きわめて大胆な彫刻技法を使って陰影がつけられている．サンタンドレアの説教壇は，ピストイアの市内抗争のまっ最中に完成した．市内ではグエルフィの「白派」と「黒派」が争っていた．依頼された嬰児虐殺の場面に，ジョヴァンニは市内で繰り広げられていた暴力行為を反映させたのだろう．そう示唆するに足るものがある．彼は故意に，泣いている母親たちと苦しむ子供たちの顔をなめらかにするのを控え，ざらざらしたのみの跡を残した．それは，ピストイアの悲劇に対して，自分のごく個人的な意見を示すためだった．

13 世紀の美術家はしばしば，個性の意識のほとんどない無名の職人という範疇に入れられる．しかし，ピストイアにあるジョヴァンニの説教壇には，この美術家の自覚的なプライドを記した銘文が残る．曰く，「ジョヴァンニがこれを彫刻した．彼はむだに仕事はしなかった．ニコラの息子にして，それ以上の腕に恵まれた．ピサが彼を生み，かつて見ないほど大きな勝利を彼に贈った」と．これは控えめな美術家の言ではない．自分自身の才能を確信し，父親をしのいだことを誇っている．いわゆる「中世的」美術家の多くは，盛期ルネサンスのどの彫刻家にも負けないほどはっきりと，自分の個人的な能力を意識していた．ジョヴァンニ・ピサーノの存在は，このことに気づかせてくれる．

上　ジョヴァンニ・ピサーノ，「嬰児虐殺」，ピストイアのサンタンドレア教会にある説教壇（1297—1301 年）の細部．説教壇のこの部分の粗削りで劇的な彫刻は，場面そのものが非常に含みの多い性質をもっていることを，はっきりと反映している．地獄と天罰についての説教を聞く会衆にとって，この彫刻は，ヘロデがかつて罪もない犠牲者たちに加えた恐ろしい所業について，生き生きとして劇的なイメージを与えてくれたのだった．

右　ドゥッチオの「マエスタ（荘厳の聖母）」は，かつてはシエナの大聖堂の主祭壇の上にあった．今は分割されてしまっており，その復元は多くの論争の種になってきた．中央のパネルはシエナに残っていて，表には荘厳の聖母の図像，裏にはキリストの受難の長大な物語が描かれている．そして，キリストとマリアの生涯からとった他のエピソードが，かつては祭壇の上下と脇の段を形成していた．

ドゥッチオとジョット

シエナの大聖堂のニコラ・ピサーノの説教壇の後ろには，ドゥッチオ・ディ・ブォニンセーニァの大きな祭壇画「マエスタ（荘厳の聖母）」（1311 年）が立っている．マエスタの形〔聖母やキリストが画面中央の玉座についている構図〕をとった聖母マリアと幼子キリストの像で，表と裏の二面になっている．この「マエスタ」は，宗教的にも都市にとっても，途方もなく重要な絵だった．1260 年，市民たちは，差し迫ったフィレンツェとの戦いで聖母の助けがあるように願って，大聖堂まで裸足で歩いていった．彼らは祈りを捧げ，「大きな目のマドンナ」の名で知られる小さなロマネスク様式の板絵に市の鍵を奉じた．そして後日，その絵が自分たちに思いがけない勝利をもたらしたのだと確信した．市評議会がこの絵を取り替えることを決定すると，新しい絵は絶対に価値のある印象的な作品でなければならず，そのためにあらゆる注意が払われた．ドゥッチオ（1260 頃—1318 頃）は地元の美術家で，町中が彼の制作のはかどり具合を見守っていた．絵の完成は祝賀の好機だった．祝日を設けることが布告され，その日になると，ある作家が報告しているように，絵は「たいへんな信心を集めながらシエナ中をもち運ばれ，人々が行列をつくってカンポ広場の周囲をめぐった．喜びをこめてすべての鐘が鳴らされ，この日は終日，参拝にいくためにどの店も閉められたままだった」．この表裏二面のマエスタは大がかりな仕事だった．会衆は，教会堂の中央の身廊から，聖人と天使に取り巻かれて玉座についている聖母と幼子キリストの巨大な像を見ることになった．もう一方の側を見ると，聖歌隊におごそかに囲まれてミサをあげる司祭たちが，キリストの受難

の物語に続いて描かれていた．ドゥッチォはこのできばえを非常に誇りにしていた．この作品に署名したとき，彼は，彼と彼の町を見守ってくれるように，聖母に願ったのだった．「神の聖なる御母がシエナに，そしてあなたをこのように描いたがゆえにドゥッチォの人生にも，平安をもたらさんことを」と．

聖母マリアはシエナできわめて特別な位置を占めていた．マリアはシエナの守護聖人だっただけではなく，その女王であり，市民の安寧に格別な関心を払っていて，町を地震や飢饉や社会的な紛争から守ってくれると期待されていた．1315年，シエナ出身のもう一人の美術家シモーネ・マルティーニ（1284頃—1344）は，市庁舎の主会議場のフレスコ画を描いたとき，ドゥッチォの聖母を，女王として裁きを行う存在へと変えた．聖母は都市の紋章で飾られた天蓋の下の玉座について，彼女を見ている者たちに賢明で公正な判断を下すように助言している．彼女の息子の手にしている巻き紙には，「正義を愛せ，汝，地上を統べる者よ」という言葉が書いてあり，絵の周囲の銘文は，人々を欺いた評議会議員を待ち受ける恐ろしい運命を警告している．公正な政治の報いは両側に描かれている．このフレスコ画に向き合う壁には，マルティーニは，シエナがマリアの名のもとに征服してきた町や城の姿を描いた．数年後の1339年，アンブロージォ・ロレンツェッティ（1320—45年に活動）が，善政を明白に指向した絵で，九人委員会の会議室を装飾した．行政官たちが座った場所の上の壁には，神の正義と協調と平和という徳目の絵がある．これらは市民の調和に通じる．そして，このような支配の恩恵は，右手の長い壁に描かれている．つまり繁栄する都市とよく耕された農村である．しかし一方，左手にあるのは，争いと厄介事，暴政，不和，妬み，そして憎しみをもたらし，暴力と都市の堕落と荒れ果てた景観へ通じる諸悪の絵である．

フィレンツェにいたドゥッチォの同時代人ジォット・ディ・ボンドーネ（1266頃—1337）も，ポデスタ公邸のために善政のアレゴリー（寓意図）を描いている．この美術家の作品の多くと同様に，これは今は失われている．しかし，彼の作品で残っているものはドラマティックな自然主義を示し，それだけでジォットは，彼の時代の他の美術家から抜きんでてみえる．二次元の画面を三次元の空間に見えるように錯覚させたり，人間ドラマや日常生活の現実感を生み出したりするための絵画様式と技法を取り入れることで，彼はヨーロッパ絵画の本質に根本的な変化を引き起こした．生前から彼は相当な名声を享受していた．大半の美術家が地理的には狭い範囲の中で生活し，仕事をしていた時代に，彼は広く旅をして，パドヴァからナポリに至るまで自分の独特の様式を広めていった．当時の最も偉大な作家たちが，彼への賛辞を歌っている．ダンテは，世間的な名声のうつろいやすさの例として，彼の偉大な詩『神曲』の中でジォットに言及した．「チマブーエは，絵画の世界で自分が地歩を占めたと考えた．そしていまやジォットがそう叫ぶ．かくして前者の名声は覆い隠される」．またボッカッチォは，この美術家の機知といたずらを物語るいくつもの話を書いたし，ペトラルカが最も自慢にしていた財産のひとつは，ジォットの描いた聖母の絵だった．遺言でそれをパドヴァの僭主フランチェスコ・カラーラに譲るに際して，ペトラルカは新しい所有者にこういっている．「無知な者はこの絵の美しさを理解できませんが，美術の大家たちはそれに驚嘆するのです」．

しかし，これだけ注目されていたにもかかわらず，ジォットの若い頃についてはほとんど知られていない．彼が影響を受けたのは，13世紀半ばにローマで仕事をしていた美術家たちと，ピサーノ親子の彫刻だったようである．アッシジのフランチェスコ会の聖堂で仕事をした可能性があるが，この聖堂の多くの注目すべきフレスコ画のうち，どれが彼のものかということについては，見解の一致はほとんどない．また，16世紀に述べられているところによれば，フィレンツェには彼の寓意的なフレスコ画があったが，ナポリでアンジューのロベルト王のために制作した作品や，ミラノでアッツォーネ・ヴィスコンティのために制作した作品ともども，現在では消失してしまっている．さらに，彼の署名の入ったいくつかの板絵は，何十年も美術史家を混乱させてきたが，今では彼の工房によるものだと考えられている．

ジォットは何人もの助手を必要とした．彼の新しい様式と物語を描く卓抜した技術とは，非常に需要があったからである．ジォットはピサーノ親子の仕事をよく知っており，そのピサーノ親子と同様に彼も，聖なる物語の場面を，見る者を引き込むような感動的瞬間として表現することができた．彼の描く聖母はもはや，手の届かないところにいる天国の女王ではなかった．彼女はむずかしい決心に直面している少女で

上　ジョット「アッシジの聖フランチェスコの死」(1315頃—20年). ジョットはここで，一人の修道士が聖フランチェスコの修道服をめくって，聖人がキリストのはりつけのしるしである聖痕を受けていたことを発見する瞬間を描いた. 自分たちの精神上の父親たる人の死に接し，その人がキリストと結びついていたのを発見して，修道士たちはそれぞれ，個性的でとても感情的な反応を示している. この描写は，ジョットの芸術観の重要な特徴を表しているものである.

左　アンブロージオ・ロレンツェッティ「善政」(1339年). シエナのパラッツォ・プッブリコは，アリストテレスの政治哲学に基づく内容をもった，一連のたくさんのフレスコ画で飾られた. 正義と分別と協調と団結が人間を公共の福祉へと導くとき，善政が達成されるのだった. うまく統治されたシエナの町の理想的な光景には，仕事にいそしんでいる数多くの商人の姿が見え，豊かな農村から運び込まれた食糧が豊富に供給されている. 市壁や塔や館はよく手入れされており，市民はいい身なりをしている. ここでは，絹の衣服を身につけた踊り手たちが，通りで陽気にはしゃいでいる.

あり，あるいは息子の幸せを案じる心配性の母親だった. フィレンツェでは，都市の発展に資金を提供していた銀行家たちのために仕事をしたが，その作品は今でも見ることができる. 金貸しの罪は，教会と貧者への金品の寄進で帳消しにしてもらえた. フランチェスコ会は清貧と貞節と従順の誓いを掲げていたので，不正に儲けた金を寄進する先として特に人気があった. サンタ・クローチェ教会は，この修道会がフィレンツェに置いた教会で，この町でも最大の建築物のひとつとなった. ここに並ぶ礼拝堂に冠せられた家名を読み上げていくと，フィレンツェの銀行業界のメンバーの点呼をとっているようである. ジョットはここで，ヨーロッパ最大の銀行家だったバルディ家とペルッツィ家のために，聖人伝のフレスコ画を描いた. これらのフレスコ画は，罪を償おうという両家の努力の一部だった. そしてその罪とは，礼拝堂を建てさせてフレスコ画の制作を依頼できるほどに，両家を裕福にしてくれたもの——高利貸しと貪欲——である.

現存している彼の最も偉大な作品は，パドヴァで制作された. これはある貴族のためで，本人の生活のあり方がどうこうというよりも，むしろ父親の高利貸しの罪を気にかけていたのだった. この貴族，エンリコ・スクロヴェーニは，必要なものには金を惜しまなかった. どこかの既存の修道院の中に礼拝堂を寄進する代わりに，一家の居館の隣に教会（アレーナ礼拝堂）を一つ建てたのである. 1305年までには，近くのヒエロニモ会の修道院の修道士たちが，この礼拝堂が贅沢にすぎると不平を訴えていた. なにしろ，ジョヴァンニ・ピサーノ作の彫像が主祭壇の上に立ち並び，壁は全面フレスコ画で覆われていたのである. キリストの誕生と死の悲劇的で輝かしい物語が，見る者の周囲をぐるりとめぐりながら，詳細に次から次へと展開されていた. ここを訪れた者は，中に入るとまず，主祭壇の上方にあるキリスト生誕の告知の像に感銘を受けた. これがキリストの物語の始まりである. 両側の壁の低い位置には，美徳や悪徳の擬人像が見られ，外へ出ようと向きを変えると，罪を犯した者を待ち受ける天罰の恐ろしい光景の下をくぐって歩み出ていくことになるのだった.

ジョットは旅をして回っていたが，だからといって彼とトスカナとの絆は弱まらなかった. 彼は抜け目のない商売人だった. 儲けた金は，ムジェロにある自分の故郷の町の織物業に投資したのである. 晩年，彼はフィレンツェに戻り，大聖堂の鐘楼という市民の誇りの究極の象徴に，残りの年月を捧げた. 1334年にジョットがこの建設に公式に任命されるに際して，都市政府はこの美術家を次のように評価して，政府としての自負を表明した.

「全世界を探しても，こうしたあれこれの事柄について，フィレンツェの画家マエストロ・ジョット・ディ・ボンドーネよりも実力のある者は見つけられない，といわれている. それゆえ，彼は偉大な親方として祖国に受け入れられて，この都市で厚遇されるべきであり，終身そこに暮らす理由をもつべきである. なんとなれば，多くの者が彼の知識・学識から利益を得るであろうし，都市の美しさも高められるだろうからである」.

フィレンツェが，ジョットは自分たちのものだと主張したにもかかわらず，イタリア全体が彼の遺産から恩恵をこうむった. それ以前の絵画様式が姿を消したわけではない. 超然として堂々たるビザンツ式の金色のイコンは，宗教美術で果たすべき役割を依然としてもっており，ことに黒死病以後はそうだった. しかし，人間の生きている空間と人間的感情とを，ジョットが力強く単純な物語にいきいきと描いてみせた前例は，後代の美術家にとって，作品の優劣を決める一つの基準であり続けたのである.

識字と文学と古典学

アレーナ礼拝堂の壁画のような絵画は，しばしば「無学者の聖書」と呼ばれた．聖書そのものはラテン語でしか読めず，その用語はあまりにも宗教的に専門化されていて，容易に理解できるようなものにはならなかった．女子供は，彼らの通う教会の壁を飾っていた聖人伝の図像から，また説教や祈りの文句や教理問答から，聖書の教えを学べばいいということになっていた．しかし，「無学者」とは文字を見てもそれを読めないという意味ではなく，ただラテン語を理解できないということだった．フランチェスコ会の『キリストの生涯についての瞑想』やヤコブス・デ・ウォラギネ（ヤコポ・ダ・ヴォラジネ）の『黄金伝説』のように，イタリア語やフランス語で信心を説く書物は，民衆にも非常に普及していた．これらは，聖人や殉教者の日常生活に関して聖書には出ていない裏話を語り，読者を聖なる出来事に立ち会っているような気にさせる書物だった．少女たちは，自分たちが聖母の家の召使いであるようなつもりになっただろうし，若い男たちは，キリストが十字架を背負っていくのを見たようなつもりになっただろう．

それにもかかわらず，政治や取引や教会に関しては，ラテン語は依然として主要なコミュニケーションの手段だった．商人文化の中で仕事をしていくには，初歩的な算術に加えて，ラテン語の基礎的理解が必須だった．イタリアの大半の都市は，私立・公立の文法学校をもっていた――ミラノでは12世紀末にこうした学校が60校もあった．1339年頃，フィレンツェの年代記作者ジョヴァンニ・ヴィラーニは，8000人から1万人のフィレンツェの少年少女が読むことを教わっており，その4分の1が数学を習うために「算盤学校」に通っていると自慢できた．家庭教師も利用されていたし，できのいい生徒は，ドミニコ会やフランチェスコ会の修道士の行う講義を聴いたり，新たに設立された大学の授業に出席したりすることができた．

パドヴァは，1222年に大学が創設されており，特に重要な学問の中心地だった．ここでは，学者たちが古代のラテン語文学のスタイル・形式をいろいろと試しており，古代という過去が地域的なアイデンティティの重要な一部なのだと，同胞の市民たちに悟らせた．古典たる過去の象徴は，現代（つまり彼らの時代）の市民意識をつくりだすのにも非常に効果的だということがわかったのである．古代の人骨の一部が12世紀にパドヴァで発掘されたとき，詩人のロヴァート・デイ・ロヴァーティ（1240頃―1309）はすぐに，それを神話的なパドヴァの創設者であるトロイアのアンテノールの骨だと決めつけた．1316年にはパドヴァの中央広場で，学者のアルベルト・ムッサート（1261―1329）が，セネカの悲劇を土台にしたラテン語劇を上演した．この公演は専制政治に対する警告であり，聴衆はそれを，何の困難もなく，この都市を手に入れようとしていた地方領主たちの野心と結びつけた．ムッサートの散文があまりにむずかしくて，ほとんどの者はそれを理解できなかったとしても，公演は大成功だった．意図は通じていた．つまり，古代は同時代の問題に関連するということである．都市の公証人の団体は，パドヴァ史について「公証人や下位の聖職者」が理解できるようなものを何か書いてくれるように，彼に頼んだ．

パドヴァが大学人を生み出した一方，トスカナでは，イタリア語を一変させる詩人や作家を輩出する一時代を迎えた．13世紀には，ラテン語を別にすれば，イタリアに標準的なコミュニケーション手段は何もなかった．各地方に独自の方言があり，北部を旅するピサの商人などは，ミラノの同業者のいうことを理解するために，辞書をたずさえていかなければならなかったらしい．それが15世紀までには，同じように十分な教養のある個人同士なら，トスカナ方言で意志の疎通ができるようになっており，これが近代イタリア語の前身となった．その間にはさまれた時代に，3人の作家――ダンテ，ペトラルカ，ボッカッチォ――が，それぞれ独自のやり方で寄与し，フィレンツェ方言は半島全域の文章語になったのである．しかし，皮肉なことに，3人が3人とも，各人の生涯のさまざまな段階で，むしろ自分のトスカナ語の作品を恥じて，ラテン語で文章を書く術に長けていることのほうを強調したがるようになった．

ダンテ・アリギエリは1265年にフィレンツェに生まれた人物で，若い頃の軽妙な作品のことでは苦い思いをしていた．初期の詩で，彼はプロヴァンスの恋愛詩の伝統的手法を使って，独自の「清新体」（ドルチェ・スティル・ヌォーヴォ）の詩風を考案した――それが，フィレンツェ人の少女ベアトリーチェへの熱烈な恋心と，彼女の死を知った絶望を赤裸々に歌った詩である．ダンテは，あるフィレンツェの教会で自分の想い人を最初に見かけており，彼の詩の大半には都市的な背景がある．彼はまさしく都市の一員だった．フィレンツェ軍に加わって戦い，シニョリーア（執政府）の一員にもなった．白派グエルフィのプリオーレ（執政委員）として13世紀末の政府に入閣〔1300年〕し，都市の道路の幅と方向を決定する委員〔サン・プロコロ道の改修整備計画委員〕の椅子に座りもしたのである．しかし，1302年，敵対する黒派が勝利した．職権乱用と横領の罪を負わされて，他の300人とともにダンテは生まれ故郷の町を追放された．1314年から1321年に死ぬまでの間に書かれた『神曲』の中で，ダンテはこのときとばかりに，過去や現在の敵に復讐している．フィレンツェの人々は貪欲で，妬み深く，おごり高ぶっていた．「三つの運命的な火花が，すべての者の心に火をつけたのだ」．彼のせつなる野心は，皇帝がイタリアを併合して，分裂したフィレンツェのコムーネ（自治都市）に皇帝の支配を復活させてくれることだった．しかし，この長大な三部構成の詩は，ただの政治的パンフレットよりもはるかに優れたものだった．人間の本質と経験のさまざまな側面を追究するために，ダンテは，ベアトリーチェとローマ時代の詩人ウェルギリウスを道案内にして，地獄，煉獄，天国へと上っていく想像の旅を用いた．そうすることで，キリスト教と古典の知識に関して，百科全書的な概論を残してくれたのである．

トスカナ方言の首位性を確立したもう一人の偉大な叙情詩人は，フランチェスコ・ペトラルカ（1304―74）だった．もっとも彼としては，長い，どちらかといえば冗長な叙事詩『アフリカ』の作者として覚えておいてもらいたいと思っていた．彼はフィレンツェにいつかなかった．北イタリアの有力な僭主たちやアヴィニョンの教皇庁のもとで，平和のうちに暮らすほうを選んだのである．友人のボッカッチォが，彼が大司教ジョヴァンニ・ヴィスコンティのような専制君主たちを支持していると責めたとき，彼は自己弁護をして，自分が彼らから望むものは「余暇と静けさと平穏と自由」だけだといった．父親は彼に法律を学んでほしかったのだが，ペトラルカは自分の天賦の才能を確信して，若いうちから市民生活に巻き込まれるのを避けてしまった．ダンテと同様に，皇帝というものの姿――彼の場合はボヘミアのカールだった――が，古代イタリアの偉大さを復興してくれることを望んだこともあった．しかし，先輩とは違って，政治的変化を引き起こそうと積極的に運動することはなかった．詩人は，自分が時代から隔絶していると感じ，古代人のほうに親近感をもっていた．「私は独りでものを書く．そして書いている間，私ができる唯一の方法で先達たちと熱心に会話する．不親切な運命によってともに生活せざるをえない人々のことを，私は喜んで頭から消し去る」．彼の作品は，内省的で自分しか見えていないが，同時代の人間には馴染みのない方法で，自分自身の関心や感情を探っていた．彼は大学に職をもたず，古典文学を個人的に研究するほうを優先して，法学や神学の標準的なテーマも無視した．お気に入りのローマの作家はキケロで，そのキケロの例にならって，個人宛に書いた自分の書簡を集め，それを回覧させたりもした．一方，キリスト教の手引きとしたのは聖アウグスティヌスで，その著作を内省の手本として利用した．彼は，古代のギリシア語やラテン語のテキストの良質な写本を集め，財産として最も自慢にしている書物のうちの1冊については，扉絵の装飾をシモーネ・マルティーニに頼んだ．それは，ローマの詩人ウェルギリウスの複数の作品が含まれている手稿本だった．孤独だと感じていたからと

右　ペトラルカの旅
ペトラルカはしばしば，最初の偉大な人文主義者と呼ばれる．彼は法律家としての訓練を受けたが，パトロンであるジョヴァンニ・コロンナ枢機卿の庇護のもとで，責務の軽い聖職に次々に就き，生涯を通じてそうした聖職から収入を得ていた．彼の家族は，フィレンツェを追放になって亡命生活をしていたし，教皇庁がローマから追われてアヴィニョンに移ったことから，ペトラルカはまれにみる自由さで，北イタリアや南フランスをあちらこちらと移動できた．そしてその間ずっと，執筆と研究に打ちこんでいた．最後には彼も一家を構え，図書室をつくり，庭の手入れをしようと考えた．そして，この夢をパドヴァの近くのアルクァでかなえたのである．

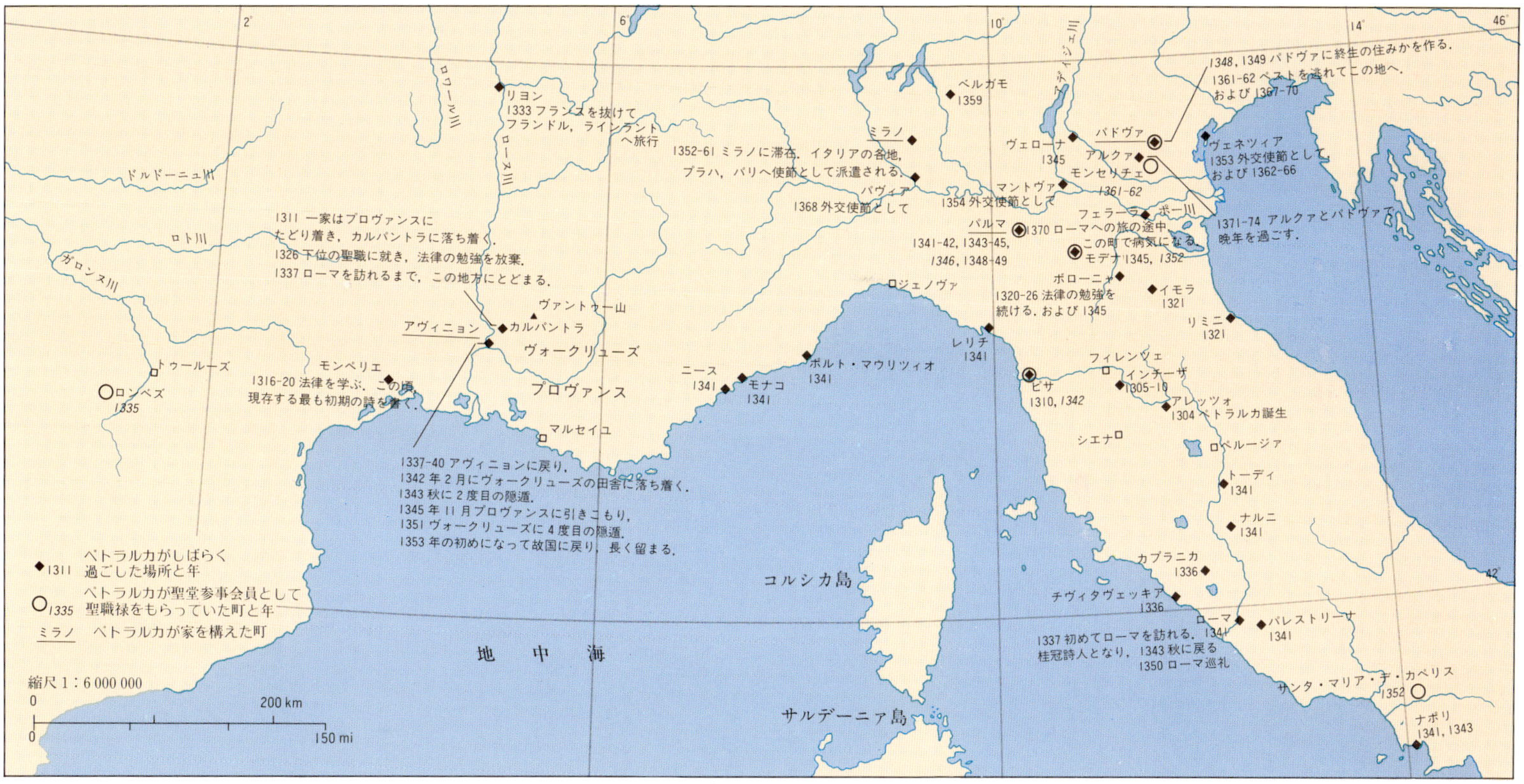

いって，ペトラルカが目立って有利な人脈をもち，影響力ももち続けるのに支障はなかった──その知的自立性とすべてを注ぎ込むような古典作品への熱中ぶりのおかげで，彼は後世の人文主義者たちから職業上の模範とされることになったのである．

ペトラルカはフィレンツェにいつかなかった．しかし，彼は書簡を通じて，この都市に強い影響を与えた．市内では，彼の最大の追随者といえば，未来の共和国書記官長コルッチォ・サルターティと，作家のジョヴァンニ・ボッカッチォだった．ペトラルカと同じように，ボッカッチォ（1313─75）も最初は商売の道へ進むと決められていた．しかし，その努力はむだだった．その理由を彼は後に書いている．「もし，父が賢明に私を扱っていたなら，私は偉大な詩人の仲間入りをしていただろう．だが，むだなことに，彼は私に強いて金儲けに専念させ，利益のあがる職業のことだけを考えさせたのだ」．ついには恋愛詩と文学への意志が勝った．ダンテにはベアトリーチェがおり，ペトラルカはラウラにソネットを捧げたが，ボッカッチォも，一人のナポリの若い女性，フィアンメッタのうちに，自分の詩神（ムーサ）を見出した．しかし，この作家が自分の思いを最も効果的に託したのは，散文だった．つまり，長大でドタバタ調のこっけいなところも卑猥なところもある小話集，あの『デカメロン』（1348─53 年執筆）を書いたのである．これには，当時のイタリアの実生活といろいろな国の伝説の両方が反映している．物語は 1348 年のペストのときのことと設定され，その折に，一団の若い男女がペストの惨禍から避難したということになっている．社会の崩壊を嘆きつつ，だまされた夫や不幸な妻や心休まる愛のひとときについての小話を披露し合うことで，彼らはもっと愉快だったときどきのことを思い起こしたのだった．『デカメロン』はヨーロッパ中で広く人気を博した．もっとも，物語のいくつかは非常にあからさまだったので，初期の英語版ではしばしば，あまりにも猥褻な語句は翻訳しないままにしてあった．ボッカッチォは，おそらく宗教的回心の影響で，結局は軽いノヴェラ（小話）の形式を否定し，自分の初期の詩の多くを破棄し，自分が『デカメロン』の著者であることさえ否認した．ペトラルカの指導のもとで彼は古典研究に転じ，晩年は，ナポリとモンテ・カッシーノのベネディクト会修道院で古代のテキストを探してすごした．ペトラルカの人文主義の影響がフィレンツェにはっきりと残ったのは，ボッカッチォのおかげだが，彼は 1350 年代半ばにダンテ賛美の伝記を発表して，ダンテの評判も広めた．また，ほかにも 2 冊の伝記的作品，『著名なる人々の運命について』と『著名なる女性たちについて』を発表している．1373 年，フィレンツェ執政府が，『神曲』の講義をしてくれるように依頼してきたので，彼は金 100 フィオリーニでその仕事を引き受けた．しかし，まもなく病気にかかり，生まれ故郷のチェルタルドの町に帰って，そこで 1375 年 12 月に死んだ．ペトラルカが死んで 18 カ月後だった．多くの人間にとって，この二人の死はイタリアの詩の終焉を意味していた．

ダンテもペトラルカもボッカッチォも，自分たちの時代には文化的な価値が本質的にないと思っていた．ところが，その価値のなかったはずの時代に，当の三人がイタリアの誇る文学上の最高傑作のいくつかを生み出した．これは 14 世紀の決定的な皮肉である．結局は三人とも，自分たちの時代の人間には，古代の偉大な著述家や思想家と比べられるようなものがほとんどないと確信していた．しかし，その幻滅こそが，いくつもの作品を生み出すもととなった．そして，同時代の建築や彫刻や絵画とともに，それらの作品のおかげで，彼らがだんだん軽蔑するようになっていたその世紀はいまや，芸術的な成果の並外れて大きい時代とみられているのである．

イタリア文化の新たな動向

13 世紀末から 14 世紀にかけて，北イタリアの中心的な彫刻家や画家や作家が，制作の際の題材として，古代の作品を手本とし始めた．画家や彫刻家，特にジョットやニコラとジョヴァンニのピサーノ親子は，伝統的なキリスト教の主題を扱い続けたが，自分の倣った古代の作品の例の影響で，自分の描く人々の人間的な側面により重点を置くようになった．ダンテとペトラルカとボッカッチォは，見習うべき前例と霊感を古代の作家の作品に求めた．これらの画家や彫刻家の多くは，フィレンツェとかかわりがあった．フィレンツェでは，いく人かの指導的な市民が，彼らの仕事に強い関心をもっていた．しかし，14 世紀の終わりには，この新たな動向が決定的になるのか，それともフィレンツェの都市そのものと同様に過去のものとなってしまうのか，はっきりしなくなっていた．

ダンテと神曲

フィレンツェの大聖堂のこのフレスコ画が描かれた当時(1464年)，ダンテ・アリギエリはこの町きっての詩人で作家として賞賛されていた．彼の作品の講義や講読が定期的に教会で行われ，それによってフィレンツェ人は「清新体」詩に親しんでいた．この詩のスタイルは，彼が13世紀にイタリアにもち込んだと考えられているものである．しかし，この作家は実際には，党派争いによるつらい追放の身で，人生の大半を都市の外で過ごしていた．党派争いが彼から故郷を奪ったのである．『神曲』は彼の人生のこの時期に書かれており，彼は同胞の市民を貪欲で派閥好きだと酷評して，憂さを晴らしている．「喜べ，ああフィレンツェよ．汝はきわめて偉大ゆえ，海にも陸にも汝は翼をはばたいてゆき，汝の名は地獄中に広まる」．しかし，この長大な詩は，政治的に拒絶されたことへの単なる報復よりも，はるかに優れたものだった．『神曲』は14世紀の知と哲学についての並外れた概論であり，人間存在の本質と多様性，そして天国への救済について熟考するように読者をいざなったのである．

何世代にもわたり，イタリアの読者にとっては，ダンテの地獄・煉獄・天国観は，死後の世界観の神髄だった．詩は，善と真実と美を探求する旅という形をとっている．

「我は正しき道を失って，人生の旅半ばにて暗き林の中にあった．ああ，自然のままにて，あらあらしく，苛酷なるこの林のありさまを語るのは，いかに難きことか．思い起こせば，恐れもまた新たなり！　そのつらきことは，死とほとんど変わらぬほど．されど，そこに見出せし善を説くため，それよりほかに目にしたることも語らん」．

案内役である古代ローマのラテン語詩人ウェルギリウスとともに，作家は地獄の門を抜けて，いく層にもなっている地下の世界を下りていく．ここで彼は，不義密通の恋人たちや大食漢や高利貸しや暗殺者に出会う．彼らは皆，その罪に応じて特に考えられた苛酷な罰を受けていた．煮えたぎるタールの大桶，蛇，奇怪な悪魔などの多くの責め苦が，罪を犯した者を待ち受けていた．

しかし，希望はあった．第二部は，煉獄の山をゆっくりと登っていく様子を述べている．死んだ後でもまだ，男も女もこの世の罪を清めることができるという概念は，神の慈悲が極悪人にも救済をもたらしてくれるかもしれないということを意味していた．ダンテの読者たちは，教皇や司教の贖宥(免罪符) を買うことに慣れていた．これらの贖宥は，罪からの解放を保証していたのである．魂のために唱えられる祈りやミサも，ダンテのいう何層にも重なった煉獄を登っていく助けになった．そして行き着いたところに広がるのが，天国の光景である．詩人はこれを最後の部に置いている．そこには，ダンテの想い人，若きフィレンツェ人女性ベアトリーチェが，信仰と神の愛の真の理解へと彼を導くために待っていた．

ダンテが初めてベアトリーチェに会ったのは，彼が9歳で彼女が8歳のときだった．彼女は，『新生』の中の初期の恋愛詩から『神曲』に至るまで，ただ一人彼の詩作に霊感を与える最も重要な存在となった．『神曲』は，彼女が24歳で死んだ後に，ダンテが書き始めたものである．『神曲』の最終部で彼らは再会し，ベアトリーチェは彼を聖母マリアのもとへと連れていく．

下　ドメニコ・ディ・ミケリーノ作の「フィレンツェ市の前に立つダンテ」(1465年)．15世紀，フィレンツェ市当局は，この都市の最も有名な文学者たちの遺骨を，墓地から大聖堂へ移したいと考えていた．しかし，ダンテが埋葬されているラヴェンナ市は，詩人の遺骨を放棄するのを拒否した．このフレスコ画は，その代わりに注文されたもので，フィレンツェの町がかつて追放に処した人物を記念するためである．画家のドメニコ・ディ・ミケリーノは，もっと有名な美術家，アレッシォ・バルドヴィネッティから託されたデザインを実行しつつ，さらに人物を描き加え，6カ月で仕事を仕上げたことで褒美をもらったのだった．

祭壇画

14，15 世紀の教会では，祭壇画は美術表現の主たる形態の一つとなった．もともとは祭壇の正面に置かれていた絵は，ミサの最も重要な部分，つまり聖餅が聖別される瞬間のための背景として，だんだんと大きな重要性をもつようになっていった．はりつけの十字架像（クローチェフィッツ）や蠟燭や立派な覆い布と並んで，祭壇画は，キリストの犠牲を再演するこの儀式に威厳と価値を与える効果があった．

それぞれの絵は，宗教的な畏敬と献身の念を生み出し，祈りと瞑想へ気持ちを集中させるようなものでなければならなかった．祭壇は通常，神と特定の聖人たちの両方に捧げられていた．マリアはキリストの母として，最も人気のある方だった．というのも，参拝者は，彼女が多大な影響力をもち，罪人に代わってキリストに慈悲と同情を求めてくれることができると信じていたからである．他の聖人たちは特別な役割をもっていた．たとえば，聖アポロニアは歯医者の守護聖人だったし，聖セバスティアヌスはペストから守ってくれることになっていた．

通常，祭壇画は聖人たちを題材の中心としており，聖人やその物語を描くには非常に多くのやり方があった．最初の頃の祭壇画は，ドッサーレとかレタープルといわれ，単純な長方形のパネルだった．祭壇の前面にあったものが，祭台の上へ移されたのである．これが徐々に手のこんだものになった．個々の人物像が，しばしば上方のパネルと脇の支えパネルに描かれ，物語の場面は通常，プレデラという下方の部分にあった．もち運びのできる小さな三連祭壇画（トリプティク）は寝室に据えることができ，個人の信心を励ました．一方，何段にもなった大きな多翼祭壇画（ポリプティク）は，俗人が立ち入る教会の中央部の身廊と，聖職者のみが立ち入りを許された内陣の間の仕切りとして機能したに違いない．16 世紀に多翼祭壇画がはやらなくなり，典礼も再び変わると，多翼祭壇画の多くは壊されたり，各構成部分に切り分けられてしまった．このために，これらの作品の影響を十分に評価することは，いっそう困難になってしまっているのである．

左　二つ折り，つまり 2 枚のパネルの祭壇画．小型の祭壇画は何枚かの木の板でつくられた．これらの板は釘か木製のだぼで接合され，滑らかな表面に絵を描けるように，しばしば 1 枚の亜麻布としっくいで覆われた．それから赤いボーロ（粘着性の顔料）を層状に塗って薄い金箔を貼る．それからようやく，画家は仕事を始めるのである．

右　3 枚のパネルの祭壇画，いわゆる三連祭壇画（トリプティク）は，通常ミサの間か特別な祝日のときだけ開かれた．2 枚の翼の部分は，中央の画像を覆って保護するのであり，その外側は普通，絵が描かれていた．そこに描かれるのはしばしば，彫刻を模したグリザイユ（灰色の濃淡だけで描く）の人物像であり，あるいはもっと単純に，その絵を注文したパトロンの紋章だった．

左　三連祭壇画はしばしば凝ったデザインだった．ここでは 2 枚の翼が，円屋根状になった中央の画像にふたをするように閉まる．

下　ヒューホー・ヴァン・デル・フース作の「ポルティナーリの祭壇画」（1476 年頃）は，メディチ家のために働いていたトンマーゾ・ポルティナーリ――彼と息子たちの姿は左手のパネルに，妻と娘は右手のパネルに見える――のために描かれたものである．このフランドルの祭壇画は，フィレンツェで非常に賞賛された．ルネサンス期の最も優れた祭壇画の中には，北方の美術家の描いたものも多い．目立つところでは，ファン・エイク，ヴァン・デル・ウェイデン，ボス，グリューネヴァルトの作品がある．

上　「十字架降下」(1443年頃) を制作するにあたって，フラ・アンジェリコは，絵画平面をいくつかの個別の画面に小分けするよりも，むしろ中央のパネルの表面全体にそれを広げた．このやり方は大型の作品ではごく普通である．

右　ドゥッチオの「マエスタ（荘厳の聖母）」の輪郭．これは，大きく複雑な多翼祭壇画で，かつてはシエナの大聖堂に立っていたものである．フラ・アンジェリコの「十字架降下」と同様に，主画面は翼のない中央の広いパネルに描かれている．小さな画面が下部（プレデッラ）と上部にあり，さらに（珍しいことだが）裏側にもあって，内陣に面している．

下　多翼祭壇画（ポリプティク）の形式は，小さな持ち運びのできる祭壇画に特に向いていた．こうした祭壇画は簡単に立てられ，旅先で祈る場所が手軽にできた．見る者が確実に中央の画像を注視するように，翼は角度を変えることができた．中央の図像は普通，聖母子だった．両脇の翼のパネルには，特定の守護聖人の姿やキリストの生涯の物語が描かれ，信仰に思いをめぐらすときの補足的な材料となっていた．

ジョットとアレーナ礼拝堂

アレーナ礼拝堂は，近くに古代ローマの円形闘技場（アレーナ）があることから，その名前がつけられている．これは，一人の富裕な貴族，エンリコ・スクロヴェーニによって建設された．1302年，彼は居館の隣に小さな私有礼拝堂を建てる許可を与えられ，翌年，その礼拝堂がお告げの聖母に奉献された．これを建てた彼の動機は，一つには父親の罪を償うことにあった．父親は非常に悪名高い高利貸して，『神曲』の中でダンテが彼を地獄に落としているほどであった．建物のプランはすぐにもっと手のこんだものとなり，1305年までには，近くに住んでいる修道士たちが，スクロヴェーニの礼拝堂の贅沢ぶりは目にあまると不平をいうようになっていた.「彼は，そこに大きな教会を建てるべきではなかった．それに，多くのものが，神の賛美と栄光と名誉のためというよりも，虚飾と虚栄と富のためにつくられたのである」．

スクロヴェーニは，礼拝堂の装飾をさせるのにジョットを選んだ．絵の主題は聖母マリアとキリストの生涯である．そして，ジョットの評判がしっかりと打ち立てられたのは，この風変わりな，ぐるりと一巡するフレスコ画群のおかげだった．たくさんのエピソード，特にマリアの子供時代に関するものが，聖書からではなく，ヤコブス・デ・ウォラギネの『黄金伝説』のように民間に広まった作品からとられていた．人物像を動きのある人間臭い様子に描きながら，ジョットは新しい視覚言語をつくりだした．それは，いきいきとした身振りと，むだがなく注意深い画面構成とによって，宗教的物語の感動的な内容を伝える言語だった．こうした方法で，参拝者は，それぞれの場面に描かれた人物と感情的に同化するように仕向けられた．そして，それにより聖なる物語が彼ら自身の人生にもかかわっていると思うようになるのだった．

右　「エジプトへの逃避行」は，物語作者としてのジョットの才能を例示している．岩だらけで荒れ果てた地形という飾り気のない背景の前で，聖母の姿は冷静を装いながらも，しかし決意の表情を浮かべている．ヨセフは，妻と彼女の抱いている幼子の運命を思って振り返っているようだが，その様子も興味を引くものの一つである．ジョットの同時代人をあれほど深く感動させたのは，ドラマや情念の生じるさまざまな瞬間を説得力のある描写にし，それを通して物語を語れるこの才能なのである．

マリアの物語
1. 神殿から逐われるヨアキム
2. 羊飼のもとに赴くヨアキム
3. アンナへの告知
4. 犠牲を捧げるヨアキム
5. ヨアキムの夢
6. 金門の再会

聖母伝
7. マリアの誕生
8. 神殿へのマリア奉献
9. 杖の提出
10. 杖への注視
11. マリアとヨセフの婚約
12. マリア帰宅
13. a,b,c　受胎告知と「天使の派遣」，アーチの左が天使ガブリエル，右が聖母マリア

イエス伝
14. マリアのエリサベツ訪問
15. イエス降臨
16. マギの礼拝
17. 幼児キリストの神殿奉献
18. エジプト逃避
19. 嬰児虐殺
20. 少年イエスと学者たち
21. キリストの洗礼
22. カナの結婚
23. ラザロの復活
24. エルサレム入城
25. 商人追放
26. ユダの契約
27. 最後の晩餐
28. 弟子たちの足を洗うキリスト
29. ユダの接吻
30. カヤパの前のキリスト
31. キリストへの嘲弄

32. 十字架への道行き
33. キリストの磔刑
34. キリストの死への哀哭
35. キリストの復活
36. キリストの昇天
37. ペンテコステ(聖霊降臨)
38,39 建築の一部

善徳と悪徳の寓意像
40. 賢明
41. 剛毅
42. 節制
43. 正義
44. 信仰
45. 慈愛
46. 希望
47. 絶望
48. 嫉妬
49. 不信心
50. 不正
51. 怒り
52. 移り気
53. 愚かさ

穹窿(ヴォールト)—預言者たち
54. 聖母子
55. マラキア
56. イザヤ
57. ダニエル
58. バルク
59. キリスト
60. 預言者
61. 預言者
62. 洗礼者ヨハネ
63. 預言者

下　洗礼堂に入って内部を見ると，すぐに後陣の上にあるお告げの聖母の力強い画像と向き合わされる．この場面は，キリスト生誕以前のマリアの人生をキリストの子供時代と受難のエピソードへ結びつけており，壁に描かれた何層もの物語の要の役割を果たしている．絵を見る者がエピソード同士の結びつきを見る気になるように，四方の壁をめぐる物語を配列しながら，ジォットは注意深く画像の釣り合いをとった．人間の美徳と悪徳のアレゴリー(寓意像）は下のほうに描かれた．興味深いことに，貪欲の罪は描かれていない．入口の上方の西側の壁に，ジォットは，この一連の物語のクライマックスである「最後の審判」を描いた．エンリコ・スクロヴェーニが，聖母に礼拝堂の模型を奉献しながら跪いている姿が見られるのは，ここの扉のすぐ上である．

古典期ルネサンス

1402年9月はフィレンツェに，長い間待ち望んでいた奇跡を引き起こした．市壁外側のミラノ軍が都市を略奪しようとする中，ミラノの支配者ジャン・ガレアッツォ・ヴィスコンティが急病で他界したのである．それに続く混乱に乗じて，これまでヴィスコンティの支配権を認めていたシエナ，ピサ，ペルージァ，ボローニャなどが独立を宣言した．フィレンツェは3日間の祝祭にわき返ったが，早くも新たな契機を逃さなかった．包囲され餌食とされる立場から，すばやく，アペニン山脈と地中海に向かって領域を拡大すべく周辺の土地と都市を征服する侵略国に転じたのである．しかしフィレンツェだけがそうしたのではない．ヴェネツィア，ナポリ，それに支配者が若返ったミラノはすべて，主張する領土の奪回を強く望んでいた．

この15世紀初頭のイタリア半島を巻き込む領土戦争の恩恵を受けたのは，巡り歩く職業戦士「傭兵隊長」だった．彼らはすでに14世紀の数多くの戦争で決定的な役割を果たしていた．たとえばイギリス人のサー・ジョン・ホークウッドは，ヴィスコンティとの戦闘を通してフィレンツェ人を防護した功績により，大聖堂内にフレスコ画で肖像が描かれた．ホークウッドは，雇う側の都市と正当な関係をもつ信頼できる傭兵隊長のまれな例だった．多くの都市は傭兵による軍隊とよりあいまいな関係をもっていた．傭兵隊長は，戦闘を避け敵の包囲期間を延長してより多くの金を得ようとすると疑われていた．戦闘の最中に金を多く支払う側に寝返ろうとすることも多かった．その最も罪深い傭兵隊長こそシジスモンド・パンドルフォ・マラテスタ（1417―68）である．優れた策略家であった彼は，裏切りを繰り返して雇う側の都市を怒らせた．1460年代のナポリ戦争の最中，彼はナポリ王アルフォンソの側から敵側に転じた（しかも雇い主から受け取っていた金は返さずに）．しかし，15世紀の最も劇的な話といえば，やはりフランチェスコ・スフォルツァ（1401―66）のそれである．1420年代にナポリの女王に献身して裕福になったスフォルツァは，イタリア東部マルケに（脆弱な教皇に乗じて）侵入し，教皇領の小支配者となった．ミラノ公フィリッポ・マリア・ヴィスコンティは，スフォルツァの軍隊が彼のために戦うことを強く望み，一人娘とスフォルツァを婚約させた．1450年，一連の転覆や後退にもかかわらず，ロマーニァの田舎から身をおこした貧しい小貴族スフォルツァはミラノ公となったのである．

政治家，統治者，人文主義者

積極的に拡張を続けるイタリアの都市国家とその統治者の要望を満たす職業人は兵隊だけではなかった．ジャン・ガレアッツォ・ヴィスコンティは，「フィレンツェの書記官コルッチォ・サルターティ（1351―1402）のペンはフィレンツェの30の騎兵中隊以上の破壊力をもっている」と嘆いた．サルターティはこの賛辞に対し，「もし仮に私が剣を鞘に戻したくない場合には，筆を弱めるとでもお考えか」と答えている．戦争は常に堂々たる演説と詩を伴い，それは交戦の正当な理由ばかりか敵と味方の説得のために求められた．このような能力は人文主義研究の学者や大学の教師，つまり文法，修辞学，詩学，歴史学，倫理学を研究する人々によって養われることもあった．彼らは人文主義者として知られるようになったが，15世紀のプロフェッショナルな学者は，ペトラルカに似て，もはや大学や聖職の機関に閉じ込もることはなかった．古代の修辞法に精通した彼らはさまざまな政治的立場の人々に雇われて奉仕した．専制君主たちは意のままになる秘書を集めて，言語による政治論争に備えた．1440年代，ロレンツォ・ヴァラ（1407―57）は，コンスタンティヌス帝がローマ教皇に帝国領土の支配権を一時的に譲り渡したとされる「コンスタンティヌスの寄進状」が偽造文書であったことを発見した．この発見は彼を雇っていたナポリ王アルフォンソを助け，教皇領との闘争に突入させたのである．サルターティとその後継者たちは，ギリシアやローマにみられた古代の共和国を例にあげ，フィレンツェの特殊性を明確にした．

人文主義者は，雇い主の利益追求に自らの技術を駆使するとはいえ，そのほとんどは当時の政治的問題に興味を示さなかった．彼らの目標は古代の言語と文献を取り戻すことにあ

上　シジスモンド・マラテスタ．若くしてリミニを治めた，当時の最も重要な傭兵隊長の一人．その軍事的手腕は，彼を雇った多くのイタリア都市国家の支配者に広く知られていた．しかし，裏切りや二枚舌との評価から，より強力なリーダーになることはなかった．1460年代，教皇ピウス2世がリミニを攻撃した際，彼を助けにこようとした同盟国はほとんどいなかった．

左　パオロ・ウッチェロ，「ジョン・ホークウッド」(1436年)．英国人ジョン・ホークウッド（イタリアではジョヴァンニ・アクートの名で知られる）は，14世紀後期のフィレンツェで最も賞賛された傭兵の一人．彼の仲間の多くの傭兵隊長と違って，ホークウッドはフィレンツェに忠実に仕え，契約を破ることはめったになかった．それに感謝し，また15世紀フィレンツェのために働いていた傭兵隊長たちを激励するため，市当局はウッチェロに依頼し，この架空の騎馬像を大聖堂の内壁に描かせた．

フィレンツェの人文主義者
1375－1460 年

14 世紀後期から 15 世紀初頭のフィレンツェで活躍した 36 人の著名な人文主義者のうち，半数足らずはフィレンツェ生まれだが，残りの多くはフィレンツェ支配下の地方都市の出身である（興味深いことに，当時名声を得た人文主義者の多く——アルベルティ，ポッジォ・ブラッチォリーニ，レオナルド・ブルーニ，コルッチォ・サルターティ——はフィレンツェ以外の出身者である）．フィレンツェで教育を受けた者がほとんどだが，パドヴァやボローニャの大学，さらに遠くのパリやコンスタンティノープルで学業を終えた者もいた．フィレンツェの人文主義が大きく開花するのは，まさに数多くの市民が人文主義の実りある教育を受け始め，それゆえ他都市に研究に行く必要がほとんどなくなった時期にあたっている．

った．ラテン語はその基礎的な対象として彼らにつきまとっていた．たとえばポッジォ・ブラッチォリーニ（1380—1459）はまずイギリスのウィンチェスターの司教ヘンリー・ビューフォートの秘書を務め，その後ローマ教皇の秘書となってヨーロッパの修道院図書館を巡り，古代に書かれた文献の新しくより良いものを収集した．ニッコロ・ニッコリやヴェスパシアーノ・ダ・ビストゥッチのようなフィレンツェの本屋を通して，その文献が複製され売られることで，ポッジォの友人たちの書棚に古代文献の美しい複製本が並んだのである．ローマのモニュメントに魅了された彼は自分の書斎に胸像のコレクションを置いていた．だがこれは，美術的価値からではなく，記された碑文のスペルや動詞変化の表示のされ方が不明確なため公表されていなかったものが多い．ポッジォは古代ローマの文字を一般に使用できるように復元し，一方親友で文通相手のニッコリは今日なお使われているイタリア文字の新しい形をつくりあげた．

ラテン語文献への関心に匹敵するのは，ギリシア文化の魅惑であった．ペトラルカはホメロスの『イリアス』をもっていたが，ギリシア語の原典だったため，残念ながら読むことができなかった．ギリシア語への無知を救済するために，サルターティはギリシアの外交官で教師でもあったマニュエル・クリソロラス（1350—1415 頃）をコンスタンティノープルから招聘し，フィレンツェでギリシア語を教えさせた．彼は 1396 年から教えた．1420 年代にはシチリアの人文主義者ジョヴァンニ・アウリスパ（1370—1459 頃）がコンスタンティノープルから 200 を超える手稿をイタリアに持ち込んだ．その中にはプラトンの全著作も含まれていた．1453 年のトルコによるコンスタンティノープルの陥落は，そこからの学者の移住と手稿の移入をもたらした．重要なギリシア語文献はラテン語やイタリア語に翻訳され，その知識は急速に広まった．とりあえず，プラトン，プロティノス，アリストテレスのような主要な哲学者の著作が正確に翻訳，編集，製本された．しかし，マルシリオ・フィチーノ（1433—99）やアンジェロ・ポリツィアーノ（1454—94）のような 15 世紀後半の人文主義者は，言語の問題を克服したうえで，古代の知見とキリスト教の啓示との間に横たわる問題を探求することができた．彼らは，真実と美の至高の性質についてプラトンが数多くの著作を残していることを見出したが，それは神の性質や

右　テンピオ・マラテスティアーノ（1450—62年），リミニ．　レオン・バッティスタ・アルベルティが設計し，地元の建築家で彫刻家のマッテオ・デ・パスキの指揮で建設された．ゴシック様式のサン・フランチェスコ聖堂は古典主義のファサードに改変されたが，その意匠はリミニの町はずれにある古代ローマのアウグストゥスの門に基づいている．リミニは石材が十分にないため，シジスモンド・マラテスタは，大理石や貴重な石をイタリア中から，またイストリアから輸入し，さらに付近の修道院から古代の床スラブを没収して転用材とした．コーニスにある長いラテン語の記述は，リミニの支配者マラテスタの美徳をたたえ，側面のギリシア語の詩は彼の軍事上の勝利とキリストに対する敬虔を表している．

上　レオン・バッティスタ・アルベルティによる自画像のメダル．アルベルティは人文主義者で，美術に対する情熱から，絵画，彫刻，建築に関する重要な論文を著した．画家でもあったが，イタリアにおける，ルネサンス期の革新的建築の設計者として最もよく知られている．

左　ピエロ・デラ・フランチェスカ，「ソロモン王とシバの女王の会見（1452年—）の部分．アレッツォのサン・フランチェスコ聖堂内の一連のフレスコ画「聖十字架の賞揚」には，キリストが処刑された十字架の発見にまつわる出来事が描かれている．十字架の素材となった樹木はエデンの園の「知識の樹木」の枝の一つであった．ソロモン王は宮殿を建てる際にその枝を使うことはできず，川に架け渡す歩橋として用いた．ソロモン王を訪問したシバの女王は，この橋がいつの日か偉大な王を処刑するために使われることを推知し，その予言をソロモン王に伝えた．この会見はしばしば東西教会の再統一の希望を象徴するものと考えられていた．

神性の理解への当時の関心に適合した．

数多くの高慢な要求をもっていたにもかかわらず，15世紀の人文主義者はアカデミックな孤立に陥る退屈な人々ではなかった．ポッジォは倫理的で歴史的な著作も残したが，最も人気のある作品は穏やかなポルノグラフィーとして書かれた273の短編集だった．古代に魅惑された後は奇想へと転じた．ローマではポンポニオ・レート（1428—98）が古代史研究のための非公式で私的なアカデミーを創立した．メンバーは定期的に夕食会に顔を出し，古代の話題を論じ，古代のニックネームでお互いを呼び合った．レートは古代ローマの衣装を身にまとい，大理石の碑文のコレクションを自宅に並べ，古代の作家の教えに基づいて庭づくりを試みた．

人文主義者の広範囲にわたる話題は，フィレンツェ人レオン・バッティスタ・アルベルティ（1404—72）の生涯にあらわれている．彼の家族はフィレンツェのメディチ家によってかつて追放され，青年時代のほとんどをジェノヴァとボローニャで過ごしたが，その後，ローマ教皇の書記官としての地位を得た．そしてついに彼はエウゲニウス4世とともに1430年代にフィレンツェに帰り，フィリッポ・ブルネレスキのような芸術家とともに，都市の輝かしい美術の発展の理論的基盤となる作品を設計し始める．彼は絵画，彫刻，建築の論文にとどまらず，倫理哲学，家族，馬，ローマの遺跡に関する論文，暗号，応用数学の書，そしてトスカナ語がラテン語に匹敵する高度な言語であることを示した文法書などを著した．

アルベルティの興味の対象が示すように，人文主義者を魅了する論点は数多くあった．彼らの発見は，理想的な人間の存在のモデルを用意するためにあった．倫理の追求，公正なバランス，適切な礼儀作法は，支配者にとっても学者にとっても関心事になってくる．1373年，ペトラルカは「パドヴァを以前のような貴族の主権に戻すための課題は，壮大なプロジェクトではなく小さなディテールにある」と強く主張し，パドヴァの支配者フランチェスコ・カラーラに対し，実際的な助言として，都市の街路を修復し，豚飼いに豚を都市外で飼育させるように勧めた．また，「兵士はときにはあなたにとって役に立ち，戦争時に良い働きをするかもしれないが，学識のある者のみが，時機に応じた適切な助言を与えることができ，それがあなたの名声を保証するのである」と警告している．これに対してフランチェスコ・カラーラがどう反応したかは不明だが，他の君主たちは注意を払っていた．宮廷や都市のなかに人文主義者の助言者がいることはありふれたことなり，彼らの考えはイタリアの生活に直接的な衝撃を与えた．古代の知恵に助けられて，教養ある人物や哲学者の君主が政府と市民のために働くことができたのである．上層階級の女性たちでも，その子息や令嬢を徳の高い人生に導くためにはそのような教育が必要だった．マントヴァでは，ヴィットリーノ・ダ・フェルトレ（1378—1446）がゴンザーガ家宮廷内に学校を創立し，上層階級の子息，令嬢を教育した．その主役となった生徒はマントヴァ侯の令嬢チェチリアで，8歳にしてギリシア語の知識をもち，訪れる者を驚かせた．ヴィットリーノの人文主義は実用主義に染まっていた．彼は生徒たちの健康を気づかい，太った子供にはダイエットをさせ，全員に十分な運動をさせた．勉強は常に目的をもってしなければならず，「全員が哲学や法律に秀でることはできないし，生まれつきの向き不向きはどの分野にもある．だが，全員が社会の中で生き，徳を実践するように運命づけられている」と述べている．

ヴィットリーノの遺産，つまり学識と古代の学習が文明社会の批評的要素を構成するという概念は，西洋の教育哲学の出発点を形成した．しかし，彼が仕えた君主たちは彼の死後の高い評価にほとんど関心を示さなかった．フィレンツェ政

書物の探求者

古代ローマの文献への関心が再び高まると，古代の手稿をできるだけ多く発見し収集することが必要になった．これらの手稿を収集し書写する仕事が人文主義の第一段階を形づくったのである．専門家が書写したものは値が高く裕福な人々しか手に入れることができなかったため，サルターティ，ニッコリ，ブラッチオリーニのような学者は自分の手で書写した．まもなく古代ギリシアの文献にまで関心が広がり，1420年代にはジョヴァンニ・アウリスパによって初めて西側の世界にプラトンの全著作がもたらされた．

ポッジョ・ブラッチオリーニは自らの字体の基礎を清明なカロリング朝の小文字（ミヌスクール）においていた．当時それはアンティカ体と呼ばれたが，今日ではローマン体と呼ばれている．ニッコロ・ニッコリは速筆に適した字体を工夫し，それが現在のイタリック体の基礎になった．文献の獲得に対するニッコロの熱狂はすさまじく，最後には彼自身が破産してしまった．

これらの本はミニアチュール（細密画）や装丁の美しさによって宝物と化した写本であった．当時発見された原典の多くが残っていないのは，収集家が収集対象として本よりも手稿に興味をもっていたからである．

手稿は長い間にわたり何度も写本され，誤りを伴う脚色がなされた．こうして人文主義の第二段階は，ポリツィアーノのような学者が基準となる正しい文献をつくり上げることに捧げられたのである．

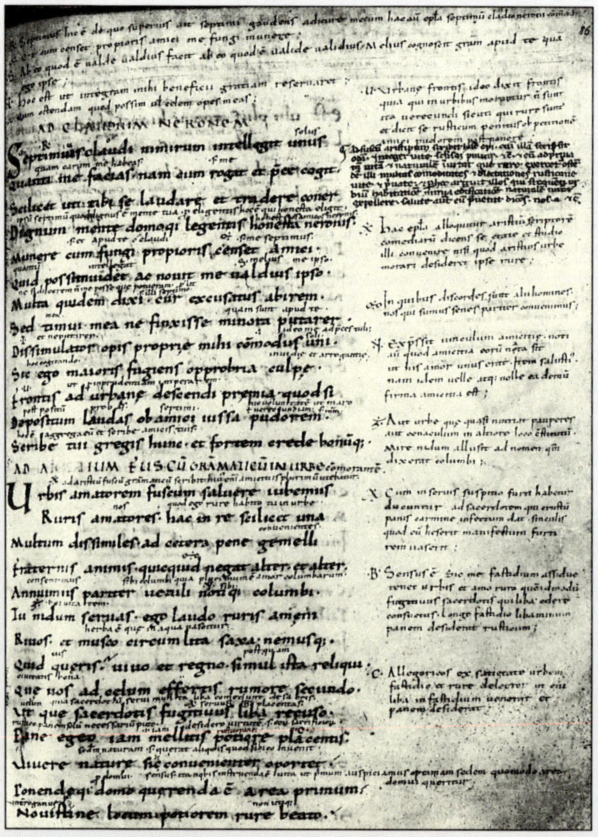

左　1347年にペトラルカが手に入れていたホラティウスの詩集の一ページ．余白の書き込みはペトラルカ自身によるもの．彼の友人で文通相手だったコルチォ・サルターティは熱狂的な書物収集家で，自ら資料編纂し失われた書物を探し続けた．サルターティの弟子の中には，書物探しの双璧であるポッジョ・ブラッチオリーニとレオナルド・ブルーニがいた．サルターティはフィレンツェの行政官になると，政府機関の公務員に要求される新たな知的基準を設けた．

右　ギルランダイオによる「聖ヒエロニムス」（部分）には，写本に使われる道具が描かれている．アウグスティヌスとともに，ヒエロニムスは人文主義の学者の理想である，学問によって賢明になった人間を象徴する初めての人物として，15世紀の美術の主題に好んでとりあげられた．

古典手稿の再発見
西欧の古典手稿は修道院の図書館で発見されなかったもの以上に，その多くが失われた．このような図書館は何世紀もの間，古代の文献を保護してきたが，やがてそれは頽廃し無視された．われわれが今日知る古典手稿のかなりの部分は，ポッジョ・ブラッチオリーニ（上）とニッコロ・ニッコリの収集に負っている．ブルーニのように，ポッジョはローマ教皇の秘書官の地位を得たため，教皇や枢機卿とともに外国を旅行することが多く，それはフランス，ライン川流域，スイスの修道院で古典手稿を収集するための理想的な機会を彼に与えたのである．

府は，共和国政府を賞賛する学者や公務員（いわゆる市民人文主義者）に対しては大らかな度量を示した．レオナルド・ブルーニ(1370—1444頃)はフィレンツェ政府の書記官だが，古代のモデルを模倣した『フィレンツェ史』の著者だった．彼は1枚の石板に名が記された質素な墓に葬られることを望んでいた．ところが，1444年，フィレンツェ政府は彼を国葬とし，彫刻家ベルナルド・ロッセリーノに手の込んだ大理石の墓碑をつくらせた．フランシスコ会のサンタ・クローチェ聖堂内に設けられたその墓碑では，若い智天使（第二階級の天使）が凱旋門にかけられた果物と葡萄の花環にぶら下がり，石棺の上にはブルーニ自身が官服に身をつつみ，月桂樹の葉のなかに横たわる．そして胸には彼が著した『フィレンツェ史』を抱いている．

メディチ家とフィレンツェ

ブルーニがこのような栄誉を与えられたのは，コルッチォ・サルターティと同じく，彼の学識が政治的な実践に役立ったからである．この二人は学問的研究と，社会，政治活動への積極的参入との統合を説明する例である．彼らは生涯のほとんどをフィレンツェの自由と共和制の本質を明確化することに捧げた．しかし，ブルーニの死とともに彼が書き記したものは失われてしまった．自治都市の形態は存続したが，今やフィレンツェは単独の家，メディチ家によって統治されていた．1420年には戦争と高い課税が，再びフィレンツェの分裂を引き起こした．1433年，その主導者，コジモ・デ・メディチはヴェネツィアに追放された．だが，勝利を得た党派，主としてアルビッツィ家とストロッツィ家は致命的な誤りを犯した．フィレンツェ政府の高官は，名前を書いた紙片を封をした袋から無作為に選んで決められた．アルビッツィ家はこれらの袋の中の紙片を取り替えなかったため，メディチ家側の政府が1434年に選ばれてコジモは呼び戻され，反メディチ勢力は敗退したのである．帰ってきたコジモは二度と同じ間違いを犯さなかった．彼はその袋を入れ替え，書かれた名前がすべて彼の党派に忠誠をつくす人物になるようにした．コジモ自身は公然と権力を握ることはやめ，表向きは共和国の選挙であることを装って自らの影響を隠していた．彼は特に一般市民に対して注意深く振る舞った．地方のワインを飲み，質素な身なりをし，単なる一銀行家のためにはぜいたくすぎるとしてブルネレスキによるパラッツォ・メディチの設計案を退けた．しかし，彼の権力と影響は都市全域の数多くの公共向けの寛大な振舞いの中にみられた．フィレンツェの大きな聖堂と修道院のほとんどは直接，間接を問わず，何らかのメディチ家の支援で建設された．彼はサンタ・クローチェ聖堂に資金を提供して見習い僧のための礼拝堂を建てさせ，フィエゾレの修道院の建設を支援し，建設資金全額を負担してフランシスコ会厳修派の修道院をサン・マルコに実現させた．サン・ロレンツォ聖堂も同じくコジモの恩恵を受けた．すでに彼の父親がこの聖堂の新聖具室をブルネレスキにつくらせていた．聖堂の身廊のための資金がつきたとき，コジモは実際にその中に入り，完成したかどうかを確かめたとされる．

メディチ家のこのような支援のすべてが政略的手段に基づくものではなかった．コジモは長い間学術奨励に関心を払い，優秀な学生を支援したり，貧しい研究者に資金を貸し与えた．1427年，彼はローマに行き，ポッジォ・ブラッチォリーニの古代文献収集に加わった．彼は政治に深く関わるように

メディチ家のパトロネージ

1434 年，コジモ・デ・メディチは 1 年にわたるヴェネツィアへの追放から祖国フィレンツェに帰還し，ほぼ半世紀にわたるメディチ家の支配が開始された．コジモとその息子であるピエロとジョヴァンニは，公職に直接関わることはまれであったが，その権力と影響力は街中で感じることができた．投票のシステムを操作することで，彼らは友人，隣人，仲間を戦略的にポジションに就かせることができた．フィレンツェの市庁舎内の決議が，パラッツォ・メディチを訪問することなくなされることはまれであった．だがコジモは政治力を行使することにきわめて慎重だった．彼は一般市民を装う一方で，芸術や文学のパトロンとしての評価を築き上げた．彼は古典研究に対する理解や評価，そして自らのパラッツォの中に作品を置いたドナテッロのような芸術家への支援を賞賛された．メディチ家のパラッツォは 1444 年にミケロッツォが設計した．これはコジモの最も重要な事業だったが，一方で数多くの公共の事業にも個人的に責任を受け持っていた．メディチ家の資産はブルネレスキが設計したサン・ロレンツォ聖堂（その聖具室はコジモの父の代から始まっていた）の建設を可能ならしめた．サン・マルコの図書館とドミニコ会修道院，フランシスコ会のサンタ・クローチェ聖堂内の礼拝堂，フィエゾレの外にあるバディアも同様である．コジモの都市やモニュメントに対する経済的支援により，彼は死後,「祖国の父」と呼ばれるようになり，その称号はサン・ロレンツォ聖堂の祭壇の足元にある簡素な墓石に刻まれている．彼の広い範囲に及ぶ公共への献身は，次の世代のメディチ家に受け継がれることはなかった．ピエロとその息子ロレンツォは聖堂や修道院の建設に支援し続けたものの，その関心はむしろ，貴重な物品，古代の遺物，豪華に飾られた古代文献の私的な収集に向けられたのである．

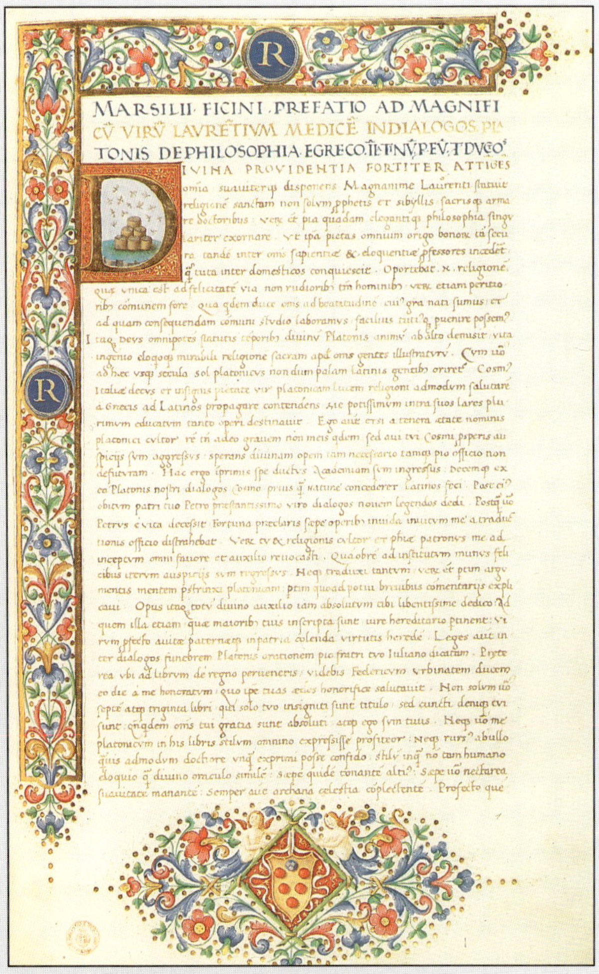
MARSILII FICINI PREFATIO AD MAGNIFICV VIRV LAVRETIVM MEDICE IN DIALOGOS PLATONIS DE PHILOSOPHIA EGRECO IN LATINV TRADVCTOS
DIVINA PROVIDENTIA FORTITER ATTINGENS

左上　マルシリオ・フィチーノによるプラトンの翻訳の扉ページ．この翻訳はコジモ・デ・メディチが奨学資金を提供して委託した仕事の一つである．

下　フラ・フィリッポ・リッピ,「受胎告知」(1448−50 年頃)．パラッツォ・メディチのために描かれたこの絵画は，入口の上部か，家具の一部を構成していたと考えられる．

左　パラッツォ・メディチはコジモのために彫刻家で建築家のミケロッツォが設計した．これによって彼はフィレンツェのパラッツォ建築の様式を変革した．フィレンツェの市庁舎にみられる14世紀の粗面仕上げのモチーフを採用することにより，メディチ家のパラッツォが重要で公的な性格をもつことを明示している．

左中　ドナテッロ，「ユディトとホロフェルネス」(1457年頃)．パラッツォ・メディチの泉水盤として鋳造された．ユダヤ人の未亡人ユディトがペリシテ人の将軍ホロフェルネスを誘惑した後，殺害してユダヤの人々を救った物語を主題としている．ピエロ・デ・メディチは，謙遜は高慢に勝ることを表す碑文をこの作品に加えた．

下　ヴェロッキオによるコジモ・デ・メディチの大理石レリーフ（1464年頃）．コジモはメディチ家の政治的地位を確立させた人物．抜け目なく，注意深く，慎重な性格で，メディチ家とその同士がフィレンツェの税制，外交，裁判を一手に握ることを可能にした．

なってからも，古代への情熱が失われることはなかった．たとえば1462年，彼は自分のヴィラから若きマルシリオ・フィチーノに招待の手紙を書き送っている．「昨日，カレッジに着いた．特に自分自身の気分を転換させるつもりで来たわけでもないのだが．マルシリオ，できるだけ早く会いに来てくれないか．私たちのお気に入りのプラトンの本も忘れずに」．彼の伝記作家で友人だった本屋のヴェスパシアーノ・ダ・ビスティッチは，コジモの死後，次のような賛辞を書き記している．「コジモはラテン語の知識をもっていた．ラテン語はさまざまな事柄に没頭する指導的立場の市民でさえめったに求められることがなかった．彼は真面目な気質で，軽薄な行動を嫌い，愚かな者，演技をする者，無益なことに時間を使う者を軽蔑する高い見識をもつ人々と交際する傾向が強かった」．

しかし，行政上，財政上の責任は先行しなければならない．ローマ教皇の銀行家として，メディチ家はすでにフィレンツェで最も裕福な家の一つに数えられていた．1427年のコジモの父の私財（8万フィオリーノ金貨）で毛織物業の労働者2000人分の年俸を支払うことができたのである．コジモはフィレンツェ政府に金を貸す代わりに，内政と外交を掌握した．彼はその地位を利用して，長い間続いたミラノへの敵意をフィレンツェから一掃した．フランチェスコ・スフォルツァはメディチ家が貸した資金をもとに，1450年ミラノを征服したが，その新政府に対して借金を返さなくてよいことにした．フィレンツェとミラノの同盟は，何世紀にもわたって領土拡大を続けるヴェネツィアに対抗するものだった．だが，1453年，トルコによってコンスタンティノープルが陥落すると，ヴェネツィアは安定と平和を望んだ．1454年，イタリア半島の五大国，ミラノ，ヴェネツィア，フィレンツェ，ナポリ，教皇領は，互いの国境を認め合い，半島の将来の安定の基礎をつくるための条約に調印した．

この条約，ローディの和は，後の25年間にわたり外交関係を規定した．戦争がまったくなくなったわけではなかったが，南部の戦闘に限られ，ナポリ国内の諸侯たちがナポリ王アルフォンソを打倒しようと試みた戦いや教皇領内の小ぜりあいがあるだけだった．この約100年間で初めて，フィレンツェ市民は攻撃や侵入を受けない時期を迎えた．特に注意深く姿を隠しているときのメディチ家の支配を受け入れることは，代価として高くはないようにみえた．コジモとその息子たちは，芸術の愛好と学習を育成させる繁栄と平和の守護者として，人文主義者や詩人から賞賛されることができたのである．

ミラノでは平和が新しいスフォルツァ体制の安定をもたらした．1447年の最後のヴィスコンティ公の死後に設立された共和国政府から，1450年，力づくでミラノを奪い取ったフランチェスコ・スフォルツァ（1401—66）はミラノ公国での公式な称号をもっていなかった．他の列強国が彼の地位に気づいても，そのような法律上のささいな区別は不問にふされた．ミラノ公とその夫人は注意深くその話題を遠ざけて質素な生活を送り，1456年の病院の建設に資金を投じたように公共への気前のよい寄付を忘れなかった．若い頃にほとんど教育を受けていないフランチェスコは，彼の後継者ガレアッツォ・マリア・スフォルツァ（1444—76）を教育するために優秀な人文主義者を雇い，彼を完璧なルネサンスの君主に育て上げようとした．フランス語で歌い，ラテン語で書き，ギリシア語を読み，オルガンとクラヴィコード（ピアノの前身）を弾き，舞踏，乗馬，馬上槍試合をこなし，来賓に対して長い古典風の演説を披露した．1466年，ガレアッツォ・マリアが父

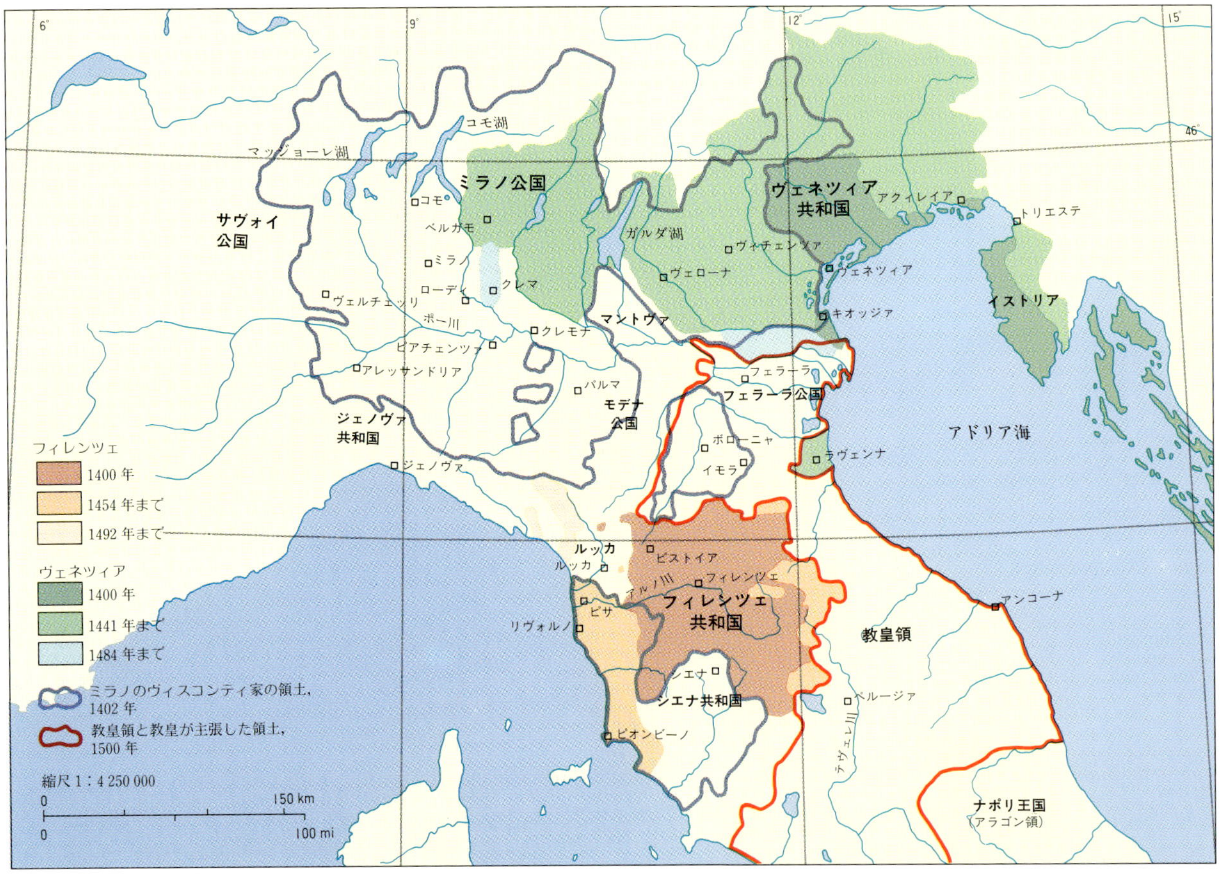

左　**ウェネツィア，フィレンツェ，ミラノの拡大**
15 世紀を通して北イタリアの政治は，台頭するこの三国に支配されたことで，しばしば衝突が起きた．長い間イタリア本土への拡大に見向きもしなかったヴェネツィアは，ヴィスコンティ家のミラノに襲いかかり，1404 年にヴィチェンツァを征服し，その後も，後背地に拡大し続けた．この拡大政策によって，マントヴァやフェラーラのようなより小さな国は三大勢力の間で不安定な状態に置かれた．教皇庁はこの半島の四番目の勢力を形成した．1494 年にフランスが侵略し，続いてスペインと神聖ローマ帝国の軍隊が半島を支配すると，イタリアの政治は新たな究極の混乱期に陥る．ヴェネツィアだけは，これら侵略者に抵抗していた．

右　バルトルド・ディ・ジョヴァンニによる，パッツィ家の陰謀を記念したメダル．メディチ政権に対する最大の脅迫は 1478 年シクストゥス 4 世の時代に起きた．教皇はローマ教皇領の野望に対するフィレンツェの抵抗に腹を立て，パッツィ家のようなメディチ家の敵と共謀し，メディチ家のジュリアーノとロレンツォを暗殺しようとした．ジュリアーノは大聖堂の中で殺されたが，ロレンツォは聖具室の重厚な扉の背後に避難し助かった．ロレンツォは弟の死を哀悼し，自分が死を免れたことを祝った．このメダルでは，大聖堂の八角形の聖歌隊席の中にジュリアーノの姿が見える．

親から地位を継承したとき，新しい責務への十分な準備はすでに終わっていたのである．ところが，彼はすべての人文主義者たちに宮廷から立ち去ることを命じ，ラテン語の本は図書館に戻し，放蕩と愚行の生活を始めた．そして，その 10 年後，彼の 3 人の廷臣によって暗殺されてしまうのである．

1476 年のガレアッツォ・マリアの暗殺は，メディチ家の体制を危機に陥れた．それまでメディチ家はスフォルツァ家との同盟への依存を強めつつあったからである．フィレンツェの次の世代の君主は権威を誇示する傾向が強かった．コジモの長男にあたるピエロ・デ・メディチ（1416—60）は，地方のフィレンツェ貴族を無視して外国の貴族との縁組みをねらった．彼の息子ロレンツォ（1449—92）をローマの強力な貴族クラリーチェ・オルシーニの娘と婚約させたのである．これに対する羨望は国内の争いを引き起こした．1466 年，ピッティ家はメディチ家の転覆をたくらみ，1478 年，パッツィ家一族は反メディチ家の教皇シクストゥス 4 世と共謀し，大聖堂のミサ中にロレンツォとその弟ジュリアーノを暗殺しようとした．ジュリアーノは殺されたが，ロレンツォは聖具室のブロンズの扉の背後に身を隠して助かった．フィレンツェ市民はメディチ家のもとに結集し，ヤコポ・デイ・パッツィと他の共謀者たちを市庁舎（パラッツォ・デラ・シニョリーア）の窓から吊り下げた．パッツィ家の残りの者たちは公職から締め出され，監獄に入るか，追放された．また街中のパッツィ家の紋章はすべてはずされ，傷つけられ，パッツィ広場の名称もまた変えられてしまった．ロレンツォはこの事件を記念したメダルを注文してつくらせ，フィレンツェのすべての道の角に，殺された弟の蠟製の肖像を置いた．

生き延びたロレンツォはより強力に確信をもって行動するようになった．彼自身の回想によれば，父親の死後，彼はフィレンツェを主導する役割を負うことに対してほとんど情熱をもっていなかった．「都市や国家の首脳が私たちの家を弔問に訪れ，祖父や父がそうしたように都市の政治を引き継ぐよう促した．私は気が進まなかったが引き受けた．だがそれは友人たちや家の財産を保持するためのみにおいてである」．彼のこの言葉からは，彼の主導権は公共の利益をもたらすようなアピールがほとんど感じられず，単に彼やその周辺の人々の私的な興味の範囲にとどまっている．都市を支配することが唯一，彼の財産を保持する方法だった．もしメディチ家がやらなければ，その敵方の家がフィレンツェを統治することになるからだ．彼の祖父と同じく，彼は依然として一人の市

左　1469 年にフィレンツェの実権を握ったロレンツォ・デ・メディチは，このヴェロッキオによる胸像が示すように，強固な意志と判断力をもつ有能な指導者だった．しかし，彼の名声は，それが適切かどうかは別として，主に学者，芸術家，詩人の優れたサークルを支援したことに依っている．その中にはピコ・デラ・ミランドラ，ポリツィアーノ，ボッティチェリ，ヴェロッキオがいた．ロレンツォ自身も優れた詩人であった．この胸像ではフィレンツェの高官の服を着ているが，それは支配者というよりは，共和国の市民にふさわしいものである．

右　サセッティ礼拝堂（1485 年）のギルランダイオによる聖フランチェスコの物語（部分）．この礼拝堂は，メディチ銀行の財務担当官フランチェスコ・サセッティを記念してつくられた．この絵には，メディチ家の家庭教師であった詩人のアンジェロ・ポリツィアーノが，ロレンツォ・デ・メディチの息子たちと，友人の人文主義者マッテオ・フランコ，ルイジ・プルチを連れて現れた様子が描かれている．学者とパトロンはしばしば親密な関係にあったのである．

民であることを表明していたが，その行動はよりいっそう君主のそれに近づいていた．彼は上級官職を占めてはいなかったが，政府内の決定のほとんどは彼の承認下にあり，また彼の助言や意見は，聖職上の取り決めから新しい建築様式に至るまで求められた．コジモのように，ロレンツォはフィレンツェの学者や芸術家と熱心に交流したが，その擁護の方法は祖父とはかなり違っていた．彼は公共建築に資金を投じるかわりに，古代遺物の壮大なコレクションをつくりあげるために出資し，彼の名前を古代ローマの瑪瑙の壺，宝石，カーネリアンに記した．ロレンツォが出資して建設したフィレンツェ郊外のポッジオ・ア・カイアーノのヴィラは，彼が俗世を逃れて引き込もり，音楽を聴き，詩をつくり，友人仲間とともに魂の不徳のような哲学的な話題について語り合う場になった．ポリツィアーノと詩人ルイジ・プルチ（1432―84）は，ロレンツォの子供たちの家庭教師を務め，若い人文主義者たちはサークルをつくって手紙，書物，詩文を交換し合い，作家，音楽家，古代研究者としてのロレンツォの業績を賛えた．これらの人々の活動と，ロレンツォにまつわるその後の神話によって，ロレンツォ・デ・メディチは今や市民にとって栄光の人物であり，彼の気前の良さと知識はルネサンスの個人主義を体現するものとして捉えられた．確かに同時代の人々の中には，偉大な業績を残す時代として彼の治世を支持する熱狂的な者もいた．メディチ家の仲間一人，ジョヴァンニ・トルナブオーニは，サンタ・マリア・ノヴェッラ聖堂の私設礼拝堂に新たなフレスコ画を描き，次のような誇りに満ちた言葉を刻んでいる．「1490 年，このきわめて美しい都市は，その権力と富，勝利，美術と建築によって名声を得，偉大なる繁栄，健康，そして平和を享受している」．だが，2 年後，ロレンツォが 43 歳という比較的若い年で他界すると，この言葉は空虚なものとなった．ロレンツォは安定した将来を提供することはなく，衰退期を注意深くやりくりしたに過ぎなかったのである．メディチ家の勢力のまさに礎をなした銀行業務は深刻な状況に陥った．貸付金は金銭上の理由でなく政治上必要なものとしてかさんでいき，最悪の情況にあったロンドン，ブルッヘ，ミラノの各支店は閉鎖しなければならなかった．ロレンツォの死後 4 年が経ち，その息子ピエロはフィレンツェから追放され，メディチ家の統治ではない新たな共和国が誕生した．

メディチ家の立場はまた，イタリアの列強国間のばらばらな同盟関係の影響下にあった．1480 年，フランチェスコ・スフォルツァの下の息子，ロドヴィコ・マリア（1451－1508）は，ミラノで権力を握り，彼の甥の名のもとに支配した．1494 年に君主が死ぬと，ロドヴィコはただちに公位を名乗った．だが，法律上の後継者には強力な後援者，祖父にあたるナポリ王がいた．ロドヴィコは自分の地位を守るため，フランス王に南イタリアのかつての権利を再び主張するよう促した．1494 年，シャルル 8 世は招聘に応じ，イタリア半島を南下してナポリを征服した．これが 1559 年まで断続的に長びいたイタリア戦争の幕開けだった．しかし，その戦略は長期にわたりきわめて不安定なものであった．フィレンツェの近くに到着したシャルル 8 世は，メディチ家の権力を打倒する機会を都市に与えた．このフランス王はさらに，ミラノ公ジャ

15世紀のイタリア

13世紀中頃までに，イタリアの多くの都市は神聖ローマ帝国から独立し，新たなかたちの政治的衝突に直面した．ヴェネツィア，ミラノ，フィレンツェといくつかの強力な公国，王国の台頭により，この独立を維持できた都市はほとんどなかった．強力な都市の中でも，ミラノのヴィスコンティ家は14世紀末に北イタリアの大部分を支配できた．メディチ家はフィレンツェに共和国をつくりながらも巨大な権力を手にしたもう一つの王朝であった．ほかには，ヴェネツィアと教皇領が台頭していた．

ン・ガレアッツォ・ヴィスコンティを通して，ミラノを占領しようとした．シャルルはイタリアに永続的な支配権を確立することには失敗したが，彼の後継者ルイ7世がそれを引き継いだ．今や標的はミラノにしぼられ，1500年，ロドヴィコは捕らえられフランスに連行されて死んだ．アペニン山脈の北側と南側を通り過ぎたフランス軍により，イタリア史は地方の都市国家の歴史ではなくなり，再びヨーロッパ史の中に位置づけられることになった．フィレンツェ，ミラノ，ナポリの運命は今や，フランスとスペインに左右されることになったのである．

古代遺物の衝撃

14世紀の経済面からの芸術の支援が公共性に主眼を置いてきたのに対し，15世紀のそれは裕福な個人がつくる私的で貴族的な世界に向けられていた．したがって，古代遺物の収集は強力なパトロンのグループとその助言者としての人文主義者が密接に結びついていた．コジモ・デ・メディチはサン・マルコの修道院図書館の創設に資金を投じたのだが，当時のほとんどのパトロンは貴重な手稿，宝石，カメオ，メダル，楽器など，小さいながら手のこんだ装飾を施したプライベートなストゥディオーロ（書斎）の中に見られる物品の収集に没頭した．このような目を見張るような部屋が手つかずの状態で残されていることはめったにない．フィレンツェのピエロ・デ・メディチの書斎には，十二宮が描かれたテラコッタ製の円卓のみが残されている．最もよく保存されているのは，いうまでもなくウルビノ公，フェデリコ・ダ・モンテフェルトロ（1422—82）の書斎である．

彼の生涯は典型的なルネサンスの物語である．アペニン山脈の小さな田舎町に私生児として生まれた彼は，マントヴァのヴィットリーノ・ダ・フェルトレの学校で，ゴンザーガ家の子弟たちとともに学んだ．その後，傭兵となったが不運にも戦争で片目を失った．1444年，フェデリコはウルビノに呼び戻され，都市の秩序を取り戻し支配権を再び確立する役割を求められた．彼は限りなく民衆の支持を得た支配者になった．彼の傭兵隊長としての利益は，税金を軽減させ，都市や自分のパラッツォの改築に投資された．彼のストゥディオーロには，だまし絵風のはめこみ細工（インタルシア）で飾られた食器棚が置かれ，その絵には書物，小像，科学の器具，楽器，武器，よろいが描かれている．それは彼の二重の性格つまり武人と文人，剣とペン両方の達人であることを示している．戸棚の上には著名な文人の肖像画が描かれている．プラトン，アリストテレス，ホメロス，ウェルギリウス，その隣にはペトラルカ，ダンテ，フェデリコの師ヴィットリーノ・ダ・フェルトレがある．フェデリコが勉強している間，彼らはそれを見下していたのである．

君主たちが過去を黙想するために引きこもれる部屋は，女性たちによっても使われた．著名な女性の収集家イザベラ・デステ(1474—1539)，つまりマントヴァ公夫人がそうである．彼女はフェラーラの宮廷で育ち，そこで古典の教育を受けた．16 歳でフランチェスコ・ゴンザーガと結婚してマントヴァに移り，そこで 49 年間を過ごし，傭兵隊長の夫が不在になるときにしばしば政治を代行して活躍した．彼女は重要な購入先をもっていなかったとはいえ，貪欲な古代遺物収集家であった．イザベラは自分への贈答を奨励し，たとえばチェーザレ・ボルジアが彼女にミケランジェロのキューピッドを贈ったように，機会があれば喜んで品物を受け取った．彼女は代理として派遣したマントヴァ人が古代の二つの胸像を手に入れるために，ボローニャの古代貴族の邸宅を略奪する集団に加わったことに対しても，何の不満も抱かなかった．1506 年，彼女は満ち足りた思いで次のように書いた.「われわれは瑪瑙の壺とヤン・ファン・エイクの両方を得た……と同時にアンドレア・マンテーニァのファウスティナ（かつてマンテーニァが所有していた古代ローマ女帝の胸像）も手に入れた．少しずつではあるがわれわれの収集計画は着実に進んでいる」．彼女が死んで，その財産目録がつくられたが，その中には 1600 を超える項目があり，貴石の壺，ブロンズや大理石の彫刻，宝石，貨幣，メダルが含まれていた．それにはふさわしい収蔵，展示の場が必要だった．1496 年，彼女は自分の書斎のための絵画を最も優れた画家たちに発注し始める．キリストの徳を表す古代の寓意画に基づく 7 枚の絵が，アンドレア・マンテーニァ，ピエロ・ペルジーノ，ロレンツォ・コスタ，コレッジォによって描かれた．実際には，これらの絵は大きなものになりすぎて，「グロッタ」の名で知られる隣室にまで拡張された．この中で彼女は演奏会を催し，宝石，メダル，胸像，小像のみならず，自然界の珍しい物として「ユニコーン（一角獣）」の角，琥珀，魚の歯などを置いた．

イザベラは高貴な身分の訪問者に，喜んでそのコレクションを見せた．書斎と収集品は彼女の威厳，富，教養を証明し

下　アンドレア・マンテーニァによるパルナッソス．イザベラ・デステのストゥディオーロ（書斎）のために描かれた一連の絵画の最初にくるこのパルナッソスは，マントヴァにおける文化的洗練を表す寓意画である．マルス(戦争）とウェヌス（愛）がアポロとムーサを統轄している．その踊りは見る者に，戦争が愛によって手なずけられた結果，音楽と美術が興隆してきたことを想起させる．ウェヌスはイザベラ・デステ自身を表しているが，この侯爵夫人が裸体もあらわな女性として登場したことに対し，夫であるウゥルカヌスが妻の不貞に激怒していることを暗示している．

た．だが，15 世紀の幕が引かれる時期になると，書斎本来の機能，つまり激動の世俗から離れて引きこもることがより重要になった．政治的な哲学者ニッコロ・マキアヴェリは，俗世の苦しみを深く味わった人間が古代を訪れるために書斎を利用する様子を次のように述べている．

「夕方になると，私は家に戻り自分の書斎にこもる．その入口で泥にまみれた汗臭い仕事着を脱ぎ捨て，宮廷の衣服を身に着ける．そして古代の宮廷の中に入り，古代の人々に迎え入れられ，私だけのための食物を味わう．私は大胆にも彼らに話しかけ，その活動の理由を尋ねると，彼らは親切にそれに答えてくれる．その場に 4 時間，私は俗世を忘れ，心痛，恐怖，貧困から解放され，もはや死に対して震えることもなくなる．私は彼らの世界の中に身を置いているのだ」．

マキアヴェリは，彼以前のペトラルカのように，古代の文献，貨幣，メダルに現れた過去が，現在よりもずっと楽しい場をつくっていたことを発見していた．古代遺物は人間の倫理を改善させる手段でもあったが，多くの場合，過去の研究は単に近代人の崩壊につながるものであった．

古代遺物と教会

世俗の死に対する恐怖に直面して人々が頼りにしたのは，教会のみならず古代遺物であった．人文主義者が敬虔なカトリック教徒になることは不可能だと信じる人々もいた．フィレンツェのある説教者は，神，キリスト，聖霊のかわりにウェヌス，ユピテル，サトゥルヌスの名前を子供に教える両親をののしった．だが，キリスト教の世界と古代世界は対立するものではなかった．マルシリオ・フィチーノの新プラトン主義的な小論には，精神的な美を通して神を見出そうとする彼の願望がいきいきと現れている．彼の親しい友人ピコ・デラ・ミランドラ（1463—94）は，フィレンツェの過激な説教者サヴォナローラの信奉者の一人であった．しかしながら，15 世紀前半においてカトリック教会は決して平和と静寂を得るための避難所ではなかった．1414 年には 3 人の教皇が争っていた．1 人はフランス人，あとの 2 人はイタリア人である．その状況は翌年，2 人を罷免し 1 人が辞職することでやっと解決し，1417 年にはマルティヌス 5 世が教皇となる．だが，その選挙期間中，彼の教会は傭兵隊長ブラッチォ・ダ・モントーネの手中にあったため，1420 年になってようやくローマに入ることができた．多くの目撃者の証言によれば，当時のローマは荒廃の地であった．人口も 2 万 5000 と少なく，テーヴェレ川近くと，マラリアがはびこる低地を避けた土地に集中していた．コロセウムの石材は剝ぎ取られ，石灰の製造や建設のための転用材として使われた．古代遺跡は雑草で覆われ，悲惨なほどの貧困が街中に見られた．住人は歓迎するどころではなく，マルティヌス 5 世の死後始まった戦争によって，ヴェネツィア人の新教皇エウゲニウス 4 世は 1433 年，修道服に身を隠してテーヴェレ川を船で渡り逃亡した．彼は 10 年の間，ローマに戻ることができなかったのである．

エウゲニウスとその後継者は 15 世紀を通して二つの矛盾する目的をもっていた．一つはイタリアでの政治的権力を復活させること，他はヨーロッパでの宗教的権力を確立させることである．以前の世紀のように，領土への関心が，教皇と他の君主制との区別を困難にしていた．マルティヌス 5 世とその後継者は，地位を利用して私腹を肥やすだけで，その問題の解決に手を貸さなかった．ボルジア家出身の教皇アレクサンデル 6 世（1492—1503）は，娘のルクレツィアをイタリア

左　フラ・アンジェリコ,「マギの礼拝」(1438—45年). サン・マルコのドミニコ会修道院の創建者として, メディチ家のコジモ・デ・メディチは, その主要階の回廊に沿った一続きの二小室を与えられた. 各小室にフラ・アンジェリコはささやかな場面をフレスコ画として描き, 礼拝や黙想をする者を励ました. コジモの主室は「マギの礼拝」で飾られたが, この物語はパラッツォ・メディチの礼拝室全体にも描かれている. メディチ家はフィレンツェの非公式な支配者なので, 聖書のこの物語との関連を示そうとした. 彼らは宗教団体に出資してマギの絵を描かせ, エピファニアの祝日(キリストの公現祭)には堂々たるマギの衣装をまとい市内を行進した.

の3人の支配者に嫁がせ, 息子のチェーザレにロマーニァの領土を手に入れさせた. 教皇の堕落と腐敗の最たる例である.

ローマの権威を再び確立させようとする気運は, 永遠の都に実質的な恩恵をもたらした. 1447年, 多くの人々を驚かせたのは, 枢機卿たちが投票で人文主義の学者トマソ・パレントチェリを教皇ニコラウス5世(1447—55)として選んだことである. この新教皇は貧しい学生であった頃, メディチ家の図書館のカタログづくりに手を貸し, ストロッツィ家の子息たちの家庭教師を務めていた. 教皇として彼はまずヴァチカンに関する文献収集を開始した. 他の重要な責務は荒廃した都市を物的に復興させることであった. 教皇の秘書官の一人だったアルベルティは, その著書『建築論』をニコラウス5世に捧げ, 当時, 最大の都市復興計画案の作成を開始した. アルベルティは新しいサン・ピエトロ大聖堂の設計案と, 周辺の狭い中世の道を幅広い街路と広場に改造する計画案を提出した. 1455年にニコラウス5世が死ぬと, その壮大な計画は中断されたが, 1458年, 新しい教皇はアルベルティの計画のいくつかを達成させることができた. ニコラウス5世と同様, エネア・シルヴィオ・ピッコローミニ, すなわち後の教皇ピウス2世(1458—64)も広く知られた人文主義の学者であった. だが, その関心はローマではなく彼の生まれた小都市コルシニァーノの復興に向けられていた. 彼はアルベルティの信奉者ベルナルド・ロッセリーノに, この小さな田舎町をルネサンス都市に改造することを命じた. 枢機卿は土地を買収してパラッツォを建設するように奨励され, 一方, 教皇は新しい公共の広場, 大聖堂, 市庁舎と自らのパラッツォを建設した.

ニコラウス5世とピウス2世は, 統治期間はどちらも短かったが, 重要な先例をつくり上げた. カトリック教会の指導者は, 清貧であることではなく, 君主のようなパトロンとして権威を示すことが必要とされた. 1471年, 北イタリアのサヴォーナ出身の教皇シクストゥス4世(1471—84)は, そのような理想を利用して都市を改造した. ニコラウス5世に引き続き, 彼はヴァチカン図書館を1000をこえるギリシア語とラテン語の手稿で満たした. ヴァチカンのシスティナ礼拝堂もまた彼の創造である. 都市の中では, 古い聖堂を再建し, 新しい橋を架け, 公衆衛生の改善や道路整備のための法令を出した.

ルネサンス期の教皇は, 他国に包囲されたイタリア半島に対し, 現実的でしかも精神的な失地回復を図る必要性を強く感じていた. ローマはキリスト教世界の中心であると同時に古代ローマ帝国の中心であった. 教皇たちは, 現世での権力を固めることはカトリック教会を再建するために決定的な重要性をもつと論じることができたのである. エウゲニウス4世はすでに1439年に東西の教会の統合を試み, 1年かけてビザンティンの皇帝ヨハネス・パラエオロゴスとその聖職者をフィレンツェとフェラーラに招いて会談を重ねた. 1453年, オスマン・トルコ帝国のスルタン, メフメト2世の手にコンスタンティノープルが渡ると, ニコラウス5世はすべてのキリスト教国の支配者に呼びかけ, 互いの相違を越えて手を結び, 異教徒に対する聖戦に挑むよう訴えた. これはその後のピウス2世, シクストゥス4世によって繰り返された. しかし, 彼らの努力は失敗に終わった. 数多くの約束とは裏腹に, 軍隊が派遣されることは一度もなく, それどころか, 1480年, 南イタリアのオトラントにトルコ軍が上陸し自国の方が危険にさらされることになった. しかし, 1481年のメフメトの死によってイタリア半島は救われた. その後の後継者問題に揺れ続けたオスマン・トルコ帝国は, イタリア半島をめぐるイスラム教徒とキリスト教徒との戦いからいっさい手を引くことになったのである.

ニコラウス5世とシクストゥス4世は, トルコに対する聖戦への献心と基金集めを奨励するために, ローマで聖年を定めた. 聖年とは, 巡礼者がローマを訪れる機会で, 彼らは教会に献金して贖宥(しょくゆう)——教皇が彼らの罪（殺人でさえも）を取り除いたり, 煉獄にいる時間を短くすることを保証すること——を手に入れた. 結果は大成功だった. 1450年の聖年には, 10万人をこえる巡礼者がローマを訪れ, テーヴェレ川に架かる橋がその重さで崩壊した. しかし多くの巡礼者にとって, 自らの罪の救済は裕福な教皇からではなく, 前世紀のように, 彼らの宗教的な悩みに答えるために現れた説教者から得られた. ボルジア家がイタリア教会の一つのイメージであ

前ページ　ピントリッキオ,「エネア・シルヴィオ・ピッコローミニの生涯」(1503—08年). 枢機卿フランチェスコ・ピッコローミニの依頼で16世紀初頭に描かれたこのフレスコ画は, シエナの大聖堂に隣接する図書室内にあり, 彼の高名なる伯父で後にピウス2世となったエネア・シルヴィオ・ピッコローミニの偉業をたたえている. 一連の10のフレスコ画は彼の生涯と成功の場面を理想化して描かれている. この場面は, 皇帝フリードリヒ3世とアラゴン家のエレアノーレの結婚を取り仕切るシエナの司教として彼を登場させている.

るなら，シエナの聖ベルナルディーノ(1380—1444)はもう一方にあるイメージであった．シエナの貴族の家に生まれた彼は，はじめのうちは当時一般の民衆信仰に身を置いていた．彼は法律を勉強し，詩を愛した．しかし，青年の彼は，信心会に属するようになり，会員とともに自らの体にむちを打ち，聖母マリアへの賛美歌を歌った．彼がフランシスコ会に入ったとき，その説教の才能は目に見えて明らかになる．イタリア中を旅した彼は，各地の都市の教会が小さすぎて聴衆が入りきれないため，広場で説教をした．その効果は絶大であった．ミラノでは商人たちが仕事をやめて財産を教会に寄付し，戦争をしていた家同士が平和をとり戻した．ヴィテルボの作家が次のように書いている．「彼の説教を聞いた後，敬虔な気持で心が満たされるあまり，皆が聖人になった気がする」．ベルナルディーノは靴をはいたり金をもらうことを拒否し，彼以前の時代の聖フランチェスコのように，確立された地位をもつ教会に対する天罰を表す人物として受け取られた．実際，彼はたびたび異端として非難された．しかし裕福なイタリアの支配者たちと教皇は彼の才能を手なずけることによって利益を得ようとした．彼はフランシスコ会の改革を助けるよう求められた．当時のフランシスコ会は，より緩和する方向を支持するコンヴェントゥアル派と，より厳しく純粋な時代に戻すことを望んだ厳修派との2派に分裂していた．

エウゲニウス4世は新しい修道士たちである厳修派を強く支持し，コジモ・デ・メディチに対し，彼らのフィレンツェの修道院建設を援助するよう求めた．サン・マルコにあるドミニコ会の聖堂に隣接して，コジモは新しい修道院を建設し，その修道会に属していたフラ・アンジェリコを招いて内部にフレスコ画を描かせた．フラ・アンジェリコ(1387—1455)とその助手たちは，ひとつひとつの小部屋の壁に簡素で献身的なフレスコ画を鮮やかに描き，そこにこもる修道士の観想に適した空間をつくり上げた．長い廊下を回って最後の小部屋はコジモ自身に捧げられ，彼はそこでフィレンツェの政治を忘れ，死後の世界について瞑想にふけることができた．

フラ・アンジェリコのフレスコ画と，聖ベルナルディーノの説教は，15世紀の宗教の変化に対応する数多くの注目すべき反応の一つにすぎない．古典，異端の復興が強調される時代にもかかわらず，救済という問題は男女を問わず，イタリア中の人々の本質的な関心事であり続けたのである．

フィレンツェの芸術

サン・マルコ修道院の中の修道士の小部屋に入ることを許されたフィレンツェ人はほとんどいなかった．だが市民は，都市のそこかしこで起きる劇的な変化を知らずにすませるわけにはいかなかった．特に，15世紀に建てられたおびただしい数のパラッツォを見て市民はそれぞれの貴族の富裕の度合を判別できた．これらのパラッツォは玉石混淆だったが，富とその表明に対する哲学的な姿勢は変化しつつあった．かつては清貧こそ裕福にまさる上位の状態として示されてきたが，今や，より穏健な考え方として，影響力をもつ人物はその壮麗な美徳を表明する義務があるとされるようになった．パラッツォを建て，公共組織や宗教組織に出資することで，彼らは富を蓄えるよりは都市や教会の利益のために金を使った．この原理は私財を投げ打つ行為を正当化するために用いられた．ラルガ通りに面したコジモ・デ・メディチのパラッツォは1444年に建設されたが，それも15世紀に建てられた数多くの壮麗なパラッツォの一つにすぎなかった．わずか，1450年から1470年の間に30のパラッツォが建てられている．パラッツォ・メディチはミケロッツォ（1396—1472）の設計で，その強固で粗面仕上げが施された要塞のような外観は，他の多くの上層階級のパラッツォに模倣された．

しかし，全く違う方法を選んだパトロンもいた．メディチ家の敵であるストロッツィ家と婚姻関係を結んだジョヴァンニ・ルチェライ（1403—81）はかろうじて1434年の追放を免れていた．30年間，フィレンツェ政府は彼を公職から遠ざけていたが，コジモがその孫娘をジョヴァンニの孫と結婚させた1460年代になってようやくその処遇はやわらいだ．だがそれまでの処遇は蓄財の妨げにはならなかった．フィレンツェで3番目に裕福なルチェライ家は，その私財を自らの家族や近隣そして都市に出資した．彼の目的は明らかだった．それは，彼やその家が後年，気前のよい尊敬すべき貴族であったことを確実に記憶にとどめさせることである．彼はまず新しいパラッツォをレオン・バッティスタ・アルベルティ（あるいはその弟子たち）に設計させた．ファサードはローマのコロセウムのオーダーに基づき，フリーズ（小壁）はルチェライ家の紋章で飾られた．アルベルティはまたサン・パンクラツィオ聖堂の中のルチェライ家礼拝堂を設計したが，それはエルサレムの聖墓を模倣したものだった．ルチェライはレバントに手紙を書いて，その聖墓の正確な寸法を得ていた．このような，古代研究とキリスト教信仰の組合せは，ルチェライ家が最後にアルベルティに委託した仕事を特徴づけている．ドミニコ会のサンタ・マリア・ノヴェラ聖堂のファサード上部である．ここでアルベルティは14世紀にできたファサード下部の様式を注意深く吸収した．だが，上端部には巨大なローマ文字で，この完成はジョヴァンニ・ルチェライの出資によるものと明記され，聖堂を訪れる信者に伝えられた．

ルチェライ家のような裕福な個人がフィレンツェの芸術のパトロンとなる傾向は強まったものの，政府による出資がまったくなくなったわけではなかった．とはいえ，芸術に関する依頼を細かく調べると，しばしばメディチ家とその支持者が公的な契約権を得て依頼していることがわかる．だが彼らの行動は他の有力市民によって細かく調べ上げられ，そのパトロンとしての行為は，公的な問題として，すべての市民が熱心に議論し検討する余地を十分残していた．芸術のコンペティションという開放的な性格はフィレンツェの文化的卓抜に重要な役割を果たし，芸術家やパトロンを鼓舞し，公的に評価され栄誉を与えられるために彼らは労力を惜しまなかった．たとえば1401年，同業組合はフィレンツェで最も重要な建築物である洗礼堂の新しい青銅扉の製作者を決めるコンペを主催した．2人の工芸家，ロレンツォ・ギベルティ(1378—1455)とフィリッポ・ブルネレスキ（1377—1466）が招かれ，聖書のアブラハムとイサクの物語の場面を描いたパネルをおのおのにつくらせた．その勝者は青銅扉全体の製作をまかされることになっていた．勝者を決定するのに約2年間の議論がなされた．この二つのパネルはフィレンツェのバルジェロ美術館内に隣合せに展示されているが，互いに，そして同時代の他の彫刻家と比べても大きな違いがみられる．だが，両者とも古代の彫刻を参照してその技量を競っている．ブルネレスキは足元を見ている少年の容姿に著名なローマ彫刻「とげを抜く男」を引用した．ギベルティはイサクの姿を古代以来初めて，古典的な裸体で描いたのである．

一つのパネルを鋳造してギベルティはコンペティションに勝ったわけだが，それは技術的に卓越していたからであった．25年の歳月をかけ扉全体を完成させた彼は，もう一つの扉「天国の扉」の製作も依頼されたのである．彼の技量はさらに，大同業組合が所有したオルサンミケーレの外壁のニッチ（壁龕(へきがん)）を埋める青銅の彫像の依頼をもたらした．市場は14世紀末にこのオルサンミケーレから他へ移り，壁で囲まれた．1406年，政府はそこに命令通りすみやかに神殿をつくろうとしない同業組合に腹を立て，もしすぐに祭壇を設けなければ彼らの権利を剥奪すると脅した．この脅迫によって集中的な装飾計画が開始された．建物の前を通り過ぎるフィレンツェ人は，年を経るたび，ニッチの中の彫刻の傑作が一つずつ増えていくのに魅惑されながら眺めることができた．ギベルティは三つの等身大の彫像を青銅でつくり，ドナテッロとナンニ・ディ・バンコ（1384頃―1421）は大理石で傑作をつくって彼にまさろうとした．15世紀の中頃までには，オルサンミケーレは都市の同業組合の富と芸術家の才能を知らしめる無比の存在となっていたのである．

この場に姿をみせぬ偉大な彫刻家は，ブルネレスキだけであった．1402年の洗礼堂のコンペティションに敗れた彼は，彫刻家としてほとんど活動しようとしなかった．それと引き替えに彼は大聖堂のドーム(クーポラ)の建設を果たした．14世紀までにつくられた大聖堂には，今だかつてないほど巨大なドームの屋根を建設する仕事が残されていた．建設技術の諸問題が重くのしかかっていたが，ブルネレスキの解決方法，つまり，強固な内殻と軽量の外殻による二重ドームは，その明快さにおいてきわめて優雅であった．他の例にもみられるこの工学上，意匠上の能力は彼に，政府からの要塞や防御施設の仕事と貴族や聖職者のパトロンからの礼拝堂や聖堂の仕事をもたらした．メディチ家は彼の初期のパトロンの一人だった．コジモの両親は，パラッツォ・メディチに近いサン・ロレンツォ聖堂の中に出資して聖具室をつくるにあたり，ブルネレスキを起用することを望んだ．コジモ自身はそれに対し，この聖堂の残った部分はブルネレスキの計画によって建設されることを確約した．ブルネレスキによるその仕事と，孤児養育院の仕事は市民に劇的な衝撃を与えた．それまで見慣れていた尖頭アーチ，天を突くヴォールト，レンガの円柱がつくるゴシック建築は，ブルネレスキが初期キリスト教建築や古代の建築を範として引用した，明快なプロポーションと古典の参照がつくる建築に取って代わられた．色彩もそうである．彼が用いた青味がかった灰色の柔らかいピエトラ・セレーナと呼ばれる石材は，見る者にとって宗教建築の体験を一変させたのである．

彼はメディチ家と密接なつながりをもっていたが，他の家もその卓越した能力を見逃すはずはなかった．ジョヴァンニ・ルチェライは，「古代ローマが世界を支配していた時代以来，これほどまでに建築と幾何学と彫刻を成就した人物はいなかった．彼は驚くほど，天才的な想像力の持主である」と書いている．技量，魅力，そして社交性は，彼を社会的に有利な立場に導いていった．それは絵画についての論文を書こうとしたギベルティでさえ，決して到達できない地位だった．たとえば1425年，ブルネレスキはフィレンツェ政府直属の彫刻家，建築家の第一号となったのである．

ブルネレスキの同時期の友人である彫刻家ドナテッロ（1386頃―1466）も同等の成功を収めたが，そのような公の場に出ることは嫌った．彼は梳毛(そもう)職人の息子として生まれた．コジモ・デ・メディチが，富裕な階層の人々のみが身につける赤いマントをドナテッロに与えたとき，分相応でないと感じた彼は着用を拒否したといわれる．だが，以前のジョットのように，ドナテッロはイタリア中で引く手あまたであった．彼は広く旅し，ローマでは古代遺跡を訪ねて遺物を収集し，中北部イタリア全般で活躍した．彼は，待ちこがれるさまざまなパトロンを自由に選ぶことができた．ナポリ王でさえ，彼がおとなしく宮廷に入ってくれることを期待し，次のようなお世辞を言わなければならなかったのである．「青銅と大理石のどちらの彫刻においても技量の確かさと鋭敏さをもつドナテッロ師匠のことは知っていた．ぜひとも彼を宮廷に招き仕事をしていただきたいと願っている」．

ナポリ王の依頼は失敗に終わった．ドナテッロが独立心の強い人物であることはよく知られている．依頼を受けたとしても，きわめて地位の高い依頼人の命であっても，すみやかに作品が完成するとは限らなかった．マントヴァでもフェラーラでも，領主が彼を街に連れ戻してやりかけの彫像を完成させようとしたが，説得してもむだだった．だが，彼の想像力と興味が完全に一体化したときは，1444年から1453年にかけてのパドヴァの場合のように，驚くべき作品をつくり出した．その大学都市のために，彼は聖アントニウスに奉献された聖堂の主祭壇と，ガッタメラータの俗称で知られる傭兵隊長エラスモ・ダ・ナルニの巨大な騎馬像を完成させた．

ドナテッロはその馬の頭部をメディチ家のコレクションにあった古代のそれに基づいてつくり上げた．そして彼の最も独創的で注目を集めるいくつかの作品はコジモを喜ばせるためにつくられた．青銅のダビデ像（1430年頃）はかつてパラッツォ・メディチの中庭にあったが，それは旧約聖書の人物にふさわしいとは思えない官能的なものであった．その基壇に記された碑文は，この像がフィレンツェの自由の象徴であることを伝えている（無防備なダビデがフィレンツェに，対する巨人がミラノにたとえられている）．だが，この解釈でさえ，作品のもつ個人的な性格を覆い隠すことはできない．共和国のイデオロギーを巧みに喚起させる手法は，彼の「ユディトとホロフェルネス」(1457年頃)にも用いられた．もとはパラッツォ・メディチの庭園の噴水部分としてつくられたこの青銅の彫像は，ユダヤ人の女性ユディトが自国を救うためにペリシテ人のホロフェルネスを殺害した様子を示している．それは高慢に対する謙遜の勝利を表す象徴であった．それにもかかわらず，半裸になった偽りの恋人の首を打ち取った一人の女性の強力なイメージは，フィレンツェ人の心をかき乱すのに余りあるものであった．1490年代にメディチ家が没落すると，その像はシニョリーア広場に移されたが，そのとき「男性を殺害している女性を公に見せるのは好ましくない」という理由で，そこから取り除くことを要求する請願が提出されたのである．ドナテッロはコジモ・デ・メディチと個人的に親密な関係にあったため，主題と表現方法はかなり自由に選択できた．ピエロ・デ・メディチはドナテッロの遺体をサン・ロレンツォ聖堂内のコジモの墓のそばに埋葬した．

もし，ブルネレスキとドナテッロが当時の主導的な建築家と彫刻家と見なされるなら，マザッチオ（1401―28）は画家として同様の卓越性をもったとされている．彼は30歳になる前に他界したため，その活動期間は短かった．だがその間彼は，ブルネレスキの数学的な業績をフィレンツェ市民にとってよりなじみやすいものへ置き換えた．パースペクティヴ(透視図法)，つまり，三次元の場を正確に計算可能な再現として二次元の表面に図示するテクニックは，ブルネレスキの主要な発見の一つである．マザッチオはその可能性を素早く理解していた．彼はまず，そのコンセプトをサンタ・マリア・デル・カルミネ聖堂内のブランカッチ礼拝堂のための物語風のフレスコ画「聖ペテロの生涯」に適用した．次に，死の直前の1429年，サンタ・マリア・ノヴェラ聖堂内のフレスコ画「聖三位一体」においてその技法を完成させた．マザッチオはそこで神，キリスト，聖霊という複合的な宗教上の主題に対し生き生きとした現実性を与えたのである．マリアと福音者聖ヨハネは2人の寄進者とともに柱の基壇部にしっかりと立つ反面，神秘的な三位一体の場は明確化されていない．十字架の下端は画面の前方にあるが，上端は後方にある．ここではパースペクティヴが俗界の現実的な空間と計測不可能な神聖な領域との対比を強化させているのである．

左　「ズッコーネ」の愛称で知られる，ドナテッロによる預言者の彫像は1423—25年に制作された．劇的な姿，つまり，身をよじる姿勢と力強い凝視は，置かれていたフィレンツェの大聖堂のニッチ（壁龕）の，はるか下から見る人々にとってさえ印象的であっただろう．

右　マザッチォの「聖三位一体」(1427年）は，彼の遺作であり，その後1428年にローマで他界した．これは空間の奥行を表現する驚くべき実験である．キリスト，聖母マリア，福音者聖ヨハネは，数学的に規定された具体的な空間の中に配置されている．しかし，全体は正しいパースペクティヴ（透視図法）で描かれてはいない．マザッチォはこのようにパースペクティヴのシステムを利用して，この絵にみられるような理論的なコンセプトが世俗の世界に閉じ込められないことがいかに重要であるかを示した．

ブルネレスキ，ドナテッロ，マザッチォは，ルネサンスが残した業績の摘要として捉えられることが多い．慣習がつくる境界を取り除き，古くからの職人の伝統に革新的な技法を合体させた彼らは，今日の先鋭的な芸術家に近いようにみえる．だが彼らはすべて，当時の社会構造の中にしっかりと組み入れられていたのである．それぞれの強力な個性とともに，ドナテッロとマザッチォはその生涯の多くの部分を他の芸術家との共働に充てていた．ドナテッロはフィレンツェの建築家ミケロッツォとともに工房組織を設立し，イタリア全土の依頼主に廟，タベルナコロ(天蓋付き聖龕)，説教壇を制作した．マザッチォは多くの祭壇画とブランカッチ礼拝堂全体を描いたが，その一部は，まったく異なる，穏やかな作風のマソリーノが描いている．ルネサンスの芸術家の概念を多面的な知性の発露として捉えることは間違っていないが，そこにフィレンツェの工房という組織がもつ，伝統と職人気質の存続への理解を加えないとバランスがとれないのである．

ヴェネツィアの芸術

北イタリアの芸術家の工房は家族ぐるみで設立されることが多かった．兄弟，息子，義理の息子，ときには娘も入って，世代から世代へ様式と技術が伝えられていった．新しい着想もすばやく吸収され広めることができた．パースペクティヴや図面制作の流行は，ヴェネツィアの画家ヤコポ・ベリーニ(1400頃—70頃）による1430年代のスケッチ・ブックに初めて登場したところから始まる．それを見ると，新しい数学をまとめるために奮闘した芸術家の姿が浮かび上がる．彼の家系の中で，特に息子のジョヴァンニ（1430頃—1516）とジェンティーレ（1429頃—1507）はそれほど苦労することなく仕事を得ていた．しかも依頼者たちはこの「近代の」テクニックの可能性をすばやく見抜いていた．ヴェネツィアではそれ以外の革新もあった．油彩画はオランダで広く知られるようになるが，やはりイタリアにあっては，ヴェネツィアの芸術家が生み出した技法である．

ヴェネツィアは数多くの芸術の機会と広い範囲の有力なパトロンを提供した．評議会を運営する貴族階級は，一つの家が政府の支配権をもつことを許さなかった．彼らの豪華な大理石のパラッツォ群は富と地位をいかんなく表明しつつカナル・グランデ（大運河）沿いに並んでいる．都市の主導者はドージェ（総督）で，強力な地位にあったが，彼は他の評議員たちが決議したことを発表し，行列や儀式のときに都市の

下　マザッチォ，「貢ぎの銭」(1424—25年頃)，ブランカッチ礼拝堂，フィレンツェ．1420年代初頭に，フェリーチェ・ブランカッチの依頼により，マザッチオと年上の仲間マソリーノが描いたブランカッチ礼拝堂内のフレスコ画である．パースペクティヴが可能にした新しい手法が大規模な画面上に示されている．キリストが聖ペテロに対し，ローマ皇帝が要求した献金を支払うようにさとすこの物語（画面左端では，聖人が魚の口の中に必要な貨幣を見出している）は，フィレンツェに導入された新しい直接税の制度と関連づけられていた．ブランカッチ家はカタストの作製，つまりすべての上層階級の不動産調査を行う有力な家柄としてフィレンツェ政府に認められていた．

共同意識を維持させる立場にあることが求められた．たとえば，毎年ドージェは海との絆を固めるために，ヴェネツィアの制海権を象徴するために行われる豪奢な儀式の中でリングを海に投げこむのである．サン・マルコ広場にあるドージェの館は，私邸であるとともに官邸でもあった．ジェンティーレ・ダ・ファブリアーノ（1370 頃—1427 頃），ピサネロ（1395—1455），ベリーニ兄弟のような 15 世紀の芸術家は，議会のホールに招かれ，そこでヴェネツィア史上の戦勝や重要な出来事をたたえる絵やフレスコ画を描いた．これらの作品は 16 世紀の火事で失われたが，その豊かで演劇的，物語的な様式は，ヴェネツィアの一般の結社や信心会などの団体的パトロンが依頼した他の作品にみてとることができる．このような結社や信心会，特に政府に認められていないものは，裕福な市民に働きかけ，公共活動への参加の機会を与えた．彼らは寄付金を払って公共奉仕を行った．その見返りとして結社はメンバーやその家族が病気になったときに介護し，葬式をし，未亡人に年金を与えた．彼らは重要な社会的機能にも奉仕し，宗教上の祝祭や公的な行列にも参加した．彼らの集会場や礼拝堂には，ヴィットーレ・カルパッチォ（1457 頃—1522 頃）が聖ウルスラの信心会のために描いたような，彼らの守護聖人たちの生涯を詳細に示す絵が飾られていた．カルパッチォが思い描いたウルスラの生涯には，ヴェネツィアの生活の詳細

右　カルパッチォによる「聖ウルスラの夢」（1490—95 年）．カルパッチォの絵は日常生活の丹念な描写が顕著である．この絵の中には寝室の詳細すべてが観察できる．ベッドの下の木製の台，開いた本のそばの砂時計，壁にかかった乳鉢と乳棒，ベッドの周りの入り組んだ彫刻である．しかし，これらの詳細，空間，わずかな光の効果は非現実的な雰囲気を漂わせている．王女が寝ている間に，天使が彼女のために殉教のシュロの葉をもってきている．

15 世紀イタリア文化の中心地
15 世紀の芸術活動はマントヴァ公やウルビーノ公の宮廷にせよ，ヴェネツィア共和国政府にせよ，偉大なパトロンに依存していた．宮廷生活の重視から，建築形式としてパラッツォとヴィラの重要性が増した．それに比べて教会は次の世紀におけるような芸術の重要なパトロンではなかった．新しい印刷技術がアルプスの南に普及したため，それを導入した大都市は知的活動の中心拠点となった．1470 年代には，印刷されたすべての本の 40% はイタリア語で書かれ，その割合はその後 20 年間ほとんど下がることはなかった．

な印象と想像上の風景が混在しているため，その出来事がいつどこで起きたかが明らかにならない．彼は同様の効果を非宗教的な絵画にも表現した．たとえば，短い衣装を身につけ華やかな髪型をした，おそらくは宮廷の 2 人のヴェネツィア女性を描いた肖像画がある．同時代のフィレンツェの芸術家ほどは知られていなかったが，カルパッチョは同世代のジョヴァンニ・ベリーニ，ジェンティーレ・ベリーニとともに，日常生活にみられる世俗の詳細な事物を特別な瞑想的な瞬間に変えてしまう能力をもち，それは見る者を何世紀にもわたって魅了したのである．

宮廷の芸術家

フィレンツェとヴェネツィアには，学術や芸術に出資して家の地位を示すことに関心をもつ数多くの都市貴族がいた．イタリアの他の主要都市もまた広い範囲にわたるパトロンを擁していたが，その中心は多くの場合，宮廷にあった．ミラノ，フェラーラ，マントヴァ，ウルビーノ，ナポリでは，支配者の像が，コイン，住宅や門の彫像，身につける装飾品，そして軍旗に描かれた．さまざまな私的なパトロンが競って富の所有をひけらかす共和国とは異なり，権力と威厳を誇示できたのは君主だけであった．国家のイメージは君主の個人的な質を反映させていなければならなかった．フェラーラでは市民が自発的に，領主であるエステ家のニッコロとボルソをたたえた彫像を立てた．アラゴン家のアルフォンソが 1444 年にようやくナポリを征服した後，彼の支持者は勝利を記念する凱旋門を建てた．ミラノではスフォルツァ家の支持者がそのパラッツォのファサードに公家の肖像をかかげたのである．

宮廷が都市をつくり上げることもあった．ウルビーノとリミニは，支配者の傭兵隊長による戦利品が富と洗練の尺度をもたらす以前は文化の沈滞状態にあった．ウルビーノ公の宮廷は小都市ウルビーノを支配し，リミニはシジスモンド・パンドルフォ・マラテスタのもとに，テンピオ・マラテスタとして知られる新しいフランシスコ会の聖堂から利益を得てい

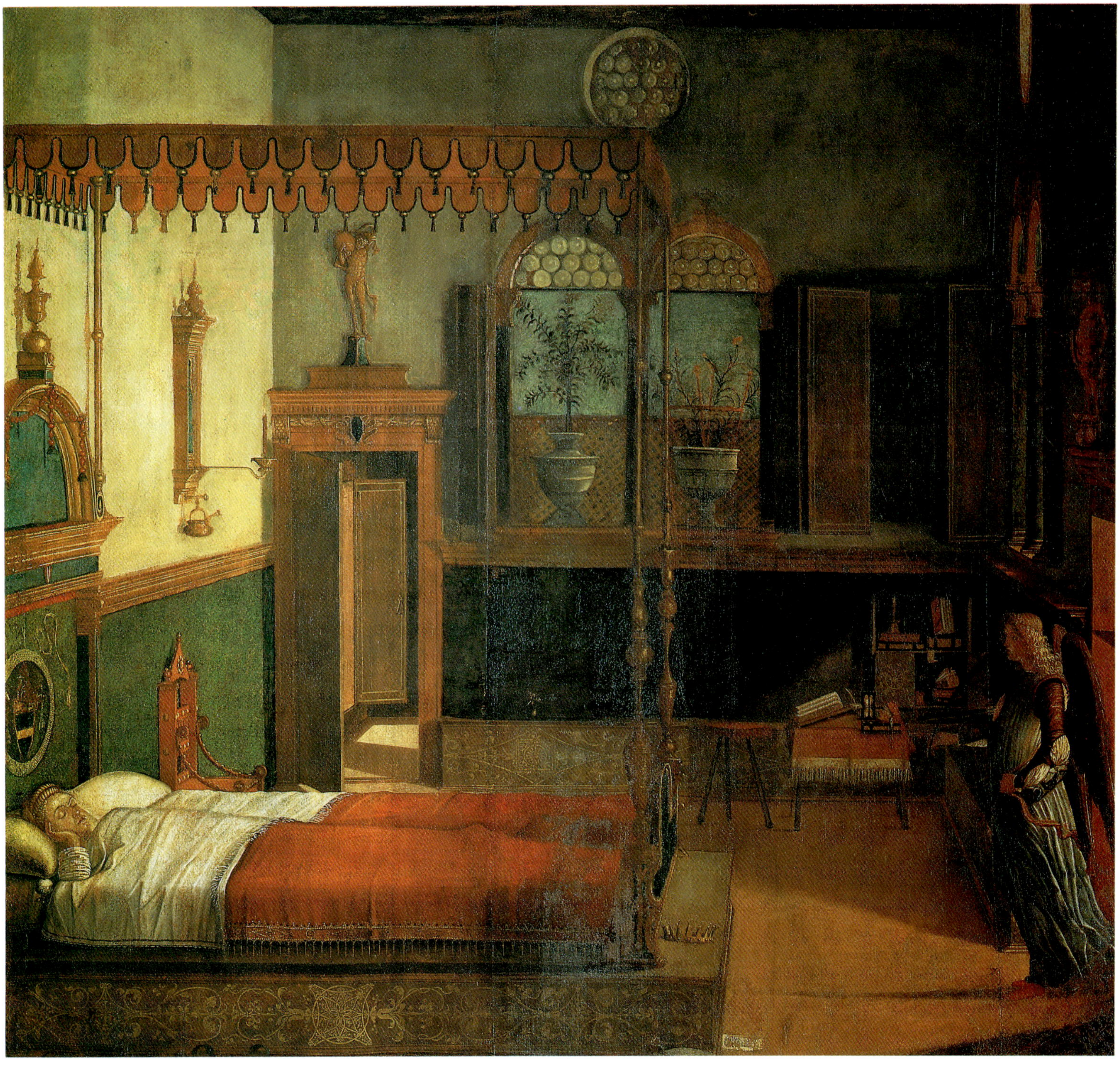

上　アンドレア・マンテーニャ,「ゴンザーガ家の宮廷」(1472 年), カメラ・ピクタ, カステロ・ディ・サン・ジョルジョ, マントヴァ. マントヴァ侯ロドヴィコ・ゴンザーガの依頼で, 彼の宮廷画家であるアンドレア・マンテーニャが描いたこのカメラ・ピクタには, 15 世紀の宮廷生活を今に蘇らせる場面が現れている. 廷臣に仕えられ, 椅子に寄りかかった侯（椅子の下には愛犬ルビーノがうずくまる）は, 一人の秘書と手紙の内容について話している. その脇には妻のバルバラ・フォン・ブランデンブルクと娘たちがいる. カメラ・ピクタの他の壁面には, 田舎の風景, タペストリー, モザイク・レリーフのだまし絵が, 天井には下から見る者の頭に落ちてくるような二つの鉢植えが描かれている.

た. アルベルティによるその聖堂のデザインはローマのパンテオンに匹敵することが意図された. 既存の古い建物の外壁は白い大理石と貴石（周辺の修道院から持ち込まれたものが多い）が貼られ, モニュメンタルなファサードは古代の凱旋門に基づいてつくられた. ギリシア語の碑文はパトロンであるマラテスタの軍事的な力と敬虔さをたたえ, 一方で外側の古代の石棺を模した墓にはかつてマラテスタの業績を讃えたバシニオ・ダ・パルマのような詩人たちが描かれた.

アルベルティはマントヴァの宮廷にも雇われていた. 彼は友人でありパトロンであったロドヴィコ・ゴンザーガのために, 古代ローマの建築家ウィトルウィウスの理論に基づく二つの革新的な聖堂を設計した. サンタンドレア聖堂とサン・セバスティアーノ聖堂である. どちらも 15 世紀には完成しなかったが, アルベルティの建築的実験は, 彼の理念が後代の建築家に重視されることを確実にした. マントヴァの宮廷にいたもう一人の芸術家, アンドレア・マンテーニャ（1431—1506）もまた, 絵画において新しい方法と様式を追求する自由を与えられていた. その見返りとして, 彼はゴンザーガ家が芸術の賞賛すべきパトロンであることを長い間記憶にとどめさせたのである. マンテーニャの最も著名な作品はカステロ・ディ・サン・ジョルジョにあるカメラ・ピクタである. そこには黄金の布とみずみずしい風景がつくる豪華な背景の前面にゴンザーガ家の家族が描かれている. 数多くの親族, 廷臣, 友人の肖像も注意深く描かれ, その中には当時のマントヴァを訪れたデンマーク王クリスチャン 1 世や, マントヴァの支配者に宮中伯の称号を与えた神聖ローマ皇帝の姿もみえる.

宮廷からの依頼がいつもこのような高貴な仕事とは限らなかった. 依頼主の興味を何とかして引きつけた芸術家は, いくつもの仕事を要求された. それは, 演劇の背景, 刺繍や衣装のデザイン, お見合いのために花嫁や花婿を他の宮廷に伝えるための肖像画などである. また廷臣として振る舞う能力も期待された. 熟練の職人が高い地位をもつことは目新しいことではなかった. ジョットは 14 世紀にナポリ王の王室の一員であり, ピサの説教壇には謙遜が必ずしも職人の美徳ではないと刻まれている. しかし, アルベルティのような人文主義者が建築をつくる時代になると, 建築家は論文を著すようになり, 実際につくる人間と知的な貴族階級との間にあった明確な区別はあいまいになり始めたのである.

ルネサンス文化の結晶

15 世紀は 14 世紀の理念と芸術的業績がより強力で一貫した姿勢へと成長した. 古代遺物への関心は崇拝へと高められ, 学者たちは古代の手稿を高い質をもった文献にするとともに, 古典文化の全領域を復興させようと試みた. 学者の中には, アルベルティのように古代と近代の知識の両方の論文を著して体系化しようとする者もいた. 学者たちは, 特に政治理論, 歴史, 道徳の領域での発見は同時代の支配者に適切なものであることを見出した. ルネサンスの理念と芸術はそれゆえにイタリアの幅広い地域の都市における主導者や君主に熱狂的にとりあげられたのである. 教皇でさえ, 1420 年にアヴィニョンからローマに帰還した後, 復活を意図してその渦中に入った. 15 世紀末, イタリアは「中世」の側面をいまだ多く残してはいたものの, その文化はすでにアルプスの北との明確な相違をつくっていたのである.

ブルネレスキ：パースペクティヴ

フィリッポ・ブルネレスキの同時代の伝記作家アントニオ・マネッティは，現実の空間を二次元のパネル上に写像するブルネレスキの試行についての記述を残している．まず彼は，フィレンツェの八角形の洗礼堂（中図）の一つの立面を丹念に測り，周囲の広場を含めたり，洗礼堂だけにするなど，視方向を定め，木製パネル（右図）の上に描いた．次にその絵の消失点の位置にドリルで穴を開け，その前に鏡を置く．それをもってフィレンツェの大聖堂（下図）の正面入口に立ち，穴を絵の裏から覗いて鏡に写った洗礼堂の絵を見ると，その位置から実際に見える洗礼堂と同一の像を結ぶというものである．

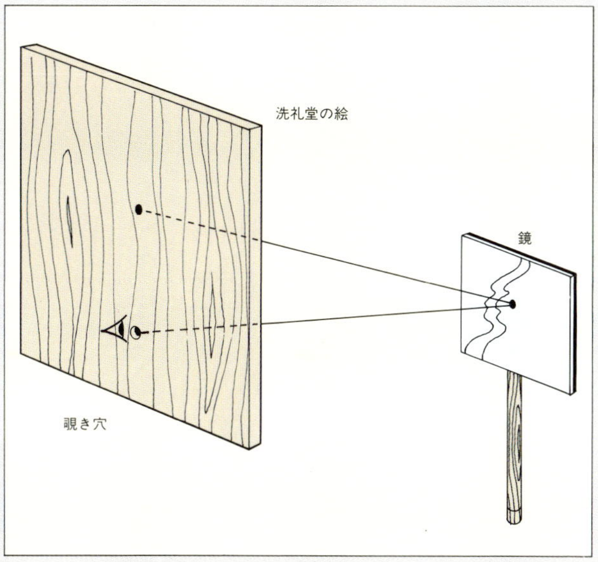

パースペクティヴ（透視図法：三次元の空間を二次元の画面に数学的に表現すること）はルネサンス芸術で永続的に成し遂げられたものの一つである．空間の表現に対する関心は長い歴史をもっていたものの，必要とされた正確なテクニックは1420年代に彫刻家，建築家であったフィリッポ・ブルネレスキによって発見された．ブルネレスキは初めは金細工師の修業をしたが，それ以前に基本的な数学とラテン語の教育を受けていた．彼はその素養を使って，伝統的な測量方法を変革して絵画構成に援用した．初めはフィレンツェの洗礼堂と市庁舎の建物を描くための透視画面の実験を行った．他の芸術家はブルネレスキの試行の可能性を素早く見抜いていた．彫刻家ドナテッロは浅いレリーフの大理石やブロンズのパネルに錯視的な空間表現を試み，一方画家のマザッチォはブルネレスキの考えを1426年，サンタ・マリア・ノヴェラ聖堂内のフレスコ画「聖三位一体」に応用することができた．約10年後，人文主義者レオン・バッティスタ・アルベルティは論文を書き，パースペクティヴの理論を説明した（その論文のイタリア語訳は1436年ブルネレスキに献呈された）．アルベルティの理論は彫刻家ロレンツォ・ギベルティに受け継がれ，ギベルティはその理論をフィレンツェの洗礼堂の天国の門と，「コメンタリイ（回想録）」という論文に適用した．パオロ・ウッチェロとピエロ・デラ・フランチェスカはいくつかの数学の論文を著したが，やはり，パースペクティヴの理論と実践を効果的に結びつけることに成功した．

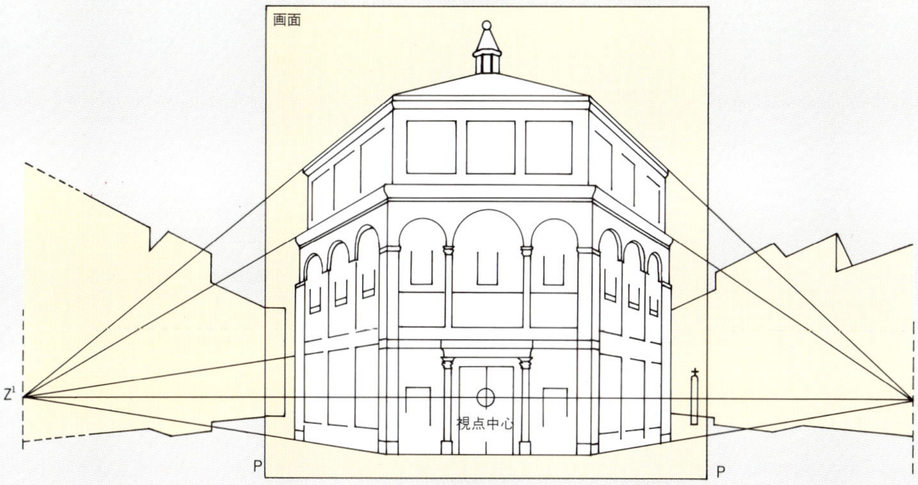

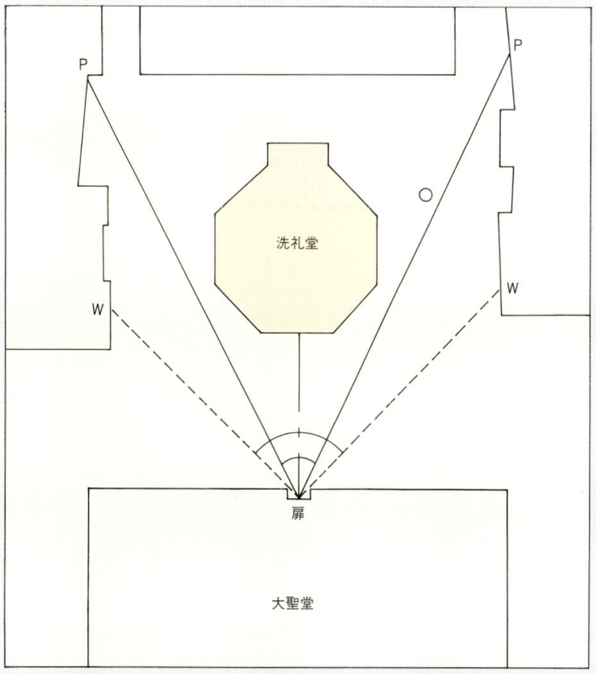

右　パオロ・ウッチェロ，パースペクティヴによるカリス（聖杯）（1430年頃）．16世紀の作家ジョルジォ・ヴァザーリは，パオロ・ウッチェロの伝記の中で，ウッチェロの妻は彼が「甘美な愛人，パースペクティヴ」に熱中して離れたがらないときをねらってベッドに誘った，と述べている．19世紀にはジョン・ラスキンがウッチェロは「パースペクティヴへの愛で頭が一杯」だったと述べている．このカリスの図面は，彼が描いた絵画の背後に横たわる丹念な数学を示している．

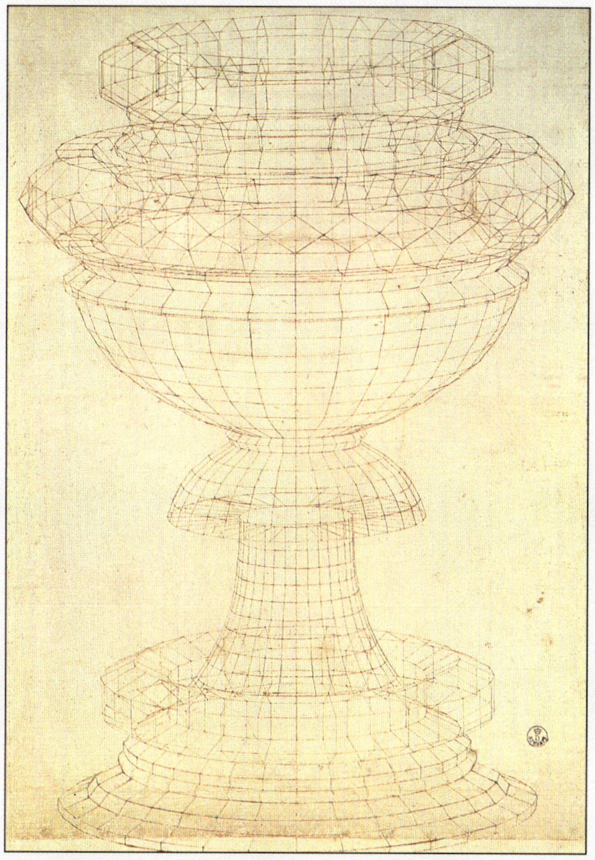

ブルネレスキ：プロポーション

古代ローマのウィトルウィウスは10書よりなる『建築書』の中で，人体に基づいた建物の数学的比例のシステムを呈示した．円柱の柱頭は頭部，柱身は胴・脚部，柱礎は足と考えられた．ドーリス式円柱は男性，コリント式円柱は女性とされた．「人体は万物の尺度である」という古代の認識は15世紀になって再び，パースペクティヴの研究に従事した建築家，理論家のブルネレスキやアルベルティによって取り上げられた．

幾何学的な図法は長きにわたり中世の石工の建設システムの拠りどころであった．だが，ブルネレスキの建物は背後にある構造を隠さなかった．円と正方形，半球と立方体で構成される彼の建物は，デザインの背後にあるプロポーション(比

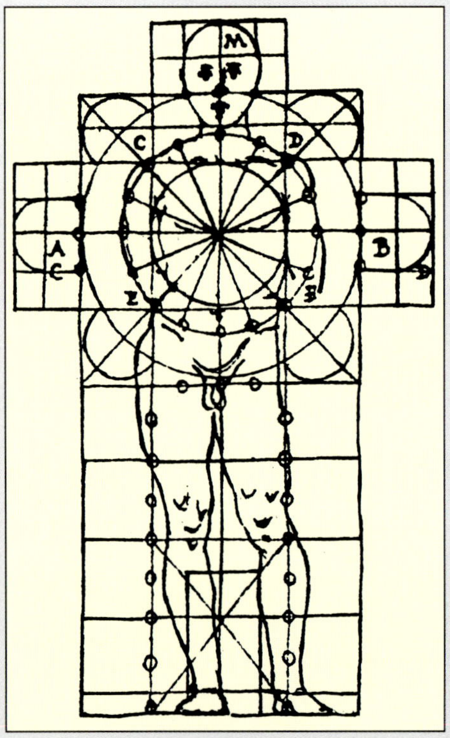

左　フランチェスコ・ディ・ジョルジョによる，人体の比例に基づく聖堂の平面．これは当時の建築家がいかにウィトルウィウスから受け継いだ人体比例のシステムを参照していたかを示している．頭部がモデュール（デザインの基本単位）をつくり，残りの聖堂部分がそれに基づいて決められている．

下　フィレンツェの大聖堂のブルネレスキによるドーム（1418―36年）は，数学的に一定の間隔をおいて建ち上がるように注意深く設計された．この巧妙な比例の使用は，音楽家ギョーム・デュファイが注目し，ドームの背後にある数学的比率を1曲の頌歌に置き換えた．

左　ルネサンス期の音楽教師．修道僧の上には，15世紀の調和の比例の最も重要な使用法として音楽と建築が描かれている．この二つの原理を結びつける関係は，オクターブの最上部が音符ではなくコンパスで終わっていることと，描かれたドームを構成するアーチが一定の比率で建てられていることで示されている．

下　ブルネレスキによるフィレンツェの孤児養育院(1420年頃)は，1:2，1:5，2:5の基本的比率に基づいている．たとえば円柱と円柱の中心間の距離は，円柱の中心と背後の1階外壁面との距離に等しい．ブルネレスキが現場から退いた後は，フランチェスコ・デラ・ルナのもとに工事が続けられたが，後になってブルネレスキの設計を誤って解釈したとして批判された．

例）の原理が注意深く分節化されている．ブルネレスキが基本的な数学を学んでいたことと，フィレンツェの主導的な数学者の一人，パオロ・トスカネリと親交があったことは，彼のパースペクティヴの発明とプロポーションのシステムの創出に不可欠な背景であった．サン・ロレンツォ聖堂の旧聖具室は新しい様式の初めての形態化であり，それは15世紀イタリアのルネサンスと親密に関係づけられることになる．フィレンツェのきわめて重要な建物を数多く引き受けたブルネレスキは，生涯，工学的な偉業によって特に名声を得た．フィレンツェ大聖堂のドームの建設はそれを最もよく示している．ブルネレスキの偉業はフィレンツェの熱狂的な雰囲気の中で達成された．彼は都市内のもう一人の高名な彫刻家であり建築家のロレンツォ・ギベルティにとって強力なライヴァルだった．ドナテッロとはより親密な競争相手となる．

ブルネレスキのパースペクティヴのシステムは，彼自身による注目すべき発見であった．ロマネスクのモデルに近づけようとして装飾や柱を用いただけでなく，中世の作品を厳しく洗練化させるために，彼はプロポーションのシステムを適用したのである．これらのエレメントの統合こそ，彼の作品に奥深いオリジナリティを与えているものである．

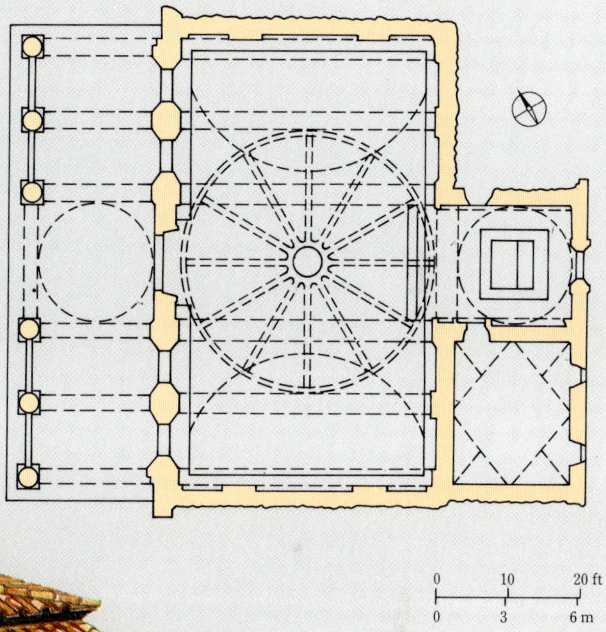

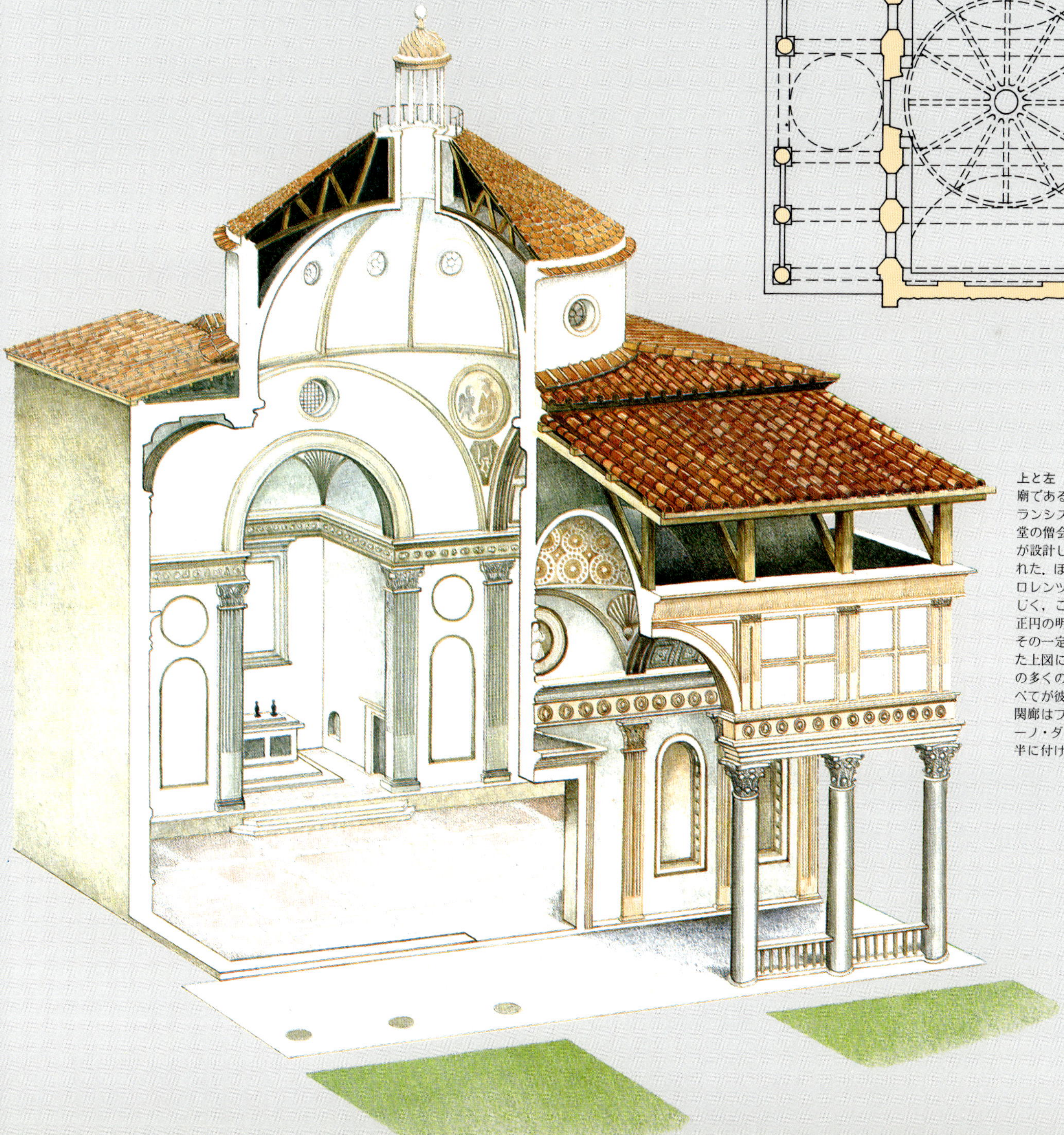

上と左　パッツィ家礼拝堂は，同家の廟であるとともに，フィレンツェのフランシスコ会のサンタ・クローチェ聖堂の僧会会議場として，ブルネレスキが設計し，1446年の彼の死後も続行された．ほとんどの彼の主要作品（サン・ロレンツォ聖堂の旧聖具室など）と同じく，この礼拝堂は正方形に内接する正円の明快なモデュールで構成され，その一定の形式は床面とドームを重ねた上図に示される．この礼拝堂は，彼の多くの作品がそうであるように，すべてが彼の手になるものではない．玄関廊はフィレンツェの建築家ジュリアーノ・ダ・サンガロのもとに15世紀後半に付け加えられた．

ウルビーノ：理想都市

フェデリコ・ダ・モンテフェルトロは1444年，ウルビーノ公となり，彼の職業戦士としての稼ぎから気前のよいパトロンになりえた．彼は成功した名誉あるそして人情の厚い傭兵隊長だったが，一方でマントヴァの人文主義者ヴィットリーノ・ダ・フェルトレの学校で教育を受けた学問と芸術の愛好者だった．彼の言葉によれば，ヴィットリーノは彼に「人間の卓越のすべて」を教えた．この人間の卓越への情熱こそ，彼の宮廷を性格づけるものであった．

1468年にフランチェスコ・ラウラーナを宮廷建築家として任命したとき，彼はその役割を「われわれの都市ウルビーノを，われわれの祖先や身分がもつ地位と名声にふさわしい一つの美しい邸宅につくり変える」ことであると強調した．彼がつくり上げたパラッツォと，芸術家や学者への気前のよい支援は，ウルビーノを一つの理想都市のモデルに変えた．アルベルティは定期的に訪れ，ピエロ・デラ・フランチェスカは自ら著した数学とパースペクティヴ（透視図法）の論文を大公に献上した．マルシリオ・フィチーノは大公に自ら訳したプラトンの『国家』を貸していた．1482年には大公の図書室は1000をこえる手稿を収めていた．

フェデリコの後は息子のグイドバルドが引き継ぎ，その妻エリザベッタ・ゴンザーガとともにカスティリオーネやラファエロのような作家，芸術家の支援を引き続き行った．カスティリオーネが著した『宮廷人』はウルビーノの都市と知的な宮廷のイメージを色鮮やかに描き出している．

左　フェデリコ・ダ・モンテフェルトロのストゥディオーロ(書斎)．古代から当時までの著名な文学者の肖像画が壁に並ぶ．その中には彼のかつての先生であったヴィットリーノ・ダ・フェルトレの肖像もある．戸棚に施された目の錯覚を起こさせるインタルシア(寄せ木細工)は，文武両道のフェデリコが追求し成就した出来事を描いている．

右　ウルビーノはマヨリカ焼の中心地であった．1520年頃のこの大皿の作者，ニコラ・ダ・ウルビーノはウルビーノで最もすぐれたマヨリカ焼の画家の一人であった．

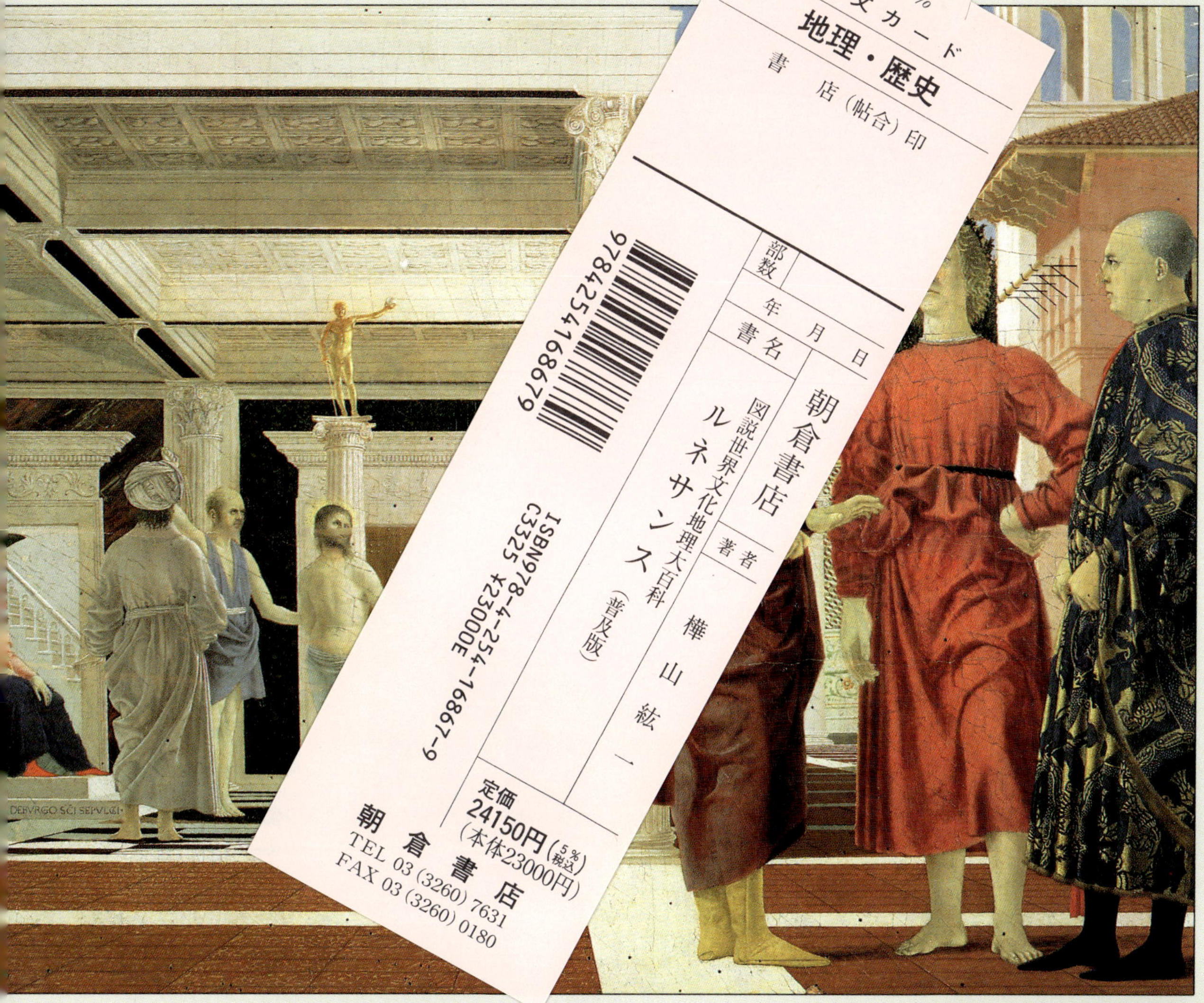

左　ピエロ・デラ・フランチェスカによる「キリストの鞭打ち」は謎の絵画である．たとえば，手前の不詳の人物に焦点を合わせ，鞭打ちの場面を後方に置いている事実は数多くの解釈を生み出した．「手前の人物は共謀者である」とされ，この絵画がイエス・キリストの殺害と同時にフェデリコ・ダ・モンテフェルトロの異母兄弟にあたるオッダントニオの暗殺をほのめかしていると考えられていたこともある．

前ページ上　「フェデリコ・ダ・モンテフェルトロと息子グイドバルド」は，ヨース・ヴァン・ワッセンホーフェ（ユストゥス・ファン・ヘント）あるいはペドロ・ベルゲーテの作とされてきた．公位を表す宝器をもつ息子と父の肖像は，フェデリコが一人息子のグイドバルドに自らの知的，政治的な熱望を引き継いで欲しいという願いを表している．

下　ラファエロによるバルダッサーレ・カスティリオーネの肖像（1514年頃）．『宮廷人』を著したカスティリオーネは16世紀初頭ウルビーノの宮廷に，他の重要な作家たちとともに住んでいた．エリザベッタ・ゴンザーガ公夫人のもとでの文学活動を示す文書は，その上品なウィットと宮廷的作法をもって，今日われわれの理解するウルビーノの宮廷に大きな影響を与えた．ラファエロは，父親がフェデリコ公とその息子グイドバルドのための詩人であり画家であったことから，この宮廷で育った．ラファエロとカスティリオーネはウルビーノを離れた後も，親しい友人であり続けた．

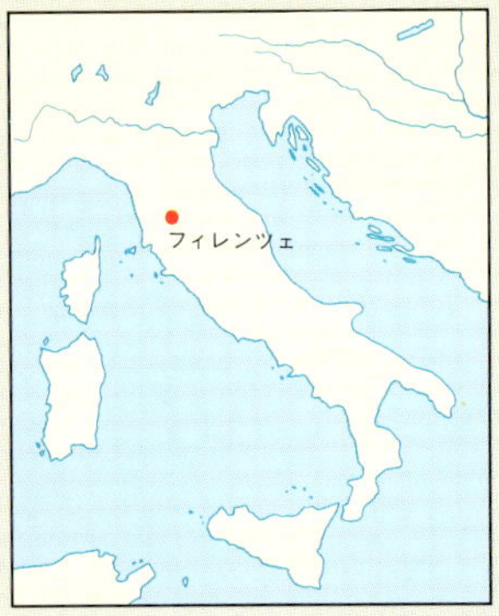

1490 年のフィレンツェ

画家ドメニコ・ギルランダイオがサンタ・マリア・ノヴェラ聖堂内のトルナブオニ礼拝堂での仕事を終えたとき，彼は描いたフレスコ画に次のような一文を書き残した.「1490 年，このきわめて美しい都市は，その権力と富，勝利，美術と建築によって名声を得，偉大なる繁栄，健康そして平和を享受している」.

当時フィレンツェは確かに政治的安定と驚くべき文化的興奮を享受している都市だったようだ．若い上層市民が路上で闘うこともなくなっていた．彼らは一緒に集まって新プラトン主義の哲学者や作家の講義や討論に耳を傾けた．銀行のシステムや公共の財源が心配されつつも，建設工事は続けられ都市のイメージを変革していった．ロレンツォ・デ・メディチは大聖堂の未完の 14 世紀のファサードを完成させる設計競技を指揮していたし，仲間の上層市民に道路を伸ばし，幅を拡げてパラッツォやヴィラを建設するよう奨励した．

この成長と繁栄の時代は後世の人々から羨望と郷愁の眼差しを向けられることになる．その後の戦争と都市内抗争により，1495 年メディチ家は追放されるからである．ロレンツォが支配した時期，それはフィレンツェの「黄金時代」であった．

1. 大聖堂
2. ジョットの鐘塔
3. 洗礼堂
4. パラッツォ・メディチ・リカルディ
5. サン・ロレンツォ聖堂，ラウレンツィアーナ図書館
6. サンタ・マリア・ノヴェラ聖堂
7. サンティッシマ・アヌンツィアータ聖堂
8. 孤児養育院
9. サン・マルコ美術館
10. パラッツォ・ヴェッキオ
11. バルジェッロ，国立美術館
12. オルサンミケーレ
13. サンタ・クローチェ聖堂，パッツィ家礼拝堂
14. サンタ・マリア・デル・カルミネ聖堂，ブランカッチ礼拝堂
15. サント・スピリト聖堂
16. パラッツォ・スピニ
17. パラッツォ・ピッティ，美術館
18. パラッツォ・ストロッツィ
19. サンタ・トリニタ聖堂
20. ウフィツィの回廊(1560 年建設)

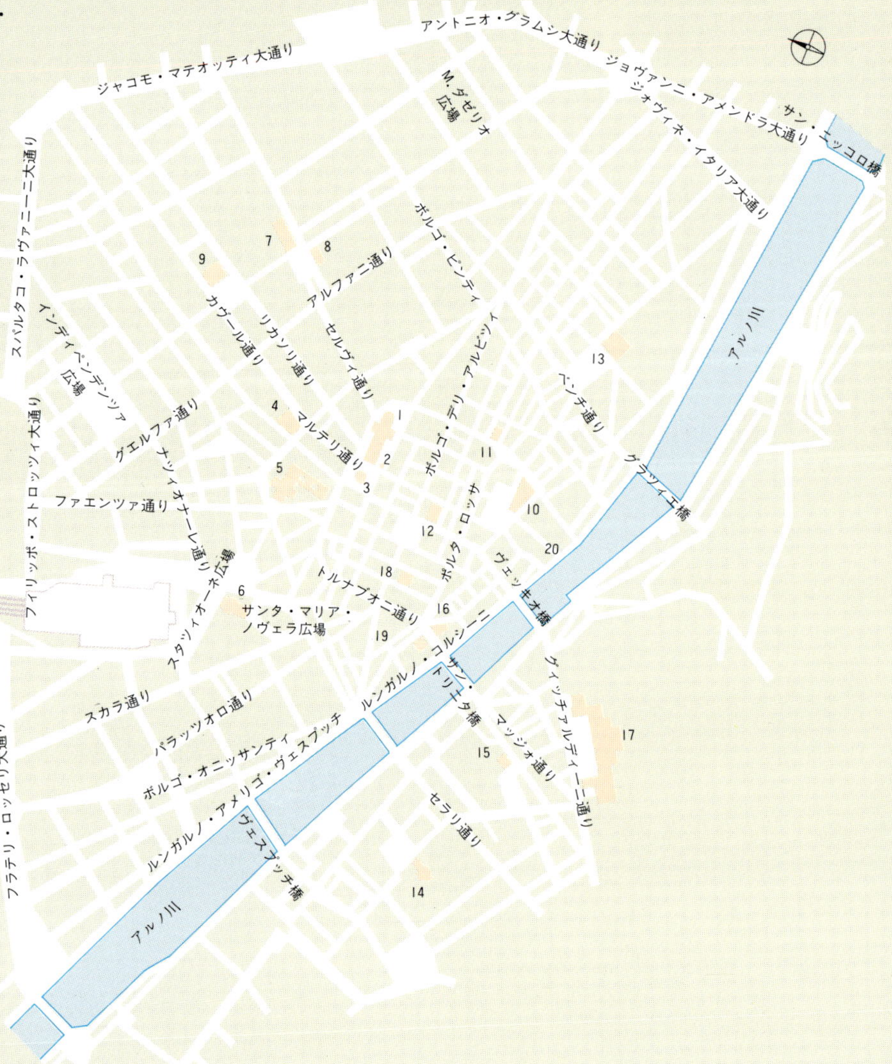

右　このフィレンツェの絵図は 15 世紀の繁栄期の都市を表している．都市の中心は最も重要な公共建築である市庁舎（パラッツォ・デラ・シニョリーア）と，もう一方の側に大聖堂と洗礼堂が配置されている．都市の福祉と結びついたオルサンミケーレが両者の間に建っていた．14 世紀の修道会としては，フランシスコ会の聖堂が図の右方に，ドミニコ会の聖堂が左方に位置したが，どちらも後に重要な建築が付け加えられた．前者にはブルネレスキの設計に基づくパッツィ家礼拝堂，後者にはレオン・バッティスタ・アルベルティが設計したサンタ・マリア・ノヴェラ聖堂のファサード上部である．アルノ川対岸にあるもう一つのブルネレスキによる聖堂，サント・スピリト聖堂の建設は半世紀間，遅々として進まなかったが，ようやく完成間近となっている．しかし，最も大きな変化は 15 世紀の間に市壁内に新築，改築された約 100 のパラッツォの登場である．メディチ家のパラッツォにならって，都市の上層階級の人々は新しいパラッツォを建設しその規模を競い合った．

FIORENZA
1
2
3
10
11
12
13
14
15
16
17
18
19
20

盛期ルネサンス

盛期ルネサンスは数々のパラドクスに満ちていた.「絶対的な世俗」である古代ローマと異教徒の時代であり，アレクサンデル6世やユリウス2世のような俗物や不道徳な人物が教皇として支配していたのである．だが，キリスト教美術として傑出した作品を生み出した時代でもあった．ラファエロやアンドレア・デル・サルトによるいくつかの聖母像や，ミケランジェロによるシスティナ礼拝堂の天井画などである．盛期ルネサンスの芸術は調和，均衡，優美，そして完全な人間の形態に基づくプロポーションによって，性格づけられるかもしれない．しかし，イタリアの当時の背景は，戦争，破壊，疫病，宗教の危機と崩壊に覆われ，文化的な生産と変化を妨げるとともに刺激していた．

一つの大危機はフランスのシャルル8世がナポリの支配権を主張して1494年9月にイタリア半島に侵入したことから始まった．1495年2月にはミラノが占領され，メディチ家はフィレンツェから追放され，ナポリもフランスの支配下に入った．だがシャルルの支配は長続きせず，まもなくイタリアから出て行った．しかしながら平和が戻ることはなかった．このフランスの侵入は1559年まで続く戦争の始まりだったのである．この期間，イタリアはヨーロッパを巻き込んだ戦争の中心の一つを形成していた．

フランス（ルイ12世の下で1499年に再びイタリアに侵入しミラノ以北を支配しようとした）とスペイン（主に南イタリアに侵入した）のイタリア半島での覇権争いが始まった．スイスとドイツの傭兵はどちらかにつくか，自分たちのために戦った．オスマン・トルコ帝国は海沿いの都市と港を略奪してまわり，一方でスルタン，スレイマン1世はローマを掠奪しようとしていた．イタリアの都市国家の多くは同盟を結び関係を強化することで，非イタリアの侵入国に対抗した．イタリアの大都市国家であるローマ教皇領，トスカナのフィレンツェ共和国，ヴェネツィア共和国は，非イタリア勢力からの独立の度合によっておのおの，有利な位置を得ようとしていた．これらの都市は力のない君主や暴君を排除したり，小さな自治都市の寡頭政治の執政者を支配することにより，権力を固めようとした．1559年にはカトー・カンブレジの和によって，ナポリ王国とミラノ大公国を支配する一大勢力であったスペイン（当時はフェリペ2世下）はイタリアを去った．しかし，1494年に比べ君主国や共和国は今や数の上でずっと少なくなったのである．

戦争の間，イタリア各地は相当な破壊と政治的，社会的な損害を被った．戦争によってブレシアやプラートが1512年に，そして最悪の事態としてローマが1527年に掠奪されていた．大規模な包囲も受けていた（ピサは1490年代に断続的に，フィレンツェは1529—30年に）．だが戦争は他の災害をも伴うものであった．疫病の流行，飢餓，不況などである．1520年代を通して飢餓とペストは猛威をふるったが，ペストが最も流行したのはその後の1575—77年で，特にヴェネトとロンバルディアが中心だった．チフスの流行は1505年と1528年だった．他には梅毒という新しい病気も現れた（フランス病，ナポリ病などと呼ばれた）．それは1490年代に流行したが，その始まりは船員たちからで，次に兵士たち，イタリア戦争に巻き込まれた軍営地の人々へと伝染していった．この梅毒の流行は16世紀初頭では死亡率がきわめて高かったため，ヨーロッパ中を恐怖とショックの渦中に落とし入れたのである．

この暗黒の情景を認識することは盛期の文化における発展を理解するうえで重要である．芸術家は戦争により，また政変がパトロンを奪ったことにより，他都市へ移動せざるをえないこともあった．新しい都市でうまくいくこともあればそうでないこともあり，それはレオナルド・ダ・ヴィンチやベンヴェヌート・チェリーニの生涯にあらわれている．破壊は大きく新しい可能性をつくり出すことができた．1527年，報酬のない反抗的なドイツ兵が中心になって起こしたローマ掠奪により，ステンド・グラス，宝石，タペストリー，豪華な箱に入った聖人の遺物など，数多くの持ち運べる装飾芸術品が失われた．だが1世代の間を通し，そのことはローマの再発展を刺激し続けたのであった．

イタリア戦争は都市を攻撃するための重厚で破壊力の強い大砲を備えた大規模な軍隊の出現を経験した．これは防御のための城塞，カステロ，軍事用の機械装置の設計と建設の発展を促し，ミラノなどではレオナルド・ダ・ヴィンチに，フィレンツェではミケランジェロとアントニオ・ダ・サンガロ・イル・ジョヴァネに，ナポリとパドヴァではフラ・ジョコンドにおのおの仕事を与えた．この手の実践的な仕事のほかにも，彼ら芸術家は知的な刺激を与えられた．新しい観念は軍事構築物から公共建築，宗教建築や土木事業へ，そして都市設計へと拡がり，ローマ，フィレンツェ，ペルージァ，少し遅れてトリノの都市景観に影響を及ぼすに至ったのである．

戦争の体験と挑戦は，特に政治理論について知的な議論を

イタリア戦争

1494年1月，シャルル8世が率いるフランス軍がナポリを征服するためにイタリアに侵入した．これを発端にイタリア戦争が始まり，一連の紛争が1559年まで続いた．この戦争はイタリアの都市国家間の勢力争いと，主導権を握る都市国家の欠如に起因し，スペイン，神聖ローマ帝国，スイス，教皇領をも巻き込むに至った．これらの外国とイタリアの勢力の関係は常に変化した．オスマン・トルコ帝国もこの時期イタリア半島への攻撃を開始する．シャルルは1495年2月にナポリに達したが，10月にはヴェネツィア，ミラノ，スペイン，神聖ローマ帝国，教皇領の連合軍によってフランスへ追い返された．戦闘に備えてイタリアの都市国家は建築家に大きな要塞を建設させた．フラ・ジョコンド・ダ・ヴェローナやジュリアーノ・ダ・サンガロ，アントニオ・ダ・サンガロが最も活躍した建築家である．イタリア戦争がもたらした一つの重要な結果は，ヨーロッパの列強がイタリアのルネサンスに直接触れたことである．皮肉なことに，これは特にフランスにあてはまり，軍隊の帰還によって持ち込まれたイタリアの影響はフランスの文化活動を支配するようになり，当地のルネサンスの発展に多大な効果があった．

左　1521年に印刷された戦争についての本にある木版画．対ヴェネツィア戦役で神聖同盟に攻撃されるパドヴァ（1509年）を描いている．そこには戦闘方法の新旧，すなわち大砲とそれに直面する馬上の騎士が鮮やかな対比で表現されている．戦争はルネサンスの展開の決定要因として重要な役割を果たした．

神聖ローマ帝国
ブレンナー峠
レシア峠
サン・ゴタール峠
ルクマニエール峠
サン・ベルナルディーノ峠
ベルニーナ峠
レマン湖
ドロミテ
ピエーヴェ・ディ・カドーレ 1508
ヴェネツィア共和国
ハンガリー
アルプス山脈
ベルガモ
ノヴァラ 1495 1513
ミラノ
ビコッカ 1522
アニアデッロ 1509
ブレシア 1512
トレヴィゾ 1509
マリニャーノ 1515
ヴェローナ 1516-17
パドヴァ
ペスキエラ 1509
パヴィア 1525
クレマ
ヴェネツィア 1509
モン・スニ峠
クレモナ
レニァーゴ
スーザ
トリノ
キエリ
ピアチェンツァ
ポー川
モン・ジュネーブル峠
アスティ
フィオレンツォーラ
ヴェネツィア領
パルマ
フォルノヴォ 1494
ジェノヴァ
アペニン山脈
ボローニャ
フランス
ラヴェンナ 1512
ラパッロ 1494
サルツァネロ
ファエンツァ
ラ・スペツィア
フォルリ
リミニ
オスマン・トルコ帝国
サン・ステファノ
ルッカ
プラト 1512
ピサ 1495-1509
フィレンツェ 1529-30
カステル・フィオレンティーノ
ポッジォ・インペリアーレ
ヴェネツィア領
リグリア海
アレッツォ
サンセポルクロ
教皇領
シエナ 1552-59 1552-55
アドリア海
モンタルチーノ
ペルージア
コルシカ島 ジェノヴァ領
ピオンビーノ
エルバ島
トスカネラ 1495
ポルトエルコレ
ヴィテルボ
チヴィタ・カステラーナ
ネピ
チヴィタヴェッキア
ブラッチァーノ
ローマ 1527
ヴァルモントーネ
ヴェロリ
モンテ・サン・ジョヴァンニ・カンパーノ
ヴェレトゥリ
サン・ジェルマノ
ネットゥーノ
ガリリアーノ 1503
カルヴィ・リゾルタ
カリニョーラ 1503
アヴェルサ
ナポリ 1527-28
ナポリ王国 アラゴン領
サルデーニア島 アラゴン領
ティレニア海
レッジォ・ディ・カラブリア 1543
シチリア島 アラゴン領
新しい城塞の建築家，技術者
フラ・ジォコンド
サンガロ家
その他
1539 主な戦争とその年代
1509 主な包囲とその年代
1509 虐殺と都市の略奪とその年代
峠
アペニン山脈を越える主な道筋
シャルル７世が通った道筋（1494-95 年）
オスマン・トルコの侵入
1499 年
1537 年
1543 年
領土境界線，1494 年
500 m 以上の領土
縮尺 1：5 000 000
0 150 km
0 100 mi

生み出した．1509 年，ヴェネツィア共和国はカンブレー同盟(教皇ユリウス 2 世，皇帝マクシミリアン，フランス，スペイン，フェラーラ，マントヴァによる同盟）と対決し，半島の領域のほとんどを失い，この同盟の支配下に置かれる可能性に直面していた．この脅威からの救済は，有力市民と聖職者に共和国体制の再評価をもたらした．彼らはこの事件を「ヴェネツィアの神話」と見なしてそれを育み，士気を高め，貴族階級の徳をたたえ，都市の自由，キリスト教の人文主義を訴え，ヴェネツィア人と移民双方による芸術的偉業を推進させた．戦争から生み出されたこの神話は，枢機卿ガスパロ・コンタリーニやパオロ・パルータの政治的対話や政治論のような文学，そしてヤコポ・サンソヴィーノのようなプロパガンダを旨とした画家を生んだ．こうしてヴェネツィアの技量と嗜好はイタリア半島とヨーロッパの文化的中心に大きな衝撃を与えることにもなった．

1527 年のローマ掠奪はローマ以外に対しきわめて大きな文化的影響を及ぼした．この事件でローマの芸術家，パトロン，宗教上の指導者は他都市に逃れ，再び戻れたり，戻れなかったりした．その恩恵を最も被ったのはヴェネツィアだった．総督アンドレア・グリッティ（1523—38 年）は意図的な政策としてヴェネツィアを第二のローマにつくり上げようとした．彫刻家，建築家のサンソヴィーノがヴェネツィアに移住し，都市の建築に大きな衝撃を与えた．ピエトロ・アレティーノ（詩人，劇作家，ジャーナリスト，機知に富む才人，高級なポルノ作家）はすでにローマ掠奪を予測してヴェネツィアに移り住んでいた．その事件（そしてヴェネツィアの自由）は彼をしてそこに住まわせたのである．ローマに対する軍事的・政治的脅威が小さくなると，教皇はパトロンとして都市再興を確約し，文学と芸術における古典的な人文主義の推進に力を入れた．そこには，伝統的なキリスト教の教義との調和が求められ，プロテスタントの批判や異教徒の教えに対決しうる改革されたカトリシズムの中心としてのローマが意図された．

盛期ルネサンスの範囲

イタリアの盛期ルネサンスは慣習的に 1490 年代から開始するとされているが，終焉の時期についての議論はほとんどない．初期ルネサンスの時期には，作家と芸術家は古代ローマ期の偉業の後に失われてしまった知識と標準を奪回しようとした．盛期ルネサンスは，新しい自信が生まれ，業績は古代のそれにひけをとらず，古代のモデルに基づく新しい作品を生み出すことのできた時代であった．

盛期ルネサンスでは自然に対する理解が深まる（レオナルド・ダ・ヴィンチのノートやスケッチを見れば明らかなように)．そこには自然を二次元，三次元の芸術の中に再現したり，文学のなかに叙述する高い能力が示されている．だが重要なことは，自然はより良いものに変えるべきであり，人間の知性，発明，想像を駆使して凌駕するべきであるという発展的な姿勢があったことである．人体解剖に対する理解が深まると，人体の描写は大きく変わった．ミケランジェロの彫刻も，ティツィアーノの絵画もその例外ではない．油彩技法の進歩は微妙な色，光，陰の使い方と目の錯覚の利用を可能にした．パースペクティヴの原則が理解されるようになると，数学と光学を通して，絵画上のパースペクティヴとそれを実現させる技術に関心が集まり，さらに建築の空間構成の統御に用いられるに至った．

「盛期」のあるいは完成されたルネサンス美術という概念はその多くをジョルジォ・ヴァザーリ（1511—74）に負っている．彼は初めての偉大な美術評論家であり，その後のイタリアのルネサンス美術を叙述，評価，解釈してきた美術評論家たちを支配してきた．ヴァザーリは特にメディチ家のトスカナ大公のために作品を残した画家であり建築家であった．しかし彼を最も有名にしたのは彼が著した『芸術家列伝』(初版は 1550 年，大きく改訂，増補された版は 1568 年）である．ヴァザーリによれば，絵画，彫刻，建築の偉大な芸術は神聖なるインスピレーションのもとに新たな完成状態に達し，古代のモデルに匹敵するばかりかそれを凌いでいるのである．この完成はとりわけ「神聖なる」ミケランジェロの作品にみられるとし，完成への徴候はレオナルド・ダ・ヴィンチとラファエロの絵画に見出しうるとしている．彼は同時代の他の芸術家，ジョルジォーネ，ジュリオ・ロマーノ，ティツィアーノをその価値ある貢献者とみなしている．ヴァザーリの評価と基準はその後の歴史家たちに，これらの芸術家の主要作品に基づいた盛期ルネサンスという概念を規定させることになったのである．

文学における盛期ルネサンスは，古くからの自国語と，人文主義者の言語学の成果から編み出され洗練されたイタリア語を用いて，優美で想像的に観念，感性，物語性を伝えうる点で古代を凌ぐ詩や散文を生み出す大きな自信を得た．15 世紀の人文主義に対する関心は，特に新プラトン主義，古代の修辞法，ローマ史（これらから教訓が引き出された）において持続された．また，ローマの詩人オウィディウスや特にプラウトゥスの喜劇を通して語られる古代の神話に大きな関心が集まった．プラトンの哲学と古代神話は，絵画や彫刻の内容と意味にも影響を及ぼした．

盛期ルネサンスの成果と特質は，古代の学者，理論家，芸術家との実り豊かな観念の交歓として説明できる．さらにアカデミーや大学(特にボローニャ，パドヴァ，ピサの各大学)は観念を相互に肥沃化させ，盛期ルネサンスの姿勢，様式，観念を 16 世紀後半まで持続させたのであった．

文化的エリートの協会としてのアカデミーは 16 世紀に出現した．貴族や紳士を気取った人々が互いにつまらない詩を読み合う社交的な集まりにすぎないものも多かったが，カサーレ，コセンツァ，レッチェのような小都市では新しい観念を流布させるための基盤を形成させ，国際的な役割を担うものもあった．印刷業を営む人文主義者のアルドゥス・マヌティウスが 1500 年頃創立したヴェネツィアのアカデミーは古代ギリシア研究を促進させる重要な機関であった．フィレンツェでは芸術家育成のためのアカデミー（1562 年創立のアカデミア・デル・ディセーニォ）と自国の文学を促進させ，言語を洗練化させるために，1582 年アカデミア・デラ・クルスカが創立された．パドヴァは活気ある大学を有していたばかりか，哲学者や人文主義者のための私的なアカデミーであるインフィアマーティ（「熱情的な人々」の意）を誇っていた．

盛期ルネサンスの終焉の時期は明確ではない．ヴァザーリの『芸術家列伝』の中の芸術家（そして同時代の文学者）からみれば盛期ルネサンスの理想と特質は部分的にせよ 16 世紀中頃まで存続し，ヴァザーリ自身による模倣やヴェロネーゼとパラディオの作品を経て，16，17 世紀の対抗宗教改革の時代にまで続いている．そして，改革派の司教や信心会が文化的なリーダーシップをとる一方で，盛期ルネサンスは新たな宗教的意味と感情が込められ，フェデリゴ・バロッチの絵画，ガブリエリ（アンドレアとジョヴァンニ）とジェズアルドの音楽，そしてトルクァート・タッソの詩が生まれた．

フィレンツェの共和政とその衝撃

1494 年のフランスの侵入という災難の時期，フィレンツェでは永らく統治を続けてきたメディチ家が政権を握ってい

イタリア戦争終結後のイタリア
イタリア戦争はカトー・カンブレジの和により 1559 年に終止符が打たれ，新しい文化的主導者がさまざまな立場から登場する．貧しく後進の半島南部においてさえ，司教区が出資して教育を広め，建築や美術の作品をつくった．一般信徒の信心会が，礼拝堂，絵画，演劇，音楽，野外劇を実現させた．革新的な個人の活動もまた文化を主導した．たとえばフェデリコ・バロッチ（1535 頃—1612）は盛期ルネサンス様式で繊細かつ独創的な宗教絵画を描いた．

た．だが，熱狂的な修道僧で予言者，道徳主義者であったフラ・ジロラモ・サヴォナローラ（1452—98）の影響で，より民主的な政府に引き継がれたのである．共和国のリーダーと教皇アレクサンデル６世（サヴォナローラは公会議に訴えて彼を退位させようとした）のどちらも，彼の熱狂的な政治批判に手を焼くようになった．彼は拷問にかけられ，教会に対する陰謀と有害な改革に向けた説教について自白させられ，異端者，教会分離論者として火刑に処せられた．サヴォナローラはしばしば多くの絵画を好色で挑発的なものとして攻撃し，そのいくつかを焼いてしまうように命じた．ヴァザーリによれば，1496 年にそのようにして焼き払われたものの中には，神聖を汚す絵画や彫刻，恋愛の歌，リュートがあった．

左　レオナルド・ダ・ヴィンチ,「糸巻きの聖母子」(1501年頃). レオナルドとその工房は, フランスの有力な役人フロリモン・ロベテに依頼されたこの絵を実験的に何種類も描いた. ロベテが受け取った絵が, バックルー公のヴァージョン（左）か, ニューヨークに現在あるもう一つのヴァージョンかは不明である. どちらの絵もレオナルドの筆によることは明らかで, 特にそれは子供と岩山の部分において顕著である. しかし, 2枚の絵はともに工房の共同者の署名も入っている（他のヴァージョンの中にはおそらく共同者だけが描いたものもあると考えられる). ここにとりあげたヴァージョンは, 明らかにレオナルド自身による明暗とスフマート（ぼかし画法）の表現, 明確な境界を消して色と色を微妙に配合する手法がみてとれる. この絵はまたレオナルドの原則,「人物は, それを見る者が自らの思想を態度から切り離せるように描かれていなければならない」を示している（訳注：この作品をレオナルドの真作と認めない意見も多い).

サヴォナローラがフィレンツェにつくり出した厳格な雰囲気は, 芸術や文化全般にとって不健康に感じられるかもしれない. だが彼は, 一般的に信じられているのとは逆に, 芸術を敵視していたわけではなかった. 彼の説教は宗教文化のなかにある新しい方向性と姿勢を奨励していたのである. 画家バルトロメオ・デラ・ポルタは自ら描いた裸体画を焼却するために差し出した. 1500年, 彼は修道士になり（したがってフラ・バルトロメオとなる), その絵画はフィレンツェの宗教美術の礎となってラファエロに影響を及ぼした. 共和制の時代のフィレンツェ（1512年まで続いた）は, 政治理論に対する長期にわたる影響のほうが重要だが, 絵画と彫刻の分野でも大きな成果をみたのである.

この時期レオナルド・ダ・ヴィンチはミラノの宮廷とフィレンツェ共和国を往復していた. フィレンツェでは「糸巻きの聖母子」(1501年頃),「モナリザ」(1505年),「聖アンナと聖母子」(1508年頃）のような重要な絵画を手がけていた. これらの絵画には彼の新しいテクニックであるスフマート（ぼかし画法）がみられ, 色彩と色調が明から暗へ徐々に, そして明確な境界なしに変化している. しばしばこの技法は彼の絵画を神秘的な雰囲気に包み込む. これは油彩画の発展史上,

右　テラコッタ製のニッコロ・マキアヴェリの胸像は，おそらく彼のデス・マスクをもとにつくられている．彼の著書『君主論』(1532 年）は，同時代の政治の現実を率直に分析したもので，政治理論の里程標となった．彼の作品は自らの政治活動における苦しい体験に根ざしている．「私は自分の苦痛が増すことを切に希望する．……泣き，笑い，そして燃焼することを希望する．私は自分が聞き，見たことにおびえている」．

下　ミケランジェロによるダヴィデ像(1501—04 年)は，ルネサンスのイメージとして最も親しまれているものの一つである．確信をもち敏活なダヴィデの巨大な姿はフィレンツェ共和国のシンボルである．ヴァザーリによれば，この作品は過去の彫刻作品を凌ぐ，彫刻の新しい基準を設定した．

一つの重要な段階を示していた．フィレンツェ共和国の宣伝として，その過去の勝利を強調するために，レオナルドは「アンギアリの戦い」をフレスコ画で描くことを依頼された．これはミケランジェロが描いた「カッシーナの戦い」と隣合わせに並べるためだった．この二つの絵画は失われてしまったが，もう一つの共和国のシンボルであったミケランジェロのダヴィデ像（1501—04 年）は生き続けた．それはルネサンス期の大理石彫刻の頂点の一つを示す男性像で，独裁者と恐怖に対して，制御された力と威厳をもって立ちつくしている．

共和制の経験と失敗の後，1512 年にメディチ家が復帰したとき，あのニッコロ・マキアヴェリ(1469—1527)の業績も生み出された．法律家で熱心な人文主義者であった父親はマキアヴェリに古典の教育を授けた．彼は 1498 年にフィレンツェ共和国の書記官にまで出世し，外交官として（イタリア国内とフランス向けの)，また書簡や報告書の執筆者として活躍した（残酷なチェーザレ・ボルジアの扱い方は彼の見解をよく示している）．マキアヴェリは 1512 年のメディチ家の復帰の直後にその職を失った．彼は監獄に入れられ拷問を受けた後，著述に転し，メディチ家に雇われることを(失敗に終わるが)ねらっていた．マキアヴェリの経験と古代史の知識は彼をして政治理論を書かせることになる．『君主論』（1513 年頃書かれ，1532 年に印刷された)，『リウィウス論』(1513—19 年頃)，そして『戦術論』（1519—20 年）である．彼の政治に関する著作の全体を通しての一貫性は期待できない．心底からの共和制支持者でフィレンツェへの強い愛国心をもち，侵略者と特にスイスの傭兵を嫌ったマキアヴェリは，君主への忠言によって最もよく知られる人物になった．それは，ずる賢く，無情に現実の権力を直視し，政治的行為と倫理性は切り離すという忠言である．彼の政治に関する著作は死後，印刷され翻訳され，そしてその概念は好意あるいは敵意をもって歪められ，ついには西洋の政治思想やときには政治的行動の最前線に立たされてきたのである．

マキアヴェリは一人の政治家以上の存在であった．彼はすべてにおいて盛期ルネサンスを体現する文化的人物として存在した．彼は人文主義教育，特に古代史への愛着を不快な現実への厳しい眼差しと結びつけた．彼の残された書簡に目を通すと，彼がいかに観察力が鋭く，博学で機知に富み，そして社交的であったかがわかる．彼にはフィレンツェ史やイタリア語についての著作もある．短編や卑猥な演劇も書き，そのうちの二つは今でも上演することができる．喜劇「クリツィア」は 1525 年にフィレンツェで上演されたが，彼を触発した古代ローマのプラウトゥスの喜劇を翻案したものとして解釈できる．より独創的なのはセックスと詐欺を内容とする「マンドラゴラ」(毒草コイナスの根の意）で，1525 年にヴェネツィアで初演され，ルネサンスの最上の喜劇の一つに数えられる．ルネサンスの劇作家としてのマキアヴェリはいろいろな意味で，政治的なマキアヴェリを解く鍵である．

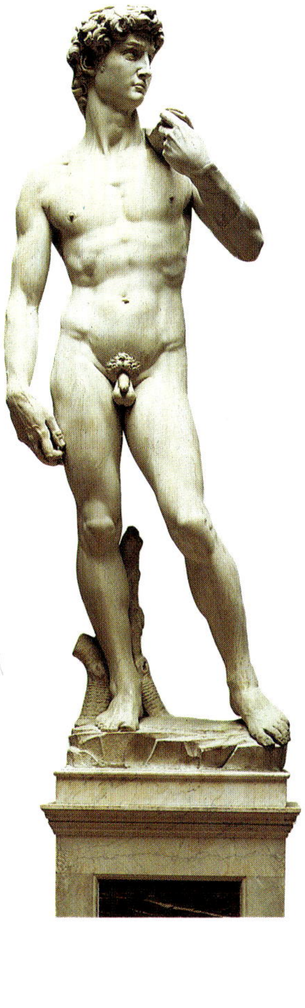

ミラノとレオナルド・ダ・ヴィンチ

ミラノが盛期ルネサンスに貢献した事実はあまり知られていない．法的にはジャン・ガレアッツォ・スフォルツァ公に 1476—1494 年に支配されたが，実質的には彼の叔父にあたるロドヴィコ・"イル・モロ"(ムーア人の意)が権力を握り，1499 年，フランスによって追放されるまで公国を支配した．ロドヴィコと高い教養をもつ妻ベアトリーチェ・デステ（フェラーラのエステ家から嫁いだ）は，政治的混乱のまっただ中にあってきわめて洗練された宮廷をつくり出した．

建築では，ロドヴィコはフィレンツェのブルネレスキの作品群に対抗して，ドナート・ブラマンテ（1444—1514 頃）に

機会を与え，盛期ルネサンス建築の創始者にさせようとした．ブラマンテはバーレル・ヴォールトをもつ小さなサンタ・マリア・イン・サティロ聖堂を設計したが，内部の奥行が十分にとれなかったために内陣の聖歌隊席をだまし絵のように処理している(1482—86 年)．彼はまたサンタ・マリア・デレ・グラツィエ聖堂（1493 年着工）も設計して現実と虚構の空間（ドームのラウンデルに見せかけたペディメントが載った開口部）を創出し，さらに古代ローマの建築家ウィトルウィウスに感化されてサンタンブロジオ聖堂の新しいクロイスター（回廊）を建設した．ブラマンテはトロンプ・ルイユ（だまし絵）で評価を得た画家でもあった．

ブラマンテの建築は友人のレオナルド・ダ・ヴィンチ(1452—1519)の影響下にあった．レオナルドは 1482 年にミラノに到着して宮廷の中心人物となっていた．ロドヴィコに対しレオナルドはその多彩な才能を披露していた．戦闘用機械（水陸ともに）の発明家，トンネルや水中工事の専門家として，さらに「私は大理石，ブロンズ，粘土の彫刻をつくり，絵画についてもどんな仕事も誰の肖像画でも描くことができます」と述べ立てた．未完成や実行されなかった作品も数多いが，レオナルドは驚くべき広い範囲の才能をもち，ロドヴィコや宮廷の他の人々の支持と愛情を得ることができた．彼の飛行機械や潜水艦は機能しなかったが，その機械に対する技術力は賞賛を浴びた．グロテスク，発明，自然の多岐にわたる現象などの描写に彼は魅せられ，それを享受していた．レオナルドは画業の気晴らしに，ロドヴィコが保護したもう一人の人物と親交を深めていた．それは偉大な数学者ルカ・パチオーリ（1445—1517 頃）で，数学と芸術の両面からのプロポーションを扱った著作『神聖比例』(1509 年）の挿絵をレオナルドが描いている．レオナルドは宮廷のために，ミラノや郊外のヴィラでの演劇も手がけた．1490 年の婚礼の席での「遊星の仮面」，1496 年には詩人で公国の書記官でもあったバルダッサーレ・タッコーネによる劇「ダナエ」上演のための舞台装置と仕掛けをつくり上げた．後者では，ヴィチェンツァのテアトロ・オリンピコ内の舞台にみられる街路景観の先駆けとなる，トロンプ・ルイユによる都市風景が描かれていた．

レオナルドのミラノの宮廷での活躍は，盛期ルネサンスの

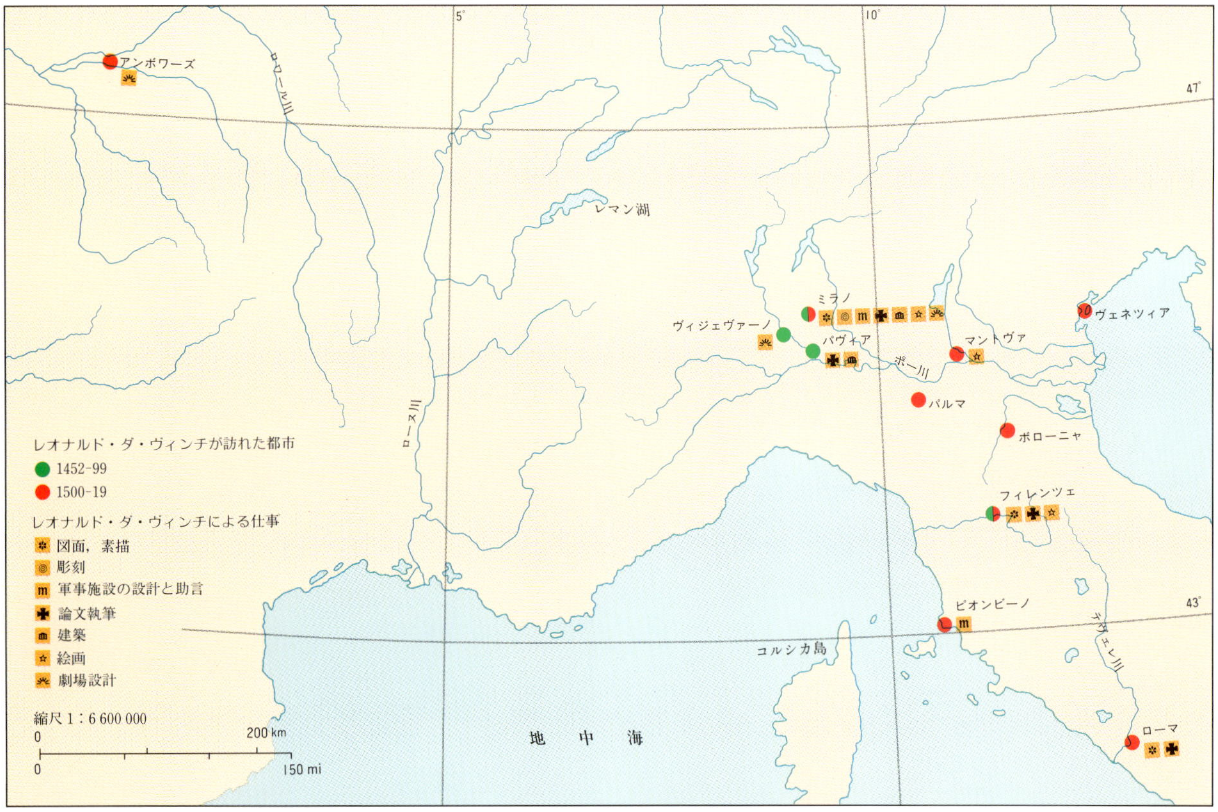

レオナルド・ダ・ヴィンチの旅
ルネサンスの芸術家は，教会や宮廷から依頼を受けるため，各地を旅することを期待された．レオナルド・ダ・ヴィンチはフィレンツェに拠点を置き，ミラノやヴィジェヴァノのスフォルツァ家の宮廷にも滞在した．1499 年以降，彼は新しいパトロンを求め，戦争を避けて移動を繰り返した．ときには，戦争の恩恵にもあずかった．たとえば 1502 年にはチェーザレ・ボルジアの地図製作者，軍事技術者として教皇領に身を置いた．彼の人生の最後の数年間はフランソワ 1 世の賓客として，アンボワーズにあるフランスの宮廷に近い城で過ごした．

主導的な芸術家，ラファエロ，ミケランジェロ，チェリーニ，ティツィアーノの地位が向上したことを示している．彼らは幅広い才能と，学者やパトロンと肩を並べて宮廷に参加する意志と能力との両方に支えられていた．

当時ミラノでの彼の著名な作品は「岩窟の聖母」の二つのヴァージョン（1483 年頃，ルーブル美術館所蔵；1488 年頃の作品はおそらく 1507 年頃に筆が入れられている．ロンドンのナショナル・ギャラリー所蔵）である．この時期の作品にはサンタ・マリア・デレ・グラツィエ聖堂（1495―97 年）の食堂に描かれた「最後の晩餐」，そしてロドヴィコの夫人たちの肖像画がある．特にチェチリア・ガレラーニ（リュート奏者で詩人）は「白テンを抱く婦人」（1483―84 年頃）に描かれている．「最後の晩餐」はロドヴィコとベアトリーチェのお気に入りの修道院のために描かれ，彼らはそこに埋葬されることを願っていた．レオナルドの描写上の実験は，骨格とプロポーションはブラマンテやパチオリの影響を示しているが，最後まで生き残るのは当初の青白い表現だけであることを意味している．レオナルドは「沈黙の詩」と呼んだが，聖書の物語を描くにあたり，人物の姿勢，顔の表情，ジェスチュアを捉えようとした．先に述べた肖像画ではレオナルドのスフマート（ぼかし画法）とキアロスクーロ（明暗法）の円熟した使用法がみられる．

レオナルドの最初の「岩窟の聖母」は「イマコラータ・コンチェツィオーネ」（聖母マリアの無原罪の御宿り）という新しい信心会からの依頼だった．信心会（男性，ときには女性の信仰生活の推進のための結社）は祭壇背後の装飾，行列のときの旗，礼拝堂，宗教音楽のための重要な文化的パトロンであった．詳細な契約に基づくこの絵画の依頼は，支持を得ていたが，論争の的でもあった「無原罪の御宿」の教義を育むためであったが，このことは盛期ルネサンスが反聖職者的，古典的，異教徒的になるのと同じように，著しくキリスト教的にもなりえたことを思い起こさせるのである．レオナルドは完成あるいは未完のさまざまな絵画を描いた中で，彼自身とパトロンの両者の観念を用いて聖母マリアの図像に新たな生命を吹き込むことに多大な貢献をしたのである．

1527年の掠奪以前のローマ

アレクサンデル 6 世（1492―1503），ピウス 3 世（1503），ユリウス 2 世（1503―13），クレメンス 7 世（1523―24），およびパウルス 3 世（1534―49）といった教皇の在位期の盛期ルネサンス全般にわたって，人文主義の異教的様相とキリスト教的様相，あからさまな官能表現と倫理的な節度をもった性認識，合理的な主張と占星学や奇形の出生などの予兆をもとにした迷信的予言，これら相対立するものの混在を見出すことができる．この全般的な頽廃は確実に上層階級にも及び，その多くにアレクサンデル 6 世とボルジア家の彼の息子たちとその

下　ヤコポ・デ・バルバリによる数学者ルカ・パチオリの肖像（1495 年頃）．パチオリは，西欧で印刷された初めての数学書を著した．比例について彼が書いたものは，ピエロ・デラ・フランチェスカ，レオナルド・ダ・ヴィンチ（彼が著書の一冊に挿絵を描いた）のような芸術家に影響を与え，複式簿記についての書はイタリア商人の繁栄の維持に貢献した．

関係者たちが関わっていた．しかし，教皇庁も一方では，洗練された礼節を示し，非常に博学な説教や講話には耳を傾け，貧民のために新しい病院を提供し，ラファエロやジュリオ・ロマーノに，調和し均整のとれた祭壇の制作を依頼し，洗練されたラテン語とイタリア語による文書や文学作品を刊行した．

教皇たちはさまざまな分野の最前線で活動した．彼らはローマの人口（1500 年には約 5 万 5000 人）を増大させ，古代ローマの市壁付近まで再整備して，ローマを教会と全キリスト教徒の先導者にふさわしいものにするために，そして，ときに教皇一族の威信を高めるために，ローマと教皇領の政治支配を強化することを望んだ．娯楽と教育とともに文化パトロネージがそれらを助長した．教皇たちは彼らの目的を達成するために，併合した教皇領に課税するか，あるいは多額の借入れをしてつくった金を，芸術や文学に惜しみなく注ぎ込んだ．そして当時の有力な文化人たちを徐々に巻き込むことによって，ローマは古典学者，神学者，芸術家，教会関係者たちが混在する一つの宮廷社会へと発展していった．

1499 年にブラマンテは戦禍を逃れてミラノからローマに居を移した．まもなく（1502 年）彼は，聖ペテロの栄誉をたたえてサン・ピエトロ・イン・モントリオ教会に盛期ルネサンス建築の至宝の一つであるテンピエットを建てた．テンピ

右　レオナルド・ダ・ヴィンチによる「白テンを抱く婦人」（1483―84 年頃）は，ロドヴィコ・スフォルツァの夫人，チェチリア・ガレラーニの肖像とされる．白テンはスフォルツァ家の紋章で，そのギリシア語ガレエは，モデル名（つまりガレラーニ）を連想させる．レオナルドによれば白テンは謙虚と純粋を表す．リュートの演奏家，イタリア語の詩人，ラテン語の書簡文学者であったガレラーニは，宮廷の作法と優美の具現として描写されている．

エットは，豊かな装飾フリーズをもつドーリス式円柱が周囲に巡らされた円形聖堂であった．そして，ユリウス2世は荒廃し時代遅れになったコンスタンティヌス帝のバシリカ式のサン・ピエトロ聖堂（330年頃建設）を改修し，やがて新聖堂の計画に着手することを決意した．そのときに最初の設計案を提出したのがブラマンテであった．それは新プラトン主義の学者や数学者たちが神から与えられた理想的な形態とみなしたギリシア十字形（等しい長さの腕をもつ十字形）平面をもっていた．結局，多くの建築家の介入を経て，ミケランジェロがドームと交差部と祭壇をもつギリシア十字形平面の聖堂を設計し，1546年から建設に着手した．その後，建築家カルロ・マデルノが交差した腕の一つを拡張して，大規模な集合体に適合するように，現在のような長い身廊を付け加えた．

ミケランジェロの初期のローマ滞在期である1496—1501年と1505—15年は，ちょうど故郷フィレンツェが政局不安定な時期にあたり，彼はメディチ家とむずかしい関係にあった．死せるキリストを抱きかかえる若き聖母マリアを表現した，サン・ピエトロ大聖堂に現存する大理石の「ピエタ像」はこの時期（1498—99年）に制作されたものである．これはフランスの枢機卿ジャン・ヴィリエに依頼されたもので，ミケランジェロが「聖母マリアの哀悼」を表現するにあたって，なぜ聖母マリアの膝の上に足を伸ばしたキリストではなく，彼女の腕のなかに抱かれたキリストを表現したのか，つまりミケランジェロがなぜイタリアではなく，北ヨーロッパの伝統表現に従ったのかはこの依頼者の出自が説明してくれる．しかしながら，キリストの体が聖母マリアに不安定に覆いかぶさる先例とは異なって，ミケランジェロは二つの像に完璧な均衡を与えている．それらは細心の解剖学的な観察，心理的洞察力と共感に基づいた彫刻技量の完全な熟達を示している．美しい人間としてのキリストと，悲しみにくれてはいるが決して取り乱してはいない聖母マリアが示す人間性は，ミケランジェロの晩年の未完成のキリスト像，「十字架降下」（1547—55年）や「ロンダニーニのピエタ」（1555—64年）の中に見られる厭世主義的傾向や完全な調和からの逸脱と強い対比をなしている．

ミケランジェロのローマ滞在第二期は，教皇ユリウス2世のための彫刻墓廟とヴァティカンのシスティナ礼拝堂の天井画の二つの計画に占められている．ミケランジェロはこの墓廟の計画に生涯悩まされた．教皇と彼の継承者たちはこの壮大な計画に対する考えをたえず変え続けた．結局，さまざまな段階に大理石の量塊から切り離された有名な「奴隷たち」（1513年頃）と主要部を占める「モーセ」（1515—16年）のみが，ユリウス2世が芸術を通して自らの栄光をたたえるこの試みを伝える魅力あふれる成果であった．

システィナ礼拝堂の天井画（1508—12年）は，盛期ルネサンスのキリスト教人文主義の最高傑作である．ミケランジェロ自身の思想とともに，ユリウス2世お気に入りの説教者であったアウグスティノ会の総長エジディオ・ダ・ヴィテルボの（ヴィテルボのエキディウス）学識がその基礎になっている．ミケランジェロは自分が画家ではないことを常々申し立てていたにもかかわらず，彼が描いたシスティナ礼拝堂の天井画は絵画の最高傑作の一つとなった．

1508年にラファエロはローマに引き寄せられている．ウルビーノ出身のラファエロはウンブリア（ペルジーノのもとで）とフィレンツェで自己のスタイルを確立していた．彼がペルジーノとフラ・バルトロメオとレオナルドから受けたさまざまな影響は，アタランタ・バリオーニの残忍な息子を記憶にとどめるために描いた「埋葬」（1507年完成）によく表れている．その息子はペルージァを統治していたバリオーニ家の一族の打倒をもくろんだが失敗に終わり，彼はその殺戮の赦しを乞いながらアタランダの腕の中で息を引き取った．1506年にバリオーニ一族を制圧するためにペルージァを訪れたユリウス2世は，ラファエロの作品を見て，バチカン宮殿の主要な部屋の装飾を彼に依頼した．教皇庁とカトリック教会の権威と教義とその歴史的主導性を誇示することがその目的であった．ラファエロは初めペルジーノを含む職人集団の一員にすぎなかったが，まもなく抜きん出た存在となった．「スタンツェ（ラファエロの間）」のフレスコ画には，多くの歴史が語られ，多くのメッセージが盛り込まれた．「署名の間」（当初はユリウス2世の書斎であったが，のちにそこで行われる裁判にちなんで名づけられた）はスコラ哲学の教えにならって学問の4分野，つまり神学，哲学，法学，詩学に捧げられた．一方の壁面には，祭壇上の聖体顕示台に納められた聖体を前に神学者たちがカトリック信仰の神秘について議論する「聖体の論議」が描かれている．その正面に位置するのが，非宗教的学問の寓意画「アテネの学堂」であり，思索し議論し執筆し計算する人間たちを描いている．そこには二人の偉大なキリスト教以前の哲学者アリストテレスとプラトン（後者はラファエロの時代にはキリスト教教義の先駆者と見なされて

上　ラファエロによるレオ10世の肖像画（1518年頃）．ここにはレオ10世の2人の甥，枢機卿ジュリオ・デ・メディチとルイジ・ロッシも描かれ，メディチ家教皇の強大な権力が感じられる．この絵のリアリズムと心理描写は注目に値する．

右　ミケランジェロの初期の作品で，唯一の署名入りの作品である「ピエタ像」(1497―1500年)は驚くべき技量と若さあふれる自信にみなぎっている．キリスト教的な敬虔と，肉体の美は精神の反映であるとする新プラトン主義の教義とを同時に表現したものである．このマリアがなぜそのように若いのか尋ねられたときにミケランジェロは「聖母マリアの処女性と純潔性を世の中に示す」ために神が彼女に若さを許したと答えている．

下　ミケランジェロを描いたメダル(1560―61年)．このメダルはレオーネ・レオーニによって鋳造されたが，大部分はミケランジェロのデザインである．当時ローマのサン・ピエトロ大聖堂の主任建築家であったミケランジェロが，それ以前の大聖堂建設を記念したユリウス2世のメダルにならって自分自身の肖像をモチーフにした．メダルの裏面には犬に導かれる盲人が描かれている．ミケランジェロの厭世観が増大してきたことを示している．

いた）や，ピュタゴラス（調和と取り組む），エウクレイデス（コンパスを手にした），そしてプトレマイオス（天球儀を手にした）が含まれる．ラファエロはまた地球儀をもつ像の後ろに自画像を描いた．

ユリウス2世の構想に従ってラファエロが描いた他の絵画のタイトルから，それぞれの絵画が伝えるメッセージあるいはプロパガンダの多様性をいくらか読み取ることができる．たとえば「パルナッソス」（ミューズと著名な詩人たちの賞賛），「正義」の壁面，「神殿から撃退されるヘリオドロス」（天の介入によっていかにしてエルサレム神殿の宝物が護られたかを表した戦闘場面），「聖ペテロの解放」，そして「ボルセーナのミサ」(聖別されたパンが実質的にキリストの血肉に変化するという全質変化の意義を，それを疑った司祭に証明する場面）などである．「署名の間」はラファエロの絵画の驚くべき技量(彼の技量は同時代の人々によく知られていた)，彼の遠近法と構成の統制力，それに戦闘場面や平穏な場面での人体の描写力を示している．

1513年からラファエロはレオ10世のもとで「スタンツェ」の仕事を続けた．彼はまた，ブラマンテの死後(1514)サン・ピエトロ新聖堂の計画に携わり，アレクサンデル6世からレオ10世に至る教皇庁の財政を支える重要な人物であったアゴスティーノ・キージ(1465―1520)のために仕事をした．キージは主要な文芸のパトロンであり，ローマで初めてのギリシア語の書籍を刊行した後ろ盾であった．ユリウス2世のための保養所として設計され，後にヴィラ・ファルネジーナと呼ばれた別荘で華々しく，ときにスキャンダラスな生活を送った．ルネサンス時代では教皇や有力な枢機卿や官吏たちはローマ市内での仕事と夏の暑さを逃れて古代ローマ市壁内の

システィナ礼拝堂の天井画

バチカンの主要礼拝堂であるシスティナ礼拝堂は，1473 年に教皇シクストゥス 4 世によって建てられ，1508 年に教皇ユリウス 2 世によって天井画装飾がミケランジェロに委託された．その構図は十二使徒を主体とした単純なものから，300 人近い人物像を描き込んだ複雑な一大スペクタクルへと徐々に発展していった．いくつかのアイデアは，おそらくユリウス 2 世自身も含め，他の人々から出されたものであったが，全体的構想を綿密に練り上げたのはほかならぬミケランジェロであり，内容とその描出は彼の技量が向上するにつれ変化していった．

そこに込められたより深い意味に関して，とりわけ新プラトン主義の影響と聖書の解釈を巡っては学術的な議論の余地が大いにあるとしても，基本となる物語は明らかである．宇宙の創造と，原罪から大洪水に至る人類の物語を描いた中央の数場面は，雰囲気と複雑さにおいてそれぞれ非常に異なっている．理想的な男性像アダムの神による創造の場面には人間的な信頼があり，大洪水の場面には恐怖，苦痛，屈従と同情が描き出されている．それらの間に原罪と楽園追放の場面があり，蛇の差し出すリンゴを受け取ろうとしている美しく落ち着いたエヴァと，楽園から追い立てられる醜く恐怖に脅えるエヴァは著しく対照的である．

ミケランジェロは，｢自分は彫刻家であって画家ではなく，フレスコ画の技法にも通じていない」と訴えた．彼の書簡や詩からは苦痛と葛藤，痛ましいばかりの労苦を味わったことが知られるが，しかし熱に浮かされたように仕事を進め，1512 年 10 月末までには完成させた．ミケランジェロはこの仕事に煩悶の 4 年間を費やしたのである．

下　この図は基本となる物語の配置を示している．ミケランジェロはまず第一に祭壇上部に光の創造 (1) を，続いて (2) と (3) に宇宙の創造を描いた．人類の物語はアダム (4) とエヴァ (5) の創造，楽園追放 (6) から始まり，ノアの物語とその他の旧約聖書中の人物へと続く．西側壁面上部 (25) にはヨナの物語（この場面はキリストの死と復活の予型とされる）を，さらに西壁面全体 (40) には後にキリストの物語のクライマックスである最後の審判を描いた．

この図はまたミケランジェロのほかにいかに多くの画家がシスティナ礼拝堂の絵画装飾に携わったかを示している．

他の画家

A　ペルジーノ，ピントリッキオ：モーセのエジプトへの旅
B　サンドロ・ボッティチェリ：モーセの生涯の出来事
C　コジモ・ロッセリ：紅海の渡り
D　コジモ・ロッセリ（一部ピエロ・ディ・コジモ）：十戒の石板の授与
E　サンドロ・ボッティチェリ：コラ，ダタンとアビラムの懲罰
F　ルカ・シニョレッリ：モーセの遺言と死
G　マッテオ・ダ・レッチェ：モーセの遺体をめぐる争い
H　ヘンドレイク・ファン・デン・ブルック：キリストの復活
I　コジモ・ロッセリ：最後の晩餐
K　ペルジーノ：天国の鍵の授与
L　コジモ・ロッセリ，ピエロ・ディ・コジモ：山上の垂訓と癩病者の治癒
M　ドメニコ・ギルランダイオ：使徒の召命
N　サンドロ・ボッティチェリ：キリストの誘惑と癩病者の清め
O　ペルジーノ，ピントリッキオ：キリストの洗礼

ミケランジェロによる天井画

1. 光と闇の分離
2. 太陽と月の創造
3. 地と水の分離
4. アダムの創造
5. エヴァの創造
6. 原罪
7. ノアの燔祭
8. 大洪水
9. ノアの泥酔
10. ユディットとホロフェルネス
11. ダヴィデとゴリアテ
12. 青銅の蛇
13. ハマンの懲罰
14. 預言者エレミア
15. ペルシアの巫女
16. 預言者エゼキエル
17. エリュトラエの巫女
18. 預言者ヨエル
19. 預言者ゼカリア
20. デルフォイの巫女
21. 預言者イザヤ
22. クマエの巫女
23. 預言者ダニエル
24. リビアの巫女
25. 預言者ヨナ

26—39. キリストの祖先たちと旧約聖書の物語

40.　最後の審判

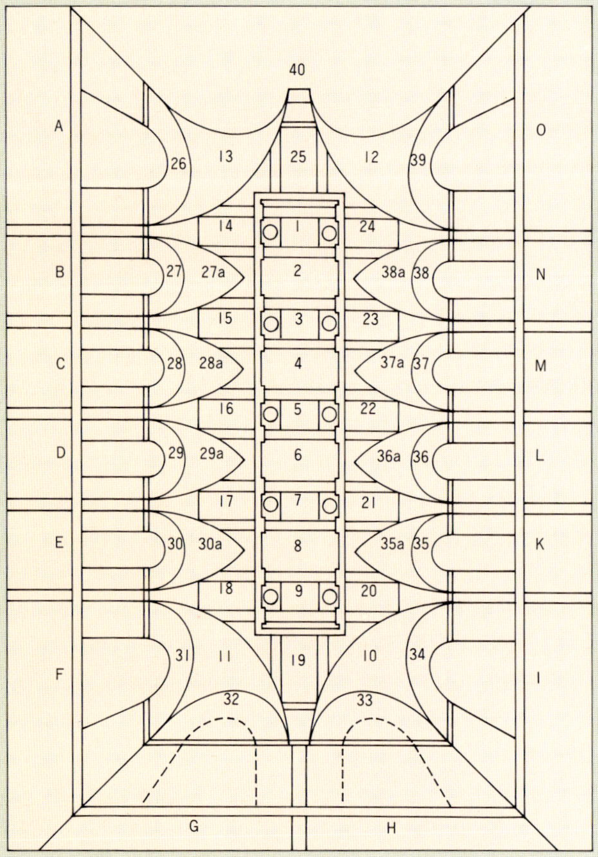

より高い丘の上か，市壁のすぐ外，あるいはさらに遠くのフラスカーティやティヴォリに引きこもることを望んだ．

ヴィラ・ファルネジーナは当初バルダッサーレ・ペルッツィ(1481―1536)によって設計され，後にアントニオ・ダ・サンガロ・イル・ジョーヴァネ(1483―1546)によって拡張された．ペルッツィは画家でもあり，ローマ詩人オウィディウスの『転身物語』をもとにした神話的な場面を豊かに装飾した．キージはこのヴィラの絵画に慰められ，褒めたたえられて活気あふれる愛欲生活を送った．ラファエロは1518年頃にクピドとプシュケの物語の一連のフレスコ画をデザインした（一部は自ら描いた）．彼による最も有名な場面は，ポリュフェモスに愛された美しい海のニンフが，イルカが起こした波に乗る「ガラテイア」であり，その他の海の生き物は官能に浸っている．この作品によってラファエロはヴァザーリの賞賛を得ている．盛期ルネサンスのエロチシズムに対する賞賛，男女の肉体を表現する悦び，二次元的画面に対する幻想的な効果の使用は，このヴィラで仕事をした他の画家たちにも受け継がれた．ソドマ（ジョヴァンニ・バッツィ）はキージの寝室にアレクサンドロス大王の生涯を描いた．そこにはロクサネとの結婚の場面も含まれていた．のちにピエトロ・アレティーノはこのヴィラとここでの生活を官能的な悦びと学究的な博識の理想的な結合であったと述懐している．

盛期ルネサンスのヴェネツィア

ヴェネツィアは16世紀の多くを高尚な芸術でも低級な生活でも官能のまさに中心地として，友好国からも敵国からもみなされてきた．このことはピエトロ・アレティーノの著作や彼の友人ティツィアーノによって描かれた裸体女性，高級娼婦ヴェロニカ・フランコの恋愛詩とその経歴から知ることができる．

ヴェネツィアは16世紀を通しておそらく最もダイナミックな文化中心であった．この都市自体(1500年には約10万の人口を有し，1563年には17万近くにまで及んだ)はかなりの富をもち，それらが住民に広くいきわたっていた．その富は国際交易や手工業，そしてテッラ・フェルマと呼ばれる本土の領地での先進的な農業によるものであった．テッラ・フェルマにはこの都市と文化的なつながりをもつ他の活気ある都市も含まれていた．その主要な都市にヴェローナ，ヴィチェンツァ，そして大学都市パドヴァがあった．

ヴェネツィアには共和国政府，政府を支配する有力貴族，世俗の信徒団体，互いに競い合っていた修道会など芸術を擁護する多くの機関があった．共和国政体とヴェネツィア教会との間には聖母マリアと聖マルコの加護のもとに，ローマに対抗するカトリック教義のさらなる純粋な唱道者として都市ヴェネツィアを形成するために緊密な連帯があった．このイメージを構築するために，芸術には高い優先権が与えられた．ローマ同様ヴェネツィアも，東地中海との接触をもった人やコンスタンティノープルや東方教会の影響下にあった人材の代表的な入口であり，東方との結びつきは文化的にも経済的にもきわめて重要であった．

ヴェネツィアは多くの芸術分野で卓越した影響力をもっていた．印刷とそれによる知識と図版の普及，油絵とその色使い，建築ではその運河に面した壮観なパラッツォ，あるいは職人たちの慎ましいがよく整備された住居，合唱曲やマドリガル，それに弦楽奏の発展，精巧なガラス工芸，市民演劇などがそれにあたる．市民演劇は1637年に公共のオペラ・ハウスが建設されてその頂点に達した．

先進的な印刷業の中心としてヴェネツィアは，出版を大衆化し，安価なものにした．また，印刷業者はラテン語とギリ

左　ヴェネツィアのサン・マルコ広場から，以前は修道院であったベネディクト会聖堂サン・ジョルジョ・マッジョーレを望む．この聖堂はパラディオによる代表的な宗教建築である（1565 年に建設開始）．左には総督宮，右にはヴェネツィアの象徴であるサン・マルコのライオンが円柱の上に見える．

上　ロレンツォ・ロットによって描かれたある夫人の肖像画（1533 年頃）．ロットの風変わりな性格と謎めいた肖像画は当時の人々を当惑させた．この肖像はおそらく結婚した当時のルクレツィア・ベーザロであろう．彼女の挑むような眼差しと，強姦されたときには自殺することを誓った古代ローマの貞婦ルクレティアを描いた，彼女が手にする素描は，彼女の貞操を訴えている．

シア語とヘブライ語の作品を学者たちに良質で安価な書籍にして供給した（特に偉大な人文主義者，出版業者であるアルドゥス・マヌティウスの影響のもとで）．また彼らはイタリアの小説や歴史書や対話篇をより広い読者のために出版した．その他，初心者には読み書きの能力を養成するもの，楽譜，地図書や地図（1500 年に出版されたヤコポ・デ・バルバリの図版のような），それに解剖学や植物学の教本の図版が出版された．

ヴェネツィアの芸術家は 16 世紀初頭以降，技術上の躍進を遂げ，色彩に新しい道を求めてカンヴァスに油絵具を採用した．ヴァザーリは，フィレンツェ派やローマ派の芸術家とは逆にヴェネツィアの芸術家には過大な賞賛を与えたがらなかった．なぜなら，油絵の技術にはフレスコ画やテンペラ画に要求された注意深い配慮や予備素描や正確なデッサンがあまり必要ではなかったからである．

肖像画，特にロレンツォ・ロットやティツィアーノのそれは，色彩と構成によって新しい心理描写の深さと視覚的な刺激を与えた．フレスコ画よりむしろ油彩でカンヴァスに描かれた物語画の中に新しい活力とインパクトが与えられた．それらは，慈善団体の礼拝堂や会議室にしばしば見ることができた．最も見事な事例にサン・ロッコのスクオーラ・グランデのために旧約聖書と新約聖書の物語を描いたヤコポ・ティントレットによる数多くの大カンヴァスがある．彼はそれらの作品に 1564 年から 1587 年までの歳月を費やした．それらは盛期ルネサンス美術から，宗教改革，そして対抗宗教改革の美術への移行を物語っている．

絵画における完全な盛期ルネサンス様式の巨匠といえば，疑いなくティツィアーノ・ヴェチェロ（1488 頃―1576）であろう．ヴァザーリは彼に好意をもち，ヴェネツィアの色彩への関心を論駁しながらも彼を賞賛している．ティツィアーノはハプスブルク家の皇帝カール 5 世，のちにその息子のスペイン王フェリペ 2 世から庇護を受け，最高の栄誉を得た．ティツィアーノは彼らに肖像画と神話画，女性の裸体画を送った．恥じらいのない官能はときに批評家をまごつかせたが，彼による女性裸体の色彩豊富で官能的な絵画は偉大な功績であった．ティツィアーノが古代の著作（特にオウィディウス）や神話からどの程度影響を受けたかについては，多くの議論がなされてきた．事実，ウェヌス（ヴィーナス），ダナエ，聖愛と俗愛などの彼の官能的な図像は，現実の女性を率直に表現している．そこに描かれたのは妻や召使い，あるいはティツィアーノの友人やパトロンたちが囲い溺愛した娼婦たちであった．ミケランジェロが（彫刻と絵画における）男性裸体

上　フェラーラのアルフォンソ・デステ公のために描かれたティツィアーノの「バッコスとアリアドネ」(1523年)は，古代ローマ詩人カトゥルスとオウィディウスの著作をもとにしている．テセウスに見捨てられたアリアドネに言い寄るためにナクソス島にやってきたバッコス(バッカス)を描いている．身ぶりの躍動感にはティツィアーノの(あるいはアルフォンソの)ラファエロとミケランジェロに対する畏敬の念が込められているが，色彩の明るさとダイナミックな構成はティツィアーノ自身の功績である．

の肖像に新しい規範をもたらしたとしたならば，ティツィアーノは女性裸体のそれに挑戦したといえる．

ティツィアーノは宗教絵画にも同様のインパクトを与えた．その最も重要な事例は，ヴェネツィアの多くの有力市民に支持されたフランシスコ修道会サンタ・マリア・デイ・フラーリ聖堂に見ることができる．それはこの聖堂の主祭壇を飾る「マリアの被昇天」であり，1519年に除幕されたこの絵の衝撃の凄さは今に伝わる．この図像は身廊の遠く離れたところからも聖職者席を通して見ることができた．色彩，特に聖母マリアの赤いマントは大胆で鮮やかであった．マリアに会うために降りてきた聖父とともに素早く上昇する動きの躍動感が見事であった．この絵の構成と様式には対抗宗教改革とバロックに同調するものがあり，聖母マリアに対する対抗宗教改革の教義に大いに貢献した．

ティツィアーノにはヴェネツィアに教養ある友人が数多くいて，そのことが彼に教皇庁やヨーロッパ各地の宮廷からの招喚を受け入れることを思いとどまらせていた．ヴェネツィアの仲間，ピエトロ・アレティーノとヤコポ・サンソヴィーノとは特に親交が篤かった．アレティーノ(1492—1556)は盛期ルネサンス文学の重要人物の一人であったが,『みだらなソネット』(1524年)などで批評家を当惑させたりもした．この作品はジュリオ・ロマーノの銅版画に忠実に再現されたが，教皇クレメンス7世によって発禁処分となる．同様にアレティーノの対話篇『ラジォナメンティ』(1534—36)も物議を醸した．古代ローマの娼婦が性的誘惑のテクニックについて客と議論するもので，アレティーノはそれを通して生真面目な同時代人の文学の薫り高い対話篇や新プラトン主義理論を風刺している．さらに重要なことにアレティーノは，教皇庁を風刺した喜劇『遊女』（1525年）や悲劇『オラツィア』（1546年）などの劇も書いている．また，彼は真面目な宗教的な著作（ヴェネツィアでは宗教と性的関心が混在しやすいことを論じた）や膨大な書簡も残している．それら風刺文学，寄稿文，時事論評の多くは彼の生前に安息の地ヴェネツィアで出版され，現在でも面白く読める．

ティツィアーノのもう一人の親しい友人，彫刻家・建築家であるヤコポ・サンソヴィーノ（1486—1570）は，1527 年にヴェネツィアにやってきた.「ローマ劫掠」を逃れてきた彼は，フィレンツェ・ルネサンスの体験とローマ遺構の知識をヴェネツィアに持ち込んだ．彼はヴェネツィアの彫刻と建築を，中世ゴシックの形態とビザンティンの理論との混合から，盛期ルネサンスのヴェネツィア版へと変化させた．彼の最もよく知られた彫刻は，総督宮の「巨人の間」にある「マルスとネプトゥヌス」の巨像である．彼の影響力をもった彫刻に墓碑彫刻やサン・マルコ広場にそびえる有名な鐘塔の下のロッジェッタを飾る彫像がある．このロッジェッタはサン・マルコ聖堂と隣の総督宮が面する広場を整備し，美化する大規模な都市計画の一部を担っていた．サンソヴィーノはサン・マルコ大聖堂の建築家としてこの計画を統轄していた．彼はローマから着想を得たが，ヴェネツィアでは建築の輪郭をよりソフトにすることによってそれを採用した．つまり，光の演出と豊かな彫塑的な装飾を利用することによって壁面を鋸歯状にしたり，古典的円柱を粗面仕上げによってパターン化した．彼はまた，造幣局（1535 年に建設開始），図書館（1537 年開始）の設計によってヴェネツィア再建に貢献している．後者は彼の後を継ぐ偉大な建築家パラディオに「古代以来最も豪華で装飾に富んだ建築」と言わしめた．つまり，サンソヴィーノはヴェネツィアのパラッツォ建築と宗教建築の古典化に助力したといえる．

劫掠以後のローマ

ローマは劫掠以後まもなく回復し，文化のパトロネージも活発さを取り戻したが，やや風潮に変化がみられた．自信が失せ弱気になり，俗事よりも死後の世界に興味をもち，あからさまな異教的要素は減り，よりキリスト教的になった．しかしこの変化は緩やかであったが，文芸作品には皮肉と歪曲が満ちている．

その時代にローマ内外をとび回っていた人物の一人にベンヴェヌート・チェリーニ（1500—71）がいた．父親は彼に音楽家になることを望んだが，執拗に金銀細工師になることを望み，最も熟達した芸術家の一人となった．彼の手の込んだ作品のうち現存するものは少ないが，1540 年代にフランス王フランソワ 1 世に贈られた金とエナメル細工の塩入れは，盛期ルネサンスの職人気質とその妙技を示す傑作の一つである．

チェリーニは 1558 年から 1566 年にかけて書いた自叙伝によってよく知られている．それは部分的にヴァザーリの『芸術家列伝』の第一版（1550 年）に応えたものであった．当時最もよく読まれた魅力的な著書のなかで，チェリーニは自らの異常心理や凶暴な性格，両性愛好者で，喧嘩っ早く，ときには自らの名声や友人を守るために殺人まで犯す性格を暴露している．彼は教皇や他の人々と分け隔てなく率直に話をした．クレメンス 7 世やパウルス 3 世も彼の作品がなかなか送られてこないときには激しく怒ったが，その作品を前にすれば絶賛し，彼の罪を許した．宝石細工，銀の盆や水差し，精

パラディオの建築
アンドレア・パラディオはヨーロッパで最も影響力のあった建築家の一人である．彼の著作『建築四書』（1570 年）における実際に完成させた建物と設計案を通して，特にイギリスと北アメリカに大きな影響を与えた．彼は人文主義者のパトロンとローマの遺構から影響を受けた角柱や付柱を伴う古典的オーダー，ポルティコ，ロッジアを多用し，数比的プロポーションによる部屋割りは都市邸館（特にヴィチェンツァ），聖堂（ヴェネツィア），郊外のヴィラに新しい規範を用意した．彼が設計したいくつかのヴィラには，パオロ・ヴェロネーゼなどによって，神話や田園生活の讃美を題材にした機知に富む幻想的なフレスコ画が描かれた．

ローマ再建

ローマの人口は16世紀の間に5万5000人から10万人に急激に増加し，次第に拡張された古代市壁の中を満たすようになった．そこには基本的にはテーヴェレ川の西にあるバチカンと東の（古代ローマの）都市中心という二つの都市が存在した．アレクサンデル6世(1494—1503)からシクストゥス5世(1585—90)に至る教皇の指揮のもと，この両都市は，新しい建物や記念物を建設するためにいくつかの古い建物を取り壊すことによって再計画され，拡張されていった．また，宗教行列や巡礼，それに商業活動や政治が容易に行えるように，主要な教会や重要な市門（ミケランジェロのポルタ・ピアなど）や橋をつなぐまっすぐな道路が建設された．住宅建設も盛んになり，主要な街路には整然とした邸館の建設が促された．この再整備は教皇シクストゥス5世の狂乱的な活動で頂点に達し，彼のお抱え技術者・建築家のドメニコ・フォンタナ(1543—1607)が熱意をもってその仕事を実行した．フォンタナはサンタ・マリア・マッジョーレ聖堂周辺のような主要な場所にオベリスクを建設し，新旧の水道橋を活用してローマ市内への上水の供給を改善し，ミケランジェロ設計のサン・ピエトロ大聖堂のドームを完成させた．

盛期ルネサンスの間に新しいサン・ピエトロ大聖堂はバチカン地区を徐々に占めるようになり，宮殿建築もさらに豪華な装飾が施された整然とした強固な建物に整備されていった．古代ローマのカピトリウムの丘，すなわちカンピドリオはローマ市政府の中心であった．教皇パウルス3世（1534—49）は，そこに市の建物を含む広場を整備することをミケランジェロに依頼した．皮肉にもそれは同時に市民権力が教皇の支配に屈したことを意味した．

右　このローマの光景はカンピドリオの支配的地位を強調している．1536年にミケランジェロは広場を囲むルネサンスの重要な都市計画の一つに着手した．ミケランジェロによる市庁舎（パラッツォ・セナトリオ）の荘厳な階段から彼の平面計画の中心に位置するマルクス・アウレリウス騎馬像を見る．欄干には大規模な階段を見下ろすローマ皇帝の彫像が並ぶ．後の建築家たちがミケランジェロが設計した建物の両側面を完成させた．

下　多くの建築家たちがサン・ピエトロ大聖堂の建設に関わったが，ドームと後陣と翼廊の部分はブラマンテの原案を改変したミケランジェロの作とされている．ドームがスカイラインを支配し，後陣と翼廊の外壁の低い部分はバチカン庭園によって部分的に隠れて一望できない．

上　教皇シクストゥス5世の業績と，彼が完成あるいは計画した建物をたたえた1589年の印刷物．新しいバチカン図書館や貧救院や上水道の整備なども含まれている．オベリスクや古代円柱が新しい順路や眺望のきく場所に設けられた．

右　教皇グレゴリウス13世やシクストゥス5世の在位期には，ローマの当時の発展を示すローマの絵地図や都市景観が好んで描かれた．イグナツィオ・ダンティ(1586年以前)による図には，丘の斜面に築かれた要塞とテーヴェレ川に接したカステル・サンタンジェロに守られた建設中のサン・ピエトロ大聖堂が描かれている．

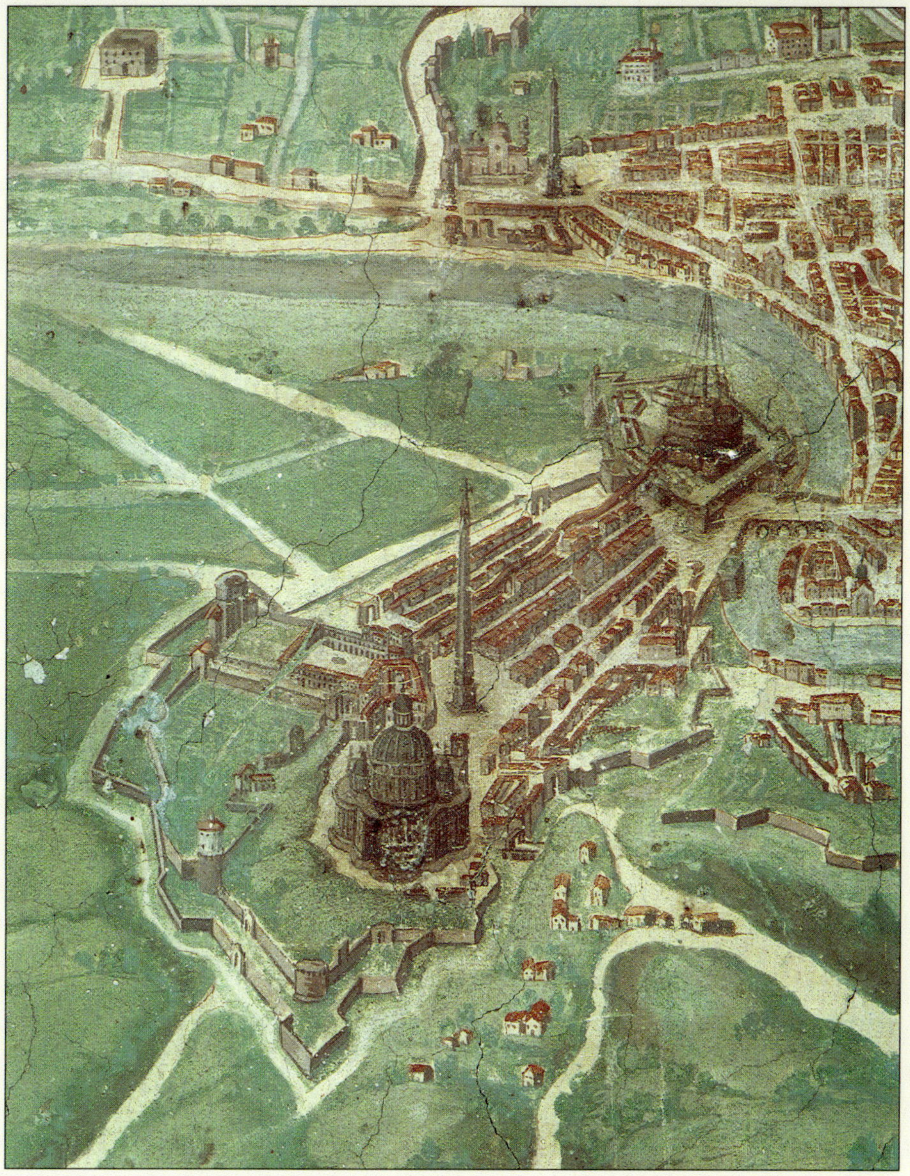

妙なボタンや首飾りや十字架などの装身具を多く手がけた．またメダルやコインをデザインし，一時期は教皇庁の造幣局を統轄していた．彼はそのような作品を通じて教皇たちや教皇庁のイメージを高める手助けをした．

教皇庁の新しいイメージの構築に画家として最も貢献したのはジョルジォ・ヴァザーリであった．彼は教皇庁尚書院における「サン・ピエトロ大聖堂の再建を視察するパウルス3世」や「聖職禄を分配するパウルス3世」などのフレスコ装飾（1545—46年頃）を任された．それらはこの建物の副書記官長であり，教皇パウルス3世の孫にあたる枢機卿アレクサンドロ・ファルネーゼ(1468—1549)の依頼で描かれた．この時代のローマの偉大な芸術パトロンの一人であった彼は，当初メダルや宝石，マヨリカ陶器，細密画や彩飾のある手稿などに興味をもち，その最も豪華な例にジュリオ・クロヴィオによって描かれた「ファルネーゼの時禱書」があった．

枢機卿ファルネーゼはやがて官能的な作品を含む巨大な絵画に興味をもつようになっていった．枢機卿は次にカプラローラに荘厳なヴィラ＝パラッツォを建設することに興味を向けた．建物はヴィニォーラによって設計され，タッデオとフェデリコ・ツッカロその他によって贅をつくしたフレスコ装飾がなされた．その描写は難解な神話的場面とファルネーゼ家の外交上の成功を結合させたものであった．古典風でルネサンス的な主題がヴィラの整った庭園に組み入れられた．1560年代に枢機卿ファルネーゼは新しい修道会イエズス会本部であるイル・ジェズ教会のパトロンとなり，ヴィニォーラを建築家として採用した．こうしてファルネーゼとヴィニォーラはローマのカトリック復興に偉大な貢献を果たすことになった．

1530年代にミケランジェロの心情に深刻な変化が起こった．厭世的な傾向が増し，神を前にした自らの無力感を募らせていった．彼の芸術は古典的な趣きや均整や上品さを失い，心情の変化と厭世的悔悟の念が，ペスカラ侯夫人で詩人のヴィットリア・コロンナ(1490—1547)との親交とほぼときを同じくして起こった．ヴィットリア・コロンナは1525年に若き夫を亡くした後，枢機卿レジナルド・ポールやピエトロ・ベンボ，作家のアレティーノやアリオストやカスティリオーネなどを含むカトリック改革者の文学的・宗教的ネットワークの中心となった．彼女は亡き夫と宗教を題材にした詩，ペトラルカ風のソネットを著した．1536年に彼女に出会ったミケランジェロは，1538—41年と1544—47年にローマに滞在していた彼女を深く知ることになる．ミケランジェロもまた彼女のために芸術と愛と神について感動的な詩を書いた．それは深淵な感情と精神的な愛情の表れであり，神への献身に向かう彼の最後の歩みであった．

晩年の彫刻のようにミケランジェロの詩は荒削りであり，言葉に滑らかさも艶もないが，実験的で型破りで，感動的でときに機知に富み，自らの彫刻と絵画を照らし出した．1540年代後半に彼の詩作を出版する計画が持ち上がったが，実現しなかった．そのいくつかはアカデミーの講義の中で公表され，その他はベネデット・ヴァルキやヴァザーリなど文筆を業とした友人によってのちに出版された．

ミケランジェロがコロンナのサークルと関わりをもっていたことは，彼がローマで影響を与えた絵画，特にバチカンのシスティナ礼拝堂の後陣に描かれた「最後の審判」の中に明白に見てとることができる．この絵は1534年に死ぬ直前のク

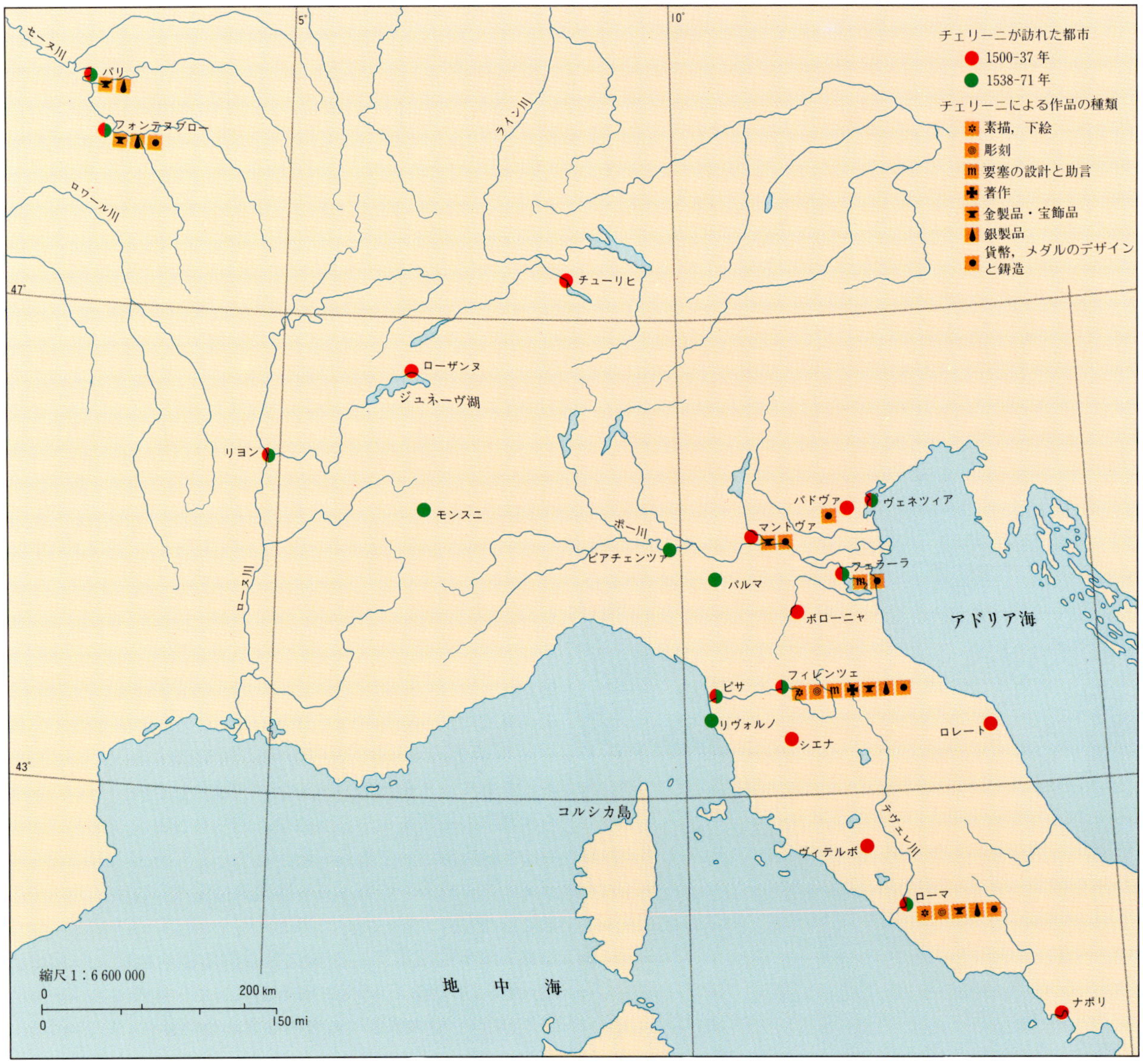

チェリーニの旅
すさまじい活力の持ち主で，熱情的でときに凶暴な男ベンヴェヌート・チェリーニの頻繁な旅行は，単に仕事探しの必要からだけでなく，彼の不断の私利私欲から生じたものであった．決闘の後に突如フィレンツェから姿を消したかと思うとローマに移り住み，そこでクレメンス7世を代表とする何人かの傑出したパトロンに仕え，競争相手の金銀細工師を殺した後，ナポリ，マントヴァ，フィレンツェと渡り歩いている．また，彼はイングランドに招喚されたが，口論の末「神のごときミケランジェロ」の鼻をへし折ったピエトロ・トリジァーノとの同伴旅行を拒否した．1537 年にはフランソワ1世の仕事のためにフランスに渡ったが，金と宝石を盗んだ疑いをかけられてイタリアに逃げ帰っている．そして 1571 年に彼は生まれ故郷フィレンツェで生涯を閉じている．

上　1534 年にチェリーニは彼の庇護者である教皇クレメンス7世を記念して二つのメダルを制作した．一般的にルネサンスの最も洗練された肖像であるといわれる．二つ目のメダルの裏面には荒れ地に岩を砕くモーセが彫られている．それはオルヴィエート市民のために新しい井戸がこの教皇の先導によって掘られたことと関係づけられている．

レメンス7世から示唆を受け，パウルス3世によって実現された．下絵の制作は 1536 年に開始されたが，1451 年にはまだ完成していなかった．それについてヴァザーリは「神によって直接に霊感を得た偉大なる絵画様式」であり，「われわれは地獄に堕ちた者の悲嘆と祝福された者の喜びを見ている．……そこには人間が体験できるあらゆる感情が驚くほど見事に描き出されているに違いない．……ミケランジェロの描く図像は，いかに表現するべきかという問いに対する彼のみが知りえた思想と感性を表している」と評している．

1550 年頃ミケランジェロは，バチカンのパオリナ礼拝堂で，後世に影響を与えることになる二つの大きなフレスコ画制作に従事した．「パウロの回心」と「ペテロの磔刑」である．そこに描かれた人物像は，神の掌中の操り人形のごとくもはや美を失い，必然のこととしてこれらの作品は評論家に反古典，反ルネサンスと評された．この時期のミケランジェロの心持ちは詩作「我が人生の旅」に反映されている．

その他の文化中心と宮廷

盛期ルネサンスの大都市とそれらの文化的高まりに加えて，イタリアにはそれ以外にも文化の中心となったところが数多くある．その多くは一つの家系による小さな宮廷であった．バルダッサーレ・カスティリオーネ（1478―1529）の『宮廷人』は，そのような状況を超えて宮廷文化全体に最も影響を与えた文学作品である．カスティリオーネはミラノ（ルドヴィコ・スフォルツァのもと），マントヴァ，バチカンやウルビノなどの宮廷で経験を積んだ外交官であった．ウルビノの宮廷が，対話篇あるいは晩餐後に男女を問わず，宮廷人，軍人，文学者，芸術家たちが交わした一連の議論として著された彼の著作の舞台となった（1528 年にヴェネツィアで出版された）．

『宮廷人』は，宮廷作法のユーモアに富んだ逸話，秘話集，道徳哲学への貢献，君主に対する助言の方法を説いた手引き，あるいはプラトン的愛への入門として，さまざまな読者に対応していた．

また『宮廷人』は，社会を教化し，慈悲深い行動を促進し，マキアヴェリの現実主義を道徳的価値と結びつけることに大いに貢献した．宮廷人，さらに広げて紳士淑女とみなしうる人々にとって，可能な限りの芸術的素養を身につけ，少なくとも他人を不快にさせることなく知的に議論できることが必要であった．紳士淑女は優雅に振る舞い，ある種の「スプレッツァトゥーラ（さりげなさ）」を装わなければならなかった（「さりげなさ」はカスティリオーネの有名な言葉である）．彼は女性は完全な教育を受けるべきであり，宮廷女性は宮廷人と同等である（あるいはそれ以上である）と主張した．

盛期ルネサンスの小さな宮廷では，政治力とパトロネージは大きな都市よりもさらに一部に集中した．ウルビノ自体は，

16 世紀のイタリアの文化中心
16 世紀イタリアの都市は広い意味で二つのカテゴリーに分けられる．一つは宮廷やヴィラのような単独のパトロネージによるものと，いくつかの宮廷や市政府，さまざまな貴族の家系，宗教団体や教育機関などによって成立しているものがある．ボローニャやパドヴァやピサなどにある大学は調査科学の発展に貢献した．また，いくつかの都市は人文主義的学問や新しい科学理論や科学的情報や純粋なイタリア語を普及させた文学や芸術のアカデミーをもっていた．また，いくつかの地方都市はマヨリカ焼など神話や歴史や宗教から着想を得た，丹念に絵柄が描かれた装飾陶器を生産した．

ロヴェレ家に公国が移った1508年以後，以前のような重要さを失ったが，16世紀後半にはロヴェレ公がフェデリコ・バロッチのよき庇護者となった．

バロッチ（1535頃—1612）は盛期ルネサンスの絵画構成術に，改革気運に即した色彩の新感覚，誠実な描写，果敢な宗教芸術を創造するために適切な感情表現と身ぶりをつけ加えた．庇護者‐被庇護者関係を強要されることなくウルビーノ公の加護のもとで，心気症のバロッチはウルビーノでゆったりと腰を落ち着けて制作に取り組み，祭壇画をイタリア各地に送り届けた．

16世紀中頃のゴンザーガ家統治下のマントヴァは，マンテーニャやアルベルティやイザベラ・デステの死後も文化の中心であり続けた．ゴンザーガ家は増加し続ける大小の美術収集品を収蔵するために，ジュリオ・ロマーノ（1492頃—1546）を宮廷建築家，装飾コーディネーターとして登用し，都市内の宮殿を増築していった．ロマーノ一派はこの宮殿と市壁外にある気晴らしのための隠遁所であるパラッツォ・デル・テに，官能的な場面や捕獲したサラブレット馬の雄壮な姿を描

いた．さらに重要なことにマントヴァはイタリア音楽（宗教音楽と室内楽）に大きな貢献を果たし，グリエルモ公は自ら作曲家でもあった．しかし，彼は偉大な音楽家ジョヴァンニ・パレストリーナを望み通りにマントヴァに住み着かせることはできなかった．

フェラーラもまた，16 世紀の音楽の中心としての役目を担った．マドリガル作曲者ルッツァスコ・ルッツァスキ（1545 頃—1607）は，女性歌手を育て，彼女たちをトリオに仕立てた．また，カルロ・ジェズアルド（1561 頃—1613）はマドリガルとモテットの不協和音と情緒的な効果を意欲的に用いて名声を博した．ヴェノーサの君主であるジェズアルドは（不義を犯した最初の妻を殺させた後）フェラーラに居住し，結婚してエステ家に入った．

フェラーラは文芸の宮廷としてさらに重要であり，特に叙事詩と田園詩と演劇が盛んであった．詩人で劇作家であったルドヴィコ・アリオスト(1471—1533)は，ラテン語とイタリア語でオードと風刺詩を書いた．また，彼は宮廷のためにイタリア語の韻文で喜劇を創作し，その上演を監督した．彼は 1502 年に書き始め，死ぬ数カ月前に書き上げた長編叙事詩『狂乱のオルランド』で名を残した．それはシャルルマーニュ(カール大帝)の時代の中世騎士道物語を古典的な導入とその当時の時事話や詩作論を交えて現代風に書き換えたものであった．彼は主にアンジェリカに対するオルランドの報いられない愛と，ブラダマンテを口説くためにキリスト教に改宗した異教徒ルッジェーロについて扱っている．言い伝えによれば，それはフェラーラのエステ家支配の創始でもあった．

フェラーラとエステ家はともに，盛期ルネサンスから対抗宗教改革への文学上の変化を促した．トルクアント・タッソ(1544—95)は，さまざまな宮廷(特にウルビーノ)に出入りしていたが，枢機卿ルイジ・デステに召し抱えられてフェラーラに赴いた．1560 年代に彼は地方のアカデミーで詩作芸術に関する著作を書き，牧歌劇『アミンタ』(1573 年)をその宮廷のために創作している．それはニンフや羊飼いたちのいるアルカディアについてのルネサンス田園詩で，そこには愛と美についての新プラトン主義の思想が内包され，都市生活の堕落が論難されている．さらにタッソは大長編叙事詩『解放されたエルサレム』(1575 年)を創作した．彼は神と天使たちに助けを借りてなされた十字軍によるエルサレムの失地回復の物語を，カトリック復興の文学的名作に仕立て上げた．この刺激的な物語の重要人物に，恋に悩めるタンクレーディ，異教徒の女戦士クロリンダに敢然と立ち向かうキリスト教の勇士リナルド，そして官能的なサラセンの誘惑女アミンダが登場する．タッソは 1577 年から 1586 年までフェラーラの末期患者の収容所で時を過ごした．しばしばいわれている陰謀によってではなく，激しい神経衰弱の結果であった．彼は叙事詩を校訂したり，新たに創作したりして書き続けた．フェラーラ宮廷での文学における彼の主導的役割を引き継いだのはジョヴァンニ・バッティスタ・グアリーニ(1538—1612)であった．彼のもう一つの牧歌劇『忠実な牧童』(1589 年)は後世に残る作品となった．

アリオスト，タッソ，グアリーニの宮廷文学はイタリア文化に支配的な役割を演じた．文学的に言葉を豊かにし読みやすくしただけでなく，画家や音楽家に着想の素材を提供した．ニッコロ・デラバッテは，ボローニャのパラッツォ・ポッジに『狂乱のオルランド』のさまざまな場面をフレスコ画で描き，ジェズアルドとマレンツィオは，それにマドリガルを作曲した．クラウディオ・モンテヴェルディは，タッソの「タンクレーディとクロリンダの戦い」の場面にドラマチックで感動的な曲をつけ，1624 年に初演した．この歌詞は後のバロック期の作曲家やサルヴァトール・ローザやジャンバッティスタ・ティエポロのような画家にとっても刺激的なものであった．

地方の小都市であるにもかかわらず文化的な役割を担った場所もあった．デルータやグッビオは質の高い，豊富な装飾を施した施釉陶器であるマヨリカ焼の産地であった．その中の優れたものはどの宮廷でも人気の的であった．それらを通して古代神話や宗教的な題材を描写した直書きあるいはプリントの絵付け図柄が流行した．グッビオのジョルジォ・アンドレオリとその息子たちや，主にウルビーノで仕事をしたフェランチェスコ・キサント・アヴェリのような熟達した絵付け師たちの活躍が，大都市と地方の小都市とのつながりの重要性を物語っている．

フィレンツェとメディチ公

メディチ家は 1512 年にフィレンツェ支配に復帰した．彼らは 1527 年に共和政体となったフィレンツェの中で再び支配力を失ったが，1530 年には長い攻囲の末に支配を再び取り戻した．それ以後彼らはフィレンツェ公として，また 1569 年以降はトスカナ大公として支配力を強めていった．メディチ家のジョヴァンニがレオ 10 世（1513—21）として，ジュリオがクレメンス 7 世(1523—34)として教皇に選出されたため，フィレンツェはその時期にローマからの芸術的影響を強く受けた．メディチ家の教皇たちは本来の教皇としての活動だけでなく，フィレンツェの文化活動にも深く関与した．ミケランジェロやチェリーニのような重要な芸術家がフィレンツェとローマ間を移動していることがそれを如実に物語っている．アレッサンドロ公（1530—37）は，堕落した生活をする一方で陰謀に過度の興味を抱き，ときには寛容であったが，彼に不満をもった親族のロレンツィーノ(悪戯友達でもあったが)によって虐殺された（美女漁りの最中だった）のも当然のこととみなされた．しかし，アレッサンドロ公はブロンジーノやヴァザーリにとってはよきパトロンであった．もう一人のパトロンであったメディチ家のコジモ 1 世(1537—74)は，統治者として無名同然のところから身を起こして，聡明な政治家，強腕な君主，善良な文化主導者としての高い評判を得るようになった．

メディチ家に統治されたフィレンツェは，盛期ルネサンスに大きな成果をもたらし，ミケランジェロはまさにその中心にいた．彼はサン・ロレンツォ聖堂にメディチ家の霊廟として礼拝堂（1519 頃—33 年）を設計した．それは建築と彫刻の調和的統合によってキリスト教ルネサンスにおける最高傑作となり，ミケランジェロ自身のキリスト教に対する信仰心の深さを見事に表現している．ヴァザーリが指摘するようにウィトルウィウスやブルネレスキが示した古典的規範から逸脱した建築的枠組みの中で，聖母マリアと「不朽」に顔を向けようとする 2 人のメディチ家の大物ジュリアーノとロレンツォの肖像が龕に置かれ，その下には男性像の「昼」，女性像の「夜」，男性像の「黄昏」，女性像の「曙」の大理石の裸像が置かれた．ミケランジェロはこの作品が完成する前にフィレンツェを離れ，聖母は未完成のまま残されたが，「未完の石塊に完成作品の完結性をみることができる」.

ミケランジェロはそれとほぼ同時期にメディチ家の手稿コレクションの閲覧室，つまりラウレンツィアーナ図書館を設計し，建設を開始している．ミケランジェロにとっての最大の難題は，実際の見映えより狭い空間に入口の階段をいかにして挿入すべきかということであった（結果的には成功した）．この彫刻的な最終案は図書館入口としては機能的ではないが，室内階段の概念全体を変化させることになった．

メディチ家のイメージとその芸術的評価はその他多くの芸術家や作家たちによって支えられた．チェリーニはコジモ1世のブロンズ製の胸像を含む巨大な彫刻作品や，蛇毛のメドゥーサの首をもち，彼女の裸体の上に立つ「ペルセウス」(1545—54年）で自らの能力を示した（メドゥーサはチェリーニの情婦ドロテアをモデルにしている）．「ペルセウス」は困難や挑発を速やかに克服した勇敢で若き君主を象徴している．メディチ家は筆頭宮廷画家としてアーニォロ・ブロンジーノ(1503—72)を雇った．彼はメディチ家とその宮廷人たちの上品な肖像画を数多く制作した．彼の他の作品は官能性，ねじれた肢体，深遠な隠喩，聖俗対比によって特徴づけられた．それらには有名な寓意画，「ウェヌス，クピド，愚行，そして時」(1546年）や「冥府への降下」(1552年）が含まれている．それらは当時のフィレンツェ人の肖像画で“最も美しい裸体画”であるとヴァザーリを喜ばせたが，当代の対抗宗教改革の批評家にとっては刺激的で当惑させられるものであった．

ヴァザーリ自身もまたフィレンツェの盛期ルネサンスとメディチ家宮廷に最も貢献した芸術家であった．彼は現在では有名な美術館になっているウフィツィを，拡大した政治機構のために，また劇場や芸術家の住居として設計した．また彼は隣接する中世のパラッツォ・ヴェッキオをメディチ宮廷に合うように改装し，フィレンツェの勝利とメディチ家支配の美徳をたたえた装飾を施した．ヴァザーリは多作な画家で，人物を巧妙にしかもたやすく描くことができた．説得力をもった喜怒哀楽の描写には長けていなかったが，いくつかの肖像画や1570年に制作された「ペルセウスとアンドロメダ」で賞賛に値する規範に到達している．しかし最も貢献したのはヴァザーリ自身が著した『芸術家列伝』であった．それは盛期ルネサンスの真価や，そこで果たしたトスカナ人の役割を喧伝し，また文芸作品としても価値あるものだった．

1589年に催された大公フェルディナンド・デ・メディチ(枢機卿になることを諦めたばかりであった)とロートリンゲン家の息女クリスティーヌとの結婚式における「インテルメッツォ」は，まさに盛期ルネサンス終局の表現としてふさわしいものであった．六つの「インテルメッツォ」は基本的には喜劇の合間に演じられる幕間歌劇であったが，祝典の中では印象深い催しであった．ベルナルド・ブオンタレンティがその舞台装置や衣装をデザインし，そのデッサンの数多くが

下　ミケランジェロの設計によるフィレンツェのラウレンツィアーナ図書館．図書館の建設は1524年に開始されたが，1527年のローマ劫掠により，建設依頼者の教皇クレメンス7世が身を隠したために一時中断された．まもなく，建設は再開されたが，ミケランジェロはもはや関与しなかった．彼が再び関わるのは1559年で，階段の模型を制作するわずか前のことであった．この力強いエントランス・ホールの眺めは，古代の事例とブラマンテから着想を得た円柱と凹所を使用したミケランジェロの建築装飾の見事さと，階段を巨大な彫刻作品とみなした彼の成功を物語っている．

今も残っている．歌手と器楽奏者による音楽がエミリオ・デ・カヴァリエーリやルカ・マレンツィオ（当時最も卓越したマドリガル作曲者の一人）やクリストファノ・メルヴェッツィなどの偉大な作曲家によって作曲され，演奏された．それはフィレンツェの古典音楽を理論化しただけでなく，オランダやイタリアの音楽演奏の発展に大きな貢献を果たした．主に詩人オッタヴィオ・リヌッチーニによって書かれたイタリア語の台本は，オウィディウスや古代神話から着想を得たものであった．1589 年のフィレンツェの「インテルメッツォ」はバロック・オペラへの道を開くものであった．

歴史的視野から見た盛期ルネサンス

イタリア・ルネサンスの絶頂は，1490 年代から 1520 年代に訪れる．レオナルドやミケランジェロやティツィアーノは人物描写の熟達を，ラファエロやブラマンテはパースペクティヴ（透視図法）の確実さとそれを用いた錯視の巧みさを，またレオナルドとティツィアーノは新しい色彩使用の開発と展開を見せており，さらにブラマンテやサンソヴィーノは建築において，またカスティリオーネやマキアヴェリやアリオストは文学において，古典を修得しさらにそれを改善したという自信に満ちていた．

それらを達成したことによる効果は長く続いたが，この上ない自信はやがて衰えた．キリスト教的厭世観が復活し，官能表現が減少した．ラファエロやミケランジェロは均整と調和のとれた表現によって完全性を獲得したために，その追従者たちは新しい様式と技術を見出さなければならなかった．彼らはときに歪曲やゆがんだ身振りや不調和を目指した．

カトリックの対抗宗教改革が盛期ルネサンスを短命に終わらせ，その後のイタリア文化を衰退させたとしばしば非難される．しかし，マニエリズムとバロックの様式における好みの変化を検討し，教皇庁の歴史を正しく理解することによって，これらの批判を修正することができる．対抗宗教改革が負

下　ヴェロネーゼの「レヴィ家の祝餐」(1573年）は，「最後の晩餐」として描かれたが，道化師や小人や召使いや動物の中にキリストがいる構図が主題を俗化させていると異端審問で判断された．さらにパンとワインを受け取る2人のドイツ人が描かれているのは，聖餐式についてのルター派の隠されたメッセージであるとみなされた．ヴェロネーゼは絵に変更を加えるのを避けて題名を全く異なったものにした．古代建築に遠近法を採用して奥行きをだし，豊富な色彩を用いて，生活をきめ細かく描きとどめたこの絵画は，ヴェネツィア・ルネサンス美術の特徴を集約するとともに，ヴェネツィアの生活の豪奢さを鮮やかに伝えている．

の効果をもっていたことは事実である．1545年から1563年まで断続的に開かれたトレント公会議は，北ヨーロッパのプロテスタントの拡大に対抗してカトリックの教義を改善し，教会の活動を改革しようとするものであった．1564年に公布された法令は芸術に対して厳格で控えめな態度を求めている．不体裁で扇情的な美術や音楽は攻撃され，芸術的な主題は聖書や神聖な教会の伝統に従うように求められた．音楽は典礼の言葉の効果を高めるべきもので，複雑な多声音楽によってそれを妨げてはならないとした．

実際にはその影響を被った芸術家や作品はわずかしかなかったが，ミケランジェロのシスティナ礼拝堂の「最後の審判」の裸体のいくつかは衣をまとわされたし，何人かの芸術家，たとえばブロンジーノは（扇情的な犯罪者として）祭壇に近づくことを制限された．また，ヴェネツィアの異端審問ではヴェロネーゼが審問され，彼の「最後の晩餐」の一つが聖餐式に関わるルター派の主題であるとされた．作家はさらに非難を受けやすかった．マキアヴェリは1559年に異端者として教皇庁の発禁図書目録に名を連ね，彼の著作の新刊に対しても寛大に扱われることはなかった．ボッカッチォとアレティーノとカスティリオーネの作品は削除版として出版を許された．しかし，旧版も内々に出回り，マキアヴェリを学ぶこともできた．アレティーノの猥褻な作品も偽りの扉や奥付けを付けて再版された．しかし，16世紀後半には盛期ルネサンスの開放性や視覚的で知的な試みは影を潜めたが，技術的な成果は公然とキリスト教美術の中で，さらに用心深く古代異教の主題の中に組み込まれた．しかし，1590年代以降にラファエロやレオナルドやミケランジェロなどの盛期ルネサンスの芸術作品の再評価がなされ，それが新しい「バロック」の活力の基礎となった．

パラディオと新しい古典様式の建築

アンドレア・パラディオ（1508—80）による新しい古典様式は，特にヴィラや田園住宅の建築分野に長い間影響を与え続けた．彼は石工として修業を始めたが，まもなく指導的な古典主義者でアマチュア建築家である，ヴィチェンツァの貴族ジャンジョルジォ・トリッシノの後援を受け始めた．トリッシノはパラディオに古典の建築理論を学ぶように導き，ローマその他で古代建築を研究させ，ヴェネツィア共和国の人文主義者たちに彼を紹介した．1530 年代にはパラディオは彼らから仕事の依頼を受けるようになった．

パラディオはローマの遺構を調査するとともに，レオン・バッティスタ・アルベルティや古代ローマのウィトルウィウスの理論を吸収し，ラファエロ，ブラマンテ，サンガロ，ミケランジェロ，サンソヴィーノなどによる盛期ルネサンスの同時代の建築や図面を研究した．彼は自らの設計に古典的円柱，付柱，ペディメントを巧みに採用し，ロッジァやポルティコを取り入れ，神殿のファサードを世俗建築に導入した．

彼は貴族の都市邸館，公共建築，郊外ヴィラ，教会などの多作な設計者，建築家であったが，その中でも彼のヴィラは特に有名である．郊外の田園はヴィチェンツァやヴェネツィアの都市政治から逃避する場であるだけでなく，貴族の土地所有者が新しい事業として期待をかける農業経営の場でもあった．そのためにヴィラの設計では家族の生活や，管理や貯蔵，娯楽の場やサロンを提供しなければならなかった．画家たちは，パラディオの提案があるなしにかかわらず，洗練された田園生活の喜び，労働，そして機知をたたえる場面を室内に描いた．

パラディオはヴィチェンツァとその郊外で世俗のパトロンたちの間でかなりの成功をおさめたが，ヴェネツィアでは思ったようではなかった．彼の古典様式のヴィラ・デザインが当時のヴェネツィア人の好みに適合しなかったからであろう．彼はジュデッカ島に重要な宗教建築を設計した．そこに彼はベネディクト会のためにサン・ジョルジォ・マッジォーレ修道院とその聖堂を 1565 年頃から建設し始めた．ついで 1576 年にはペストから解放されたことに市が謝意を表して建設したイル・レデントーレ聖堂を手がけ，1580 年には貧しい女子を救済する機関（レ・ツィテレ）のためにサンタ・マリア・デラ・プレゼンタツィオーネ聖堂ファサードを建設した．サン・ジョルジォとイル・レデントーレの神殿風のファサードと，そのファサードから遠く離れて見えるドームとの調和が特徴である．本質的にそれらは視覚的側面と機能的側面をともに見事に解決することによって，内陣，聖職者席，身廊，そして身廊脇礼拝堂の間の空間性と関係性を生み出している．

パラディオの影響は，彼が建設した実際の建物だけでなく，彼の図面や著作，特に 1570 年に出版された『建築四書』によって広まった．彼は特に，イニゴ・ジョーンズ，コーリン・キャンベル，バーリントン卿，ロバート・アダムのような建築家を通してイギリス建築に影響を与えた．また，アメリカではトマス・ジェファーソン大統領によって設計された建物，特にヴァージニアのモンティセロの自邸にその影響を見てとることができる．

右　パラディオは実際の設計の準備のために古代遺構を丹念に調査した．それによって復元された図面は彼が設計した建物や『建築四書』の図版に反映されている．ヴェネツィアのイル・レデントーレ聖堂のファサードは彼のパンテオンの研究成果が活かされている．また，ヴィラ・ラ・マルコンテンタの室内はコンスタンティヌス帝の浴場の影響を受けているし，ヴィチェンツァのパラッツォ・ヴァルマラナは彼のマルス神殿の研究と彼が描いたアッシジに現存する神殿のファサード図面（右）を参照している．パラディオが特に古典的円柱やその装飾に興味をもっていたことを示すこの図面は，イニゴ・ジョーンズとその弟子が 17 世紀初めにイタリアから持ち帰った数多くのパラディオの図面の中の一つである．

上　マゼルーのヴィラ・バルバロは，バルバロ兄弟，ウィトルウィウスの『建築十書』(1556 年) の注釈本をパラディオとともに出版したダニエレと，彫刻と建築をかじったことのあるマルカントニオのためにトレヴィニァーノの丘に建てられた．彼らのヴィラは活動的な農場の中心であり，ポルティコによって拡張された翼部はただ視覚的な壮麗さを示すためだけでなく，機能性を備えていた．パラディオとダニエーレは最終的には意見が合わず，パオロ・ヴェロネーゼが壮大な錯視的フレスコ画を描くことによってこの計画を完成させた．

右　パラディオはヴィチェンツァのアカデミア・オリンピカの一員であった．彼は古代劇場に興味を抱き，仮設の劇場と舞台をつくったが，1580 年に常設の劇場，テアトロ・オリンピコをアカデミーのために設計した．そこには小規模な半円形の客席と凱旋アーチを備えた精緻な装飾に飾られた舞台が設置された．1584 年にヴィンチェンツォ・スカモッツィが『オイディプス王』上演のために設計を変更し，アーチの背後に街並みを制作した．それらは常設化されたが，古代を想起させる劇場に生涯を捧げたパラディオにふさわしいものであった．

左　ヴィラ・ラ・ロトンダは教皇庁司法官パオロ・アルメリコのためにヴィチェンツァ郊外の丘の上に建てられた．これはパラディオのものとしては珍しく農場のためのヴィラではなく，ローマで仕事を退職した後の気晴らしにふさわしい隠居所であった．それはドームを戴いた中央の広間に導く四つのポルティコをもつ完全な求心型建物であった．そのドームはローマのパンテオンに影響を受けている．パラディオの死後，おそらくヴィンチェンツォ・スカモッツィによって完成された．フレスコ画とスタッコ装飾は 17 世紀のものであるが，平面計画と外部デザインはパラディオの原案通りとみなされている．

レオナルドと限りない自然の産物

ルネサンスの多くの芸術家や哲学者は，自然とその芸術における価値について書いているが，レオナルド・ダ・ヴィンチほどの自然観察者，分析者はいなかった．彼の自然に対する貪欲なまでの好奇心と深い理解は，どちらも膨大なデッサンとノートブックによって証明されている．注文を受けた絵画制作をたびたび遅らせながらも，自分の目に映るものすべてに，たとえそれが取るに足らないものであっても，細心の注意を払って克明に記録した．

1470年代以降の初期の素描から，彼が山々，岩や水のある風景，自然の色彩と光の効果に魅せられていたことがわかる．「はるか彼方の山並みに射す影の色は非常に魅惑的な青色を帯びる．それは光を浴びている部分よりいっそう清らかなものだ」．このような観察はたびたびその絵画に投影されている．そして次第に最も複雑な自然探究へと駆り立てられるようになり，それは植物の素描や解剖図（レオナルド自ら解剖を行っている）に明瞭に表れている．

研究のある部分は，絵画作品の価値を高めるために行われた．たとえば，オオアマナや他の花々の素描は，「レダと白鳥」における自然の背景やその豊穣なイメージをいっそう効果的に見せている．馬に関する研究は，フレスコ画「アンギアーリの戦い」や彼のパトロンであったロドヴィコ・スフォルツァの騎馬像のための準備であった．筋肉と筋骨の正確な知識は，運動中の人間と動物を写実的に描写するための不可欠の手段であり，また解剖学的観察は，飛行機械を含む機械工学に関する発想を導き出したことであろう．空想的かつ芸術的な創造物であっても，現実世界の綿密な観察によっていたのである．

レオナルドには描きためた素描やノートブックを，光学，解剖学や絵画のような題材を扱った小論と一緒にして，自然に関する百科事典的な書物を編むもくろみがあった．彼の観察と思考は，自然の全体性を前提とした自然哲学にまで発展していった．「魂の窓である眼は，それによってわれわれの知性が数限りない自然の産物に対する最も完全で尊厳をもった見方を獲得できる主要な器官である」．詳細な個別研究に心を奪われ，彼は体系的な大著どころか小論さえ完成させることはなく，絵画もまたごくわずかしか完成に至らなかった．

君たち自然の模倣者よ，
事物の多様な形態に注意深くあれ．

四肢を欠いた動物を創造してはならない．それらひとつひとつは他の動物のそれと似ているに違いない．そこで…，竜の場合なら頭部をマスチフ（大型の猛犬）か猟犬にし，それに猫の目を付ける….

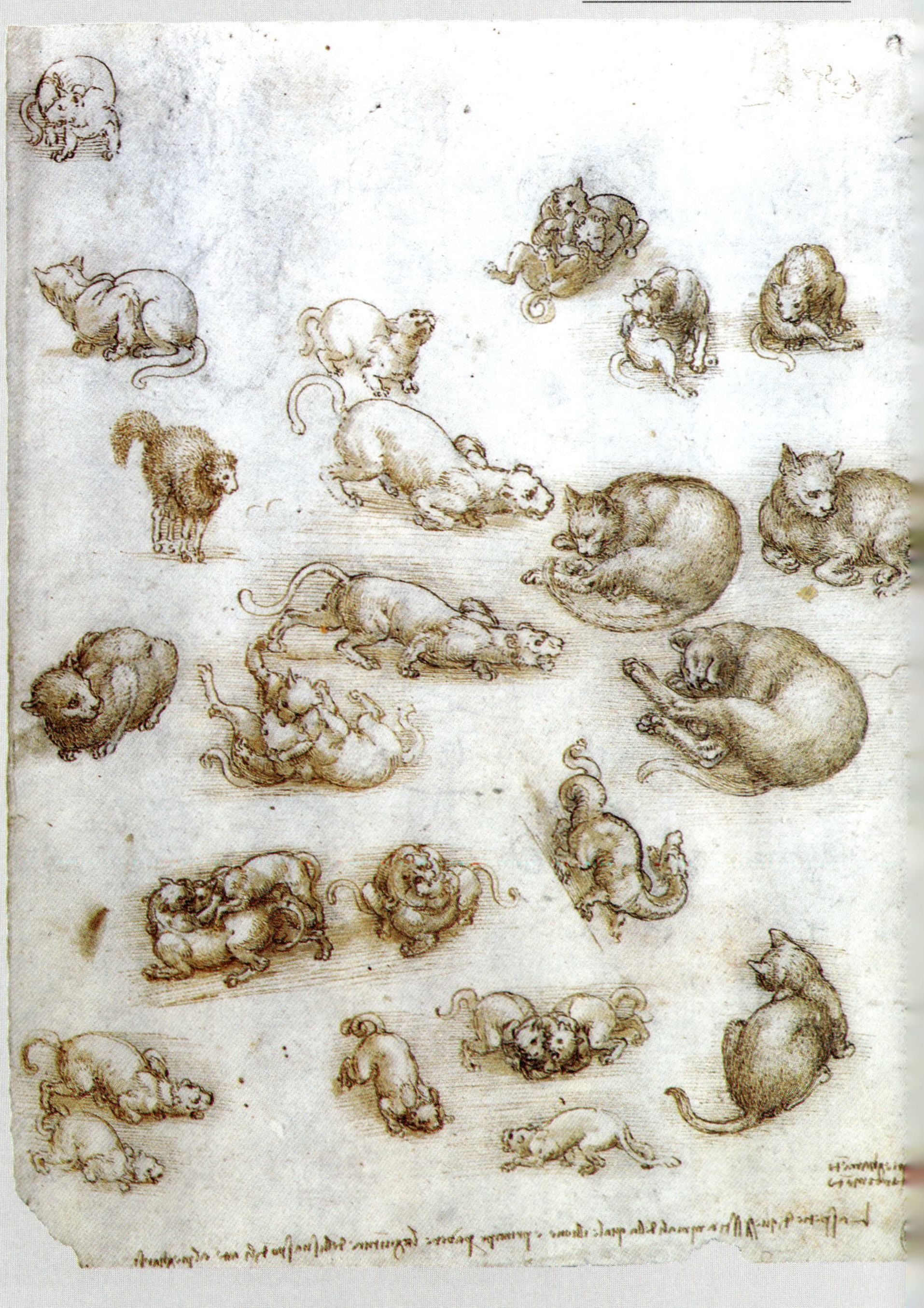

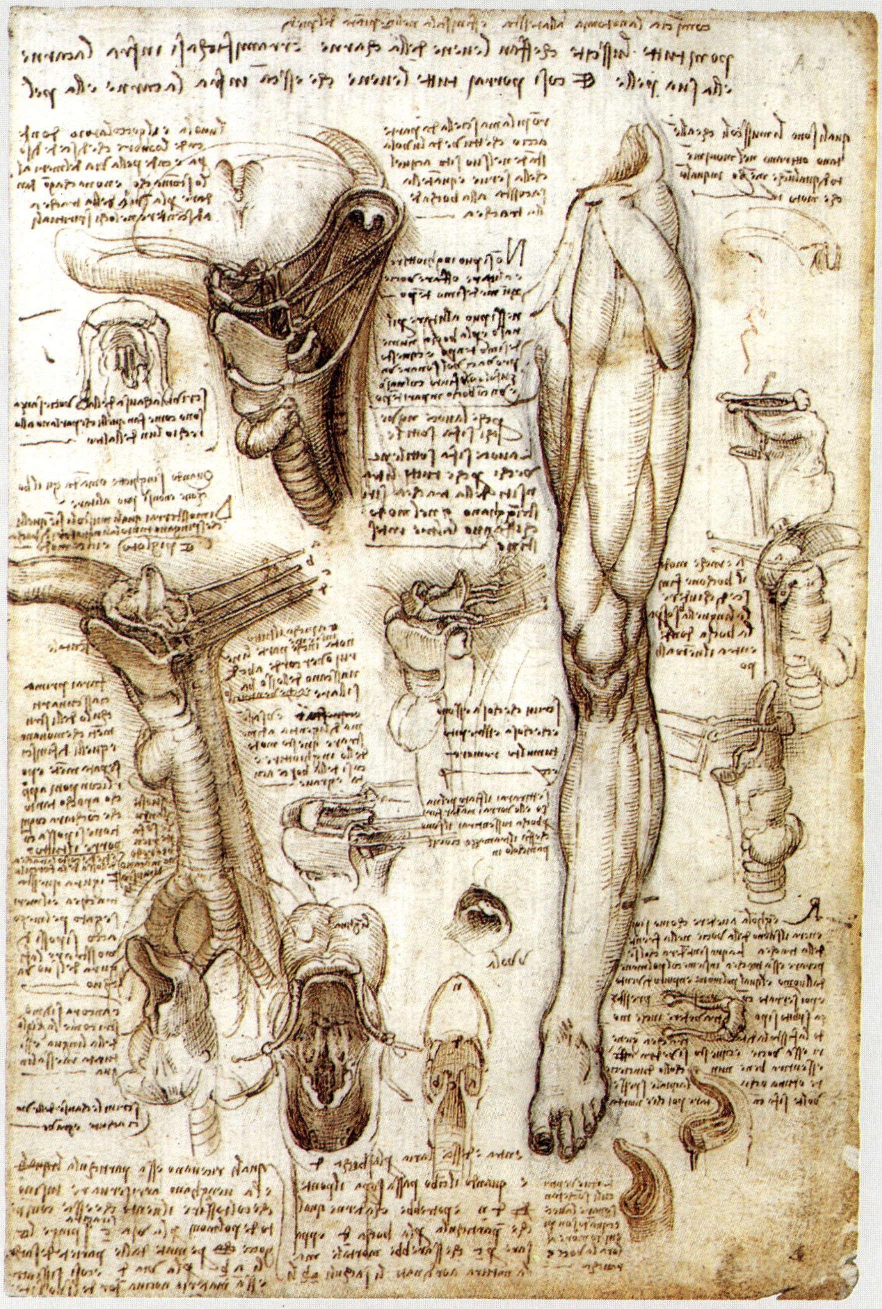

もし私がちょうどその姿を描くようにして，人間の本質を解明することができたら….

目に見えるすべてのものは自然によって生み出されたのであり，自然の子供であるこれらが絵画に生命を与えるのである．したがってわれわれは絵画をまさしく自然の孫，神の親戚であると称してもよいのではなかろうか．

丘の項上部や両端の部分では地形やその区分は簡略にせよ．しかし君たちに向いている正面部分には正確な形態を与えねばならない．

学識ある女性

女性が教育の恩恵を受けることができるという考えは，ギリシアの思想や価値観とともに西欧社会に受け入れられた．ルネサンス期にヴィットリーノ・ダ・フェルトレやバッティスタ・グアリーノのような人文主義者たちの私塾には少年と同様に少女の入学が認められた．もちろんそれらの少女は人文主義教育に傾倒した人々の娘たちに限られていた．

教育が精神の鍛錬として受け入れられている限り，生徒が少年であろうと少女であろうと違いはなかった．しかし，少女が成長して学問に専心しようとしたときにはさまざまな困難に直面した．就職の口がないばかりか，学問に身を捧げる機会はほとんどなかった．イゾッタ・ノガローラやカッサンドラ・フェデーレのような女性は人文主義的討論に加わろうとしたが，その報いとして神のように崇められてしまった．男たちは学識ある淑女の気高さとは論戦を交えたが，論争好きの女性と競うことは好まなかった．

ポリツィアーノは，以前から書簡を交わしていた有名なカッサンドラ・フェデーレに一目会いたくて1491年にフィレンツェからヴェネツィアに向かった．彼はロレンツォ・デ・メディチに次のような手紙を書き送っている．彼女は奇跡の人で「非常に慎ましく，そして私の目には美しくさえあり，私はただ呆然と立ちつくすばかりです」と．茫然自失であったのか単なる怠慢からか，ポリツィアーノはカッサンドラから送られてきたのちの書簡に返事を出さなかった．この女神は普通の傷ついた女性になった．グアリーノは彼の文通相手イゾッタ・ノガローラに同種の愛情を感じ，彼女に次のように断言している．「あなたは，私が以前からあなたに抱いていた堂々とした感じとは異なって自らを投げ出し，謙虚で，なんと女性らしいことか」と．

結婚を拒否する女性の大多数は，修道院に引きこもった．教育を受けた女性たちの中には自発的にその道を選ぶ者もあった．しかし，学問か家事かを選択できるわけではなかった．世俗にいて学問をするのは断念せざるをえなかった．結婚を選択した女性は結構楽に暮らすことができた．ロレンツォ・デ・メディチの母ルクレツィアやエリザベッタ・ゴンザーガのような宮廷の女性は，神話化されずに人間として尊敬された．ロレンツォの友人たちが彼の母に向けた愛情は，篤く誠実なものだった．ロレンツォ自身も政治の問題をときに彼女に相談した．カスティリオーネの『宮廷人』の中で討論の主役であるエリザベッタ・ゴンザーガ，それにマルグリット・ド・ナヴァールやマーガレット・ビューフォート夫人は，自分たちの高い地位を利用して人文主義者の構想や野望を支援した．フランスのアンリ2世は彼の叔母，マルグリット・ド・ナヴァールのことを次のように評した．「それが叔母のことでなかったら，地球上にそんな純粋な美徳があるなど信じはしない」と．

学問のある女性は，自分を特異な存在と知ったときにヨーロッパ中の同じ考えの女性同士で書簡のやり取りをした．カッサンドラ・フェデーレはスペインの女王イザベラの宮廷に自らを飾り物として推したが，ヴェネツィア政府は彼女が故郷を離れる許可を与えなかった．政府も彼女をとっておきの飾り物と見なしたようだ．マルグリット・ド・ナヴァールは，自らの宮廷に若きアン・ブリンとその娘を抱えていた．将来エリザベス1世となるアンの娘は，マルグリットの詩をフランス語から英語に翻訳した．

上　マーガレット・ビューフォート夫人（1441頃―1509）はエドモンド・テューダーと12歳で結婚し，13歳で未亡人になった．彼女の息子ヘンリー7世はテューダー朝初の王位につき，彼の治世のときにルネサンス思想が初めてイングランドに大きな衝撃を与えた．動乱の時期であったにもかかわらず，マーガレット夫人はたえず新しい学問を支援し，学者の鋭敏なパトロンとなり，オクスフォード大学やケンブリッジ大学を活性化させた．

右　ヴィットリーノ・ダ・フェルトレの抜きん出た弟子の一人にマントヴァ公の娘，チェチリア・ゴンザーガ（1426―51）がいた．彼女はウルビーノ公との婚姻を拒否して修道院に入ることを決意するほどの学問に対する情熱をもっていた．彼女の教師は彼女を支援し，ある日彼女の兄弟と群衆がマントヴァの通りを見守るなか，彼女は修道院に入った．

左　マーガレット・ローパー（1505―44）はトマス・モア卿のお気に入りの娘であった．彼女の第一子が生まれたとき，エラスムスは彼女に赤子のための糖菓を添えて彼の解説書『プルデンティウスのクリスマス賛歌』を送った．マーガレットはその作品を英語に翻訳し，1526 年に出版した．また，父トマス・モアが処刑されるまでの数週間の彼女と父との心温まる往復書簡が残されている．

右　マルグリット・ダングレーム，ナヴァール王妃（1492―1549）はフランソワ１世の姉で，人文主義文化を支援した．彼女はエラスムスの友人で宗教改革のサークルで最も影響力をもった人物であった．彼女の主要作品，ボッカッチォの『デカメロン』にならった 70 の小話集『エプタメロン』は，1558 年に出版された．

左　イザベラ・デステとチェーザレ・ボルジアとの往復書簡．フェラーラ公の娘であるイザベラ（1474―1539）とベアトリーチェ・デステ（1475―97）は，人文主義者バッティスタ・グアリーノに教育を受けた．結婚後，イザベラはマントヴァの文化を支配し，ベアトリーチェはミラノ公と結婚してレオナルドの召喚を支援した．

上　詩人ヴィットリア・コロンナ（1490―1547）．彼女の友人にはピエトロ・ベンボやカスティリオーネがいた．ミケランジェロの彼女に対する敬慕は彼が彼女をたたえたいくつかのソネットの中で公然のものとなった．彼女の詩集『精神詩』は 1538 年から 1544 年の間に４度出版された．

第2部　ルネサンスと広がる世界

THE RENAISSANCE AND THE WIDER WORLD

イタリア，ヴェネツィア，そしてルネサンスの伝播

広がる地平

ウィリアム・シェイクスピアの『真夏の夜の夢』(1590 年代に初演) の第二幕で，妖精の国王オーベロンは，王女タイターニアをいたぶるために，パックに「気まぐれな恋の花」と呼ばれる西の国の小さな草花を採ってくるように命じた．パックは「ただの 40 分でぐるりと地球を一周り」することを約束して旅立った．このパックの一節はルネサンスが 16 世紀後半までにヨーロッパ人にもたらした成果の好例である．すなわち，彼らが今や時間と空間について語るその語り口は新しく自信に満ちたものだった．その自信は 15 世紀イタリアの人文主義者の探究と芸術家の成果に由来した．

イタリアの人文主義や芸術家たちの革新は，他のヨーロッパにどのように伝わったのであろうか．それらのルートは，中世イタリア商人が成し遂げた商業ネットワークによってなされ，イタリアに他のヨーロッパとの接触の場を多く与えてくれた．そのほかに重要なものとして書籍の出版と教育制度の発達があった．それらは新しい考えの普及を著しく速めた．ヨーロッパで初めての大量生産を成し遂げた印刷術は，人文主義者の言葉を芸術家たちの版画と結合させた．人文主義者たちは教育に価値を与え，このことによって書物の需要が増し，本を通してさまざまな思想が学問の新しい中心地から 15，16 世紀の全ヨーロッパに広まっていった．

ルネサンスの普及は，1500 年以後のヨーロッパにそれ以前のものすべてを伝播する抗し難いプロセスとして理解でき

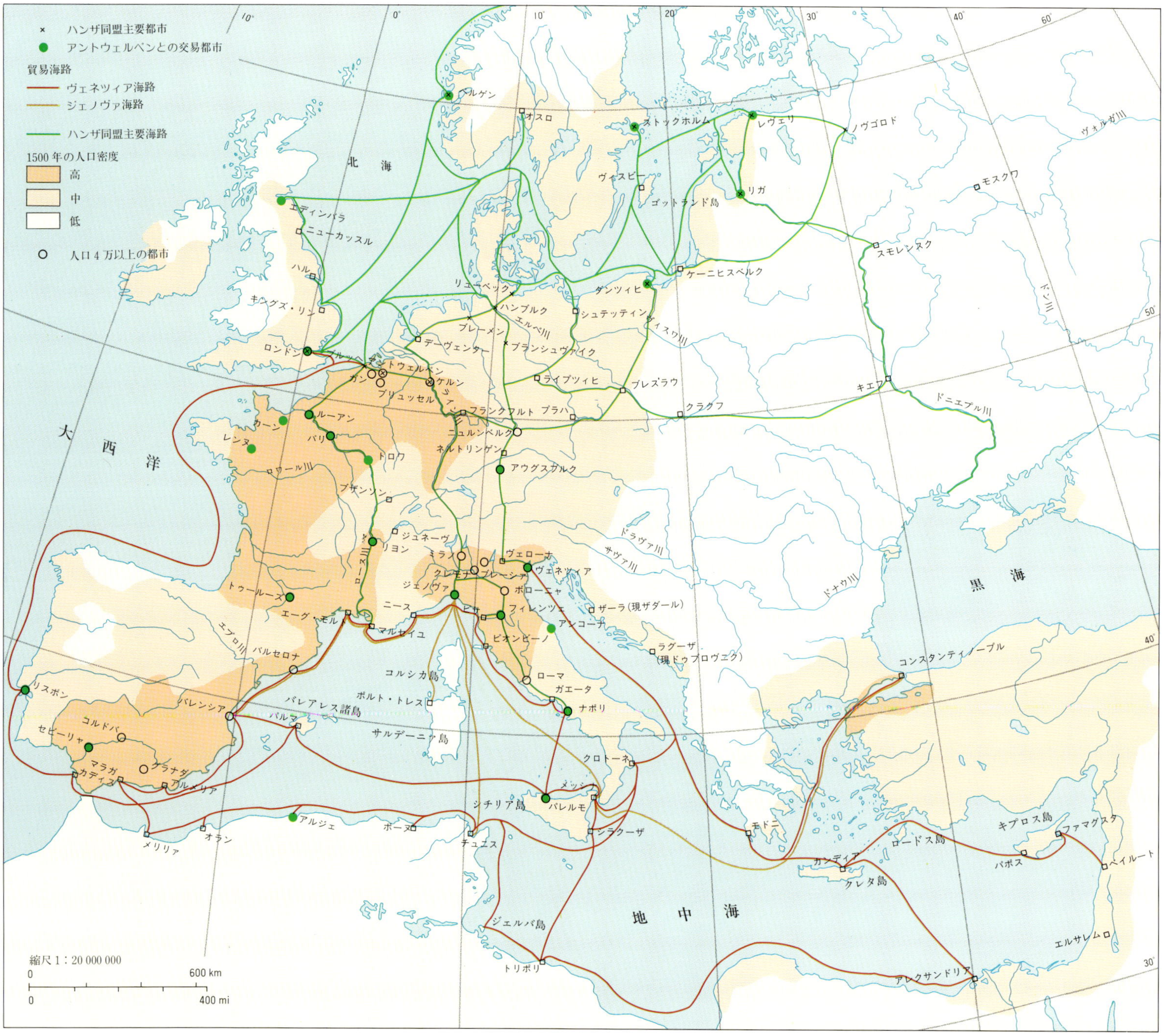

上　道化師の頭の中の世界地図（1590年頃）．正確な作図と印刷技術は，ヨーロッパ人がルネサンス期に探検し始めた世界を記録し，理解するのに役立った．その最も顕著な例として，地図作成の喜びがときとしてこのような豊富な機知や空想となって表された．

ヨーロッパの交易，1500 年頃
14 世紀までのヨーロッパの交易ルートは，バルト海と地中海の東西軸に沿って走り，この二つの海域は北のロンドンから南のローマへと延びるもう一つの軸によって結ばれていた．16 世紀には大西洋の新しい可能性が広がり，ヨーロッパ商業ネットワークは劇的に再編成され，多くの伝統的な中心が栄える一方で，経済的な興隆によって，特にアントウェルペン，リヨン，セビーリャなどの新しい中心地が最も活気づいた．そのような都市が新しい経済的な可能性を生み出したが，15 世紀のイタリア都市国家のように文化的な独自性を展開することはできなかった．

る．たとえば，イタリアの功績といえる都市整備がヨーロッパのあらゆる小都市に浸透し，世俗の創造性やその活動を増加させたことは明らかである．しかし，聖職者によってそれらの都市に耐えがたい重荷が課せられ，その結果，それがプロテスタントによる宗教改革を招いた．宗教改革は，ドイツの都市社会とスイス同盟の抗議の声から始まった．ここでもまた「ルネサンス人」を特徴づけていた「探究の精神」，止めどない好奇心がヨーロッパ文化を世界に広めた推進力の源泉であったとみなすことができる．クリストファー・コロンブスがジェノヴァ人であったこと，そして彼が，アジアを旅行したヴェネツィア人マルコ・ポーロが耳にし後に書き記した「チパング（日本）」を求めて，大西洋を渡ったことは改めて述べる必要はないであろう．事実，ルネサンス人は新大陸に足跡を残した．ミヒャエル・ヴァルトゼーミュラーにとって，1498—99 年のアメリゴ・ヴェスプッチの航海はよほど印象的なものであったに違いない．彼が 1507—09 年に世界地図を作製したときに，このフィレンツェ人の水先案内人の栄誉をたたえて新大陸をアメリカと名づけたほどであった．

イタリア・ルネサンスにさかのぼることができるその他の成果として，特に 17 世紀終わりから 18 世紀にかけての科学革命があげられる．ガリレイによる科学的な観察や地動説の実証などがそれであった．対抗宗教改革を推進するカトリック教会がガリレイに自説の撤回を迫り，南ヨーロッパのカトリック教国における科学理論の発展を妨げた．科学はイタリアで頭角を現したが，結局，科学を主導していったのは北ヨーロッパ，特にオランダとイギリスであった．

ルネサンスは単一の方向を目指した一体化された運動であり，特にそれを「近代的」で「進歩的」であったと解釈するのは危険である．むしろ，ルネサンス文化の独創性とその情熱を理解することが重要であり，それらが近代ヨーロッパの発展に重要であった．しかしながら，その一方でヨーロッパのその他の地域がイタリアよりいくぶん劣っていて，その地域が遅れを取り戻す時期が 16 世紀であると考えるのも危険である．事実，ある地域の歴史と文化はイタリア化されることを積極的に望まない，あるいはそれを容認しない方向に牽引されていったということもできる．たとえば，宗教改革時のドイツでは，人文主義者による熱心な歴史研究は明らかに非古典の過去を対象とした．ゲルマン人はローマ人によって征服されたわけではないのに，なぜローマ教皇の支配を受け入れる必要があるのかと問うようになった．そのような国家意識の高揚がドイツの宗教改革に対する期待をさらに増幅していった．

対抗宗教改革は，それに呼応して，ある意味では対抗ルネサンスでもあった．イタリアと同様にスペインでも，人文主義には思想的，また社会的にみても確実性が欠如しているという理由から，カトリック主義はそれを拒絶した．知的探究すらその不確実さゆえに拒絶され，その不確実さは社会的エリートたちの道楽とみなされた．教会は必要とされるありと

著名な司教座聖堂付属学校
ラン　主要な修道院付属学校
1300 年以前設立の大学
1301-1400 年設立の大学
1401-1500 年設立の大学
1501-1700 年設立の大学
北　海
バルト海
大　西　洋
地　中　海
ウプサラ 1477
アバディーン 1494
セント・アンドリューズ 1411
エディンバラ 1582
グラスゴー 1451
ジャロー
ウェアマス
リーヴォ
ヨーク
ダブリン 1591
ピーターバラ
ケンブリッジ 1209
オクスフォード C.1190
カンタベリー
コペンハーゲン 1478
ルンド 1688
ケーニヒスベルク 1544
キール 1655
ロストック 1419
グライフスヴァルト 1456
フラネケル 1585
フローニンゲン 1614
アムステルダム 1631
ハルデルヴィク 1648
ライデン 1574
ユトレヒト 1636
オスナブリュック 1630
ヘルムシュタット 1576
フランクフルト 1506
マグデブルク
ヴィッテンベルク 1502
パーダーボルン 1614
コルヴァイ
ヒルデスハイム
ハレ 1694
ライプツィヒ 1409
エアフルト 1392
ルーヴェン 1426
ケルン 1388
マールブルク 1527
ヘルボルン 1584
ギーセン 1607
フルダ
トゥールネー
マインツ 1476
ヴュルツブルク 1582
バンベルク 1648
プラハ 1348
クラクフ 1364
オルミュッツ 1576
トリール 1473
ヴォルムス
シュパイエル
ハイデルベルク 1386
レーゲンスブルク
インゴルシュタット 1472
ドナウ川
リンツ 1669
ウィーン 1365
ティマウ 1635
カーン 1432
ベック
ルーアン
ボーヴェ
ラン
ランス
パリ C.1150
ポンタ・ムッソン 1572
メス
モン・サン・ミシェル
サヴィニー
シャルトル
オルレアン 1235
フルーリー
ストラスブルク 1621
テュービンゲン 1476
ディリンゲン 1549
ザルツブルク 1623
フライブルク 1457
クレルヴォー
ザンクト・ガレン
ロワール川
ナント 1460
アンジュー 1337
トゥール
ブールジュ 1464
ドール 1422
ブザンソン 1485
バーゼル 1460
シトー
グラーツ 1582
ドラヴァ川
ポワティエ 1431
クリュニー
ローヌ川
ジュネーブ 1559
ヴィチェンツァ 1204
トレヴィーゾ 1318
パドヴァ 1222
ヴェルチェリ 1228
ミラノ
パヴィア 1361
グルノーブル 1339
トリノ 1465
ラ・シェーズ・デュー
ピアチェンツァ 1248
パルマ 1502
フェラーラ 1391
ラヴェンナ
ボローニャ 1200
ボルドー 1441
ヴァランス 1452
ガロンヌ川
カオール 1321
オランジュ 1365
アヴィニョン 1303
レッジョ 1188
ピサ 1343
ウルビーノ 1564
トゥールーズ 1229
モンペリエ 1289
エクス・アン・プロヴァンス 1409
フィレンツェ 1349
シエナ 1246
ペルージア 1308
オビエド 1604
サンティアゴ・デ・コンポステーラ 1506
オルテズ 1561
エブロ川
アレッツォ 1215
パレンシア 1208
ペルピニャン 1349
コルシカ島
ウェスカ 1354
ローマ 1303
ドゥエロ川
バリャドリード 1346
サラゴサ 1474
レリダ 1300
モンテ・カッシーノ
サラマンカ 1243
アルカラ・デ・エナーレス 1499
シグウェンサ（シゲンツァ）1489
バルセロナ 1430
ナポリ 1224
サレルノ 1173
コインブラ 1290
タホ川
トレド
サルデーニア島
ヴァレンシア 1500
パルマ 1483
リスボン 1290
エヴォラ 1550
バレアレス諸島
カリアリ 1626
パレルモ 1637
メッシーナ 1549
グアダルキビル川
モンレアーレ
カターニア 1434
セビーリャ 1254
グラナダ 1540
シチリア島
エルベ川
オーデル川
ヴィスワ川
縮尺 1：12 000 000
400 km
300 mi

あらゆる指導を行い，服従しないことは自己の尊重の表れではなく，悪魔の罪であるとした．カトリック改革者でイエズス会の創設者である聖イグナティウス・デ・ロヨラ（1491―1556）は，著作『霊操』の中で「あらゆるものごとにおいて，真実に到達するために高位の教会がそう定めたならば，白を黒と信ずる覚悟を常にしていなければならない」と説いた．教会が一度手本を与えれば，それに忠実に従う義務が生じた．ガリレイの思想は，教会の教義の確実性に対する挑戦と受けとめられ，自らを異端の疑いのもとに追い込むことになった．

また，ルネサンスの真価はその当時ヨーロッパでは否定されてきた新世界を切り開いたことであると考えてはならない．スペインのアメリカ征服者は，アメリカ・インディアンから資源を得ること，あるいは金の採掘が目的であり，決して抽象的な価値を求めたわけではなかった．メキシコのエルナン・コルテスやペルーのフランシスコ・ピサロの追従者たちは開拓戦争の傭兵にすぎず，人文主義の喧伝者ではなかった．

ルネサンスが複雑な現象であることを認識するために，これらの負の認識もまた非常に重要である．16 世紀は変動の時代であり，必ずしもスムーズな転換が行われたわけではなかった．ヨーロッパは宗教改革によって分断され，オスマン・トルコの脅威に常に脅かされた．ルネサンス文化が伝播するには，それらとの衝突は避けられなかった．本章はその伝播の重要な部分を概説する．ルネサンス文化がどのようにしてイタリア全体に広まったのか．ヨーロッパの他の地域にルネサンス文化を伝達するために，ヴェネツィアがなぜ重要になったのか．ルネサンスの成果が宗教改革と科学革命にとってどのような意味をもったのか．そして，ルネサンスが近代ヨーロッパのアイデンティティにどのような貢献をしたのか．

ヨーロッパという文脈の中でのイタリア

ルネサンス文化がイタリア内部に普及し，変化をもたらしたのと同様に，一部ではルネサンス文化はイタリアからヨーロッパへと伝播していった．15 世紀フィレンツェの芸術家と人文主義者の文化は都市の共和政体と市民生活と一体化していた．したがって，それは他の地方を統治する君主の興味をかき立てるものではなかった．15 世紀後半から 16 世紀初頭にはフィレンツェ自体も共和制が弱まり，統治者であったメディチ家が次第に他のイタリア都市の君主たちに近づきつつあった．

君主たちの宮廷にさらに受けのよいルネサンス文化を求めて，ルネサンスの芸術と思想にパラレルな変化が起こった．フィレンツェでは 15 世紀初めに多くの芸術パトロンが存在し，競ってさまざまな芸術家を登用した．芸術家たちもそのパトロネージを争って獲得した．この状況がこの上ない活気をもたらした．しかし，15 世紀後半にはメディチ家が主導的なパトロンとなり，そのことが思想や美術様式にかなりの変化をもたらした．15 世紀初頭にはフィレンツェの人文主義者たちは，ミラノの支配者ヴィスコンティ家との対立の中で共和国の論理を展開していったが，15 世紀後半に入ると彼らは哲学，特に新プラトン主義や世俗とかけ離れた思想に熱中し始めた．15 世紀初頭の絵画では，透視図法（パースペクティヴ）の発明によって息をのむような仮想空間や現実が表現されたが，15 世紀後半にはそうした構成は遠回してさらに間接的なものになった．

これらの変化は，15 世紀末のメディチ家支配のフィレンツェがイタリアの多くの地域に見られるような政治構造，つまりヨーロッパの君主国に共通の政体制に類似してきたことを意味している．しかし，イタリアの諸国家が特に対外志向であるという根拠はないので，この議論はあまり強調すべきではない．それらは自信に満ちた優雅な世界であったが，多くの点で自己完結していた．それらの自己完結した世界が 15 世紀末に打ち砕かれることになる．

1494 年にナポリに支配権をもつフランスとスペインが衝突し，数年のうちに争いはミラノに広がった．このイタリア戦争は，そのように呼ばれているにもかかわらずドイツのハプスブルク家とフランスのヴァロア家の間のヨーロッパ支配をかけた紛争であったことは容易に理解できる．この戦争はヨーロッパ君主と貴族にイタリア文化との接触の機会を与えたが，それ以外の人々は文化を学ぶためにイタリアにやって来たのではなかった．彼らはヨーロッパの他の国々がこの戦争をどのように戦うのかをイタリア人に教えにやって来たのであった．皇帝から給金を受け取りそこなったドイツ傭兵たちが 1527 年にローマを劫掠したときには，ある者にはそれがゴート族の再来と思えたほどであった．そのときルターの名前がラファエロのフレスコ画にしっかりと刻み込まれた．イタリア人自身が蛮族の侵入を体験するのは決して珍しいことではなかったが，そのことによってイタリアの文化的至高が確認されただけではなく，むしろそれ以上にイタリアが他のヨーロッパから孤立した状況にあることと，それに対する身構えの不十分さを露呈することになった．

ヨーロッパの主要な交易ルートを観察すると，16 世紀の交易におけるイタリアの支配が徐々に侵食されていることに気づく．たとえば，中世にはハンザ同盟が大部分を支配していたバルト海の交易ゾーンが非常に重要であったが，その後大西洋航路が開けたことでアントウェルペンに繁栄がもたらされた．しかし，逆説的にアントウェルペンでは経済的な興隆の反映としての文化は限られたものだった．交易ルートの支配と思想の伝播の間に，単純な関係があるのかについては疑問がある．確かにアントウェルペンは，プロテスタントとカトリックの権力闘争によって 16 世紀後半に名声を失う以前には，ヨーロッパの偉大な商業中心地であり，ヨーロッパの印刷産業の大中心地であった．有名なプランタンの工房は市内に 50 以上もある印刷所の一つにすぎなかった．しかし，そこはいくつかのイタリア都市国家のように偉大な文化都市になることはなかった．たとえば，なぜアントウェルペン派の絵画がないのだろうか．

少なくとも 1600 年より以前にセビーリャやリヨンやロンドンでさえ，その都市の経済的な成功を誇る歴史記述の中で芸術や文学の興隆については語られていない．これらの都市は都市国家ではないために，フィレンツェやヴェネツィアのようなイタリア・ルネサンスの中心地とは異なっている．そのことは，北・西ヨーロッパのさらに大きな経済都市や首都に，それぞれ独立したイタリア都市の成果をたやすく持ち込むことができないという見解を補強する．

ある場所から他の場所へ思想がどのように移動するかについて，ある著名人の旅行がさらに説得力ある証言を提供している．ヴァザーリが『芸術家列伝』（1550 年）の中で証言しているように，レオナルド・ダ・ヴィンチの旅行がその典型といえるかもしれない．印刷術はエラスムスの思想を広く流布するが，彼自身もまた北はケンブリッジから南はローマまで至る所しかも広範囲を旅している．ヴェネツィアは，そこを介する人的な交流による創造性に満ちたエキゾチックな中心

ヨーロッパの学問の中心

ルネサンスは教育の大変革の時代でもあった．世俗の人々にも教育の機会が与えられたことは重要なことであった．しかし，中世の聖職者の古い学問であるスコラ哲学が世俗の新しい学問である人文主義にすべて取って代わられたわけではなかった．多くの新しい大学が創設されたのは古典世界の精緻な研究を奨励したためではなく，読み書きができる奉仕者を養成する目的からであった．パリのソルボンヌ大学のような伝統的な中心地では，新奇さは拒絶され，いまだにその影響力を誇っていた．たしかに 16 世紀にはある意味では人文主義がスコラ哲学を再び併合したが，ある地域では 17 世紀の科学革命の時代に入ってやっと新しい学問が古い学問に取って代わった．

地であった．つまり，ルネサンス期の文化交流がイタリアからその他の地域へという一方通行では決してないこともまた記憶に留めておくべきであろう．

ヨーロッパ全体のルネサンス文化の展開を考える際に，その文化がイタリアからの単なる「輸出」によってではなく，むしろ相互作用によって生じたとする考えは，印刷術や学問の機関が担った役割を考慮するときにさらに説得力をもつ．印刷機はもちろんイタリアの発明ではなく，書籍の出版のセンターが，かならずしも新しい学問の中心地であるとも限らなかった．アントウェルペンとリヨンの場合をみれば明らかであるが，ヴェネツィアもまた同様であった．これらの都市に支配的な社会秩序がイデオロギーの問題からも歴史的な背景からも人文主義を必ずしも必要としなかったからであった．

大学創立の起源について，単純にイタリアが他のヨーロッパより先んじていたとする考えは疑問視されている．中世に大学が創設されたときには，果たして人文主義者の知的革新は歓迎されたのか，あるいはそうでなかったのか．イングランドの人文主義者ジョン・コレットは1490年代にオクスフォードで新プラトン主義を紹介する講義を催した．しかし，一時期（1509—14年）エラスムスが滞在し，シュトラスブルクの改革者マルティン・ブッツァーも晩年（1548—51年）を過ごしたこのケンブリッジでは，いまだ宗教上の論争が大きな影響力をもつ話題であった．一方，ソルボンヌの学者たちはいまだ伝統的な立場に留まっていた．ルターは彼らを指して「パリのモグラとコウモリ」と呼んだほどであった．

人文主義は学問と容易に結びついたが，ルネサンス全体としてはアカデミーの産物では決してなかった．この特徴は考慮してみる必要がある．ルネサンスの大中心地はパドヴァやボローニャのような古い大学都市ではなかったし，フィレンツェの大学はフィレンツェ文化に決定的な影響を与えることはなかった．むしろ1400年から1600年に創設された大学は，専門の学者を育てるためではなく，訓練された国家の官吏を養成するためのものであった．近代ヨーロッパ文明に着想を与え，その形成に貢献したヴェネツィアには大学はなかった．ヴェネツィアではルネサンスが共和政体の中で生き続けた．ヨーロッパ・ルネサンスという新しい次元を非常に実利的に捉えるようになるのはヴェネツィアを初めとした．

ヴェネツィアとフィレンツェ

ヴェネツィアは他のイタリア都市のように15世紀後半から16世紀初めにかけて政治体制の変革や激しい社会的な対立抗争を経験しなかったために，宗教戦争と謀反の時代の例外としてしばしば扱われてきた．それにもかかわらず，ヴェネツィアはなぜルネサンス期のヨーロッパの発展に大きな影響力をもったのであろうか．フィレンツェのルネサンスが煮えたぎる内部から噴き出すように生じた一方で，ヴェネツィアのルネサンスは外部からの影響を旺盛に受け入れる都市の受容力を反映したものであった．ヴェネツィアは古典古代と歴史的につながりをもたずに，むしろ独自に発展してきたその永続性を誇示していた．安定と永続こそがヴェネツィア人に保証された社会生活の特性であった．そこは厳格に特定された門閥以外の人々を行政職から完全に排除した貴族社会であった．ヴェネツィアの寡頭共和制は，フィレンツェのそれよりは特権階級内部での強大な派閥による駆け引きの影響を受けにくかった．それと同時に基本的には同業者組合によって組織されたフィレンツェのような広範な政治共同体はヴェ

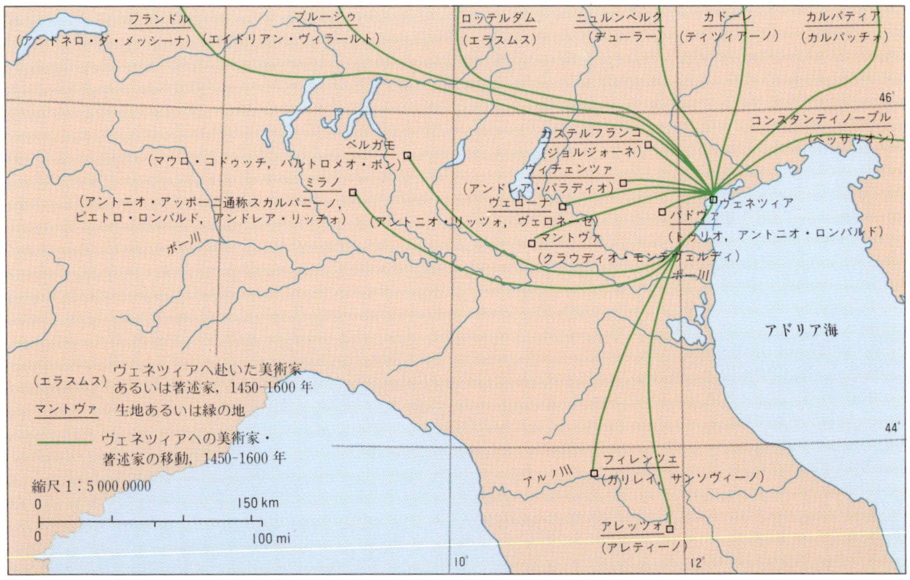

左上　**文化の中心としてのヴェネツィア**
ヴェネツィアの文化的発展は，ルネサンスがイタリアの思想や観念の単なる輸出ではなく，それ以上のものを包含していることを物語っている．アントネッロ・ダ・メッシーナが1470年にヴェネツィアにやってきたときに，彼がオランダで学んだ油彩画の技術を持ち込んだとされている．油彩はフレスコと違って湿気を嫌うことがなかったため，「ヴェネツィア派」として知られる画家の技法のもととなった．ドイツ人のアルブレヒト・デューラーも1494—1505年と1505—07年の二度にわたってヴェネツィアを訪れている．また，ヴェネツィア音楽に活力を与える役割を果たしたのは移住者たちであった．アドリアン・ウィラールト（1490頃—1562）はフランドルからローマ，フェラーラ，ミラノを経由して，1527年にサン・マルコにやってきた．クラウディオ・モンテヴェルディ（1567—1643）はその100年後にマントヴァからやってきた．

上　ジョヴァンニ・ベリーニの「聖十字架の行列」（1496年），ヴェネツィアは共和国であったが，威厳に満ちた君主国家へと傾斜していった．壮麗な行列は神に祝福された都市の繁栄と安定を強調している．行進に参列した人々には貴族でないものも含まれており，彼らは日頃排除されている貴族社会に一時でも帰属している実感を味わうことができた．

左　アントネッロ・ダ・メッシーナによる「サルウァトル・ムンディ（祝福するキリスト）」（1465年）．アントネッロがフランドルの技術を採用したことが，その後の色彩による実験的な試みに特徴づけられるヴェネツィア絵画の発展に大きな影響を与えた．それらフィレンツェにおける素描の重視と好対照をなしている．

ネツィアでは必要とされなかった．このような安定性に重きを置く風潮はヴェネツィアの文化にも反映した．フィレンツェの修辞学者は古代ローマが共和政から帝政に移行する過程に注目し，それをどのように回避するかを思案した．しかし，ヴェネツィアは歴史から決して学ぼうとはしなかった．

視覚芸術に関して著名な画家や彫刻家や建築家の相互比較という形で，ヴェネツィアのルネサンスを記述することはフィレンツェの場合とは異なってはるかに困難であるが，唯一画家に関しては直接の比較が可能であろう．事実，同時代人がそれを試みているが，むやみに比較することはできない．フィレンツェ絵画の基本は構成に力点を置いた素描にあるが，ヴェネツィア派の特徴は絵画的効果に色彩を用いた点にあるからである．したがって，彫刻と建築におけるヴェネツィアの功績は，著しく劣っている．ドナテッロやミケランジェロに匹敵する彫刻家はヴェネツィアにはいないし，ヴェネツィアの建築家はパラディオのような例外を除けば，ゴシックやビザンティンの影響下にあった．

また，ヴェネツィア・ルネサンスには，人文主義や芸術という観点から考察する場合に，つい見落としがちな，ある生き生きとした構成関係がある．それはヴェネツィア建築とヴェネツィア絵画が音楽と密接な関係を享受していることである．アンドレア・パラディオ（1508—80）がヴェネツィアの聖堂を設計する際に音響に注意が払われていたし，多くのヴェネツィア絵画には，まるでそれが都市自体の公的な記録であるかのように，音楽家や演奏家たちが描き込まれていた．

フィレンツェとヴェネツィアとの間には深い文化的な差異があり，それらの比較のむずかしさは無視できないが，それらは逆に二つの重要な共通点を浮き彫りにする．まず，フィレンツェとヴェネツィアのルネサンスはともに共和政体の中で花開いた点にあり，そして両都市の実質的な成果が学者や大学教師によってよりも，むしろ高度に熟達した職業人によって達成された点にあった．

ヴェネツィアの重要性

ヴェネツィアとフィレンツェの間にはいくつかの接点をみることができた．しかし，ヴェネツィアの歴史の中でイタリアあるいはヨーロッパ全体のルネサンスの実態について，いったいどのように語られるのであろうか．ヴェネツィア共和国は自らを「ラ・セレニッシマ（最高の静穏）」と呼び，その文明は他の都市や国家からの政治的・文化的圧力との和解であったが，決してむらのないアマルガムではなかった．ヴェネツィアが完全な国家であるという神話をヨーロッパの他の地域に広めた書物の一つに，1520年にガスパーロ・コンタリーニによって著された『ヴェネツィアの共和政治とその政治政体』がある．そこでは，ヴェネツィアの政体がアリストテレスのいう理想的形態の混成として論じられている．ドージェ（総督）によって代表される君主政治，セナート（元老院）による貴族政治，大評議会による民主政治がそれにあたる．そこでは常に集団で決議がなされ，ヴェネツィア貴族の賢明な先祖によって，派閥や専制が入る隙のないように条例がきめ細かく制定されてきたことが力説されている．これはアンドレア・グリッティがドージェのとき（1523—38年）に著された書物であった．1508年に教皇ユリウス2世がヴェネツィア共和国の手足を切断して，その領土を調印国に分割しようと企んだヨーロッパ連合，カンブレー同盟に対抗し，グリッティはパドヴァを死守した．彼は，たとえばヴェネツィアに反抗的な国外権力の使節を個人的に聴取する権利など，ドージェとしての政治特権を主張した．さらにグリッティは都市ヴェネツィアを再整備することによって帝国構想を推進していった．サンソヴィーノによるサン・マルコのピアッツェッタ（小広場）の計画はヴェネツィアが新しいローマであることを訪問者たちに知らしめた．

その世紀が進むにつれて，冷静で慎重で控えめな共和国の厳格な伝統を尊ぶ人々と，豊かで権力と栄光に満ちあふれた帝国構想を推進する人々の間で緊張が高まった．フィレンツ

ェのように，ヴェネツィアもまた，共和国の美徳と，ルネサンスの発展に批判的な君主国の威厳との間の対立を経験した．

ヴェネツィア人の中には教会がローマ教皇庁から独立することを提唱する者もいた．ヴェネツィアは教皇庁と対立し，1482 年にはこの都市は教皇から破門され，ついでカンブレー同盟の脅威にさらされた．そのような状況の中で，1606 年にはイギリス大使ヘンリー・ウォットン卿は外国の要請に応じてプロテスタントに改宗するようヴェネツィアに促している．いずれにせよその事件は，都市国家ヴェネツィアが宗教改革時代にさまざまな衝突を経験せざるをえなかったことを物語っている．

ついにヴェネツィア人たちは，香辛料貿易による大西洋航路の発達が災いして自らの繁栄を断念せざるをえないことを自覚した．彼らは軌道を修正し，現在われわれが呼ぶ「西洋」の東玄関の役割を担うこととなった．

15，16 世紀に起こったヨーロッパの歴史的出来事の多様な局面に対する，この一風変わった解決法がヴェネツィアを独特のものにした．しかし，それはあくまで在り来りの特徴の組合せによる独自性であった．したがって，ヴェネツィアはその時代の大きな課題に一つの魅力ある視点を提供したことになる．人文主義と視覚芸術は分離していったにもかかわらず，大西洋航路の発見がヨーロッパ全体に新奇な文化的一体感をもたらした．

人文主義の社会的な意義が非常に明瞭になってきた．「人文主義のプリンス」であるエラスムスのヴェネツィア来訪がそのことを如実に物語っている．偉大な印刷業者アルドゥス・マヌティウス（1450 頃―1515）の協力を得てエラスムスの『格言集』がベスト・セラーになった．エラスムスの思想は，14 世紀のネーデルランドに出現した世俗の宗教運動である「デヴォティオ・モデルナ（新たな信仰）」の厳格な精神に影響を受けている．彼にとっては，ただ表面的な儀式のみに基づく宗教は耐えがたいものであった．特に聖人崇拝に見られる数多くの祭具は，迷信的行為を助長し，聖職信奉を促した．それは無知と不敬虔のために，ただ特権的地位を取得することに執着するような事態を招いていた．修道士たちにしても，キリスト教の原典である聖書には登場しないのである．そのような主張は日頃の労働を妨げる典礼に耐えきれない世俗の都市民の不満を代表するとともに，稼ぎの分け前を要求する聖職者への挑戦でもあった．それは都市改造の中で徐々に増大しつつあった反聖職者中心主義の兆候でもあった．

印刷術は思想の表現やその普及の強力な道具であることが明らかになった．アルドゥスはエラスムスが用いた唯一の出版業者ではなかったが，アルドゥスが採用した美しいイタリック書体はエラスムスを魅了した．この書体は書物を魅力的で手軽なものにした．ポケット版を考案したのもこのアルドゥスであった．

エラスムスの思想がヴェネツィア人たちの間に浸透していたことを示す証拠は数多く存在する．聖餐式のパンがパン以上のものであることを疑い，祝祭日の儀式は厄介ごとであり，巡礼はお笑いごとであった．祭壇のランプの油はサラダに使

左　1523 年にドージェ（総督）となったアンドレア・グリッティは，公選によって選ばれたわけではない．1535 年頃のティツィアーノによる威厳に満ちた肖像画からも見てとれる彼の強引な性格が，おそらくヴェネツィアの伝統的な選出方法を覆したものと思われる．しかし，グリッティによるサンソヴィーノを代表とする芸術家に対するパトロネージは，1527 年のローマ劫掠以後いっそうヴェネツィアを帝国の首都として意識したものとなった．

右　**15 世紀から 17 世紀にかけての絵画の中心地**
新しい絵画技術が発達し，ヨーロッパの古い中核都市に伝播していった．ルネサンスと宗教改革の新しい思想は，前例のない速度で普及し，特に学問のある世俗の人々を魅了した．ルネサンスの芸術家による図像表現とルネサンスの著述家と改革者による著書は量産された．読み書きのできない人々が，書物の社会的な影響力が浸透するのを弱めたものの，宗教改革はその初期の段階では，学識ある世俗の人々の間での一つの都市現象であった．しかし，容赦ない検閲に賛同し，それを抑制しようとする動きも一方でみられた．

下　二者の対立概念の間に緊張感が欠如したティツィアーノの謎に満ちた絵画「聖愛と俗愛」（1515 年頃）は，ヴェネツィア・ルネサンスを象徴している．それはまた，なぜヴェネツィアが 16，17 世紀のヨーロッパの想像力に大きな影響を与えたのかを説明してくれる．驚いたことに，この絵の裸像が「聖愛」で着衣の像が「俗愛」である．

った方がましで，聖書を読むことこそが精神の悦びであった．そのような信仰態度は，1547 年にこの都市に到着した教皇庁司法局の前でヴェネツィア市民たちによって表明されている．しかし，結局ヴェネツィアは，教皇庁によって聖務が停止され，いまだエラスムスの影響下にあったが，カトリック都市として留まり，ヴェネツィア美術はカトリック精神を支えることになる．人文主義者は言葉の重要性を強調することによって一つの方向に突き進んだが，無学な者にとって重要な図像は別な方向へと向かった．そしてティツィアーノもティントレットも再びカトリック絵画を復活させた．

ヴェネツィア・ルネサンスは，中世に蓄えられた富によって，対抗宗教改革の要素を共存させた宗教改革の要素を用いて創造されたが，単に利用しやすい型にはまったものとなる危険をもはらんでいた．ルネサンス期のヴェネツィア文化は明らかに相いれない矛盾が共存する可能性を示している．内部に対立があったにせよ，ヴェネツィアと他の世界との関係の中に 15, 16 世紀のヨーロッパ文化が新たな統一性を獲得しつつあったことを示す重要な一般解が含まれている．宗教改革などによるヨーロッパ自体の内部分裂がまだ決して深刻なものではなかった段階に，そのような統一性が見られたことはむしろ例外的なことである．その分裂と統一性の多くはともにルネサンス文化に起因したものであった．

言葉と図像表現：ルネサンス，宗教改革，そして科学革命

ルネサンスと宗教改革に共通点はあまりない．ルネサンスはヨーロッパの経験を一つの壮大な連続体の中で古典古代と

印刷業者と出版業者

活字による印刷術は1420年代にドイツで発明され，1450年代頃にマインツのヨハネス・グーテンベルクによって完全なものにされた．世界の大技術革命の一つとされ，当時の学者たちに大いに歓迎された．

手書き本はときに未熟な写本であったり，誤写や省略に悩まされた．手稿の校訂に余念のないルネサンス期の学者たちは，複写を繰り返した間違いだらけのテキストに業を煮やしていた．さらに彼らは収入の多くを写本に費やさなければならなかった．印刷術の発明によって彼らは，以前ならば決して手が出なかった本を入手することができたばかりか，印刷本を最も強烈に批判していた人たちも，それを自分の蔵書に加え始めるのに時間はかからなかった．

印刷には投資が必要で，大きな印刷業者は富裕なパトロンの資産を運用する企業家でもあった．最良の印刷業者は学問上の潔癖さと職人的な美意識を持ち合わせていた．オランダのフローベン，フランスのエティエンヌ，イギリスのカクストンが印刷業と出版業の規範を確立した．小説や寓話，聖書や宗教的な著作の出版の公的な需要が高まるにつれて，ラテン語やギリシア語の文学作品も印刷されるようになった．

アルドゥス・マヌティウス（1450頃—1515）は人文主義者ピコ・デラ・ミランドラの家に身を寄せていた2年間にギリシア語を学んだ．彼はギリシア語の文献を出版することを思いつき，ギリシア語の書物の並外れたコレクションを携えて，イタリアの印刷業の中心であったヴェネツィアに居を移した．

彼は学問的な知識を持ち合わせていたために顧客である人文主義者の要望に敏感に応え，優れた学者たちを編集者として雇った．その学者たちの中にクレタ島のマルクス・ムスルス（1470—1517）がいた．編集は骨の折れる仕事で，彼は植字工が用いる写しを用意するためにまず原文を確保しなければならず，そのうえその原文を自らの最大限の能力を発揮して校訂しなければならなかった．

文章に正確さを期すアルドゥスの細心の態度には，アンジェロ・ポリツィアーノやマルシリオ・フィチーノなどの人文主義者たちとのつき合いが反映している．正しい綴りや定義に熱意を燃やした学者—編集者の手帖であるポリツィアーノの『雑録』は学者たちが読むべき書であった．

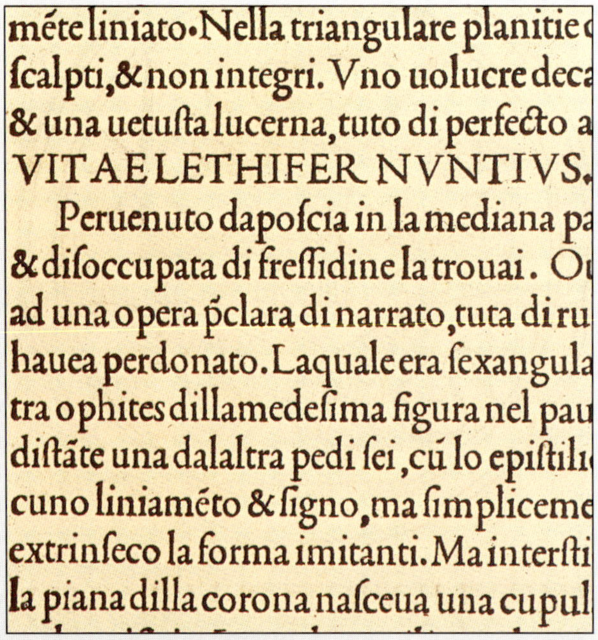

上　印刷業者アルドゥス・マヌティウスの肖像メダル．彼の学識の高さと秀でた技術が出版に質の高い規範を与えた．

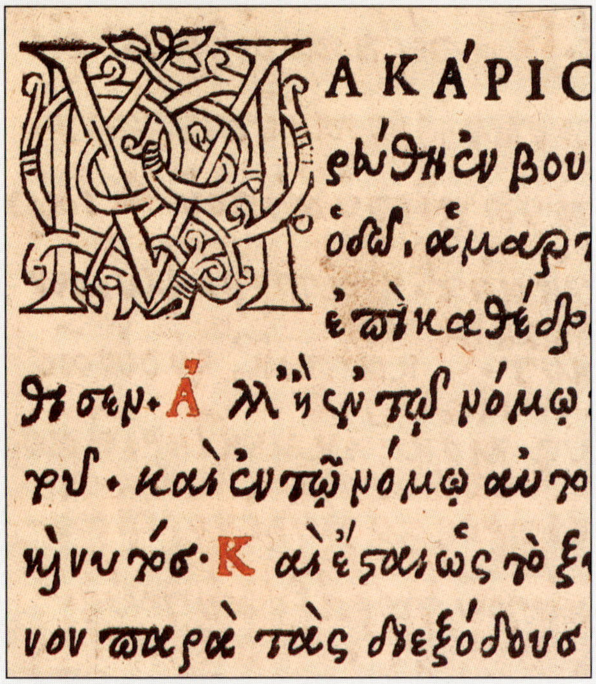

右　文章の終わりの飾りカットは，ギリシア語でコロポンと呼ばれ，「終わりの暗示」を意味する．印刷術の発明に伴って印刷業者が図案とともに自分の名前を入れるようになった．紋章の伝統に従って読者に印刷業者の敬意を伝えるためにデザインされた．イルカと錨は「ゆっくりと急げ」festina lenteというモットーを表現している．

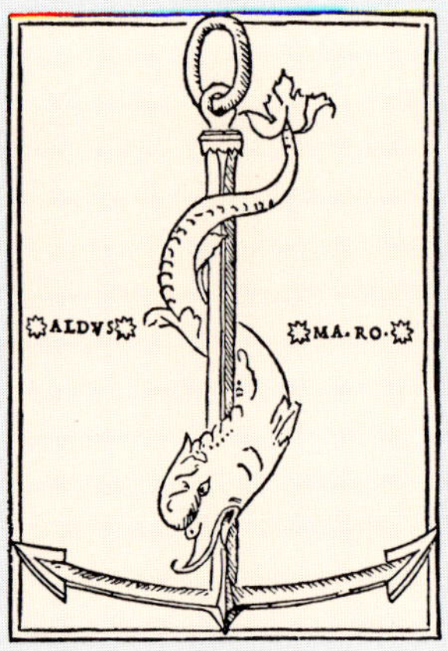

最上　印刷本はしばしば彩飾された手稿と競い合い，芸術家は印刷本のページの飾り縁や頭文字を描くために雇われた．しかし，印刷には上質皮紙よりも紙が必要とされ，その結果見栄えに差があった．印刷本の美しさは装飾よりもむしろ字体に見出された．アルドゥスが用いたローマン斜字体は，イタリアではアルディーノと呼ばれ，フランスでは「イタリック」と呼ばれた．

上　ギリシア文字は，発音を示す読み分け記号が付くためにラテン文字よりはるかに複雑であった．アルドゥスはムスルスの精妙な書体をもとにグリーク字体の基礎を形成し，それは何世紀にもわたって流行し続けた．

右　アルドゥスの印刷所の再現．グーテンベルクの印刷工程では，刷りのための組版を構成する金属の活字が用いられている．印刷には油性インクと紙漉きに用いたプレス機が使われた．

下　この印刷所の描写は一人の印刷職人が自分自身と彼のスタッフに，自分たちは死すべき者であるということを，思い出させるためのものである．骸骨は死の舞踏の中で植字工，インク工，印刷工，本屋を，自分たちの仲間になるよう誘惑している．この図はかつて文房具屋か，書写生と依頼者の仲介業者であった本屋が，同時に出版業者も兼ねるようになったことを物語っている．

結びつけた．そして，宗教改革はそれを分断した特異な分水嶺であった．「ルネサンス」という言葉はカロリング朝やオットー朝の時代（8—9，10 世紀）にも 12 世紀にも適用される．その時代もまた，古典古代に対する強い関心を示していたからである．しかし，宗教改革は 16 世紀にただの一度しか起こらなかった．これはさらに拡大して比較できるかもしれない．15 世紀ルネサンスは「世俗的」であった．少なくとも人間の歴史全体がキリスト教の枠組の中に完全に納まるものではないと認識していた．しかし，宗教改革は，教皇庁を批判し，精神の救済を渇望した一般信者に応えた，何よりもまず宗教上の出来事であった．一方ルネサンスはさまざまな方法でヨーロッパのそれぞれの地方すべてを関係づけた．その点ではルネサンスは文化的な統一を促進しようとしたものであったが，宗教改革はそれとは距離を保ちながら，カトリックの南に対抗するプロテスタントの北を用意することによって，ヨーロッパに深刻な分裂を引き起こすことになった．

それにもかかわらず，さらに詳細に検証すると，「世俗的」ルネサンスの重要な遺産の一つがこの「宗教上の」改革であることがわかる．人文主義の知的渇望が純粋な原典へと向かわせ，その源泉へと回帰させた．このような風潮がしばしば古典古代の文書の参照に向かわせたが，宗教から決して逸脱することはなかった．まず問題となったのは教皇庁の歴史である．教皇庁のパトロネージを受けていた偉大な学者ロレンツォ・ヴァラ（1407—57）は，1440 年に『コンスタンティヌスの寄進状』が 8 世紀の偽書であったことを立証した．コンスタンティヌス帝が与えたこの許可状が，イタリアとその他の西欧の教会に教皇庁の権威を成立させていた．ヴァラはその文書に用いられていた言葉が，皇帝やその官吏たちが使用する言葉ではないことを示した．彼はまた，新約聖書に注釈を施した．その著作はエラスムスの思想にも深淵な影響を及ぼしている．ヴァラのこの取り組みは人文主義者の論理を聖書の文書に徹底的に適用することにあった．そうすることによって彼は，宗教権力を主張した著名な声明文，特に教皇庁や修道会に関わるものの多くが聖書にその源をたどることができないことを証明した．また，プラトン哲学の復活は，聖職者の仲介に頼ることなしに一個人として神を追求することを促し，ルネサンス人文主義の可能性は大きく広がった．それは宗教上の教義に対してただ理路整然とした注釈を加えただけでなく，精神生活に新たな選択肢を与えることになった．それは原典に回帰することによって初めて達成されたものである．

ルターによる最も恒久的で記念碑的な業績は，神の真の言葉を一般の人々が読めるように聖書をドイツ語に翻訳したことであった．また，プロテスタントの改革者ジャン・カルヴァン（1509—64）は，イタリア・ルネサンスとは別世界にいたが，彼の学識の多くは人文主義の手法に負っていた．現存する彼の最も初期の作品は，セネカの『仁慈について』に関する注解書で，彼の人文主義的習作であった．カルヴァンはイタリアの学問の盲目的な模倣者ではなかったが，彼の記念碑的『キリスト教綱要』（1536 年）の論理的な解説は，人文主義者の学識を示している．彼の名高いこの著作の魅力は，キリスト教徒にとって聖書を読むことこそ，神の言葉に近づく最良の方法であると説いたところにあった．

この『綱要』が驚くほど世俗的であったことを理解することは重要である．その中でカルヴァンは，教皇庁の歴史にその多くを割き，教皇庁の歴史を，救済を約束した改革教会の

左　ティツィアーノによる「騎乗のカール5世」(1547年)．ミュールベルクの戦いののち，1547年にカール5世は完全な勝利を収めた．ドイツのプロテスタント主義は打ち負かされた．ミュールベルクで身にまとった甲冑をつけ，そのときの馬に跨ったカール5世は一人雄壮な姿で描かれている．しかし，1552年に彼はザクセン公モーリッツに反逆され，数年後に人生に失望し退位した．彼は広大な帝国のほとんどを息子フェリペ2世に譲り，修道院に隠居した．

新しい契約に対し，神と堕落した人間との古い契約であるとみなした．彼の主張は，俗事に深く関わった教皇庁の堕落を示す歴史的事例によってさらに補強された．カルヴァンは世俗のルネサンスの学問成果さえも巧みに利用した．かつて古代ギリシアや古代ローマの人々は，キリスト教の知識なしに世俗国家を建設した．教皇庁の欺瞞もキリスト教の旗のもとに建設された一つの世俗国家の創造物であった．人文主義者の歴史研究は非キリスト教的過去を学ぶことで，すでに教皇庁の世俗化を暴いていたからであった．

カルヴァンについてニッコロ・マキアヴェリ(1469—1527)と同様の知的な文脈の中で考えることは興味深い．宗教改革が世俗の国家体制に大きな衝撃を与えたことが想い起こされる．マキアヴェリは『君主論』(1513年頃) の中で，あるがままの人間の営みについて書いたことを告白し，教皇庁の世俗的な野望をきわめて論理的に指摘している．教皇が自ら世俗の権力を強化するためにキリスト教を用いるならば，世俗の統治者も同じことが可能ではないのか．この主張はカトリックにとってもプロテスタントにとっても非常に重大であった．フランス王は聖職者の任命に干渉する権利をほしいままにした．ローマ教皇の絶対権に対しフランスの独立と自由を主張した「ガリカニズム」は，1516年にボローニャでカトリック君主国とローマ教皇庁との間に交わされた協約を再確認させた．スペインの宗教裁判はローマ教皇庁によるのではなく君主国家に任された．ヘンリー8世は，プロテスタントではなく，カトリックから分立したイングランド教会の頭となった．1555年にはついにドイツ諸国にも宗教上の平穏が訪れた．そのとき領主たちはその領土がルター派に属するのか，あるいはカトリックに属するのかを決定しなければならなかった．その規約はのちに「支配者の宗教がその領内で信仰される」と定義された．

君主国家は宗教行事に対しても人文主義思想に基づいた介入を要求することで権威を高めていったが，君主はルネサンス芸術を取り入れて自らの地位を高めていった．君主の威厳は催し物や祭事，宮廷におけるパトロネージに表現された．フランスのフランソワ1世はガリアのヘラクレスと呼ばれ，イングランドのヘンリー8世は帝国の統治者とみなされ，ドイツ皇帝カール5世は騎士の最高の称号を得た．

宗教改革の特徴の一端は，人文主義が聖俗両方に関わり合ったことから生じている．宗教動乱によって権力を得た諸侯は，自らの世俗の権威を表現するためにルネサンスの視覚芸

下　アンドレアス・ヴェサリウスによる『人体の構造について』(1543年) の数多くの図版の一つ．彼はフランドル人の解剖学者で，パドヴァで講義をもち，後にフェリペ2世お抱えの医者になった．人体解剖についての初めての包括的で本格的な記述が彼によってなされた．しかし，図解入りの書物は議論をかもし，ヴェサリウスは異端審問で死体泥棒のかどで死刑を宣告されたが，減刑され聖地巡礼を命ぜられた．

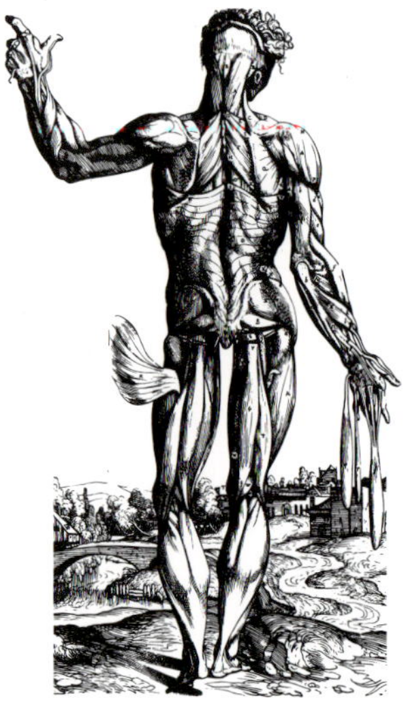

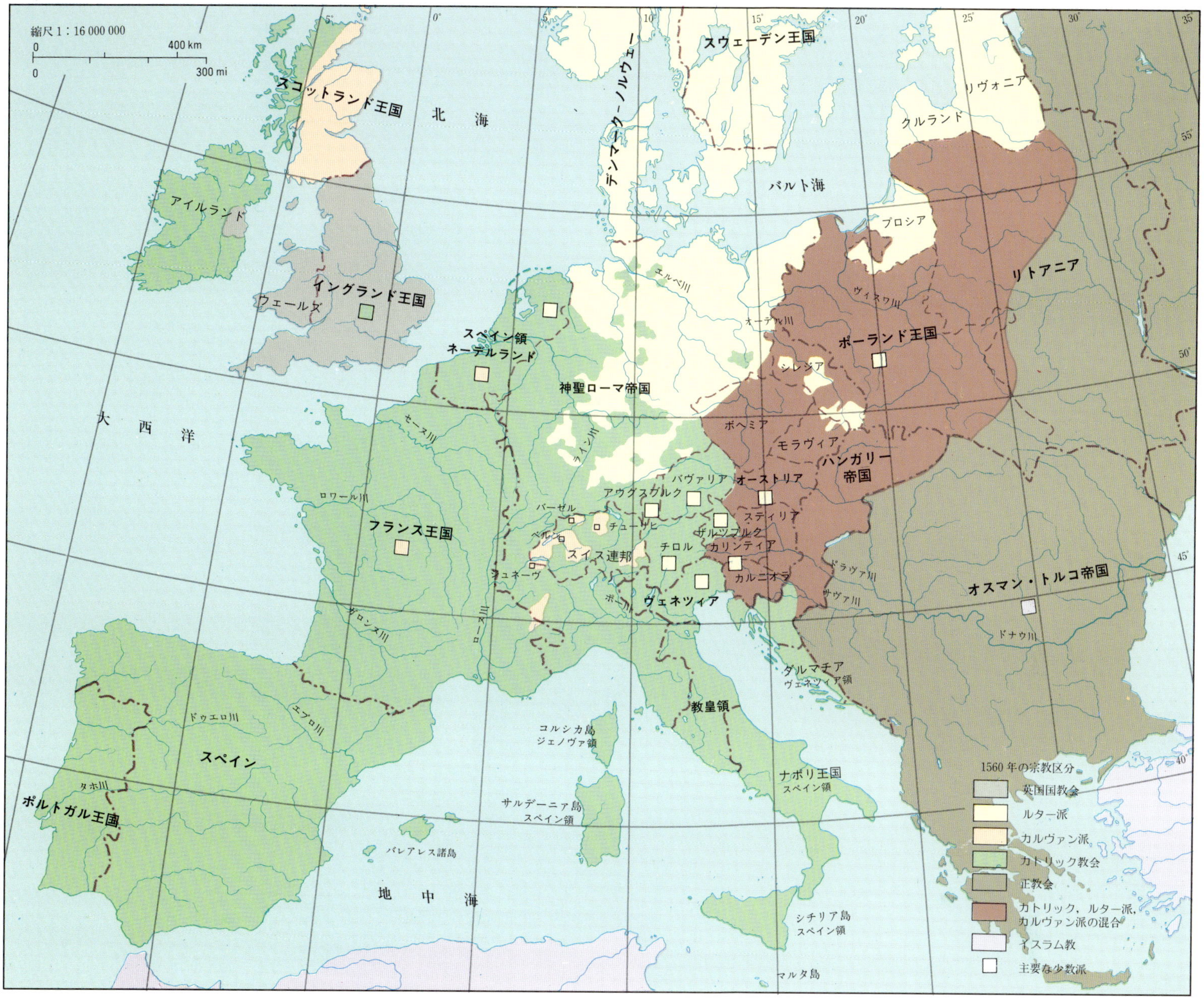

分割されたヨーロッパ，1560 年頃
宗教改革はルターの異議申し立て以降，ドイツの中核都市から周辺に広まっていったが，カトリック教徒の抵抗を余儀なくされた．ルター派はヨーロッパ北部に勢力を誇ったが，イタリアとスペインではカトリック主義が堅固で，カルヴァン派の出現によってその分裂はさらに悪化した．カルヴァン派はスコットランドでの突然の成功について，ジュネーヴから手を伸ばしてヨーロッパ全土に活動拠点をもち，「カルヴィニスト・インターナショナル」を形成する機会を得た．フランスの内戦とオランダのスペインに対する反逆の結果，16 世紀を通して均衡を保っていたが，結局改革派は世俗権力によって認められた場所にのみ根を下ろした．

術を利用した．しかし，視覚芸術の宗教的な可能性はまた，カトリックの復権，つまり対抗宗教改革の達成をも支援した．1545 年から 1563 年にかけてトレント公会議がカトリック教会の悪習を改革するために断続的に開かれた．伝統的な教義が再確認される中で，プロテスタント教徒からの批判の対象であった祭壇，聖母マリアや聖人たちの祭儀，聖職者の典礼における役割などが改めて賞賛され，世界中の聖堂の内部装飾に活かされていった．

宗教改革はルネサンス期の言葉と図像表現の関係に危機をもたらしたが，一方でその関係は自然世界に対する新しい見方を投じた．心に想い描いたものを確実に手でつくり出すものに翻訳するルネサンスの正確な表現を可能にしたのは，パースペクティヴ的な科学であった．この発展の重要性は，相対性理論に基づく無限大という概念と，量子力学に基づく無限小という概念を和解させた現代科学者の成果を考えれば理解できるだろう．16 世紀を通じて，無限の概念はすでにこの道を歩み始めていた．確かにこの世紀の中頃には，マクロコスモスとミクロコスモスの両者を探究しようとする強力な推進力が存在した．この点で 1543 年は一つの象徴的な年であった．コペルニクスの著作『天球の回転について』とウェサリウスの『人体の構造について』が出版された年であった．人間の内なる世界と人間を超越した世界はともに文字通り開き始めた．ウェサリウス(1514—64)の思想の直接的な衝撃は，銅版画から写し取られて印刷された解剖図によってであった．17 世紀には望遠鏡を用いてガリレイ（1564—1642）がコペルニクスの理論をさらに追究して，恒星と惑星の軌道図を作成した．抽象的な思索や学問的な討論からではなく，観測や実践的な試みから理論が生み出された．このさまざまな方法による普遍化が，ルネサンス芸術の成果だけでなく，「科学」の功績をも支えていた．その普遍化は，ブルネレスキとガリレイを隔てている 2 世紀の間にフィレンツェやヴェネツィアの日常社会の中で営々となされてきた．

学者や鑑識眼のある人々の世界について言及するだけでは，ルネサンスすべてを理解できるわけではない．最上の「ルネサンス人」であったレオナルド・ダ・ヴィンチは，「人文主義者」として論述されることはなかったし，ブルネレスキとギベルティはともに金銀細工師の工房で修業を積んできた．確かにルネサンス期フィレンツェの偉大な建設計画は理論以上に実践に重点が置かれてきた．明らかにブルネレスキは熟練を要する仕事を効率よくこなすことに気を配る有能な現場

ヴェネツィアの造船所

造船所はヴェネツィア大貿易帝国を背後で支える動力基地である．そこは西洋で最も巨大な産業工場となった造船所，船舶基地，兵器廠であった．

外国からの訪問者は，産業革命を 3 世紀も先取りしている大がかりな組立生産ラインに驚嘆した．船の竜骨から囲壁の中で組織的な段階を経て航海可能な完全装備の貿易船やガレー船がつくられ，大ゲートから姿を現す．

また，造船所はヴェネツィアと東地中海の大きな港，アレクサンドリアやベイルート，果てはインドや中国をつなぐネットワークの拠点としての重要な役割を担っていた．東方からは香辛料だけでなく，ニュースや情報や手形が定期貿易航路で運ばれてきた．西にはガレー船がスペインやイングランドやネーデルランドへ定期的に航海した．

下　造船所の象徴的な役割はそこに備わった二つの門が表現している．ガレー船が出入りする二つの塔を伴った水門は防御的で，その反対に装飾が豊かな陸地の門はプーラにある古代ローマの凱旋門をモデルにしている．それは文明化されたイメージ，ヴェネツィアを「新しいローマ」とする隠喩，古典古代の継承者，キリスト教西欧の勇者を象徴して選択された．

左下　カルパッチォの「聖ウルスラの伝説」の連作（1490－95年）の中の「いいなづけとの告別」には，二つの壮大な城塞が描かれ，右側のものはヴェネツィアの造船所の城壁と塔をもとにして描かれている．この絵はその時代のヴェネツィアの船積みの様子を示している．カルパッチォの歴史画の多くがそうであるように，故郷の都市の理想化されたイメージがエキゾチックな想像上の外国の大都市に盛り込まれている．描かれた異国の都市には，そこをしばしば訪れたヴェネツィア商人から伝え聞いた建築細部が描き込まれ，風趣を添えている．

下　大都市の鳥瞰図絵は16世紀に流行した．ダンティによって描かれたヴェネツィアの鳥瞰図は，この都市がテラフェルマ（ヴェネツィアの後背地）とアドリア海との間の特異な位置にあることを物語っている．特にヴェネツィアにおける印刷術の急激な普及によって木版画や銅版画による図像表現がやがてヨーロッパ中に広まった．それらがヴェネツィアを市民生活や文化の中心地とみなす神話の形成に貢献した．

監理者であった（たとえば，サンタ・マリア・デル・フィオーレ大聖堂のドーム建設において，建設職人たちがドームに昇り降りする時間を省くために彼らに足場の上で食事をとらせた）．

それに比べてヴェネツィアの工房では優れた技量を活かした贅沢品，特に書籍や家具やガラス製品が生産された．その中で最も重要なものに造船があり，ヴェネツィアは現代のタンカーをたやすく収容できるほどの巨大な造船所をもっていた．それは国家財政によって支えられ，かしめ工，大工，縫帆手，金物工，麻糸工，櫂職人など数千人の労働者がそこに従事していた．その様子はダンテの『神曲』の天国篇の中に記録されているが　さらに詳しい実測調査はガリレイによって行われた．しばしば最上の理論家とされるガリレイは，『新科学対話』(1632年) の中で，この造船所の工学的技術に敬意を表して，その語り手を2人登場させている．フィレンツェ大聖堂の建設現場と同様に，ヴェネツィアの造船所の中でも理論が実践によって生み出されていた．造船に適用された建設技術がヨーロッパの文化を世界全体に広める基礎的な役割を演じたことは，おそらく偶然ではない．

大西洋時代の幕開け

15世紀の初めから，ポルトガル人たちは海上を東に向かう．1469－75年にフェルナン・ゴメス，1487－88年にバルトロメウ・ディアス，1497－99年にヴァスコ・ダ・ガマ，1500年にペドロ・カブラルがねばり強くアフリカ西海岸への探検を繰り返した．一方，スペイン人とスペインに雇われた人々の活躍は，15世紀末から記録に残るようになる．こちらは西を目指し，アメリカとの間に開けた大洋を渡って行った．1492年にコロンブス，1499－1500年にアメリゴ・ヴェスプッチとアロンソ・デ・オヘーダが海を越え，スペインは新しい領土を得ることになる．1519年，コルテスがメキシコを征服し，1531年にはピサロがペルーにスペインの支配権を確立した．また，最初の世界一周にも成功を収める（1519－21）．東西両洋を一気に回ったのはスペインに仕えるポルトガル人マゼランだった．マゼラン自身は途中フィリピンで殺害されるが，副長フアン・エルカノが残った船を率いて母港に帰った．

ヨーロッパの勢力拡大がどのように実現していったのかははっきりしている．だが，それがどのような性格をもっていたのかを明確にすることはむずかしい．ヨーロッパ商業の中心ではなくなりつつあったヴェネツィアでは，これが町の不振の原因となった．恐慌を来したヴェネツィア人たちは現実的でない説明を試みたが，やがて空想的な改善策を実施しようとするようになる．ある貴族は，ヴェネツィアはユダヤ人たちが街にいることに寛容だったおかげで神の恩寵をポルトガルにもっていかれてしまったのだと考えた．ヴェネツィア政府は「香料貿易委員会」をつくってエジプトのスルタンと協定書を交わし，ポルトガルを交易から追い出そうとした．また，「紅海から直接こちらの海につながる運河を容易に短期間で」掘ろうという提案もあった．しかし結局ヴェネツィアがスエズ運河を建設することはなく，貧弱になった市場を嘆くばかりだった．

ヴェネツィア人たちは，「大西洋の興隆」が「地中海の没落」を招くという考えをことさらに歪め，誇張しては落胆する傾向があった．一つの文明としての一貫性を示すすべての点で，近代西洋文明の二つの大舞台だった大西洋と地中海が互いに密接に関係していたということが，こう考えるとわかりにく

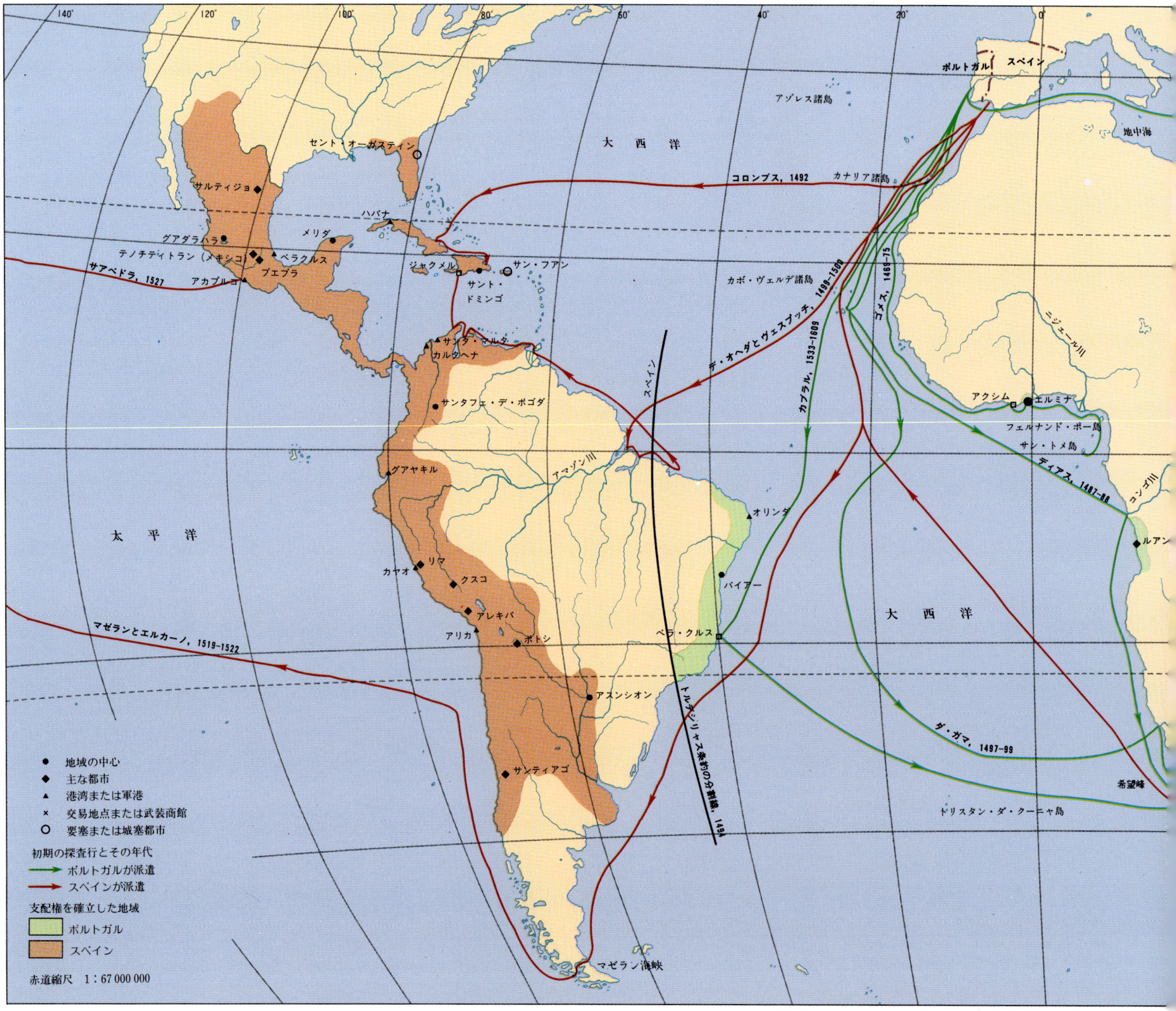

くなってしまう．

スペインとポルトガルが世界に進出する動機となったのは，経済的な要素よりむしろ十字軍的な信念だった．ポルトガル人は北アフリカのイスラム教地域に浸透しようとして失敗を繰り返し，イスラム勢力の弱点を求めて西海岸を探検した．1578年ポルトガルのセバスティアン王は北アフリカを征服しようと新しい戦線を開いたが，この年アルカサル・エル・ケビルで敗れ去った．だがこれを愚行だといってすますことはできない．それは，スペイン人がラス・ナバス・デ・トロサで1212年にイスラム教徒を打ち破って以来続いてきたイベリア半島におけるキリスト教国の拡大という現象の延長線上にある出来事だった．同じようにしてスペインは1541年西の果てチリに到達し，かつて北西スペインの国境がサンティアゴ・デ・コンポステラだったように，サンティアゴ・イン・エストレーマを新しい開拓の前線とした．

イベリア十字軍ともいえる大西洋への進出は，東側の地中海が平和であってこそはじめて可能となりうるものだった．ここではいつもトルコの圧迫を受けていたが，それが古代ギリシアの学芸をルネサンスのイタリアにもたらすのを促したのだった．14,15世紀にトルコがコンスタンティノープルを脅かすとビザンティン帝国は西側に救いを求め，帝国に受け継がれていたギシリア文化にイタリア人がふれる機会が増えた．ベッサリオン(1395頃—1472)，プレトン(1355頃—1450)のような著名なビザンティンの学者が1439年に開かれたフィレンツェ公会議に数多く出席し，西側の教会と東方正教会は合同に向って一時大きな進展をみせた．世俗的，ときには異教的ですらあるとみられることの多いルネサンスの時代だったが，トルコの脅威への関心はこの時代を通して強かった十字軍的衝動に反映していた．

ローディの和（1454年）はイタリアの5大国——フィレンツェ，ヴェネツィア，ミラノ，ナポリ，教皇領——の間にある種の均衡をもたらした．トルコの脅威に一致して対抗するというのがそこに謳われた目的だったが，その前年にコンスタンティノープルが陥落してからは，これはますます大きな危険になっていた．人文主義者エニア・シルヴィオ・ピッコローミニは教皇ピウス2世(1458—64)となるが，その治世は

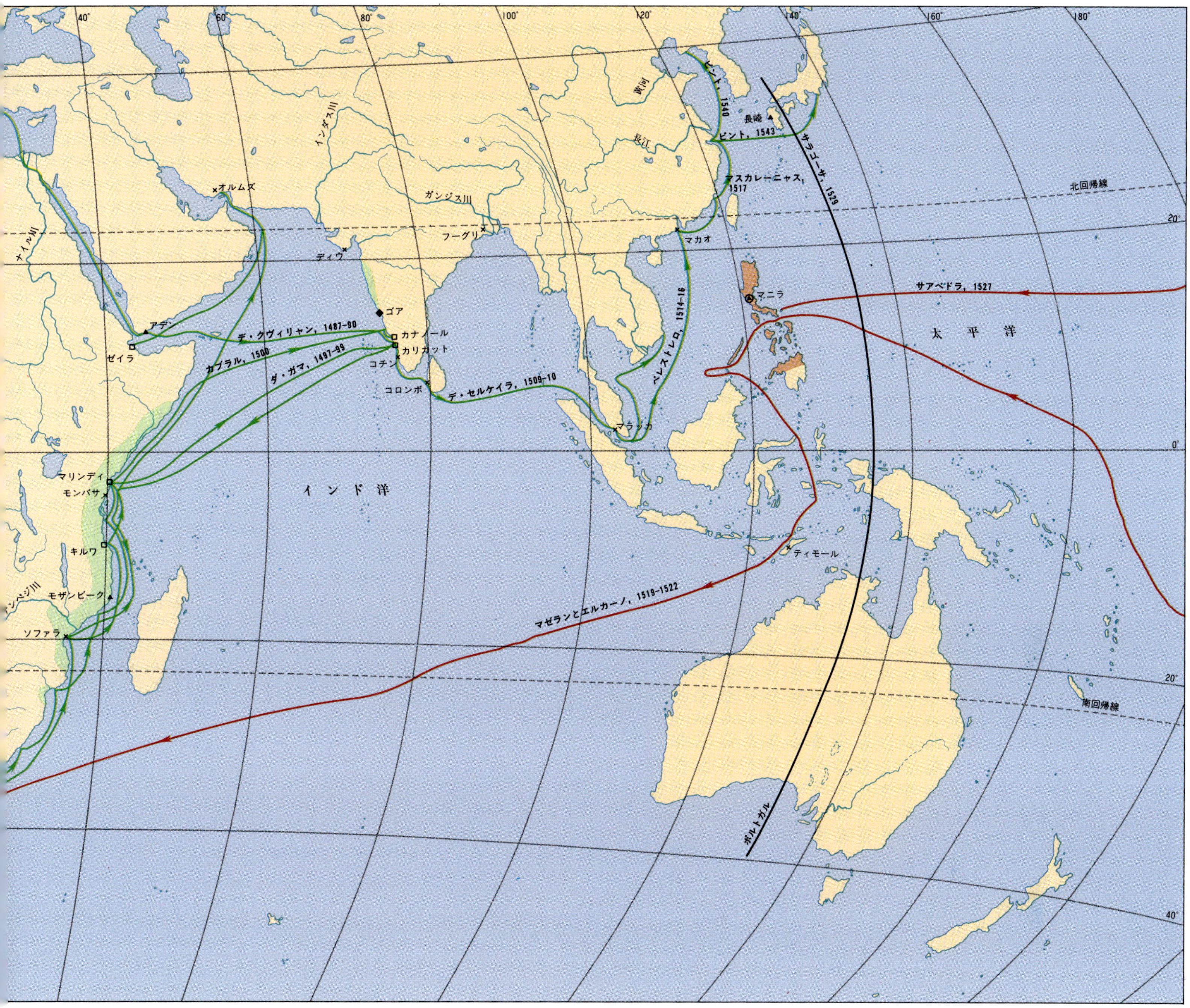

イベリア諸国の探検
北アフリカのイスラム勢力に浸透することに失敗したポルトガルは南に向かい，アフリカの側面を衝いたが，これが16世紀初めまで極東を目指すことにつながった．通商網はたいへんな長さに達したが，ポルトガルは洋上で砲撃する戦術で無敵の印象をつくりあげた．同じような十字軍的な熱中が西へ向かったスペインの探検にもみられる．そして初期の植民は封建制の性格をもつものだった．スペインの兵士たちは教会の支持を得て先住民の労働者を搾取した．スペインに仕えたポルトガル人マゼランこそがまさに，ポルトガルの東への突撃とスペインの西への旅を，初めての世界一周航海で結びつけた人物だった．

異教徒から教会を守るためにキリスト教の力をすり減らす時代になった．この時点での抵抗は弱々しく，トルコは1480年，南東イタリアのオトラントを略奪した．それまでにトルコの優位に気づいていたのはヴェネツィア人だけだった．コンスタンティノープル陥落から10年もしないうちに，ヴェネツィア共和国はエヴォイア島でトルコと戦闘状態に入った．サモス島は1475年に落ちる．1499年には「ゾンキオの海戦」でヴェネツィア艦隊は悲惨な敗北を喫した．ヴェネツィアが海外領土を維持するためには人的にも補給面でもトルコに対して苦しい戦いを続けざるをえないということがこの敗戦ではっきりしてきた．要衝コロン，モドンも1500年に陥落し，戦闘が再開された16世紀半ばにはさらに失地は広がった．トルコは1540年にモネムヴァニア（メネクシェ）とナウプリア（アナポル）を，1571年にキプロスを占領した．

めざましい，しかしやがては無視されてしまうことになる成功例もあった．ヴェネツィアはザダル，カタラ，カニア，チェリネス(ギルネ)，ファマグスタで防備を強化したのだった．中でも重要なのはコルフ島の防衛に特別の資金を投入したことで，1535年には優れた要塞建築家ミケーレ・サンミケーリが砦を視察している（レオナルドやミケランジェロの素描の中にも，慎重に設計した要塞や，大砲の射界を細かく描いたものが目立つことをここで思い起こしておくとよい）．1537年トルコはコルフ島を攻囲した．トルコは結局島を取ることには失敗するが，大勢の市民を城塞の外へ追い出し，包囲軍と籠城軍の間でただ餓死するにまかせたから，これは恐ろしい数の死傷者によってあがなわれた結果だった．もしコルフが墜ちていたら，トルコはそこを全面的なイタリア侵攻の拠点として利用していたはずだった．まさに危機一髪のところだった．ルネサンスの要塞設計の発達はトルコでよく研究されてきたが，新しい形態を実際の城塞に適用して，トルコの猛攻撃を持ちこたえたことの重要性には払うべき注意が向けられていない．1529年のウィーン，1532年のバラトン湖に近いケーセグ(ギュンス)，そして最も華々しい1565年のマルタの戦いなどがその例だった．

ヴェネツィアの海軍工廠とその軍事技術については話題になることが多い．造船所で開発されたものの一つはイタリア

語でガレーアと呼ばれるガレー船，武装した商船だった．軍艦にこれを導入したことは，ある意味で共和国の船腹が絶望的に不足してきたことをは表していた．しかし1571年のレパントの海戦では，キリスト教徒側の提督でフェリペ2世の異母弟ドン・フアン・デ・アウストリアは戦列を三つに割り，それぞれを2隻のガレー船に先導させた．その集中砲火は70隻のトルコ艦船を撃沈するのに大いに貢献したといわれている．要塞や軍事港湾施設などが芸術の重要なテーマとなることは少ないが，レパントの戦いはルネサンスの美術にはっきりと痕跡を残している．ヴェロネーゼは少なくとも2回レパントを描いた作品を制作した．ひとつはヴェネツィア政庁のサラ・デル・コレジオを飾っているが，その中では勝った提督でやがて統領となるセバスティアーノ・ヴェニエルにキリストが祝福を与えている．もうひとつの絵は現在ヴェネツィアのアカデミア美術館にあり，トルコの艦隊に天使が燃える矢を雨のように射掛け，聖ジュスティーナ（戦いがあったのはこの聖人の祝日10月7日だった）が天国でヴェネツィアにとりなしているところを描いている．しかし皮肉なことに，聖戦におけるカトリックの勝利をたたえたこれらの絵画を描いた画家は，1573年に「最後の晩餐」の描き方をめぐって信仰の正当性を疑われ，異端審問にかけられることになる．

レパントを記念するものはそれにふさわしく造船所にもある．1460年頃アントニオ・ガンベロが建設した門はヴェネツィアの建築の中でも最初に古典の復活を示したものとして広く認められている．レパントの海戦の後には，ここに勝利と聖ジュスティーナが描かれて，キリスト教世界の勝利のため

右　**北方探検 1390－1570年**
ルネサンスの終わりまでに，ロンドンは北ヨーロッパにおける東西貿易の中心地としての位置を占めるようになった．これは大西洋の各地が発見される以前にヴェネツィアが地中海世界で保っていた地位だった．ジョヴァンニとセバスティアーノのカボート父子の旅行はいろいろなものをもたらしたが，海で父親が死んだ後，セバスティアーノは冒険的な商人たちを共同させる企業家になっていった．そしてイングランドの政治的・商業的中心だったロンドンを国家的海外企業の基地にするのに寄与したのだった．アンソニー・ジェンキンソンによる通商網の拡大はイギリス商業の地平をさらに広げた．

左　サンタ・マリア号，コロンブス『書簡集』（1494年）の木版挿図より．

下　コリンティアコス湾で1571年の聖ジュスティーナの日にあったレパントの海戦は16世紀最大の戦闘だった．何千もの命を賭けてキリスト教側200隻以上，トルコ側おそらく約300隻の艦船が会戦した．キリスト教徒の勝利の意味については議論が多いが，トルコがこれ以降このような規模で西の敵と海戦を交えることは決してなかった．

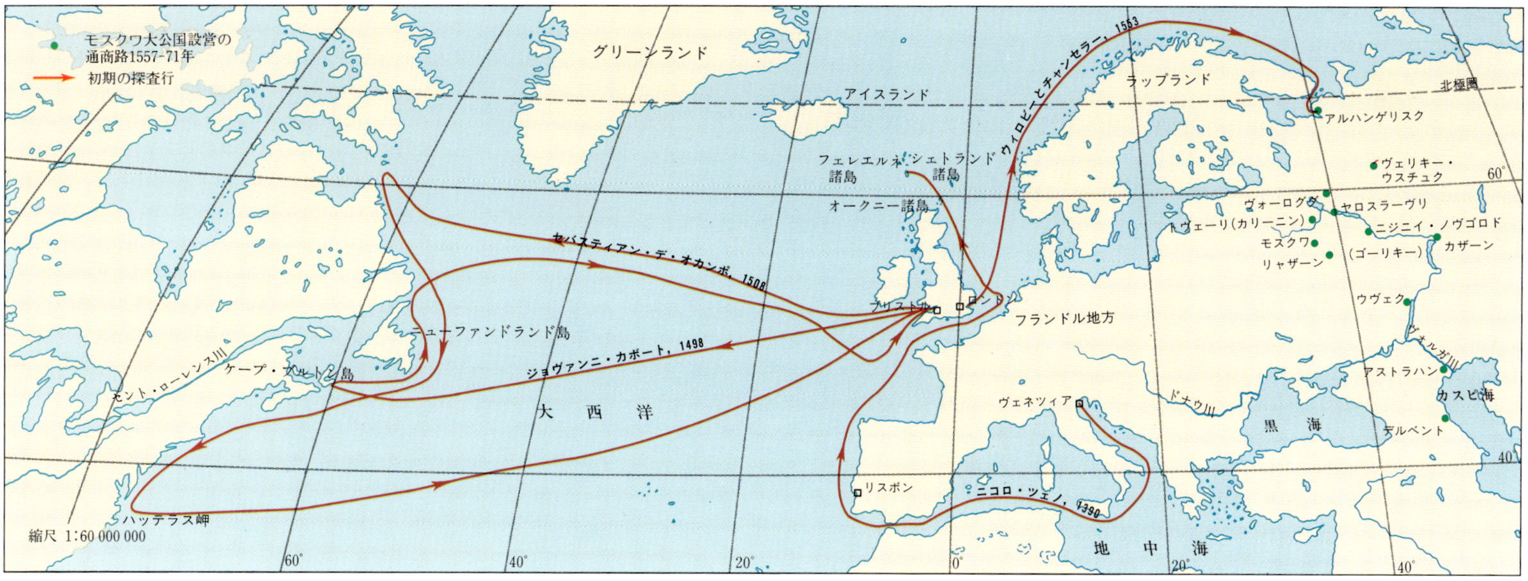

に造船所が果たした役割を賛美し，門はずっと華やかになった．

しかしこの勝利もすぐに虚しいものになった．ヴェネツィアはスペインのフェリペ2世，ジェノヴァ，教皇と結成していた神聖同盟を脱退して，1573年トルコと単独で講和したのだった．トルコはキプロス島とアドリア海のほかの占領地を保持することになったが，ヴェネツィアにとっては領土の喪失が確定しただけのことだった．

レパントの海戦を華やかに記念したにも関わらず，ヴェネツィア人は惨めな背教者とみられるようになる．一連の措置はそれなりに首尾一貫していたのだったが．ヴェネツィアは防衛，あるいは実利をより重視して戦っていた．対照的にスペインのフェリペ2世(1556—98)は，宗教の大義を示す途方もない戦いを続けるために，自分の帝国を何度も破産に追い込むことになった．スペインは大西洋の大国になったが，その帝国を開発するための専門的知識をほとんどもっていなかった．

ヴェネツィア人は地中海世界から決して自由にはなれなかったが，その中に重商主義の帝国をつくりだした．重商主義の具体的な仕組みは，航路に沿った小さな植民地の一群でできていて，海上交易を守るために陸海軍の武力を用い，実利を追求しあるいは護るために戦争も辞さない政府によって，植民地は管理されていた．この考え方は17世紀のもの，特にイギリスとオランダの帝国主義的活動と同じだとみられることがしばしばある．しかし，イタリアの商業企業の究極の代表であるヴェネツィアの原型は中世にできあがったものだった．これはちょっと似ているとか，偶然の一致とかいうものではない．発展しつつあった新しい大西洋世界に商業的関心を向けなかったとはいえ，ヴェネツィア人はその可能性を切り開くことには参加してきていた．14世紀末，ヴェネツィアの貴族ニッコロ・ツェノはヴェネツィアの聖マルコの旗をフェレエルネ諸島に，そしてオークニー諸島，アイスランド，グリーンランドに立てた．遭遇した漁民からアメリカの噂も聞いている．15世紀の半ば，フランドルに向かったヴェネツィアのガレー船が嵐のためリスボンに留められた．乗客の貴族アルヴィーゼ・ダ・カ・ダ・モストはポルトガル人と一緒に船を出し，カナリア諸島，ブラン岬，セネガルへの旅行の魅力的な記録を残した．これは現存する最も早いヨーロッパ人によるアフリカ探検の報告で，空想的であるより具体的な物にこだわる傾向はマルコ・ポーロと同じ伝統に連なるものだった．

しかし最も重要なのはジョヴァンニ・カボート(1450—98)と息子のセバスティアーノ(1476—1557)だった．ジョヴァンニは生まれはジェノヴァだったがヴェネツィアの市民権をもっていた記録があり，イギリスのヘンリー7世に仕えて，1497年にニューファンドランド島まで航海した．ヴェネツィアではそれが「700リーゲ彼方の大陸，大汗の国」を発見し「沿岸を300リーゲ航行して上陸した」と伝えられた．カボートは故国を忘れてはいなかった．「発見した土地に大きな十字架を立て，イングランドとそしてカボートがヴェネツィア人だったためにその聖マルコの旗を付けた．われらの旗がはるかに遠い地に翻ることになった」のだから．

16世紀の注釈者によるとセバスティアーノは現在のニューファンドランド島を「バッカラ」，つまり「タラの土地」と名付けたという．別の史料では，「その海岸にはタラが大量にいてびっしり密集しており，ときには帆船の航路を遮るほどであった」らしい．この凍てついた海岸の沖には豊かな漁獲がはっきりと見込まれたが，ヴェネツィア人以外の誰が塩漬けのタラがもつ商業的可能性を開発する能力を備えていただろうか．教皇ピウス2世は，自分が募った十字軍に参加しなかったヴェネツィア人を「ろくでなしの漁師」と罵った．ジョヴァンニ・カボート自身，ヴェネツィアの潟の中で三つの製塩関係の事業に投資していたから，塩魚の商売については興味だけでなく経験さえもっていたのかもしれない．

セバスティアーノは自分で企てた西向きの航海では成功を味わうことができなかったが，アメリカ大陸北東の海域へのイギリスの探検を促すということには大きく貢献した．その長い経歴の中で成し遂げた最大のものはおそらく，ブリストルに代わってイギリスの海運の本拠になりつつあったロンドンの実業界の関心を海外の事業に結びつけたことだろう．1553年北東の航路を探査したウィロビーとチャンセラーもカボートの影響で航海を思い立った．ウィロビーは途中で死ぬが，チャンセラーはアルハンゲリスク経由でモスクワまで到達し，ロンドンが関心を抱く商圏をカスピ海にまで広げることに力を貸した．この通商網は1557年から1570年のアンソニー・ジェンキンソンの旅行でさらに強化されることになる．ロンドンはニューファンドランドからサマルカンドまで伸びた商業の世界の中心になろうとしていた．それはちょうどヴ

次ページ　ウィレム・ブラウの『世界地図』(1641年)．ルネサンスの間の探検と図法と印刷の進展発達は，近代のヨーロッパ人が世界を理解する方法に決定的な影響を与えた．フランドルの地図製作者ゲルハルドス・メルカトールの投影法は極地がゆがむ欠点はあったが，丸い世界を平面に表すときの標準となった．

LUNA
MERCURIUS
VENUS
SOL
QUATUOR ELEMENTA
IGNIS
AER
AQUA
TERRA
NOVA TOTIUS TERRARUM ORBIS GEOGRAPHICA AC HY
AMERICA
Anno Domini 1492 a Christophoro Columbo nomine Regis Castellæ primum detecta, et ab Americo Vesputio nomen sortita 1499
ZONA FRIGIDA
ZONA TEMPERATA
ZONA TORRIDA
Circulus Arcticus
Tropicus Cancri
Circulus Æquinoctialis
Tropicus Capricorni
Circulus Antarcticus
AMERICA SEPTENTRIONALIS
NOVA FRANCIA
MAR DEL NORT
MAR DEL ZUR
MARE PACIFICUM
Insulæ Salomonis
Ilhas de Ladrones
Nova Guinea
Fretum Magalanicum
OCEANUS ÆTHIOPICUS
TERRA AUSTRALIS INCOGNITA
Excudebat Gulielmus Blaeuw Amsterodami sub signo Solarii deaurati
MURUS BABYLONII
COLOSSUS
PYRAMIDES
MAUSOLEUM

ェネツィアがリスボンからダマスカスの間に拡がった地中海世界で果たしてきた役割と同じだった．ルネサンスの最も目立った点は，中世イタリアの商業文化が新しいヨーロッパ世界に伝わったことだった．その世界は地球を巡り，やがて地球そのものにまで拡大していく．

世界の

要塞，武装商船，略奪する商船，株式会社——これらがルネサンスとして知られている文化的創造の大爆発と結びつけて考えられることは多くない．しかし芸術的・文学的発展だけでなく，それらが形をなす母体となった都市や産業にも目を向けることが大切なのである．それはルネサンスの文化が社会的背景から切り離してみることができないことを思い起こさせてくれるのだが，そうみていくとある逆説にいき着く．ルネサンスはいつも過去と断絶した近代性や進歩と同一視されてきたのだったが，イタリアが永く広い世界に与え続けた衝撃は，実は多くの部分を「中世の」商人に負っているということである．

ルネサンスの伝播はイタリアとほかのヨーロッパ諸国とのつながりの中の，ほんの一つの要素でしかなかった．ヨーロッパのすべてに新しい時間と空間の感覚を与えたために，15, 16 世紀のイタリアが達成したものは西洋文化の形成にとって決定的だったという冒頭の主張を，ここで弱める必要はない．しかし，文化にとっては二義的な，だがわずかの差で二義的であるにすぎない社会的背景という問題をみていくと，「西洋」の世界を規定するのにイタリアが果たした別の二つの役割があったことがはっきりしてくる．第一は，全く異なる文明（オスマン・トルコ帝国）の脅しに対してヨーロッパの脇腹を守ったこと，そして次にヨーロッパ的価値観を世界に伝えることになった物の見方や技術に対して大きな貢献をしたことである．

これら成し遂げられたものがみな密接に絡み合っていたということは強調しておかなければならない．この章を始めるとき引用したシェイクスピアをもう一度引き合いに出すことでもそれができる．そして結論の代わりにもなるはずである．シェークスピア『真夏の夜の夢』のパックのせりふ，「帯を地球に回す（世界を一周する）」という誓いはもう突飛な空想ではなかった．これはフランシス・ドレイクの世界一周航海（1577—80 年）を記念して描かれた乗艦ゴールデン・ハインド号の絵を見て思いついたもののようだ．16 世紀の末までにヨーロッパ人は本当に「帯を地球に回し」てしまったのだった．もっと重要なことは，世界地図が印刷されて人々がたかだか 40 分以内で世界を一周することを想像できるようになってきたことだった．世界を回れることも，それをそれほどすばやく思い描けることも，その両方がイタリア・ルネサンス文化とそれを育んだイタリア商人の世界のおかげなのである．

ルネサンス音楽

ルネサンスの間に，音楽は宗教音楽から非宗教音楽――教会から宮廷へ――に変わり始めた．中世の，音楽における理論的で複雑なものへの愛着は，華やかで官能的なものが揃った新しい音楽の様式を用いたいという要求の高まりに，徐々に取って替わられた．――たとえばマドリガル（無伴奏合唱曲）や器楽幻想曲，そして歌と楽器の新しい組合せに．ルネサンス時代にはヨーロッパ中で音楽文化が劇的に発展した．音楽はもはや神への奉仕がその第一目的ではなくなり，演奏者にとっても聞き手にとっても，真の喜びとなった．印刷された楽譜の出現が人気のある室内楽を普及させた．同時に指導書と理論手引きが，国内での音楽作りと高水準の演奏を促した．

ルネサンスの芸術家と研究者は古代世界の精神を再現しようと努めていた．そして音楽は人文主義者の新プラトン主義的統一宇宙の理想像においてきわめて重要な役割を演じた．器楽と声楽の目的は「天空の音楽」の模倣にあるようだった．それで，個々の演奏者の技術と音楽が熟練するほど，地上の神を垣間見られるとして賞賛された．それが宗教的合唱曲であっても，名人のリュート即興演奏であっても．

16世紀の終りまでに，伴奏された歌における劇的感情表現が強調されたことによって，オペラ誕生への道が開かれた．

右　ジャン・ムートンによるミサ曲の抜粋．パリ，ピエール・アタングラン印刷（1532年）．アタングランは1回の印刷で，五線，旋律，歌詞の印刷を同時に行う技巧を最初に用いた．そして彼の大量生産のおかげで，声楽や舞踏曲の楽譜が広範囲にわたって手に入るようになった．

左下　8人から10人の歌い手による，伴奏なしの声楽アンサンブルは，ルネサンス初期の理想的な媒体であった．教会の聖歌隊はよく，聖餐式の音楽を演奏するために，ファン・エイクによって描かれたこの一団の天使のように，楽譜台のまわりに集まった．このような集団はファン・エイクの主なパトロンだったブルゴーニュ公に雇われていたのかもしれない．ブルゴーニュ公の礼拝堂では手のこんだ宗教・非宗教の祝典が行われた．

上　リュート，リコーダー，バス・ヴィオル，そしてヴァージナルの一団が配置されたこの16世紀の田園図では，マドリガル以前，詩に曲を付ける形式では最も良く知られていたフランスのシャンソン（武勲詩）の編曲が演奏されている.

左　ロレンツォ・コスタ(1500年頃)はここで，3人の歌い手とリュートがフロットラ（15—16世紀イタリアの和声的な有節歌曲）を奏でているのを描いている．フロットラはマントヴァのイザベラ・デステの宮廷で人気のあったイタリアの歌である．四つのパートに分かれ，このリズミカルな詩への曲付けは，声調や楽器に合わせて改作されることがあった.

右　宮廷で執り行われる16世紀のミサを説明する版画．宗教上の儀式において音楽は必要不可欠な部分を担っていた．聖体が奉挙されるその瞬間，歌い手たちが祭壇の前の一つの譜面台のまわりに集められているのがわかる.

次ページ　ヤン・ブリューゲルの「聴覚の寓意」(1600年頃)は，ルネサンス末期に使用された楽器の豊かな種類を解説している．つまり，同系統あるいは「コンソート（古楽の合奏団)」の三つのヴィオル（膝の間にかかえて演奏する，フレットのついた，弓で弾く楽器)，二つのリュート，レベック(床に置かれた，弓で弾く最高音部の小さな楽器)，フィドル（数枚の楽譜の上)，トロンボーン，そして楽器に合わせた弓．歌は開かれたマドリガルのパート譜で表されている.

占星術と天文学

占星術は，この世界の出来事は惑星と恒星の力によって引き起こされたリ影響されているという考えを必然的に含んでいる．プラトンやアリストテレス，そして古典古代の大部分の著作は天の運行と地上の出来事の間にはつながリが存在すると確信していた．——銀河系大宇宙が日常生活の小宇宙に影響を与えると．ギリシアやローマの哲学者の考えは，エジプトのプトレマイオス（90 頃－160）の著作とともに，西ヨーロッパで 12 世紀以降広く知られるようになり，占星術への興味を復活させた．新プラトン主義やヘルメス主義（1，2 世紀から始まった神秘主義的思想の集団）の著作物は，15 世紀後期から 16 世紀に，初めてギリシア語から翻訳され，ルネサンス期の占星術流行に一役かった．

15 世紀後期から 16 世紀の占星術師は，同意しうる限リでは，地球は丸い宇宙の中心にはめ込まれた球体だと信じていた（中世においてでさえ，教養のある人々は，地球は平らだと信じてはいなかった）．惑星や恒星が留まる七つの水晶の球が，回るにつれて天上の音楽を奏でながら，地球のまわりを回転した．黄道十二宮は恒星と星座をそれぞれ 12 のイメージと 36 の神あるいは「デカン（十分角，黄道十二宮の一つを 10 日ずつ支配する神）」とに結びつけた．目にみえない影響力が天から流れ落ちて，絶え間なく流入した．天の運行を研究し，どの影響力が予想されるかをはじき出すことによって，占星術師は未来を予言することがあった．多くの学者も，マグス（魔術師）あるいは達人は，呪文や祈禱や護符を用いれば天体の力を導く能力があると信じていた．

16 世紀から 17 世紀初期の間，学者たちは徐々に，プトレマイオスと古代世界から受け継いできた，地球が中心にある宇宙のモデルを否定するようになった．最初に，彼らは復活祭などの移動祝祭日の正確な日にちを計算するため，恒星の運行を測定する精密な大系を必要とした．宇宙が地球のまわりを回転するという考えは，教会の祝日表の誤りのもとだった．そしてこれらの欠陥を改善する必要性が，天の運行のより体系的な観測へと導いた．次に占星術師は，太陽は超自然的に惑星体系の中心にあって，地球に最も重要な影響力を及ぼすと確信していた．恒星の運行に対するより精密な計画は，新プラトン主義的，そしてヘルメス主義的理論で哲学者たちが考えた推測とともに，宇宙の理解における革命を推し進めた．1543 年にニコラス・コペルニクスは非常に影響力のある『天体の回転について』を出版した．その中で彼は地球と惑星は太陽のまわりを回っていると主張した．コペルニクスの記述は，完全に 16 世紀の新プラトン主義的思弁の特色をもつ「太陽への賛辞」から始まる．コペルニクスは惑星が「精霊」と「天の理性（神）」で動いていると信じていたけれど，太陽を中心に置いたそのモデルは，ケプラーやガリレイの偉業，そして天文学という現代科学が発展する基礎となった．

HARMONICIS LIB. V. 207

CAP. V

mnia (infinita in potentiâ) permeantes actu: id quod aliter à me non potuit exprimi, quam per continuam seriem Notarum intermedia-

下　天体の模型の下に立ち，占星術師と議論するヘルメス・トリスメギストス．ヘルメスはモーセと同時代人で，人類が知る最古の賢人だと長い間信じられていた．しかしながら，ヘルメスが書いたとされる作品はエジプトで2世紀と3世紀の間につくられた．これら「ヘルメス文書」は，ほとんどが魔術，占星術，錬金術からなっているが，あまりに曖昧で事実上理解しがたい．

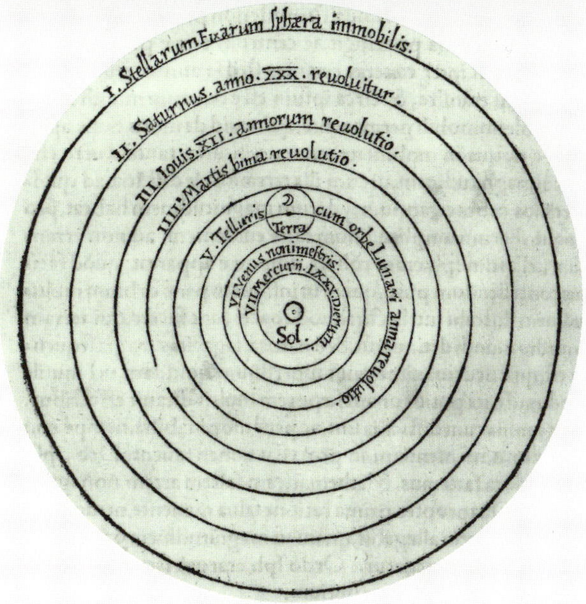

左ページ下　天文学者ヨハネス・ケプラーは惑星運動の法則を発見したが，それでもなお，惑星はその動きにつれて天上の音楽を奏でると信じていた—『宇宙の調和』（1619年）より．

左ページ上　この15世紀後半の占星術に関する写本では，太陽は宇宙そして回転する天体の中心に位置している．獅子宮は，黄道十二宮のうち最も太陽と結びつけて考えられる宮で，人物の足の間にいる．人類へ及ぼされる太陽という天体の影響は挿絵の最下部で説明されている．

上　『天体の回転について』（1543年）から抜粋した，コペルニクス考案の宇宙の図式は，地球と惑星が太陽のまわりを回転し，月は地球のまわりにその軌道を完成しているのを表している．しかしながら，それでもなおコペルニクスは，惑星は水晶の球に埋めこまれていると信じていた．さらに誤解を加えて，コペルニクスは，惑星の運行が，宇宙の調和という新プラトン主義的原則通りに円を描くと推定した．コペルニクスの宇宙理論は後にケプラーによって改良された．

上　地図が表す世界は14世紀という早い時期にもかかわらず，非常に正確に描かれていたが，最初の地球儀すなわちエルダフェルは，地球が地軸のまわりを回転しているのを示し，それはニュルンベルグのマルティン・ベハイムによって1492年つくられた．同じ年コロンブスは新世界に到着した．

左　黄道十二宮によって象徴される星座は，地上の出来事に影響を与えるだけでなく，人間の体の各部分にも作用すると信じられていた．この16世紀の版画が提唱するように，頭の外科手術は白羊宮，足の外科手術は双魚宮がそれぞれ東の地平線上の星位にあるときに行われるのが一番良いと考えられていた．

上　ガリレオ・ガリレイは，生涯のほとんどをヴェネツィアとフィレンツェで働いた実験用器械製作者て，天体の調査に望遠鏡を用いた最初の人物だった．この新しい発明のおかげで，月の山脈を描写し，木星の四つの衛星を発見し，銀河は数えきれない多数の星からなることを見出した．『星界の報告』（1610年）の中でガリレイは，宇宙は無限であるかもしれないとほのめかした．彼の著作物は後にローマ教皇によって禁止されたが，ガリレイは地球中心（天動）説に対して，太陽を中心位置とする惑星運動の理論の優越を提唱した．そして彼は力学と重力の科学の基礎を築いた．

オスマン帝国

16 世紀の終りまでに，オスマン帝国の国境は長さにしておよそ 1 万 km になった．この広大無量の領土は，「キリスト教世界」を「西ヨーロッパ」へとかえる変化を促す圧力となった．

オスマン勢力の起源はビザンティン帝国とセルジュク朝の間に窮屈そうに位置したアナトリアの公国にあった．13 世紀，モンゴル人の侵略の結果として，セルジュク勢力は衰え，オスマン朝のもと，辺境国は重要な立場になり成長した．辺境国は聖戦に専念せざるをえなかった．そしてそれを政治的理由におかまいなしに追究した．しかしながら，オスマン帝国の軍事行動を成功させた決定的な特徴は，底抜けにじっとしていられないということがすべてのようだ．征服王メフメットの軍が 1453 年に，「東ローマ」コンスタンティノープルを占領した．それ以後，この専制国家は，勝利を得た軍人に戦利品を与えるという方法で，その領土勢力を広げた．

ヴェネツィア人は 1463 年から 1479 年の間モレアから一掃された．そしてオスマン帝国は 1480 年にイタリア沿岸のオトラントを脅かした．聖ヨハネ騎士団は 1522 年にロドスから名誉の撤退をしたが，1526 年にオスマン帝国の軍はモハーチュでハンガリーの独立を打ち破った．カール 5 世に対抗してオスマン帝国がフランソワ 1 世と結んだ同盟は，キリスト教国への脅威を増大させた．そしてオスマン帝国はまた，1538 年にプレヴェザで海軍が大きな勝利をおさめた．1550 年代までに，北アフリカのオスマン勢力はイベリア半島そのものへの脅威となった．

オスマン帝国は，その後半の時期には「ヨーロッパの病人」と呼ばれるようになったとしても，数百年を生き抜いた．しかしながら，1600 年まででさえ，オスマン勢力は無敵ではないという兆候があった．長びいた包囲（最も意義深いのは 1565 年のマルタである）からわかることは，帝国は常に勝利し続けざるをえないということであり，そのような広大な帝国内でのコミュニケーションという難問を目立たせた．西方で，軍事遠征の成功に遅れが生じたとすれば，いずれも，東のペルシアからの脅威に起因していたかもしれない．その上，1571 年にはカトリック教徒同盟のキリスト教徒艦隊がレパントで途方もない打撃を与えた．それは 16 世紀で最大の戦闘だった．歴史家はこの戦いの重要性を過小評価する傾向にあるが，オスマン帝国は二度と決してそのような規模の交戦で，キリスト教徒艦隊と対戦しなかった．

上　ヴェネツィア，サン・マルコ広場の馬．ヴェネツィアの商業勢力は 1204 年の第四次十字軍によるコンスタンティノープル略奪を強要した．「サン・マルコの馬」のような宝物は戦利品の一部だった．14 世紀後半のジェノヴァ人の撃退は，明らかに地中海におけるヴェネツィアの貿易の優位を確証した．拡大するオスマン帝国はヴェネツィア海軍の優越に挑み，ヴェネツィアは伝統的に優勢であった地域の防御をせざるをえなかった．そのとき，競争相手たちは，大西洋で切り開いた機会を利用し始めていたのだが．

下　コンスタンティノープルの包囲．1453 年にコンスタンティノープルがオスマン帝国によって陥落したとき，ローマ帝国はついに終焉を迎えた．コンスタンティノープルを首都とした東の帝国は，西の帝国より 1000 年近く長生きした．コンスタンティノープルの滅亡が全キリスト教国に与えた衝撃は巨大だった．一方では，新しい十字軍への召集があった．そしてそれは，中世の理想を再現するための奉仕であった．他方では，古典ギリシア時代の知識や学問が西方へ向けられた．それがわれわれがルネサンスと呼ぶ古典研究の復活への活力と目的を与えた．

上　ジェンティーレ・ベリーニ作「東方のヴェネツィア大使館」．キリスト教徒とオスマン人は，たびたび激しい争いに熱中したが，外交と通商を通しての連絡経路は自由なままだった．ヴェネツィアのユダヤ人社会は東地中海経済との決定的な接点を供給した．そしてオスマン帝国から来た商人は，いつもの仕事の成り行きで，ヴェネツィアそのものにも滞在し，自分たちの倉庫まであった．

左　スルタンが軍隊を戦場へ先導する場面．そのためスルタンは軍事行動でしばしば不在だった．しかしながら，コンスタンティノープルでは，スルタンの公務での登場は専制政治の荘厳さを強調するよう演出された．国家と，好戦的なイスラム教の一体感は，オスマン帝国が16世紀の西欧社会にとって特有の，教会と国家の大変な緊張関係を経験しなかったことを思い起こさせる．

ドイツとネーデルランド

16 世紀の間に徐々に，古典の研究，学習，古典主義芸術の分野でドイツとネーデルランド(低地地方．現在のオランダ，ベルギーなど北海沿岸の地方）がフィレンツェ，ミラノ，ローマ，ナポリと競うようになり，追い越そうとさえし始めた．1518 年，ドイツの人文主義者で騎士でもあったウルリヒ・フォン・フッテンは熱烈な表現で新しい学問によるドイツの進歩を記した．「おお世紀よ！ おお文学よ！ これぞ生きる歓び！ 学育ち，心健やか．災いあれ，野蛮よ．絞首刑を受けよ．追放を待て」．同じく人文主義者のニコラス・ゲルバーは「ドイツにこんなにもたくさんの卓越した人物が現れたこの栄光の世紀に生きる」ことのできた自分を寿いでいる．

しかし北方ルネサンスの起源は議論の絶えない問題である．アルプスの北の国々は 15 世紀末まで文化的荒野だったし，その後興ってくる文化も完全にイタリアの影響によるものだったというのが 1 世紀前には歴史家に共通の認識だった．だが一部の学者はこの解釈を否定した．それどころか北方ルネサンスはその土地の伝統，ドイツの「民俗文化」から生まれてきた部分が大きく，もしイタリアでルネサンスが起こらなかったとしても同じように起こったに違いないというのだった．

今，ほとんどの研究者たちは中道を行こうとしている．北方ルネサンスのもとになった最大のものはイタリアに負っているし，それがイタリアの人文主義者や芸術家たちが築いた基礎の上に立っているということは否定のしようがない．だからといってアルプスの北の国々がまったく白紙の状態で，ただイタリアの教えを刷り込まれるの待っていたのではなかったこともはっきりしている．ネーデルランドやドイツでは研究や勉学の伝統があり，それがイタリアから伝わってきた思想をすみやかに受け入れる下地になった．新しい学問はそうした伝統と合わさって北方ルネサンスに文化的な運動としての特有の性格を与えることになった．北方ルネサンスではイタリアのルネサンスがそうであったよりも，古典の本文校訂にこだわったし，個人の宗教や倫理の問題がずっと重要な位置を占めていた．特に，ドイツやネーデルランドの学者や芸術家は人間の偉大さと尊厳を勝ち誇ることがなかった．そのかわりに人間本来の無価値性や，すべてを支配する神と人間を分かつ深い淵について思索をこらしたのだった．

北方ルネサンスの先駆者

14 世紀，アルプスの北では古典研究の二つの重要な中心が

下　ピーテル・ブリューゲル（父）の「怠け者の天国」（1567 年）はフランドルの古い伝説にある「大食らいの極楽」を描いている．しかし不安を呼ぶものが画面に登場して，平穏で眠たげな印象をかき乱す．たとえば，2 本足で歩く卵が殻から刃物を突き出しているのは，ヒエロニムス・ボスも使っている悪魔の象徴だった．この絵は同国人の怠惰と宴会と惰眠への情熱に対するブリューゲルの皮肉だと考えられる．この絵が描かれたのは，オランダ，ベルギーなど低地地方がアルバ公に占領された直後だった．ブリューゲルはおそらくここで，低地地方の人々の間に精神的な強さがなくなればアルバ公の弾圧が始まるだろうことをほのめかしているのである．

上　オランダのデーフェンターは共住生活兄弟団の運営する学校があったために学問の重要な中心地だった．デーフェンターのゲールト・フローテが設立した兄弟団には若者の教育に身を捧げる信徒が集まった．古典の研究に力を入れたデーフェンターの学校はある世代の北方の人文主義者の養成所となった．デーフェンターはまた重要な商業の拠点でもあり，大きな国際市場がここで開かれたし，ハンザ同盟として知られる北方ヨーロッパの貿易都市連合の一員でもあった．この木版画には，当時の典型的な船だった幅広の荷船がアイセル川岸に繋がれているのが見える．騎士のすぐ下に描かれているのが共住生活兄弟団の教会と宿舎で，おそらくエラスムスも1480年代初めここにいた．

現れた．ネーデルランドの兄弟団とボヘミアのカール4世の宮廷である．地理的な位置，文化的・社会的環境が全くかけ離れていたにもかかわらず，どちらも北方にルネサンスを起こすには宗教的伝統と精神的献身が大切だったことを示している．

14世紀の後半，デーフェンターのゲールト・フローテ(1340—84）はオランダのユトレヒトで，修道士のような誓願を立てず，いつでも脱退する自由のある信徒と聖職者の共同体を組織した．「デウォティオ・モデルナ（新たな信仰）」として知られていたこの団体の目的は，キリスト教徒の生活をより完全にする信仰についての勉学と瞑想にあった．共同体は共住生活兄弟団と呼ばれたが，教育と読書の重要性を特に強調していた．一緒に暮らす「兄弟たち」の主な仕事は写本作りだった．兄弟団はまたネーデルランドの多くの都市に古典を教える学校をつくった．デーフェンターの学校はアルプス以北で初めてギリシア語を教授した．北方ルネサンスのなかでも最も偉大な3人，ニコラウス・クサヌス，ヤコプ・ヴィンプフェリング，デジデリウス・エラスムスはデーフェンターの兄弟団で教育を受けている．共住生活兄弟団の教育の根幹はローマ，ギリシア，初期キリスト教の古典を厳密に研究することにあり，そこから倫理的・精神的な模範が導き出されるのだった．兄弟団が中世の修道院のスコラ哲学的研究法を拒否したことはヨーロッパ北方に自由な雰囲気をつくりだし，新しい学芸の誕生を準備することになった．教育を通して兄弟団は何百もの北方人に古典を知らしめたのだった．

ボヘミアのカール4世（カレル1世，1346—78）は14世紀で最も偉大なパトロンの一人だった．プラハの宮廷の自分の周囲に優れた学者や芸術家を集め，短期間だったがペトラルカやコーラ・ディ・リエンツォもその中にいた．1348年にはプラハ大学を創立させ，王の治世の終りまでには1000人もの学生がそこで学ぶようになった．プラハの聖ヴィート大聖堂も王が建設したものだった．また王は自伝を編纂し，ボヘミア史についてのいくつかの年代記執筆を援助し，聖書のチェック語訳を監修している．

カールの宮廷で最高の学者は大臣を勤めたヨーハン・フォン・ノイマルクト（1310頃—80）で，その指導のもとで国の文書で使われる言葉も古典語の表現の規範により近いものになった．ノイマルクトの蔵書にはおびただしい古典ラテン語の文献があり，ダンテの著作もあった．ノイマルクトの弟子の一人ヨハネス・フォン・テーペルは対話篇『ボヘミアの農夫』(1400年頃）の著者だったが，これはある農民と死神の空想的な会話を記したものだった．ドイツ語の散文で書かれていたにもかかわらず，『ボヘミアの農夫』は明らかにペトラルカ，ダンテ，コーラ・ディ・リエンツォから影響を受けたもので，中世からルネサンスの文学に至る道の大切な里程標となっている．

14世紀ボヘミアの人文主義者たちは精神的に力強く，度量があった．それはノイマルクトのもう一人の門下で王立裁判所に公証人として勤めたクロメジーシュのミリチュ（1325頃—74）の著作に最もよく表れている．ミリチュはボヘミアの新しい信仰の代表者として広く認められていて，人間と神の直接のつながりの重要性を主張した．

しかしボヘミアのルネサンスは，15世紀初めフス派の異端が広がり，この土地がカトリックとフス派の戦場となったことによって中断されてしまう．一種の初期プロテスタンティズムであったフスの信仰がその結果勝利をおさめたが，それはこの王国に学者が訪れることがほとんどなくなり，ヨーロッパの文化生活の主流から切り離されてしまうことを意味していたのだった．

北方ルネサンスのはじまり

共住生活兄弟団もカール4世の宮廷も，北方ルネサンスをつくりだしたわけではなかった．中世の文化からルネサンスの文明への移行における決定的な影響は，15世紀に盛んになったアルプスを越えた接触によってイタリアからやってきた．中世の間もアルプスを通る交通自体は続いていたが，思想の交流は15世紀初めまで緩慢なものだった．コンスタンツ（1414—18年）とバーゼル（1431—49年）で開かれた公会議ではすべてのキリスト教国から代表が集まり，ドイツの教会人にとっては優雅で教養のあるイタリア側の代表に出会う早い機会の一つとなった．それ以降イタリアと北方の諸国の間で互いに訪問することが増えていった．イタリアの人文主義者や芸術家は使節，外交官，秘書官，貿易の代理人などとして北を旅行した．イタリアの人文主義者，ポッジォ・ブラッチォリーニとピエトロ・ヴェルジェリオはドイツを旅した．人文主義的教養を身につけた最初の神学者の一人だったヴェルジェリオはハンガリーに行ってほとんど30年をそこで過ごし(1417—44年)，カリマコスと名乗った詩人フィリッポ・ボナコルシはローマからの亡命者としてポーランドのレンベルク（リヴォフ）に何年も住んだ．人文主義者のアントニオ・ボンフィニはハンガリーのマーチャーシュ・コルヴィン王(在位1458—90）の宮廷歴史家になり，後に教皇ピウス2世となるエニア・シルヴィオ・ピッコローミニ（1405—64）は神聖ローマ皇帝フリードリヒ3世（1440—93）に仕えた．

北へ行ったイタリア人たちはそこで見たものすべてを痛烈に非難した．エニア・シルヴィオ・ピッコローミニは1462年，「イタリアでは文学が栄え，君主たちも詩を聴き，詩に精通することを恥じたりしない．しかしドイツの諸侯は詩より馬や犬の方に関心をもっていて，芸術を無視し，自分たちの家畜と同じく記憶されることなく死んでいく」と書いた．別のイタリア人たちは「精神」と歴史の両方がないとドイツ人をあなどり（タキトゥスの『ゲルマニア』はまだ再発見されていなかった），テヴェレ川と比べてドナウ川をこきおろした．

イタリア人訪問者のこうした非難は，迎えた側のドイツ人の好奇心と対抗意識を刺激し，15世紀には何千人ものドイツ，オランダ，ベルギーの学生がパドヴァやボローニャの大学に留学することになった．そして故郷に帰ると学んできたことを多くの人々に伝えた．著作の中でも，あらゆる分野のイタリアの人文主義者たちの作品を祖述し続けた．法律家や外交官も，書簡や書類で古典の教養を得ようとした．北方のひとかどの人文主義者で若い頃に最低1年，イタリアで過ごしたことがないなどということはありえなかった．

ドイツや東欧，中欧ではほとんどの北方の人文主義者が諸侯や司教の宮廷に職を得ていた．ドイツの帝国は300以上の半独立国家からできていたから，そうした宮廷の数は多かっ

左　**北方ヨーロッパの交易路**
バルト海の商業は，200 以上もの交易団体の緩やかな連合であるハンザ同盟が支配していた．15 世紀には南ドイツの都市が東ヨーロッパと北イタリアとのつながりのために重要性を次第に獲得していく．

左下　ルーカス・クラナハ（父）の「鹿狩り」（1544 年）はザクセン選帝侯がドイツの皇帝でスペイン国王でもあったカール 5 世のために催した狩りを描いている．狩りは北ヨーロッパの貴族の宮廷で好まれた娯楽だった．

た．イタリアに学んだ最初のドイツ人学者の一人ルドルフ・アグリコラ（1444―85）はハイデルベルクで君侯と司教の協力した支援を受けていた．ザクセンのフリードリヒ賢明公（1486―1525）は詩人や芸術家を自分の宮廷に招き，1502 年にはヴィッテンブルク大学を創立した．モラヴィ地方ではオロモウツ司教スタニスラス・トルゾー（1470 頃―1540）の宮廷を囲んで盛んな文学サークルができた．エステルゴム大司教ヴィテーズ・ヤノーシュ（1408 頃―72）は同じような役割をハンガリーで果たし，人文主義者を庇護する一方，自ら厳格な古典様式の著述を著した．ポーランドの君侯や司教の多くはイタリア・ルネサンス様式の彫刻や絵画で宮殿を飾り，すばらしい芸術の擁護者となった．クラクフのジグムント 1 世（1506―48）の宮廷も，ことにミラノのスフォルツァ家の一員を花嫁に迎えてからは芸術支援の重要な中心だった．ジグムントの時代にクラクフのヴァヴェル城はイタリア人建築家の手を借りてルネサンス様式に建て直された．

15 世紀と 16 世紀初期の君主の中では，皇帝マクシミリアン 1 世（1486―1519）とハンガリーのマーチャーシュ・コルヴィン王（1458―90）が特に注目される．マクシミリアンはドイツの皇帝であるだけでなく，オーストリア大公でもあり，オランダ，ベルギーなど低地地方の支配者でもあった．芸術，文学に個人的にも深い興味を抱き，ウィーンの宮廷は人文主義文化の活気に溢れた中心だった．代作者の助けを借りたとはいえ，二つの叙事詩的な物語『トイヤーダンク』と『ヴァイスクーニヒ（賢王伝）』を皇帝は自らつくっているし，ウィーン大学には修辞学と詩学の教授職を創設した．後にマクシミリアンが自身とその王朝の栄光をたたえた大版画「凱旋門」の計画は，人文主義者シュタービとピルクハイマー，建築家ケルデラー，そして美術家アルブレヒト・デューラーの専門知識を総合したものに依っていた．

下　ハンガリーのマーチャーシュ・コルヴィン王は最も偉大な芸術支援者のひとりだった．何千点もの古典やキリスト教の古文書の装飾写本をつくらせた．この祈禱書は王のコルヴィナ図書館が所蔵していたもの．

ハンガリーではマーチャーシュ・コルヴィンの宮廷が学問と芸術の振興という点で際だった中心をなしていた．マーチャーシュはイタリアの人文主義者アントニオ・ボンフィニを召し抱えてハンガリー史の詳細な記録を編集させた．ヴィシェグラードとブダの王宮を建て直して 15 世紀様式の翼部を付け加え，また 15 世紀後期のヨーロッパで最高の図書館の一つを維持していた．2000 巻以上の写本稿本をもつブダのコルヴィナ図書館はローマの教皇図書館に次ぐものだった．大勢の学者，筆写者，装飾画家，製本者などがブダの工房に雇われて古典の装飾写本をつくるのに勤しんでいた．図書館自体はロレンツォ・デ・メディチとマルシリオ・フィチーノが主催したフィレンツェのプラトン・アカデミーにならった学問的な集会や論議の場所になるのがいつものことだった．マーチャーシュはボンフィニが言ったように「ハンガリー盆地を第二のイタリアに」しようとしていた．不運にもハンガリーの人文主義の伝統はその後すぐ，オスマン・トルコがヨーロッパに圧力をかけ始める 16 世紀になると断ち切られてしまい，ルネサンス文化が栄える機会は巡ってこなかった．1526 年，ハンガリー最後の国王でボヘミアの王も兼ねたルドヴィク 2 世が戦死すると，ボヘミアとハンガリーに残された領地はマクシミリアン皇帝の孫フェルディナントに奪われ，ハプスブルク帝国の一部になる．

多くの支配者，諸侯が人文主義に共感を寄せていたにもかかわらず，十分な支援を与えるにはその富は小さすぎた．そのため，ドイツの人文主義者たちは新しい大学に教師の職を求めることになる．この時代の高等教育は成長産業だった．15 世紀初めには全ドイツ語圏で大学は四つしかなかった．1365 年創立のウィーン，1386 年のハイデルベルク，1388 年のケルン，1392 年のエアフルトの各大学である．1400 年から 1502 年の間の時期にこれに加えて 10 大学が創設される．1500 年代初頭までに，大学に入学する学生は毎年約 2500 人に達し，登録している学生の総数はその 3 倍にのぼった．

15 世紀の間はほとんど，ドイツの大学で学士号を取るための履修課程は実に限られたものだった．課程はトリヴィウムと呼ばれた文法，論理学，修辞学の 3 教科を教えるように組まれていたが，最も力を入れていたのはアリストテレス論理学だった．文法さえ論理学の下に置かれた．詩，歴史，演説で考えを伝える様式と表現を研究する修辞学の課程は，年に一つの講義ですませてしまう大学が多かった．

大学に職を得たドイツの人文主義者たちは教育課程の改革に多くの労力を費やさねばならなかった．ストゥディア・フマニタティス（人文研究）という新しい学科を課程に入れるよう他の教師たちを納得させようと努めたのだった．ペーター・ルーダー（1415 頃―74 頃）は 1456 年，ハイデルベルク大

神聖ローマ帝国：印刷と教育
15，16 世紀の間，印刷と教育は新しい学問が広がるのにきわめて重要な役割を果たした．15 世紀初頭，ドイツには 4 大学しかなかった．その世紀の終りにはそれが 14 になり，ほとんどの大学の教育課程は人文主義思想の強い影響を受けていた．印刷もまたいちはやく普及した．15 世紀の半ば，マインツで最初の活版印刷所ができると，宗教書や古典，人文主義者の著作が印刷され，初めて安く手に入るようになった．宗教改革の時期には印刷所は毎年幾千点もの宗教的・政治的小冊子を刊行して北方ヨーロッパでの宗教論争に決着をつけるのに貢献した．

学の就任講義で歴史と弁論術と詩学が，論理学や文法と同じく学ぶ価値のあるものだと聴衆に呼びかけた．歴史は生き方の先導者であり，その研究は知的・倫理的認識力を高めてくれる，とルーダーは説明した．弁論術は雄弁を引き出し，詩学は表現力をつけるだけでなく，倫理的・宗教的真理を明らかにする．ルーダーはキケロを引きながら，ストゥディア・フマニタティスが「若者を触発し，老人には歓びを与え，幸運を美しく飾り，不運からの避難と慰めをもたらし，家庭には楽しみをくれる」と強調して演説を締めくくった．

他の人文主義者たちもルーダーの主張を繰り返した．著作や演説で教育課程でのストゥディア・フマニタティスの重要性を何度も訴えただけでなく，さまざまな指導の手引き書や教育論を制作した．若い人々に流麗で雄弁な古典作品を紹介するのに熱心だった 15 世紀後期の人文主義者たちは，オウィディウス，キケロ，セネカ，ウェルギリウス，テレンティウス，プラウトゥスの作品を編集し出版した．教育課程の変更を主張する著作の中では，より伝統的な教育法と新しい学科ストゥディア・フマニタティスをどう調和させるかを示した．

人文主義者の教育改革への関心は大学だけでなく学校にも及んだ．ドイツの人文主義者たちは伝統的な学校の方法をとってきた古い教師たちからいくらか反対にあったが，結局 15 世紀の終りまでには人文主義者の粘り強さが教育を変えていくことになった．その後はどの大学もストゥディア・フマニタティスを課程に組み入れたし，多くの町や教会の設置する学校で新しい方法をとるようになっていった．

ネーデルランドでは高度の教育を受ける機会はほとんどなかった．大学はケルンとルーヴェン（1426 年創立）の二つしかなく，どちらも特に人文主義に対して反発を示していた．共住生活兄弟団が設立した学校を除くと，15 世紀終りまで主な教育機関は修道院だった．たとえばアドゥアルトの大修道院には二つのラテン語を教える学校があり，大修道院長ヘンリー・ファン・レース（1449―85）の指導のもと，「アドゥアルト・アカデミー」として知られる学者たちの集まりの中心になっていった．

ラインラント地方で同じ役割を果たしたのはシュポンハイムの大修道院だった．この時代最高の図書館の一つがここに

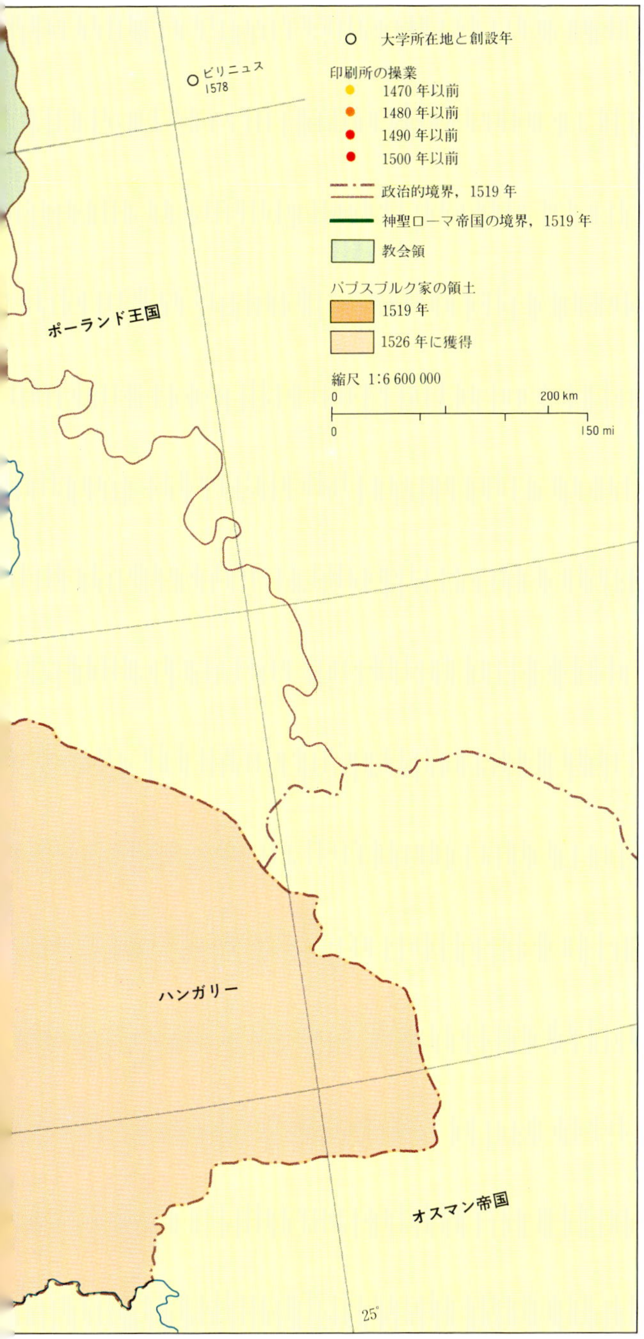

ドイツ，あるいはこの地域の正式な名称ではドイツ国民の神聖ローマ帝国は 300 以上の領邦の連合だった．帝国内のさまざまな司教，大司教，大修道院長に属する教会領が実質的な地域を構成していた．他の目立った地域の君主と同様に，こうした教会領主の多くが貴族の家の出身だった．帝国の名目上の支配者は皇帝でブランデンブルク，ボヘミア，ファルツ，ザクセンの選帝侯とマインツ，トリール，ケルンの大司教が選出することになっていた．

上　アルブレヒト・デューラーのデザインしたメダリオンにみえるヴィリバルト・ピルクハイマーは，帝国内の大都市を支配していた選ばれた貴族の典型的な代表だった．ピルクハイマーはパドヴァとパヴィアの大学で学生生活を送っている間に人文学の訓練を受け，そのために外国への使節にふさわしい人物としてケルン，インスブルック，スイスに赴くことになった．またニュルンベルクの教育改革に力をつくした．

あり，2000 巻以上を所蔵，なかには 100 巻のギリシア語の写本も含まれていた．しかしシュポンハイムの名声は主に大修道院長ヨハネス・トリテミウスによる．トリテミウス（1462—1516）はアルプスの北で初めて古典と魔法や妖術の研究を関連づけた人文主義者の一人だった．それにふさわしく，シュポンハイムの修道院は後に伝説のファウスト博士と結びつくようになるのである．

ヨーロッパ北部の都市は人文学が広まるのに欠くことのできない役割を果たした．ネーデルランドでは地域の指導的な学校のほとんどが都市にあった．「修辞教室」と呼ばれ，討論だけでなく演劇や詩の祭典を主催した組織もあった．ドイツの，特にイタリアの影響が大きかった南部の都市は人文主義の学問が広がるための大切な中心になった．市の行政の有給職にはすぐれた学者が就いていることも多かった．

ドイツの都市の商業貴族は新しい学問を紹介し，育成した．ニュルンベルクのピルクハイマー家は息子をイタリアに留学させた．ヴィリバルト・ピルクハイマー（1470—1530）はパドヴァとパヴィアの大学で学び，1496 年にニュルンベルクに帰ってからは，一生，同市の参事会員として働いた．芸術，ことにアルブレヒト・デューラーの支援者としても知られている．ギリシア語に習熟したピルクハイマーはクセノポン，アリストパネス，アリストテレス，プルタルコス，トゥキュディデスなどを翻訳した．アウクスブルクではフッガーとヴェルザーという豊かな商人の一族が美術，建築，文学の重要な作品を発注する．

人と金と思想が集まる都市では，ある会を設立することも少なくなかった．古典文化について，関心を同じくする教養のある男女が会合をもつ場所として，こうした会やアカデミーはアルプスの北でも南でも人文主義に特有のものだった．普通は個人の家に集まり，食事やワインも出て打ち解けた雰囲気の中で，会員たちは文学を論じ，自作を朗読した．こうした会は新しい学問の種を蒔く中心となっただけでなく，異なった職業や背景をもつ人々の間で自由に意見を交換する場を提供した．ヨーロッパ巡歴の途中でコンラート・ツェルティスはそうしたアカデミーを四つ，ハイデルベルク，ウィーン，リューベック，クラクフにつくった．またドイツの他の地域でももっと小さな会の設立を助けたが，それらの主な仕事は新しい著述を援助することと，ドイツの地誌的な歴史の資料を集めることだった．

15 世紀後半，活版印刷所はまず主な商業都市にでき，そして大学町にもつくられた．出版は神秘主義的な文書や民間信仰の本から始まったが，すぐに古典や人文主義者の著作も加わった．たとえば，ネーデルランドでは 1500 年以前の出版物の半分近くが古典，文法書，人文主義者の作品だったし，1520 年代までにドイツでは主なラテン語の著作はすべて出版されていた．

16 世紀初めには，250 のドイツの町に印刷所があり，オランダ，ベルギーなど低地地方のほぼすべての都市にもあった．ドイツの学問的出版の中心はニュルンベルク，ヴィッテンベルク，シュトラスブルグ，アウグスブルク，マクデブルク，フランクフルト，バーゼル，チューリッヒだった．低地地方ではユトレヒト，デルフト，ゴーダ，デーフェンター，ツウォレ，ネイメーヘンがそうだったが，出版の主な中心地はライデン，ルーヴェンとアントウェルペンだった．15 世紀後半，片面印刷の大判紙やパンフレットを含めればドイツでは 2 万 5000 点の著作が印刷された．普通の版が 250 部刷られたとすれば，おそらくは少なすぎる数字だが，1500 年以前のドイツだけで 600 万部を出版したことになる．

北方ルネサンスの開花

15 世紀後期，ドイツの人文主義者たちの主な関心は教育の変革と新しい学問に好意的な知的雰囲気をつくりだすことにあった．イタリアの宮廷，大学，都市との個人的接触が広がるにつれて，人文主義者たちはより大胆に，革新的になっていった．1490 年代から，宗教改革の始まる 1520 年代までの時期が北方の人文主義の最盛期となる．

最も活力のあった北方の人文主義者はコンラート・ツェルティス（1459—1508）だった．ツェルティスの活動時期は二つの時代にまたがっていた．若い頃，人文主義はまだアルプスの北で地位を確立しようと努めている最中だった．ルネサンスのドイツで最高の抒情詩人という名声を獲得したツェルティスの後半生，人文主義はドイツで最も創造的で支配的な知的運動になった．ヴュルツブルクに近い村の農民の息子に生まれたコンラート・ツェルティスは家を飛び出してケルン，ハイデルベルク，ロストク，そしてライプツィヒの大学で教育を受けた．詩を書き，セネカの悲劇のいくつかの版を編集し，ラテン詩を書く技法について論考を準備することでツェルティスが評価を確立したのは1480年代のことだった．学問的貢献を認めて皇帝フリードリヒ3世は1487年4月，ニュルンベルクでツェルティスに桂冠を与え，哲学博士の学位を贈った．それ以降ツェルティスは公式に「桂冠詩人」と呼ばれることを要求するようになったのだった．

同じ年ツェルティスはイタリアに旅行し，そこで見たものに触発されたが，また，イタリア人たちの思い上がりを不快に感じた．次の10年以上，ヨーロッパ北部を巡歴し，クラクフとインゴルシュタットの大学では教壇に立った．ヨーロッパ中を旅しながら，さまざまな会を設立し，北方の人々が人文主義の理想を奉じるように絶え間なく努力を続けた．ツェルティスはまた詩の名作『愛の四部作』(1502年)に書き残した遍歴で知られている．そこではマインツ，リューベック，レーゲンスブルク，クラクフが描かれ，それぞれの町での官能的な冒険が語られている．1497年，ツェルティスはマクシミリアン皇帝の招きを受けてウィーン大学に移る．ここでは詩学の講座を設立し，詩や戯曲を書き，テレンティウス，プラウトゥスの劇を演出し，講義をし，酒に酔った．そして49歳のとき梅毒で死ぬ．ウィーンのザンクト・シュテファン大聖堂にある墓碑にはたった一言，「ウィウォ（私は生きる）」と書かれている．

北方ルネサンスはやがて急速に，ナショナリズムと宗教的心情の深刻な動揺に冒されていく．これが宗教改革を引き起こし，キリスト教世界をプロテスタントとカトリックに分かつことになる．宗教改革の始まりは普通，マルティン・ルターが教会政治や慣習の大きな変革を迫ることでローマ教皇庁に対する戦いを開始した1571年とされている．しかしルターの抗議はたくさんあったものの一つにすぎず，他と違っていたのはルターが当時時流に乗っていたヴィッテンベルク大学の神学教授だったことだけだったが，それがこの批判に特別な重大性を与えたのだった．

ドイツの人文主義者たちはずっと教会に批判的で，聖職者たちの権力濫用を改めるべきだと主張し続けていた．修辞学的技法を援用してさんざん教会の儀式をからかい，人文主義的学識を駆使してカトリックの伝統的な学問や神学の欠陥を暴いてみせた．16世紀初めには，ツェルティスの詩情の豊かさ，破天荒な生き方に匹敵する人文学者はいなかった．そのかわり他の人々は学問的能力の次第に大きな部分を，ドイツの国と宗教改革のために捧げるようになっていた．

ウルリヒ・フォン・フッテン(1488—1523)は零落した古い家柄に生まれ，ケルン，エアフルト，フランクフルト，グライフスヴァルト，ヴィッテンベルク，ウィーンの大学で学んだ．修学を終えるとイタリアに行き，ボローニャで法律を研究，またギリシア語を習う．イタリアでの生活を支えるため一時傭兵として働いたこともあった．生涯のこの時期にウルリヒ・フォン・フッテンは独特の詩作を始め，エラスムスの賞賛とマクシミリアン皇帝から桂冠詩人の称号を勝ち取ることになる．しかしフッテンにはペンを剣に持ち変える準備ができていた．1519年，暴君ヴュルテンベルク公ウルリヒに対する個人的闘争を開始し，さらに教会財産を攻撃，1522年には騎士戦争に参加する．梅毒のために世を去ったのはそのすぐ後だった．

コンラート・ツェルティスと違ってウルリヒ・フォン・フ

左　コンラート・ツェルティスの旅
15, 16 世紀の人文主義者たちは国際的な学者の共同体の一員だった．資金などの援助はもちろん，新しい思想や発想の源泉を求めて学者は人生の多くを旅に費やすのだった．コンラート・ツェルティスはこの時代の最も華やかな学者の一人だった．

下　1518 年のこの木版画はヨハンネス・ロイヒリンの勝利を描いたもので，この時期の論争にまつわる美術の典型である．インゴルシュタットとテュービンゲンの大学でギリシア語とヘブライ語の教授だったロイヒリンは故郷フォルツハイムの市の門で奏楽と月桂樹の輪の歓迎を受けている．ロイヒリンのユダヤ文書や思想への関心を非難した敵の僧侶や「無明氏」は，鎖に繋がれて前を進んでいる．画面の下にはロイヒリンへの反撃を主導した改宗ユダヤ人ヨハンネス・フェッフェルコルンが屈服し縛られている．しかし 1520 年，教皇と皇帝の両方から断罪されたロイヒリンは，結局著作に対する教会の評決を受け入れることになる．

ッテンはこの時代の政治的・宗教的論争から大きな影響を受けていた．1515 年，人文主義の学問研究を阻むとみられたケルンの「無明主義」の神学者たちを痛烈に風刺した『無明氏書簡集』の執筆に加わる．架空の書簡からなるこの作品はケルンの「無明の」人々を描いて，ラテン語も書けない愚かなごろつきがつまらない細部にこだわって文学を正しく理解できないでいると批判していた．その後少し経ってフォン・フッテンはこの『書簡集』の第 2 部を出版するが，これはもっと政治的で激越だった．この版ではローマ教会を，僧侶たちの生活を，そして聖遺物や贖宥の売買を批判した．1518 年フォン・フッテンはロレンツォ・ヴァラの『コンスタンティヌス帝の寄進状』を編集して出版した．この論文は教皇が世俗の力をもつ権利の不当性を暴いたものだったが，この版にフッテンは教皇に宛てた皮肉な献辞を収録した．また同じ年には教皇レオ 10 世と枢機卿たちに嘲笑を浴びせる 4 編の対話を刊行して教皇庁がドイツ人の美徳を破壊，神聖ローマ帝国を略奪し，学問の進歩を阻害していると非難した．また中世の間にドイツ語で書かれていた反教皇的な小冊子を探し出して出版する．こういうウルリヒ・フォン・フッテンが，マルティン・ルターの最初の支持者のひとりだったことは驚くにあたらない．

ヨハンネス・ロイヒリン(1455―1522)は対決を避けようと努めたが，宗教改革直後の数年間，激しい論戦に引き込まれることが常だった．ロイヒリンはフライブルク，パリ，バーゼルの大学で教育を受けた．若い頃 3 回イタリアに旅行し，そこでピコ・デラ・ミランドラやマルシリオ・フィチーノといった指導的な人文主義者と関わりをもつ．ピコのカバラ学についての論文とヘブライ語文献の研究を重視する態度に大きな影響を受けたのだった．

デモステネス，ヒポクラテス，ホメロスの校訂版も出版したが，ロイヒリンの主な業績はヘブライ語学者としての仕事だった．ロイヒリンはヘブライ語のカバラ(秘教文書の本文)にこそ最も古い古代の智恵があり，カバラの神秘主義こそ新しい学問を総合することができるものだと確信していた．カバラの文字の神秘は数字の力についてのピュタゴラス学派の所説と合わさって新しい総合的な学問になるに違いない，と考えたのだった．『奇跡の言葉』(1494 年),『カバラの術』(1517 年）という二つの著書の中でロイヒリンは，この新しい学問がキリスト教神学の重要な部分を支え，解き明かすことになると説く．ヘブライ語の文字のもつ意味について信念を抱いたロイヒリンはこの言語を学ぶだけでなく，1506 年に刊行した教則本では文法を解説した．神学者としてのロイヒリンは信仰や救済の問題より秘儀的で難解なことに興味をもっていたが，学者たちが旧約聖書の原語を研究できるようになる方法を用意したのだった．この点でのロイヒリンの貢献はコレット，ルフェーヴル・デタープル，エラスムスに劣らなかった．歴史上この 3 人はいずれも，初めに書かれた言語により，歴史上のテクストとして聖書を読み，理解しなければならないと主張した人たちだった．

ロイヒリンのヘブライ学への関心は教会の権威と衝突することになった．保守的なケルンのドミニコ会士に対してフォン・フッテンが書いた『無明氏書簡集』はロイヒリンを弁護

錬金術と薔薇十字団

中世の間も学者たちはずっと錬金術を研究していたが，15, 16世紀に古代ギリシア語やヘブライ語の文献が発見されると，金属を金に変える新しい方法が提示されることになった．世界のすべては隠れた力で結ばれていて，そこには天使と悪魔が宿っていると，そうした原典は述べていた．そしてまた世界の構造を把握しているマグス（魔術師）はその力を制御することができ，錬金術と人間の運命の秘密を明らかにするだろうという．そこで示唆された操作の方法には呪文，まじない，さまざまな象徴や占星図があった．

魔女の魔法と混同されやすいため，16世紀の錬金術師と魔術師は自分たちの仕事の成果を複雑な象徴や寓意的な記述の中に隠して記録した．霊を呼ぶ呪文と霊気による金属の変質についてのある文書は暗号と符号の本のように偽装されている．しかし多くの錬金術師が「賢者の石」を捜すことが，──変質の技術であれ，金がそこからできると考えられた「第一質量」であれ──倫理的・精神的に非常に重要だと信じていた．「卑」金属を「完全な」金に変質させることによって，人間社会を完全なものにする方法も啓示されるはずだった．

錬金術に宗教が加わると，ときに奇妙な結果をもたらした．16世紀，ハンガリーではカトリックの神父と錬金術師が「錬金術ミサ」を考えだし，キリストを真の霊薬，賢者の石として賛美した．ドイツでは洪水のように出回った寓意や錬金術の出版物が，世界の改新と人類の生まれ変わりが今にも起こると宣言していた．

こうした錬金術文書の中で最も有名なのは17世紀初めに出た一連の薔薇十字宣言であった．宣言は薔薇十字友愛団の団員が書いたといわれ，「神と人，両方のものの総合的改変」を約束していた．最初の宣言文書が発行されたのは，『クリスティアン・ローゼンクロイツの化学の結婚』という，今もその意味を巡って議論の絶えない錬金術的物語のすぐ後だった．

多くの人が薔薇十字友愛団に接触しようと努力したにもかかわらず，決して友愛団は見つからなかった．おそらく宣言はよくできた嘘なのだろうが，その目的ははっきりしない．

右上　ハインリヒ・クンラート『永遠の智恵の円形劇場』(1609年) に描かれた錬金術師．錬金術師は幾何学的・魔術的象徴を記した文書を置いた祭壇の前にひざまずいている．右側には錬金術師の炉と化学実験の道具もある．卓の上にあるのはおそらく天使を呼び出したり魔力を引き出すのに使う楽器である．

右　「単子」の寓意を示したミハエル・マイアー『逃げるアタランタ』(1618年) の挿絵．錬金術師と魔術師は，宇宙の隠された統一性をひとつの寓意図像に集約するような象徴をよく考案した．錬金術の幾何学的象徴大系と多くの儀式は，やがてフリーメーソンが利用するようになる．フリーメーソンはまた17世紀の錬金術や薔薇十字の文書にも多くを負っていた．

下　隠された智恵の探査はクンラート『永遠の智恵の円形劇場』に「霊知者の洞窟」として描かれた．啓示を求める者は古代の神秘を示す文字で飾られたかすかに光る洞窟を進んでいく．

ドイツのプロテスタントの宮廷は錬金術や魔術師の主な支援者になった．薔薇十字宣言文書はプロテスタントだったヴュルテンベルクの君主の周囲にいた人々が書いたことがほぼ確実である．ある説によると，1613 年のエリザベス・ステュアート王女とカルヴァン主義者のファルツ選帝侯フリードリヒとの結婚が，宣言にある世界変革の兆候と『クリスティアン・ローゼンクロイツの化学の結婚』の両方に霊感を与えたという．イギリスのジェイムズ1世の娘とドイツ随一のプロテスタント君主の結婚は同時代の版画にこのように（下）記録されている．

するものだった．1513 年ロイヒリンは異端審問所に出頭を命じられた．論争での反撃のために自分で書いた小冊子は後に没収され，最後には 1520 年教皇レオ 10 世から異端と宣言される．ロイヒリンは宗教改革の支持者にはならなかったが，ルターの抗議が出たときには歓迎した．「神をたたえよ．ありがたくも今や，私よりも坊主たちを煩わす別の男がいる」というわけだった．

ドイツ人の愛国心と，真の精神性と古典の学問の双方を回復するということへの関心が，最も完全に現れているのはアルザス学派の人文主義者たちだった．セバスティアン・ブラント（1458 頃—1521）はシュトラスブルク市の書記を務めていたが，ロイヒリンと友情を育み，ラテン語の宗教詩をたくさん書いた詩人で，古典やイタリアの人文主義者の著作も出版した．最大の作品『愚者の船』は 1494 年に刊行されるや人気を呼び，多くの読者を得た．調子のよい詩句に託してブラントは人間の弱点や愚かさを暴いてみせた．ことに教会内部と商人のこれみよがしな虚栄をあざ笑い，マクシミリアン皇帝に対して聖職者の悪弊の改革に着手するよう要求した．

幾人かの近代の学者は『愚者の船』が中世ドイツの作品に似ていると指摘している．しかしブラントは人文主義的であろうとしていたし，実際，詩の構造は古典修辞学に則っている．最も重要なことはこれが初めてドイツ語で書かれた近代の詩作品であることで，それはブラントの愛国心とドイツ回復への献身を示す印でもあった．その後の作品でもブラントはマクシミリアン帝にドイツ教会の改革を繰り返し嘆願し，失われたドイツの偉大さを再建するよう力説した．

最も影響力のあったアルザスの人文主義者はヤコプ・ヴィンプフェリング（1450—1528）だった．デーフェンターの共住生活兄弟団で教育を受けた後，ヴィンプフェリングはフライブルク，エアフルト，ハイデルベルクで研究を積んだが，イタリアには一度も行かなかった．1480 年代に宮廷詩人としてファルツ選帝侯フリードリヒに仕え，シュトラスブルクに行く前にはハイデルベルク大学の重職に就いていた．経歴の大半は第一世代の北方の人文主義者にとって典型的な仕事，つまり会を組織することと，教材の出版に費やした．しかしこの時期の愛国的・反教会的な考えに心を動かされずにはいられなかった．著書『高潔について』では聖職者たちの倫理を攻撃し，1510 年にはマクシミリアン皇帝にローマ教会への不満を連ねた表を提出した．5 年後に出版した本の中で，ヴィンプフェリングはもし教会の改革に手を着けなければローマへの反乱が起こるだろうと警告した．

ヴィンプフェリングの人文学へのいちばんの貢献は歴史にあった．ドイツ史の研究はタキトゥスの『ゲルマニア』が再発見され，1473 年に出版されてからは特に重要性を増した．ドイツ人たちが，フランスやイタリアと同じように価値ある栄光の歴史が自分たちにもあると感じるようになったのだった．1505 年ヴィンプフェリングはタキトゥスの時代からのドイツの歴史『ドイツ史点描』を刊行する．結論としてヴィンプフェリングはドイツの人々の文化的・技術的進歩をたたえ，文明に例のない貢献をした印刷術がドイツで発明されたことを指摘している．

デジデリウス・エラスムス（1467 頃—1536）は北方で最も偉大な人文主義者だった．ネーデルランド，フランス，ドイツ，イタリア，イングランドで長く研究生活を送り，ヨーロッパ中の人文主義者と文通を絶やさなかった．その手紙は近代の校訂版では分厚い本 11 巻にもなるほどで，受取人の住所は遠くスペイン，スカンジナヴィア，モラヴィアにも及んでいる．エラスムスはどこかある国の人物というよりもっと国際的な存在で，単にオランダなりドイツなりの人文主義を代表する者として考えることはできない．

しかしそのエラスムスも低地地方の学問や学風の伝統から影響を受けないでいるわけにはいかなかった．教育を受け，経歴の初めを過ごしたのはデーフェンターとセルトーヘンボスの共住生活兄弟団の学校だったからである．1495 年はじめてパリに，そして 4 年後にイングランドへという風にして，外国に旅行するようになったのは生涯の最後の 20 年間のことだった．膨大な著作が低地地方，ことに共住生活兄弟団の人文学に特有の関心に影響を受けているのは驚くにあたらない．エラスムスは文体の手本として以外には詩と劇に興味をもたなかったし，ドイツ人文主義の愛国的・論争的・反聖職者的著作からもほとんど影響を受けなかった．そのかわりに教育用の本を書き，文献学を研究し，本質的な倫理的・精神的な真理を世に確立し増進させることに努力したのだった．エラスムスの動かしがたい関心は，道徳的な模範と，キリストの伝えたことを知る基礎となる確かなテクストを提供することで，人々をより良いキリスト教徒にすることにあった．

エラスムスの若い頃のことは謎に包まれていて，生まれた年すらはっきりしない．デーフェンターの共住生活兄弟団の学校で教育されたが，ここは当時ルドルフ・アグリコラと親しい交際のあったアレクサンデル・ヘギウスが運営していた．後にエラスムスは学校の文法教師のことを「世の中で一番禍の種になり，最も悲惨で，また神々に一番攻撃されるような人種」と書くのだが，ヘギウスへの尊崇の気持ちはずっともち続ける．

1487 年ステインのアウグスティヌス修道参事会に入り，5 年後司祭に叙任された．最初の主な著書で古代の著作を擁護した『反蛮族論』を書いたのは，この時期 1490 年代初頭だった．ここでエラスムスはキリスト教以前の著述が「異教」のものだとして排除されるべきでないと主張した．さまざまな部分にキリスト教の思想は現れていて，キリストの精神は古代の人々をも動かしていたはずだからという．「異教の世界では何事も勇敢になされ，鮮やかに語られ，率直に考えられ，精励に伝えられたが，それはキリストがキリストの社会のために準備していたことだった」．『反蛮族論』でエラスムスは永遠の倫理と精神の真実を含んだ古典について，内容とテクストそのものの両方を研究することの正しさを証明した．

1495 年から 1499 年にかけてエラスムスはパリのソルボンヌで研究する．ここで生活のために，個人教授と教育や文章についての本を書くことを始めた．そして短期間イングランドへ旅行し，その後『格言集』を編むことになる．これはヨーロッパで古典が復興するための基礎のひとつにやがてなる書物だった．刊行の時，『格言集』は単に「古い有名な諺」を集めたものだとされていた．だが実際の目的と意味はもっと深かった．いちばん低い次元ではこれは文学作品を美しく飾るための成句集である．しかしそれぞれの格言には古代の文学と作家の解説がついていて，単なる成句集をはるかに越えた古典学への入門書になっていた．そして最も高い次元で，『格言集』は倫理的・宗教的意味ももっていた．聖書と他のキリスト教の著作の類似する部分を引きながら，エラスムスはキリスト教の慈愛を実践することに読者を導き，また古典と教会の教えの間に新たな調和をうちたてたのだった．『格言集』の初版は 1500 年に出版され，818 の格言を収めていた．以後の版でエラスムスは増補を続け，亡くなった 1536 年には 4000 になった．今日残された多くの格言がこの蒐集作業のおかげで生きながらえ，使われているのである．

イングランドにいたとき，エラスムスはジョン・コレットから新約聖書のギリシア語版を編集するという考えを吹き込まれた．エラスムスは後にこの仕事に長く従事し，イタリアの人文学者たちが古典のテクスト批判に使っていた言語分析の手法を適用した．エラスムス版の新約聖書は「パラクレシス」または「勧告」と題した序説をつけて発表され，ここでエラスムスは自分の信念と関心の本質を要約している．キリスト教以前の古典の価値について『反蛮族論』での主張を繰り返し，ひとりひとりの信仰の重要性を強調した．カトリックの信心が儀式に，カトリックの神学が論理に重きを置くことには批判的で，「単なる儀式，詭弁的な論説ではなく，心そのもの，生のすべての中に，キリストの思想を回復する」よう読者に訴えている．

文献学者，編纂者，道徳神学者としてのエラスムスの経歴は，過激な風刺作家という評判と対照的だ．『対話集』（1526 年）と『痴愚神礼讃』（1511 年）という二つの著書でエラスムスは，当時の慣習と，派手で伝統を壊そうとする流行に乗った日常生活をからかった．聖母マリアは自分への崇拝を攻撃してくれた改革者ウルリヒ・ツヴィングリに感謝している——今や法外で厚かましい嘆願をして聖母をわずらわせる者もいなくなった，という具合だった．

だがこうした風刺的作品の中ですら，エラスムスの関心は道徳神学の著作とほとんど変わらなかった．エラスムスによると，自分で認めることを拒んだとしても，賢いと思われている哲学者や神学者といった人々こそ痴愚神の力に依っているという．連中の仕事とその「つまらない儀式，ばかげた不合理」は新約聖書の説く宗教と正反対のものだった．『痴愚神礼讃』の結末でエラスムスは，知的虚栄心を捨て，キリスト

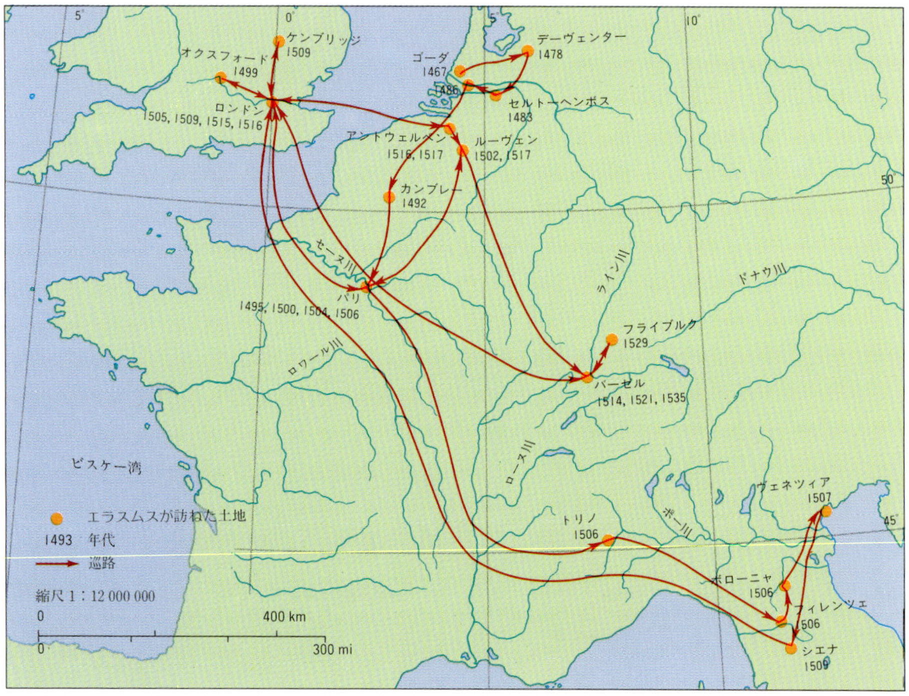

最上　エラスムスの旅
おそらくゴーダで生まれ，デーフェンターとセルトーヘンボスで学校に行ったエラスムスは，1495 年パリで研究を始める．1499 年イングランドに初めて旅行し，トマス・モア，ジョン・コレット，大司教ウィリアム・ウォラムに会った．エラスムスは成人してからのほぼ全生涯にわたっていつも移動を続けた．フランス，ネーデルランド，スイスを旅していることがほとんどだったとはいえ，イギリスにもしばしば長期滞在したし，1506 年から 1509 年まではイタリアに住んでいる．1521 年から 1529 年はバーゼルに暮らした．1535 年，合間の 6 年間をフライブルクで過ごした後，終焉の地となったバーゼルに戻る．

上　エラスムスのノートにあるいたずら描きの自画像．

右　ハンス・ホルバイン（子）作のエラスムスの肖像．ホルバインはこの時代の最も偉大な肖像画家のひとりだった．中流階級と人文主義者だけを描いたが，後にはイギリス宮廷の指導層を専門にした．このエラスムス像を仕上げたのは1523年で，エラスムスはこのとき50代半ばだった．

教の歓喜に帰依することだけが，人が「キリストの愚者」として本当に幸せになれる道だと主張している．

北方ルネサンスのもっと重要ないくつかの課題と伝統についてもエラスムスは仕事を進めた．文法書や教科書の著者としてエラスムスは新しい世代の学生が古典に親しめるようにしようとした．『反蛮族論』，『格言集』ではそれらの本を学びやすいように工夫した．新約聖書の編集や教父についての著述など自分本来の仕事では，すでにイタリアで開発されていた文献学や批評の方法に頼った．エラスムスが使った風刺の手法，ことに聖職者への言及はブラントやフォン・フッテンのものと対比すべきかもしれない．しかしエラスムスはまた北方の学界の基本的な流れに影響を受けていた．イタリアの人文学者とは違って，道徳とキリスト教の聖職の問題に没頭したのだった．エラスムスにとって精神生活こそ正に学問のめざすところで，自らにふさわしい宗教活動は人文主義者としての関心を究めることだった．こうした点からみる限り，エラスムスはヨーロッパの人文主義というより北方文化の精神性を代表する存在だといえるだろう．

IO. FROBENIVS PO/
litioris literaturæ cultoribus, S.
Adnisi sumus æditione proxima, ut hoc
opus cum primis frugiferũ, quàm emen/
datissimũ prodiret in lucem, nec arbitror
quenq̃ inficiaturũ, id nos infeliciter fuisse
conatos: nunc quicquid in arte mea pos/
sunt promittere curæ, id totũ expromptũ
est. Accessit & autoris opera, qui multa uel
auxit, uel reddidit meliora. Atq; utinã hoc
diu illi liceat, in studiorum lucrum potius
quàm meũ. Sed uereor ne hãc recognitio
nem ab illo simus habituri postremã. Qui
literario gaudẽt lucro, habent hic lucrũ nõ
aspernandũ: quibus res est angustior do/
mi, quàm ut identidẽ idem opus mercent',
habẽt postremã, ni fallor, autoris recogni
tionẽ, simul & locupletationẽ. Bene ualete,
& nostræ industriæ, si promereor, fauete.
BASILEAE, AN. M. D. XXIII.
Ex autoris recognitione postrema.

下　エラスムスの最も普及した著書『格言集』はギリシア，ローマの名文句を集めたものだった．1523年版の扉には『格言集』に集められた作品の著者たちの肖像がみえる．

北方ルネサンスの芸術

北方の人文主義がイタリアの人文主義に負っているものの程度について議論があるように，北方ルネサンス芸術がどのくらいイタリアに依っているのかについては意見の対立がある．

同時代のイタリアに起こった芸術の動きとは全く別に，オランダ，ベルギーなど低地地方やドイツに強力な芸術の伝統があったことは明らかだ．しかし同じように，北方の美術のなかで写実と自然主義が発達したことは多少ともイタリア・ルネサンスによるものだった．しかし北方の芸術においてイタリアの影響が，どのように，何に及んでいったのかを確定することは人文主義の文学や学問の場合よりももっとむずかしい．だが同時に，知的運動としての北方の人文主義に独自の性格をもたらしたと同じ精神的・宗教的関心に，北方の芸術も動かされていたのだった．

そのような北方ルネサンスの芸術を，この地域固有のものと移入されたものとの混合として考えることもできる．また一方で独特の北の個性が吹き込まれていく歴史としてみることもできるだろう．要するに，デューラーの版画師としての技術がイタリアに負うところが多いとしても，作品の主題にはアルプスの南のものと並行する部分はあまりなかったし，ヒエロニムス・ボスのような画家が描いたものに没頭したことは北では十分に一般的だったが，イタリアでは完全に異質だった，ということなのである．

15世紀，フランドルの画家は中世の伝統的なゴシック様式

マルティン・ルター

1505 年 7 月，若きマルティン・ルターは激しい落雷に出会った．神に救いを求め，もし助かったら僧籍に入ることを誓う．2 週間後マルティンは誓いを守ってエアフルトのアウグスティノ会修道院に入った．

アウグスティノ会士には神学を研究し教授することが許されていたが，1511 年，早くもドイツの指導的神学研究者になったルターはザクセンのヴィッテンベルク大学に職を得る．しかし修道士としてしたことでは何をもっても救済を得るには足りないと信じていたルターは修道院生活に慰めを見出すことができなかった．

1515 年から 1517 年の間にルターは自分の信仰を見つめ直した．以前には自分が天国にふさわしくないと考えていた．しかしカトリック教会のほうにもっと問題があるとみるようになったのだった．儀式を行ったり贖宥（しょくゆう）を買うことで魂の救済が得られるというカトリックの教えにはとりわけ批判的だった．教会の教えでは，人は教会にお金を寄進するかわりに「贖宥」や天国への切符を受け取ることができるというのだった．

1517 年，ルターは贖宥についての疑問を 95 か条の提題にまとめ，小冊子にして出版した．純粋に学問的な議論になるはずだったが，ドイツの修道会が競い合い，論争は過熱する．贖宥の販売を攻撃したために異端として非難されても，ルターは非を認めなかった．1521 年までにルターは完全にカトリック教会と縁を切り，身を隠さなければならなくなった．ルターはローマ教皇の首位権を認めるのを拒んだだけでなく，救済のための典礼の価値も否定した．人は信仰によってこそ救われるのであり，教皇ではなく聖書がすべての神学的権威の源なのだと主張したのだった．

左端　身を隠している間にルターは新約聖書をドイツ語に翻訳していた．ルターの肖像としては初期のものであるこの絵は友人だったルーカス・クラナハの作品である．ドイツ語版新約聖書の初版（前ページ右下は扉の一部）は1522年に出版された．ルターは居場所を明らかにするようになっても，めったに旅行はできなかった．ルターの主張は印刷物を通して広まったのだった．

上　クラナハによる木版画（1545年頃）は典型的なプロテスタントの宣伝文書．右上の神と聖フランチェスコは贖宥を売る教皇と安易な救済を説く僧侶を恐れつつ見ている．左ではルターが救いは信仰によってのみ得られると説教している．
左　カトリックも同じやり方でルターに対抗した．1529年以降のこの木版画ではルターは七つの頭をもっている．しかしこうした絵もあまり効果がなく，ルターが死んだ1546年までにドイツのほとんどの人々と領主はプロテスタントになっていた．

から離れ始めた．それが評判となってイタリアのパトロンたち，有名なところではメディチ，アルノルフィーニ，ポルティナリといった銀行家の一族がその作品を求めるようになった．1450年代半ばに『著名人の書』をまとめたナポリの宮廷人バルトロメオ・ファツィオは実際，同時代の最も偉大な4人の画家のうち2人がフランドル人だとし，ヤン・ファン・エイクが「われらの時代の指導的画家」だと書いている．

15世紀，フランドルの絵画はファツィオが同時代で「最も偉大」と評した2人の画家の作品によってはっきりした特徴を示すようになった．その二人はロヒール・ヴァン・デル・ウェイデン（1399頃―1464）とヤン・ファン・エイク（1390頃―1441）で，3番目にアルベルト・アウワーテル（1450―80に活動）を加えることもできる．この画家たちの影響が合わさって，硬直し様式化されたこの時代の形態に新しい立体感と写実性を加えることになったのである．主に寓意や象徴で意図を伝えることや，見る側の知的な取り決めを必要とする図案のかわりに，この画家たちはより明確に世界を再現できるようになることで直接感覚に訴える術を求めていった．

ロヒール・ヴァン・デル・ウェイデンの芸術は登場人物の硬質な感じとそこからくる哀感が際だっている．ヴァン・デル・ウェイデンはおそらく，すでにフランドル絵画に感化を及ぼしつつあった，もっと写実的な彫刻から影響を受けていた．確かにロヒールの人物表現にみられる輪郭線，衣装の折り目や襞の力強い調子は，14世紀にフランドルと，ブルゴーニュ公のディジョンの宮廷で働いた彫刻家クラウス・スリューテルに多くを負っているようにみえる．しかしファン・デル・ウェイデンはイタリアにも行っており，マザッチォの影響も考えないわけにはいかない．

ファン・デル・ウェイデンの最も重要な作品は1430年頃描かれた「キリストの十字架降下」である．豊かに装飾され，十字架から降ろされるキリストを的確に描き出したこの絵にみなぎる抑制された感情は，北ヨーロッパ各地で多くの模倣者を生んだ．しかしこの作品が完全に成功しているわけではない．場面全体が箱のような狭い空間に閉じこめられ，登場人物は現実的な姿態で配置されているのに，総体としては視覚的な深さがみえない．

ファン・デル・ウェイデンがフランドルの絵画にしっかりした人体表現をもたらしたとするなら，ファン・エイクはそういう人物を効果的な背景の前に置くようにしたといえる．ファン・エイクは遠近法を使い，風景を描き加えることでそうすることができたのだった．ファン・エイクの描く人物はファン・デル・ウェイデンのものと同じように力強く，衣襞も同じく確実に刻まれている．しかしファン・エイクの人物配置全体には奥行きがあり，これはウェイデンには欠けていた点だった．「アルノルフィーニ夫妻」(1434年)，「宰相ロランの聖母子」(1435年頃) の遠近法はわざとらしいかもしれないし，「小羊の礼拝」（ヘントの祭壇画の一部）に描かれたものの距離の取り方にはおかしいところがある．しかしファン・エイクの作品は空間の正しい把握と利用を示していて，それは実に画期的なことだった．

この新しい写実的な空間処理はファン・エイクの絵画の中で誇張され，トロンプ・ルイユ（だまし絵）になることもよくあった．いくつかの肖像では枠の外に手，足，頭などが突

1500
Albertus Durerus Noricus
ipsum me propriis sic effin
gebam coloribus aetatis
anno XXVIII

左　アルブレヒト・デューラーは明らかに自分の容貌に自信があり，いくつもの自画像を描いた．当時，画家にとって普通の身分だった平凡な職人ではなく，自分を洗練された紳士だと考えていた．細部に綿密な注意を払ったこの自画像は十分に画家としてのデューラーの技量を表している．デューラーの評判は高く，生涯を過ごしたニュルンベルクの町のほとんどの指導者たちから肖像画の注文をいつも受けていたほどだった．

き出ている．また，「アルノルフィーニ夫妻」のように背景にある凸面鏡が画面の手前にある物を映していることもあるし，まったく別の所が映っていることすらある．同時代イタリアの批評家の意見では，ファン・エイクは，アレクサンドロス大王時代のトロンプ・ルイユの伝説的巨匠アペレスに匹敵する画家なのだった．

15 世紀後半，フランドルの美術はフィレンツェの人文主義者レオン・バッティスタ・アルベルティ（1404―72）の思想から影響を受けていた．アルベルティの考えでは，登場人物たちが観客を感動させて展開する劇の世界に引き込む場所である「舞台」を設営することがまず芸術家の責務だった．その物語の効果は，キケロやクィンティリアヌスといったラテン作家の修辞学についての著作から導かれた姿態や身振りに依るもので，見る者を教え，動かし，喜ばせることが目的だった．15 世紀のフランドルの画家たちの中では，アルベルト・アウワーテルが叙述的な絵画の最高の模範を示した．1455 年ハールレムで制作された「ラザロの蘇生」で，アウワーテルは実際の空間があるかのようにみせただけでなく，物語を語るように生き生きした身振りを示す人間の集団を描いた．興奮した群衆が傍観しているが，キリストは祝福を与え，マルタは祈り，ペテロはキリストの力を説明している．物語のすべてはアウワーテルが古代の建物だと思った――実はロマネスクの教会――の中で起こり，見物人たちは当時のフランドルのではなく東洋風の装いをしているから，これはそれなりに歴史を正確に再現しようとする試みでもあった．中世の抽象的な象徴は，もっと実生活に近く，歴史として的確な，写実的に叙述された形に取って代わられたのだった．

しかしもっと目覚ましい変化がフランドル絵画に現れる．アウワーテルの弟子，ヘールトヘン・トット・シンス・ヤンス（1460 頃―95 頃）の作品では，描かれる物語がいち早く現実の限界を越えてしまった．「聖なる親族」（1485 年頃）では完全に師匠の様式をなぞるだけだったが，「キリストの降誕」（1490 年頃）で画家は陰影に富んだ天使の群れと一緒に不気味な影から聖母を浮き上がらせた．ヘールトヘンの「悲しみのキリスト」(1490 年頃）の傷つき涙するキリストをみると，これがネーデルランドで初めて描かれた近代の表現主義的な絵画だったかもしれないと思えてくる．北方の美術のこうした傾向はヒエロニムス・ボスの作品で頂点に達する．そこで空想的な画像や死の象徴，悪夢の光景を描くことで，叙述の絵画は完全に写実に取って代わったのだった．これは 16 世紀後半，ボスのように同時代の諺や伝説と空想を結びつけたピーテル・ブリューゲル（父）(1525 頃―69) まで続いていくことになる．

15 世紀ドイツの美術はフランドルの伝統から強い影響を受けていた．しかし多くの部分で 15 世紀のドイツの画家はヴァン・デル・ウェイデンの冴えない模倣をなんとかこなしていたにすぎず，技術の豊かさと洗練の度合いでフランドルの画匠にははるかに及ばなかった．イタリアからの影響をずっと受けやすかったオーストリアでだけは，ティロルの画家ミヒャエル・パッヒャー（1435 頃―98）が影，遠近法，風景の扱いに理解を示した．もうひとりの例外はマルティン・ショーンガウアー（1450 頃―91）で，その銅版画はイタリアのマンテーニァやポライウオーロに匹敵するものだった．

だが 1500 年頃，ドイツ絵画は突如として予期しなかったような高みに達することになる．そして 30 年以上ドイツは際だった美術家たちを生み続けるが，その中にはアルブレヒト・デューラー，ハンス・ホルバイン(子)，ルーカス・クラナハ，アルブレヒト・アルトドルファーがいた．これらの芸術家がイタリアからの影響に触発された範囲についてはまだ議論すべき問題が残っているが，上にあげた画家たちのうち，デューラーだけがイタリアに行ったことがあった．しかし，イタリアの版画や見本帳がドイツでも流布していたし，たとえばアルトドルファーの現存する最初の作品は，マンテーニァの版画から取ったものだったことがわかっている．

ドイツの画家の主題とそれを描き出す方法はイタリア・ルネサンス絵画の通例とははるかに隔たっていた．ドイツ美術の力強さ，表現力，情熱，そして自然主義的な性格はイタリアの新プラトン主義が示したような理想主義や均衡と調和の感覚とは正反対のものだった．さらに，北方の芸術には強力で不穏な宗教問題が底流にあった．ドイツとオランダ，ベルギーなど低地地方のキリスト教の世界を苦しめていた宗教改革の予兆と，もっと広範囲な「アンスト（不安)」の現れがそれだった．アルブレヒト・デューラー(1471―1528)が彫版師としての技をマンテーニャに学び，その人体表現がヴェネツィアで知った解剖学の解説に基づいているとしても，連作版画「ヨハネ黙示録」（1498 年）と「騎士と死神と悪魔」（1513―14 年）の主題は，北ヨーロッパ特有の宗教的緊張を反映していた．

宗教的な感情表出と細部への綿密なこだわりはルネサンス時代を通じて北方芸術の特質だった．感情表出は，イタリアの画家の思想とは全く相容れない人間観に基づいていた．神の創造したものの中心として人間をみるのではなく，北方の芸術家たちは自分を神の世界のささやかな一部だと考え，自然界の偉大さからみれば矮小な存在だと思っていたのだった．

ドイツ美術の感情的な面が最も完全な表現をみせたのがマティアス・グリューネヴァルト（1474 頃―1528）の作品だった．グリューネヴァルトはキリストの磔刑を得意とし，その絵は宗教改革前夜のドイツの強烈な宗教感情の一例としては卓抜なものであった．残酷でぞっとするようなキリストの苦難の描写は，特にイーゼンハイム祭壇画（1515 年）によく現れていて，西洋美術の中でも最も強力で人を惹きつける作例の一つになっている．同じ祭壇画のなかの「聖アントニウスの誘惑」では，グリューネヴァルトは恐ろしい怪物や生々しい彩りの生き物を，ボスを思わせる様式で描いた．

目も眩むような色使いの中にグリューネヴァルトは奇妙な感情表現を強調していたが，表現主義者のように小さな細部には無関心だった．しかし同時代の画家たちは正確に描くことと現実的な細かい描写にもっとずっとこだわっていた．ハンス・ホルバイン（子）(1497 頃―1543）はこの時代の最も優れた肖像画家だが，その作品は細部への厳密なこだわりと的確な筆遣いが特徴である．ホルバインが描いた人々にはエラスムス，トマス・モア，ヘンリー 8 世と何人ものその妃がいる．同じ正確さへのこだわりから，デューラーは並外れて精密な版画と絵を制作した．その中にはどちらも 1503 年に描かれたすばらしい水彩画「兎」や「大きな草むら」もある．「草

左　ルーカス・クラナハは画家としての生涯のほとんどをザクセン選帝侯の宮廷で送り，自分の支援者やこの時代の政治・宗教の指導層から肖像画制作の注文をひっきりなしに受けていた．しかしここに掲げた肖像はクラナハの作品に典型的な鋭い性格付けを欠いているために，実在の人物を描いたものかどうかははっきりしない．むしろ理想化した女性を描いたようにみえる．これは1526年に完成し，おそらくクラナハが1520年代に描いた空想的な連作肖像画の一枚である．

むら」の描写は正確で植物の専門家なら作品の中から簡単にタンポポ，ノコギリソウ，オオバコ，湿潤地の草木などを見分けることができる．ザクセン選帝侯フリードリヒ賢明侯の宮廷画家ルーカス・クラナハ(1472—1553)も実に正確な肖像画をつくったが，その技量はすべての細部を記録するというより，姿態全体や一目でわかる感じをとらえるのにすぐれていた．

風景画の伝統は15世紀フランドル派にさかのぼるが，最も完全な表現をドイツの画家たちの作品にみることができる．イーゼンハイムの祭壇画の板絵には交互に豊かな森と恐ろしい森，また岩や神秘的な渓谷や山道が描かれていて注目に値する．16 世紀のはじめ，本来の画題をごく小さくしてまで風景を増殖させた絵が現れてくる．アルブレヒト・アルトドルファーの「龍と戦う聖ゲオルギウス」(1511 年) では戦いは葉を伸ばす森の背後や下辺に小さく追いやられている．「イッソスの戦い」(1511 年) では風景や天地はかすんでいる．だが広い空，沈もうとする太陽，そして火と水という自然の衝突が，画面下方に描かれた人間たちの争いを圧倒している．

こうした風景の描写は画家の技術を示すだけではなく，人間がもっていないものを表すことをねらっていた．人類は神の創りたもうたもののほんの小さな一部にすぎず，一人一人の一生も広大で不朽の自然界の本質の前では何ほどのものでもない．この考えはピーテル・ブリューゲル（父）の「イカロスの墜落のある風景」(1558 年頃) に最も生き生きと現れている．人々が輝く海を望む野や畑で働いている間に，小さなイカロスは気づかれることもなく死に，脚だけが波のまにまに漂っているのが見える．「イカロスの墜落」でもはっきりしているが，人間をとるに足らぬものだとみる考えは，ブリューゲルが作品の中に空中の空間を描くことではるかな展開をみせる．「エルサレムの人口調査」「子供の遊技」「嬰児虐殺」はすべて上から俯瞰した構図で，まるでその場面を本当に見下ろしているようだ．ブリューゲルは人間の営みをありありと描き出したが，人間はずっと小さくし，宇宙の大きさの前に慎重に配置するのだった．

下　アルブレヒト・アルトドルファーの「龍と戦う聖ゲオルギウス」(1525 年)．アルトドルファーの重要性は新しい分野としての風景画を確立したことにある．自然を強調することはもっと早くから北方の画家たちにみられたが，アルトドルファーの作品ではまさに自然が主題となった．この絵では龍を退治する聖ゲオルギウスの物語は，生い茂った葉と原始林の描写に従属させられている．アルトドルファーの絵に霊感を得て田園詩を書いていたらしいコンラート・ツェルティスはこの画家の絵についてこう詠っている．「嬉しいものは泉と緑の丘，さらさら流れる小川のひんやりした堤，蔭をつくる木々の濃い茂み，そしてよく育った草の原」．

北方ルネサンスの発展

クラナハはザクセンの宮廷に画家として 16 世紀の半ばまで仕えたが，ドイツ美術は 1530 年をすぎると下降期に入った．ネーデルランドも同様で，ピーテル・ブリューゲルを除けば目立った画家はほとんどいなくなる．これには二つの理由があった．第一にこの時期何人もの重要な美術家が世を去ったことがある．グリューネヴァルトとデューラーはともに 1528 年に死んだし，アルトドルファーの死は 1538 年だった．二つ目は皇帝カール 5 世(1519—56) がスペインやイタリアの美術家にばかり制作を命じ，ドイツでは先代のマクシミリアン 1 世が営んだ華やかな宮廷を維持しようとしなかったことである．

宗教改革と宗教上の対立が拡大したこともこの衰退に関わっていた．グリューネヴァルトのような画家はプロテスタントの信仰のゆえに苦しんだ．他の者もプロテスタント教会があまり注文を出さなかったので収入が減ることになった．新教は言葉での説教に力を入れ，礼拝での視覚的な要素をあまり重くはみなかった．実際，ツヴィングリの信奉者や後のカルヴァン派が支配した地域では美術は偶像とみなされ，反発を受けた．1530 年代ハンス・ホルバイン（子）がバーゼルを離れてイングランドへ移住したのもこの不寛容のためだった．1560 年代にはネーデルランドで狂信的なカルヴァン信徒が教会を荒らし，祭壇画を引きはがし，絵画を燃やしている．

ドイツの人文主義も宗教改革の衝撃で活力を失った．改革側の新教の指導者たちも雄弁術，詩学，修辞学の訓練と古典の学習を重視した．しかしそれら自体が目的ではなく，確信をもったキリスト教徒をつくるために使う手段だとしかみていなかった．そのためプロテスタントの人文主義者は，会を結成したり文化改革の理想を示すことには加わらなかった．また異教の学問を研究しようともしなかった．カバラや神秘学，新プラトン主義などに初期のドイツの人文主義者たちが抱いていた関心も薄らいでいった．ドイツのプロテスタントの学校，大学では「安全な」古典だけが教えられた．

宗教改革時代の人文主義は教育の分野でいちばん大きな成果をあげた．ルターの親しい同僚だったフィリップ・メランヒトン(1497—1560) は新教地域の教育の大改革を始めた．ドイツの学校を再編成し，何千もの生徒を古典学とプロテスタントの価値観に基づいて教えられるようにした．メランヒトンの特に重要な功績は，選ばれた一部の者を対象にしていた初期の人文主義教育を全員への義務教育に変え，プロテスタントのドイツの教育制度を改革したことだった．シュトラスブルクの文法学校の校長だったヨハンネス・シュトゥルム(1507—89) は宗教改革の初期段階でもう一人の重要な教育者だった．教育に関する膨大な著書を著し，その学校はニームのアカデミーを改革したクロード・バデュエル，イギリスのエリザベス 1 世の教師だったロジャー・アスカム，そしてカトリック，イエズス会の学校に影響を与えたのだった．

教育を広げることは読み書きができ，古典の文体で表現できる人間を増やすことになった．新しいラテン語の詩が 16 世

紀の間に盛んになったのは驚くにあたらない．宗教改革の援護のもとで実際の量としても文学活動は活発になったといえるだろう．しかし全体にそれらの作品の質はたいしたものではなかった．実験的な試みもあったが，ほとんどは聖書や宗教に関する主題で，それが詩情を表すことを抑制していた．ツェルティスやフォン・フッテンにあった官能性，攻撃性，痛烈な批判なども完全に消え失せてしまった．

しかし，ネーデルランドでは 16 世紀後半に人文学が栄え，新たな興隆をみせた．エラスムスと，エラスムスが体現していた伝統が影響して，オランダの人文主義は古典の本文を分析することと密接な関係を保ち続けていた．アントウェルペンにあったクリストフ・プランタンの印刷所は法律や神学の本だけでなく，古典の校訂版を大量に出版する．1570，80 年代，ネーデルランド独立戦争が最も激しかった時期（オランダはスペインの支配者を低地地方から追い出そうとしていた）でさえ，そして 1576 年に起こったアントウェルペン略奪の後でさえ，プランタンはルドヴィコ・グッチャルディーニの『ネーデルランド地誌』(1557 年)，オルテリウスの『世界地図帳』(1570 年)，そしてフランス語，ラテン語の聖書などを刊行していたのだった．

最も目覚ましいプランタンの仕事は『コンプルテンセの多言語聖書』の出版だった．これには聖書の各部分が原典に近い言語——ラテン語，ギリシア語，ヘブライ語，シリア語，カルデア語——で収録されていて，初めはスペインで 1514 年から 17 年に刊行された．プランタン版はスペインのフェリペ 2 世が費用を出し，国王付きの司祭だったスペインの人文主義者ベネディクトス・アリアス・モンタヌスが編集したものだった．この版にはヨーロッパ全土の指導的な学者が参加した．1568 年 8 月に始まり，フォリオ判 8 巻が完成したときは 1572 年になっていた．この多言語聖書（最初の版がスペインで出てから 60 年以上も経っていた）は低地地方南部の人文学が最後にみせた大きな成果だった．

ネーデルランド独立戦争は宗教対立が原因だった．プロテスタントのオラニエ公ウィレムが率いるオランダはカトリック国スペインとその国王フェリペ 2 世による外国の支配に反抗した．オラニエ公ウィレム（1533―84）は低地地方北部の州をスペインから解放するが，南の部分とアントウェルペン，ブリュッセルの 2 市を掌握することはできなかった．南ではスペインの支配が強化され，同時に低地地方南部の学問も発達を阻まれ，戦闘的なカトリック主義に奉仕するようになっていった．

1570 年代に独立国家になったプロテスタントの地方では

16 世紀の宗教の変転
1510－20 年代，北ヨーロッパのかなりの部分がプロテスタントの信仰に帰依した．しかし多くのボヘミア人はフス派の信仰に忠節を守っていた．1546－47 年，カール 5 世は帝国全体に再びカトリックを武力で押しつけようとし，ミュールベルクでプロテスタントの君主たちを撃破した．しかし低地地方の状況とは違ってドイツでは，カールの軍事的な勝利を確実にする十分な手だてがなかった．北ヨーロッパの大部分でカトリックとプロテスタントは同じ共同体を共有し，ほとんどの住民は完全なカトリックでも真正のプロテスタントでもない宗教的な状況に適合していったようである．

右下　「嬰児虐殺」はピーテル・ブリューゲル(父)が1565−67年に描いた．聖書からの画題ではあるが，この絵は低地地方を支配したアルバ公の支配の暴虐に対する批判だったと考えられ，舞台は典型的なオランダの農村に設定されている．画面中央にみえる騎馬の黒い人影が実際にはアルバ公その人で，馬丁はスペイン軍の兵卒の制服を着ている．アルバの統治が苛烈だったのは1570年代に低地地方のスペイン支配に対して大規模な反乱が勃発したせいでもあった．

下　クラハナによるドイツの人文主義者フィリップ・メランヒトンの肖像．メランヒトンはルターの忠実な支持者で会議で何度もルターの代理を務めたが，エラスムスとカルヴァンの友人でもあった．またドイツの教育の精力的な改革者だった．

新しくできたライデンの大学を中心に古典研究が進んだ．宗教上の争いが激しかった時期，ライデンは寛容と視野の広さで知られていた．16世紀後期から17世紀にかけて，当時最も傑出した学者のうちの何人もがここで職を得ていた．大学の初代のラテン語教授はジュストス・リプシウスだった．タキトゥスの『年代記』を校訂・注釈したのが代表的な業績である．リプシウス(1547—1606)はストア哲学の教えとキリスト教の信仰を調和させようとし，ストア派の哲学を整理した著書『不動心について』(1584年)は次の3世紀間に80版を重ねることになる．エラスムスのように，ヨーロッパ中の人文主義者と文通した書簡も膨大な量にのぼった．

ライデン大学は，スペインの支配地域になってしまったルーヴェンにあった三言語学院の伝統を引き継ぎ，古典文学だけでなく，東方学，ヘブライ語学，セム語学の研究を進めた．17世紀には教授陣の中にダニエル・ヘインシウス(1581—1655)とフゴー・グロティウス(1583—1645)がいた．ヘインシウスはギリシア語の教授でアリストテレスの『詩学』を編纂し，ホメロス，セネカ，テレンティウスの原文を出版した．また自身，多芸なラテン語の詩人でもあったが，有名な詩句のいくつかは俗語で書いたもので，1616年の『低地語詩集』は特によく知られている．国際的な学者が進んで古典語以外の言葉で書いた文章を出版したことは，オランダ語が成熟し文学も書ける言語になっていくのを促すことになった．

フゴー・グロティウスはオランダ・ルネサンスを代表する典型として語られてきた．歴史，神学，聖書学，古典学についての著述もグロティウスの関心の範囲のうちにあった．膨大な著作が神学の，ことに人間は自由な意志をもっているかどうかといった問題についてのものである．しかし何よりもグロティウスは国際法研究の先覚者だった．『戦争と平和の法』(1625年)でそれぞれ独立した主権国家の時代になっても人の世すべてを統御する戦争と平和の法があるのだと論じている．おそろしく幅広い分野に興味をもち，キリスト教国の君主たちの国際的な協調を確立することを気遣っていたグロティウスは，フランドルの学統の中でエラスムスと固くつながっていたのだった．

北ヨーロッパでプロテスタントのオランダと並ぶ宗教的・知的寛容の伝統をもっていた国は一つしかない．ポーランドの新教にはカトリックに匹敵する法的な基盤があり，この国は宗教上の亡命者と新しい思想の両方にとって安息の地となった．あらゆる学問分野の中で，ポーランドで中世以来の神学の教理にはっきりと最初に反論したのは天文学だった．

ニコラウス・コペルニクス(1473—1543)は生涯のほとんどをバルト海岸フロムボルク（フラウエンブルク）の大聖堂参事会員としてすごした．若い頃の8年間イタリアに留学し，パドヴァとボローニャの大学で法律の学位を得，医学を研究してストゥディア・フマニタティス（人文学）を知った．最初の著述はビザンティンのギリシア語著作家シモカッタのラテン語への翻訳だった．しかし後の名声をもたらし，近代天文学の基礎を築いたのは1543年，死の直後に刊行された『天球の回転について』である．コペルニクスの発見は太陽が地球のまわりを回っているという思い込みを打ち砕いただけでなく，それまで地が動かないことを神学的論拠で証明しようとしてきた神学者たちの仕事を根底から揺るがすことになった．教会当局は1616年コペルニクスの著書を禁書とすることに成功するが，太陽を中心にするコペルニクスの構想はティコ・ブラーエ，ガリレイ，ケプラーなどの業績を通してはかりしれない影響を与え続けた．

宗教に寛容だったことは学問の発展に機会を与え，ポーランドのなかの宗派の異なる集団の間に教育改善競争を助長した．シュトラスブルクのヨハンネス・シュトゥルムの教育課

程と教育法に基づいた学校が主なプロテスタント都市にでき，貴族の支援を受けていた．世紀の後半にはカトリックが若者の教育と聖職者を訓練する神学校を整備するためイエズス会の学校を設置した．しかしこうした新しい学習の場は格の点でも質の点でも外国のものと比べられるほどではなかったから，ポーランドの貴族の師弟は相変わらずイタリアの大学，特にコペルニクスが学んだパドヴァ大学に留学した．

宮廷文化とルドルフ２世

スペインの治下にあった低地地方の南の部分では，1609年北部のプロテスタント地域との間で平和をとり戻したことが繁栄の新たな段階を到来させることになった．カトリックの聖職者たちに支えられたブリュッセルの宮廷は芸術庇護の重要な中心となった．17世紀には，ブリュッセル，アントウェルペン，その他主な都市にある中世の建物が新しいバロック装飾でおおわれていったが，それだけでなく，絵画もカトリック教会とハプスブルク王朝の治世をたたえるために発注された．

宗教改革以後，ドイツの諸侯は美術より建築を優先して注文するようになった．建築物は支配者がその優越性，富，力を見せつけるためには一目でわかるよい方法だった．1550年代，ファルツ侯オットー・ハインリヒはハイデルベルクの城を拡張して古典風に改装した．新しい城の正面は円柱，破風，付柱を戴き，円形装飾や彫刻も競うように隙間を埋めている．バイエルン公ルードヴィヒが1536年から1542年の間に造営したランツフート市中の城館はもっと抑制された例である．イタリアのマントヴァを訪れたときに見た，まだできて間もないパラッツォ・デル・テがルードヴィヒには特別の印象を残したらしい．イタリアから建築家と石工をランツフートに呼び寄せ，マントヴァの宮殿を真似た居館を建てたのだった．しかしほとんどの部分でこのドイツ人君主は古いゴシックの構造を残し，それをルネサンスの装飾で飾ることで満足していた．

ドイツのハプスブルク家の皇帝たちは中央ヨーロッパで最大の文化の擁護者て，その時代の指導的な学者の何人かを宮廷に召し抱えていた．父親のマクシミリアンのように威厳があるわけでも風変わりなわけでもなかったが，皇帝フェルディナント（1558―64）は東方学者ヨハン・ヴィドマンステッテルのシリア語新約聖書出版などに資金を提供し，人文学研究を助けた．皇帝自身もいろいろな研究を続け，ヴェネツィアの大使が「自然，外国，植物，動物についての最も好奇心旺盛な探求者」と書いたほどだった．息子で跡継ぎとなったマクシミリアン２世（1564―76）はリプシウスから誉められるほどの才能ある学者たちを周囲に集めた．マクシミリアンの好んだ画家は「幻視絵画の第一人者，綺想の画家」で，ミラノ出身のジュゼッペ・アルチンボルド（1527―93）だった．今日アルチンボルドは，人間の顔を果物でつくった怪異な構成で有名だが，同時代には宮廷の野外劇や見せ物の凝った場面をつくる腕前で知られていた．

16世紀，中央ヨーロッパの宮廷は神秘的な学識や智恵に熱中するようになっていった．すべての知の分野は同じ基礎を共有していて，それを研究することが真の自然と宇宙の法則を明らかにしてくれると当時の人々は信じていた．象徴体系，魔法，神秘学やカバラ文献の検証が全世界にわたる神の秘密を解き明かす鍵になると考えられた．ファルツ，ヴュルテンベルク，ヘッセン，ブラウンシュヴァイクといった地方の宮廷や，南ボヘミア地方クルムロフのロジュムベルク家の城館では，魔術師たちが新プラトン主義の哲学者や人文主義者と隠された知識を求めて同じ探求に力を合わせていたのだった．

神秘学の最も目立った庇護者といえば，マクシミリアン２世の子，皇帝ルドルフ２世（1576―1612）だった．ルドルフはハプスブルク家の宮廷をプラハに移し，長いその治世の間，ウィーンの王宮よりもフラチャヌイ城が帝国の文化政策の中心になった．ルドルフ２世のプラハはヨーロッパでも最も優れた学者や芸術家を惹きつけたが，その中にはフランドルのマニエリスム画家バルトロメウス・スプランゲルやオランダの彫刻家アドリアン・デ・フリース，そしてコペルニクスとイギリスの魔術師ジョン・ディーに大きな影響を受けた天文学者ヨハンネス・ケプラーとティコ・ブラーエがいた．

ルドルフ２世のプラハの知的世界ではまず神秘の啓示に関心が集まっていた．それは象徴の研究，錬金術と魔術などによって，曲がりくねって淫らなスプランゲルの絵の人物に表現されていたのかもしれない．これらさまざまな技芸の間に違いはなく，すべて人間の思考を超えた問題を解き明かすのに役立つと考えられていた．同じように，美術品，貨幣，自然の奇妙なものなどの見境のない収集からも啓示が得られると思っていた．こうしたものを次々に記述することが，物質界の一致に至る糸口を与えてくれるかもしれなかった．

ルドルフの宮廷では，神秘学の原文を解読するために古典学の技法を応用した．人文学者の調査は秘密の知識への探査に向けられ，絵画は中世の図像をしのばせる難解な寓意に回帰する．1世紀前にコンラート・ツェルティスが古典とイタリア文学を熱っぽく説いた同じ場所で，ルドルフの宮廷は魔法や神秘学から得られる霊感を求めていたのだった．

17世紀，ルドルフの後継者たちは次第に魔術の探求から離れていく．それに代わってカトリックの信仰問題とプロテスタントの打破に懸命になった．30年戦争（1618―48年）の中欧の戦場でハプスブルクの皇帝が勝つと，その土地で信心と学問が甦った．人文主義の学問研究で，新しい世紀の不寛容の中を生き残ることのできた要素はカトリック主義への奉仕につながるものだった．

結　び

イタリアの学芸から明らかな影響を受けていたとはいえ，アルプスの北のルネサンスははっきりと異なった性格をみせていた．その性格はこの地域全体に共通していたが，それを考えると北方ルネサンスを独自の文化活動と見なすことができるはずである．北の人文主義者たちはイタリアの場合よりもはるかに深い関心を宗教と個人の信心の問題に対して抱いていた．若者の教育と聖書や宗教的著作の原文校訂は，15世紀末からの研究活動の大きな部分を占め，どちらもエラスムスの仕事で頂点に達する．ドイツで宗教改革が始まった後には，ルネサンスの学問は次第に文献学的調査と倫理的・精神的教化のための書物を編集することに制限されていった．オランダ，ベルギーなど低地地方とずっと狭い範囲のポーラン

下　1560年頃手稿として成った『大錬金術の書』はドイツで書かれた一連の錬金術書を収録しているが，おそらく祈禱に使われた魔法のアルファベットもこの本にある．左ページ下のアルファベットは悪魔自身の文字だという．16世紀に出版された秘密文字の集成は暗号に関する著作に見せかけてあることが多い．

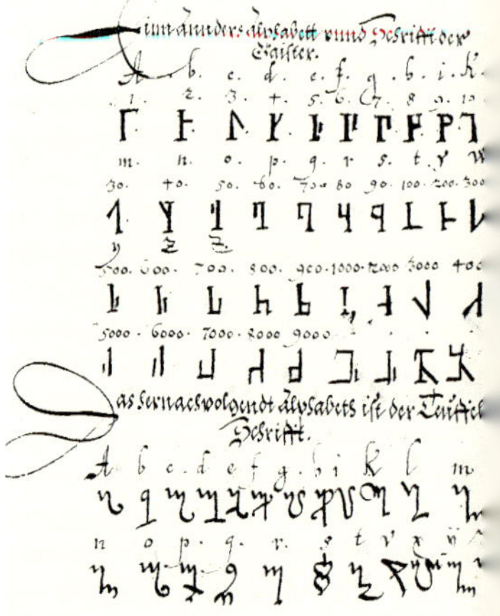

右　ウェルトムヌス（古代ローマの季節の神）として描かれた皇帝ルドルフ2世の肖像は1590年頃プラハでジュゼッペ・アルチンボルドが制作したもので，組になった寓意画の一枚だった．象徴とグロテスク図像を使ったこの絵は典型的なマニエリスムの芸術だが，構成は宮廷の仮面劇や仮装，変身の祭典での誇張の仕方を思わせる．

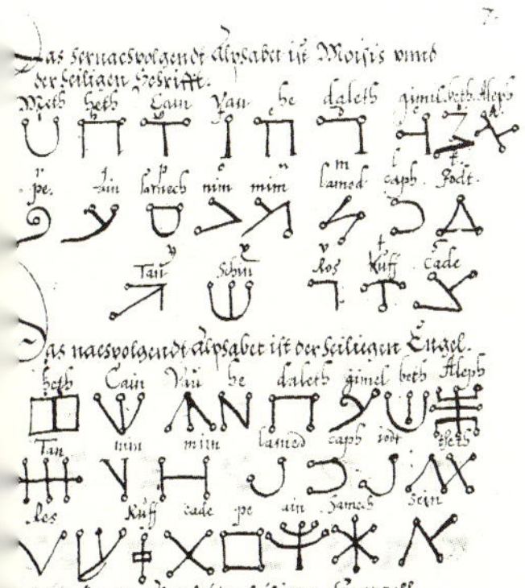

ドでだけ，宗教改革後の時代の学問は長く残る業績をいくらか示すことができた．

北方の人文主義者のように北の芸術家も，神の創造物の偉大さ，さらに人間の不完全さや欠落した美点といった宗教的主題に没頭した．イタリアの画家とは違って，人間の本質的尊厳を信じてはいなかった．本来，価値がない存在である人は神の恩寵によって救済されるしかないと教えるプロテスタントの宗教改革は，北方ルネサンスとはっきりと連動していたのである．プラハのルドルフ2世の宮廷ではこの認識は部分的に拒否された．高次元の知性は神が介在しなくても神秘学の文書や科学を研究することで得られると皇帝が考えていたからだった．ルドルフの宮廷は，ここに来なければ教会の不興を買ったに違いない学者，科学者に恰好の避難所を提供していた．しかし魔法の研究は知的袋小路に入り込むことがはっきりし，ルドルフの跡継ぎたちはそれを見捨てる．ヨーロッパの政治・文化のなかでカトリックの信仰を取り戻すことを優先させると決めた17世紀のハプスブルクの皇帝たちが，ルネサンスをバロックへと変容させていったのである．

ファン・エイク：ヘントの祭壇画

1450 年代に著述家として活動したイタリアの人文主義者バルトロメオ・ファツィオは，ヤン・ファン・エイクのことを「画家の王者」だと書いている．ファン・エイクの作品は 15 世紀のイタリアでよく収集されたし，デューラーやルーベンス，レンブラントなど後の北方の画家たちは憧れ，模倣した．こうしたファン・エイクの名声は卓越した色づかい，細部への配慮，空間構成によるものだった．前景の細かい部分を引き立てるだけではなく，遠く明るい地平線に向かってだんだんと画面を展開させたのである．美術史家エルウィン・パノフスキーはファン・エイクの眼について「一瞬，同時に顕微鏡でも望遠鏡でもある」と書いた．ファン・エイクはそう考えられたことがあるように最初に油絵の具を使った画家ではないが，この画材が優れていることを初めてみせつけたのだった．色に質感と深みを与えるために顔料を塗り重ね，上塗りを施すことにファン・エイクは技を使った．現存するどの作品よりも，ヘントの祭壇画はファン・エイクの画家としての技量と独自性を示している．この独自性については，イタリアの画家たちがいち早く気づき，ヴァザーリは誤って油彩画を発明した人物としたのだった．

彼はおそらくマーストリヒトの近くで生まれた．初めて出仕したのはデン・ハーグのホラント伯の宮廷だったが，やがてブルゴーニュのフィリップ善良公の宮廷画家となり，スペイン，ポルトガルへの外交使節にも任命される．しかし現存作品のほとんどはブルッヘに住んだ晩年の 10 年ほどに描かれた．ヤンが「最も偉大な画家」だと思い，初め共作した兄フーベルト（—1426）についてはほとんど何もわからない．

左下　「赤いターバンの男」(1433 年) はファン・エイクの自画像だとよくいわれる．人間の顔の質感に迫り見つめたこの絵は，ヤンの肖像画の典型である．しかしまっすぐに鋭くこちらを睨んでいるのはあまり例がなく，鏡を使ったせいかもしれない．

下　ヘントの祭壇画はおそらくフーベルト・ファン・エイクが描き始めたが，1432 年ヤンが完成させた．上列の板絵では父なる神が洗礼者ヨハネと聖母の間に座している．外の板絵には天使の合唱隊とアダムとイヴがいる．下の段には小羊の礼拝の場面がある．天国の町が地平線に見えるがその影はオランダの都市のようで，右の教会の塔はたぶんユトレヒト大聖堂のものである．豊かな細部の描写とすばらしい色彩で，ヘントの祭壇画は堕落と贖罪についての歓びに満ちたキリスト教の福音を表している．

ドイツの木彫

16 世紀ドイツ美術は以前からドイツにあった木彫りの伝統に拠るところが大きかった．たとえばデューラーの作品に典型的に現れているような，厳格な細部へのこだわり，線の鋭さ，誇張された身振りなどは 15，16 世紀ドイツの木製彫刻に先にみられたことだった．

ドイツの彫刻そのものは，長く襞の多い衣装が特徴的な，いきいきと表情豊かな彫刻が石でも木でもつくられていたブルゴーニュの末期中世美術から影響を受けた．この様式をドイツに紹介したのはニコラウス・ヘルハルト（1462—73 年に活動）で，その親しみ深く繊細な性格描写はドイツの彫刻に長く影響を残した．

ドイツ彫刻の名作は南ドイツのリンデン（シナノキ，菩提樹）材に彫られている．オークやクルミより細工のしやすい硬い木であるリンデンは，細かい表現を彫るのに向いていたからだった．初めドイツの彫刻家は作品に生々しい色を塗っていた．しかし 1490 年代にティルマン・リーメンシュナイダー（1460 頃—1531）とファイト・シュトス（1450 頃—1533）がこの習慣を破り，制作の最後に単色の上塗りをするようになった．この単色の使用がドイツ彫刻の力強さと活気につながった．色彩による表情や装飾の効果に頼れなくなった彫刻家は彫りの力だけで表現しなくてはならなくなったからだった．

左　ニコラウス・ヘルハルト作「男の胸像」(1465 年頃). この印象的な胸像は作者自身の肖像だと考えられていて, 木像ではなく石灰岩に彫ったものである——ヘルハルトの木製作品のほとんどは宗教改革の時代に壊されてしまった. だが表現の力強さと自然さに木彫の強い影響がみえる.

下　ティルマン・リーメンシュナイダーの「聖ペテロ」(1505 頃—10 年) は普通, 南ドイツの木製彫刻最高の作品とみられている.

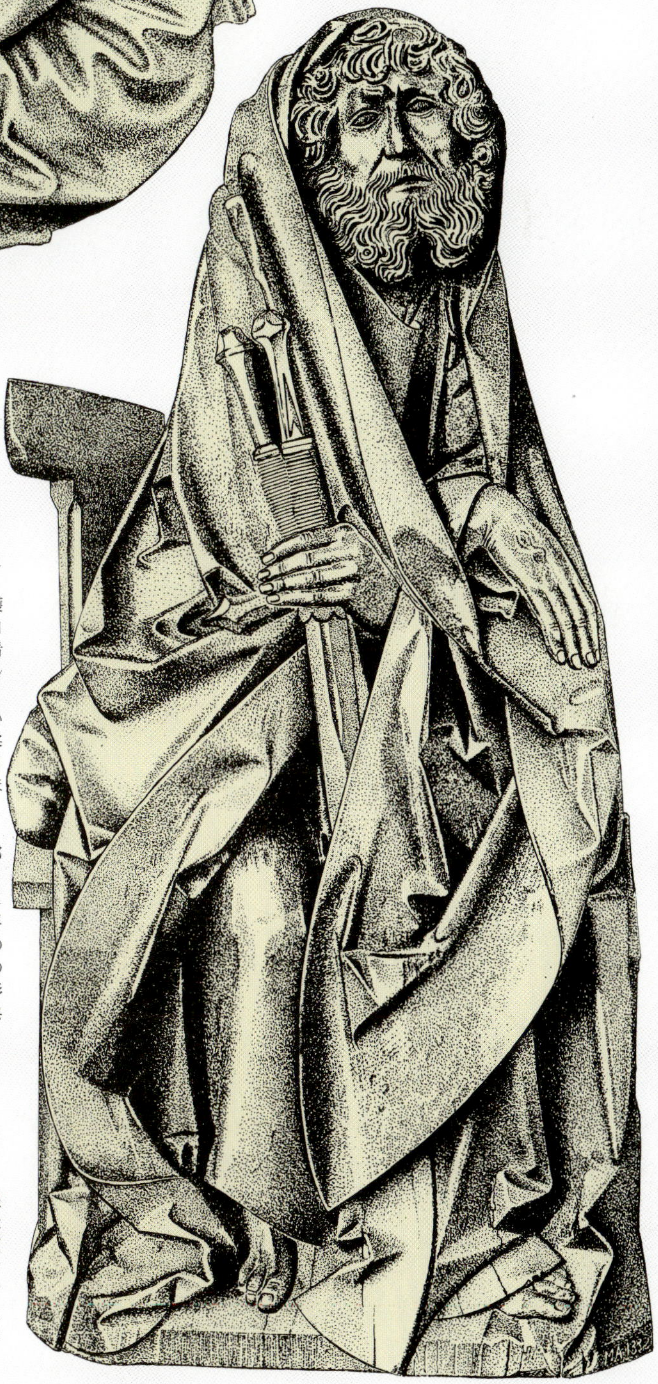

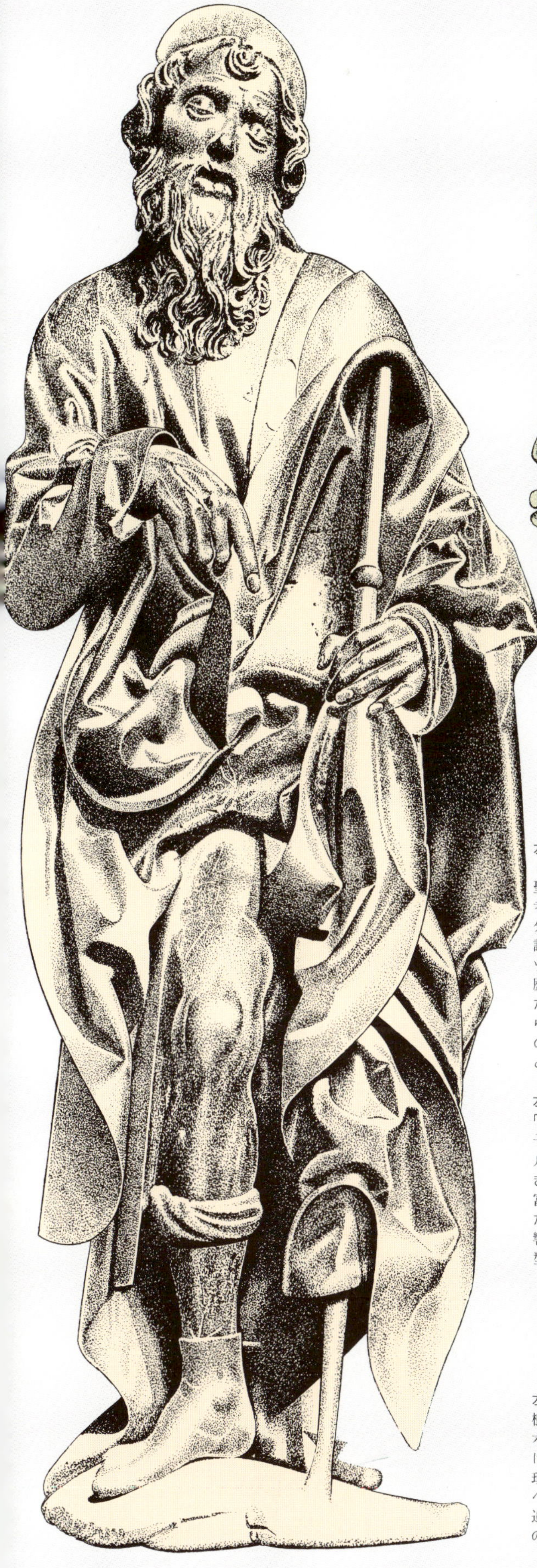

左　ニュルンベルクのファイト・シュトス作「聖ロクス」(1510—20 年頃). 聖ロクスは一般にペストに対する守護者とされた. 伝説によるとロクスは自分がそれに倒れるまでペスト患者を看護した. 完成後すぐこの像はフィレンツェに運ばれたが, それを見た美術・歴史作家ヴァザーリは当時こう書いた.「最高に繊細な彫りによる衣襞は柔らかく軽やかで紙のようだし, 折れ目の扱いには美しい動きがある. これほどすばらしいものは見たことがない」.

左ページ右　「聖一族の祭壇」の一部「小ヤコブの母マリアと父アルファイ, 子供たち」. この祭壇はウルムのダニエル・マウホ (1477—1540) による半浮き彫りで, おそらくアウクスブルクの富裕な商人一族からの注文によるものだろう. 装飾部分はイタリアの強い影響をみせているが, 人物の彫り方は典型的な南ドイツのものである.

左端　ヒエロニムス・ボックの「菩提樹」(1551 年). リンデン (菩提樹) は木彫のためのすばらしい木材としてだけでなく, 魔術的な特性があるとして珍重された. リンデンにお札を付けてペストの終息を祈り, リンデンの森へ巡礼に行った——植物学者ボックは木のまわりで踊るよう勧めている.

北方の視覚

15 世紀の終りまでに，社会は悪い方向に来てしまったという信念が北ヨーロッパに広まった．たくさんの出版物が時代の――君侯たちの尊大な権力の，傭兵の旅団がこともなげにふるう暴力の，教会の堕落と蓄財の，擡頭してきた商人階級の強欲の――「革新」を訴えていた．迷信を信じた時代には，農民の反乱，凶作，ペストの発生が，神は人間に怒っていて審判の日は近いという思いを確かなものにした．1486 年に魔女の儀式を記した『魔女の鎚』という本が出版されたことが，世界を破壊しサタンの支配下におこうとする悪魔の謀略を信じることに貢献する．ボスの絵のなかの悪魔は単なる想像の産物ではなく，中世末期からの社会に渦巻いていた悪の通念を視覚化しようとしたものだった．

黙示録の予告は民間信仰の復活を促した．人々は聖遺物の崇拝，巡礼，信心会への参加，贖宥の購入を通して天国に場所を得ようとする．田舎を行進して，自分を鞭打ったり，熱狂的に踊ったりして神罰をそらし，精神的苦痛からの救済を見出そうとする者もいた．しかしすべてが絶望的なのではなく，キリストの愛にすがって救いを得ることはできるという考えもまだなくなったわけではなかった．この希望の教えはボスやグリューネヴァルトの，他の点では「厭世的な」美術の中にさえ現れている．

左　マティアス・グリューネヴァルトは「キリスト磔刑」で有名だが，イーゼンハイム祭壇画（1512－15 年頃）の脇パネルでは復活したキリストが後光のなかを天に昇っていくのを描いた．キリストは釘の跡を残しているが，十字架の上でつけられた傷から体は解放されている．この板絵はキリストの犠牲があがないであり，罪深い人間を救うと約束したことを示している．

右　ヒエロニムス・ボスの幻想的な画像は中世の動物寓話，タロット・カード，怪物彫刻，最後の審判などを単に描いたのではなく，錬金術，魔法，占星術の象徴に基づいたものでもあった．この水中の魚は「聖アントニウスの誘惑」の一部だが，性的誘惑の隠喩でもあり，また「泳ぐものが水に囲まれているように」人は悪魔に囲まれているという中世の諺を絵にしたものでもあった．

左　マルティン・ショーンガウアーの「聖アントニウスの誘惑」(1485 年頃). 聖アントニウスは修道院制度の創始者である. 荒野での孤独で禁欲的な生活は幻影の形をとった誘惑にかき乱された. 聖アントニウスの「誘惑」は性的快楽か富への誘いだったが, ときには実際魔物たちが襲ってくることもあった. アントニウスの誘惑は後期中世の北方美術ではよく描かれた.

右　「メランコリア」(1514 年) はデューラーの版画のなかでも最も複雑なものの一つだとみられている. 円球, 幾何学的な形の石, 分割器, 物差し, 中央の人物の思い悩んだような表情などからみると, 翼のある人物はたぶん 16 世紀には純粋数学, 憂鬱質など高度に抽象的な思考と結びつけられていたサトゥルヌス=土星を表したものだろう. さらにこの版画は, 考えるだけではっきりした行動をとれない, 理論的洞察に長けた人間類型の隠喩でもあるらしい. 正確な解釈がどうであれ, この絵は人間精神の限界や欠陥を描いている点で心底から厭世的である.

フランス

領土拡大の時代

16世紀前半，ルネサンス時代のフランスは，大胆な領土拡大に向っていた．その傾向はわずか1世紀前の百年戦争の間にはほとんどみられないものであった．イングランドとブルゴーニュによる領土の分割を防ぐのに，ジャンヌ・ダルクの神がかり的なリーダーシップによる奇跡的な道しるべが必要であった．ただ，この消耗的な戦争とそれに続く再建は，フランス・ルネサンスのはっきりした特徴を明らかにしていくのに役立つことになる．つまり，最初はひかえめであったが，その後強化していった王室中心性，外部の影響に対するあいまいな態度，内省的な精神性などである．

フランス国内の問題へ，敵対する近隣の王朝がはた迷惑な干渉をすることが百年戦争のもととなった．その後，フランスの王は13世紀から徐々に併合してつくりあげてきた強力なフランス王国の，伝統的な領土の回復に力を注ぐことになる．それまでフランスの勢力範囲のなかに含まれることのなかった近隣の領国も，フランス王国に併合されていった．1453年のイングランド領ガスコーニュの領有に始まり，ついでブルゴーニュ（1477年），プロヴァンス（1481年），ブルターニュ（1491年）の実質上の併合が続いた．同じ頃残る封建諸侯の領土の多くも王権のもとに屈し始めていた．最初にアルマニャック（1473年），続いてアンジュー（1489年），そして軍事長官（元帥）シャルル・ド・ブルボンの反逆に際して，豊かなブルボン家領の相続権も手中にした（1527年）．1328年から1589年までフランスを支配したヴァロワ王朝は，このようにして権力を強化することができた．1500年までにフランスは，特色ある六角形の国土を形づくっていた．

左　アンヌ・ド・モンモランシー（1493—1567）は，フランソワ1世の宮廷において重要人物であった．王宮内の陰謀，政治主導権，軍事遠征，宮廷における芸術的および知的向上，彼が関わらないものは何もなかった．エクアンとシャンティイにある彼の一族の城館は，その威信とフランスへのルネサンスの影響の表れである．このレオナール・リムーザン作のエマイユ（七宝）細工のメダルは，16世紀のエマイユ作家の精巧な熟練技術を雄弁に物語っている．

ヴァロワ王朝は領土拡大の望みから，さらに遠く離れた地にまで理由をつけては干渉した．ナポリ，ミラノ，アルトワ伯領，その他の地方へのかぼそいつながりを姻戚関係によって強化し，フランスが関わりをもつことをできるだけ正当化しようとした．フランスとその宮廷は他国への強い関心から，たびたび政治亡命者を受け入れ保護した．ナポリの貴族，ジェノヴァやミラノの亡命者，ローマのボルジア家の敵，フィレンツェの夢想家や陰謀家，彼らは皆，フランスの野望という磁力にひきつけられた．イタリアへ侵攻してその領土を併合し，ローマ教皇庁を改革し，新たな十字軍を聖地に派遣する企てがフランス王のもとでもくろまれていた．

征服は文化的な背景ももっていた．シャルル8世（1483—98），ルイ12世（1498—1515），フランソワ1世（1515—47）は，アルプスを越えるハンニバルの再現として，彼らのスポークスマンによって描かれた．ユリウス・カエサルがさらに絶好の強力なモデルとして扱われた．16世紀初めに制作された多くの美しい彩色写本の中に，注目すべきカエサルの『ガリア戦記』3巻本がある．それは，フランソワ1世のために，彼の宮廷の施物分配官で，以前の彼の家庭教師でもあったフランソワ・ドムランの指図のもとにつくられたものであった．その中に，若き王がフォンテヌブローの森での狩猟中，カエサルに遭遇するという場面の挿し絵がある．ふたりは，戦術の巧妙さを互いにたたえあっている．フランソワ1世の見事な勝利，特に1515年のマリニャーノの戦いにおける勝利は，征服談，英雄譚の中心的な題材となった．この題材は，精巧なメダル（だいたい，イタリアの熟練した職人によって制作された）や，皇帝（王）の彫像，凱旋門などに具現されただけでなく，王室作曲家クレマン・ジャヌカン（1485—1558）の歌謡によっていきいきと表現された．このようにフランス・ルネサンスは軍事行動と密接なつながりをもっていた．イタ

下左　カエサルの『ガリア戦記』を題材とした写本は，16世紀の彩色写本の中で最も美しいものである．フランソワ1世とユリウス・カエサルが彼らの軍事的勝利を語りあう主題は，フランソワ1世の家庭教師であったフランソワ・ドムランの案によるものである．挿絵はアルベール・ピッグと助手ゴドフロワ・ル・バターヴが描いた．これはユリウス・カエサルがフランス王と，フォンテヌブロー周辺の森で架空の出会いをする場面である．

フランスの領土拡大, 1453–1559年
ルネサンス期のフランスは，ブルターニュ，ピカルディー，プロヴァンスのような離れた地方を，王国の勢力圏に早い時期に取り込み，急速に拡張した．1559年までには，百年戦争が1453年に終結した時点から3倍に広がった．フランスの領土拡大戦略のなかでも，特に顕著だったのは，イタリアに対する野心である．この政略は敵国の同盟と報復を引き起こしたが，特に際だっていたのがハプスブルク家連合であった(イタリア戦争)．フランスはまだ侵略に対しての守備は弱く，特に北から東にかけての方面は侵入されやすかった．国内的には，事態は統合に向けて進んだ．長期間にわたる法的・財政的な手段による王権強化が行われた．その最たるものが国王法廷である高等法院である．しかしフランスはまだその自負にもかかわらず，絶対王政からは程遠かった．いまだ多くの地域に代議制議会があり，地方的伝統が力をもっていた．

リア半島の支配権を求めて，1494年から1559年まで65年に及ぶイタリア戦争の間，フランス軍の出征は43回にもなった．ヴァロワ朝の王たちは，軍司令官たちとともに綿密に計画を立て，軍隊を慎重に進めた．勝利は，敵の裏をかいた攻撃と，遠距離をものともしない不屈の軍隊の優秀さによるものであった．アルプス越えのルート選択の適切さも，勝利に大きく貢献した．

しかし，政略上のこの軍事行動は大きな代償を伴った．フランスの行動は，近隣諸国の不安を喚起した．1490年代以降，イタリアをめぐるフランス王室とハプスブルク朝の間の衝突もその現れである．拡大した国境地域，特に攻撃されやすい北部や北東部の防御のために費用は増大した．守備を固めるためには，ヨーロッパで唯一の常備軍を維持する必要があった．その常備軍とは名高い近衛騎兵隊のことであり，建て前上は由緒ある貴族で構成されていた．さらにまた，軍事的に大きな打撃を受ける危険性もあった．その危険を示す事件が，イタリア北部のパヴィアで1525年に起こった．フランス軍は敗走し，フランソワ1世はそれから2年間虜囚の身となった．1557年8月には，ピカルディーで，大元帥アンヌ・ド・モンモランシーをはじめフランス軍の半数が囚われてしまった．こうした敗北は，フランス王国の致命的な弱点をさらけだした．そしてフランス王家に新たに組み入れられた領土の統治のために，さらに代償を支払う結果となった．それらの地域は，言語，法律上の慣習，日常習慣と歴史などまったく異なった背景をもっていた．また，フランスの中核地域に比べ，人口密度は低く，経済の発達も遅れていた．併合された地方のために，莫大な財政負担と労力がフランス王権にのしかかった．イル・ド・フランス，ロワール川流域，ノルマンディーなどのフランス中核地域にのみルネサンス期の文化的投資が集中した理由は，このことから説明される．フランスの大西洋側の海岸線は長大であり，また1530，40年代に，探検家ジャック・カルティエによる航海がサン・マロを起点としたにもかかわらず，フランスの海外領土拡大が限られたのもそのためである．

左　フランソワ1世がイタリア戦争であげた，名高いマリニャーノの勝利(1515年)を記念するメダル．宮廷のイメージメーカーは，フランソワの軍事的な栄誉は古代ローマに匹敵するものだと示そうと懸命になった．ここで彼は古代風装飾を施した兜を被っている．裏面には，戦利品として獲得したスイスの武具が刻まれているが，フランスの近衛騎兵隊がスイス傭兵を打ち破ったことを記念するものである．戦利品を囲む銘「神の加護と皇帝の徳により」によってさらにまた皇帝のテーマにふれている．

大いなるフランス王政

フランス王たちや彼らの従者，宮廷，そして広範な王室官僚社会は，フランスの文化的生活の枢要部をなしていた．ヴァロワ王家は，文化の保護が支配力を手中に収めるために重要であることを認識していた．フランソワ1世のように洞察力のある聡明な王は，王政のイメージづくりとエリートたちの意識のアイデンティティを高めるために，文化保護を利用

上　スペイン王，そして神聖ローマ帝国皇帝でもあるカール５世は，ネーデルランドでの反乱を鎮圧するため，フランスを横切る「巡行」を急に思いつき，そのために２カ月を費やした．この明白なデモンストレーションに合意することにより，皇帝からイタリアにおける妥協を得ようと望んでいたフランソワ１世は，彼の強大な敵を熱烈に歓迎した．彼らの出会いは，イタリア人芸術家タッデオ・ツッカロによってこの絵の中に再現されている．

した．

ルネサンス期のフランス宮廷は大規模で，支配層が膨らんでいった．１回目のイタリア遠征をした1494年（イタリア戦争開始の年）の直前には，王室の給与支払い簿には318名の役人が記載されていた．1523年には，王家は540人もの職員をかかえ，16世紀前半を通して，賃金支払い額は増大し続けた．まだそのほかにも，参事官，書記官，秘書官，外国からの使節たち，おびただしい数の取り巻きたち，そして王妃，皇太后，王家の子供たちとそれぞれの従者が宮廷内にいた．その総数は1000人を超えていたであろう．

宮廷の組織化，物資の供給，安全や輸送の確保は大事業であった．フランスの宮廷は，頻繁に居所を移転するという特殊性により，輸送事業は重要なものであった．広大でそれぞれ異なった背景をもつ領土を，地方ごとの有力者を使って治めるという政治的な必要性から，複雑な旅行計画がたてられた．宮廷に在留するイタリア人たちは，そのために疲労困憊し，困惑させられた．「この宮廷のようなところはほかにはありません」．サルッツォの司教は，フィレンツェのコジモ１世に書き送った．「ここではわれわれには重要な職務は何もないのです．もし，何らかの仕事がたまたまあったとしても，それは時刻も日も月も確定したことは何もないのです．ここで考えることといえば，狩猟，女，宴会，そして転居……」．転居は，１万8000頭の馬を必要とする作業であった．携帯する装備は莫大なものであった．それはフランスの宮廷の生活様式が複雑な洗練を増していった証明でもある．これは，衣装，食品，娯楽，エチケットそして宮廷における女性の地位向上などさまざまな分野でみられる．そうした変化のいくつかは，イタリアの影響が増大したことの結果であった．ブルゴーニュ宮廷の伝統様式から衝撃をうけたとはいえ，より複綜し洗練された社会へのフランス人の欲求も重要であった．

宮廷の拡張は，華美に対する欲求と同じくらいに，建築への王室の野心にも影響を及ぼした．百年戦争後，時間をかけて王国再建がなされたが，フランス貴族たちは本来の役割たる防衛の備えのない城館をふたたび建設することに熱中した．軍事目的を主眼においた建築の特質は次第に影が薄くなったばかりでなく，外部の装飾のほうに専心していった．同じ頃のイタリア出征は，有力なフランス貴族が盛期ルネサンスの古典的建築に接する機会をもたらした．その結果が，残存するフランス・ルネサンスの城館に現れているようである．最初，古典モチーフは，基本的にはゴシック様式である建築のうえに付加的に用いられた．しかし，1520年代までには，古典様式は建築物全体の構造の主体となるに至り，優雅な新しい生活様式は，建築の内部の仕組みを決めるもととなったのである．

王宮における変化が特に顕著であった．シャルル８世は1495年にナポリから帰還したとき，芸術家と熟練した職人の一団を同伴していた．そして，再建中のアンボワーズ城での仕事にあたらせた．フランソワ１世の治世，イタリア古典様式は，王自らが積極的に奨励したこともあって，圧倒的な影響力を及ぼしていた．同時代の証言によれば，王はまさに「建築への驚くべき熱中ぶり」であった．最初に影響が現れたのは，ロワール川流域と，ついでイル・ド・フランスであった．王室の城は様子を一変させた．フランソワ１世は，最初の妻クロード・ド・フランスの宮殿であるブロワ城の一翼を拡張した．その外面には，ブラマンテがバチカンで用いたイタリア風ロッジアの様式にならうファサード（前面）をつけ，中庭に面した側には古代風のファサードと見事な螺旋階段を製作させた．次に，ブロワの東にある王家の森に壮大なシャンボール城を建設し始めた．

1528年以降，フランソワ１世はルーブル，フォンテヌブロー，サン・ジェルマン・アン・レーやブローニュの森での大事業に着手した．それらの事業の最後が，シャトー・ド・マドリ（名の由来は，はっきりしていない）として一般に知られている城の建設であった．この城は現存していないが，構

右　**ヴァロワ期ルネサンス**

フランス・ルネサンスは宮廷と深く関わっていた（独占的であるとはいえぬが）．フランスのヴァロワ朝の王たちは，芸術改革に指導的役割を果たす宮廷を苦心してつくり上げた．その芸術改革とは，貴族社会の文化的価値と，王国統治，さらに軍事行動計画までを統合するものであった．ルネサンス宮廷は，フランソワ１世の治世（1515—47）に大きな力を発揮した．王が王国内をめぐる「巡行」は，戦略上，政治上の複合的理由により決定された．その文化的影響は非常に大きなものであった．広く読まれた著作『フランスの最も卓越した建築物』で，装飾家J.アンドルエ・デュ・セルソーは，彼が王国内で最も高く評価する建造物の建築図面を紹介した．その結果，当時のフランス宮廷の美意識に密着した人物の，文化的外様が明示されることになった．

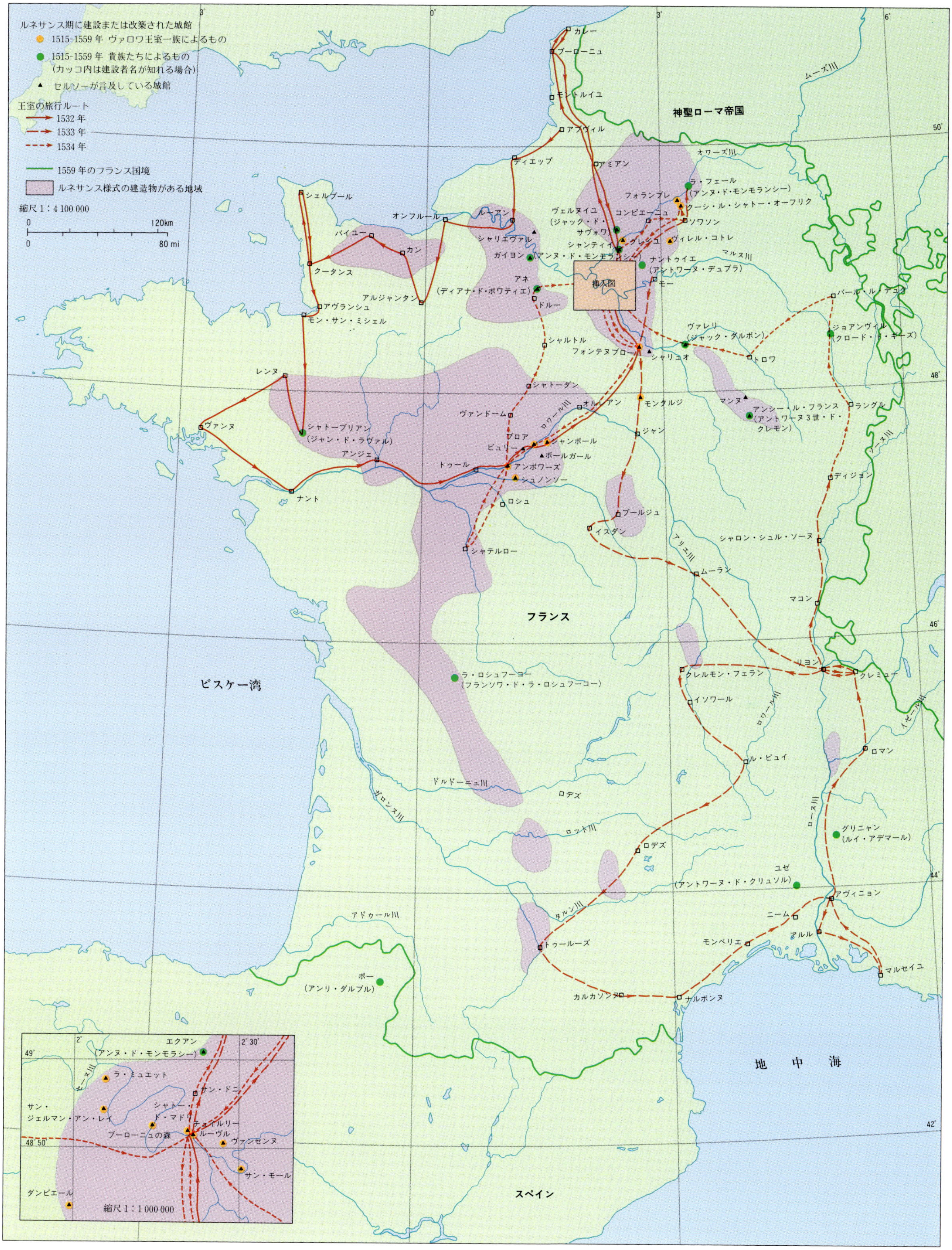

ルネサンス期に建設または改築された城館
1515-1559 年 ヴァロワ王室一族によるもの
1515-1559 年 貴族たちによるもの
(カッコ内は建設者名が知れる場合)
セルソーが言及している城館
王室の旅行ルート
1532 年
1533 年
1534 年
1559 年のフランス国境
ルネサンス様式の建造物がある地域
縮尺 1：4 100 000
0
120km
0
80 mi
神聖ローマ帝国
フランス
ビスケー湾
地　中　海
スペイン
カレー
ブーローニュ
モントルイユ
アブヴィル
ディエップ
アミアン
ラ・フェール
(アンヌ・ド・モンモランシー)
フォランブレ
クーシ・ル・シャトー・オーフリク
コンピエーニュ
ソワソン
ヴィレル・コトレ
ヴェルヌイユ
(ジャック・ド・サヴォワ)
シャンティイ
ナントゥイエ
(アントワーヌ・デュプラ)
モー
シャリエヴァル
ガイヨン
アンヌ・ド・モンモランシー
アネ
(ディアナ・ド・ポワティエ)
ドルー
挿入図
シェルブール
バイユー
カン
オンフルール
ルーアン
クータンス
アルジャンタン
アヴランシュ
モン・サン・ミシェル
シャルトル
フォンテヌブロー
シャリュオ
ヴァレリ
(ジャック・ダルボン)
トロワ
バール・ル・デュク
ジョアンヴィル
(クロード・ド・ギーズ)
レンヌ
ヴァンヌ
シャトーブリアン
(ジャン・ド・ラヴァル)
アンジェ
ナント
シャトーダン
ヴァンドーム
オルレアン
モンタルジ
ロワール川
ブロア
シャンボール
ビュリー
ポールガール
アンボワーズ
トゥール
シュノンソー
ジャン
ロシュ
ブールジュ
イスダン
シャテルロー
マンヌ
アンシー・ル・フランス
(アントワーヌ 3 世・ド・クレモン)
ラングル
ディジョン
シャロン・シュル・ソーヌ
アリエ川
ムーラン
マコン
リヨン
クレミュー
クレルモン・フェラン
イソワール
ロワール川
ル・ピュイ
ロマン
イゼール川
ローヌ川
ソーヌ川
ムーズ川
オワーズ川
マルヌ川
ラ・ロシュフーコー
(フランソワ・ド・ラ・ロシュフーコー)
ドルドーニュ川
ガロンヌ川
ロデズ
ロット川
ロデズ
グリニャン
(ルイ・アデマール)
ユゼ
(アントワーヌ・ド・クリュソル)
アヴィニョン
ニーム
アルル
モンペリエ
マルセイユ
タルン川
トゥールーズ
アドゥール川
ポー
(アンリ・ダルブル)
カルカソンヌ
ナルボンヌ
エクアン
(アンヌ・ド・モンモランシー)
ラ・ミュエット
セーヌ川
サン・ドニ
サン・ジェルマン・アン・レイ
シャトー・ド・マドリ
ブーローニュの森
チュイルリー
ルーヴル
ヴァンセンヌ
サン・モール
ダンピエール
縮尺 1：1 000 000

シャンボール城

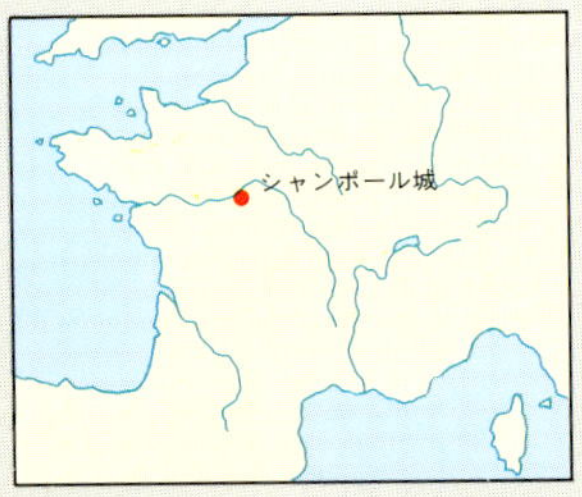

ブロワの東側の森に，フランソワ1世はまったく新しいルネサンス様式の宮殿を建造した．その成果は，ルネサンスの最も驚嘆すべき建物となり，フランス・ルネサンスの王政と宮廷の贅沢な壮麗さを示す独特の記念碑的建造物として今も残っている．湿地帯に建てられたシャンボールの巨大な城館は，基礎工事に十分な配慮が必要であった．建設は1519年に始められたが，中央の翼は1533年まで，そしてその内装は1539年まで完成しなかった．シャンボール城の工事は，1550年代になっても続けられ，外側の翼は完成することなく終った．

この建設事業の規模は，16世紀の基準ではとてつもなく巨大なものであった．そして当時の他国の王たちの関心を呼び起こした．たとえば，イングランドのヘンリー8世は，シャンボールの評判を聞いて感銘を受け，ハンプトン・コートの南に位置する森に，同規模の宮殿の建造を命じた．シャンボールよりさらに少し大きなファサードを構えるノンサッチ宮殿である．

17世紀に，この城の木製実物模型をもとに素描がつくられたが，その模造はおそらく，シャンボールに携わった主要な建築家であったドメニコ・ダ・コルトーナが作成したものであろう．しかしながら，このことは出来上がった宮殿がイタリア風デザインで建造されたことを意味するわけではなかった．建築作業は，フランスの熟練した石工たちが仕事を引き継いで成し遂げた．どの部分も当初の設計はいくつかの点で変更され，特に中央翼のファサード（前面）と階段において著しかった．しかしその結果はルネサンス建築の勝利を告げるものだった

シャンボール城の建物のファサードにみられる豊富なルネサンス・モチーフのなかでも，最も印象的な特徴は，おそらく重なり合った屋根の線である．この豪勢な造りは，王宮建築様式特有の伝統によるものであった．300を超す屋根窓，二重螺旋階段へ明かりを供給する中央塔の周囲の巨大な煙突と林立する装飾的な小塔は，中世世界の雰囲気をシャンボール城に与えている．

16世紀の年代記作者ブラントームは，シャンボール城の窓際の椅子にフランソワ1世が自分自身の手で「すべての女性は気紛れ」という言葉を刻むのを見たと，かつて主張したものだった．移り気は彼の個人生活と外交関係の双方において根本的問題であった．

下　今日でもシャンボール城は堂々たる姿を見せている．16世紀のパリ市街に相当する広さの大庭園の中に建てられ，建物全体の規模も同様に巨大である．440の部屋があり，たえず拡張し続ける宮廷を収容することができた．

シャンボール城の要所
1 エントランス
2 中央中庭
3 本丸
4 衛兵所
5 主階段
6 礼拝堂
7 フランソワ 1 世の私室
8 練兵場

下図　シャンボール城の平面図は，表面的には中世様式である．中央部分に，4 本の塔とカーテンウォール（幕壁）が配置されている．しかし，他の箇所は，ルネサンス的原則の応用がはっきりと見られる．この二つの様式の対照が，シャンボール城を非常に特色あるものにしている．

下　シャンボール城内部の最も際だった特徴は，見事な二重螺旋階段である（おそらくレオナルド・ダ・ヴィンチの考案による）．この石造階段は開放型であり，そのため上方からの光が連絡通路にまで達する．

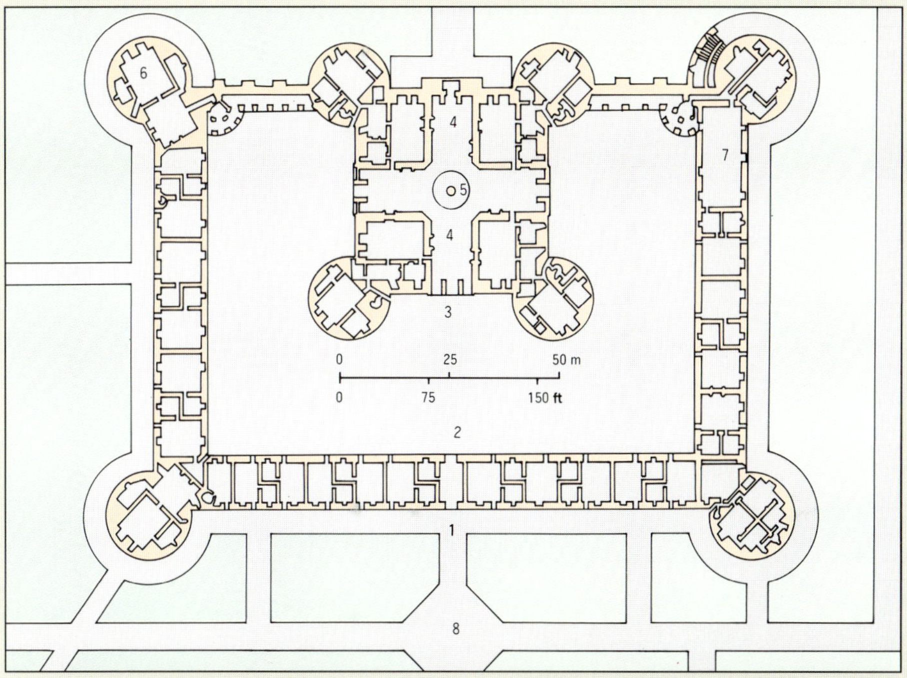

造については十分に知られており，装飾といえば，イタリアの影響やそのまったくの新奇さを伺い知ることもできる．フォンテヌブローは最も特色あるフランス・ルネサンスの王宮の姿を見せているが，建物の内外ともに，フランス王政と国家の偉大さを改めて想起させるものであった．

宮廷の外にも，国を統治するうえで常備軍に相当するほどの王室官吏を置いていた．フランスはルネサンス期ヨーロッパの他のどこの国よりも多くの役人を雇用していた．官吏は自分の地位を永久に守るために，高等法院とその他多数の法廷に金銭の支払いを余儀なくされた．1515 年には王室官吏は 4000 人を超えていたとみられ，その主目的は領土統合という国策であった．16 世紀初めのイタリア戦争の必要のために，その人数と，彼らが王室財政に対して払う貢献度は増大した．官職保有者はフランスにおけるルネサンス文化の伝達において重要であったことがわかる．

ルネサンスの影響を最もはっきりと受けたのは，王室官吏のうちでも身分の高い支配者層であった．彼らはロワール川流域のヴァロワ家の森林領土のなかに壮大な城館を建てた．それらは，フランス・ルネサンスの古典的建築様式がつくりだした競合と模倣の取り合せをふんだんにみせている．最も早い時期のものはフロリモン・ロベルテによって 1510 年代，ビュリーに建てられたものである．彼はヴァロワ朝末期の王室使用人のなかで一家をなし，ルイ 12 世とフランソワ 1 世のもとで有力な官吏となっていった．ビュリー城館の遺構だけが現存するが，アーケード式の回廊，整然とした古典的なファサードや古代様式の彫像のコレクション —— そのなかにはミケランジェロのブロンズ像,「ダビデ」も含まれていた——は，当時の人々に強い印象を与えたものである．ビュリーが，フランソワ 1 世のブロワ城の新翼の建築全体に影響を及ぼしたことは，当然ありうることである．その近くでは，トマ・ボイエがシュノンソー領地を得ようとしていた．彼は資金運用に卓越した腕をみせた人物で，王室での勤務で地位を築いた．彼は，有力な王室財務官一族の娘であるカトリーヌ・ブリソネと結婚し，最後にはパリ会計院の院長にまで出世していった．まず彼がしたのは，1514 年にシュノンソーの古い城を取り壊すことであった．そしてその跡地に壮麗で贅沢な当時の最先端をいくルネサンス式の邸宅を，水車の土台の上に建てた．その間にすぐ近くのアゼ・ル・リドーでは，1518 年に 400 人以上の人夫が屋敷の改築のために雇いいれられた．施工主は王のもうひとりの財務官であり，秘書官でもあったジル・ベルトローであった．その建築様式は，ブロワとビュリーの特徴を合わせもつものであった．

ビュリー，シュノンソー，アゼ・ル・リドー——ほかにも建築の実例は容易に見つけることができる．古典とゴシック，二つの様式を苦心して混合させたそれらの建築からは，その頃の新興貴族たちの覇気と，さらには俗物根性も感じ取れる．王室勤務が常に成功を導くというわけではなかった．政府の役人や財務官たちは，王室勤務からあまりに多くの利益を得ているという疑いをかけられ，王の施策の失敗の責任を最初に負わされることになった．その代表的な例がトマ・ボイエである．彼は 1531 年に免職させられた．

ヴァロワ朝の官吏たちは，知的分野にも特色のある跡を残した．彼らの人文主義教育と法学の修練は，人文学研究を正しく認識するための基本的な背景をもたらした．大多数の者は，人文主義のテクストを購入したり読んだりすることに集中した．少数の者は，学問活動と忙しい王室の仕事をどうにか両立させた．それを最もうまく成し遂げたのは，たぶんクロード・ド・セッセル（1450 頃—1520）であろう．彼はイタリア生まれで，パドヴァで法律を学び，行政官と外交官とし

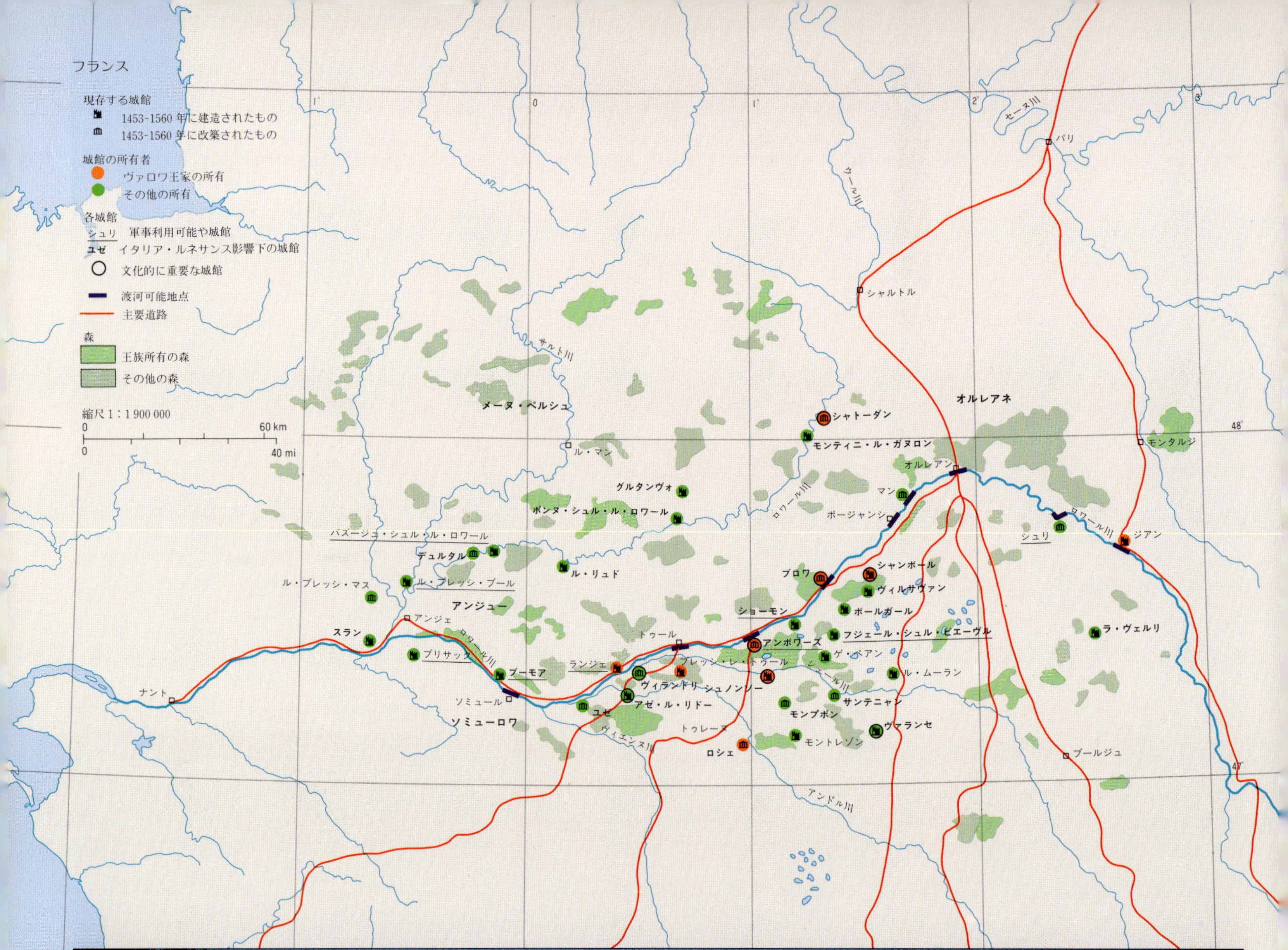

フランス
現存する城館
1453-1560 年に建造されたもの
1453-1560 年に改築されたもの
城館の所有者
ヴァロワ王家の所有
その他の所有
各城館
シュリ 軍事利用可能や城館
ユゼ イタリア・ルネサンス影響下の城館
文化的に重要な城館
渡河可能地点
主要道路
森
王族所有の森
その他の森
縮尺 1：1 900 000
0 60 km
0 40 mi
パリ
セーヌ川
ウール川
シャルトル
サルト川
メーヌ・ペルシュ
ル・マン
シャトーダン
モンティニ・ル・ガヌロン
オルレアネ
オルレアン
モンタルジ
グルタンヴォ
ボンヌ・シュル・ル・ロワール
ロワール川
マン
ボージャンシ
シュリ
ジアン
バズージュ・シュル・ル・ロワール
デュルタル
ル・リュド
ル・プレッシ・ブール
ル・プレッシ・マス
アンジュー
アンジェ
スラン
ブリサック
ブーモア
ナント
ソミュール
ソミューロワ
ランジェ
ヴィランドリ
アゼ・ル・リドー
ユゼ
ヴィエンヌ川
トゥール
プレッシ・レ・トゥール
シュノンソー
ショーモン
アンボワーズ
ブロワ
シャンボール
ヴィルサヴァン
ボールガール
フジェール・シュル・ビエーヴル
ゲ・ペアン
ル・ムーラン
シェール川
サンテニャン
モンプボン
ヴァランセ
モントレゾン
トゥレーヌ
ロシェ
ラ・ヴェルリ
ブールジュ
アンドル川
48°
47°

左　フランス・ルネサンスの城館
ロワール地方は，ヴァロワ朝君主とその臣下たちの活動の場であった．パリは明らかに行政上の首府であったが，ロワール地方に拠点を維持し続けることは，歴史的にみて十分な理由があった．百年戦争の際に，ロワール地方の各地に置かれた橋頭堡は，王国の防衛の要所であることを証明していたのである．そのほかにもまだ理由があった．ロワール川流域の森は絶好の猟場を提供し，気候も温暖であった．その結果，王族の城館の飾り気ない軍事用城郭は，16 世紀には徐々にイタリア・ルネサンス風と古代趣味のものに取って代わった．王が先駆けとなって居を構えたこの地に，臣下たちがそれに続き，まるで政治闘争でもするように，建築をめぐる功名心を互いに競いあった．その結果として現れたのが，フランス・ルネサンスの活力を示す建築様式の特色ある一群である．

右　この八角形の階段は，フランソワ1世の治世の初期にブロワ城に付け加えられたファサード（前面）の一部であり，フランス・ルネサンスのシンボルとなっている．王独自のモチーフを用いてイタリア風のスタイルで装飾され，ファサードに巧みに組み込まれている．この階段は王と最初の妻であるクロード・ド・フランスの新しい部屋それぞれに通じていた．フランソワ1世は妻クロードからこの城館を相続した．

ての活動を経験したのち，ルイ 12 世の最も信任厚い王室顧問官となっていった．さらに，ブロワの王室図書館の新コレクションを利用する好機を得て，ギリシア・ローマの歴史家の著作をフランス語に翻訳しようと準備した．彼が信条としたのは「単に読書の楽しみや喜びのためだけではなく，王国の業務を管理し，賢明にそしてより良く統治することを導き，教育するために」ということであった．セッセルの死後，理由はわからないが，フランソワ１世は彼の秘書官であり施物分配官であったジャック・コラン（カスティリオーネの『宮廷人』の最初のフランス語翻訳者）にそれら翻訳書を編集し，出版することを命じ，毎夕食後，朗読させたのである．セッセルの政治論文『偉大なるフランス王政』は，16 世紀のフランス政治思想の最も代表的なものであるが，1516 年にフランソワ１世に献じられた．それは，フランソワ１世が，セッセルが司教を任じられていた地マルセイユを公式訪問中のことであった．この論文は，フランスの君主制は，君主制と貴族制と民主制とを注意深く均衡させたものであり，偉大なローマ帝国を凌駕するものであると論じた．フランス人文主義は，フランスのエリート支配者層のものとなったとき，一種の政治的宣伝に容易に利用されるようになったのである．

イタリアの魅力

フランス文化におけるイタリア・ルネサンスの影響は，1494 年のシャルル 8 世のイタリア遠征以前に始まった．15 世紀の中頃からユマニスト（人文主義者）がフランスのいくつかの大学で教授していた．すでにイタリアのものに対する自然な関心は高まっており，特に地位の高いフランスの聖職者の間で強かった．アヴィニョンにローマ教皇庁が移ったことが最初のきっかけとなって，14 世紀の間に興味は刺激されたが，その後もフランス人の枢機卿が続いたことにより，関心は持続した．

王国軍に属する貴族階級にとって，1494 年のイタリア出征は転換点であった．彼らはイタリアで見つけたものに目を奪われた．ある戦争記録者は，興奮して次のように記述した．「すべてが並はずれている．優美な窓のある家，長く，広く，高い，見事なガレリア，芝生や小道や生け垣，そして噴水や小川のある心地よい庭園……そこには白い大理石や斑岩でつくられた古代風のアラバスター（雪花石膏）彫像がある」．シャルル 8 世はピエール・ド・ブルボンに 1495 年 3 月にイタリアから返信を書き送った．「君には信じられないだろう．私が今まで見たこともないような美しい庭園……ここにアダムとイヴさえいればまさに地上の楽園といえるだろう．それほど美しく，すばらしくて驚くべきもので満ちている……そして私はこの地で優秀な芸術家を見出した．だから君は，想像しうる限りの最も美しいパネルを，彼らに注文してつくらせることもできる」．

シャルル 8 世は実際に，「イタリア様式で建造し，飾り上げるために」20 人かそれ以上の職人を伴って帰国した．主に建築装飾家，工芸家，彫刻家であったが，彼らの中にはナポリ人の庭師，パチェロ・ダ・メルコリァーノも含まれていた．彼は，ドメニコ・ダ・コルトーナに補佐されて活動した．ドメニコは，新築に際しての木型模型や，庭園の四阿の製作にたけた製作者であった．彼らの同胞フラ・ジョコンドはブロワの庭園の改築にあたって，水をひく水道橋を建造した．

フランソワ１世のもとでイタリアの影響はよりいっそう増大した．ルイ 12 世の治世の頃からフランスの宮廷とつながりのあったレオナルド・ダ・ヴィンチは，1516 年にフランソワ１世の招きにより来訪し，アンボワーズ城近くのクルー（クロ＝リュセ）の邸宅に落ちついた．王の意図がどのようなものであったのかについてはさまざまな推測が成り立つ．一つの可能性として，ロモランタンに皇太后のため新宮殿の設計を依頼したということが考えられる．レオナルドの『アトランティス手稿』の一連のスケッチは，彼がそのプロジェクトに関わっていたということを明示している．しかし 1519 年の彼の死によってプロジェクトは流れた．レオナルドはまた，フランス・ルネサンス様式の最もすばらしい城館の一つであるシャンボール城の設計者でもあったとみられてきた．しかし，建設が始まったのが，彼の死の約 4 カ月後であったことからすると疑わしくもある．とはいえ，中央の二重螺旋階段建造という大胆な決断は，彼の影響があってこそできたということはありえよう．

フォンテヌブロー宮殿の多くの秀いでた特質も，イタリアの影響の結果だということができるかもしれない．内部の装飾はジョヴァンニ・バッティスタ・ロッソ（ロッソ・フィオレンティーノ，1495—1540）とフランチェスコ・プリマティッチォ（1504—70）の指示のもとに行われた．ロッソは，ローマ在留時にはミケランジェロとラファエロのもとで働くフィレンツェ出身の芸術家であった．1529 年頃ヴェネツィアに移り，イタリアの作家ピエトロ・アレティーノのためにスケッチ「マルスとウェヌス」を描いた．この作品は，イタリア戦争の間に締結された協定合意，カンブレーの和（1529 年）を寓話化したものであった．これがフランソワ１世に披露され，その結果がロッソのフランスへの招待となったのかもしれない．続いて 1532 年には，プリマティッチォがロッソのもとに加わった．プリマティッチォはその当時の卓越した漆喰装飾（ストゥッコ）の芸術家で，マントヴァ公からフランス王に推薦された人物であった．

左　プリマティッチォによって描かれたデタンプ公夫人の寝室のフレスコ画．1540 年にプリマティッチォは，フランソワ 1 世のための芸術品購入業務を目的としてローマに派遣され，古代彫刻やパルミジァニーノの作品にじかに接した．フォンテヌブローに戻ってきた彼は，際だって長く，先のほっそりした手足と細い頸，上品な頭部をもつこれらの人像柱に見られるような独特の作風をつくりだした．

ロッソとプリマティッチォは，幅広く多様な内外の芸術家からなるフォンテヌブロー派の主要な一員であり，1530 年頃から 1560 年頃までフランス宮廷で働いた．フォンテヌブロー派にはほかに彫刻家のジャン・グージョン（1510 頃―64），画家のニコロ・デル・アバッテ（1509 頃―71）やジャン・クーザン（1490 頃―1560）などがいた．ロッソの大胆な漆喰装飾や，プリマティッチォの長い手足や細い頸などが強調された裸体画は，フォンテヌブローのフランソワ 1 世のギャラリーや，デタンプ公夫人の寝室，舞踏室で今でも見ることができる．絵画，漆喰装飾，タペストリー，そして炉棚上の彫像は，神話と同時代との題材による表現が複雑に入り組んだものとなり，それが芸術全般の成功の一因となった．フォンテヌブロー派の様式は，全体としては自意識にあふれた優雅さと感覚性にあふれ，ときとして官能的なものであった．主としてイタリアからのインスピレーションに負っていたとはいえ，フォンテヌブロー派は，重要な芸術の中心地としてのフランスを確立するのに寄与し，広く影響力を及ぼした．

フランス宮廷で卓抜した表現をうみだした 2 人の芸術家，ジャン・クルーエとその息子フランソワにおいては，イタリアの影響はあまり顕著ではない．ジャン・クルーエ（1485 頃―1540 頃）の繊細で洗練された肖像画は，しばしばモデルとなった人物の心理状態まで感じ取って表現されている．彼は生涯のほとんどをフランスで過ごしているが，ネーデルランド南部の出身であり，彼の絵画技法，特に色の使い方は，基本的にはフランドル美術からきているようである．その一方で，彼の構図には，イタリア・ルネサンスの影響が見られる．イタリア・ルネサンスの肖像画技法は，強い影響力をもったフィレンツェの画家アンドレア・デル・サルト（1486―1531）によってフランス宮廷に紹介されたものであった．イタリアの影響は，フランソワ・クルーエの仕事では，もう少し明確に見ることができる．彼の絵画描写の力量は，父親と匹敵するほどのものである．父子両者とも，フランソワ 1 世の印象的な肖像画を描いている．

イタリアから帰国したフランス軍の荷物には，王室や個人のルネサンス・コレクションのもととなる絵画，彫刻，工芸品，写本が含まれていた．それだけでなく，その後に強い影響を与えることになる科学や技術もまた，同時に入ってきたのである．フランスの銀行業は，リヨンでのイタリア商人の活動によって一変した．1465 年に，メディチ家はアルプスの北のジュネーヴからリヨンへ事業を移していた．1502 年までには，おおよそ 40 のフィレンツェの商会がリヨンに出店しており，フランスの遠隔地貿易と，加えて金融市場においてますます圧倒的優位を占めていた．鋳造技術は，宮廷のためのブロンズ製品の製造技術をイタリアから導入したことにより進歩した．この技術は，レオナール・リムザン（1505 頃―77 頃）のようなエマイユ（七宝）芸術家にも影響を与えた．シャルル 8 世はフィレンツェでライオンの見世物を観覧し，彼自身の動物園を欲しくなり，アンボワーズに戻るとさっそく実行に移した．ポッジョ・レアーレでは人工孵卵器がシャルル 8 世の興味を引きつけ，アンボワーズに 1 台据えつけられた．イタリアの医療技術はフランス軍の軍医を通じて入ってきた．そのうちの一人が，見習いとしてイタリア遠征に参加したアンブロワーズ・パレ（1510 頃―90）であった．彼は，その時代で最も熟練した観察眼の鋭い外科医・解剖学者となっていった．イタリアの排水技術もフランスに導入され，農業改革は，ある程度，古代ローマの原典を工夫して応用する

上　アンブロワーズ・パレは理髪外科医の見習いとして，低い身分から人生を歩み始めたが，ヴァロワ朝の最後の 4 人の王の侍医となっていった．彼の名声は，外科医の職業的地位を大きく向上させた．イタリア戦争中，彼はフランス軍に随行し，外科技術でたいへんな貢献をしたが，これはしばしば戦闘の間近で，的確な推測に基づく施療をした結果であった．

上　ギヨーム・ビュデはフランスにおけるユマニスム（人文主義）の不屈の主張者であった．激しい頭痛，神経性の抑欝症，疾病に常に苦しみながらも，数学，哲学，倫理学，法学，自然科学など広範囲にわたる飽くことのない好奇心をもって活発に研究を進めた．古典に対する深い知識は，彼の全出版物に歴然と現れていた．この肖像画がジャン・クルーエによって描かれた頃（1534 年頃）までには，コレージュ・ド・フランスの前身である有名な三言語王立学院の設立をフランソワ 1 世に提言し，説得することに成功していた．

イタリア風にならうことで実現した．ニーム周辺の菜園の生産高は伸び，セヴェンヌ山地やプロヴァンスでは桑の木が栽培され，養蚕が盛んになり，その撚り糸はリヨンやトゥールで当時流行の絹織物に加工された．

しかし，イタリアから入ってきたものすべてが良しとみなされたわけではなく，しばらくすると反動があった．アンリ 2 世の治世には，移住イタリア人の宮廷における過度の影響に対して明らかな反感があった．特にイタリア人王妃カトリーヌ・ド・メディシスの野心のある縁者たちに対して，その傾向が強かった．また，フランス教会の内部で高位の地位にあるおびただしい数のイタリア人への敵意も存在した．イタリア人は評判通り，宮廷生活において無秩序，不品行，不誠実で欺瞞に満ちたものと非難されるべき対象だったのだろうか．レピヤー（細身の小剣）による決闘という習慣が，反目するフランス貴族の間で驚くべき速さで広まったことは，致命的なイタリアの悪影響であると知られていた．1558 年にはフランス国家は，年間歳入のほぼ倍の債務をリヨンのイタリア人銀行家たちに負っていた．もっと悪いことに，イタリアの人文主義は，反宗教や無神論の出現の原因のひとつとなったのである．こうしたことは，フランスの古き時代，フランスの巨人ヘラクレス，フランスの教会，そして法律におけるモス・ガリクス（フランスの習慣と伝統），歴史と政治的伝統の独自性を再発見する機会ともなった．

フランスのユマニスム（人文主義）：古きものの再発見における新しきものの衝撃

ユマニスト（人文主義者）は多くの斬新なものをつくりだした．「破滅を招くような洪水」は，キリスト教世界を「圧倒的な異教的野蛮の瓦礫」の下におおい隠し，中世の真正なる学問を水面下に沈めてしまった．それはまるで，「何世紀も昔のままの哀れな国」が「古代のムーサの歌声を大胆にも再興させようとする時代」に入ったかのように．ユマニストの意向は，彼らの代表的な存在であるギヨーム・ビュデその人と，彼が 1532 年に出版した『学問習得のための適切で独自の学院』に表されている．彼は，この時代におけるフランス人文主義の精髄を示すすぐれた人物であるジャック・ルフェーヴル・デタープルやフランソワ・ラブレーの著作にみるユマニストの平均像を示している．

フランスにおけるユマニスム（人文主義）は 15 世紀に始まっていた．フランスにおける最初の印刷物として知られているものは，1470 年にソルボンヌに設置された印刷機で製作されたものであった．これはイタリアの人文主義者が著した，典雅なラテン語作文に関する論文であった．だが主だった活動家のもとで，ユマニスムは法律，哲学，神学の研究をまったく変えることになった．そしてユマニスムは，社会生活の性質と行動に強い効果を及ぼした．北イタリアの進歩的な都市社会では，こうした変化はたいした障害もなく取り入れられ，広まりつつあった．それに比べ，より伝統的なフランス社会では，変化に対処するにはもっと多くの困難にぶつかった．王国において力量や権威をもたない者たちは変化に対して異議をとなえた．ユマニストたちの熱狂とそれによって起きた影響力の増大は，論争をひきおこし，軋轢を生じることになった．

ときとしてユマニストたちの表現は奇をてらったものになったが，すべてにおいてそうだというわけではなかった．おおざっぱに言えば，彼らはスコラ学とその教育法を認めなかった．スコラ学は論理学に主に依拠していたが，彼らは次第に修辞学，説得術の問題へと移っていった．彼らは古代の哲学者ばかりでなく，雄弁家，詩人，歴史家からもインスピレーションを得ていた．その見方は言語を主要なエネルギー，生命力とする，行動力に満ちた社会存在たる人間を認識するところにあった．しかし言語というものは，彼らも論じているように，常に歴史のなかのそれぞれ特定の文化，時代のなかで通用するものである．ただ，新しく発達した文献学（言語およびその発展の研究）によってのみ，学者は知の本源とそれに伴う人間の現実とに立ち戻ることができるはずである．

16 世紀初頭は，フランス・ユマニスムの方向性が明確になった時期であった．新しい学問から受けた衝撃は反響を起こし始めた．ギヨーム・ビュデのユマニストとしての修学は長期間にわたったが，後に彼が述べているように，慎重に計画されたものであった．彼は，パリ大学とオルレアンの法学部で伝統的な教育を受けたのち，1490 年にその後の「回心」へとつながる本格的な研究に取り組み始め，1494 年にはギリシア語の勉学を開始した．1508 年，ビュデは，彼の名声を不動のものとした著作『ユスティニアヌス法典注釈』を数ヵ月間で書き上げて出版した．

中世のローマ法解釈書はすでに多数あったが，ビュデの注釈書はそれとは異なっていた．中世の注釈者たちの著作を批判し，ローマ法の原典を直接研究すべきだと主張した．そしてその研究のためには文献学が不可欠であると公言した．それまで人文主義の批判方式を主要な学術分野や，大学の基礎的研究分野に果敢に取り入れた者は誰もいなかった．ビュデの主張の成果は，王室官僚養成機関の頂点をなす法学部で短期間のうちに現れた．特にオルレアン，ブールジュ，トゥールーズの大学で著しかった．フランスの「法曹界ルネサンス」はきわめて重要であり，政治思想の進展にも寄与した．そこにあって，国家主権についての周到な言明が初めて現れた．はじめ才知ある法学者，ユマニストであるジャン・ド・コラにより，次いで弟子であるジャン・ボーダン（1530―96）が著書『国家論6巻』(1576年）で論を完全なものにしたのである．

これがすべてではない．ビュデはあらゆる分野の改革の必要性を明示する手段として『ユスティニアヌス法典』の前半24巻を利用した．これらはパリ高等法院と裁判官たちにとって鋭い一撃を与えるものであった．彼は未成年の司教やラテン語の教養のない世俗的な聖職者に対して，魂の救済よりも権力の追求に走るものだとして，激しい言葉を浴びせた．

一方，哲学と神学の分野でも同様の爆裂が起きていた．ジャック・ルフェーヴルは，ピカルディーの小さな港町エタープルの出身であった．彼はパリで学生生活を送り，そしてそのまま留まり，生涯のほとんどを過ごした．彼は驚異的な集中力で研究し，非常に早いペースで著作を出版した．彼の業績は顕著なものであった．彼は独力でアリストテレスの大部分の著作について，初の完璧で徹底したユマニスト版を完成させた．ついに古代の哲学者中の最高峰に立つ哲人を，中世の注釈者を経由することなく研究できることになったのである．1509年，ルフェーヴルは聖書の原典に立ち戻り，『五欄対訳詩篇』を出版した．このことは，聖書研究における画期的な出来事であった．詩篇原典の5種のラテン語訳を別々に並置したためにそう名づけられるのだが，主題，解説，聖書の他節との調和対照，そして一連の注釈とをこれに加えたものである．こうして中世の複雑な解釈方法は過去のものとなった．

続く数十年間にさらに，ルフェーヴル，ビュデおよび彼らの弟子たちにより研究成果があがった．1514年に発表した著作『ローマの貨幣制度』で，ビュデはギリシアとラテンの文明の相違に関して深い知識を示し，経済活動における基本的ルールを分析した．そして政治や宗教に対してより先鋭的な見解を表明した．ほぼ同時期にルフェーヴルは『聖パウロ書簡注釈』(1512年）を出版した．この大部の著作で，聖パウロの信仰について，人文主義の見地に立ってテクストを検討し，明快で簡潔な解説を試みた．神の加護と純粋で敬虔な信仰があれば，人は神の授ける真理に向って導かれるであろうというのがルフェーヴルの主張であった．ルフェーヴルはプロテスタントの宗教改革の核心をなすはずのもの，つまり恩寵，人間の義務，義認（神が，罪ある人間をその信仰心において罪を許し，義として認めること）という神学の根本的問題に直面した．たとえマルティン・ルターの存在がなかったとしても，フランスにおいては，激しい神学上の議論が闘わされたであろうことは想像に難くない．

人文主義思想に基づく見解はほかにも多数のものが，同時代のフランス人に斬新な印象を与えた．まず第一に，すべての知識の基礎となる統一性への強い確信があった．ビュデは「百科全書」という鮮烈な言葉をフランス語の中に取り込んだ．第二に，新プラトン主義的な神秘主義があった．ビュデの最初のギリシア語の翻訳の中には，宗教的瞑想に関する著作も含まれていた．そして『ローマの貨幣制度』の終章には，人間と宗教に関しての問答が含まれていた．彼の著作の中で繰り返し現れるイメージのなかでも，ミネルウァ（ときにはヘルメス）が特に際だった存在として突出している．その姿は天の使者としての女神であり，そして知の媒介者であって，ときとしてイエスと重なる．ルフェーヴルは，スペインの哲学者であり神秘主義者でもあるラモン・ルル（ライムンドゥス・ルルス）に影響を受け，魔術やカバラ（ユダヤの神秘思想の集成）に関する書物に興味を引きつけられた．

上　フォンテヌブロー派は，古代神話を題材として，そして神聖な愛と世俗的な愛というプラトン的テーマを呼び起こすようなイメージを，しばしば利用した．「水と愛の寓話」として知られているこの絵は，官能的な仕草ではあるが，暗喩で古代神話が再現されており，沼地のマリーゴールドや水辺のスミレ，水辺のワスレナグサのように性的なものを暗示する水際の植物が描写されている．

フランスのユマニストたちは，自らを真理追究に従事する少数集団だと見ていた．上層部での保護を求め，フランソワ1世はすすんで彼らの影響を受けた．1520年代の10年にわたる広報活動の後，やっとビュデは国王の援助を得て，大学でギリシア語とヘブライ語の二つの講座をもつことになった．その後，数学，ラテン語，アラビア語の分野で教授が相次いで加わって陣容を成し，コレージュ・ロワイヤル（後のコレージュ・ド・フランス）として知れわたるようになるのである．当初の教授陣にはフランス・ユマニスムの指導的人物で，ルフェーヴルやビュデの弟子である，数学者オランス・フィネ(1494―1555)，百科全書家ギヨーム・ポステル(1510―81)，そして「ガリアのホラティウス」「フランスのピンダロス」として知られることになる学識深いギリシア語学者ジャン・ドラが含まれていた．ビュデの影響のもとでフランスの文芸は，古代の模範の強烈なインパクトを吸収した．

ロンサールとプレイアド派

ジャン・ドラはコレージュ・ド・フランスのギリシア語教授となる前は，パリ大学の学寮長であった．1547年，優秀な学生を周囲に集めるという成功は，ほかの教師では期待できなかったであろう．その中に含まれていたのが，ピエール・ド・ロンサール(1524―85)，ジョアキム・デュ・ベレー(1522―60)，ジャン・アントワーヌ・ド・バイフ(1532―89)，それに詩人や作家として著名になるその他の者たちであった．ドラの影響を受け，彼らはギリシア，ローマの詩人だけでなく，ダンテ，ボッカッチォ，ペトラルカの研究や翻訳も行った．まもなくこの「詩人グループ」(彼らが自分たちをそう呼んだ）は古代の韻文の形式，リズム，語彙，豊かさをフランス詩で

右　ラブレ　はフランス・ルネサンスにおける喜劇の天才で，彼の本は，博識，機知，猥雑さ，風刺，英知の宝庫である．ここにあげたのは『パンタグリュエル』の1547年ヴァランス版であるが，ラブレーは彼の本の中で自分自身を曝け出している．

右下　『パンタグリュエル』の成功で自信をもったラブレーは，読者を再度道に迷わせることを躊躇しなかった．『ガルガンチュア』の序文で彼は読者を容赦なくからかった．この本を真面目に受けとめると，あなたはたぶらかされるだろう．ジョークとして受けとめると，あなたは中に隠された「神の英知」を見落とすだろう．これはまさに，ラブレーが彼の時代の偽装のあらゆる様相を探索する膨大な喜劇探求にあたっての前ぶれであった．

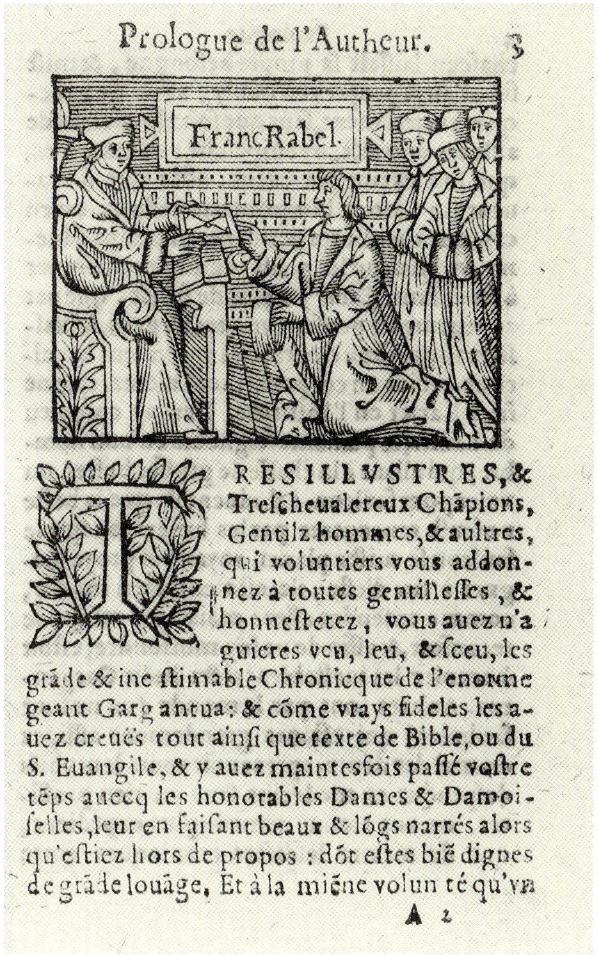
Prologue de l'Autheur. 3

FrancRabel.

TRESILLVSTRES, &
Trescheualereux Châpions,
Gentilz hommes, & aultres,
qui voluntiers vous addon-
nez à toutes gentillesses, &
honnestetez, vous auez n'a
guieres veu, leu, & sceu, les
grâde & inestimable Chronicque de l'enorme
geant Gargantua: & côme vrays fideles les a-
uez creuës tout ainsi que texte de Bible, ou du
S. Euangile, & y auez maintesfois passé vostre
têps auecq les honorables Dames & Damoi-
selles, leur en faisant beaux & lôgs narrés alors
qu'estiez hors de propos: dôt estes biê dignes
de grâde louâge, Et à la miêne volunté qu'vn

A 2

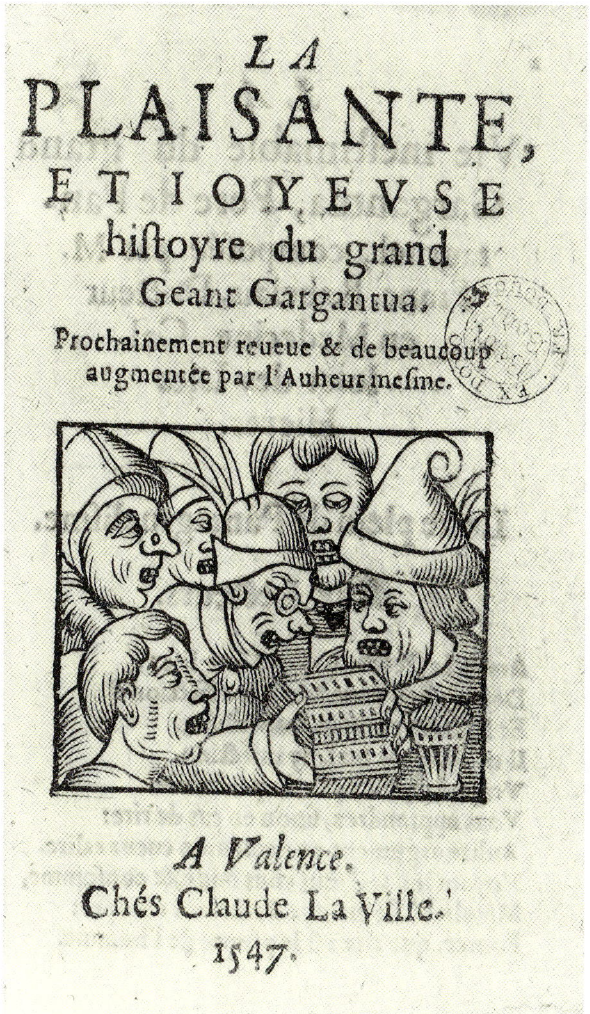
LA
PLAISANTE,
ET IOYEVSE
histoyre du grand
Geant Gargantua.
Prochainement reueue & de beaucoup
augmentée par l'Auheur mesme.

A Valence.
Chés Claude La Ville.
1547.

の手本とした．その到達点はデュ・ベレーの有名な『フランス言語の擁護と顕揚』(1549年)に示された．フランス語作詩法は，オードやエレジーやソネットの「より高尚で上質な様式」を取り入れるよう努める必要がある，と彼は記した．土着の語彙を高め，リズムや調和は古代の韻律的な詩を見習うべきであると．同書の出版から1年以内にデュ・ベレーは最初のペトラルカ風ソネットを，ロンサールは最初のオード集をそれぞれ出版した．1556年に「詩人グループ」は，著名な7人の古代アレクサンドリアの詩人グループにならい「プレイアド派（七聖詩派）」の名を採用した．

プレイアド派が戯曲において及ぼした効果は深甚であった．フランス演劇の技巧と様式は，中世の聖史劇の伝統に従っていた．デュ・ベレーはそれにもかかわらず公然と「往古の威容」の復活を書き記した．プレイアド派の一員であるエティエンヌ・ジョデル（1532—88）が初めてフランス・ユマニストとして戯曲を書く際に念頭においたのは，セネカやエウリピデスであった．彼の『ディドの自己犠牲』は，聖史劇の様式的で，誇張にあふれ，神の介在を強調する演劇技法を放棄した．その代わりに，韻律のもつ威力と，ディドの悲劇の劇的な感動を前面に押し出し，フランス古典演劇のモデルとなる戯曲を書き上げた．

プレイアド派の詩人たちのすべての作品が，時の試練に耐えてきたわけではない．彼らの詩作は，真の感情表現や率直さを犠牲にして，巧妙で機知に富む言い回しや複雑な神話イメージを重視する傾向を示していた．敬愛するホメロスとピンダロスに触発されたピエール・ド・ロンサールはまったくの例外である．ロワール川流域の穏やかな気候の中で，1550年代に彼は素晴らしい詩を書いた．彼は古代の表現形式をしのぎ，愛，美，慈悲，喜悦，そして静穏な人生という純粋な人間の真実を伝えたのである．

ラブレーと検閲官

ロンサール同様にロワール川流域地方の出身で，わずかに年長の同時代人，フランソワ・ラブレー(1483頃—1553)は，法律家の息子として生まれた．彼はフランシスコ修道会の修道院で聖職位を得るが，後に医学を学ぶため修道生活をやめる．1521年にギリシア語の勉学を始め，ビュデと往復書簡をかわし，ユマニストとして認められるようになった．彼はロワール川流域地方の近隣にユマニスト仲間をもち，地元の司教の保護を受けていた．『パンタグリュエル』は，ラブレーの喜劇的傑作の第一作であるが，16世紀フランスで発展した強力な草の根ユマニスムを明確に表現したものであった．

1532年にラブレーは『パンタグリュエル』（この書の初版が，本当にこの年に出版されたとしてのことだが）に加えて3冊の本を出版した．その内容が種々別々なのは，彼の博識ぶりを反映している．たとえば，評判の高いフェラーラの医者ジョヴァンニ・マイナルディに関する彼の大量の文書は，16世紀フランスにおけるルネサンス期イタリアの医学に対する深い賛嘆の表れである．傑出した世評を得ていたモンペリエ大学医学部で，1537年にラブレーは医学学位を取得した．

しかしながら，『パンタグリュエル』は決して適切なユマニスト入門書というようなものではない．並はずれた欲望をもった巨人についての空想的な物語であり，伝統と権威という不愉快に社会を締めつける悪習を攻撃する強烈な風刺の連続に読者を引き込み，強い印象を与えた．その雰囲気や細部のはしばしからは，ラブレーがフランスのユマニスト学問の地方の拠点，つまり宮廷によって急速に発展した都市ではなく，リヨン，トゥールーズやモンペリエを放浪したことがわかる．ラブレーが学生文化の若い世代に参与したことは十分にありうることである．彼は書記団の組合（乱痴気殿の差配下で年一度の余興に参加する法律家書記の組合）を尋ね歩いた．そして，『パンタグリュエル』は，博学で猥雑な反体制ジョークに満ちており，おそらくは作者の名を高めることになった．

しかし，古典もまた彼のユーモアの源であった．古代の神神を物笑いの種とし，神々の来世のめちゃくちゃな姿を嘲笑したギリシアの懐疑論者であるサモサタのルキアノスが特に際だっている．ラブレーは，ルキアノスの翻訳を実際に完成させたが，それは現存はしていない．『パンタグリュエル』の第1章は彼の名で締めくくられ，そして1552年に出版された『ガルガンチュア』（第四の書）のうちラブレーの筆とほぼ確定できる最終部分ですらも，依然としてルキアノスの喜劇の創作テクニックを利用していた．

風刺と嘲笑は，ただ教条にのみ依存する権力にとっては危険な武器となり，ラブレーは繰り返し検閲官と対抗した．1524年という早い時期に，彼のギリシア語研究の本が，所属していたフランシスコ会修道院の上層部によって差し押えられた．1533年には，『パンタグリュエル』が露骨な俗悪さと不敬ぶりのためにソルボンヌ大学の検閲にかかった．ラブレーは天才的な反応を示し，「笑いのない人々」を軽蔑して，ソフィスタ，ソルビラン，ソルボナグル，ソルボニジェン，ソルボニフォルムなどと名づけた．「そんな奴らから逃げ出せ．彼らを憎悪し，私がした以上に反感を示せ」．『パンタグリュエル』の1534年の版はこう締めくくられた．『ガルガンチュア』のそれぞれ異なる年代記の中で，道化英雄の冒険譚が似たような手法で書かれている．ラブレーは密告者の脅威のもとで執筆するという，超現実的なユーモアを利用したのである．

因習的な社会が根底から変化しようというときに，不信心や異端という感情の動きが起こってきたことは理解にたやすい．ビュデとルフェーヴルは，エラスムスのようにキリスト教文化とキリスト教以前の文化との共存を唱道した．だが，いかにユマニストたちが彼らの潔白を主張しようとも，彼らの活動が引き起こした不安は現実に存在し，激しい論争を招くこととなった．

古典のうちにも議論の余地のない危険な文書（と16世紀人がみなした）があり，版を重ねて出版され，読書家の書架に収まった．ルクレティウスの唯物論的自然哲学や，古代の経験哲学者の思想や，初期キリスト教を攻撃する文献には，人が神の摂理を信じ続けること，魂の永遠性，キリストの神性や三位一体の実在に関して疑問を抱かせるようになるものが多かった．「信仰を求めた」（フランスの歴史家リュシアン・フェーヴルがこう表現した）世紀において，「無神論者」になることがどれほどまで可能だったのか，また無信仰が観察者の心中においていかなる程度であったのかについては，歴史家の間でもまだ論争の段階にある．たとえば，ピエール・ブネル（1499—1549）はどの程度の懐疑論者であったのか．彼はレイモン・スボンの『自然神学』に関する研究を行い，それをモンテーニュの父に謹呈するに至った．その結末は息子であるモンテーニュの『エセー』の中にも明白に書かれている．国外追放となりアジャンに居を定めたヴェローナの医師ユリウス・カエサル・スカリゲル（1484—1558）は，ラブレーすら「間違いなく無神論者」と評した人物であるが，その無神論はどのような種類のものであったのか．ボナヴァンチュール・デ・ペリエ（—1544頃）はどのような信念をもって，創造における神の役割に疑問を呈し，キリストの神性を公然と否定して，正統のキリスト教教義に背く冒瀆といえる雑録集『世界のシンバル』（1538年）を書いて出版したのか．1546年，ユマニストの学者，出版者であるエティエンヌ・ドレ（1509—46）は，不信心とみなされてリヨンで火刑に処せられた．無神論を最も恐るべき罪とするものは，カトリック正統派の擁護者ばかりではなくなっていった．フランスのプロテスタント宗教改革のリーダーであるジャン・カルヴァンも，邪教や無信仰に対抗するキリスト教の適切な防衛の必要を感じた．

ルネサンスと宗教改革

ドイツでプロテスタント宗教改革が爆発的なものとなる直前の1520年までには，フランス・ルネサンスはしっかりと根を張っていた．印刷技術を受け入れるのに最初は時間がかかったが，急速に追いつき普及していった．1500年までは，印刷機があった町は40を少し超える程度であった．1530年までにはパリだけで300点近い出版物が発行されていたことがわかっており，パリは出版の中心地としてアントウェルペンやヴェネツィアのライバルとなっていった．これらの出版物には二つの流れが反映されていた．イタリアの人文主義の「新しい学問」と，純粋な信心を旨とする宗教上の動きを背景としたネーデルランドの「デウォティオ・モデルナ（新たな信仰）」である．この二つの動向は一体となって，伝統的なキリスト教教義に関して根源的な疑問を引き起こした．

そして，フランスは隣国ドイツの宗教改革の強い影響を受けるようになった．すでに1521年に，ヴォルムス国会と，ソルボンヌ大学がルターの神学論の104の条項が異端であるという決定を下したことがほとんど同時に起こった．1523年に，パリ生まれの著名なユマニストである学者のルイ・ド・ベルカン（1490頃—1529）は，ルター主義の書物を没収された．6年後，ベルカンは彼の異端の著作を撤回することを拒否したため，宗教改革に対する弾圧の初のユマニスト犠牲者として，パリのモベール広場で処刑された．フランスのいくつかの地方では，異端とされる主張とその弾圧の双方が急速に広まった．1530年にストラスブールにいたマルティン・ブッツァーは，ノルマンディーの一部地域のことを「小ドイツ」と称した．

権力者たちの多くは，ユマニスムと異端論とは密接に結びついているとみていた．彼らは，ユマニスト出版者がルター主義の書物と聖書を俗語版で出版した責めを負うものと考えた．彼らは，ユマニストたちが教会批判の温床をつくりだしているという疑いをもった．彼らはモーの司教，ギヨーム・ブリソネの周囲に集う学者と教会改革者たちのグループであるモー派の間に広まるルター主義をかぎつけた．そして，1523年にすでに70歳代になっていたルフェーヴルが，聖書をフランス語に翻訳して出版したことを知った．精緻な言語であるラテン語に浸った学者ルフェーヴルにとって，変化が激しく未完成な伝達媒体である俗語フランス語のような言語に聖書を翻訳することには，危険な一歩であった．さらに驚くべきことに，反プロテスタントの弾圧が始まり，その波及を恐れてルフェーヴルが，宗教改革の中心地であったストラスブールへ逃亡したことも知らされた．

実際には，フランス・ユマニスムの中心的な人々は，プロテスタント宗教改革とは一線を画していた．たぶん大多数の者は，王室の保護を望み，イエス・キリストの福音の教えによる個人的な信仰に重点を置く教義を支持することを慎重に続けながらも，分離した教会を設立する手段をとることはなく，ルター主義と密接に結びついて一緒に行動を起こすようなこともしなかった．

実のところ，フランスは伝統を重視する社会であり，正統信仰の支配力はあまりにも強大であることがわかった．勢力を増す異端に対する恐れから，徐々に明確に説明できない不安が引き起こされた．権力をもち，特権的で非常に裕福な教会支配者層の多くは，こうした不安を利用しようとした．ソ

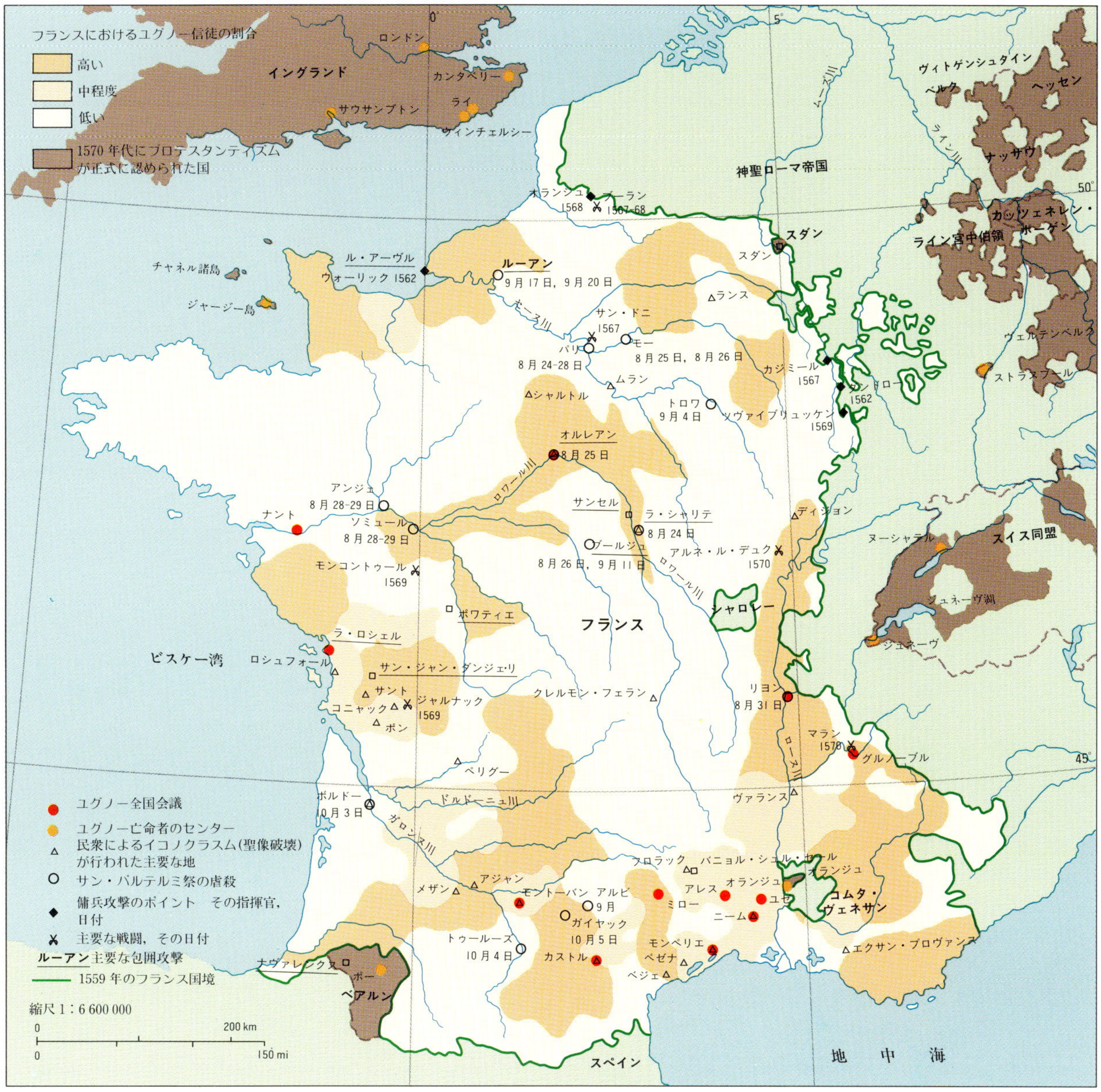

フランスの宗教戦争
宗教改革期のヨーロッパのどの地域でも起きたことだが，1559 年以降，フランスは，激しい宗派争いの暴力行為へとつながる危機的情況に巻き込まれた．激変する情況は急速に勢いを増したが，これには三つの切迫した事情がからんでいた．王室の破綻（長びいた戦争の結果），未成年や無能な君主が続いたこと，そして激しい貴族階級の確執である．こうした事態は，根深い宗教上の不和によりさらに激化した．迫害によって根絶させようとする王室の必死の努力にもかかわらず，プロテスタンティズムは広く根付いた．プロテスタント（ユグノー）の群衆は，聖像を破壊し，カトリック教会の富と財産と聖職者を罵倒した．大多数のカトリックの反応は，異端と関わりがありそうなものなら，人も物も思想も一様に何でも抹殺することであった．いわゆる宗教戦争の最も劇的な出来事は 1562—72 年という最初の 10 年に現れ，聖バルテルミ祭の血塗られた大虐殺でクライマックスに達したのである．この闘争は，最終的には良心による判断と礼拝の自由をプロテスタントに認める「ナントの勅令」により，1598 年に終りを告げた．

ルボンヌ大学は正統派カトリックの中心的存在であることを宣言した．加えて，フランス・ルネサンスの卓越した人びとは王室の後援と保護を受けたとはいえ，王も裁判官も異端を黙認するようには見えなかった．そしてやがて，プロテスタント信仰をもつことは王立裁判所に起訴される罪科となっていった．異端に対する弾圧が激化した結果，1540 年頃にはストラスブール，バーゼル，ヌーシャテル，ジュネーヴに亡命したフランス人の小グループが，国外からフランス宗教改革の活動を組織し始めた．

ジャン・カルヴァン（1509—64）はそうした国外逃亡者のひとりであった．下級聖職者の息子として生まれた彼は，パリ大学で教育を受け，その後オルレアン大学で法律の学位を取るため勉強した．プロテスタント宗教改革者のうち，彼が最も完璧に新しい学問に感化された人間であった．事実，彼の最初の出版物は，セネカの『仁慈について』のユマニスム的注釈本（1532 年）であった．有名な論文『キリスト教綱要』(1536 年）を書き上げたとき，彼はユマニストの見解と用語を利用した．聖書の注釈や講義の出版に当たっては，彼はルネサンス文献学の認識を活用し，しばしば聖書と古典の知識を結びつけて著作，出版した．彼にとっては『綱要』は知識，教育，信仰，啓発を意味した．彼の目標は，全面的に世の中を変える改革の方法を示すこと，精神，道義心，教会，国，そして社会全体の転換が成し遂げられることであった．

1541 年からジュネーヴの在住者となった彼は，この理想を小規模にではあるが実行に移す好機を得た．その後ジュネーヴは，多くの障害はあったものの西ヨーロッパ，特にフランスからのプロテスタント亡命者にとって，標識となり逃げ場となっていった．その中には，印刷業者，学者，法律家，医者，聖職者であった者たちが多数いたが，彼らは自然の成り行きからすれば，ルネサンスの次世代を形成していったはずである．しかしながら，ジュネーヴで，彼らはカルヴァンのイデオロギーによる非常に激しい変革の影響を受け取った．先行の亡命教会を範としながらもフランス・プロテスタントは徐々に全国的な勢力に成長していった．権力者の加えた弾圧は，かえって彼らの意志を強固なものにすることを助長し，その面前で 1559 年に彼らは第 1 回全国教会会議を開催した．このことは，フランスがイタリア領有権の要求を断念することを定めた，カトー・カンブレジの和（1559 年）の締結とあいまって，全国的な重大局面をつくりだした．

ヴァロワ王朝は，ついに軍事的な失敗の責めを負うべき人民を失ってしまっていた．資金もまた失いつくしていた．厳しい財政と政治の現実は，壮大な野望の達成を抑え始めた．その後のフランス王政の陥った危機的状況は，フランス・ルネサンスをも巻き込み，衰えさせた．

宗教戦争

アンリ２世が，1559年に騎馬槍試合で突然命を落とした事件は，長く続く内戦——宗教戦争（1560—98年）の始まりであった．王の死は王政を弱体化させる原因となり，そして彼に続く後継者たちは権威を取り戻すことはほとんどできなかった．フランソワ２世（1559—60）とシャルル９世（1560—74）は二流であり，アンリ３世（1574—89）は無能であった．事実上の実権を握っていたのは，彼らの母カトリーヌ・ド・メディシス（1519—89）であった．当初，彼女はプロテスタントに対し寛容な態度をとっていた．しかし次第に，プロテスタントの影響力拡大に対するカトリックの警戒心が強まった．聖バルテルミ祭の大虐殺（1572年）を命じたのが彼女であったのはほぼ確かなことである．最初にパリで，そしてその後地方の各拠点で，何千人ものプロテスタントが，分派間の激しい争いの間で虐殺された．フランス宗教戦争におけるこの民衆分派闘争は，その規模と激烈さにおいて，ヨーロッパの他の宗教改革では類のないものであった．

フランス・ルネサンスの芸術家，画家も，社会の他の人々同様に，宗教によって分裂したが，この時代の衝撃と激情を伝えようと懸命に取り組んだ．宮廷画家アントワーヌ・カロン（1527頃—99）は，「罪なき人々に対する大虐殺」や「三頭政治」のような絵画作品で，古典の題材を用いて彼の苦悩と嫌悪の情を表現しようとした．カロンは「戦争の勝利」（1570年頃完成）と題する作品の下絵で，「残酷さ」と「激しい怒り」を古代二輪戦車になぞらえて描写した．このことは，世紀前半の英雄征服譚のテーマからの劇的な転換であった．トルトレルとペリサンという芸術家は，1570年の版画本で断固たる表現によって分派間の集団殺人の実態を描写した．

フランス・ルネサンスは宗教戦争のために勢いが弱まったが，完全に沈み込んだわけではなかった．古代文芸作品の「自国語への翻訳」や，フランス詩の明白な様式化の進行の過程にあった．壮大な建築物をつくる資金の調達や，以前の水準で芸術保護を続ける能力がないにもかかわらず，末期ヴァロワ朝は贅沢な宮廷を維持し，それを王政の現実的な利益の増進のために利用し続けた．王国の各地方の不確かな忠誠心や，文書による激しい攻撃がたび重なり（そして結局，最後のヴァロワ王その人も1589年に暗殺された），彼らとその宮廷は，宮廷アカデミーや仮面劇，宮廷舞踏といった自分たちだけの世界に没頭する，より内省的なエリート主義のスタイルを発達させた．

歴史に関する著作は，同時代の人々が自分たちを取り巻く世界に何が起きているのかを書き留めようとする，もう一つの方途であった．文献学，フランスの宗教信仰，そして歴史への愛着が結びつき，ピエール・ピトゥー（1539—96）は，大作『フランスの歴史』のために公文書史料を収集した．彼はその仕事を完成させることはなかったのではあるが，彼の書簡と膨大な学識は，他の研究を活性化させた．ピトゥーが，比較的平穏なトロワへ引きこもっている間，彼の友人であり崇拝者でもあるジョセフ・ジュストゥス・スカリジェル（1540—1609）は，フランスの内紛をスラ時代のローマの身内が殺し合う紛争になぞらえ，フランスの別の隠遁先で，古代の歴史家の年代学を修正する重要な仕事を進めていた．そのまとめが『年代学修正』である．これは16世紀の歴史学に最も意義深い貢献をした著作のひとつである．一方では，ピトゥーの文通相手で，ピトゥーの稿本蔵書の一部を受け継いだジャック・オーギュスト・ド・トゥー（1553—1617）が，ルネサンスが生んだ最大の同時代史を書き残すことに着手していた．内戦は，プロテスタントにある程度の宗教上の自由を認めたナントの勅令（1598年）によって，疲弊の上の結末を告げることになったが，ド・トゥーは，1603年に第１巻が世にでた不朽の名著『同時代史』で，広範な背景のなかでこの闘争を書き表した．

希望をもてない王室官吏と，ますます立場の弱くなったプロテスタント少数派にとって，ストア哲学は，苦渋に満ちたフランスの内紛にあって最高の慰めとなった．それは，個人の受難は全体のより大きな利益のために必要だと認め，また思慮深さの重要性を理解しつつ，神の定めた摂理を受容することを意味した．かつ真の知的・宗教的・政治的な信念を都合よく隠すための仮面であった．内戦が人々が本当の政治的・宗教的信条を秘すことを助長したとすれば，モンテーニュこそは，高潔な人々が時代の狂気に妥協しうるということを示したのである．ミシェル・エカム・ド・モンテーニュ（1533

上　内戦中にフランスの町々の通りにあふれた宗派争いの暴力行為は，聖バルテルミ祭の大虐殺により激烈なクライマックスを迎えた．プロテスタントであるナヴァール王アンリ（のちのフランス王アンリ４世）と，カトリーヌ・ド・メディシスの娘マルグリートの婚礼の直後，1572年８月24日の日曜日パリにおいてこの大虐殺は始まった．この婚礼のため，フランス・プロテスタンティズムの地方のリーダーたちが

下　イタリア人王妃カトリーヌ・ド・メディシスは，夫アンリ2世の予期せぬ死によりフランス政治の前面に押し出された．

上　ミシェル・ド・モンテーニュは，執筆のため38歳で彼の城館に隠遁するまでに，廷臣，法官，旅行家を経験した．有名な『エセー』を書き上げた後でさえ，彼は謙虚であった．「私は私の人生観を具体化するために全精力を傾けてきた．これは私の技能であり，仕事である．私は著作家以外の何者でもない」．

首都に集まっていた．たぶんプロテスタントのクーデターを恐れたフランス王がプロテスタント指導者を抹殺する挙にでたのである．パリ全体を巻き込んだ6日間の残虐な暴行で，何千人もの命が失われた．翌月には地方都市に広がり，さらに何千人もが殺された．この虐殺の場面は，流血の惨事を生き延びたプロテスタントのひとりであるフランソワ・ドゥバによって描かれた．

—92）は，新興貴族の息子として生まれ，成人後の人生の前半を，ボルドーで王室行政官として過ごした．内戦の最中，彼は一家の財産を相続し，それ以後政治的な関わり合いを完全に断つわけではないが，研究と著作のために職を辞した．1580年に出版され，『エセー』として知られる彼の最初の2冊の本は，新しい文学の形態をつくりだした．彼を包む「メランコリーの気分」が著作の「熱狂」へといざない，そこでは「私は自分みずから議論をし，また議論の対象ともなる」のだった．彼にとっては，「この世界のすべての害悪は，自分自身の無知について無知とみえる人々によってもたらされる」ということになる．自己認識は，寛容と良識と節制を悟らせるであろう．内戦は「反逆，残酷，強奪行為の教場」となり，偏見と傲慢の温床となった．彼は，彼の周囲で展開する悲惨な出来事を，歴史として書き留めようとはしなかった．彼は，平穏な学究と正確な自己認識の基礎のもとに，善意ある人間が，友情，愛，勇気の力，そして生や死に対しての礼節をわきまえた処し方を適切にどう保ちうるかを説いた．内戦が最高潮に達した1588年に最終版が出版された『エセー』は，懐疑的で率直な人間像（オネットム）を描いて賞賛される傑作となった．宗教戦争の混乱のもとで，17世紀のフランス古典主義の基盤が据えられつつあったのである．

フランソワ1世の王室コレクション

フランソワ1世は偉大なパトロンであっただけでなく，意欲的で熱心なコレクターでもあった．そしてフランスの芸術と文化を変えるという，彼の熱望の記念碑的存在となっていったのが，素晴しいコレクションを収蔵するフォンテヌブロー宮であった．彼の集めた作品が，のちにルーヴル美術館の基礎となったのである．

フォンテヌブローの建設は，1520年代の後半に始められた．当代の卓越した芸術的才能をもった一団が宮殿の仕事のために集められ，また，フォンテヌブローで働くことができなかった芸術家や工芸家の絵画，彫刻，工芸品を買い集めるため代理人が雇われた．この王室コレクションには，レオナルド・ダ・ヴィンチ，ラファエロ，ティツィアーノ，ブロンジーノ，アンドレア・デル・サルトの絵画，ミケランジェロ，トリブーロの彫刻ならびに「ベルヴェデーレのアポロ」や「クニドスのヴィーナス」のようなブロンズ像（両作品とも，今日でもルーヴルを訪れる者の目にふれる），多数の古代美術品，骨董品，ラファエロやベンヴェヌート・チェリーニの技巧を凝らした精緻な美しい作品などの工芸品が含まれていた．

王のコレクションには，フランス宮廷と密接な関係にあった芸術家たち，フォンテヌブロー派の作品も含まれていた．流麗，感覚的で華美なこの芸術家たちのスタイルは，王の文化的試みの特色ある成果の第一歩であり，幅広く模倣された．フォンテヌブロー派のなかで傑出していたのは，ジャン・クルーエとその息子フランソワ（二人はフランソワ1世および その他の宮廷内の人物たちの肖像画で有名である），ジャン・クーザン，プリマティッチオ，ニコロ・デラバーテであった．

フランソワ1世はまた，書物，写本収集に対する典型的なルネサンス的情熱ももっていた．シャルル7世は相続した書籍，写本を，フィレンツェやナポリから持ち帰った写本とともにブロワ城に置いた．のちにヴィスコンティ・スフォルツァの大コレクションが加えられ，1518年までにはブロワの王室図書館は蔵書1626冊を数えるほどになっていた．フランソワ1世の熱心な文芸保護活動のもとで，重要な書籍が加えられ，特にギリシア語関係の書物は際だっていた．そうして王室図書館は急速に充実していった．モンペリエ王令は王国で出版されるすべての書籍の納本収書図書館をつくりだし，さらにフランスで販売される外国の書籍は審査のため提出を義務づけられ，重要とみなされた本は購入された．王室図書館は1544年に，フォンテヌブロー宮に移された．

なおその上に，フランソワ1世はヨーロッパ最先端の印刷家を，ヘブライ語，ラテン語版王室専任印刷家として任命（1539年）し，その後ギリシア語版をも加えた（1542年）．特許状の説明によれば，これは王室コレクションを学者に利用させやすくするためでもあった．この時代に出版されたほとんどすべてのギリシア語版書籍は，王室コレクションの写本によるものである．フランソワ1世はまた，印刷技術に個人的に関心をもち，3種の特殊なギリシア活字（「王のギリシア語」）を購入した．この活字体はクロード・グラモンによってデザインされ，出版業者ロベール・エティエンヌによって使用されたものである．王の文芸保護によって，エティエンヌ，シモン・ド・コリン，ジョフロア・トリなどの出版業者が活躍し，ルネサンスの何冊かの素晴しい書物の製作が可能となったのである．

左　ベンヴェヌート・チェリーニに塩入れの製作を依頼した枢機卿は，そのあまりの贅沢さに受け取りを拒否した．しかしフランス王にとっては，贅沢すぎるものではなかった．チェリーニの『自叙伝』によれば（しばしば信頼できないことがあるが）――初めてそれを目にした王は，「今まで夢見てきたものの百倍も素晴しい」と感嘆の声をあげた――．それは鋳造したうえに彫刻を施した黄金でできており，部分的に華麗に色付けされたエマイユ（七宝）でおおわれ，黒檀の土台に据え付けられていた．男性像は海を表し，女性像は大地を表している．さらに，昼と夜，夜明けと夕暮れ，そして季節をも象徴している．

下　フランスの細密画(1530年頃)に，三人の息子と宮廷の要人たちとともに描かれたフランソワ1世は，学者の朗読に耳を傾け，ルネサンス文人としての王を印象づけている．フランソワ1世のパトロネージ（文芸保護）のもとで数多くの本が出版され，彼はギリシア語，ヘブライ語，ラテン語，イタリア語からの翻訳を奨励した．この絵では，彼がギリシアの歴史家ディオドロスの翻訳を聞いている姿が表されている．規則正しい日課として，王は宮廷図書館長ギヨーム・ブディによる朗読に聴きいり，しばしば食事中にもそうした．王が好んだのは歴史と騎士道物語であった．

左　フォンテヌブローの城館の「馬蹄型」階段．当初は中世の狩猟用別荘であったこの城館は，フランソワ1世によってまったく一変させられた．フランスの文化的生活を変えることを熱望する彼の活動の中心地とするためであった．フォンテヌブローは単に彼のコレクションを収蔵する場所であっただけではなく，文化的価値観を具現化するものでもあった．この改築のためにフランスとイタリアの当時の第一級の芸術家が雇い入れられ，その仕事の範囲は，絵画，彫刻，建築デザインばかりでなく漆喰装飾(ストゥッコ)製作にまで及んだ．

上　ブロンジーノの「ヴィーナス，キューピッド，愚かさと時」(1546年頃)は，フィレンツェのコジモ1世がフランソワ1世への贈物として制作を依頼したものであった．これは寓話であるが，その意味するところは現在でも不明である．しかし数通りの独創的な解釈があり，ときには「放縦の悪徳」として理解されている．ブロンジーノの複雑な道徳的寓話と超然としたエロティシズムの組合せは，フランス宮廷において好まれるようになった．

右　ラファエロの「聖ミカエル」(1518年)は，教皇庁とフランスとの関係を深めることに熱心だった教皇レオ10世から，ユマニスト君主である「第二のシャルルマーニュ」フランソワ1世への贈物であった．ミケランジェロとレオナルド・ダ・ヴィンチの影響下にあるこの劇的な絵は，バロック芸術，特に彫刻に大きな影響を与えた．

宮廷の催し

下　カトリーヌ・ド・メディシスの息子，アンジュー公アンリ（後のアンリ3世）に王位を授けるために，1573年8月，ポーランドから使節が到着した．これは彼女の非常に入念な外交交渉の成果であった．使節たちは豪華な祭礼行事で歓待された．このヴァロワ・タペストリーの中にその情景が描写され

政治的必要性と文化的潜在力のゆえに，ルネサンス期宮廷では壮麗さに絶大な価値をおいた．そして，フランスほどこの傾向が明らかなところはない．ヴァロワ朝宮廷における催し物に関して，無数の同時代の文献があるが，その祭礼についての詳細な描写はほとんど見出せない．豊富な記述があるのは，カトリーヌ・ド・メディシスの時代からである．フィレンツェ人としての背景が，スペクタクル（見せ物）愛好の習慣に彼女を馴染ませた．たとえばリヨン（1548年），パリ（1549年），そしてルーアン（1550年）への王の豪奢な入城式などは，彼らの贅沢さを証明している．二組の婚礼の祝賀のために企画された宴会，演劇，競技試合の最中，1559年にカトリーヌの夫，アンリ2世は命を落とした．パリの大通りでの騎馬試合の日の最後に，彼はノルマンディーの貴族の槍により傷を負い，11日後に死んだ．これは，このような催し物のルネサンス的斬新さにもかかわらず，伝統的な要素が残っていたことを気づかせる出来事である．

皇太后としてカトリーヌ・ド・メディシスは，年若い息子，少年王シャルル9世を意義深い王室の「視察旅行」に導いた．最初の宗教戦争の衝撃のあと，1564年1月の初めに宮廷はパリを発ち，2年以上にわたって王国の端から端まで旅行した．ほとんどの地方を回った王室視察旅行は，王室の仁愛のもとでの平和と和解の価値を公告した．クライマックスは，1565年にバイヨンヌで起きた．王室専属印刷業者が，王宮での催しの詳細な説明書を出版しているが，その中には，豪華な装いで身を飾った騎士たちによる競技試合余興や，舞踏，音楽会，屋根つきの船や川岸の天幕内での宴会などが含まれている．種々の行事は，中世の空想物語と古代神話，そしてその時代の政治的メッセージをショーの中に組み入れており，ともに戦乱を鎮め，フランス王の権威の偉大さを賛美するものであった．この前後の王宮催事は，現在フィレンツェにある有名なヴァロワ・タペストリーに見事に再現されている．カトリーヌの宮廷画家，アントワーヌ・カロン（1520頃―1600頃）のデザインをもとに製作されたこの作品は，1573年のポーランド大使歓迎会のような，カトリーヌ・ド・メディシスの宮廷での，独特の祝祭行事を彷彿とさせる．

この王室の祝祭行事の伝統が最高潮に達したのが，1581年9月に行われた王の3人のミニヨン，つまり寵臣の結婚を祝う，2週間におよぶ並はずれた祝典であった．これらの祝典のための催物次第の草案と最終的なプログラムが，現在も残っている．その催しとは，宴会，幕間音楽劇，ダンス，花火，ウォーター・フェスティヴァルである．しかし，その永続的文化価値は，ルーヴルで催された有名なバレエ・コミックを承けるものであった．ここでは，ルネサンス世俗音楽の新しいハーモニーは，フランス詩のリズムと結び合わされていた．その様式は，10年前に設立された音楽・詩歌王立アカデミーで，すでに傾向を示していた．これらの上演のため，劇的な舞台背景ときめ細やかな演出が加えられた．当初，宮廷で上演された優美なバレエ・コミックに，フランス・バレエとオペラの兆しをみてとることができる．

ている．座っているカトリーヌ・ド・メディシスは，豪華に盛装したポーランドの代表者たちが見物するなか，カップルたちの踊りを見ている．彼女の左には空いた椅子があるが，これは近くで踊っている彼女の息子を待つポーランド王座を象徴している．この庭園はテュイルリーで，岩の部分にはアポロンとムーサを思わせる楽器を奏でる人物を配している．これはフランスの各地で完成されつつあったニンフ・バレエを思わせるものでもあった．左方にはエレガントな寵臣アンヌ・ド・ジョワイユーズ．1573 年時点ではないが，10 年後にカロンがデザインをしたヴァロワ・タペストリーの中に彼は登場している．

上　フランス宮廷独特の宮廷舞踏会は，多くの画家の興味を引いた．作者不明のこの絵は，1581 年のアンヌ・ド・ジョワイユーズと王妃の妹マルグリット・ド・ロレーヌの結婚式の際に開かれた舞踏会の様子を描いたものであろう．

下　1565 年のバイヨンヌ祭の競技会を，カロンのデザインに基づいてフランドルの毛織職人が再現した．カトリーヌは若き王シャルル 9 世を保護するようにその肩に手を置いている．彼らは一緒に徳と愛の勝利をたたえる競技会を見ている．

スペインとポルトガル

スペイン帝国と黄金時代

1466 年，オルメドにあったカスティーリャ王国のエンリケ 4 世の宮廷を訪れたボヘミア人は，国王がサラセン風の衣装とターバンを身につけ，若くて美しい少年たちに囲まれて床に座っているのを見た．また，サラマンカの司教は闘牛で来客を歓待した．それから 20 年後の 1485 年，すなわちルネサンスの人文主義がカスティーリャ王国で熱心に享受されていた頃，あるドイツ人旅行客が，フェルナンド王とイサベル女王の宮廷における「ムーア人の悪習慣」に再び衝撃を受けることになった．女性たちは「サラセンの作法」に従い，マンテ

ィーリャと呼ばれる大型のヴェールをまとうようになっていた．王の廷臣たちは「ほとんどが改宗したユダヤ人か，または王が改宗を促そうともしない未改宗のサラセン人」で，そしてこのドイツ人は廷臣たちが，フェルナンドとイサベルを「改宗ユダヤ人の子孫」と呼んでいるのを聞いた．聖職者たちはラテン語を話さず，セビーリャの司教はユダヤ人で，大枢機卿は彼の騎士たちをハーレムへ送った．また別のドイツ人は「キリスト教はトルコよりもスペインにおいて欺かれていた」と嘆いた．当時のイベリア半島についてのこれらの見方は，カスティーリャ，アラゴン，ナバラ，ポルトガル，そしてグラナダという，中世イベリア半島の五つの王国の未知の社会を理解することが，北ヨーロッパの人間にとってどれほどむずかしかったかを示している．711 年ムーア人に征服されて以来，7 世紀以上の間，イベリア半島の大部分はムーア人の支配下にあった．アンダルシアというのはアラブ人たちがイスラム・スペインを指して呼んだ名称であるが，この地は最初コルドバのカリフによって統治され，そしてキリスト教徒の国土再征服が南へ進むとグラナダの君主たちによって統治された．イスラム教の宗教的寛容は，またセファルディー（ユダヤ人はスペインの地をそう呼んだのだが）を中世ヘブライ文化の主な避難所にしていたのである．中世イベリア社会とその芸術には，完全に東方の影響が浸透していた．かの 15 世紀の旅人たちが，スペインを神秘的な東方の習慣と驚異の土地として，前述のように描写したのは，少しも不思議なことではなかった．

1469 年，カスティーリャ王国の王女イサベルが，アラゴン王国の王子フェルナンドと婚姻を結んだ．彼らは，それぞれに王位を継承し，1479 年のイベリアにおける最強のキリスト教両国同盟の先駆けとなったのである．1492 年，カトリック両王の軍隊はグラナダを征服し，スペインの地から最後のムーア人の王を追放した．この 2 人の君主は，ヨーロッパ中で信仰厚い十字軍の戦士として認められ，教皇から「カトリック両王」という称号を賜わった．数カ月の間に両王は王国からのユダヤ人の追放を命じた．この同じ年，クリストファー・コロンブスはカナリア諸島（1480 年代にカスティーリャ王国によって征服されていた）から大西洋の旅へと船出した．この航海は後にアメリカ大陸到達というきわめて重要な出来事となるのである．コロンブスはただちにこれらの広大な土地を，カスティーリャ王国の領地であると宣言し，このアメリカ大陸到達は異教徒を改宗するための十字軍であるとして，その「征服」を正当化した．

ポルトガルはそれほど積極的には国外進出を行ってはいなかったが，しかし 1415 年のセウタの北アフリカ要塞の争奪はポルトガルの海外進出の始まりをはっきりと示すものであった．ただちにエンリケ航海王子のカラベル帆船は金，奴隷そして改宗者を求めて赤道を越え，アフリカの西海岸を巡った．

左　**15 世紀イベリア半島の王国分布図**
中世のイベリア半島では，いくつかの独立した王国が存在していた．グラナダはムーア人の支配下にあった．半島における 2 大王国はカスティーリャとアラゴンで，アラゴンは，カタルーニャ語を話すバルセロナ，バレンシア，バレアーレス諸島と，アラゴン語を話す内陸部からなっていた．半島で最も広大で最大の勢力をもっていたのはカスティーリャ王国であった．しかし，15 世紀の間はカスティーリャ王国は王家の内紛が絶えず，分裂の危機にさらされていた．この内紛はカスティーリャの王女イサベルがアラゴンの王子フェルナンドと結婚するまで解決することはなかったのである．フェルナンドとイサベルによって結ばれた両王国の勢力は，ポルトガルの侵略とグラナダのイスラム勢力支配を破るためには十分なものであった．

上　1484 年の彩飾写本の文頭の飾り文字で，アラゴンのフェルナンドとカスティーリャのイサベルの横顔を描いたもの．1469 年の 2 人の結婚はスペイン王国の統一をもたらした．このようにして 16 世紀の黄金時代におけるイベリア帝国の基盤が築かれたのである．政治的な統一は君主たちが互いに抱擁するポーズをしていることによって象徴されている．2 人は顔と顔を見合わせてその権力が完全に平等であることを強調している．伝統的には女王は，夫の後ろで同じ方を向いて並んで描かれるのが普通であった．ここでイサベル女王はこの婚姻によって結ばれた両国間の契約をはっきりと明文化したのであった．それは硬貨の鋳造において使われたデザインに表されている．このようにして，この肖像は古代のイメージと芸術における象徴性のもつ宣伝効果を反映している．

左　地中海におけるスペインの領土拡大
中世を通して，カタルーニャ人たちはイスラム勢力に対する十字軍の活動として，地中海の東方へとその勢力を拡大していった．その最盛期には，彼らの帝国はサルデーニャとシチリアをもその支配下においていた．1442 年にアラゴンのアルフォンソ 5 世はナポリと南イタリアを征服した．1479 年にアラゴン王国がカスティーリャ王国と連合したとき，フェルナンドは引き続き地中海の政権も相続した．最初にグラナダを征服し，そしてアフリカの町，オラン，アルジェ，チュニスを征服していったのである．1516 年，ミラノでハプスブルク家のカール 5 世がスペインの王位を継承した．しかし，このときには地中海におけるスペインの版図拡大に対する脅威が起こっていたのであった．1550 年代までにトルコは北アフリカ沿岸の支配を回復してきており，そしてこの 16 世紀の終わりには東地中海の支配を手中に収めていた．

下　ポルトガルのエンリケ航海王子は金と象牙と奴隷，そして改宗のために西アフリカ沿岸を南下するカラベル船を派遣した．

ポルトガルのジョアン 2 世 (1481—95) とマヌエル 1 世 (1495—1521) の治世下でバルトロメウ・ディアスは喜望峰をまわり，またヴァスコ・ダ・ガマは 1498 年インドの西海岸に到達した．1494 年に教皇庁はスペインとポルトガルの間でのアジア，アフリカそして新大陸の領土分割を認めた．

他のヨーロッパ諸国から切り離されていたイベリア半島の古いイメージは，驚くほど短期間にくつがえされた．スペインは帝国拡大と宗教的情熱と芸術的創造力の輝かしい世紀へと乗り出した．フェルナンド王の領土はアラゴン領バレアーレス諸島，サルデーニァ，シチリア，そしてナポリであったが，これらのなかには 1493 年のバルセロナ条約によってフランスから奪回したルシヨンも含まれていた．スペイン王国はその領土を維持しつつさらに 1512 年にピレネー山脈の南のナバラ全域を併合した．1516 年にフェルナンド王は王位を孫のカルロス 1 世に譲った．カルロス 1 世は 1519 年に神聖ローマ皇帝カール 5 世となる人物であり，スペイン王国を拡大していく．彼のスペイン・ハプスブルク家はフランドルとオランダ，フランシュ=コンテ，オーストリア，シチリア，カリンティア，ティロル，そしてドイツの諸領国を支配していった．彼は地中海，大西洋，太平洋の大半を統治して，ヨーロッパの列強をその支配下に置いたのであった．

1480 年から 1580 年にかけての 100 年間はまた，イベリア半島の諸王国に素晴しい文化・芸術が花開いたことでも特徴づけられる．この時代は当のイサベルとフェルナンドの治世下ですらも黄金世紀として認識されるようになっていたが，この文化的発展が最も顕著だったのは建築と彫刻，文学と学問の分野であった．

15 世紀におけるスペインの学者とイタリア

他のヨーロッパ諸国と同じように，スペインとポルトガルの初期ルネサンスにとって文化的刺激は主としてイタリアからやって来た．古典的人文主義すなわち古代ローマ，ギリシア文学と哲学の専門的な研究と復興は，初めはカスティーリャのフアン 2 世 (1406—54) とその従兄弟にあたるアラゴンのアルフォンソ 5 世 (1416—58)，そしてナバラ王国のフアン 2 世 (1425/58—79) の治世下で影響を及ぼし始めた．このような文化的な展開が同じようにエドワルド 1 世 (1433—38) とア

上　ソペトランのベネディクト会修道院の祭壇うしろの飾り壁（背障）．この飾り壁の寄進者は，ドン・イニゴ・ロペス・デ・メンドーサ，インファンタード公で，彼は15世紀の有名な詩人であったサンティリャーナ侯の息子であり，メンドーサ枢機卿の兄弟であった．莫大な富を誇ったメンドーサ家はカスティーリャ王国におけるルネサンスの芸術と建築の主要な擁護者であった．彼らはその豊かなプラテレスコ様式の邸宅に素晴しいコレクションを集めていた．この作品は作者不詳であるが，その建物の細部描写や公の姿のいきいきとした様子は，イタリア・ルネサンスの影響を受けた初期の作例であることを裏付けるものである．

ルフォンソ5世（1438—81）治世下のポルトガルでもみられた．この時期を通じてカスティーリャとポルトガルの学者たちはボローニャにあったスペイン人学寮やパドヴァ，フィレンツェで学んだ人文主義の第一人者たち，有名な書籍販売業者たちと交友を結んだ．つまり，レオナルド・ブルーニ，ピーテル・カンディド，アンジェロ・デチェンブリオやポッジオ・ブラッチォリーニそしてギリシア人トレビゾンドのヨハンネスやベッサリオンなどである．その一方で1442年にはアラゴン人がナポリを征服したとき，ロレンツォ・ヴァラ，バルトロメオ・ファツィオ，アントニオ・ベカデリのようなローマ人やシチリア人，そしてナポリ人の学者たちとのつながりも始まった．

カスティーリャにおいてこのようなイタリアからの最初の影響を受けた啓蒙家はイニゴ・ロペス・デ・メンドーサすなわち，サンティリャーナ侯(1398—1458)であった．イタリア語にも通じていた彼はグアダラハラの邸宅に写本を集めた立派な図書館をもっており，数多くの学者たちに論文や古典書の翻訳を依頼していた．サンティリャーナ侯は，鋭い批評家であり，文学愛好家，そしてカスティーリャ語で最初のペトラルカ風のソネットをつくった才能ある詩人でもあったが，カスティーリャのフアン2世の宮廷で作家たちやイタリアの学問や古典文学を奨励する貴族たちの一団の先頭に立っていた．サンティリャーナ侯の子孫であったメンドーサ一族の貴族たちは，スペインの初期ルネサンスにおける芸術と文学のパトロンたちの長となったのであった．グアダラハラにある彼の長男の邸宅はパラシオ・デ・インファンタードと呼ばれるが，この建物は末期ゴシックからルネサンスへの過渡期の建築，すなわちプラテレスコ様式の傑作である．もう一人の息子，テンディーリャ伯はフェルナンド，イサベル両王の信頼厚い副官であったが，イタリアの人文主義者として名高いピエトロ・マルティーレ・ダンギエラをスペインに招いた．また，彼のもう一人の息子で，愛書家のトレド大司教，ペドロ・ゴンサレス・デ・メンドーサは，フェルナンド王とイサベル女王の初期の政治的成功の影の功労者であったが，彼は印刷業者と学問のパトロンであり，そしてプラテレスコ様式のファサードと中庭をもつバリャドリードのベラ・クルス学院の創設者でもあった．

ポルトガルのアビス王家もまたその官僚たちや高位聖職者たちを通じて，フィレンツェの学職者や書籍販売業者たちと接触していた．その様子は，1480年代にフィレンツェの有名な書籍販売業者ヴェスパシアーノ・ダ・ビスティッチによって書かれた『伝記』の中のポルトガル人顧客伝からもみることができる．これらの中で最も興味をそそられるのはヴァスコ・フェルナンデス・デ・ルセナ（1410頃—95）である．ヴェスパシアーノによれば，ルセナは学生のとき，ボローニャで法律書を質に入れ，ペトラルカの詩に心酔して遊興に耽った．ルセナは古典の翻訳者として，また年代記作家，ラテン語の弁論家としてポルトガルの3人の国王に仕えた．彼はエンリケ航海王子の海洋探検について1430年代にフィレンツェの人文主義者，ポッジオ・ブラッチョリーニと連絡をとりあっていた．そしてバーゼルとフィレンツェの公会議ではポルトガルのスポークスマンとして仕え，後にはバルトロメウ・ディアスが喜望峰をまわったという知らせを教皇インノケンティウス8世に報告した人物である．

アラゴン王国のアルフォンソ5世（1416—58）は「寛大王」と呼ばれた人物であるが，その治世のほとんどをイタリアで過ごした．彼は1442年ナポリ王に即位するとすぐ，貴重な写本を蔵する広い図書室と人文主義研究のアカデミーを新しい王城の中に創設した．この王は，イタリアとスペインの多くの学者や詩人たちのパトロンであったが，彼らの才能はアラゴン王家の栄華に貢献した．たとえば，ロレンツォ・ヴァラは，15世紀イタリアにおける最も著名なラテン語学者であり，アルフォンソ王の父の伝記を著した．ナバラにおいては人文主義の動きは蔵書家として名高いビアナ家のカルロス王子の宮廷を中心としていた．カルロス王子はギリシアの学者テオドル・ガザとイタリア人の学者アンジェロ・デチェンブリオのパトロンであり，王子自身もまた，アリストテレスの著作をアラゴン語に訳すことを楽しみとしていた．

王室による保護，印刷出版と新しい学問

15世紀イベリア半島における新しい芸術と学問の中心は，それぞれの地方特有の特徴を備えていた．たとえばアラゴン王国では，サラゴサ，バルセロナ，バレンシア，マヨルカ，シチリア，そしてナポリの各地方の宮廷でそれぞれに独立した人文主義者のグループが存在していた．カタルーニャではペレ・ミゲル・カルボネルのもとに指導された人文主義者の

グループがバルセロナの大法官府の風潮の影響を受けていた．バルセロナの大法官府はこの時代のヨーロッパにおいて最も洗練された行政管理制度をとっていた．一方，マヨルカでは法官僚のファラン・バリェがキケロの『ストア派のパラドックス』をカタルーニャ語に訳し，彼の友人のために詩を作った．バリェは1440年代にフィレンツェでレオナルド・ブルーニのもとで学んだ．彼の子供たちにはテーセウス，ヒッポリュテー，パイドラー，ポリュクセネー，そしてルクレチアなど古典や神話に由来する名がつけられていた．これとは対照的に，アラゴン王家下のサラゴサでは人文主義者たちが大司教の館に集い，より権威主義的で精神的な興味を追求していた．同じようにバレンシア，シチリア，そしてナポリの国際色豊かな宮廷では，その国で展開した人文主義のスタイルの上に各地方特有なスタイルが加えられていった．

カトリック両王の連合王国はこれらの地方の中心地を排除するのではなく，これらの新しい学問は政府に貢献するものであるという2人の君主の一致した見解のもとに，強力な王家の擁護を与えることによって，彼らは新しい学問のさまざまな動きを利用していたのである．特にフェルナンドとイサベルは古典に関する学問の教育普及を全面的に支援していた．1470年代後半にはアントニオ・ネブリハ（1444—1522）がイベリア半島で最初の大学であるサラマンカ大学で教壇に立つために戻ってきた．彼はアンダルシアの学者でボローニャに学んだ．イサベル女王の許可のもとに彼は自ら「野蛮の克服者」と宣言し，そして『ラテン語入門』（1481年）を著したが，これはサラマンカ大学において使われていた中世の教本の代わりに書かれた文法書であった．

ネブリハの『ラテン語入門』の成功はまたたく間に全国に広がり，二カ国語版として，イサベル女王に献上された．続いてヨーロッパ全土に輸出され，サラマンカ，バルセロナ，ヴェネツィア，リヨン，そしてその他の地方で何度も重版されていったのである．ネブリハの文法はイギリスのヘンリー8世とその子供たちにラテン語を教えるのに使われていた．人文主義者たちの教説はたちまちイベリア半島の隅々で取り上げられた．サラマンカはヨーロッパにおける人文主義研究の指導的中心の一つとなった．イタリアの学者たちはスペイン宮廷で生活するためにその招きに応じた．ギリシア研究はサラマンカとバレンシアで紹介され，バリャドリードのペラ・クルス学院，聖グレゴリオ学院，そしてアルカラ・デ・エナーレスのコンプルテンセ大学などのような見事なルネサンス様式の建物をもった新しい大学が，新しい学問を支持するようになった．

ポルトガルではマヌエル1世（1495—1521）がこれにならって，ラテン語（古典語）教育のためにシチリアとフランドルの学者たちをポルトガルに招いた．次の王となったジョアン3世（1521—57）は，1537年リスボン大学をコインブラに移し，人文主義の諸学芸院を創設した．ここは，1548年にはボルドーからスコットランド人，ジョージ・ブキャナンを含むさまざまな学者のグループを教師として招いていた．

ネブリハが1486年にサラマンカ大学で行った開講式での演説は改革の始まりとなった．彼はここで学問仲間をアリストテレスの文章を解釈できない野蛮人として嘲笑したのであった．しかしながら人文主義者の大部分が中流の市民，公僕，法律家や教師であったにもかかわらず，急進的な教育プログラムは彼らのパトロン貴族たちの政治的興味を反映するものであった．人文主義者たちは，自由で人間的な学問における

上　伝統的なモチーフをふんだんにちりばめたサラマンカ大学の16世紀初頭のプラテレスコ様式のファサード（前面）は，この時代の人文主義者たちの熱意の縮図である．フェルナンドとイサベルは連合王国の王冠を手にし，ギリシア語の銘文はスペインの新しい学問に対するこの両王の庇護を適切に表現している．いわく「大学のための君主，君主のための大学」．

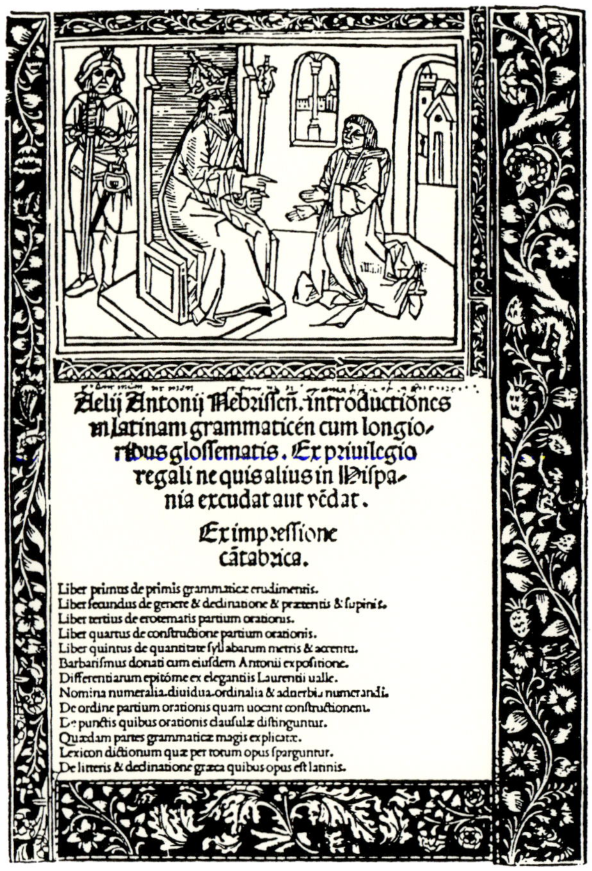

Aelij Antonij Nebrissen. introductiones in latinam grammaticen cum longioribus glossematis. Ex priuilegio regali ne quis alius in Hispania excudat aut vēdat.

Ex impressione cātabrica.

Liber primus de primis grammaticæ erudimentis.
Liber secundus de genere & declinatione & præteritis & supinis.
Liber tertius de erotematis partium orationis.
Liber quartus de constructione partium orationis.
Liber quintus de quantitate syllabarum metris & accentu.
Barbarismus donati cum eiusdem Antonii expositione.
Differentiarum epitóme ex elegantiis Laurentii ualle.
Nomina numeralia. diuidua. ordinalia & aduerbia numerandi.
De ordine partium orationis quam uocant constructionem.
De punctis quibus orationis clausulæ distinguntur.
Quædam partes grammaticæ magis explicatæ.
Lexicon dictionum quæ per totum opus sparguntur.
De litteris & declinatione græca quibus opus est latinis.

左　アントニオ・ネブリハの『ラテン語入門』（1481年）の表紙．これは新しい人文主義に則したラテン語の研究における革新的なものであり，たちまちセンセーションを巻き起こした．この本は数多く出版され，ネブリハの名をヨーロッパにおいて最も著名なスペイン人の人文学者として高めた．実際ネブリハは新しい印刷技術によって出現した広報の多大な可能性を，ヨーロッパにおいて最初に利用した学者の一人であった．

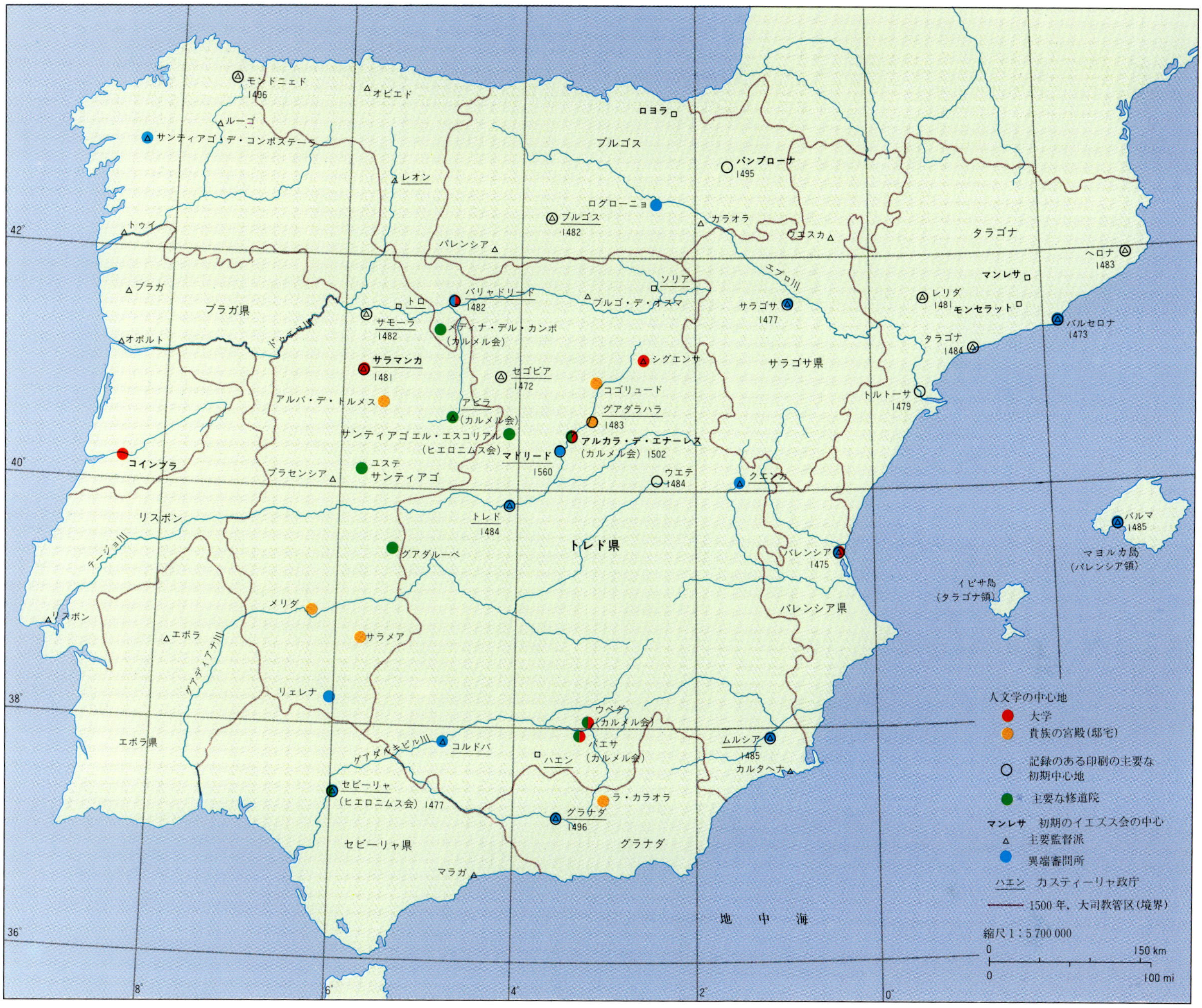

上　**16世紀のイベリア半島における宗教と文化の中心となった都市**　スペイン・ポルトガルの黄金世紀には，文化・芸術，精神面での生活のあらゆる側面でエネルギーが独自の高まりを示していた．サラマンカ大学がヨーロッパの伝統的学問の中心にあってその改革期にあった間に，コインブラ，アルカラ・デ・エナーレス，そしてバレンシアでは新しい学問の中心がつくられた．印刷の技術は急速に広まった．最初に印刷が行われたのは1470年代の初期で，1500の主だった大聖堂や都市はそれぞれ自分たちの印刷機を所有していた．15世紀の後半には対抗宗教改革の一環として，カトリック教会はプロテスタントに対してその陣営を固めた．異端審問所とイエズス会は教育と知的思索におけるますます厳しいしめつけを行った．それにもかかわらず，16世紀の後半に芸術的エネルギーは衰えることなく，新しい精神的な胎動と誕生の出発点となったのである．

新しい教育は，特に活気のある社会生活を送る貴族たちにふさわしいものであると力説した．

次の三つの要因がこの筋道の通った主張の根拠となっている．すなわち貴族たちの読み書き能力の早期普及，次に彼らが新しく手に入れた教育能力に需要を提供してくれる近代国家の行政組織と官僚制度のめざましい成長，そして印刷術の発明である．土地所有貴族の子弟たちは初めて大学に行くようになった．彼らはここでネブリハの『ラテン語入門』とキケロの弁証法を学んだ．サラマンカ大学に入学した学生たちの数は15世紀初頭の600人から16世紀初めには3000人を超え，さらに50年後には7000人を超えたのだった．イサベル女王は31歳で彼女自身がラテン語を学び始めたこと，そして彼女の宮廷に若い貴族たちのための文法学問所を設けることによって力強い手本となった．古典文化と雄弁術における人文主義教育が，宮廷で高い官職と引き立てを熱望していた貴族たちにとってふさわしい教育であることが，政府によって公的に示されたのである．

印刷機は1472年頃にカスティーリャに伝えられた．さらにアラゴンには1473年に紹介された．1500年までには約20の都市で印刷が商業的に行われ，856種類の版本が出たことが知られている．さらに，1501年から1521年の間に印刷された1368点の出版物が残っている．フェルナンドとイサベル両王は早くからこの発明の文化的な重要性をしっかりと把握していた．彼らはセビーリャなどの大都市で商売をさせるためにドイツの印刷業者や本屋を個人的に招き，彼らに財政上の特権を付与した．王室の法律家，アルバロ・ディアス・モンタルボが1480年に『王室典礼』を編纂したとき，両王は彼にそれを印刷し，それを「王国内すべての都市，町，村」に一定の価格で配布するように命じた．出版に関する国の認可は1490年代に始まった．これは1502年の書籍の出版に関する法令の発布によって確固としたものとなった．

スペイン中世文学の偉大な作品は現在では二，三の写本が残るだけであるが，文学作品は何千部もの印刷が可能となり，その名声はあまねく広がった．ディエゴ・デ・サン・ペドロの有名な感傷的な小説，『恋の虜』(1492年)は，カスティーリャ語で何度も出版されただけでなく，カタルーニャ語，イタリア語，フランス語，英語，そしてドイツ語でも出版された．この人気でさえ騎士道小説『アマディス・デ・ガウラ』には及ばなかった．この作品はヨーロッパで最初の国際的なベストセラーとなり，この時代におけるカスティーリャ語で著された作品の中でも最も広範囲にわたって印刷された作品となっていった．大量生産の本は限られた専門家の一団よりもむしろ素人のあらゆる階層の人々によって読まれたが，それは，人文主義の威光がこれまでになく広範な読者層によって受容されえたことを意味していた．

スペイン・ルネサンスにおける騎士道とカスティーリャ語の人文主義

サンティリャーナ侯はカスティーリャにおけるイタリア人文主義の初期の最も重要なパトロンであり，また名高い騎士でもあった．彼の死後，甥のゴメス・マンリケは，彼は「われわれの時代における文武両道の最初の人」であると述べている．王室の年代記作家フェルナンド・デル・プルガルは彼を「宮廷におけるアポロン，戦いにおけるハンニバル」と呼んでいる．サンティリャーナ侯の例は最も特徴的なスペイン・ルネサンスの騎士詩人のイメージを定着させた．彼のもう一人の甥，ホルヘ・マンリケはカスティーリャ語における最も有名な詩，『父君の死によせる詩』(1474 年) の作者であるが，彼はサンティアゴ騎士団の十字軍指揮官であり，1479 年，39 歳で戦死した．騎士道の伝統は 1536 年のガルシラソ・デ・ラ・ベガの死の年まで受け継がれていく．ベガはサンティリャーナ侯の甥の孫で，同時にラテン語でもカスティーリャ語でも名高い詩人であったが，彼もまた 35 歳の若さで戦死したのであった．武勇と学識の両立はスペイン・ルネサンス社会において最も高い理想となり，英雄文学，肖像画，彫刻などに表された．そして一人の郷士が騎士道小説を読みすぎたために狂気の世界へと入っていく，ドン・キホーテの不滅の姿を，セルバンテスがパロディーとして取り上げるまで，その理想は続いていったのである．

貴族たちに好まれた人文主義文学の形式は，古典の専門家や学者たちのそれとはかなり異なっていた．貴族たちはローマ時代のテキストを翻訳や模倣作品によって読むことを好んだのだが，それは中世後期の視点で古代を理想化したものであった．俗語で著された疑似的な人文学は古代人を騎士団兵士のように描きだしたが，それはカスティーリャ国王フアン 2 世によって強い影響を受けていた．フアン 2 世はブルゴスの司教にアロンソ・デ・カルタヘナ (1384—1456) を任命した．彼はスペイン生まれのストア派哲学者セネカの著作やその他の古典や宗教テキストの多くをカスティーリャ語版で出版した人物である．続く 1 世紀半の間に古代ギリシアとローマの文学のほとんどが，イベリア半島の貴族たちの依頼により，スペイン，カタルーニャ，イタリア，そしてポルトガル語に翻訳された．

それぞれの土地に根付いた人文主義文学は翻訳の出版をうながしただけでなく，はっきりと特徴を備えたオリジナルな文学をも生み出した．その最初の偉大な擁護者はフアン・デ・メナであった．彼はカスティーリャ王国のフアン 2 世の年代記作家で，秘書でもあった．メナの寓意的な夢物語『運命の迷路』(1444 年) は，古代ローマ帝国の歴史のパノラマを背景に，当代のカスティーリャの歴史の「迷路」を描いたものである．これは，「われらの最も優れた王」のうちに「新しいカエサル」の輝かしい出現を誉めたたえるものであるが，王は愛国心の誇りであり，またこの作品は「スペインのホメロス」というメナの地位を確かなものとしたのである．

さらに大衆的なスペイン人文主義の著作は，モンドニェドの司教アントニオ・デ・ゲバラ (1480 頃—1545) の『マルクス・アウレリウス帝の (黄金の) 書』であった．フィレンツェで見つかったギリシア語写本を翻訳したとされていたゲバラによるマルクス・アウレリウス帝略伝は偽書であり，「君主の鏡」として構想されたフィクションであった．ゲバラの知識は偽りであったが，それは内容的には面白いものであった．彼の作品は大流行し，フランス語，イタリア語，英語，ドイツ語，そしてラテン語に訳されることになった．その流麗な文体はヨーロッパ中で模倣され，16 世紀のイギリスの作家，ジョン・リリーの誇飾体 (古典的なレトリックを高度に駆使した文体) を生みだした．

上　スペイン・ルネサンスの最も特徴的なことの一つは，この時代の文学に見られる騎士道精神と中世的な形式の影響が受け継がれていることである．1508 年にガルシ・オルドニェス・モンタルボが諸国遍歴の騎士を主題とした翻案本『アマディス・デ・ガウラ』を出版した．中世風のロマンセ『アマディス・デ・ガウラ』は，貴婦人と輝く甲冑をつけた騎士という魅力的な人物の登場する懐古的な物語である．この本が当時の時代精神をつかんでいたのは明らかであり，それは驚くべき大成功を収めたのであった．そしてすぐにフランス語，イタリア語，英語その他の言語に訳され，約 1 世紀近くにわたってヨーロッパで最も流行した娯楽小説となった．セルバンテスが，この小説のパロディーともいえる不滅の騎士道小説『ドン・キホーテ』(1605 年) を出版するまでに，『アマディス・デ・ガウラ』を模してこのほかにも多くの騎士道小説が書かれた．

古典と騎士道小説を融合したこの時代の代表的な産物は，国民演劇の誕生である．15 世紀のスペイン宮廷は独自の仮面劇と空騒ぎの伝統を有していた．これはしばしば降誕劇や道化師の笑劇を含むものである．人文主義者たちが古代ローマ喜劇のイタリア版の復活をもたらしたとき，この二つの伝統の融合が，スペイン・ルネサンスのコメディーを誕生させた．音楽家のフアン・デル・エンシナ (1468—1529) は，1496 年以前に，サラマンカ大学でネブリハの学生であったが，パトロンのアルバ・デ・トルメス公の宮殿で，八つの田園詩——古典牧人劇を模したスペイン語の短詩——をつくった．彼は後に，ローマにいた大規模なスペイン人の集団のために戯曲を書いたが，ロマンティックな演劇のルネサンス的な形式へと向っていった．似たような試みはサラマンカ大学でエンシナのライバルであったルカス・フェルナンデス (1474 頃—1542)，多作のポルトガルの宮廷劇作家ヒル・ビセンテ (1465 頃—1536 頃) そしてバルトロメ・デ・トーレス・ナアロ (1484 頃—1525 頃) によっても行われた．ナアロの作品もローマのスペイン人社会で最初に上演されたのであった．

気品ある騎士道の格調高い儀式とその華麗な騎馬試合など

下　スペインはルネサンスの時代，イタリアの多くの地方に政治的影響力を及ぼしていたために，特にイベリア半島の人文主義者たちは，スペインは「野蛮人」であるとするイタリアのたび重なる中傷に敏感であった．スペイン出身の学者たちは，スペイン人が軍事的勇敢さと同じくらいに文化的にも優れていたことを立証し，この論争に決着をつけた．このときに好まれた一つの方法は，スペインがヘラクレスの時代へとさかのぼることができ，イタリアと同じように古代の遺産を誇ることができると主張したことであった．この途方もない，しかし重要な主張を擁護することで，イベリア半島の学者たちは最初はでっちあげであったものの後に真の正確さをもった学問となる，イベリアの古代史と考古学に勇気づけられたのであった．セゴビアの水道橋の例のような，スペインにあるローマ時代の工学技術の偉大な遺産と優れた建造物は，再び脚光を浴びるようになり，古代イベリアの技術と芸術の記念碑が発見されたのであった．

の貴族生活の風潮は，イベリア半島の人文主義に強い個性的な特徴を与えた．その顕著な例が宮廷恋愛に対する絶えることのない礼賛である．騎士は美しい婦人への賞賛なくしては名誉と高潔さを構想することはできなかった．すなわち，ドン・キホーテいわく「恋人のいない騎士は葉も実もない樹木か，または魂のない身体のようなものである」．

カスティーリャのルネサンス詩にペトラルカ風の恋愛詩を導入した作品の成功例は，ガルシラソ・デ・ラ・ベガ（1501頃—36）とその友人であったカタルーニャ人のファン・ボスカン（1492頃—1542）であるとされている．グラナダのカール5世の宮廷で，ボスカンは有名な人文主義者であったヴェネツィア大使アンドレア・ナヴァジェーロと知り合う機会を得た．ナヴァジェーロは，バルセロナへと戻る長い退屈な時間を過ごすために，新しいイタリア詩型とカスティーリャ（スペイン）語による強弱五歩格を試してみるようボスカンにすすめたのであった．ボスカンは，最初のソネットを試作した．しかしこの新しい詩型がイベリア半島に嵐を巻き起こしたのは，若き天才ガルシラソによってであった．ペトラルカのカンツォーネとウェルギリウスの田園詩を模したガルシラソの夢のように美しい作品は素晴しく，技巧的に見事に仕上がっていた．しかしガルシラソは彼の詩の基本的な構成に，パトロンであるナポリのアルバ公の宮廷での騎士と貴婦人たちの恋愛を織り込んだ．こうして騎士道的な内容と古典的な形式をあわせもったスペイン的な詩ができ上がったのである．1532年ボスカンは『宮廷人』のカスティーリャ語版を出版した．『宮廷人』はルネサンスの宮廷儀礼における古典的な解説書であり，当時スペイン宮廷を訪れていたイタリア大使，バルダッサーレ・カスティリオーネによって書かれたものである．ガルシラソはボスカンの版は「おそらく学識ある人々の注目を集める最初のスペイン語の著作」であろうと評した．

人文主義者とスペインの古代

人文主義の学者たちの出現は，古典と歴史学に関する学問的関心を促した．スペインにおける復古趣味は最初から愛国的かつ反イタリア的動機に深く影響されていた．15世紀には，古代イスパニアと特別な関係にあった古代の人物や物語に対して特別な崇拝と関心をもつことはごく普通のことであった．スペインで生まれたローマ時代の作家たち，すなわちルカヌス，クィンティリアヌス，マルティアリス，トログス・ポンペイウス，オロシウス，プルデンティウス，イシドルス，そしてとりわけストア派の哲学者で弁論家のセネカの著者は，研究され，賛美され，翻訳の対象として選ばれた．彼らの厳格なスペイン的美徳は，ウェルギリウス，キケロ，オウィディウスのようなイタリア生まれの「愚か者の黄金」とは対照的であった．

このような排他的姿勢は，すぐにスペインの豊かな古代遺産に対するより専門的な探求を促した．コルドバの愛書家，ヌーニョ・デ・グスマンは友人であったフィレンツェの人文主義者ジャンノッツォ・マネッティに，コルドバでセネカの邸宅と庭園を発見したことを熱心に報告している．マネッティはグスマンにセネカの専門的な伝記を書くことを依頼していた．一方，セビーリャとリスボンはその町の創建がヘラクレスとオデュッセウスによるものであることを誇りにしていた．サモーラの住人たちは，町が古代のヌマンティアであること（これは誤りであったが）を強く主張していた．ヌマンティアはケルト=イベロ住民がローマの侵略に対して勇敢に抵抗した町で，ローマの歴史によるとヌマンティア人たちはもはや抵抗できなくなったとき，全員が崖から飛び下りて集団自殺したのであった．この勇気と抵抗の感動的な愛国の物語は非常な人気を博し，セルバンテスの戯曲作品の主題ともなった．

このような愛国的な好古趣味の最も優れた産物は，いわゆる「ネオ・ゴシック」論である．これは，7世紀のトレドの西ゴート王国以来受け継がれてきたカスティーリャ王国の家系をさかのぼって明らかにするものであった．アロンソ・デ・カルタヘナによってラテン語で著された『イスパニア国王総覧』に示された主張は，すべてのゴシックは中世的で野蛮であるというイタリアの人文主義者たちの見解に，真っ向から挑戦するものであった．ネオ・ゴシック論の形成は，イベリア半島と北アフリカ全土を覆う最高権力を誇示するためという，カスティーリャ王家の政治的目的をはらんでいた．スペイン人文主義で最初に印刷された書物は，ロドリゴ・サンチェス・デ・アレバロによって1470年にローマで出版された『イスパニア略史』であった．アレバロはパウルス2世の教皇庁の高官であった．その著書はカスティーリャ王国がヘラクレス時代以来，ケルト=イベロ，ローマそしてゴート王国の継承者であることを公言するものであった．アレバロの意図はスペイン国民が劣っているどころかイタリアよりも古く，輝かしく，そしてより文化的であったことを示すことにあった．

前イスラム時代のイベリアの古代地理学と考古学が王国の宣伝に資する重要なテーマとなったという事実は，人文学者たちの目をスペインの豊かな古代遺物へと開かせた．シチリアから来たルカ・ディ・マリーニは，セゴビアの壮観な水道橋やメリダの劇場に驚嘆した．ネブリハは1495年にアルカンタラの領主の宮殿の近くで，考古学遺跡を散策したときの興奮を記している．彼はその後，スペインの古代遺物についての4巻本を起草しているが，このうちイサベル女王に送られたカスティーリャ語の選集のみが出版された．アルフォンソ・デ・パレンシア（1423—90）はその古代的な成果と地誌的調査を，『ヒスパニアの古代遺物』という後に失われてしまった10巻からなる著作に著したが，このうち『ヒスパニア古代遺跡小論』が残されている．ヘロナのカタルーニャ人司教，フアン・マルガリトの『イスパニア忘失誌』は，20年にわたる執筆の後，彼が1484年にローマで没したときも未完のままであったが，この著作はストラボン，プトレマイオス，ディオドロス・シクロス，アッピアノス，プルタルコス，ポンポニウス・メラ，ソリヌス，そしてアントニヌスの『旅行記』にあわせ，古代遺跡の個人的な調査をもとにしていた．ジェロニ・ポーはスペインに関する古典記述に関して調査するうちに，バルセロナの古代碑文を学んだ．メンドーサ枢機卿は，貨幣，ブロンズ，カメオや宝石などのイベリア半島古代の工芸品や，ピサネッロのようなイタリアの技芸家のルネサンス期の模作を集めて，イベリア半島で初の大博物館をつくった．

スペイン・エラスムス主義の隆盛と衰退

ハプスブルクのカルロス１世（後の神聖ローマ皇帝カール５世）が1516年にスペイン王位につくためにスペインに上陸したとき，新しい学問もまたスペインの人文主義者たちにもたらされた．カルロス１世はフランドルで育ち（彼はスペイン語を話せなかった），廷臣たちは故郷であるフランドルの文化をたずさえてスペインにやってきたのであった．フランドルとの関係で重要であったのは，それがロッテルダムのエラスムスの古代精神の理想と古典学という特別な刺激をスペインにもたらしたことにある．この時代スペイン，ポルトガルでは枢機卿で，トレドの大司教であり，スペイン王室において傑出した政治家であったフランシスコ・ヒメネス・デ・シスネーロス（1436—1517）によって宗教上の改革をめざす積極的活動が行われていたが，エラスムス主義はすでにこの地において高い評価を享受していた．

シスネーロスは，特に聖書と教父の著作の専門的な研究に重きを置くキリスト教的人文主義であったエラスムス学派に共感していた．1498年，シスネーロスは教皇アレクサンデル６世にアルカラ・デ・エナーレスに新しい大学の創設を願い出た．アルカラ・デ・エナーレスでは，教育は人文主義的であったが，神学と教会学に重きを置いていた．またその主眼となるものとして，この大学はキリスト教学の三つの言語，すなわち，ヘブライ語，ギリシア語，そしてラテン語を学ぶことをかかげた．アルカラのローマ時代の名にちなんだコンプルテンセ大学は1509年，学生たちにその門を開いた．その開学はこの世紀のスペイン学問の最大プロジェクト，すなわち『コンプルテンセの多言語聖書』によって注目された．すなわち，本文をオリジナル言語で示し，欄で区切って訳文を並記する形式の最初の多言語対訳聖書である．初版は1514年から17年に出版され，そのほかにも多くの版を重ねたが，このうち最もよく知られているのは，1570年代にアントウェルペンでプランタンによって出版されたものである．

カルロス１世の宮廷の成立とともに，キリスト教の人文主義は学究的な分野を越えて広がり，宮廷での知的な動きを促すものとなっていく．カルロス１世の廷臣たちは，ラテンの古典研究の教育を受けたものたちばかりであった．そして，彼らはエラスムスの影響下のキケロ風文体や風刺的気風を帝国理念や社会・宗教的改革に役立つものへと変えていった．エラスムスの著書は優美なカスティーリャ語に訳された．そしてエラスムスの思想はさまざまな政治的・社会的問題を論ずるのに援用された．すなわちカルロス１世のローマ掠奪（1527年）から，貧富・失業者取扱い立法に至るまでである．

スペインのエラスムス主義の風刺性は，おそらくその神学的側面よりも論争調の風刺的で辛辣なスタイルにより大きく影響されている．彼らの批評はしばしばとても辛辣だったので，作家たちは実名を出さないことを好むようになった．『がらがら』のようなケースがそれである．この作品は靴屋と世馴れた喧嘩好きの若者との対話集で，彼らのひとりよがりで自己満足な対話を通して，その愚かしさを読者に気付かせることを意として書かれたものだった．作者はエラスムスの『痴愚神礼賛』の逆説的・風刺的方法にかなりの影響を受けている．彼がその代弁者として口の利けない動物を使っていることは，エラスムス的風刺の典型的なものであり，セルバンテスの見事なまでに巧妙で洗練された短編『犬の対話』（1613年）にもその一端をみることができる．もうひとつ，作者不詳の優れた作品は『トルコの旅』という作品で，その作者はアンドレ・ラグーナ（1499—1560）とみなされる医者であった．作品はコンスタンティノープルで奴隷として何年も過ごした評判の良くない悪党の自伝という形で書かれている．実際には，ラグーナの作品は空想的フィクションであるが，しかし，真に迫った細部描写に満ち，東方通の人々でさえそれがオスマン帝国社会を本当に体験した説明であると考えて騙されたほど，確かな出典をもとにしている．この作品では，堅苦しい説明によってではなく巧妙な逆説的手法によって，トルコのイスラム社会がキリスト教社会よりもさらに文明化した徳の高い社会として浮かび上がる．16世紀の間，トルコがヨーロッパの脅威であり，悪夢であったために，トルコは野蛮なものというイメージであった．にもかかわらず，『トルコの旅』は，この輝かしい時代の学者や作家たちが，真剣な精神性に加え，開かれた究明のための高い知性をも備えていたことを証明するものであった．

しかしながら，エラスムス主義の束の間の輝かしい時期は長くは続かない．ルターの「95か条の提題」がカトリック教会とプロテスタントの間に苦い分裂を誘発し，神聖ローマ皇帝であったカール５世は困難な立場を余儀なくされ，ヨーロッパ全土は戦争の暗雲に覆われていた．エラスムスは，この争いの渦中から遠ざかろうとしたが，スペイン教会の保守派勢力は，エラスムス主義を抑制しなければその支持者たちの熱狂は自分たちの権力を奪うことになると考えたのであった．その結果として，彼らはエラスムスをルターの異端思想を擁護するものとして告発した．さらに『コンプルテンセの多言語聖書』の出版以前に，シスネーロス枢機卿はネブリハの聖書原文解釈における革新的な考えが，エラスムス思想と密接に類似しているとみなして，彼を解雇した．

異端審問所は，サラマンカのドミニコ会の神学者たちによるカトリック神学の強力かつ知的な改革のうちに有益な同盟者を見出した．フランシスコ・ビトリアと彼の弟子，ドミンゴ・デ・ソトそしてメルコール・カーノである．彼らとエラスムス主義者との最初の公開対決は，エラスムスの正統性を判定するために召集された，1527年バリャドリードの委員会であった．ペストの流行が原因で異端の審判は下らなかったにもかかわらず，委員会はイベリア・エラスムス主義の運命を決定した．残酷な反動がやってきた．異端審問所はルター派（エラスムス派は今やそのように見なされていた）を根絶し，火刑や追放に処した．この反動の思想的なリーダーシップは，イグナチオ・デ・ロヨラによって創設され，厳格な正統教皇派であるイエズス会に引き継がれた．イエズス会とサラマンカのドミニコ会は，トレント公会議（1545—63年）において，スペインの対抗宗教改革思想の構築に当たって，指導的な立場にあった．トレント公会議はエラスムスの著作を非難し，また，スペイン文学と文化生活の本質に深くかかわる，芸術における冒瀆や不敬に対して制限を提示するものであった．にもかかわらず，エラスムス主義の最高の遺産とされる小説『ラサリーリョ・デ・トルメス』（1549年頃）は，その知的なそして精神的な動きとしてエラスムス主義の失墜後に書かれたのである．この作者は用心深く，激しい攻撃を受けたにもかかわらず，決して正体を現すことなく徹底して名

上　ミカエル・シトー作とされている「カトリック両王の聖母」（1490年頃）．フェルナンド王とイサベル女王は，中世の寄進者の伝統的なポーズでこの修道院の支援者として描かれている．これはアビラの聖トマスのドミニコ会修道院で，スペインの異端審問の最初の裁判が開かれた場所である．両王の後ろには，ドミニコ会の創設者でありこの修道院の守護聖人である聖トマスと，ドミニコ会の創設者である聖ドミニコが立っている．この作品と中世の

祈禱する人々を描いた作品との違いは，ここでは何人もの宮廷の実力者の姿が君主たちと同じように生き写しのようなリアリズムをもって描かれている点である．ドン・フアン親王，ドニャ・フアナ内親王そして，その後ろには最初の偉大な異端審問官であったトルケマダとイタリア人の人文主義者ピエトロ・マルティーレ・ダンギエラが描かれている．

を隠したのであった．この作品はピカロと呼ばれる悪漢（ブロの悪玉）の自伝という形をとっている．評判の良くない人物で，語り手であるラサロが，さまざまな人物と行った一連の愉快な冒険を告白している．ラサロの相手は，目のみえない乞食や，つまらない田舎の助任司祭から，ラサロに自分の妻と寝るように誘惑する金持ちのトレド大司教までとさまざまである．教権反対派に対する異端審問所の厳格な検閲にもかかわらず，『ラサリーリョ・デ・トルメス』はアントウェルペンとスペインで出版された．後に不適当な部分が削除されて，この作品はバロックの悪漢小説に影響を与えることになる．

国家事業としての芸術と学問

フェルナンドとイサベルの治世には，政府の管理組織の徹底的な改革が行われた．両王は絶対権力を掌握しつつ，貴族，都市，教会による中世の封建制を徐々に変革していった．マキアヴェリはその著書『君主論』の中でフェルナンド王を，新しいルネサンスの専制君主像のモデルとして取り上げた．すなわち，「フェルナンド王は君主と呼ばれるにふさわしい．というのは彼は君主というものを，（中世の）無意味な地位からキリスト教世界の偉大な君主へと変えたのである」．同時代の人々はしばしば，フェルナンドとイサベルの偉大さはスペインの黄金世紀の文化が花開いた直接の原因となったことにある，と述べている．ある部分では彼らは当たっている．というのは，この2人の君主の芸術と学問に対する強力な支えは，その見返りとして，人文主義者の公的役割はスペインの新しい君主の絶対主義をたたえ，正当化することであろうと理解したうえで行われたからである．ネブリハは，この考えを端的に表現している．すなわち「言語は帝国の同胞である」と．

人文主義の作家たちはこのように，スペイン帝国主義を擁護するために考えられたイメージを形にすることを要求された．彼らは，アウグストゥス治世下のローマ帝国，ウェルギリウス，ホラティウスとリウィウスの黄金時代に匹敵するものをつくりあげた．彼らは，フェルナンドとイサベルが，かのアウグストゥスのように内乱で分裂し失われた国土を回復し，東洋や異邦の蛮族の敵を追放し，国家を復興し，新しい秩序を制定したと主張した．人文主義作家たちは，古代のゴート人の帝国の伝説とスペインのイスラム勢力に対する長きにわたったキリスト教回復の闘いをたたえた．彼らは，カトリック両王の勝利は聖書において予言されていたと述べた．そしてスペインの国王は，偶像崇拝と異教を打ち破り，エルサレムの聖なる都市を征服するために，そして切望されるキリスト再臨以前に，平和と調和におけるキリスト教世界帝国を統治するため，神から授けられた普遍的な天命をもっていると断言した．

カトリック両王の時代の文学の華々しい成功は，その誇張法において明らかである．詩人は冒瀆的にも両王を神々になぞらえ，またはイサベル女王を宮廷恋愛の隠喩の対象としている．たとえば1474年のイサベル女王の即位に際して，アントン・デ・モントロは次のような賛美を謳っている．「気高い女王，もしあなたが聖アンナの娘（聖母マリア）より前に生きていたら，神の御子はあなたの中に宿ったであろう」と．年代記，頌詩，記念建築物などのような公式宣伝は合唱となり，歴史上で最も成功した広報活動の一つの形をなした．国王の結婚を賛美する詩は，古代神話との突飛な比較によってつくられた．王家の入場や行列では，ローマ的な主題の寓意的な仮面劇が行われた．ラテン語のエピグラム（警句）や書簡，喜劇や叙事詩は，たとえばグラナダの攻略やフェルナンド王暗殺計画の失敗などのような重要な出来事をたたえるために，古典的スタイルでつくられた．アルフォンソ・デ・バルデスはカール5世の書記官であったが，彼はローマの掠奪（1527年）を正当化するために，エラスムス風な対話やシスネーロス風の書簡，ウィットに富んだ古代風な作品をつくった．

エラスムス主義の危機と失墜の後，学者や作家たちは特に帝国の政策と宗教上の正統性とをよりいっそう支えるため，公的な要請に従うことを余儀なくされた．フェリペ2世の治世下では，最も正統派の詩人でアウグスティノ会士，サラマンカ大学の聖書研究の教授であったルイス・デ・レオンが，ヘブライ語の研究をしていたことと聖書の俗語版を提唱したことによって，異端審問所により収監された．異端審問はトレドの大司教でさえ免れなかったことであった．すなわちトレドの大司教バルトロメ・カランサが糾弾されたときには，国王自身が審問官の前で証言を求められた．

新しい学問と異端審問

人文学という新しい学問は，哲学，文学，芸術のインスピレーションを得るために学者たちが古代世界へと目を向け始めたときに起こった．人々の関心は，神の国から人間の世界へと転じていった．この変化の一つの過程として，学者たちはまず古典作品や聖書などの正確なテキストをつくるために，言語についての専門的な研究に着手した．人文学は，14世紀の間にイタリアからスペイン，ポルトガルへと紹介された．そして，急速にこれらの国の文化的基盤の一部となったのであった．14世紀にネーデルランドで始まった「デヴォーティオ・モデルナ（新たな信仰）」という新しい精神は，新しい学問と一緒に発展した．新しい信仰に従ったこれらの者たちは，純粋に敬虔に生きるために，中世の神学理論の積み重ねのもとに埋もれていた聖書の本質的な意味を求めたのであった．

これらの思想の知的・宗教的な要素はエラスムスにおいて融合され，スペインにおいては他のどの国よりも熱心に受け入れられた．たとえば，アルフォンソ・デ・バルデスは1527年のローマの掠奪の責任はカール5世にではなく，教皇にあるということを証明するために，エラスムス風対話集2冊を著した．しかし，これは自分たちがエラスムスの風刺の標的とされていると感じた人々の強硬な抵抗の対象となり，最終的に勝利したのはその人々であった．異端審問所は，1478年フェルナンドとイサベルによって強制的に改宗させられたユダヤ教徒やイスラム教徒の，カトリック教徒としての真性を試すために創設された．やがてそれは書物の検閲を生み，新しい学問や宗教思想の普及を妨げることになったが，一方で宗教改革の影響を受けた反カトリック的な動きに対する闘争における有効な手段となったのであった．初期のプロテスタント側の感情の表出は見事に圧殺されたが，そのためにスペインから追放された改革者の著作をもとにして，オランダやイギリスが反対宣伝を行い，スペインは宗教的迫害の代名詞となった．見世物的アウト・ダ・フェ（異端審問所による異端の判決に伴う儀式）では，カトリック信仰が高揚させられ，異端が糾弾された．異端審問所によって有罪となった者たちは，その刑――鞭打ち，国内追放，投獄，ガレー船送りや火あぶりなど――の執行のために，世俗の当局に引き渡された．異端審問の犠牲者たちはサン・ベニートと呼ばれる審問官服の色彩をした長い，ゆったりとした衣服をまとっていたが，これは他の者たちに明らかな戒めを促すものであった．この宗教弾圧の組織は全国に普及した．1570年までにはスペインは，宗教的・文化的な疫病防護線の背後に退いてしまったのである．

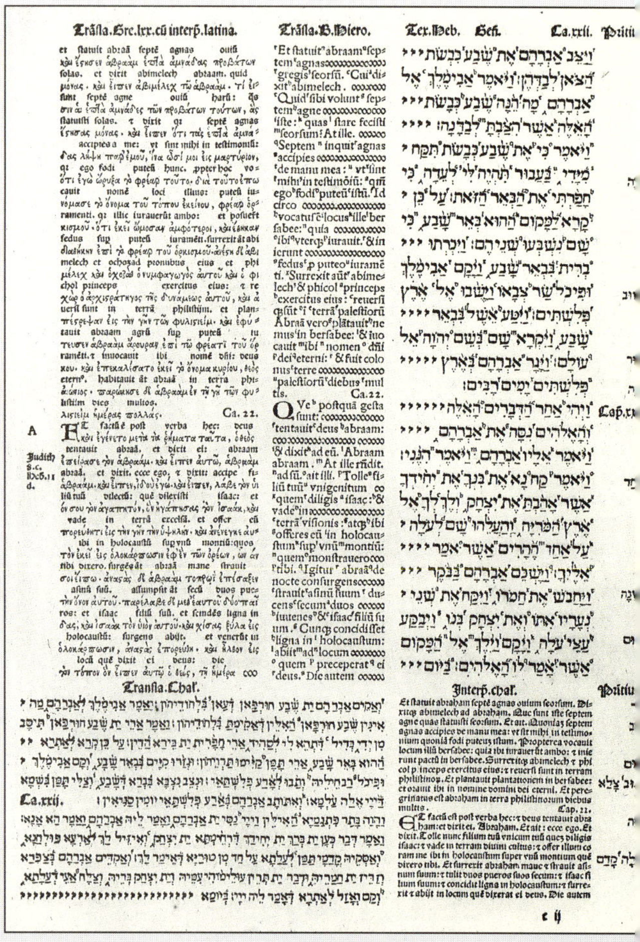
Tråſla.Grę.lxx.cū interp.latina. | Tråſla.B.Hiero. | Ter.Heb. | Ca.xxii. | Primi

Tranſla.Chal. | Interp.chal.

次ページ　ペドロ・ベルゲーテ作，1215年の異端の火刑を指図する聖ドミニクス．この絵画が描かれた1500年頃当時の異端審問との類比は明白である．

右　「コンプルテンセの多言語聖書」の一ページ．訳語と一緒に原語（ヘブライ語など）で印刷された聖書はシスネーロス枢機卿個人の費用でつくられた（1514―17年）．

右　フアン・デ・ボルゴーナによるシスネーロス枢機卿の肖像．異端審問所はプロテスタントの影響を完全に根絶するにあたって決定的な力を示したが，シスネーロスは信仰著作の出版と教会の規律を復活すること（その組織や教義を改変しないままに）によってプロテスタントの影響を減らした．そしてイスラム教徒への断固とした対抗を形成した異端審問官でありながら，彼はまたエラスムス信奉へと開かれた人文主義者でもあった．

T 186

フェリペ2世

フェリペ2世(1527—98)は，神聖ローマ皇帝カール5世とイサベル・デ・ポルトガルの息子として生まれた．彼は広大でさらに拡大し続ける帝国を受け継いだのであった．1554年から1556年の間にフェリペはミラノ，シチリア，ナポリ，ネーデルランド，フランシュ=コンテとスペインおよび新世界におけるスペイン領の統治者となった．そして1580年にはポルトガルを併合した．彼はその帝国すべてをあわせて維持するために常に働き続けた．王はスペインのまさに中央に位置するマドリードに首都を置き，そこからそう遠くないところにエル・エスコリアル宮殿を構えた．彼はこの人里離れた場所から，彼の帝国をますます強力に統治し動かしたのであった．その中に宮殿，修道院および図書館を有するこの隠棲所は，フェリペの複雑な性格を象徴するものであった．廷臣たちは長く詳細な報告書を提出することをたびたび求められた．王はその報告書を注意深く読み，筆跡がかろうじて読み取れるほどのおびただしいコメントで埋めつくした．

彼は多くの問題を抱えていた．金銀は新大陸から流入していたが，しかし，数々の戦争（フランス，ポルトガル，イギリス，オスマン帝国との戦い，ネーデルランドの反乱のような戦いは純粋に政治的理由というよりはむしろ宗教的な理由で頻繁に行われた）は国庫の金銀を流出させ，インフレを進ませる原因となった．外国との同盟を進めていく一方で，王家を存続するために後継者を得ることもまたフェリペにとって困難であることがわかった．1543年に王はマリア・デ・ポルトガルと結婚した．彼女はその3年後にドン・カルロスという息子を生んで他界した．このドン・カルロスは23歳のときに父王の暗殺を謀り，それが露見することになる．イギリスのカトリック勢力を維持するための政策の一つとして，フェリペは1554年にメアリ・テューダーと結婚した．その3年後にメアリが子供を成さずに亡くなったとき，王はメアリの妹で王位継承者でもあったエリザベスとの婚姻を画策したが，これは失敗に終わった．彼の対イギリス政策はその30年後，無敵艦隊の敗北という結果に終わったのであった．イザベル・デ・ブルボン(アンリ2世の娘)との結婚では2人の娘が生まれ，フェリペ2世はこの娘たちを溺愛した．そして彼の最後の結婚は，皇帝マクシミリアン2世の娘，アンナ・デ・アウストリアとの結婚であったが，この結婚で彼は男子をもうけたのであった．すなわち，未来のスペイン国王フェリペ3世である．

非常に敬虔で狂信的カトリック信者ともいえるフェリペ2世にとって，宗教的問題と国政は深く絡み合っていた．すなわち，政策は最終的には信仰の一つの表現であった．彼は自分自身を教会の忠実な息子として自認し，そして彼の公文書は政務に関するおざなりの考えを述べただけで，その大部分は信仰心についてのささいなことを述べるためにさかれていたのである．フェリペ2世のもとで異端審問所はその影響力と権力の頂点に達していた．彼は異端審問を異端と戦うためだけにではなく，彼の支配力の強さを広げるために利用したのであった．セビーリャやバリャドリードでの見世物としてのアウト・ダ・フェ（宗教裁判の処刑）はプロテスタントに対する彼の容赦ない行動をはっきりと示したものであった．文学と芸術は開花した——フェリペ自身がティツィアーノやエル・グレコ，アロンソ・カーノを被護した．これらは正統性を防御するために利用されたのだった．しかし，フェリペ言うところのカトリック君主は，教会の従者ではなかった．そして彼は独自の政策を命じて，教皇にも，カトリック改革の主たる動きであったトレント公会議にも挑戦したのだった．破産した国家スペインを救うために信仰に基づく改革を行うことは，フェリペ2世の職務だったのである．

左　ティツィアーノ作「フェリペ2世の肖像」．フェリペ2世は巨大なハプスブルク帝国を継承して，1555年から1598年までルネサンス君主としてこの帝国を統治した．彼は帝国の支配者として，熱心なカトリック教徒として，教会の忠実な息子として（これにはある程度の限界があったが），そして芸術のパトロンとして君臨したのであった．しかし，この王の死によってスペインはその輝かしい栄光の時代の幕を引いたのであった．

上　エル・グレコ作「イエスの御名の礼賛」．この作品は一般的に「フェリペ2世の夢」と呼ばれているが，これは単にフェリペ2世がイエスの御名を礼賛する人々の一人として描かれているためにそう呼ばれているにすぎない．「イエスの御名の礼賛」は「ピリピ人の手紙」2章10節にある「イエスの御名においてすべての者が膝をおり，頭をたれた」に由来する．明らかに真に宗教的な敬虔さをもって描かれているフェリペの姿は，誇り高いハプスブルク的野心とは著しく対照的である．

右　「フェリペ2世の敵を打ち破るアルバ公」．作者不詳のこの彩色木彫はミケランジェロ作の「悪魔を殺す大天使聖ミカエル」または「竜を打ち破る聖ヤコブ」を意識したコピーである．蛇はイギリスのエリザベス女王，教皇，そしてザクセン選帝侯を象徴するものである．

このようは検閲は発展を約束されていたスペインの学問を衰退させた．そして反啓蒙主義と反知性主義，そして宗教的神秘主義（これも疑わしいと見なされていたのだが）を促進させた．さらに，中等教育と大学教育を管理するようになっていたイエズス会の厳格なラテン語教育は，古典学者と神学者を輩出し続けていたが，彼らは政治的・宗教的なものに関する自由な思想を奨励しはしなかったのである．

人文主義者たちに残されていた唯一の挑戦は，スペインの巨大な海外帝国を記述することとそれを正当化することであった．1430年代にはイタリアの学者，ポッジォ・ブラッチォリーニが，イベリアの航海士たちが行った初期の航海に「発見」という名称を与えた．彼はイベリアの航海士たちが，古代の地理学者たちにとっては知られていなかった海図をつくったことを意味して，「発見」という言葉を用いたのであった．1489年にはフィレンツェの人文主義者アンジェロ・ポリツィアーノは「新しい土地，新しい海，新しい世界そして新しい星」すらの発見をも予言していた．コロンブスが1493年にその予言通り新大陸到達を報じたとき，ヨーロッパの知識人たちはこのニュースに狂喜し，熱心に耳を傾けたのだった．コロンブスが記した簡潔な『大西洋の新しく発見された島からの書簡』(1493年)は，ただちにラテン語とその他の言葉で出版された．コロンブスは，その死の床で彼が中国，インドへの航路を発見したと主張したが，イタリアとドイツの世界地誌の学者たちはすぐに彼が「新世界」に遭遇したのだと推論した．

スペインで著された発見に関する最初の人文主義の著書は，ピエトロ・マルティーレ・アンギエラ(1459—1526)によって書かれた『新世界の数十年』であった．彼はフェルナンドとイサベルの宮廷でラテン語を教えるために招かれた，ネブリハのイタリア人の友人であった．1510年，彼はインディアス評議会の年代記作者に任命された．その著作は，1511年，セビーリャで木版印刷された西インド諸島の有名な地図とともに順次出版された．マルティーレのアメリカに関する記述は，人文主義的教育の色彩の濃いものであった．彼は又聞きの知識で先住民アラワック族を自然界に住む色白の古典的なニンフや牧人のように表現したのである．そこに語られた食肉人種や女戦士の一族は，ホメロス以来忘れられたライストリゴン族とアマゾネス族，トリトンやセィレンという，海に棲む奇妙な想像上の生き物と同一視された．それはまさしく虚構による記述ではあるが，それがトマス・モアに影響を与え，新世界をもとにしたユートピアの物語を描かせたのである．

メキシコとペルーにおける征服者(コンキスタドーレス)たちの残忍さと飽くなき貪欲さは，すぐにこれらの理想郷の夢を破壊し，そしてインディアスにおけるカスティーリャ王国の帝国主義政策の正当性に関する論争を招いた．1513年に，法律家フアン・ロペス・デ・パラシオス・ルビオスは『大西洋の島々についての書簡』を作成した．この中で彼は，インディオたちは非常に原始的であるから優秀なヨーロッパ人によって奴隷として扱うことが許されることを立証するために，アリストテレスの論を用いている．しかしながらカール5世がサラマンカの神学者たちの委員会に設問を提起し，彼にとって好都合な主張は破られた．神学者たちは，アリストテレスの理論はキリスト教とは相容れないと説明した．そしてスペイン君主は，平和的な布教以外にはインディアスにおいて権利をもたないと表明した．メキシコのチアパスのドミニコ会司教であったバルトロメ・デ・ラス・カサス（1474—1566）がインディオたちの奴隷化に反対して，かの偉大なキャンペーンを始めたとき，このアカデミックな論争は国家的

上　著者自らが捧げる本を受け取るフェルナンド王とイサベル女王．この木版画は一般的な中世の彩飾写本のモチーフを踏襲している．しかし，これが出版されたのは1502年であり，この年には王の許可なくしてはいかなる本も印刷したり，売買することはならないという法令が出された．

左　グラナダの王によって建てられたアルハンブラ宮殿の中にある，後世にカール5世が建設を命じた宮殿．この建物はイベリア半島において建てられたルネサンス建築の最初の古典的正統的記念碑である．この建物は1527年，イタリアでミケランジェロのもとで学んだペドロ・マチューカの設計で建てられた．円形の中庭は小プリニウスの書簡に書かれているように古代ローマのヴィラ（別荘）の平面プランをもとにしている．そしてローマ近郊のティボリにあるローマ皇帝ハドリアヌス帝のヴィラの規模に従って建てられた．カール5世のグラナダ宮殿の簡潔で洗練されたラインは，古代のメダイヨンと古代モチーフの浮き彫りの抑えめな装飾によって際だっているが，これらの象徴はこの時代のカエサルとしてのカール5世の偉大な帝国の威光を表現するためにデザインされたのであった．

なものとなった．

神学者たちによるアリストテレスへの駁論は，人文主義者たちへの直接的な挑戦であった．フアン・ヒネス・デ・セプルベダ(1490—1573)は，アリストテレスの倫理学をイタリアで学んだ専門家であった．彼は，「ルター派異端の悪疫」を広げかねないものとして，人文主義のあらゆる形態を公然と攻撃し，エラスムス派弾圧の異端審問をどうにか避けてきていた．1547年，セプルベダは王室検閲官に対話集『デモクラテス第2書，インディオ征服の正当性について』を提示した．それは自然奴隷制というアリストテレスの学説を擁護するものだった．1550年から51年にかけてバリャドリードで，セプルベダとラス・カサスの間で行われた公開論争を判定するために，神学者の委員会が再び召集された．必然的に神学者たちはセプルベダに対して不利な判決を下した．彼の人文主義的議論は未熟であるとしてとがめられた．これは人文主義の学問が国王の政策決定にあずかろうとする最後の重要な機会となったのだった．そのとき以来，ルネサンス的な古典主義の役割は純粋に飾りものでしかなくなったのである．

黄金世紀の芸術と文学

黄金世紀の文学の形式は次の二つのことで特徴づけられる．すなわち，古典ラテン語の思想と弁論形式に基づく洗練されたスタイル，そしてギリシア・ローマ文学理論における形式システムに対する深い関心である．この二つの要素はイミタティオ（模倣）というルネサンス理論の中に浸透しており，これらを抜きにしてはこの時代の文学について理解することは不可能である．イミタティオは単なる古典的スタイルの模倣以上のものを意味した．それは言い換えどころか，洗練された隠喩と創意に富んだ脚色という想像的な再創作を意味したのである．イミタティオの最初の成功作はフェルナンド・デ・ロハス（1475頃—1541）による『カリストとメリベアの悲喜劇』(1502年）であった．ロハスは，プラウトスとテレンティウスのローマ喜劇をモデルにして，支配者，奴隷，そして廷臣などを大胆に宮廷恋愛という彼の時代の物語に置き換えたのである．そしてペテン師，場末の売春宿というスペインの現実的な最下層の世界を背景とした．彼はお決まりの伝統的なラテンのレパートリーを受け継ぎながら，しかし登場人物たちには，独特な味のあるカスティーリャ語（の口語）を話させたのであった．特に，彼は恋愛詩的喜劇に悲劇的結末を加えることによって，洗練された古典規範を誇示したのであった．当時の人々はすぐにその意図するところをつかみ，そしてこの驚くべき革新的な作品によって，ロハスはその出典となった古典作品を凌駕したと賞賛した．この作品はすぐに評判となり出版され，イタリア語，フランス語，ドイツ語，英語，そしてラテン語に訳されたり脚色されたりした．

アントニオ・デ・ゲバラ・ガルシラソの俗語的人文主義，初期の劇作家たち，そしてエラスムス派の風刺的散文は，模倣という創造に富んだ方法のさらなる段階を実現した．1550年以降，スペイン詩の技巧的な熟練度は，調和のとれた清澄に達したので，古典的なペトラルカやホラティウスの文体模倣の命脈はつきかけていた．純粋に古典模倣作品の最後の擁護者は，それは偶然にもこの分野の第一人者となるのだが，サラマンカ大学の学者であったルイス・デ・レオン（1527—91）であった．彼は，抒情詩において韻律の魅惑的なハーモニーと表現の純粋さ，清澄さをきわめた．

1580年代にはイミタティオはアドミラティオ（奇知）という異なった傾向に変わり始めた．独創的で奇抜な比喩と微妙なウィットの特別な効果，そして複雑な比喩表現の導入は古典形式から得られるべきものを承知していたはずの読者たちに奇知を抱かせることを意図していた．アドミラティオはルネサンス様式の終焉とバロックの到来を予告していた．

ポルトガルでも同じような展開をみることができる．イベリア・ルネサンス文学の傑作はルイス・デ・カモンイス(1524—80）の『ルシタニアの人々』である．この作品はウェルギリウスの『アエネイス』を模倣した叙事詩であるが，しかしすでにバロック的要素が現れている．カモンイスは，物語の主題をヴァスコ・ダ・ガマの画期的なインド航海にとったが，しかし彼のテーマはポルトガル人の偉業，英雄的行為を賞賛することにあった．1572年に出版されたこの詩の特筆すべきところは，簡潔で比較的平穏な物語の中にポルトガル帝国の独自性のすべての過去と現在と未来とが包含されているところにある．これを成し遂げるためにカモンイスは古代叙事詩の神々と超自然的な筋立てとを用いている．彼は単に壮大な物語を描いただけでなく，予兆的で幻想的（神秘的）なその手法によって，深遠な道徳的・情緒的な繊細さをもその作品に与えているのである．

黄金世紀の文学すべてが，形式的な模倣というルネサンス規範に則ったものとは限らない．多くの教化文学と娯楽文学などの大衆作品はことに散文小説において独創性を見せている．中世の物語は，ガルシラソ・ロドリゲス・デ・モンタルボの優美な『アマディス・デ・ガウラ』の改作によってその姿を一変させた．モンタルボの『アマディス・デ・ガウラ』(1508年)はこれに続く多くの続編と模倣作品をうみだした．そしてヨーロッパで最も広く読まれる冒険小説となったのである．いわゆる「感傷的」物語であるが，これは遍歴の騎士や馬上の槍試合を切り離し，ただ苦悩に満ちた甘やかな騎士の恋愛物語へと変化させていったものである．これは2世紀近くにわたって，ヨーロッパでの流行を享受した．これらの作品は後に写実小説の出現に貢献することになる．しかし，あらゆる時代を通して，スペイン小説の最大傑作はセルバンテス（1547—1616）によって書かれた『ドン・キホーテ』である．『ドン・キホーテ』は騎士道物語の喜劇パロディーとして始まった．ここに登場する英雄は老いたみすぼらしい田舎の郷士であるが，彼は『アマディス・デ・ガウラ』を読んだことで狂気の世界に入っていく．そして『アマディス・デ・ガウラ』の英雄と冒険を競うべく，ドン・キホーテは愚かで田舎者のサンチョ・パンサをお供に騎士の遍歴に出発するのである．

芸術と建築におけるルネサンス様式の完全なる勝利は，比較的遅れてイベリア半島にやってきたのだが，これは芸術と建築に対する関心がイベリアで欠けていたからではなかった．というのも，イタリア以外で印刷されたルネサンス建築に関する最初の書物は，1526年にトレドで出版されたからである．遅れた理由は，当時ヨーロッパで優れた建築の推進者であったフェルナンドとイサベルが，ゴシック様式を残した教会建築と，古典様式が徐々に浸透する公私の建築，つまりプラテレスコ様式との間に，厳格な境界を維持し続けていたことである．

絵画と彫刻においてはその発展は並行して同じように行われた．ゴシック様式とフィレンツェの影響が折衷した様式は，フェルナンドとイサベル両王のために働いていた才能ある芸術家たちそれぞれのなかに認められる．特に肖像画と壮大な飾壁（祭壇背後の彫刻が施された彩色祭壇パネル）とは当時の主要な芸術的栄光を担っていた．最もよく知られている芸術家はペドロ・ベルゲーテ（活動期間1483—1504）である．

エル・エスコリアル修道院兼宮殿

マドリードから50 km，グアダラマ山脈に建てられたエル・エスコリアル修道院兼宮殿は，霊廟，修道院，教会，図書館，宮殿からなる巨大な複合建造物である．よそよそしい雰囲気のする，厳格で近づきがたいこの建物は，16世紀のスペイン王家にふさわしい象徴としてそびえ立っている．この建造物の建設はフェリペ2世によって始められ，21年の歳月（1563—84年）を要したが，フェリペ2世はこの建物の設計や建設のすべてに強く興味を示し，熱心にかかわったのであった．最初の設計——これは聖書に登場するソロモンの神殿の描写に基づくものだった——は，ローマでミケランジェロのもとで学んだフアン・バウティスタ・デ・トレドによるものだった．この仕事は後に彼の助手であったフアン・デ・エレーラに引き継がれた．この建築家は，イタリア・ルネサンスの古典的な建築の厳格で洗練された独自の様式を，この建物に用いたのであった．フェリペ2世によって奨励され，ほとんど装飾を排除したこの様式は，初期のスペイン建築の飾りたてた特徴を完全に打ち壊した．スペインとイタリアの多くの芸術家のグループが，その内部装飾の仕事に従事した．そこには彫刻家レオとポンペオ・レオーニ，そしてティツィアーノやエル・グレコも含まれていた．

エル・エスコリアルはフェリペ2世のお気に入りの宮殿となり，ますます広大になっていく彼の帝国を管理する仕事はそこでなされた．修道院，宮殿，そして図書館が組み合わされたこの建造物は，宗教的な中世とルネサンスの人文主義が一緒にやってきた16世紀のスペインが直面していた困難を反映している．フェリペはその前者，つまり中世のほうに身を委ねたのである．

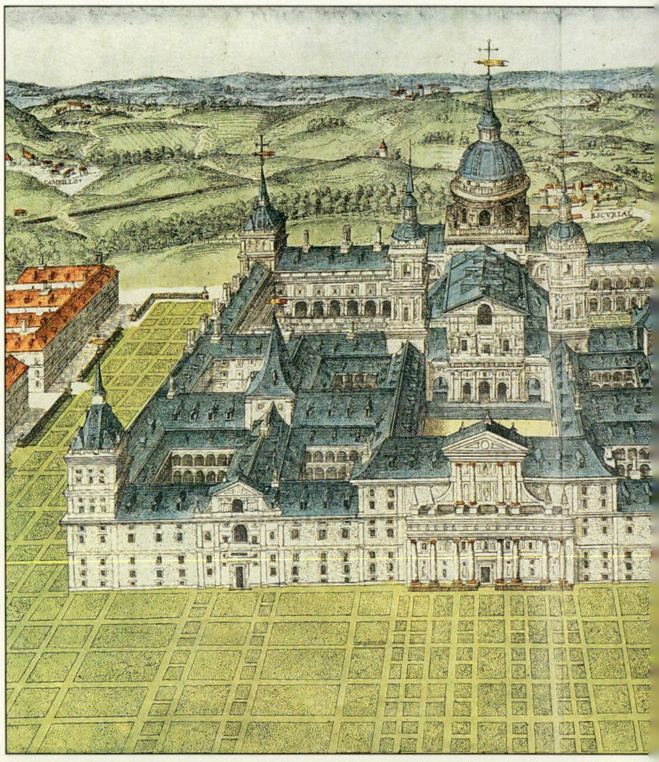

下　エル・エスコリアル修道院兼宮殿の平面図．エル・エスコリアルの巨大な焼網形のプランの簡潔な形は，巨大な焼網の上で殺された聖ラウレンティウスの殉教に基づいている．

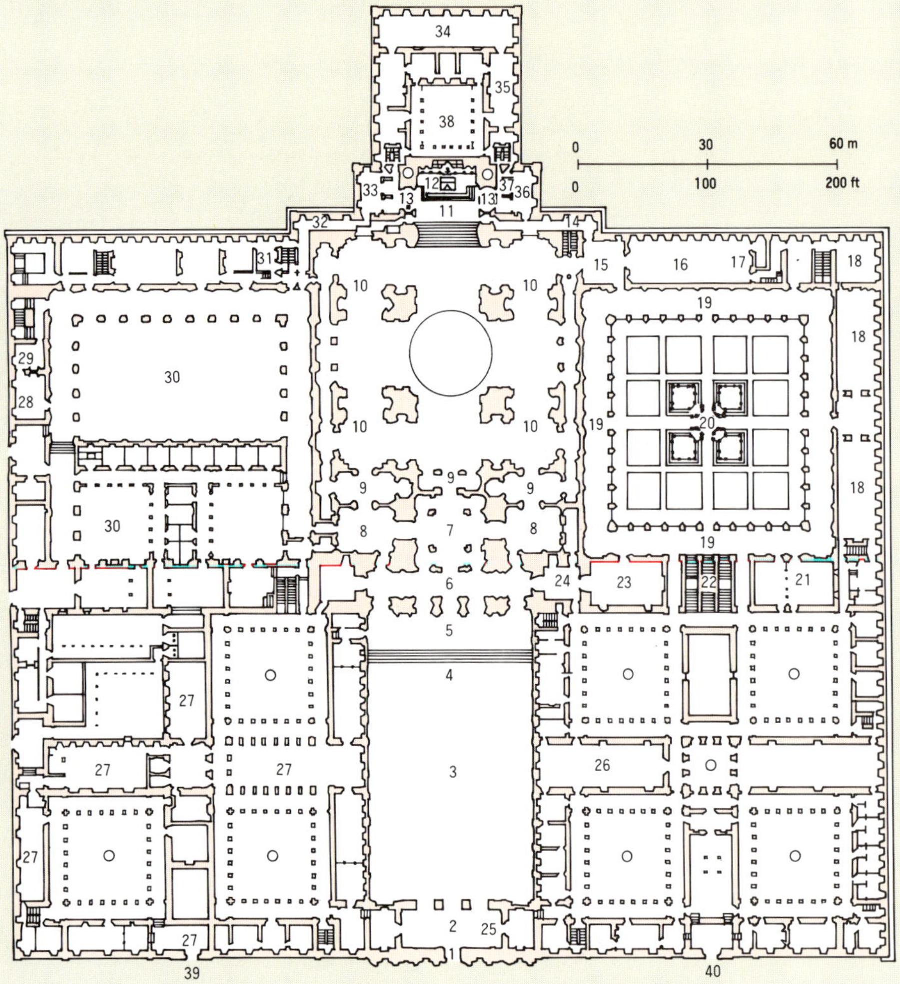

1. 扉・中央エントランス
2. 1階玄関，図書館
3. 王の中庭
4-5. バシリカとそのファサードへ通じる階段
6. 玄関間または玄関・入口ホール
7. 聖堂のアトリウム
8. 中庭
9. 神学校の聖歌隊壇
10. バシリカ
11-12. 内陣と主祭壇
13. 王室礼拝堂
14. 聖歌隊壇とパンテオン（霊廟）への入口
15. 前聖具室
16. 聖具室
17. 祭壇
18. 参事会の広間
19. 1階中央回廊
20. 福音書記者の中庭
21. 旧聖堂
22. 中央階段
23. 聖三位一体の広間
24. 密唱の間，旧門衛所
25. 中央図書室への入口と階段
26. 写本図書室
27. 神学校
28. ブルボン宮殿への入口

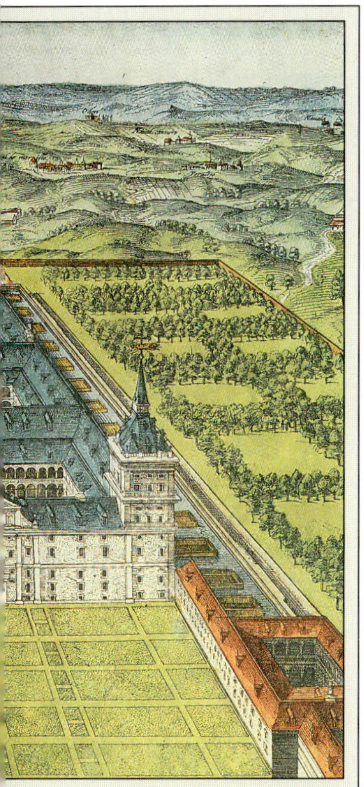

上　この初期の絵画作品においてもエル・エスコリアルが壮大で厳格な様式であることは明らかである．聖堂のドームはイタリアの様式に基づいたもので，その地下には霊廟がある．四隅にある塔の上の独特な形をした尖塔はスペイン建築によく見られる特徴的なものである．

左「祈るカール5世とその家族」．実物大よりも大きなポンペオ・レオーニ作の金箔ブロンズ像は，エル・エスコリアル修道院の聖堂に置かれている．フェリペ2世とその家族の同じような姿をした像もその近くに置かれている．

宮殿の階段（室）
(ブルボン) 宮殿の部屋（居室）
ブルボン宮殿とハプスブルグ宮殿を繋ぐ階段
戦争画の間（戦闘の間）
イサベル・クウラ・エウヘンア内親王の居室
王の家（ハプスブルグ宮殿）
君主の間
フェリペ2世の居室
王の寝室と礼拝の間
マスカローネスの中庭
神学校入口
修道院入口

右『オルガス伯爵の埋葬』(1586―88年)．トレドのサント・トメ聖堂のために制作されたこの作品は，クレタ島出身の画家，エル・グレコの特異な才能を示すものである．この作品はサント・トメ教会の強力な庇護者であったオルガス伯爵が1323年に亡くなり，その埋葬の際には，聖エステバンと聖アウグスティヌスが顕れたという奇蹟を描いている．エル・グレコのこの作品はあまりにも独創的であったために，注文主である教会側は，画家が教会側の意向を変更してしまったという理由で，契約の際に同意されていた制作代金の4分の1しか支払わなかった．この作品の画面下半分に描かれた人々は，エル・グレコと同時代の実在の人物の肖像であるとはいえ，顔の表情や身ぶりによってその内面の感情を表現するという画家の力量はその驚くべき大胆な構図における精神的理想化と世俗を超越した世界と融合して，この作品を神秘的な世界へと変えているのである．

彼はその初期に流行のフランドル様式に学んだにもかかわらず，ウルビーノで数年を過ごし，そこで1480年代のフェデリコ・ダ・モンテフェルトロの宮殿で働く芸術家たちの一人であった．ポルトガルの芸術家たちの間で傑出した芸術家はゴンサルベス（活動期間1450―72）である．彼はアフォンソ5世の宮廷画家であった．彼の絵画作品はフランドル絵画の影響を強く受けたリアリズムを見せているが，それだけでなくタペストリーの装飾性をも備えている．彼の傑作は「聖ヴィンセントの多翼祭壇画」(1465年頃) である．この作品はほぼ等身大で驚異的な創意にあふれた構図と輝く色彩にあふれた作品である．ここに彼はアフォンソ王，エンリケ航海王子，聖職者，兵士，そして卑しい身分のつましい漁師たちまでを含めたポルトガル社会の人物パノラマを描いている．

絵画の分野では一風変わったギリシア人の天才，イコン画家のドメニコ・テオトコプロス，通称エル・グレコが傑出している．ヴェネツィアとローマで仕事をした後にエル・グレコ(1541―1614)はスペインにやってくる．おそらくフェリペ2世のエル・エスコリアルの装飾のための大計画に引き寄せられたのであろう．彼は1577年トレドに居を定めた．自分たちの意向を実行するように厳格に要求するパトロンたちとの絶え間ない訴訟，争いにもかかわらず，エル・グレコは完全にその独創性を保ち続け，因習から超然としていた．

結　び

16世紀の終わりにはスペイン語はラテン語，フランス語，そしてイタリア語とともに文学の四大言語の一つとして世界的に認められた．しかし，この時代には，ヨーロッパ的名声と大衆性において『アマディス・デ・ガウラ』や『ドン・キホーテ』に並ぶことのできるイタリアの散文はなかったのである．1580年代にマドリードやその他の都市に恒久的な公の劇場が建てられ，そしてスペイン人による専門的な俳優集団の創設によって，イタリア演劇戯曲に依存していたイベリア半島の演劇は，ローペ・デ・ベガやそれに続くペドロ・カルデロンのような後継者たちによって大変革を遂げたのであった．1640年代にはスペインはヨーロッパ史上において最も豊かで独創的な演劇の国であることを誇りとするに至ったのである．そして詩もまた，大学と同じように大きな発展をとげた．この時代は黄金世紀と呼ばれるにふさわしい時代であった．これらすべての表現形式において，それは芸術においても建築においても同様であるが，独自のルネサンス様式は強烈なイベリア的個性によって支配されたのであった．スペインとポルトガルではイタリア・ルネサンスからの教えは完全に融合され，そして多くの場合，それはイタリア・ルネサンスを超越しているのである．

プラテレスコ様式の建築

スペインでは，ルネサンス様式の建築の概念と古いフランドルの伝統が融合して，「プラテレスコ」として知られる豊かな様式が生まれた（プラテレスコとはその表面の装飾が，プラテリアと呼ばれる金銀細工工房製の複雑な金銀細工に似ていることに由来する）．写実的な細部に見られる精緻な装飾は，フアン・グアスによってカトリック両王の治世下で建てられた壮麗な公的建造物においては，フランボワイアン様式の中世風の尖頭アーチ，雷文様の天蓋，彫刻装飾が施された内陣仕切り，そしてその外観に見ることができる．グアスの作品には，サン・フアン・デ・ロス・レイエス聖堂（1478—92 年）やグアダラハラのメンドーサ一族のために建てられたインファンタード宮のライオンの中庭（1480—83 年）があげられる．サン・フアン・デ・ロス・レイエス聖堂はトロの戦いでポルトガルに勝利したことを記念して建てられた．彫刻家ヒル・デ・シロエの作品は，その細部にこれと似た精緻さが見られる．しかし，ブルネレスキの様式を受け継いだセゴビアの建築家ロレンソ・ヴァスケスは，バリャドリードのサンタ・クルス学院のゴシック風の中庭とファサード（前面；1484—91）において，簡潔な古典的片蓋柱と丸い曲線を描くアーチを用いている．コゴリュードにあるメディナセリ公の美しい宮殿では，ヴァスケスは本来のルネサンス様式のプランに基づいた最初の建築を設計した．

プラテレスコ様式は 16 世紀半ばの建築家，ファンとロドリーゴ・ヒル・デ・オンタニョンの 2 人の作品において最盛期を迎えた．彼らはサラマンカの新大聖堂とモンテレイ宮殿，セゴビアの大聖堂，そしてシスネーロスのアルカラ・デ・エナーレスの新しい大学（これはトレドのペドロ・グミエルとの協同で行われた仕事であった）の建築家であった．全盛期のプラテレスコ様式は，調和と秩序というルネサンスの原則によって支持されていた枠組みを外れたものであったが，その象徴的で装飾的な様式への悦楽を表現し続けた．1528 年にグラナダの新しい大聖堂の建設を監督するために招致された建築家，アロンソ・コバルビアスとディエゴ・デ・シロエの建築では，豊かな装飾を取り去ったプラテレスコ様式の最後の精緻さを見ることができる．

下　ポルトガルのバターヤ修道院．ポルトガルでは，マヌエル様式として知られている，プラテレスコ様式の別の形が展開した．マヌエル様式はルネサンスの影響によって変化した中世的要素を融合した過渡期の様式であった．マヌエル様式の特徴はその豪華で華麗な装飾である．典型的なモティーフは，捻った縄文様，結び，枝，珊瑚などがふんだんに使われており，これらは波線によってアレンジされている．全体的な外見は新しく植民地となったポルトガル領インドにおけるヒンドゥとジャイナ教の彫刻や建築を想起させるものである．このバターヤ修道院はマヌエル様式の傑作の一つである．

左上　バリャドリードにある聖グレゴリオ学院の中庭．1488年に創設されたこの学院は，カスティーリャにおける初期ルネサンスの学問機関の一つであった．そして，またこの学院は初期プラテレスコ様式の優れた作例の一つでもあった．装飾豊かなこの中庭はドイツ人建築家であったシモン・フォン・ケルンの設計によるものである．ファサード（前面）には，グラナダ攻略を象徴するざくろの木をつかむ君主の手が表されている．

上　サラマンカ大学のプラテレスコ様式に見られるイサベル女王とフェルナンド王のメダイヨンは，王家の新しい学問に対する擁護を象徴していた．2人の間の矢束とその頭上に表されたくびき，そして2人が握っている王権の象徴としての笏は，カスティーリャとアラゴン両王国の連合を意味している．

左　アルカラ・デ・エナーレスにある司教館の中庭は，1940年の火災で破壊されてしまったが，この中庭は1524年にアロンソ・デ・ベルゲーテがフォンセーカ枢機卿に依頼されたものである．らせん階段のゆるやかにカーブを描いた石造りの欄干や入口，上部の廊下の細部は，盛期プラテレスコの抑制された伝統的な様式を見せている．

イングランドとスコットランド

イギリスのルネサンスは，その歴史が密接に入り組んだイングランドとスコットランドという二つの王国で起きた．この章で扱う 130 年の間に，これらの二つの国の関係は著しく変わった．テューダー王朝の基礎を築いたヘンリー 7 世は，1503 年に娘をスコットランド王ジェイムズ 4 世と結婚させた．それによってイングランドは，しばしば強制的に自分たちの意図をスコットランドに押し付けようとした．しかしながら，世紀半ばをすぎると，主導権が移った．1558 年独身のエリザベスがイングランドの王位を継ぐと，スコットランド女王メアリは，ヘンリー 7 世からの血統によってイングランド王位継承権を得た．メアリの息子でスコットランドのジェイムズ 6 世は，1603 年にエリザベス 1 世が死ぬと，ジェイムズ 1 世としてイングランド国王に即位した．テューダー朝の終焉である．

スコットランドに対するイングランドの政策は，蛮行という特徴があげられがちだが，それは，依然としてウェールズやアイルランドに対しても，常に行われ続けていた．文化的に取り残されたウェールズは，マーチ（辺境）大諸侯によってラドロー城から統治されていた．アイルランドの場合は総督代官により，ダブリン城から統治されていた．彼の主な任務は反乱の鎮圧と，アイルランドがイングランド侵略の基地として外国の勢力によって使われるのを妨げることであった．このためにイングランドはその財力を使い果たし，アイルランドは取り返すことのできないくらいの未開状態に留められた．イングランドとスコットランドでは 15 世紀の最初の数十年から変化の兆しがあった．しかし十分に発達したルネサンスの宮廷は，ロンドンにおいてヘンリー 8 世（在位 1509−47）の治世期に出現した．したがって，この章ではイングランド南部の文化に重点が置かれる．初期には十分豪華であったスコットランドのルネサンスは，1513 年フロッドン・フィールドの戦いで，イングランド人がジェイムズ 4 世とスコットランドの貴族たちを皆殺しにしたとき，ひどく破壊された．事態は徐々に回復し，ただ一度 1542 年のジェイムズ 5 世の死に続く社会の崩壊によってのみ中断させられた．イングランドではヘンリー 8 世が文化の発展に刺激を与えたが，それと同時にその刺激は宗教的な分裂のために失われた．エリザベスの治世の終りになって遅い開花がみられたが，1603 年にステュアート家がイングランドの王位を継いだとき，スコットランドからの文化的伝統の流入にさらされた．

特にある主題がイングランドとスコットランドのルネサンスを支配している．それは文化と政治の密接な関係である．ヘンリー 8 世は建築，音楽，書物などによって，彼の華麗さと正統性を示すといった文化的な宣伝方法を必要とした．エリザベス朝政治の文化は，内戦時にあっては，細密画家と詩人を動員して，キリスト教文学と異教の文学から引き出された寓意を仕立てあげ，エリザベス女王の魅力を誉めたたえさせようとした．このイギリスにおける政治と文化の密接なつながりはルネサンスの後までも続いた．イギリスの君主から依頼された最大の画家ルーベンスは，ジェイムズ 1 世（スコットランド王としては，ジェイムズ 6 世）の幻想的な肖像画を「平和を好む国王」として，そして自分はソロモンの生まれ変わりだと自称する絶対君主として制作した．ロンドンにある，イニゴ・ジョーンズのバンケッティング・ハウスのために 1635 年，ルーベンスが制作した天井画は，イングランドとスコットランドの王位併合にとって最初にして最高の記念建造物となった．

In suscepti Diadematis diem
Henrici Octaui Britanniae &
Galliarumq Regis augusti
ssimi faustissimi. Ac Cathe
rine Reginae eius foelicissimae
Carmen gratulatorium Tho
mae Mori Londinensis

Si qua dies unq: si quod fuit Anglia temp?
Gratia quo superis esset habenda tibi:
Hec est illa dies, niueo signanda lapillo.
Leta dies, fastis annumeranda tuis.

上　トマス・モア著『エピグラム』献呈本(1509 年頃)．モアのエピグラムは大部分が彼が若いとき書かれたが，40 歳くらいになるまで出版されなかった．この豪華に装飾された本は，モア自身が注文し，アラゴンのキャサリンとの結婚を祝ってヘンリー 8 世へ贈られた．この贈り物に関しては悲劇的結末がある．ヘンリーとキャサリンの離婚を支持するのを拒んだために，モアは反逆罪で死刑になったのであった．

初　　期

15 世紀のイングランドは政治的に不安定な時期だった．安定した時代であれば，芸術のパトロンになっていたであろう人々が，この時期薔薇戦争に巻き込まれていたのである．その内戦はヨーク家とランカスター家の間で起こった．薔薇戦争は 1455 年に始まり，1485 年ボズワス・フィールドの戦いでのリチャード 3 世の敗北と死とともに終わった．勝利者であるランカスター家のヘンリー・テューダーはヘンリー 7 世となり，翌年ヨーク家のエリザベス（リチャード 3 世の姪）と結婚することによって，この対立する両家を和解させた．パトロンの生活は破壊されたが，争いは中断し広大な地域が手つかずのまま残された．オクスフォードもケンブリッジも巻き込まれることはなく，15世紀半ばに重要なカレッジが両大学に設立された．――ケンブリッジにはキングズ・カレッジ（1441年）とクイーンズ・カレッジ（1448年），オクスフォードにはオール・ソウルズ・カレッジ（1437年）とモードリン・カレッジ（1458年）が．加えてオクスフォードは，1422年に1歳で王位に就いたヘンリー6世の摂政であった，気前のいいグロスター公ハンフリー（1391－1447）から恩恵を受けることができた．ハンフリー公の寄付が始まったのは1411年で，最初に，非常に貴重な蔵書がオクスフォード大学に贈られた．彼は写本のコレクションを大学へ寄贈したが，それにはダンテの韻文やペトラルカやボッカッチォのラテン語の散文だけでなく，プラトンやアリストテレスのラテン語訳が含まれていた．この寄付は1598年から1613年の間に建てられたボドレー図書館の核となった．

内乱がエドワード4世（在位1461－83）の治世に目立っていたが，文化が成長し，その成長の多くは王自身によって促された．エドワード4世は活版印刷者カクストンと親しい関係にあった．カクストンは1474年にブリュッヘで，英語で印刷された最初の本である『トロイの歴史集成』を出版した．絵画では，この治世にはイートン・カレッジ礼拝堂（1479年）の野心的な一連の壁画がある．イートン・カレッジそのものは，ヘンリー4世によって1440年に設立された．エドワードの死後，弟リチャード3世（在位1483－85）が跡を継いだが，その治世はあまりにも短かすぎて，彼は多くのことを成し遂げることはできなかった．

ヘンリー7世（在位1485－1509）は確固とした足場で王室の財源を蓄えることに力を注ぐより先に，王権を主張するライバルを排除することから始めた．したがって彼の治世の初期10年は芸術の庇護はほとんどみられなかった．しかし彼は熱心な建設者になり，1494年から1509年に死ぬまでの間に2万8000ポンドを主な居城に費やした．しかしながら，彼の業績を評価しようとすれば，多くが現在まで残った彼の教会建築を考察しなくてはならない．彼は自分が死ぬまでに建物の基本構造が完成するように，（ヘンリー6世によって1446年に開始された）ケンブリッジのキングズ・カレッジ礼拝堂の建築を再開した．そして内部の造作はヘンリー8世のもとで完成された．ヘンリー7世治世の他の建築計画にはウェストミンスターの救貧院（1500－02年），リッチモンドの托鉢修道院（1501－02年），サヴォイ・ホスピタル（1508－19年），そして彼の治世の建築で現存している最も有名なウェストミンスター聖堂にある彼自身の記念礼拝堂が含まれている．ヘンリー7世と彼の遺言をひきついだ人々は4万ポンド以上をこれらの教会建築に費やし，そのうち記念礼拝堂に最も費用がかけられた．ここを，ケンブリッジのキングズ・カレッジと同様に飾りたてることによって，ヘンリー・テューダーは自分のランカスター家やヨーク家の祖先などの先例に従った．この教会でイングランドの国王は常に王位を授かり，またしばしば埋葬されてきた．ウェストミンスターのヘンリー7世礼拝堂は王の石工長ロバートおよびウィリアム・ヴァーチュー，ロバート・ジェニンスそしてジョン・レボンスによって設計された．ヘンリーは教会建築以外の建造も計画し始めた．ウィンザー城に塔を建てたり，ウッドストックやウォキングの宮殿に新しい建物を加えたりといったように，またリッチモンドやグリニッジでは全く新しい宮殿をつくったりした．

彼の死はフィレンツェの彫刻家ピエトロ・トリジアーノが重要な作品を生み出すきっかけを与えた．その作品とはヘンリー7世礼拝堂にあるヘンリー7世とその妻であるヨーク家のエリザベスの墓，そして同じ場所にあるヘンリー7世の母マーガレット・ボーフォートの墓のことである．フィレンツェのギルランダイオのアトリエで，ミケランジェロのライバルだったトリジアーノ（1472－1528）がイングランド王室にイタリア・ルネサンスの図像を紹介した．その礼拝堂には1517年から1520年にトリジアーノによって設計された聖櫃祭壇（1644年に壊された）があり，そのイタリア的デザインとイングランドの紋章装飾の組合せで，イングランド・ルネサンスの古典主義の多くの色合いを示している．

王族は学問も保護した．王室文書局の再編成は写本の彩飾に刺激を与えてきたのかもしれない．これが間接的に次の世代でエリザベス朝文化の特徴となった「リムナー」と呼ばれる細密画家の発達を促した．マーガレット・ボーフォート（1441頃－1509）は1505年にケンブリッジにクライスツ・カレッジを創設し，1511年からはジョン・フィッシャーが引き継いで，セント・ジョンズ・カレッジを同じくケンブリッジに設立した．人文主義者ジョン・フィッシャー（1469－1535）やエラスムス（1467頃－1536）にとって研究の場になったので，セント・ジョンズは16世紀のケンブリッジの学問に最も意味ある貢献をした．1517年ウィンチェスターのフォックス

Liber secundus ❡ Folio liij

THe poure ought not to compare hym self to hym which is ryche and myghty/ As sayth this fable of a frogge/ whiche was in a medowe / where she aspyed and sawe an oxe whiche pastured/ She wold make her self as grete and as myghty as the oxe/ and by her grete pryde she beganne to swelle ageynste the oxe/ And demaunded of his children yf she was not as grete as the oxe and as myghty / And theyr children ansuerd and sayd / nay moder / For to loke and behold on the oxe/ it semeth of yow to be nothynge / And thenne the frogge beganne more to swelle/ ❡ And when the oxe sawe her pryde/ he thradde and thrested her with his fote/ and brake her bely/ Therfore hit is not good to the poure to compare hym self to the ryche/ Wherfore men sayn comynly / Swelle not thy self/ to thende that thow breste not

❡ Here fynyssheth the second booke of Esope/
❡ And after begynneth the regystre or table of the thyrd book of Esope

下 『イソップ寓話集』（1484年）の版画より．イソップ寓話集は，カクストンにより翻訳，印刷された．カクストンはイングランドで最初の印刷者で，おそらく1470年代初期にケルンでその技術を身につけた．彼はブリュッヘで自分の最初の印刷所を設立し，その後ロンドンへ移った．彼はおよそ100作品を出版し，その中で最も重要なのは，チョーサーの『カンタベリー物語』とマロリーの『アーサー王の死』だった．

司教はオクスフォードにコーパス・クリスティ・カレッジを設立した．そのカレッジの規則は，良い教師の採用にあってはイングランド内部に限らず，広く，必要とあれば「ギリシア，イタリア，ポー川の向こう」まで探さなければならない，ということを詳細に記していた．

ヘンリー7世治世のもと，イングランドの研究者は人文主義文学に目を見張る貢献をした．ハンフリー公はイングランドにおける気前のいいパトロンの最初の際だった例になった．そしてロバート・フレミング（－1483）のような人たち，たいていの場合は聖職者か大学人だが，彼らが，次の世代の基礎となった．フレミングはイタリアへ旅し，そこでフェラーラのギリシア語およびラテン語教授グアリーノ・ダ・ヴェローナと親しくなった．ローマでフレミングは，教皇司書プラティナ，そして人文主義研究の重要なパトロン教皇シクストゥス4世に会った．フレミングは夏にはよくティヴォリに引きこもった．そしてそこで教皇シクストゥスに捧げる詩を書いた．しかしイングランドの学問をイタリア・ルネサンスの中心へ導いたのは，第三世代の人々だった．そのなかで最も目立ったのがトマス・リナカ，ウィリアム・グロウシンそしてウィリアム・ラティマーであった．彼らは主として法学院で外交官や法律家の，オクスフォードで学者や聖職者の精神を育成した．

トマス・リナカ（1460頃－1524）は，人文主義者ポリツィアーノのもと，イタリアで勉強するためにオクスフォードを出発した．そして，ポリツィアーノの生徒仲間には，後に教皇レオ10世となるジョヴァンニ・デ・メディチがいた．後年リナカはレオ10世に自分の編集したガレノスの本を献呈してフィレンツェ時代を回想したほどだった．なぜなら，リナカは贈った本の中に自分が「青春時代の共通の学問を思い出してほしい」と願っていることを書いていたからである．一方リナカの親友ウィリアム・グロウシン（1446頃－1519）は，1491年オクスフォードで，ギリシア語の最初の公開講義を行ったことで有名であった．エラスムス，モアそしてコレットはグロウシンのもとで学んだ．そして彼の教えは研究に深い影響を与えた．

イングランドの研究者は新しい学問に二つの重要な貢献をした．第一はテキストの編集であった．イングランド人によるイタリアでのその作業はもっぱらヴェネツィアで行われた．特に1490年代にその都市で最初に設立された，アルドゥス・マヌティウスの印刷機のもとで．第二は，聖書から偽書や，原文の改悪を取り除くという困難な仕事であった．これは旅行中の学者がイングランドへ帰ってくるとすぐに，イタリアで修得した方法を使って着手された．1497年秋にジョン・コレットが行った「聖パウロのローマ人への書簡」についての講義は，1493年から1496年までのイタリアで得た経験の収穫であった．彼の講義はイングランドの聖書研究にとって決定的瞬間となった．なぜならコレットはテキストを学術用語で訳すことをやめ，その代わりとして，率直で広範囲にわたる古代ローマ文化の説明を含んだ解説を試みた．彼は聖パウロの言葉とローマの歴史家スエトニウスの記述を比べることによってこれを成し遂げた．コレットはヘンリー7世治世末期におけるイングランドの学問史で，中心人物であり，彼の影響は遠くまで及んだ．コレットはセント・ポール・スクールを1509年に創立し，賢明で進歩的な規則と最新式のカリキュラムを与えた．彼はトマス・リナカの精神的後継者であったが，また，リナカの教師，作家としての影響力のおかげで，特に優秀な研究者たちにとって新しい共通の父でもありえた．そのなかで，トマス・モア――コレットの弟子で，エラスムスの親友であり，ヘンリー8世の悲劇的犠牲者だった――は最高の模範であった．

ヘンリー7世治世最後の10年は人文主義の普及に大きな進歩をみせた．1498年にエラスムスはオクスフォードを訪れたが，彼の言うところによると，もはやイタリアへ旅する必要はない．なぜなら古典教育においてイングランドは最高のものを提供できるようになったからである．1511年に彼はケンブリッジでギリシア語講師に任命されたが，それは初期テューダー朝における王族最大の人文主義の保護者，マーガレット・ボーフォートの援助事業のひとつであった．1516年には，現代の聖書研究の基礎を築いた，新約聖書のギリシア語版を出版した．

左　ハンス・ホルバインによる聖職者ジョン・コレットの肖像画．ジョン・コレットは，イングランドの初期ルネサンスで最も重要で影響力のある学者の一人だった．彼はオクスフォードで学び，後にその教壇に立った．そしてオクスフォードで彼はエラスムスに出会った．彼は聖書に関する講義と，教会の悪習への非難で最もよく知られている．コレットはホルバインがイングランドを訪れる前に死んでいるので，この肖像画はトリジアーノによるコレットの胸像にもとづいてつくられたに違いない．

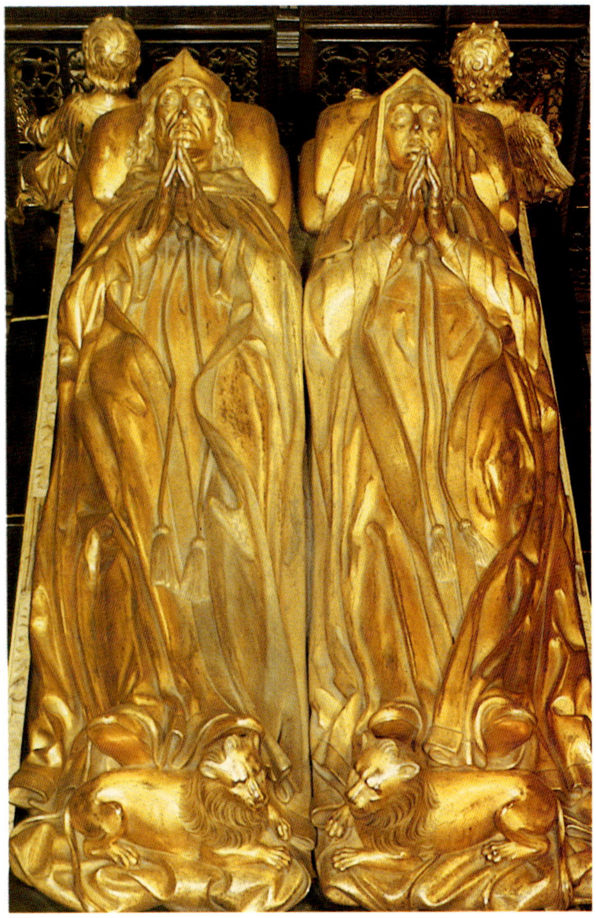

左下　ピエトロ・トリジアーノによるヘンリー7世とヨーク家のエリザベス（1512－18年）の墓．この墓は，イングランド・ルネサンスにおける最も優れた作品のひとつで，ウェストミンスター寺院のヘンリー7世礼拝堂にある．ヘンリー8世の注文によるものだった．チェリーニによれば，彼がフィレンツェから帰国すると，トリジアーノは「イングランド人という獣」に囲まれての自分の冒険について豊富な話をした．

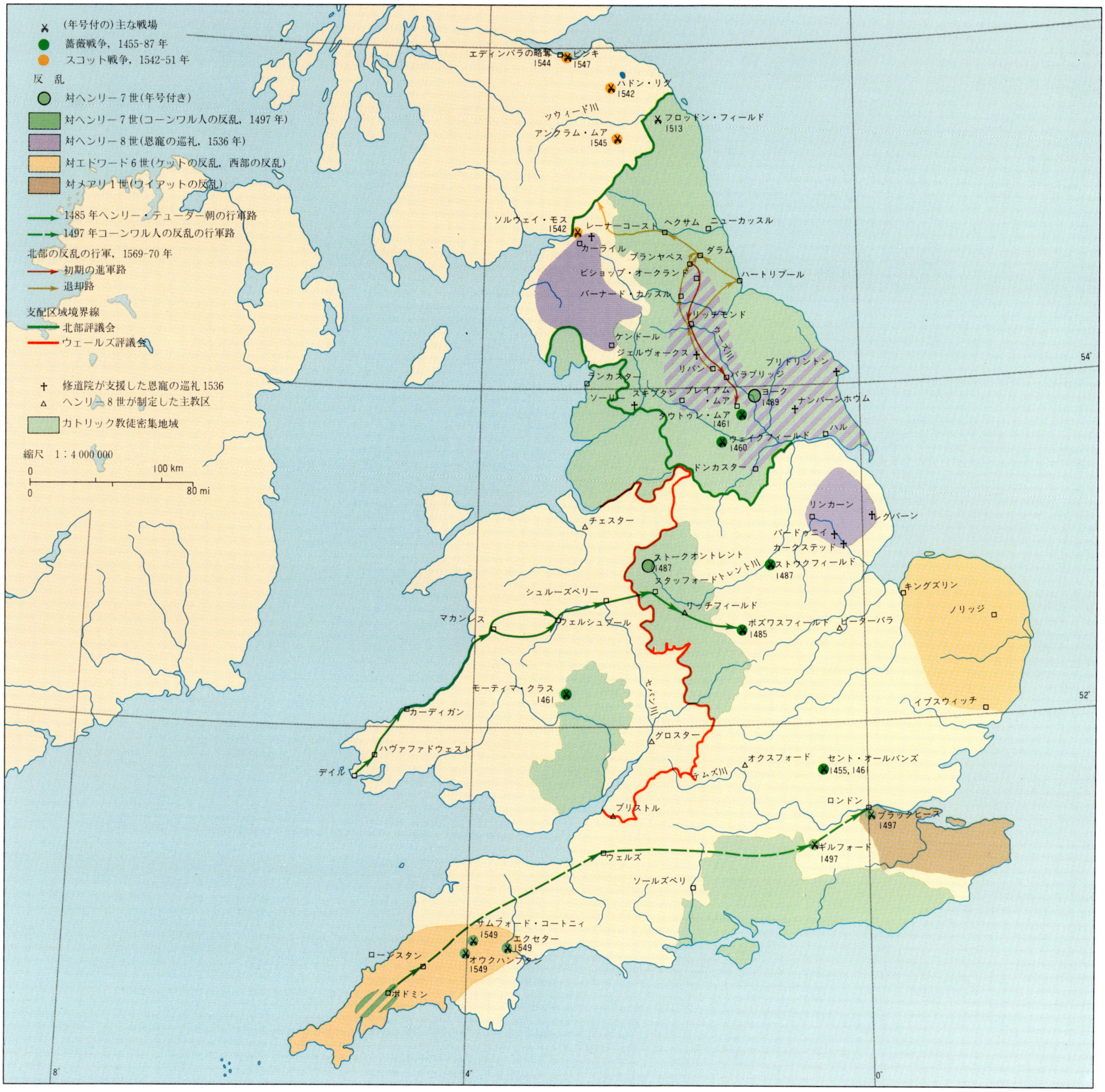

上　**1461～1509 年のイギリスにおける政治的不安定**
テューダー朝イングランドにおける反乱の地理的，年代順分布は，王朝が支配と政治的安定を維持させるのがいかにむずかしいかをほのめかしている．ヘンリー 7 世は確固たる財政・行政の足場を築いた．にもかかわらず，彼は自分の権力への深刻な脅威と戦わねばならなかった．エリザベス 1 世の晩年でさえ，彼女の寵臣エセックス伯が反乱を起こしてその支配に挑んだ．対照的に，ステュアート朝は 1640 年代まで国内平和の時代を享受した．これは，1603 年イングランドとスコットランドの王位が連合したためでもあり，ステュアート王家の最初にして最大の功績だった．

ヘンリー 7 世は宮廷文化が生まれるのに必要な決定的状況をつくり出した．しかし彼は数多くの反乱に対処しなければならなかった．1487 年にランバート・シムネルに率いられた反乱がストーク・オン・トレントで鎮圧された．1497 年エドワード 4 世の息子であると主張するパーキン・ウォーベックに率いられた，より深刻な蜂起は，コーンワルの反抗者たちを説得してロンドンへ行軍させたウォーベックが，ブラックヒースで敗れ捕まったときに終わった．断続的な危機にもかかわらず，ヘンリー 8 世は，繁栄する王国と宮廷を相続して，国の内外で地位を一段と高めることになった．ヘンリー 7 世は 30 年におよぶ内戦によって弱体化した王国を一つにまとめることに集中してきたのである．ヨーロッパの多くの野心的な同盟国の間で危険を冒しながらも，彼は用心深く進めた．対照的に，ヘンリー 8 世は国際的な舞台において，より自然で気まぐれに振舞った．父と息子の違いは，結婚の問題において最も著しかった．ヘンリー・テューダーは同盟の相手として選んだのは，巧妙にも島国内のヨーク家であった．ヘンリー 8 世はアラゴンの平野からバルト海沿岸諸国まで妻を探した．ヘンリー 7 世はテューダー王朝がイングランド王位を主張する権利を確立した．ヘンリー 8 世はその限界を，彼が神聖ローマ皇帝の肩書きを得ようとするまでに拡大した．

ヘンリー 8 世

ヘンリー 8 世（在位 1509－47）は自己拡大のための大胆な拡張主義的政策を遂行した．このために彼は皇帝のイメージの演出に役立つ文化的ネットワークを必要とした．彼は神聖ローマ皇帝カール 5 世やフランス国王フランソワ 1 世に匹敵するものを求めた．それはイングランドでは空前絶後，類例

ハンプトン・コート

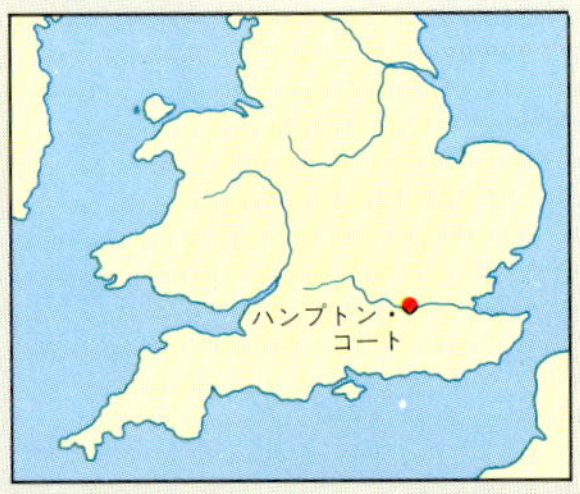

ハンプトン・コートはヘンリー８世の華麗な宮廷の，いちばん鮮やかな印象を伝える，イギリスで最も良く保存されたルネサンスの宮殿である．1515 年から大法官のウルジー枢機卿によって手掛けられた．彼はこの宮殿を，自分のもう一つの宮殿であるロンドンのホワイトホールを補足する，テムズ川沿いの邸とするつもりだった．国王の寵愛を失いはじめたとき，1525 年ウルジーは両方の宮殿をヘンリー８世に差し出した．ウルジーは現在は「ファウンテン・コート」として知られている「アウター・コート」をつくった．ウルジーの建築計画のまま残った建造物は，彼がイングランドで最も洗練された芸術のパトロンであったことを示している．特に注目に値するのは正面ゲートの上にある，イアリア人彫刻家ベネデット・ダ・マイアーノによるテラコッタの小円窓と，「ウルジーのクロゼット」として知られる部屋である．ここには同時代のイタリアの作品と比べるのに好都合な「キリストの受難」を表す絵画のフリーズ（小壁）がある．ヘンリーは新しく大きな「大ホール」（1532－34 年）を造り，「礼拝堂」を改築した．彼はまた「王の居室」や「王妃の居室」（1534－37 年）を建てることによって，全体としてのハンプトン・コートの設計をおおいに拡張し，さらに「国王私室の紳士たち」として知られる廷臣たちのために，私室の区域もつくった．

右　この空からの眺めはハンプトン・コートがどれだけテムズ川の近くに位置しているかを表している――川を行く旅の方が道路を行く旅に比べ時間がかからなかったので，これはルネサンスの宮殿設計の特徴である．ヘンリー８世によって所有された他のほぼ 50 にのぼる王家の邸もまたテムズ川沿いにあった．たとえば，ロンドンから東にあるグリニッジや，ハンプトン・コートに近いリッチモンドなどである．この宮殿は，ウルジーの当初の建築計画に含まれる大堀で囲まれた．加えてそこには広大な庭があり，ヘンリー８世は有名な「馬上槍試合場」を，ルネサンスの宮廷で人気のある趣味だった馬上槍試合と馬術のためにつくった．

右下　第一の石窓の下，ヘンリー８世の紋章がある赤レンガの正面ゲート．これは壁の赤と鮮やかな対比を生み出している．小塔を頂に載せた大門が設けられているファサード（前面）の様式は，イングランドのルネサンス宮殿の典型である．門の左右に建っている階段室小塔には，ウルジーの注文による二つのテラコッタの小円窓がある．前方は堀で，そこの跳橋には，獣形を描いた王個人の紋章が残っている．壮大なテューダー様式の組み煙突の列は，ルネサンス期イングランドの職人技能の熟練を証明している．

をみない王室建築計画のことである．ハンプトン・コートはとりわけヘンリー８世に結びつけられてきた．それはウルジー枢機卿（1474頃－1530）が創案し，大部分建造したもので，1527年にヘンリー８世に提供された．ヘンリー８世は宮殿に多額の費用をかけた．ウェストミンスターの古い宮殿に国王が居住するという，何世紀も続いた伝統を破って，新しくホワイトホールを建てた．王の住居はいまだかつて想像されたことのないほどの規模の王を賛美する装飾プログラムを必要とした．

1526年にドイツ人画家ハンス・ホルバイン（子）（1497頃－1543）が仕事でイングランドへ来た．これは彼にトマス・モアを紹介したエラスムスの仲介によるものだった．ホルバインは1528年までロンドンで仕事をしバーゼルへ帰ったが，再び1532年にイングランドへ戻り，ペストで死ぬまで留まった．ホルバインが最初にイングランドへ来たときの最も見事な功績は，一群の肖像画「トマス・モア卿とその家族」にみられる．今は破壊されてしまったが，その絵のための一枚の精密なデッサンがまだ残っている．彼が請け負った最も大がかりな王の肖像画は1532年から43年に彼が二度目にイングランドを訪れたときに描かれた．それは1537年ホワイトホールの国王の私室「プリヴィ・チェンバー」の壁に描かれた王家のフレスコ画である．ヘンリー８世とその妻ジェーン・シーモアが，その正面にテューダー朝の正統性をラテン語ではっきり記した古典的な祭壇の両側に立ち，ヘンリー８世とその妻の後ろには，ヘンリー７世とヨーク家のマーガレットが立っていた．そのフレスコ画は1698年のホワイトホールの火事で失われた．ホルバインはヘンリー８世の全身肖像の傑作も描いたが，そこではヘンリー８世を，世界に跨るヘラクレスのような巨人とした．彼はイングランドの宮廷で主要な肖像を色彩と線で描いたが，そのうち最も美しいもののひとつは1528年に描かれた天文学者ニコラウス・クラッツァーの肖像であった．クラッツァーは王家の天文学者であり「王の時計学の考案者」――日時計と科学器具の製造者であった．彼はモアによってホルバインに紹介され，その友人となった．1527年にグリニッジに建てられたバンケッティング・ハウスで彼らはその才能をもって協同し，世界を描いた「宇宙論的天井画」を製作した．ホルバインはその多くの情感豊かで精密に観察された肖像画において，イングランドのルネサンスというイメージを，芸術性と洗練においてメディチ家の宮廷におけるブロンジーノの作品，あるいはヴァロワ朝におけるクルーエの絵画に匹敵するものにした．

パトロンとしてヘンリー８世は，ヨーロッパ・ルネサンス諸国の君主たちと競った．彼は天文学，文学や音楽に興味をもち，自ら神学について著述し，実際に素晴しい音楽を作曲した．1520年彼はフランス国王フランソワ１世とカレーの近くで偶然会った．これが「金襴陣営の会見」として知られる遭遇である．二人の国王はお互いに自分の従者たちの壮麗さと天幕のきらびやかさで相手を圧倒しようとした．その会合は決定的であった．なぜならこの会合がヘンリーにルネサンスにおける君主としての視野を与え，その視野は父親の野心の小さな限界をはるかに超えて広がっていたからである．テューダー家はいまやヴァロワ家やハプスブルク家と張り合っていた．

「王の良きしもべ」であったトマス・モア（1478－1535）の生涯と仕事は，イングランドのルネサンスのヨーロッパ的性格を最もよく表している．彼の模範によって新たに人文研究に重きが置かれ，イタリアのルネサンス学問は徐々にイギリスでの教育に溶けこんでいった．1506年にパリで印刷されたモアの最初の出版物は，ギリシアの風刺作家ルキアノスの翻

上　無名の画家によるヘンリー８世一家(1545年頃)．ヘンリー８世は右側の後継者エドワード６世，左側のエドワードの母ジェーン・シーモアとともに座っている．ヘンリーの二人の娘で，未来の君主，メアリ１世とエリザベス１世も見える．この一家の肖像画において注目すべきなのは，これが描かれたときヘンリーが，最後の妻キャサリン・パーと結婚していたことである．ヘンリーはジェーン・シーモアの重要性を強調したかったのかもしれない．なぜなら彼女はヘンリーのたったひとりの息子の母だったのだから．

左　この注目に値する強化兜は，神聖ローマ皇帝マクシミリアンからヘンリー８世へ贈られた．これは同時に，ハプスブルク家，ヴァロワ家そしてテューダー家がお互いに優越を競ったとき，ヨーロッパにおけるヘンリーの重要性を証明している．これはまたルネサンス期に王家の武器に威信が付与されたしるしといえる．

訳だった．彼が初めて英語で出版した本は『ピコ伝』(1510年)でイタリアの人文主義者ピコ・デラ・ミランドラの伝記に，彼の著作の要約を合わせたものだった．しかしながら，モアの最も有名な作品は『ユートピア』で，1516年にルーヴェンで出版された．『ユートピア』の第一部でモアは当時の害悪の厳しい分析を試みた．より有名な第二部で，モアはヴェスプッチの南アメリカへの航海に影響を受けて，貧困，犯罪や政治腐敗といった悪弊が存在せず，宗教的寛容が実践される一つの理想世界を描写した．モアの見解は厳密にはイングランド的とういよりむしろ，本質的に国際的であり，ヨーロッパ志向の君主のもとで，イングランドの人びとは，ヨーロッパの知的で宗教的な生活に欠くことのできないものにふれることができた．

しかしながら，こうした状況の大部分は，1535年にモアとロチェスター司教ジョン・フィッシャーの死刑で変わった．彼らはヘンリー８世とアラゴンのキャサリンとの離婚を承認しなかったために処刑された．ヘンリーはその離婚を，自分のローマへの忠誠をやめることによって断行した．その断絶は1533年に「上告禁止法」が議会を通過したために最終的なものとなった．この法の前文は「このイングランド王国は帝国である」と述べた．つまりイングランドは自分の思いの通りであり，もはやローマ教皇権のような外部の勢力に影響されないということである．上告禁止法は現代に至るまで，その後すべてのイングランド立法の基礎となる，教会と国家の関係のありかたを具体的に表した．1年後続いて，ヘンリーを「イングランド教会の最高首長」とした「国王至上法」が制定された．イングランドはエドワード６世が王位に就くまで，確固としてカトリックのままだったが，イングランドとローマの間で連絡をとることは容易ではなくなった．

ローマとの断絶の結果として生じたもののうち最重要なのは，修道院の解散であった．これは1536年に始まり，ファウンテンズやリーヴォなどの主な修道院建築の破壊を引き起こした．その懐古的な廃墟が今日まで残っている．しかしながら，この二つは，最大のものを掲げたにすぎない．ほかにも，スコットランドの荒野からロンドンの無数の教区におよぶまで，中世共同体の社会，経済，教育そして医療福祉において数百年間中心的な役割を演じてきた数百もの修道院が破壊されたのだった．

その修道院解散の間，広大な地域にわたる土地と数多くの

建物が国王に没収され，それからすぐに下賜されるか売られるかした．古い建築はただちに新しい用途のため整えられた．ロンドンにある修道院のいくつかは市場になり，他のものは16世紀の急激な人口増加に対処してつくられた共同住宅に姿を変えた．さらに遠方では，人数の増加のためにふくれあがった家族の便宜のために改造された．その影響はハンプシャーやサセックスといった小さな地域でも明らかにみられた．1538年ハンプシャーのティッチフィールド修道院で大法官のトマス・ライアスリは，堅固な門楼を礼拝堂の身廊と直角に築いた．とはいえ他の部分ではただ修道院の外壁内にあるものを改造しただけだった．わずか数マイル離れたところでは，王室会計局長官ウィリアム・ポレットがネトリー修道院を改築した．さらにそこからおよそ25マイル離れたところでは，海軍司令長官ウィリアム・フィッツウィリアムがサセックスでカウドレー・ハウスのより大がかりな改造を完了した．このようにたくさんの建設が自然に石工や職人の数を増加させた．しかしこれらの人々は新しい建築様式の創造者というより時代への器用な適応者といえた．詩人バイロン卿の先祖の故郷であるノッティンガムシャーのニューステッド修道院では，中庭を囲む回廊が，公共の広間へ向かう廊下に改造された．これこそ，イングランドのカントリー・ハウスが伝統的なやり方で発達させてきた手法であった．一般にイギリス建築の特徴は，ときに応じて改造されていくことである．修道院の建築が取り壊されることはめったになく，新しい建物を建てるためにその石が使われることもなかった．

イングランドで，ローマ教皇のカトリック信仰組織の解体を助けてきた「新しい」人々は実に良くやった．しかしながら，ほとんどの革命と同様に，ヘンリーとローマの断絶は少数の人々によって少数の人々のために実行され，そして大多数はそれに反対した．北部の国々とリンカーンシャーは，修道院の喪失が強い影響を与えた保守的な地域であり，歴史家が「恩寵の巡礼」(1536年)と呼ぶ反乱が繰り広げられた．反乱の指導者たちは許されたが，1年後新しい反乱が始まると処刑された．

修道院の解散と，イングランドが他のヨーロッパから次第に孤立すること──トマス・モアの処刑はこれを物語る象徴である──によって引き起こされた損害は，ヘンリー8世治世期の文化的意義に対する評価を複雑なものにする．なぜなら彼は疑いなく，イギリス近世の最も重要なパトロンの一人だったのだから．

世紀半ば：エドワード6世とメアリ

ヘンリー8世の死とエドワード6世（在位1547－53）の即位に伴って，イングランドは徐々に新教徒国へと変わっていき，よりいっそう孤立した．エドワード6世は最初，摂政サマセットとして知られるサマセット公によって（1547－49年），それからノーサンバランド公によって（1549－53年），統治の実権を握られた．1549年物価の急騰と農民の激烈な失業の結果，ジャック・ケイドに率いられた反乱が起こった．ノーサンバランド公はこれを容赦なく鎮圧した後，サマセットを政権から追い出した．ノーサンバランドは新しくより厳格なプロテスタント政権を成立させた．以前には，聖像破壊は聖人崇拝を奨励するものだけをその標的としたものであったが．たとえば──1538年にヘンリー8世は中世イングランドの重要な巡礼地のひとつであったトマス・ベケット廟の破壊を命じていたのである．

しかしながら，そのときノーサンバランドのもとで，広範囲におよぶ中世教会美術の損失を伴う最初の破壊のうねりが

右　ハンス・ホルバインによるニコラウス・クラッツァーの肖像(1527年)．クラッツァーは生まれはドイツだが，ヘンリー8世の天文学者，そして科学実験器械製作者になる以前，オクスフォードで教えていた．絵の中でずらりと並んだ実験道具は，ルネサンス期に科学と技術の重要性が増加した証拠である．クラッツァーは天文学者であったと同時に占星術師であったのは意義深かったけれど．彼は一時，トマス・モアの子供たちの家庭教師でもあった．

16 世紀の主な建築
改築された教会建築
カントリー・ハウス
王室の宮殿
タワー・ハウス(城館)
その他
建築開始時期
1500 年以前
1500-1525 年
1526-1550 年
1551-1575 年
1576-1600 年
1600 年以降
複数の建築物があるところ，リスト参照
1500 年の国境
1550 年のペイルの境界
縮尺 1：4 000 000
0
100 km
0
80 mi
アバディーン
キングズ・カレッジ礼拝堂
セント・マチューズ大聖堂
ケンブリッジ
クライスト・カレッジ
イマニュエル・カレッジ
ゴンヴィル・アンド・キーズ・カレッジ
キングズ・カレッジ礼拝堂
クイーンズ・カレッジ
セント・ジョンズ・カレッジ
トリニティ・カレッジ
エディンバラ
エディンバラ城
ヘリオッツ・ホスピタル
ホリルードハウス
マリ・ハウス
ロンドン
ブライドウェル
チャールトン・ハウス
チャーターハウス
アイスバリ
エルタム宮殿
グリニッジ宮殿
ホランド・ハウス
リッチモンド宮殿
セント・ジェイムジズ宮殿
サマセット・ハウス
サイアン・ハウス
ホワイト・ホール
ラドロウ
ザ・フェザーズ・ホテル
ラドロウー城
オクスフォード
ボドレー図書館
カーディナル・カレッジ，クライストチャーチ
コーパス・クリスティ・カレッジ
ウォダム・カレッジ
バーセイ
ビショップス・パレス
ハントリー城
クレイズストン城
フィヴィー城
フレイザー城
クレイジヴァー城
ミッドマー
アバディーン
クラゼス城
ディー川
エゼル城
テイ川
フォークランド城
スターリング城
カルロス宮殿
セント・コラム
リンリスゴー宮殿
ピンキ
エディンバラ
クライトン城
タイン川
ナーワス城
サイザ城
リーバンズ・ホール
ウーズ川
ファウンティンズ・ホール
バートン・アグニス・ホール
キングズ・マナー
バートン・カンスタブル
ダブリン城
ジジングズタウン・ハウス
バロー川
ボウルゾウヴァー城
ワークソップ
ハドン・ホール
ハードウィック・ホール
クルー・ホール
リトル・モートン・ホール
ニューステッド修道院
ウラトン・ホール
トレント川
ティキサール
シュルーズベリ
パウイス城
コンドーヴァー・ホール
ラドロウ
ルラニドロース
ダドリ城
ケナルワース城
レスター卿ホスピタル
チャールコウト・パーク
カービィ・ホール
ラシュタン
ロスウェル
ホウルデン
ビィー・ハウス
キャナン・アシュビー
ディーネ・パーク・ホール
バーリ・ハウス
リヴダン・ニュー・ビールド
ヒンチングブルック・ハウス
アシュビー城
ケンブリッジ
オードリ
エンド・ハウス
セバン川
コムプタン・ウィンイエイツ
スティッキー・ホール
ヘングレイブ・ホール
ブラリンガム・チャーチ
ニュー・ホール
レイヤー・マーニー・タワー
ゴーラムベリー・ハウス
ハットフィールド・ハウス
リーズ修道院
シュードリー城
チッチリー・パーク
ウッドストック
オクスフォード
テイム・パーク
ティブルズ
テムズ川
ソーンベリー
ハンワース
ロンドン
ウィンザー城
オウトランズ
ハンプトン・コート
ノンサッチ
ライゲイト修道院
カンタベリー
ウォールマ城
レイコック修道院
ザ・ヴィーネ
ベイジング・ハウス
プラムシル
サットン・プレイス
ギルフォード
ノウル
ペンザースト・プレイス
シシングハースト
ヒーヴァ城
ロングリート修道院
ウィルトン・ハウス
ウォーダー城
ロングファド城
カウドレイ・ハウス
バンディスフッド・パーク
バリングダン・コート
モンタキュート・ハウス
シャーバン城
クリフタン・メイバンク
ティッチフィールド修道院
カーティール・ハウス
バックランド修道院
マウント・エジカム
56°
54°
52°
8°
4°
0°

右　メアリ1世のこの肖像画は，16世紀イングランドで最高の肖像画家アントニス・モアの作品だが，おそらくスペインのフェリペ2世の命で描かれたものである．彼女はフェリペと短期間だが結婚しており，またプロテスタントを絶え間なく抑圧したことで，「ブラディ（血なまぐさい）メアリ」とカトリック主義とはイングランドにあっていたく不人気であった．

始まった．この4年間に17世紀の内乱とオリヴァー・クロムウェルのコモンウェルスの時代よりはるかに多くが壊された．しかし，文化的発展もまたみられた．サマセットはサマセット・ハウスを建てた．これは古典建築の法則に対する解釈を表現する，ロンドンにおける最初の主要な建物となった．これより以前にはパターン・ブックからとったルネサンスの装飾を用いることがイングランドのルネサンス建築の基準となっていた．教会装飾を嫌っていたにもかかわらず，ノーサンバランドもまた建築の賢明なパトロンであった．ジョン・シュートはイングランド・ルネサンスで最初の建築論である自著『建築の最初にして主要な基礎』(1563年）に，女王への献辞を掲げたが，そこで「建築の熟練した巨匠」と話し合うためイタリアへ行ったことを述べている．ともにウィルトシャーにあるロングリート修道院とレイコック修道院で，聖母マリアの彫像が取り除かれた一方，洗練された古典主義の建物が建てられたのは最も顕著なこの時期の作例であった．

1531年にトマス・エリオット卿（1490頃−1546）は『為政者論』を出版したが，それは自分たちの息子に役人としての素養を身に付けさせたがっている人々に向けた教育的説教であった．エリオットはかなりカスティリオーネの『宮廷人』に影響を受けていた．それは1561年にトマス・ホビー卿の翻訳により初めて英語で出版された．エリオットの論文とホビーの翻訳が出版される間に，サリー伯で詩人のヘンリー・ハワード（1517−47）がイタリア・ルネサンスの作家の影響を受けたソネットを出版した．トマス・ワイアット卿は神聖ローマ皇帝カール5世の宮廷におけるイングランドの外交官であったが，イタリア式ソネットの詩作と国家の仕事の成功を両立させた．

メアリ・テューダー（在位1553−58）はヘンリー8世とアラゴンのキャサリンとの娘でカトリック教徒であり，イングランドのプロテスタントを根絶やしにし，ローマ教皇の支配権を復活させようとした．クランマ，ラティマそしてリドリーらの主教たちの処刑を含む，彼女の新教徒に対する迫害は彼女に「血なまぐさいメアリ」というニックネームをもたらした．当時の著名な北方の肖像画家の一人であるフランドル人の画家アントニス・モル（1519頃−76頃）による女王像があるとはいえ，彼女の短い治世には重要な文化的展開は生じなかった．しかし彼女は，当時随一の芸術のパトロンであり，これまたモルの肖像画に描かれるスペインのフェリペ2世と結婚していた．メアリの後を継いだのは，異母姉妹でプロテスタントのエリザベスで，ヘンリー8世とアン・ブリンの娘だった．

エリザベス1世

ウィンチェスターのカトリックの司教で，メアリ・テューダーの大法官であったスティーブン・ガードナーは，王位がスコットランド女王メアリの手に渡るように計らって，メアリにエリザベスを処刑することを勧めていた．若い時期にこの種の脅威に直面したので，エリザベス(1558−1603）は慎重な統合政策を支持するようになった．神学者の思惑は「月へと導く泥か砂のロープ」と考えて，政務と聖職においてそれぞれ中間の道を模索し，宗教上の寛容を増進させた．

彼女の治世初期，1563年にジョン・ホーキンス卿の船と積み荷がスペインによって奪われたとき，スペインとの関係は緊張したものとなった．1年後，ネーデルランドの反乱が始まった．スペインをネーデルランドから追い出そうとしていた連合州は，エリザベスをプロテスタント教徒の救済者と考えた．そして彼女はイギリスに最も決定的な影響を与えることになるべき紛争に引き込まれた．1568年に彼女はネーデルランドで戦うスペイン軍への補給を運ぶ艦隊の拿捕を命じたのである．返礼にオランダは新しい州の摂政職を彼女に提供した．エリザベスは辞退したが，多額の金銭を援助し，イングランド人傭兵の反乱軍への派遣を促した．

エリザベスは宗教の闘士になるのは気が進まなかった．にもかかわらずイングランドは広範な紛争事項に巻き込まれた．つまり頑強で権威志向のカルヴァン主義の影響下にあるプロテスタントと対抗宗教改革によって再び活気を取り戻したカトリックとの間の闘争である．イングランドは1570年ピウス5世の発布した教皇教書『至高の君臨』の脅威下にあった．これはエリザベスを破門し，カトリック教徒の君主たちにエリザベスを倒すよう促したものである．エリザベスはヨーロッパのカトリック勢力同盟の攻撃にさらされがちであった．1580年代にヨーロッパのプロテスタント主義とハプスブルク家のカトリック主義の争いは激しくなった．そしてヨーロッパで起こったことはイングランドにも影響した．チェシャーの郷紳，フランシス・スロックモートンは，ロンドンのスペイン大使と共謀してエリザベスの暗殺を企てた．そして1584年には教皇グレゴリウス13世が，ローマ・カトリック信仰を復活させようと「イングランド作戦」に乗り出した．オランダ独立運動の指導者，オラニエ公ウィレム1世が1584年に暗殺された後，エリザベスはスペインとの戦争を開始するために，レスター伯をネーデルランドへ送った．翌年フランシス・ドレイク卿は，当時スペイン領となっていた西インド諸島を略奪するために派遣された．そしてカルタヘナ，サンティアゴ，サントドミンゴを略奪した．2年後，スペイン王フェリペ2世が長年もくろんできた本格的なイングランド攻撃，つまりスペイン無敵艦隊の進撃を遅らせるため，カディスを襲撃し，スペイン艦隊を破壊した．スペインとの戦争は1588年に無敵艦隊の敗北で重要な局面に達した．イングランド人の操船術のうまさと同程度に，天候，スペイン艦隊の技術的な問題のために，撃破したのである．エリザベスとイングランドにとってヨーロッパ大陸の，カトリックの脅威はこのとき，事実上結末を迎えた．エリザベスは自分の治世の最後の15年間で，声高で批判的な議会を制圧し，ピューリタニズム急進派をも抑圧しようと試みた．

エリザベス朝は戦争文化の時代だった．それはエリザベスに焦点を合わせ，彼女の弱味を美徳に代えることになった．

左　イギリス・ルネサンスの主要建築
イングランドとスコットランドのルネサンス建築は，当時の政治，社会そして文化の変化という三つの主な局面を反映している．第一は，1530年代後半の修道院の解散によってもたらされた，郊外の邸の設立や土地財産の創設である．第二は，大きな館がロンドンの近く，あるいは少なくともイングランドの南東部に集まる傾向である．そのような地理的分布のパターンは，王室の「巡行」の際に君主の注意を引こうと望んだ廷臣の野心を反映している．第三にして最後の要因は，スコットランドに建築が栄える，固有の伝統があったことにかかっている．そして，ステュアート王朝が母国に背を向けて南へ移ったので，壮麗さは衰えた．

エリザベス自身は芸術に興味がなかった．建造物はほとんどつくらなかった．公式の肖像画を購入するには一組の寝具を手に入れる程度の熱意しか示さなかった．それにもかかわらず，拡大する宮廷社会の内部で，絵画は高度の洗練に達し，16世紀ヨーロッパにおいて特異そのものといえる紋章学を発展させた．それはミニアチュールにおいてその最高の表現に到達した．その最も優れた代表者はニコラス・ヒリヤードだった．エリザベス時代のミニアチュール（細密画）は頭から肩までに限定された肖像画になりがちであった．それは，ひだ襟と宝石類を強調し，顔にはほとんど影が描かれず，きらびやかな色彩の衣裳で表された．それらはしばしば，宝石をちりばめた装飾品として表現されたり，手のこんだ，宝石をちりばめた箱の内部にペンダントとして掛けられたりした．宝石細工職人とミニアチュール画家の切っても切れない関係は，1600年頃の，いわゆる「アルマダの宝石」（おそらくヒリヤード作）の出来栄えに見ることができる．これは古風なカメオのスタイルで表現されたエリザベス１世の横顔の肖像である．スペイン無敵艦隊の撃破を記念してエリザベス女王からトマス・ヘネイジ卿へ贈られたものである．

エリザベスは父の壮大な建築計画には背を向けたが，「王室の巡行」や馬上試合の発展において父王以上によくやった．それらは彼女自身のイメージを育む，ごく洗練された手段であった．エリザベスは王国が直面している重大な諸問題から廷臣の注意をそらし，批判をかわすために，自分のイメージの熟練した操縦者になった．諸問題とはスペインの脅威，未解決なままのアイルランドの混乱，王室における財政的困難の増大，直系後継者の不在，ピューリタニズムの台頭勃興，そして下院に対する支配力の低下などである．イメージはよりいっそう重要になった．

巡行の際，女王は魅力的な女性であった．彼女に魅せられた宮廷人たちを踏み台にして，自分自身のイメージのまわりに魔力を張り巡らせた．夏になるとよく彼女は廷臣たちに招かれて南部や中部を回った．彼らは必ずふさわしい歓迎をしようと考えて，邸を建て直したり拡張したりした．大法官のクリストファー・ハットン卿は損害の大きい誤算をした．ノーサンプトンシャーとリンカーンシャーの境界のホウルデンビィに，ハットンは莫大な出費と無鉄砲なむだ遣いで邸を建てたが，エリザベスはけっしてそこを訪れなかった．対照的に，ハーフォド伯は1591年9月，ハンプシャーのエルヴェタムにある自邸で催された宴会の主催者として有名になった．ハーフォドは三日月のような形をした池とそこに島をつくった．そこで月の処女神ダィアナという登場人物，これは明らかにエリザベスの暗示だが，彼女が主人公となる見せ物が上演された．

エリザベス朝の馬上試合は密接に王室の巡行と結びついていた．意識的な中世趣味の復活において，女王の馬上槍試合優勝者，ディッチリーのヘンリー・リー卿のようなエリザベス朝の宮廷人たちは，アーサー王の騎士たちの配役を受けもった．中世騎士物語風の扮装で，女王の名誉を守ろうと，また女王の寵愛を得ようとするふりをして競い合った．エリザベスは自分自身に処女王の役が割り当てられるままに，これら手のこんだ中世騎士道の復活を促した．彼女は宮廷人たちにあって競争心が強く，野心的で中世騎士物語的な素質を目覚めさせるのに成功した．エリザベス朝イングランドの騎士道精神は聖ジョージ祝祭日の典雅にあって最もよく発現された（聖ゲオルギオス（ジョージ）はイングランドの守護聖人であった）．その日には，女王はガーター勲爵士とともに巡行したのである．この逃避主義的空想の世界，見せかけの中世騎士物語と，上品すぎる騎士道精神は，ヒリヤードのミニアチュールに最上の表れが見られる．とりわけ「第三代カンバーランド伯ジョージ」の肖像では，伯爵がペンドラゴン城の騎士として着飾っている．

かなり競争の激しいエリザベス朝イングランドの社会では，芸術の全盛をもたらしたのは国王よりむしろ宮廷だった．たとえば，人目を引く豪華なつくりを強調した「驚異の館」の発展があった．「壁よりもガラス」というべきハードウィック・ホールでは，建物の輪郭を飾る欄干でつくられたイニシャル――そのすべての費用を負っていた女性パトロン，ハードウィックのベスとしてのほうが著名なエリザベス・シュールズベリを表すＥとＳ――から，多数の窓がガレオン船の帆のように吊り下がっているように見える．

宮廷人たちは絵画に積極的に興味を示した．1575年に半年間フェデリコ・ツッカロをイングランドに連れてきたのは，かつて女王の寵愛を受けオランダ戦争の英雄でもあったレスター伯ロバート・ダドリー（1532頃－88）だった．ツッカロ（1543－1609）は才能のあるイタリア人芸術家で，レスター伯とエリザベスの等身大の肖像画を描いた．エリザベスの肖像画はもはや存在していないが，準備のための下書きでその関心が，姿形をいきいきと捉えることよりシンボリズムの表現にあったことがわかる．つまり，「柱」が貞節と不屈の精神，「ヘビ」が知恵，「白テン」が純潔，「犬」が誠実という具合に．明白な形態より巧妙なメッセージが優先されたのがエリザベス朝の特徴である．ラムリー卿ジョン（－1609）はいわゆる「お偉方の群れ」である，肖像画をコレクションとした最初のイングランド人だった．ラムリーはモデルが誰であるかわかるように，肖像画にカルテリーニという騙し絵的なラベルを書き加えさせた．さらに，彼は有名な蔵書を収集した．それは後にプリンス・オブ・ウェールズ（皇太子）のヘンリーの手に渡って，17世紀初めの王立図書館の基礎になった．しかし，イングランド・ルネサンス後期の最も有名な蔵書はアランデル伯ヘンリー・フィッツアランによってナンサッチ宮殿で形

左上　無名の画家によるフランシス・ドレイク卿の肖像．ドレイクは，エリザベス時代の英雄の典型だった．――航海士であり，冒険家でもあった彼は，最初に世界を船で一周したイギリス人で，自分の船ゴールデン・ハインド号に宝物を積んで戻った．おそらく彼はスペインとの戦い，つまり「スペイン国王の顎ひげを焼く」カディスの襲撃，そして指導的な役割を演じた無敵艦隊の撃破で最もよく知られている．

上　ロバート・ピーク作「黒僧の肖像」(1600年頃). これは，エリザベス女王とその廷臣たちの肖像画で最も著名なものの一つである．エリザベスは処女王としての地位を象徴するシルバー・ホワイトの衣裳を着て，寵臣たちに公式行事用の天蓋つきの輿で運ばれている．このような浪費的な見世物は，王室の壮麗さと権力のイメージをつくり上げるのに重要な役割を演じた．

成された．それは分散する修道院の蔵書を集めたものだった．

教育と著作と文学作品はエリザベス朝時代の偉業だった．エリザベス自身は人文主義者ロジャー・アスカム(1515－68)のもとで極上の教育を受けたので，ギリシア語，ラテン語，フランス語，イタリア語が話せた．エリザベス朝イングランドで，教育はかつてなかったほど繁栄した．ロジャー・アスカムは『学校教師』(彼の死後1570年に出版された)を執筆した．これは子供を教える教師用解説書で国内外に人気があった．女王は1560年にウェストミンスター・スクールを設立した．この学校は議会の庇護のもとに存在し，多くの若い郷紳の教育様式を急速に変化させた．子供たちはいつも大きな学校で，教室に閉じこめられていたわけではなかった．つまり社会の構成要素が未来の廷臣にとっての授業になったのだ．エリザベス1世時代後期と，ジェイムズ1世時代に権力を行使した人々の多くは，ウェストミンスター・スクール初代校長ウィリアム・キャムデンの教えを受けた．

当時最高の教師であるだけでなく，キャムデン（1551－1623）はそれまでのイングランドで最も独創的な古代研究家であった．テューダー王家は歴史家の価値を知っていた．ヘンリー7世はイタリア人歴史家ポリドーレ・ヴィジリオを雇って，イングランドの歴史を書かせた．一方，ヘンリー8世治世末期の数年には，ジョン・レイランドが大がかりなイングランドの古代遺跡と地勢の調査を行ったが，未完成に終わった．レイランドの未完成の仕事をとりあげながら，キャムデンはさらに高い成果を明らかにした．彼の1586年の『ブリタニア』は，イギリスの歴史を初めて体系的に報告したものだった．それは修道院の年代記作家に基づきながら，同様に，古典の著作物，碑文そして人工遺物に基づいていた．歴史を立派な学問分野として，好古趣味を知的な研究として確立したのはキャムデンの大きな功績であった．歴史は大学の研究者だけでなく，同時に実務家を魅了する関心事になった．たとえば，外交官で軍人で冒険家のウォルター・ローリー卿は，エリザベス朝の典型的な人気のある英雄であったが，人生最後の数年を，ロンドン塔に投獄されていた間，『世界史』(1616

ミニアチュールの肖像画

イングランドにおけるミニアチュール（細密画）の歴史は，ヘンリー7世が15世紀の終りにリッチモンド宮殿に王立図書館を設立したことから始まった．このためにヘンリーはブルゴーニュ公国の宮廷から写本彩色師として養成された芸術家を勧誘した．「リムナー（画工）」，とミニアチュール画家が呼ばれたように，それはこの芸術様式の原点が中世の彩色本にあるのを思い出させる．ヘンリー8世はホーレンバウト一門をネーデルランドから招いた．そして彼らは1530年代に宮廷で主要なミニアチュール画家となった．ハンス・ホルバインも少なくとも15のミニアチュールを描いたことがわかっている．それは等身大肖像画の縮小版の形をとっていた．1540年代にルーカス・ホーレンバウトとホルバインが死んだ後，ヘンリー8世は女性ミニアチュール画家レヴィナ・ティアリンクを説得してロンドンに移り住ませた．ティアリンクは，ニコラス・ヒリヤードを教育する責任を負ったが，彼はイングランド中で最も重要なミニアチュール画家となった．

ヒリヤードは16世紀のすべてのミニアチュール画家と同様，他の芸術も実践した．つまり彼は等身大の肖像を描き，宝石細工人で，メダリオン製作者で，彫刻家でもあった．宝石をちりばめたミニアチュールを発達させたのがヒリヤードの多才さだった．そしてその金または銀の装飾的な縁飾り（しばしば宝石がちりばめられるか金銀エナメル細工で覆われていた）が，ミニアチュールそのものの優美さを完全なものにした．フランスのヴァロワ朝宮廷での数年間の後，ヒリヤードは1580年代までには，女王のお気に入りの肖像画家として現れた．そしてエリザベスの最も有名な肖像を生み出したのがヒリヤードだった．1590年代までには宮廷での競争，特にアイザック・オリヴァーからの挑戦に立ち向かっていた．オリヴァーの精緻な作品は，ジェイムズ1世時代の仮面劇の貴重な幻想世界の記録である．オリヴァーは1617年に，ヒリヤードは1619年に死んだ．それ以後，非常にイングランド特有のものだったミニアチュール芸術は衰え始めた．この衰退は，ただミニアチュール絵画のみを専門にするような芸術家の発生と同時に起こった．そしてたぶん，そのつながりは偶然の一致ではない．ミニアチュール絵画の技術面に関してわかっていることの多くは，ヒリヤードの記述『描写芸術に関する論文』に由来する．

シェイクスピアの『ヴェニスの商人』で，バッサーニオはポーシャの肖像画を「絵姿」として見出す：

美しいポーシャの絵姿ではないか！　これほどまでに
造化の真に迫りえたとは，神か人か？　目が動く？
いや，おれの目の動きにつれて，この目も動くように
見えるだけか？　この開かれた唇，これは甘い息が
押し開いているのだ，これほど美しい息でなければ
これほど美しい友だちの仲を裂けはしまい．それに
この髪，これは絵師が蜘蛛になって金の糸を織りなし，
蜘蛛の巣にかかるブヨよりもしっかりと，男の心を
捕らえようとしたものに相違ない．それよりもこの目—
これを描きながらよく絵師の目がつぶれなかったな，
片方を描いたところでそのまぶしさに両目を失い，
残る片方を描けずに終わって当然だろうに．

小田島雄志訳（『シェイクスピア全集Ⅳ』1976年，白水社）

上　ニコラス・ヒリヤード作「ジェイムズ1世」．これはヒリヤードがジェイムズ1世を描いた数多くのミニアチュールのうちの一つである．もともとは，ジェイムズから宮廷の寵臣か外国大使への贈り物として，宝石をちりばめた箱にはめ込まれていたものであろう．これは首や胸や上腕のあたりによくペンダントとして身につけられた．

左　ニコラス・ヒリヤード作「クリストファー・ハットン卿」（1588年頃）．これはミニアチュールがモデル——この場合，エリザベス1世の最重要政治家——の全身像を表しためずらしい例．遠近法の会得がほとんどなされていないのは明らかで，このためにヒリヤードはすぐに全身像を描くのをやめ，頭と肩だけを描く，巧みな常套手段に戻った．これはミニアチュール画家が達成した，輝く色彩の優れた例である．

左　アイザック・オリヴァー作「第一代シュアベリー男爵，エドワード・ハーバート」(1614 年頃)．これはオリヴァーの最も有名なミニアチュールで，モデルを風景の中に配置するものはめずらしい．当時としては古めかしく，エリザベス時代の騎士物語を思い出させる．ハーバートは哲学者，詩人そして戦闘中の騎士のようにポーズをとっている．

上　30 歳でフランスで働いていたとき描かれたこの自画像(1577 年)では，ヒリヤードはめかしこんだ宮廷人として表されている．ここにはヴァロワ宮廷の指導的画家だったジャン・クルーエの影響が見られる．ヒリヤードのミニアチュールの特徴は，円形で，最小限度の明暗法しか使わないこと，カーシブ（筆記体）のラテン文字が金箔で書かれていること，頭から肩までだけが描かれていることである．テューダー時代の大部分のミニアチュールと同様に，これはトランプの札に張り付けられる上等皮紙に描かれている．

左　ハンス・ホルバイン作「クレーフェのアン」(1539 年)．クレーフェのアンはヘンリー 8 世の 4 人目の妻だった．この肖像画は，ホルバインがアンを描くため海外へ遣わされたときのもので，そのときアンは未来の花嫁だった．モデルの正確な容貌を王に伝える必要があったため画像が徹底している．この絵には，ヒリヤードの作品に見られる賞賛に値する繊細さとは異なった不朽の特性がある．

年）を書いて過ごした．歴史の追求姿勢は制度となって表れ，1573 年に古物研究家協会が設立された．

キャムデンはロンドンの文学界で際だっていた時期に，イギリス史を研究していた．ラファエル・ホリンシェド(－1580)による『イングランド，スコットランドおよびアイルランド年代記』(1577 年）は後にシェイクスピアの歴史劇の主な原典となった．トマス・ノース卿（1535 頃－1601 頃）によるプルタルコスの『対比列伝』の翻訳（1579 年）に刺激されイタリア文学への関心が復活した．その復活が最も見事に表されたのは叙事詩ではなく，田園詩においてであった――エドマンド・スペンサーの『羊飼いの暦』は 1579 年に，フィリップ・シドニーの『アルカディア』は 1590 年に出版された．同じく 1590 年に出版されたスペンサーの『妖精女王』はグロリアナの宮廷で繰り広げられる騎士物語で，薄手のヴェールでおおいながらも，熟年のエリザベス女王への追従がほのみえる．フィリップ・シドニー卿（1554－86）とエドマンド・スペンサー（1552 頃－99）は，後のイニゴ・ジョーンズとベン・ジョンソンによる宮廷仮面劇の発達にはかりしれない影響を与えた．彼らは『暗黒の仮面劇』(1605 年）を合作した．それ以前に，ロンドンでマーロウの劇とシェイクスピアの劇が初めて上演された．マーロウの『タンバレン大王』は 1587 年，シェイクスピアの『リチャード 3 世』は 1590 年代初めに，カスティリオーネの翻訳者を父にもつ，エドワード・ホビー卿の館で上演された．

シェイクスピア(1564－1616)はイングランド・ルネサンスの最重要文学者である――ジョンソンは「一時代ではなく空前の」人物であると評した．シェイクスピアは 1590 年代初期のロンドン文学界に衝撃を与え，そしてすぐに宮内長官一座の指導者としての地位を確立した．それはグローブ座やブラックフライアー座，そして宮廷でも演じた俳優の一座であった．彼の詩集『ヴィーナスとアドニス』『ルクレチアの略奪』はその頃出版され，一方，彼のソネットは 1590 年代後期に多数つくられて，1609 年に出版された．彼の最初のローマ悲劇『タイタス・アンドロニカス』は 1594 年に上演され，彼の最初の喜劇『ヴェローナの二紳士』も同時に上演された．続く 6～7 年の間に重要な作品が発表された．『ハムレット』はおそらく 1601 年頃初演され，『オセロ』は 1604 年，『リア王』は 1605 年，『あらし』は 1611 年であった．シェイクスピアは 1616 年，52 歳で死んだ．彼の文学作品はひとつにまとめられ，「ファースト・フォーリオ(最初の二つ折り本)」として 1623 年に出版された．

エリザベス 1 世治世の最後の数年は，自信にあふれ陽気であった．地理学者リチャード・ハクルート（1552 頃－1616）は『イングランド国民の主要航海』(1589 年）で，イングランド人の実地調査の英雄時代を頂点に導いた．音楽，哲学，神学ではテューダー朝末期，黄金の 10 年の間に主要な作品が現れた．セントポール大聖堂のオルガン奏者トマス・モーリー(1577 頃－1602) は 1593 年『マドリガル』を出版し，ジョン・ダウランド（1563－1626）は 1597 年に『イングランドの旋律の初巻』を出版した．一方，女王エリザベスによる教会調停政策で最終的な地位認定を受けた英国国教会は，リチャード・フッカー（1554 頃－1600）の『教会統治論』(1594 年）の中で最善の説明を与えられた．これは極端を避けながら，新教と旧教から等しく要素を引き出した信仰体系として，英国国教会主義の特質を説得力と論理で弁護している．

科学と商業はエリザベス朝時代，密接に結びついていた．イングランドはその開発を通して市場を拡大したので，教育制度の創設と哲学者の著作の中に，純粋・応用科学研究へのより理性的なアプローチが表れ始めた．1570 年代に，起業家でパトロンのトマス・グレシャム卿（1519－79）が，王立協会の前身との見解もあるグレシャムズ・カレッジを設立した．1605 年に，当時イングランドで最も有名な哲学者で，後

イングランドの劇場

イングランドのルネサンスは，文学においてその最高の表現に達した．そして特に戯曲においては，クリストファー・マーロウ，ウィリアム・シェイクスピア，ベン・ジョンソン，そしてジョン・ウェブスターらの人物が優位を占めていた．ルネサンス初期，演劇は貴族の館か宮廷で，宮内長官に管理されて，俳優たちの小さな一座によって上演された．そのうちに，これらの一座のいくつかは——通常貴族の保護のもとで——一般向きの劇場を建設した．最初のものは，俳優ジェイムズ・バービッジによって建てられ，1576 年宮廷の検閲の目を逃れてロンドン郊外のショアディッチで公開が始まった．ローズ座は 1587 年よりロンドン生活の中心に近いサザークに建てられた．そしてその後にはスワン座（1595 年頃）やグローブ座（1599 年頃）が続いた．それらすべてはお互いが見えるところに建っていた．グローブ座は最もよくシェイクスピアと結びついた劇場であった．ある伝説によると，『ハムレット』はかつてグローブ座で，シェイクスピアが亡霊で，リチャード・バービッジ（当時の主演俳優で，ジェイムズ・バービッジの息子）がハムレットという配役で上演された．グローブ座は 2000 人以上を収容することが可能だった．そして演劇はすべての社会階級の人々が観た．なぜなら，立ち見の覚悟があれば，入場料はきわめて安かった．そしてもっと払える人なら天井桟敷かステージのそばにさえ座ることができた．芝居はしばしば混んでいて騒々しかった——サザークは，熊いじめの闘技場や売春宿でも有名だった——しかし観客が，非常に巧妙で，ウィットに富み，奥の深い演劇を鑑賞することができたのは，芝居そのものから明らかである．

上　シェイクスピア(「ファースト・フォーリオ」版 (1623 年) の口絵より). これは最もよく知られたシェイクスピアの肖像であり，シェイクスピアの作品は劇作家ベン・ジョンソンによって大いに賞賛された.

最上部　ラルフ・ホリンシェドの『イングランド，スコットランドおよびアイルランド年代記』(1571 年) より「マクベスとバンクォーが魔女たちに出会う」場面の版画. シェイクスピアは頻繁にホリンシェドの『年代記』から引用した. ときにはホリンシェドの言葉をそのまま使っている.

左　ジョン・ド・クリッツ作「第三代サウサンプトン伯ヘンリー・ライアスリ」. 第三代サウサンプトン伯はシェイクスピアの最大のパトロンで，いくつかのシェイクスピアのソネットの主題にもなった. この際だった肖像画は，サウサンプトン伯が 1599 年のエセックスの反乱で果たした役割のために，ロンドン塔に投獄されている間に描かれた. 大多数の作家や劇場は貴族階級のパトロンを必要としていた.

一番左　スワン座. オランダ人観光客によるこのデッサン (1596 年頃) は，エリザベス時代の劇場の内部を描いて，唯一今日まで残っているものである.

にジェイムズ 1 世の大法官になった，フランシス・ベーコン卿 (1561－1626) が『学問の進歩』を出版した. この中で，彼はすべてに通用する合理的な法則を発見し，それに基づこうという科学的な試みを訴えた.『学問の進歩』と，科学原則の上に確立されたユートピア (理想郷) を描いた自著『ニュー・アトランティス』(1627 年) において，ベーコンは，ニュートン，ボイル，ロックといった，後期ステュアート朝時代の重要な科学者や哲学者たちの仕事を予知していた.

スコットランド

二つの有名な絵画が，ほとんど残存するもののない，15 世紀のスコットランド・ルネサンス文化の象徴として位置している. その一つは，シエナのピッコローミニ館にある，ピントゥリッキオの連作中のフレスコ画である. その絵はイタリアの有名な人文学者，後にローマ教皇ピウス 2 世になった，エネア・シルヴィオ・ピッコローミニが，1435 年にスコットランド王ジェイムズ 1 世を訪問した様子を描いている. ジェイムズ (在位 1424－37) は教養人であった. イングランドで捕虜になり，そこでこの時代で最も著名な詩の一つである『国王の書』を書いた. スコットランド英語とチョーサー時代の英語の混合で書かれたこの本には，彼の花嫁となったイングランドの貴婦人への愛が書かれていた.

二つ目の絵画は，フランドル人芸術家ヒューホ・ファン・デル・フースによるもので，ジェイムズ 3 世 (在位 1460－88) とその妻デンマークのマーガレットが描かれている. 彼らの肖像画は，現在は分断されてしまっている三連祭壇画「三位一体」の向かい合った翼で，別々に姿を現す. この 3 枚続きの絵がジェイムズ自身によって依頼されたのはほぼ確実らしい. ジェイムズは素晴しい芸術作品を注文するだけでなく，ルネサンス様式の肖像画の費用を負担するために貨幣を発行した. 彼の家庭教師アーチボルド・ホワイトローは，ルカヌス，ホラティウスとサルスティウスの刊本を持っていた. スコットランド王ジェイムズ 3 世とイングランド王ヘンリー 6 世の間には類似点がある. つまり，2 人とも信仰心が厚く，学問好きで，芸術の保護に熱心であった.

ジェイムズ 4 世の治世 (1488－1513) は「黄金時代」といわれてきた. スコットランドを訪問したスペイン人，ペドロ・デ・アヤラはジェイムズ 4 世の素晴しい才能を書きとどめた. ジェイムズはラテン語，フランス語，ドイツ語，フラマン語，イタリア語，スペイン語に通じていた. 彼はゲール語も知っており，王国北部や西部の辺境で用いられた古い言語を使いこなす最後の王であった. 彼は教育に熱心な関心を示した. 1495 年に，イギリスで初めて医学の講座をもったアバディーン大学を設立した. そしてジェイムズは 1505 年，エディンバラに王立外科大学を設立する原動力にもなった. 1507 年の王の特許状はエディンバラのカウゲイトでウォルター・チェプマンとアンドルー・ミラーのもとに，スコットランド初の印刷機を設置させた. この最初の印刷機で刷られて現存する最古の本は，スコットランド・ルネサンスの主な詩人ウィリアム・ダンバー (1460 頃－1530 頃) やロバート・ヘンリスン (1425 頃－1508 頃) の手になる詩を含む一巻の詩集である. スコットランド・ルネサンスの輝きの頂点は，ジェイムズ 4 世とヘンリー 7 世の娘マーガレット・テューダーとの結婚式だった. この結婚によって，イングランド王位に対するスコットランドのステュアート家の権利が生まれた. スコットランドではこの結婚の祝宴に匹敵するものは，1566 年に，ジェイムズ 6 世の洗礼を祝うためにスターリング城で仮面劇が上演されるときまでなかった. その婚礼はウィリアム・ダンバーの詩『アザミとバラ』の主題になった. しかしそのような頂点は 10 年しか続かなかった. 1513 年にフロッドンで，スコットランド貴族の華はイングランド人によって破壊された. フロッドン・フィールドの戦いはスコットランドの歴史上最も大きな文化的災難だった. ジェイムズ 5 世のもとで再生したが，ジェイムズ 4 世の宮廷での約束が果たされることは決してなかった.

ジェイムズ 5 世 (1513－42) は成人前に王座に就いた. その短かい親政 (1528－42 年) は活力のある宮廷文化を再建するには十分な長さではなかった. しかしながら，1536 年から 37 年にかけてのジェイムズのフランス訪問に続く，1538 年のギーズ家のマリーとの再婚によって，「古い同盟」といわれるようになったスコットランドとフランスとの絆を強めた. この後スコットランドは文化においてフランスとの絆から大きな利益を得た.

国内では，ジェイムズはジョージ・ブキャナンを支持した最初の人物だった. そしてブキャナンは世紀末に向かって，スコットランドの学問を左右しようとしていた. ジェイムズ 5 世がおおいに後援した風刺家はデイヴィッド・リンジ卿 (1490 頃－1555 頃) で，彼の戯曲『三階級の風刺』は 1540 年にリンリスゴー宮殿で初演され，当時スコットランドで優勢だった反教権主義にとって，最も評判の高い表明の一つとなった. ジェイムズ 5 世のフランス訪問が引き起こしたある重要な結末は，ジェイムズが治世終りの 4 年間でスコットランド史上最も精力的で素晴しい建築を推進した国王になったことであった. スターリングとエディンバラの城の考えを明確にした父の仕事を最後までやり通しながら，ジェイムズ 5 世は数多くの，いきいきとして華やかな建築を建てた. 最も素晴しいのはスターリング城の王の射撃場で，フランス王家の城，アゼ・ル・リドーの影響を受けていた. スターリングにはいわゆる「スターリング・ヘッズ」があった. これは古代の英雄とルネサンスの宮廷人とが一緒に描かれた小円紋章で，初めは王の謁見室の天井に貼られていた. 16 世紀終りまで，スコットランドで主な王家の居城はリンリスゴー宮殿，ダンファームリン (1600 年チャールズ 1 世誕生地)，エディンバラ (ホリルードハウスの宮殿とエディンバラ城)，スターリング城 (1566 年スコットランド王ジェイムズ 6 世で，イングランド王ジェイムズ 1 世の誕生地)，そしてフォークランド宮殿だった．ジェイムズ5世が1542年12月フォークランド宮殿で死ぬ前に，スコットランドは，今回はソルウェイで，イングランドに屈辱的な敗北をした．彼の跡を娘のメアリが継承したが，彼女は生まれて1週間も経っていなかった．

二つのことがスコットランド・ルネサンスの完全な開花を阻んだ．第一に，多数の君主が子供のうちに王位に就いたので，国がたびたび摂政によって治められた．第二に，定期的なイングランドによる侵略があった．ヘンリー8世は息子のエドワード6世をスコットランド女王メアリと結婚させたがった．しかしメアリの母ギーズ家のマリーが，デイヴィッド・ビートン枢機卿の手助けで，メアリをフランスへ連れて行った．それに対するヘンリーの返答は，「すべてを焼き，殺害しろ」という枢密院からの示唆を与えて，ハーフォド伯を1544年に北へ派遣することだった．市街は3年後，サマセット伯によって再び略奪された．そして彼はピンキ・クリューでスコットランドをもう一度壊滅的に敗北させた．

1542年に生まれたスコットランド女王メアリは，教養においても躾においても完全にフランス人だった．彼女は祖国に対する自分の責任を18歳のとき引き受けた．メアリの父の死から統治権を得るまでの間，彼女はフランスに住んでいた．1558年フランス皇太子フランソワと結婚した．フランソワはその父アンリ2世の跡を1559年7月に継いだが，1560年12月に亡くなってしまった．1561年8月に，メアリは女王として自分の将来をまっとうするためにスコットランドへ戻った．彼女は1561年から1567年まで君臨した．

メアリはスコットランド文化の発展に著しい影響は与えなかった．彼女は著名なフランスの詩人ジョアキム・デュ・ベレー（1522−60）やピエール・ド・ロンサール（1524頃−85）を庇護し，フランソワ・クルーエ（1515頃−72）によって描かれた．しかしエディンバラにいるメアリに贈られたそのような文学は，うるさいプロテスタント教徒が，彼女の宗教（カトリック）とホリルードでの快い生活を非難する結果を招いた．ホリルードにはメアリが改造した部屋が，スコットランド・ルネサンスにおけるインテリアの貴重な例として今日まで残っている．しかしながら，カトリックとプロテスタント間に争いがあったので，彼女が主権を得るときまでに，飾りたてられるより，壊されてしまった建築のほうが多かった．館や城は掠奪され，教会は荒れ果てた．メアリ統治下における文化の頂点は，1566年冬に，彼女の息子ジェイムズ6世の誕生後，スターリング城で仮面劇が上演されたときだった．その祝宴行事は洗練されたフランス宮廷をかなり反映していた．ステュアート王家を賞賛する寓話は，後にイングランドにおけるエリザベス朝支配を支えるために用いられた宣伝活動の先駆けとなった．

メアリはヘンリー7世の曾孫だったので，エリザベスに一生子供がいない場合には，イングランド王位への権利があった．メアリがダーンリー卿と結婚し未来のスコットランド王ジェイムズ6世を生んだとき，彼女の要求主張は急を告げ，彼女自身がエリザベスに対する不満の中心となった．

メアリは制御できなくなり始めた．彼女は戦争の遂行や党派中心の貴族階級に関しては決断力を欠いていた．そしてメアリの難局は，スコットランドにおけるジョン・ノックス（1513頃−72）の優位によってさらに進行した．ノックスは過激なカルヴァン主義者で，メアリの知性やその魅力をもしぶしぶ認めたが，その一方，彼女の生き方と信仰を嫌った．

メアリが，不穏で醜聞の絶えないダーンリーと結婚したことは，彼女にとってプラスに働かなかった．1566年にダーンリーは暗殺された——ボズウェル伯に爆破されて．もしかすると，メアリ自身の黙認があったかもしれない．メアリはそれからボズウェルと結婚し，退位しなければならなかった．なぜなら主に，ボズウェルの評判が悪いのと，彼の結婚がスコットランド貴族の間に妬みを呼び起こしたためだった．ボ

前ページ　ダニエル・マイタンズによるジェイムズ1世の肖像．1603年にスコットランドのステュアート王朝はテューダー王朝を継承し，ジェイムズはスコットランド王ジェイムズ6世およびイングランド王ジェイムズ1世として二つの王位を合わせもった．ここではジェイムズは，イングランドで最古の騎士の勲位である，ガーター勲爵士の衣裳をまとって描かれている．テューダー王朝の終焉とともに，イングランドのルネサンスは急速に終焉に近づいていった．

下　1587年のスコットランド女王メアリの処刑．この生々しいオランダ人によるデッサンは，スコットランド女王がイングランド人の従妹であるエリザベス1世によって処刑されたのに続いて，激しい国際論争が起こったことの証言である．数カ月後には処刑を詳しく知らせるために版画が出回った．このデッサンはそのような版画のための下書きだったと思われる．

上　スコットランド，アンガスのグラームズ城．シェイクスピアの劇『マクベス』で有名になったグラームズ城は，防御を固めた城館で，イギリスのルネサンスにスコットランド人が特別に貢献したのを示す最も見事な例である．たくさんの小塔がある建物の輪郭線はスコットランドのルネサンス宮殿の特徴になった．

ズウェルは彼女を王位に戻そうしたが，彼の軍隊は 1568 年ラングサイドで打ち負かされた．メアリはイングランドへ逃げざるをえなかった．従妹エリザベスは当惑したすえ情けをかけ，そしてエリザベスはメアリを監禁した．メアリの立場は，1569 年に北部の反乱が起こると危険になった．そのときには，エリザベスを退位させメアリと交替させるという企てがなされた．2 年後，リドルフィーの陰謀が露見した．これはカトリックのノーフォーク公による陰謀が軸となった．彼はイングランド貴族階級の強力な一員で，メアリの 4 番目の夫になろうとした．メアリの立場は，エリザベスの暗殺を意図したバビントンの企ての失敗でついに絶望的になった．メアリがどの程度これらの陰謀の仲間に加担したかということが，長い間歴史家を試し，詩人たちを刺激してきた．しかしエリザベスとその秘書バーリ卿にとって，行動を起こすときはきていた．1587 年 2 月メアリはノーサンプトンシャーのファザリンゲイ城で処刑された．こうしてイングランドのプロテスタンティズムにとっての最大の脅威は過ぎ去った．

メアリの退位によって残された空虚感のため，スコットランドでは不安定な数年があったが，その後，1578 年にジェイムズ 6 世が自分の統治権を得ると，より落ち着いた生活様式が確立され始めた．ジェイムズはジョージ・ブキャナンから厳格だがふさわしいプロテスタントの教育を受けていた．ブキャナンはロジャー・アスカムの友人で，ヨーロッパの遠く離れたボルドーやコインブラの大学で教授を務めたことがある．ジェイムズ自らが詩や政治論を書いたのはブキャナンの感化によるものであった．1599 年にジェイムズは，君主の教育にとって重要な影響を与える書物，『王の賜物』を出版した．

ブキャナン（1506－82）は 16 世紀後半のスコットランド文化において最も影響力のある人物だった．教育者として有名だったが，「ヨーロッパで疑いなく最も素晴しいラテン語詩

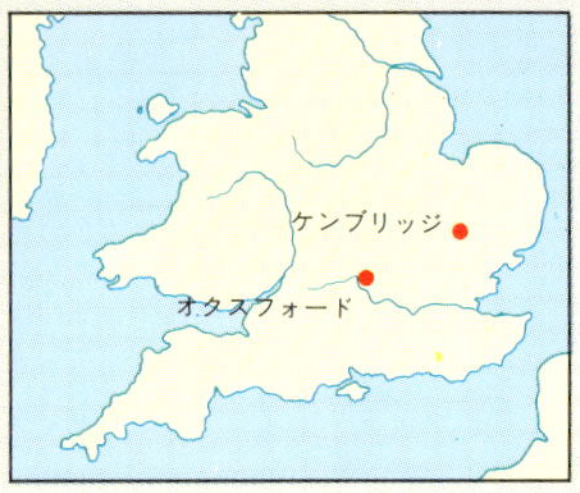

新しいカレッジ

オクスフォードとケンブリッジの両大学は，ルネサンス期の新しいカレッジの創設によって成長した．最も大がかりだったのは，枢機卿ウルジーによって1525年創立された，オクスフォードのクライスト・チャーチ（最初はカーディナル・カレッジと呼ばれた）と，ヘンリー8世によって1546年設立された，ケンブリッジのトリニティ・カレッジだった．オクスフォードではコーパス・クリスティ・カレッジ(1517年)がラテン語，ギリシア語，神学を基本とするカリキュラムと，イタリアの最高の教師を期待しうるという好条件で設立された．オクスフォードの研究者の多くはイタリア都市国家の宮廷で地位を得ていた．そして他の者は，ヨーロッパの印刷所で成し遂げられた文化的革命に重要な貢献をした．ケンブリッジではエラスムスが着任したので，セント・ジョーンズ・カレッジ（1511年）がヨーロッパ中に有名になった．エリザベスの治世までには，政治家にとってオクスフォードかケンブリッジで教育を受けるのは普通のことになった——支配階級内部での社会体制の革命である．

新しい学習法も奨励された．歴史家ウィリアム・キャムデンが1622年オクスフォードに「世俗世界史」の教授職を設置した．ケンブリッジは急進的になったけれど，オクスフォードは宮廷と歩調を合わせていた．ピューリタン（清教徒）のウォルター・マイルドメイ卿はイマニュエル・カレッジを1584年ケンブリッジに創設した．ケンブリッジ大学のピューリタンは英国国教会に反対だったからである．オクスフォードは内乱（ピューリタン革命）の間，チャールズ1世の本部になった．ケンブリッジはオリヴァー・クロムウェルの最も忠実な支援者となった．

右　板に描かれた枢機卿ウルジーの肖像画(作者不明)．これは最も有名な肖像画で，法服をまとった枢機卿の肉づきの良い容貌から，彼が教会の第一人者であることがわかる．

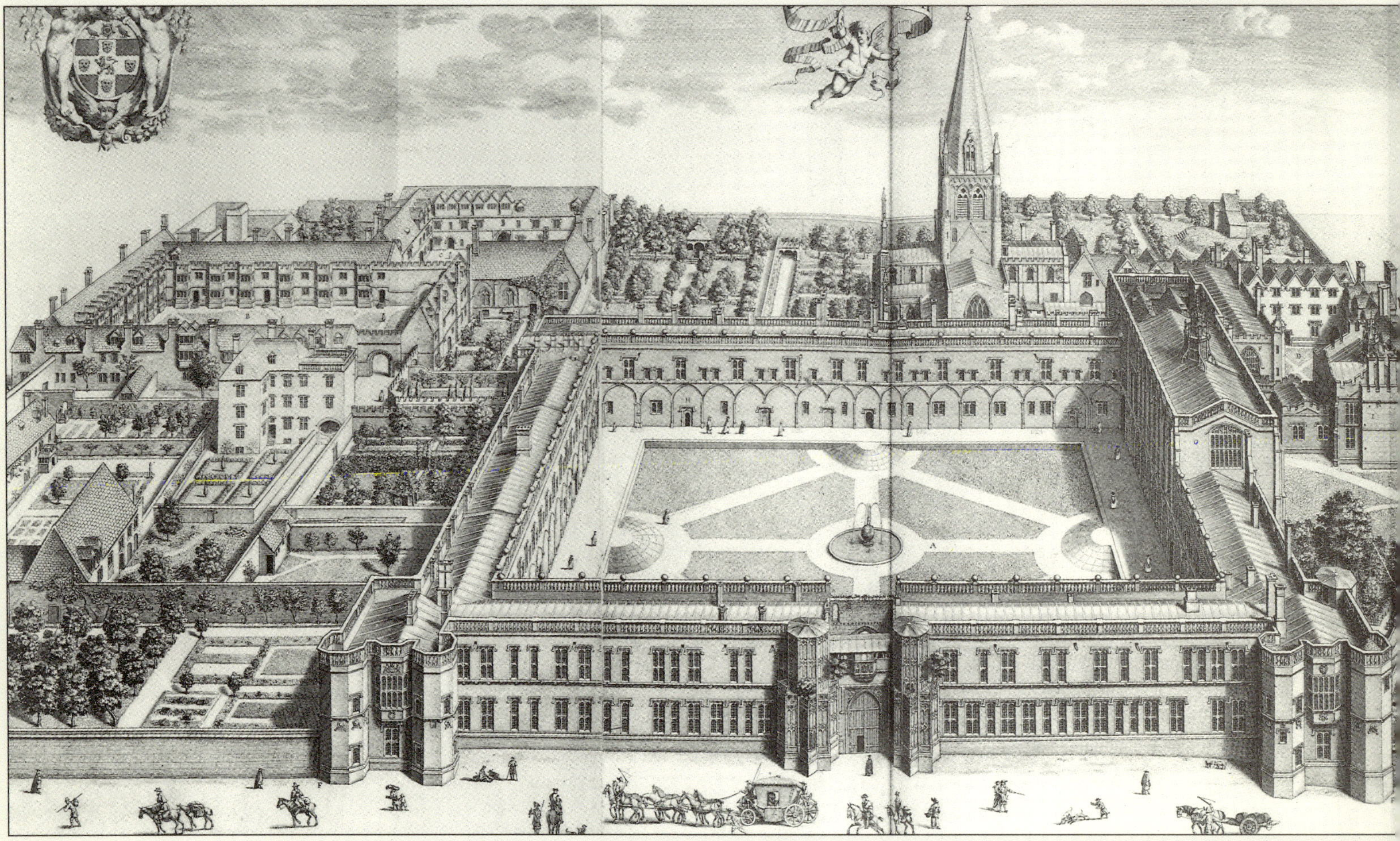

下　オクスフォードのクライスト・チャーチ．枢機卿ウルジーは1529年にヘンリー8世によって退けられるまで，新しいカレッジを建てるのに4年しかなかった．彼は中庭を囲む大きな建物(ウルジーはそれに回廊をつけたかった)，ホール，そして正面ゲートの下半分のほとんどを仕上げた．そしてそれらは後にクリストファー・レン卿によって完成された．

下　1519 年オクスフォードで出版された天文学の手引きからの木版画．これは 16 世紀初期のオクスフォードとケンブリッジのカリキュラムにおける新しい教養を象徴している．数学，天文学，地図作成，そして古代哲学が，以前から優勢であった神学に挑んでいた．

右　ケンブリッジ，ゴンヴィル・アンド・キーズ・カレッジの美徳の門．ジョン・キーズ博士は，パドヴァでヴェサリウスとともに働いたイングランドの有名な医師で，1557 年にゴンヴィル・カレッジを再建した．キーズは大学教育の三つの段階を示す「謙遜」,「美徳」,「名誉」の門を設計した．

上　ハンス・ホルバイン作「枢機卿ジョン・フィッシャー」．エラスムスの親友フィッシャーは，ルネサンスにおけるケンブリッジ最高の人文主義者だった．彼はヘンリー 8 世とアラゴンのキャサリンの離婚を公然と非難したイングランドでただひとりの枢機卿だった．そしてそのために 1535 年に首を斬られた．

右　オクスフォード，大学の中庭を囲む建物にあるボドレー図書館．ボドレー図書館は，1598 年，外交官で学者のトマス・ボドレーによって創設された．中庭を囲む建物にはそれぞれ異なる学部名が両面に記された出入口があり，それが通路となっている．

上 1616年イニゴ・ジョーンズによって設計されたが，1635年まで完成しなかったグリニッジのクイーンズ・ハウスは，イングランドで最初の古典主義建築だった．グリニッジでは狩猟園と庭園が道路で隔てられていた．そのためジョーンズは2棟を似せて建てた．一つは狩猟園に，もう一つは庭園に，そして二つは屋根つきの橋でつながれた．1660年代に2棟は合わされて一つの建物になった．もとの道の線に沿った，館の両側のコロネード（柱廊）は19世紀に加えられた．イングランド・ルネサンス最高の建築家，ジョーンズは，頻繁にイタリアの設計，特にパラディオのものを参考にした．これらの源から彼が形づくった新しい古典主義様式はイギリス建築に強い影響を及ぼした．

人」といわれてきた．ブキャナンはセント・アンドリューズ大学で重要な改革を行った．しかしブキャナンは1582年に死に，彼が後見したジェイムズ6世はブキャナンの人文主義者教育への確信に鼓舞され，エディンバラの「タウンズ・カレッジ」へ特許を与えた．そしてその行為は大学の設立を促した．エディンバラ大学初期の著名な後援者は，ホーソーンダンのウィリアム・ドゥラマンド(1585−1649)だった．ドゥラマンドはスコットランド・ルネサンスにおいて傑出した詩人で，スコットランドの作家が特に得意とする分野のひとつである風刺詩で有名であった．

スコットランドで最初の著名な彩色天井があるプレストングレインジは，1581年に完成した．続く50年の間絶え間なく，ファイフのクーロス宮殿のようなタウンハウスや，クレイグストン城などの城館が飾られた．スコットランドで最後の重要な彩色天井である，ラーグスのスケルモーリ・エイルは1638年に描かれた．スコットランドとイングランドの宗教の相違が戦争に至ったとき，この最も活気にあふれ，華やかな——そしてほとんど忘れられた——スコットランド・ルネサンスの光景はすたれた．これらの天井の多くは所有者の美徳か紋章・家紋かを描いていて，ジョフリー・ウィットニーの『寓意集』(1586年)のようなルネサンス寓意画集に啓発されていた．

ステュアート家は平和主義的なスコットランド王ジェイムズ6世を始祖としてイングランド王位を継承した．つまり彼は1603年にエリザベス1世が死ぬと，イングランド王ジェイムズ1世になったのである．イングランド王ヘンリー7世の姉，マーガレット・テューダーから直系の血筋を引いていたからであった．この王朝の交替は，ヘンリー8世やエリザベスの争いぶくみの時代に比べ，ヨーロッパとの接触をはるかに可能にした．ジェイムズの妻，デンマークのアンは，北ヨーロッパの高度に洗練された宮廷の出身だった．何年もの孤立の後，イギリス人は再び旅行を奨励されるようになった．イニゴ・ジョーンズと作曲家ダウランドはともにしばらくデンマークで仕事をした．そしてジョーンズの様式はイタリアとの接触によって形成された．

ジョーンズ(1573−1652)はイングランドで最初の著名なルネサンス建築家で，1607年頃セシル家のために建物の設計を始めた．ジョーンズは1613−14年にアランデル伯とともにイタリアを旅行したが，これは，ローマとの断絶以前には存在していたイングランド人文主義者の習慣が復活したものであると同時に，グランド・ツアーを予感させるものでもあった．イタリア旅行の間に，ジョーンズはアンドレア・パラディオの建築に精通し，それはジョーンズに強い影響を与えた．彼は1615年から1642年(イングランドの内乱勃発)まで建築家として王に仕えた．彼のすぐれた作品にはグリニッジのクイーンズ・ハウス(1616年開始)，ロンドンにあるホワイトホールのバンケッティング・ハウス(1619−22年)，そしてウィットン・ハウスのダブル・キューブ・ルーム（1649−52年）がある．ジョーンズの新古典主義の影響は，やがてイギリス建築において優位を占めた．

イギリス東インド会社は1600年につくられた．シェイクスピアは1616年に死に，その「ファースト・フォーリオ」版全集は1623年に出版された．イギリスのルネサンスは，芸術愛好者のチャールズ1世が1625年5月に王位に就くと，終焉に近づいた．チャールズはルネサンスの君主ではなかったが，イギリス近代初期文化における最も壮大なパトロンになるという栄誉をヘンリー8世と分かち合ったのである．

執筆者リスト

C.F.ブラック　グラスゴー大学近代史学科講師
盛期ルネサンスの項を執筆

リチャード・ゴイ（Dr）　建築家，建築史家
ヴェネツィアの造船所の項を執筆

マーク・グリーングラス（Dr）　シェフィールド大学歴史学科講師
フランス・ルネサンスの項を執筆

デヴィド・ハワース（Dr）　エジンバラ大学美術学科
イングランドとスコットランドのルネサンスの項を執筆

ゴードン・キンダー（Dr）　前マンチェスター大学スペイン・ポルトガル学科
スペインのルネサンスを一部執筆

ジェレミー・ローランス（Dr）　マンチェスター大学スペイン・ポルトガル学科
スペインとポルトガルのルネサンスの項を執筆

リチャード・マッケニー（Dr）　エジンバラ大学歴史学科
ルネサンスの伝播の項を執筆

リンダ・ブラウド　著述業
ルネサンスの学芸の諸部分を執筆

マーティン・ラディ（Dr）　ロンドン大学スラブ・東ヨーロッパ研究学部
ルネサンスの意味とドイツ，ネーデルランドのルネサンスの項を執筆

アンジェラ・ヴォス　占星師・音楽家
ルネサンスの音楽の項を執筆

イーヴリン・ウェルチ（Dr）　ロンドン大学バークベック・カレッジ
初期イタリア・ルネサンスと古典期ルネサンスの本文と写真の説明を執筆

顧　問
ニコラス・マン　ロンドン大学ウォーバーグ研究所所長・教授
序文を執筆

図版リスト

略記：t＝上図，tl＝上段左図，tr＝上段右図，c＝中図，b＝下図，など．

BAL = Bridgeman Art Library, London;
JF = John Fuller; M = Erich Lessing, Magnum, London; S = Scala, Florence.

見返し：メルカトルの世界地図 (Mary Evans Picture Library, London).

ページ

1–7 *Primavera*, 1478, and *Birth of Venus*, 1485, tempera on panel by Botticelli: Uffizi, Florence (S).
8–9 artwork: JF
13 Borgia emblem, ceiling decoration, stucco: Borgia apartments, Vatican (S).
14 *Procession of the Magi* detail showing Lorenzo de' Medici, fresco by Gozzoli, c.1460: Palazzo Medici-Riccardi, Florence (S).
17 *St. Augustine teaching rhetoric and philosophy,* fresco by Gozzoli: San Agostino, San Gimignano (S).
18 *Arnolfini Marriage*, oil painting by Jan van Eyck: National Gallery, London (BAL).
19 Medallion portrait of Giovanni Pico della Mirandola: JF.
19 tr *The Appearance of the Angel to Zaccharia,* detail showing portraits of Marsilio Ficino, Cristoforo Landino, Angelo Poliziano and Gentile de Becchi fresco by Ghirlandaio: Santa Maria Novella, Florence (S).
20 *Primavera*, fresco by Botticelli, 1478: Uffizi, Florence (S).
21 Panoramic plan of Genoa by A. Danti: Gallery of Maps, Vatican (S).
23 *Arianna abbandonata*, detail, by Gerolamo del Pacchia: Collection Chigi Saracini, Siena (S).
25 *Portrait of a lady*, oil painting by Robert Campin c.1430: National Gallery, London.
26 c Apollo Belvedere, marble, Greek: Vatican Museum, Rome.
26 bl Tazza Farnese, *Fertility of Egypt*, Graeco-Egyptian, sardonyx: Museo Nazionale, Naples.
26 br *Birth of Venus*, tempera on panel by Botticelli, 1485: Uffizi, Florence (S).
26–27 *Taddeo Zuccari copying antique statues in Rome,* drawing by Federico Zuccari: Gabinetto dei Disegni e delle Stampe, Uffizi, Florence (S).
27 bl *St. James before Herod* by Mantegna, 1454: previously in Eremitania, Padua, but destroyed (Mansell Collection, London).
27 br Petrarch's copy of Virgil, painted by Simone Martini: Biblioteca Ambrosiana, Milan (S).
29 San Gimignano: Zefa Ltd, London.
30 Corso Donati, the day of Calendimaggio, detail from contemporary manuscript: Biblioteca Nazionale, Florence (Arnoldo Mondadori s.p.a.).
31 Campo, Siena: Kina Italia, Milan.
32 tr *St Bernardino of Siena preaching in the Campo*, by Sano di Pietro: Cathedral, Siena (S).
32 bl Palazzo Pubblico, Siena: S.
32–33 b *Maesta* by Simone Martini: Palazzo Pubblico, Siena (S).
35 Florence at dusk: Zefa, London.
36–37 *Massacre of the Innocents*, detail from Pistoia pulpit by Giovanni Pisano: Sant' Andrea, Pistoia 1297–1301 (S).
37 b *Maesta*, detail of the Virgin Mary, by Duccio: Cathedral, Siena (S).
38 *Good Government*, fresco by Lorenzetti, 1339, detail: Palazzo Pubblico, Siena (S).
39 *The death of St Francis of Assisi*, fresco by Giotto c. 1315–20: Bardi chapel, Santa Croce, Florence (S).
40–41 Illustration from Boccaccio's *Decameron*, 14th century: Bibliotheque Nationale, Paris, Italian 482, fol. 4v.
42–43 *Dante standing before the city of Florence*, fresco by Domenico di Michelino, 1465: Cathedral, Florence (S).
44 Portinari altarpiece, oil painting by Hugo van der Goes: (BAL).
45 *Deposition*, oil painting by Fra Angelico: (S).
46tr *Flight into Egypt*, fresco by Giotto: Arena Chapel, Padua (S).
47 Arena Chapel, Padua: S.
48 *Sir John Hawkwood*, fresco by Uccello, 1436: Cathedral, Florence (S).
48 Medallion of Sigismondo Malatesta by Pisanello, c. 1445: JF.
50 *The meeting of Solomon and Sheba*, fresco by Piero della Francesca, 1452: San Francesco, Arezzo (S).
51 Medallion self-portrait by Leon Battista Alberti: JF.
51 tr Malatesta temple, 1450–62: Rimini (Mansell Collection).
52 cl Poggio Bracciolini, from MS Urb. lat. 224 fol. 2r: Biblioteca Apostolica Vaticana.
52 t A page from Petrarch's copy of Horace, Plut. 34.1: Biblioteca Medicea Laurenziana, Florence.
53 *Saint Jerome*, detail of fresco by Ghirlandaio: Chiesa di Ognissanti, Florence (S).
54 tl *Dialogues of Plato* translated by Marsilio Ficino, titlepage, Plut. 82.6, c.1: Biblioteca Medicea Laurenziana, Florence (Photo Pineider).
54 tr *Judith and Holofernes*, sculpture by Donatello, 1457: Piazza della Signoria, Florence (S).
54 b *Annunciation* by Fra Filippo Lippi, 1448–50: National Gallery, London.
55 tl Photo of the Palazzo Medici, 1444: Alinari Archives, Florence.
55 b Cosimo de' Medici, marble relief portrait by Verrocchio c. 1464: Andromeda archive.
56 Lorenzo de' Medici, terracotta bust by Verrocchio: Alinari Archives, Florence.
57 Medals commemorating Pazzi conspiracy, by Bertoldo di Giovanni: JF.
57 b Poliziano and the Medici children, detail from *Life of St Francis*, fresco by Ghirlandaio: Sassetti chapel, Santa Trinita, Florence (S).
59 *Parnassus* by Mantegna: Louvre, Paris (S).
60–61 *Scene from the life of Enea Silvano*, fresco by Pinturricchio, 1508: Piccolomini Library, Siena Cathedral (S).
62 *Adoration of the Magi*, fresco by Fra Angelico, 1438–45: Cosimo's cell at San Marco, Florence (S).
64 *Zuccone* by Donatello: Museo dell' Opera del Duomo, Florence (S).
65 t *Holy Trinity* by Masaccio: Cathedral, Florence (S).
65 b *The Tribute Money* fresco by Masaccio c. 1424–25: Brancacci chapel, Church of the Carmines, Florence (S).
67 *The dream of St Ursula*, from *The Legend of St Ursula*, fresco by Carpaccio, 1490–95: Accademia, Venice (S).
68 *The Gonzaga family and court* by Mantegna, 1472: Camera degli Sposi, Palazzo Ducale, Mantua (S).
69–70 Diagrams by John Brennan, Oxford.
69 br Perspective drawing of a chalice by Uccello, c. 1430: Uffizi, Gabinetto dei Disegni e delle Stampe (S).
70 l A Music Teacher, woodcut from *Regule Florum Musices* by Petrus de Canuntus, 1510: Andromeda archive.
70 tc Plan of a church with the figure of a man, drawing by Francesco di Giorgio: Biblioteca Nazionale, Florence Andromeda archive).
70 r Pazzi chapel, drawing by Dick Barnard, London.
72 t *Federico and Guidobaldo da Montefeltro*, oil painting by Justus of Ghent or Pedro Berruguete: Galleria Nazionale, Urbino (S).
72 b *Flagellation*, oil painting on wood panel by Piero della Francesca: Palazzo Ducale, Urbino (S).
73 t Photo of Federico's studiolo: Palazzo Ducale, Urbino (M).
73 bl *Calumny of Apelles*, majolica dish by Nicola da Urbino, Urbino c. 1520: Ashmolean Museum, Oxford.
73 br *Baldassare Castiglione*, oil painting by Raphael: Louvre, Paris (S).
74–75 Map of Florence c. 1480: Museo di Firenze Com'era, Florence (S).
76 Siege of Padua from *Li Successi Bellici* by Niccolo degli Agostini, 1521: Andromeda archive.
80 *Madonna with the Yarn-Winder*, oil painting by Leonardo, c.1501: Collection of the Duke of Buccleuch, KT, Drumlanrig Castle, Dumfriesshire, Scotland (National Gallery, London).
81 l *David*, marble sculpture by Michelangelo, 1501–4: Galleria dell'Accademia, Florence (S).
81 r Terracotta bust of Machiavelli: Palazzo Vecchio, Florence (S).
82 *Luca Pacioli*, oil painting by Jacopo de' Barbari, c.1495: Museo di Capodimonte, Naples (S).
83 *Lady with an Ermine*, oil painting by Leonardo, c.1483: Czartorisky Museum, Cracow (S).
84 l *Pope Leo X and Cardinals Luigi de' Rossi and Giulio de' Medici*, oil painting by Raphael, c.1518: Uffizi, Florence (S).
84 r Medallion of Michelangelo 1560–1: JF.
85 *Pietà*, marble sculpture by Michelangelo, 1497–1500: Vatican Museums.
86 The Sistine ceiling, frescoes by Michelangelo: Vatican Museums.
88 View from Piazza San Marco, Venice: Zefa, London.
89 *Portrait of a lady*, oil painting by Lorenzo Lotto, c.1533: National Gallery, London.
90 *Bacchus and Ariadne*, oil painting by Titian, 1523: National Gallery, London.
92 bl St Peter's from the Vatican gardens: Fred Mayer/M.
92 br Pope Sixtus V, frontispiece to *Invicti quinarii numeri series quae summatim a superioribus pontificibus et maxime a Sixto Quinto res praeclare quadrienni gestas ecc.* of Giovanni Pinadelli, Romae 1589: British Library.
92–93 t Campidoglio: Photo by Edwin Smith.
93 b Map of Rome by A. Danti, 16th century: Gallery of Maps, Vatican (S).
94 Medallion of Clement VII by Cellini: Museo Nazionale, Bargello, Florence JF.
97 Stairs designed by Michelangelo: Laurentian Library, Florence (S).
98 *Cosimo I*, bronze bust by Cellini, 1545: Museo Nazionale, Bargello, Florence (S).
99 *Feast at the House of Levi*, oil painting by Veronese, 1573: Gallerie dell'Accademia, Venice (S).
100 t *Temple facade surviving in Assisi,* drawing by Palladio: Royal Institute of British Architects, London.
100 b Villa Rotunda, Vicenza, by Palladio: M.
101 t Villa Barbaro di Maser, Treviso, by Palladio: S.
101 br Teatro Olimpico, Vicenza, by Palladio: M.

102 l *Star of Bethlehem*, drawing by Leonardo: by gracious permission of HM Queen Elizabeth II, Royal Library, Windsor Castle.
102 r *Sketches of cats*, drawing by Leonardo: by gracious permission of HM Queen Elizabeth II, Royal Library, Windsor Castle.
103 tl *The larynx, trachea, and muscles of the left leg*, drawing by Leonardo: by gracious permission of HM Queen Elizabeth II, Royal Library, Windsor Castle.
103 tr *Study of horse*, drawing by Leonardo: Gabinetto dei Disegni e delle Stampe, Uffizi, Florence (S).
103 br *Landscape*, drawing by Leonardo: Gabinetto dei Disegni e delle Stampe, Uffizi, Florence (S).
104 t Effigy of Lady Margaret Beaufort by Torrigiano: Westminster Abbey, London.
104 b Medal of Cecilia Gonzaga by Pisanello, 1447: Victoria and Albert Museum, London JF.
105 tl Margaret Roper, detail from *Thomas More and his family*, after Holbein: National Portrait Gallery, London.
105 tr Marguerite of Navarre, mss illuminated by Robinet Testard showing her playing chess, c.1504, from *Livres des Echecs Amoureaux*, 1504: Bibliotheque Nationale, Paris.
105 cr Medal of Vittoria Colonna, anonymous, c. 1533: Kunsthistorisches Museum, Vienna JF.
105 bl Correspondence between Isabella d'Este and Cesare Borgia: M.
106 *The Ambassadors*, oil painting by Holbein, detail: National Gallery, London (BAL)
107 Catalan map c. 1450–60: Biblioteca Estense, Modena (S).
109 World map drawn in a fool's head, c. 1590: Bibliotheque Nationale, Paris.
112 *Salvator Mundi*, oil painting by Antonello da Messina, 1465: National Gallery, London.
113 *Procession of the True Cross*, oil painting by Gentile Bellini, 1496: Accademia Venezia (S).
114 t *Doge Andrea Gritti*, oil on canvas by Titian, c. 1535: Samuel H. Kress Collection, (c) National Gallery of Art, Washington.
114 b *Sacred and Profane Love*, oil painting by Titian, c. 1515: Galleria Borghese, Rome (S).
116 tc Page from *Hypnerotomachia Poliphili*, 1499: Biblioteca Marciana, Venice (S).
116 tr Medal of Aldus Manutius: Victoria and Albert Museum, London JF.
116 c Page from *Psalterium graecum*, Venice c. 1497: Biblioteca Marciana, Venice (S).
116 bl Aldine pressmark: Andromeda archive.
116–7 b Reconstruction of the Aldine printing shop: (M).
117 t *Death and the printers*, Lyon, 1499: Andromeda archive.
118 *Charles V on horseback*, oil painting by Titian, 1533: Prado, Madrid (BAL).
118 Anatomical drawing by Vesalius: Andromeda archive.
120 t Venice Arsenal: Chris Donahue, Oxford.
121 *Panoramic view of Venice*, by A. Danti: Gallery of Maps, Vatican (S).
120 b *The leave-taking of the betrothed* from *The Legend of St Ursula*, fresco by Carpaccio, 1490–95: Accademia, Venice (S).
124 t Columbus's ship, *Santa Maria*, woodcut from his letter printed in Basel, 1494, after the second voyage: Bibliotheque Nationale, Paris, Reserve Imprimes.
124 b *Battle of Lepanto*, oil painting by unknown artist, 16th century: National Maritime Museum, London.
126–7 Map by Willem Blaeu: British Museum, London (photo Derek Bayes).
128 bl Detail from the Ghent Altarpiece by Jan van Eyck: S.
128 tr 'Le Benedictus', an excerpt from Mouton's 'Messe d'Allemaigne', *Viginti Missarum Musicalium* printed by Pierre Attaignant, 1532: Boston Athenaeum.
128 br *Music Party*, painting by Lorenzo Costa: National Gallery, London (BAL).
129 *Pastoral concert* by Unbekannter Meister, 16th century: Musee du Berry, Bourges (BAL).
129 br Title page woodcut from *Viginti Missarum Musicalium* printed by Pierre Attaignant, 1532: Boston Athenaeum.
130–1 *The Sense of Hearing*, oil painting by Jan Velvet Brueghel: Prado, Madrid (S).
132 tl *Sole*, Table VIII from *De Sphaera Estense*, 15th century: Biblioteca Estense, Modena.
133 tl *Hermes Trismegistus with armillary sphere*, fresco by Pinturicchio, 15th century: Borgia apartments, Vatican.
133 tr Terrestrial globe by Martin Behaim, 1492: Germanisches Nationalmuseum, Nuremberg.
133 cl Diagram of the universe from *On the Revolution of the Celestial Spheres* by Copernicus, 1543: Bodleian Library, Oxford.
133 cr Portrait of Galileo, chalk drawing by Ottavio Leone: Biblioteca Marucelliana, Florence (S).
132 b Music of the spheres from *Harmony of the World* by Kepler, 1619: Bodleian Library, Oxford.
133 br Man and zodiacal influence, from *Kalender* by Guy Marchant: Cambridge University Library.
134 l Horse of San Marco: M.
134 br The taking of Constantinople by the Turks, 22 April 1453, from *Voyage d'Outremer* by Bertrand de la Broquiere, MS fr. 9087 f. 207: Bibliotheque Nationale, Paris (Sonia Halliday Photographs).
135 t *Venetian embassy in the east* by Bellini: Louvre, Paris (M).
135 b Suleyman riding to the Friday prayer, anonymous woodcut in 9 sheets published/engraved by Domenico de' Franceschi, c.1563: British Museum, London.
136 *Country of Cockaigne* by Bruegel, Pieter the Elder, 1567: Alte Pinakothek, Munich (S).
137 Woodcut of Deventer: Andromeda archive.
138 *The Stag Hunt* by Lucas Cranach the Elder, 1544: Prado, Madrid (S).
139 Bible of King Matthias Corvinus, Laur. Plut. 15, 17 f. 2r: Biblioteca Medicea Laurenziana, Florence (Photo Pineider).
141 Medallion of Willibald Pirkheimer designed by Durer: JF.
142–3 *Triumphus Doctoris Reuchlin*, Hagenau 1518: Archiv fur Kunst und Geschichte, Berlin.
144 t The Cabalist Alchemist from *Amphitheater of Eternal Wisdom* by H. Khunrath, 1609: Bodleian Library, Oxford.
144 b Alchemy and Geometry from *Atalanta Fugiens* by Michael Maier, 1618: Bodleian Library, Oxford.
145 t The Cave of the Illuminati from *Amphitheater of Eternal Wisdom* by H. Khunrath, 1609: Bodleian Library, Oxford.
145 b Frederick V and Princess Elizabeth, engraving, 16th century: Ashmolean Museum, Oxford.
146 Erasmus doodle: Offentliche Bibliothek der Universitat, Basel.
147 b Portrait of Erasmus by Holbein: Louvre, Paris (S).
147 t Frontispiece to Froben's edition of the *Adagia* of Erasmus, 1523: Bodleian Library, Oxford
148–9 t *Luther preaching against the Pope*, woodcut by Cranach, c. 1545: Kupferstichkabinett, Berlin.
148 bl Portrait of Luther by Cranach: Germanisches Nationalmuseum, Nuremberg (S).
148 br Title of the *New Testament* translated into German by Martin Luther, Wittenberg, 1522: Andromeda archive.
149 br *Luther with seven heads*, woodcut from *Lutherus septiceps* by Johannes Cochlaus, 1529: Andromeda archive.
150 Self-portrait, oil painting by Durer, 1500: Alte Pinakothek, Munich (Artothek).
152 *Portrait of a woman* by Lucas Cranach the Elder, 1526: Hermitage Museum, St Petersburg (S).
153 *St George and the Dragon*, oil painting by Altdorfer, 1525: Alte Pinakothek, Munich (S).
155 l Portrait of Melancthon by Lucas Cranach the Elder: Uffizi, Florence (S).
155 *Massacre of the Innocents* by Bruegel, Pieter the Elder, 1565–7: by gracious permission of HM Queen Elizabeth II, Royal Collection, Hampton Court.
156–7 b Alchemical treatise from ms. Voss. Chym. Q.51, f. 6v-7r: Universiteitsbibliothek, Leiden.
157 *Portrait of Rudolf II as Vertumnus* by Arcimboldo, 1590: Skoklosters Slott, Stockholm.
158–9 Ghent Altarpiece, oil on wood, Jan and Hubert van Eyck, 1432: St Bavo Cathedral, Ghent (photo Paul M. R. Maeyeart).
158 bl *Man in a red turban*, oil on wood by Jan van Eyck, 1433: National Gallery, London.
160 *The Lime Tree*, woodcut from *Kreuter Buch* by Hieronymous Bock, Strasbourg, 1551: Plant Sciences Library, Oxford University.
160–161 Artwork of wood-sculptures: JF.
162 tr *Temptation of St Anthony*, wood engraving after Schongauer, c. 1485: Ashmolean Museum, Oxford.
162 bl *Christ ascendant* from the *Isenheim altarpiece* by Gruenwald c. 1512–15: Unterlinden Museum, Colmar, France (BAL).
162 br *Temptation of St Anthony*, oil painting by Bosch, detail: Museu d'Art Ancien, Lisbon (BAL).
163 r *Melancolia* wood engraving by Durer, 1514: Guildhall Library, London (BAL).
164 tr Constable Anne de Montmorency, enamel by Limousin: Louvre, Paris.
164 bl *Francis I meets Julius Caesar* from *Commentaries on Caesar's Gallic Wars* by Godefroy le Batave, ms fr. 13429 f. 5v: Bibliotheque Nationale, Paris.
164 br Medallion of Francis I celebrating victory at Marignano: Bibliotheque Nationale, Paris JF.
166 *Francis I receiving Charles V and Cardinal Alessandro Farnese at Paris* by Taddeo Zuccari: Palazzo Farnese, Rome (S).
167 Chateau Chenonceu: Robert Harding Picture Library, London.
168 Chateau Chambord: Robert Harding Picture Library, London.
169 Chambord staircase: Olive Smith, Saffron Walden, Essex (photo Edwin Smith).
171 Blois staircase: A. F. Kersting, London.
172 Fresco in the bedroom of Mme d'Etampes by Primaticcio: Robert Harding Picture Library, London.

172 c Amboise Pare, wood engraving: Hulton Picture Company, London.
173 tr Portrait of Bude by Jean Clouet, c. 1536: Metropolitan Museum of Art, New York.
174 *Allegory of Water and Love*, School of Fontainebleau, 16th century: Louvre, Paris (Giraudon).
175 t Frontispiece of *Pantagruel and Gargantua* by Rabelais, woodcut, Valence edition, 1547: Bodleian Library, Oxford.
175 b Woodcut illustration from *Pantagruel and Gargantua* by Rabelais, Valence edition, 1547: Bodleian Library, Oxford.
178–9 *St Bartholomew's Day Massacre* by Francois Dubois: Musee Cantonal des Beaux-Arts, Lausanne (Andre Held).
178 t Portrait of Catherine de Médicis, miniature by Francois Clouet: Victoria and Albert Museum, London (BAL).
178 c Portrait of Montaigne, anonymous, 16th century: Musee Conde, Chantilly (Giraudon).
180 t Salt cellar, gold, by Cellini: M.
180 b Fontainebleau stairs: Robert Harding Picture Library, London.
181 tl *Allegory of Venus, Cupid, Folly and Time* by Bronzino, c. 1546: National Gallery, London (BAL).
181 tr *Francis I being presented with a translation of the first three books of Diodorus of Sicily by Anthony Macault*, c. 1530: Musee Conde, Chantilly (Giraudon/BAL).
181 br *St Michael* by Raphael, 1518: Louvre, Paris (Giraudon/BAL).
182–3 Polish ambassadors, Valois tapestry: Louvre, Paris (S).
183 tr Court Ball, anonymous, 16th century: Louvre, Paris.
183 br Tournament, Valois tapestry: Louvre, Paris (S).
185 d Ferdinand and Isabella, illuminated initial from a manuscript of 1484: University of Valladolid Library (MAS).
186 Portrait of Henry the Navigator by Goncalves: Museu Nacional de Arte Antiga, Lisbon (MAS).
187 *Lopez de Mendoza, Marquis of Santillana* by the Master of Sopetran, from the Sopetran reredos: Prado Museum, Madrid (MAS).
188 t Facade of Salamanca University: AGE Fotostock, Barcelona.
188 b Title page of Nebrija's *Latin Introductions*, edition of 1510: Andromeda archive.
190 Frontispiece to *Amadis of Gaule*, Seville, 1509: Andromeda archive.
191 Aqueduct of Segovia: AGE Fotostock, Barcelona.
192–3 *Virgin of the Catholic Monarchs* by Michael Sittow, c. 1490: Prado, Madrid (MAS).
194–5 *Auto da Fé* by Pedro Berruguete: Prado, Madrid (S).
195 tr Complutensian Polyglot Bible: Bibliotheque Nationale, Paris.
195 b Cardinal Cisneros by Juan de Borgona: MAS.
196 t *Adoration of the Name of Jesus* by El Greco: Escorial, Madrid (S).
196 bl Portrait of Philip II by Titian: Galleria Barberini, Rome (S).
197 *The Duke of Alba overcoming Philip II's enemies*, anonymous polychrome wooden statue: Palacio de Lina, Madrid (MAS).
198 Charles V Palace, Alhambra: AGE Fotostock, Barcelona.
199 *Ferdinand and Isabella receiving author's work*, woodcut, 1502: Andromeda archive.
201 t *Civitates Orbis L'Escorial* by Braun: Biblioteca Nazionale, Florence (S).
201 c Monument of Charles V: Escorial, Madrid (S).
201 *Burial of Count Orgaz* by El Greco, 1568–88: Toledo, S. Tome (BAL).
202 b Batalha Monastery, Portugal: Robert Harding Picture Library, London.
203 tl Patio of the College of San Gregorio: AGE Fotostock, Barcelona.
203 tr University facade, medallion of Ferdinand and Isabella, Salamanca: AGE Fotostock, Barcelona.
203 b Patio of the Archbishop's Palace, Alcala de Henares: MAS.
204 Presentation copy of *Epigrams* by Thomas More, c. 1509, Cotton MS Titus D IV: British Library, London.
205 *The Frog and the Ox*, woodcut from *Aesop's Fables*, translated and printed by Caxton, 1484: British Library, London.
206 t Portrait of John Colet, drawing by Holbein: by gracious permission of HM Queen Elizabeth II, Royal Library, Windsor Castle.
206 b Tomb of Henry VII and Elizabeth of York by Torrigiano: Westminster Abbey (A. Kersting).
209 tr Aerial view of Hampton Court: Zefa, London
208–9 b Hampton Court: Zefa, London
210–211 *Henry VIII and family* by unknown artist c. 1545: by gracious permission of HM Queen Elizabeth II, the Royal Collection, Hampton Court.
210 Helmet of Henry VIII: the Armories, HM Tower of London (JF).
211 Portrait of Nikolaus Kratzer by Holbein, 1527: Louvre, Paris (S).
213 Portrait of Mary I by Anthonis Mor: Prado Museum, Madrid (S).
214 Portrait of Sir Francis Drake, panel by unknown artist, 1580–85: National Portrait Gallery, London.
215 *Blackfriars Portrait of Elizabeth I* by Robert Peake c. 1600: Sherborne Castle, Wiltshire, Simon Wingfield Digby Esq.
216–7 t Edward Herbert by Isaac Oliver, 7 1/8 x 9″: The Earl of Powis, Powis Castle (National Trust).
216 bl Sir Christopher Hatton by Nicholas Hilliard, 2 1/4 x 1 3/4″:Victoria and Albert Museum, London.
216 cr Self-portrait by Nicholas Hilliard, diam 1 5/8″, 1577: Victoria and Albert Museum, London.
217 tr James I of England and VI of Scotland by Nicholas Hilliard, 2 1/8 x 1 5/8″: Victoria and Albert Museum, London.
217 br Anne of Cleves by Holbein, c. 1539: Louvre, Paris.
219 cl Shakespeare portrait from First Folio: Mansell Collection, London.
218 bl Swan Theater by Johannes de Witt c. 1596: Bibliotheta der Rijksuniversiteit, Utrecht (Fotomas Index, London).
218–9 t *Macbeth and the Witches* from Holinshed's *Chronicles of England, Scotland and Ireland*, 1571: Cambridge University Library.
218 br Henry Wriothesley, Third Earl of Southampton by John de Critz the Elder, c. 1603: Boughton House, Northamptonshire, by permission of the Duke of Buccleuch and Queensberry.
219 tr James I of England and VI of Scotland, oil on canvas by Daniel Mytens, 1621: National Portrait Gallery, London.
220 *Execution of Mary Queen of Scots*, Dutch drawing, 16th century: Robert Harding Picture Library, London.
221 Glamis Castle: Zefa, London.
222 tr Cardinal Wolsey, panel by unknown artist: National Portrait Gallery, London.
222–3 b Christ Church from *Oxiensis* by David Loggan: Central Library Reference Collection, Oxford.
223 tl *Tutor and class at Oxford*, woodcut from a manual on astronomy and calendar calculation published at Oxford in 1519: Cambridge University Library.
223 tr Gate of Virtue, Cambridge: Wimm Swaan, New York.
223 c St. John Fisher, drawing by Holbein: by gracious permission of HM Queen Elizabeth II, Royal Collection.
223 br School's quad, Bodleian Library: Linda Proud, Oxford.
224 Queen's House, Greenwich, by Inigo Jones: John Bethell, St. Albans.

Maps drafted by Euromap, Pangbourne; Lovell Johns, Oxford; Alan Mais, Hornchurch.

Artwork and site plans drawn by John Brennan, John Fuller.

参考文献

ルネサンスとは何か？
H. Baron, *The Crisis of the Early Italian Renaissance*, Princeton, 1966.
C. Brooke, *The Twelfth Century Renaissance*, London, 1969.
A. Brown, *The Renaissance*, London, 1988.
P. Burke, *The Renaissance*, London, 1987.
P. Burke, *The Renaissance Sense of the Past*, London, 1969.
D. Hay, *The Italian Renaissance in its Historical Background*, Cambridge, 1977.
D. Hay, *Renaissance Essays*, London, 1988.
P. and L. Murray, *The Art of the Renaissance*, London, 1963.
F. Yates, *Giordano Bruno and the Hermetic Tradition*, Chicago, 1964.

初期イタリア・ルネサンス
D. Bomford, J. Dunkerton, D. Gordon and A. Roy, *Art in the Making: Italian Painting before 1400*, London, 1990.
E. Borsook, *The Mural Painters of Tuscany*, Oxford, 1980.
W.M. Bowsky, *A Medieval Italian Commune: Siena under the Nine, 1287–1355*, Berkeley, 1981.
C. Brandi, *Palazzo Pubblico di Siena*, Siena, 1983.
J. Dunkerton, S. Foister, D. Gordon, and N. Penny, *Giotto to Dürer: Early Renaissance Painting in the National Gallery*, London, 1991.
G. Holmes, *Florence, Rome and the Origins of the Renaissance*, Oxford, 1986.
J. Hook, *Siena: A City and its History*, London, 1980.
J.K. Hyde, *Society and Politics in Medieval Italy: The Evolution of the Civil Life, 1000–1380*, London, 1973.
J. Larner, *Culture and Society in Italy, 1290–1420*, London 1971.
J. Larner, *Italy in the Age of Dante and Petrarch, 1216–1380*, London, 1980.
N. Mann, *Petrarch*, Oxford, 1984.
M. Meiss, *Painting in Florence and Siena after the Black Death*, Princeton, 1951.
J. Pope-Hennessy, *Italian Gothic Sculpture*, London, 1955.
B. Pullan, *A History of Early Renaissance Italy from the Mid-thirteenth to the Mid-fifteenth Century*, London, 1973.
J.H. Stubblebine, (ed.), *Giotto: The Arena Chapel Frescoes*, New York, 1969.
D. Waley, *The Italian City Republics*, London and New York, 1988.
J. White, *Art and Architecture in Italy, 1250–1400*, London, 1987.

古典期ルネサンス
M. Baxandall, *Painting and Experience in Fifteenth-century Italy*, Oxford, 1972.
F. Borsi, *Leon Battista Alberti: The Complete Works*, New York, 1977.
G. Brucker, *Renaissance Florence*, New York, 1969.
P. Burke, *The Italian Renaissance: Culture and Society in Italy*, Oxford, 1972.
B. Cole, *The Renaissance Artist at Work from Pisano to Titian*, London, 1983.
D. Chambers, *The Imperial Age of Venice, 1380–1580*, London, 1970.
R. Goldthwaite, *The Building of Renaissance Florence*, Baltimore and London, 1980.
W.L. Gundersheimer, *Ferrara: The Style of a Renaissance Despotism*, Princeton, 1973.
L.H. Heydenreich and W. Lotz, *Architecture in Italy, 1400–1600*, London, 1974.
H.W. Janson, *The Sculpture of Donatello*, Princeton, 1957.
R. Krautheimer, *Lorenzo Ghiberti*, Princeton, 1956.
F.C. Lane, *Venice: A Maritime Republic*, Baltimore and London, 1973.
M. Mallett, *The Borgias*, London, 1969.
L. Martines, *The Social World of Florentine Humanism*, Princeton, 1963.
I. Origo, *The World of San Bernardino*, London, 1963.
J. Pope-Hennessy, *Italian Renaissance Sculpture*, London, 1958.
F.D. Prager and G. Scaglia, *Brunelleschi*, Cambridge, 1970.
C. Trinkaus, *In Our Image and Likeness: Humanity and Divinity in Italian Humanist Thought*, 2 vols, Chicago, 1970.
J. White, *The Birth and Rebirth of Pictorial Space*, Cambridge, Mass, 1987.
W.H. Woodward, *Studies in Education during the Age of the Renaissance, 1400–1600*, Cambridge, 1906.

盛期ルネサンス
J. S. Ackerman, *Palladio*, London, 1966.
D. Arnold, *Giovanni Gabrieli and the Music of the Venetian High Renaissance*, London, 1979.
T.S.R. Boase, *Giorgio Vasari: The Man and the Book*, Princeton, 1978.
S. Bramly, *Leonardo: The Artist and the Man*, London, 1992.
S. De Grazia, *Machiavelli in Hell*, London and New York, 1989.
L.D. and H.S. Ettlinger, *Raphael*, Oxford, 1987.
H. Hibbard, *Michelangelo*, London, 1975.
C. Hope (ed.), *The Autobiography of Benvenuto Cellini*, Oxford, 1983.
H. Huse and W. Wolters, *The Art of Renaissance Venice: Architecture, Sculpture and Painting 1460–1590*, Chicago and London, 1990.
M. Kemp, *Leonardo da Vinci: The Marvellous Works of Nature and Man*, London, 1981.
C. Lazzaro, *The Italian Renaissance Garden*, New Haven and London, 1990.
M. Levey, *High Renaissance: Style and Civilization*, London, 1975.
O. Logan, *Culture and Society in Venice 1470–1790*, London, 1972.
C. McCorquodale, *Bronzino*, London, 1981.
L. Murray, *The High Renaissance and Mannerism*, London, 1990.
J. Pope-Hennessy, *Cellini*, London, 1985.
C. Robertson, *"Il Gran Cardinale": Alessandro Farnese Patron of the Arts*, New Haven and London, 1992.
J.M. Saslow, *The Poetry of Michelangelo: An Annotated Translation*, New Haven and London, 1991.
J.H. Whitfield, *A Short History of Italian Literature*, London, 1960.
T. Wilson, *Ceramic Art of the Italian Renaissance*, London, 1987.

イタリア，ヴェネツィア，そしてルネサンスの伝播
F. Braudel, *The Mediterranean and the Mediterranean World in the Age of Philip II* (2 vols), London, 1972–73.
P. Burke, *The Renaissance*, London, 1964.
D.S. Chambers, *The Imperial Age of Venice, 1380–1580*, London, 1970.
A. Debus, *Nature and Man in the Renaissance*, Cambridge, 1978.
A.G. Dickens, *The Age of Humanism and Reformation*, Eaglewood Cliffs, 1972.
S. Dresden, *Humanism in the Renaissance*, London, 1968.
J.H. Elliott, *The Old World and the New*, Cambridge, 1970.
D. Hay, *The Italian Renaissance in its Historical Background*, Cambridge, 1961.
D. Hay (ed.), *The Age of the Renaissance*, London, 1967.
G. Holmes, *The Florentine Enlightenment, 1400–1450*, London, 1969.
M. Kemp, *The Science of Art*, London, 1990.
R. Mackenney, *Sixteenth-Century Europe*, London, 1993.
R. Porter and T. Mikulas (eds.), *The Renaissance in National Context*, Cambridge, 1992.
P. Rossi, *Philosophy, Technology and the Arts in the Early Modern Era*, New York, 1970.
G.V. Scammell, *The First Imperial Age*, London, 1989.

ドイツとネーデルランド
M. Baxandall, *The Limewood Sculptors of Renaissance Germany*, New Haven and London, 1980.
O. Benesch, *The Art of the Renaissance in Northern Europe*, Harvard, 1945.
E.M. Butler, *The Fortunes of Faust*, Cambridge, 1979.
J.K. Cameron, "Humanism in the Low Countries", in A. Goodman and A. Mackay (eds.), *The Impact of Humanism on Western Europe*, London, 1990.
Erasmus, *Praise of Folly and Letter to Martin Dorp 1515*, translated by Betty Radice, London, 1971.
Erasmus, *The Adages*, Cambridge, 1964.
R.J.W.Evans, *Rudolf II and His World: A Study in Intellectual History, 1576–1612*, Oxford, 1973.
R.H. Fuchs, *Dutch Painting*, London, 1978.
J. Huizinga, *Erasmus of Rotterdam*, London, 1924.
J. McConica, *Erasmus*, Oxford, 1991.
T. Kaufmann, *The School of Prague*, Chicago, 1988.
L.W. Spitz, *Conrad Celtis: The German Arch-Humanist*, Harvard, 1957.
L.W. Spitz, *The Northern Renaissance*, New York, 1972.
H. Trevor-Roper, *Princes and Artists: Patronage and Ideology at Four Habsburg Courts, 1517–1633*, London, 1976.

フランス
E. Armstrong, *Ronsard and the Age of Gold*, Cambridge, 1968.
A. Blunt, *Art and Architecture in France, 1400–1500*, London, 1953.
P. Burke, *Montaigne*, Oxford, 1981.
D.G. Coleman, *Rabelais*, Cambridge.
I. Dunlop, *Royal Palaces of France*, London, 1985.
M. Greengrass, *France in the Age of Henri IV*, London and New York, 1984.
R.J. Knecht, *French Renaissance Monarchy: Francis I and Henry II*, London and New York, 1984.
C. de Nicolay-Mazery and J.B. Naudin, *French Chateaux: Life, Style, Tradition*, London, 1991.
M. Rady, *France: Renaissance, Religion and Recovery, 1494–1610*, London, 1988.
G. Ring, *A Century of French Painting, 1400–1500*, London, 1949.
D. Seward, *Prince of the Renaissance: The Life of François I*, London, 1973.

スペインとポルトガル
M. Alper (ed.), *Two Spanish Picaresque Novels*, London, 1969.
G. Brenan, *The Literature of the Spanish People*, Cambridge, 1953.
L. Bronstein, *El Greco*, London, 1991.
J.H. Elliott, *Imperial Spain, 1469–1716*, London, 1963.
J. Gudiol, *The Arts of Spain*, London, 1964.
J.H. Harvey, *The Cathedrals of Spain*, London, 1957.
H. Kamen, *The Spanish Inquisition*, London, 1965.
H. Kamen, *Golden Age Spain*, London, 1988.
J. Lassaigne, *Spanish Painting from the Catalan Frescoes to El Greco*, New York, 1952.
T. Miller, *The Castles and the Crown*, London, 1963.
S. Morison, *Admiral of the Ocean: Christopher Columbus*, Oxford, 1942.
P. Pierson, *Philip II of Spain*, London, 1975.
E. Prestage, *The Portuguese Pioneers*, London, 1933.
F. de Rojas, *La Celestina*, translated by James Mabbe, London, 1972.
P.E. Russell, *Cervantes*, Oxford, 1985.
B. Smith, *Spain: A History in Art*, London, 1966.

イングランドとスコットランド
E. Auerback, *Hilliard*, London, 1961.
A. Cherry, *Princes Poets and Patrons: The Stuarts and Scotland*, Edinburgh, 1987.
S. Greenblatt, *Renaissance Self-Fashioning: From More to Shakespeare*, Chicago, 1980.
J.R. Hale, *England and the Italian Renaissance*, London, 1954.
P. Johnson, *Elizabeth I: A Study in Power and Intellect*, London, 1974.
E. Mercer, *English Art, 1563–1625*, Oxford, 1962.
G.B. Parks, *The English Traveler to Italy*, Rome, 1954.
G. Parry, *The Golden Age Restor'd*, Manchester, 1981.
F. Saxl and R. Wittkomer, *British Art and the Mediterranean*, London, 1948.
S. Schoenbaum, *Shakespeare: The Globe and the World*, New York, 1980.
D. Starkey (ed.), *Henry VIII: A European Court in England*, London, 1991.
R. Strong, *The English Renaissance Miniature*, London, 1984.
N. Williams, *Henry VIII and His Court*, London, 1971.

監修者のことば　——ルネサンスを読もう——

「ルネサンス」という言葉には，ひとそれぞれの思いいれがあろう．日本人にあって，大正教養主義から太平洋戦争直後に青春をおくった知識人にとっては，それは泰西名画の別名でもあった．またそのあいだの暗黒時代でも，ルネサンスをまるで灯火のようにかかげて，自由や開明を信じた人々がおり，ひそかなうちにも確信をもって人類の尊厳や思想の自立をのぞんだ．よく知られる事例として，羽仁五郎『ミケルアンジェロ』という岩波新書があげられる．ミケランジェロに託して，当時の識者は軍国主義日本からの脱出を思いえがいたのだった．

「古代の復活」と「世界と人間の発見」．この二つは，かつて歴史家ブルクハルトが定義したところにしたがい，ルネサンスの表看板としてひろく受けいれられてきた．二つながらに，理性にとっての金科玉条とするにたるシンボルでもあり，また抑圧にもたえて，未来をまちのぞむ希望のモットーでもある．ちょうど，ヨーロッパ中世の暗闇をかろうじて抜けでたところに，ルネサンスの輝きを発見したように，昭和の日本人もこの「文芸復興」に光明をみいだそうとしたのだった．

花田清輝の『復興期の精神』が，引きあいにだされる．昭和16年（1941年）から執筆された連作エッセーは，あまりに難解であって，検閲の係官にもその危険性をみぬけなかったというが，じつはルネサンスを主題にとって，権力の不条理や精神の不羈をあますことなく描きだした．戦後自由主義の寵児となる論法が，花田清輝のレトリックからほとぼりだしている．それほどに，ルネサンスは美しくも力強い味方であった．

それからもう半世紀あまりがたった．現在では，あの「古代の復活」も「世界と人間の発見」も，それほどにはわたしたちを興奮させない．そもそも，古代の復活といっても，ごく比喩的な意味にすぎず，ギリシアやローマがその時代のヨーロッパに甦えるとするのは無理な注文である．たんに，古代を参照対象にしただけのことだろう．そういってしまえば元も子もないが，実際にルネサンスの歴史を分析してみれば，その結論はゆるがしがたい．なにも，「古代の復活」に王冠をさずけなくてもよかろうに．

「世界と人間の発見」にしても同じことだ．ルネサンスだけに，その功績をあたえるのは誇張にすぎる．ルネサンスの前にも後にも，すこしずつ進展する世界発見があって，その数世紀にわたる努力が，ヨーロッパの文化を高揚させていった．ルネサンスだけがピークに位するわけではない．そう論じられてみれば，納得できるところも多い．ルネサンスという項を，すこしずつ平らかにする仕事がすすんだ．

そんなわけで，日本人はもとより，世界の研究者のあいだでも，むかしの熱気がさめかねない情勢である．歴史のうえに現れた，ごくふつうの高まりのひとつ．つまり，ルネサンスの相対化がすすんだのである．

けれども，絶頂だろうが，丘陵だろうが，本当のことをいって，ルネサンスはおもしろい．彫刻家も画家も，建築家も工芸家も，詩人も戯曲作者も，みな羽根をいっぱいひろげて才能を披瀝した．成果は，現代人をも感動させるほどに，偉大である．ルネサンスを近代ヨーロッパ世界の勝利の証しとみようとするものだから，理論のうえでは矛盾や撞着がうまれてしまう．むしろ，達成された文化の水準そのものとして，虚心に評価してはいかがなものか．いま，わたしたちは，ごく率直な感想をいだいている．ルネサンスから，時代も空間も遠くにいるものだから，とりわけその感がふかい．

本書は，イギリスを中心とする歴史家たちが，そのヨーロッパ文化の故郷について，かれらなりの現実感覚で解説したものである．その叙述の水準は，きわめて高い．豊富な図版もあわせ，安心して読めるルネサンス論の白眉といってもよい．しかし，わたしたち日本人は，その議論そのものをも相対化し，なかば微笑しつつ聞き耳をたてたいものだと念願する．それが，21世紀をむかえる地球人のただしいスタンスだと思うからである．

1998年3月

樺山紘一

地名索引

見出し語の後ろの（　）の中には，地理的特徴や現代の国名を示す．
*の付いた見出し語は，地理的単位や王国，地方を示す．
地図上に現れない現代の地名は→で示す項目に古い地名とともに併記されている．

ア　行

アイスランド島(アイスランド) 65°00′N20°00′E 125
アイヒシュテット(ドイツ) 48°54′N11°13′E 140
アイルランド* 17, 115, 119
アヴィス(ポルトガル) 39°14′N8°12′W 184
アヴィニョン(フランス) 43°56′N4°48′E 16, 17, 22, 41, 52, 110, 165, 167
アヴェルサ(イタリア) 40°58′N14°13′E 77
アウグスブルク* 119
アウグスブルク(ドイツ) 48°21′N10°54′E 108, 115, 138, 140, 142, 154
アヴランシュ(フランス) 48°42′N1°21′W 167
アオスタ(イタリア) 45°43′N7°19′E 58
アカプルコ(メキシコ) 16°51′N99°56′W 122
アクイラ(イタリア) 42°22′N13°24′E 58
アクィレイア(イタリア) 45°47′N13°22′E 56, 58
アクシオス川 11
アクシム(ガーナ) 4°53′N2°14′W 122
アグド(フランス) 43°19′N3°29′E 22
アグリジェント(イタリア) 37°19′N13°35′E 22
アグロポリ(イタリア) 40°21′N14°59′E 22
アジャッチオ(フランス) 41°55′N8°43′E 58
アジャン(フランス) 44°12′N0°38′E 177
アシュビー城(イギリス) 52°13′N1°36′W 212
アシーラ(モロッコ) 35°38′N6°02′W 184, 186
アスティ(イタリア) 44°54′N8°13′E 58, 77, 79
アストゥリアス地方* 184
アストラハン(ロシア) 46°22′N48°04′E 125
アスンシオン(パラグァイ) 25°15′S57°40′W 122
アゼ・ル・リドー(フランス) 47°16′N0°28′E 170
アゾフ海 11
アゾレス諸島(ポルトガル) 38°30′N28°00′W 122
アゾーロ(イタリア) 45°48′N11°55′E 95
アッコ(イスラエル) 32°58′N35°06′E 23
アッシジ(イタリア) 43°04′N12°37′E 15, 58
アッダ川 58
アディジェ川 15, 28, 34, 41, 49, 58, 91
アテネ(ギリシア) 38°00′N23°44′E 11
アデン(イエメン) 12°46′N45°45′E 123
アドゥール川 167
アドリア海 10, 15, 28, 34, 56, 58, 66, 77, 79, 94, 95, 112, 142
アナドル山脈(トルコ) 41°00′N41°30′E 11
アニァデッロ(イタリア) 45°27′N9°42′E 77
アネ(フランス) 48°51′N1°26′E 167
アバディーン(イギリス) 57°10′N2°04′W 110, 212
アビラ(スペイン) 40°39′N4°42′W 184, 189
アブヴィル(フランス) 50°06′N1°51′E 167
アブルッツィ* 58
アペニン山脈(イタリア) 10, 77
アマゾン川 122
アミアン(フランス) 49°54′N2°18′E 167
アムステルダム (オランダ) 52°21′N4°54′E 10, 110, 115
アラゴン* 16, 17, 165, 184, 186
アラス(フランス) 50°17′N2°46′E 22, 165
アランソン(フランス) 48°25′N0°05′E 165
アリエ川 10, 167
アリカ(チリ) 18°30′S70°20′W 122
アリカンテ(スペイン) 38°21′N0°29′W 184, 186
アルカニス(スペイン) 41°03′N0°09′W 184
アルカラ・デ・エナーレス(スペイン) 40°28′N 3°22′W 110, 184, 189
アルカンタラ(スペイン) 39°44′N6°53′W 184
アルクァ(イタリア) 45°01′N11°44′E 41
アルゲロ(イタリア) 40°34′N8°19′E 186
アルジェ(アルジェリア) 36°50′N3°00′E 10, 22, 108, 186
アルジャンタン(フランス) 48°32′N4°45′W 167
アールスト(ベルギー) 50°57′N4°03′E 140
アルゼウ(アルジェリア) 35°50′N0°19′W 22
アルデンヌ高地* 10
アルトルオーゴ(トルコ) 37°38′N27°22′E 23
アルトワ* 154, 165
アルネ・ル・デュク(フランス) 47°08′N4°30′E 177
アルノ川 28, 34, 49, 56, 58, 66, 77, 79, 95, 112
アルバ・デ・トルメス(スペイン) 40°50′N 5°30′W 189
アルハンゲリスク(ロシア) 64°32′N40°40′E 125
アルビ(フランス) 43°56′N2°08′E 177
アルプス山脈(フランス/スイス) 46°01′N 7°00′E 10, 77
アルメリア(スペイン) 36°50′N2°26′W 22, 108, 184
アルル(フランス) 43°41′N4°38′E 22, 167
アレキパ(ペルー) 16°25′S71°32′W 122
アレクサンドリア(エジプト) 31°12′N29°55′E 23, 108
アレス(フランス) 44°08′N4°05′E 177
アレッサンドリア(イタリア) 44° 55′ N8° 37′ E 22, 28, 56, 58
アレッツォ(イタリア) 43°28′N11°53′E 15, 22, 28, 34, 41, 49, 58, 66, 77, 79, 110, 112
アロ(スペイン) 42°34′N2°52′W 184
アンカラ(トルコ) 39°55′N32°50′E 11
アングモワ* 165
アンクラム・ムア(イギリス) 55°32′N2°39′W 207
アングレーム(フランス) 45°40′N0°10′E 165
アンコーナ* 58
アンコーナ(イタリア) 43°37′N13°31′E 15, 22, 34, 56, 58, 108
アンコーナ辺境領→マルケ
アンジェ(フランス) 47°29′N0°32′W 110, 165, 167, 170, 177
アンジュー* 165, 170
アンシー・ル・フランス(フランス) 47°47′N 4°10′E 167
アンスバッハ* 154
アンダルシア地方* 184
アンティオキア(トルコ) 36°12′N36°10′E 23
アンテケーラ(スペイン) 37°01′N4°34′W 184
アントウェルペン(ベルギー) 51°13′N4°25′E 108, 115, 138, 140, 146
アンドラ* 10
アンドル川 170
アンハルト* 154
アンボワーズ(フランス) 47°25′N1°01′E 82, 167, 170

イヴレア(イタリア) 45°28′N7°52′E 58
イオニア海 10
イスダン(フランス) 46°57′N1°59′E 167
イスタンブール(コンスタンティノープル)(トルコ) 41° 02′ N28° 57′ E 11, 23, 49, 108, 112, 115
イストリア* 34, 56, 58
イゼール川 58, 167
イソワール(フランス) 45°33′N3°15′E 167
イタリア* 16, 17
イビザ(スペイン) 38°54′N1°26′E 184
イビザ島(スペイン) 39°00′N1°30′E 184, 189
イプスウィッチ(イギリス) 52°04′N1°10′E 207
イモラ(イタリア) 44°22′N11°43′E 41, 56, 58
イル・ド・フランス* 165
イン川 10
イングランド* 16, 17, 115, 119, 140, 165, 177
インゴルシュタット(ドイツ) 48°46′N11°27′E 110, 140, 142
インスブルック(オーストリア) 47°17′N 11°25′E 138, 154
インダス川 123
インチーザ(イタリア) 43°40′N11°27′E 41
インド洋 123

ヴァードステーナ(スウェーデン) 58°26′N 14°55′E 16
ヴァランス(フランス) 44°56′N4°54′E 110, 177
ヴァランセ(フランス) 47°10′N1°33′E 170
ヴァルタ川 10
ヴァルナ(ブルガリア) 43°12′N27°57′E 23
ヴァルモントナ(イタリア) 41°47′N12°55′E 77
ヴァレリ(フランス) 48°24′N3°10′E 167
ヴァレンシェンヌ(フランス) 50°22′N3°32′E 140
ヴァンセンヌ(フランス) 48°51′N2°27′E 167
ヴァントゥー山(フランス) 44°09′N5°16′E 41
ヴァンドーム(フランス) 47°48′N1°04′E 167
ヴァンヌ(フランス) 47°40′N2°44′W 167
ヴィヴァレ* 165
ヴィエンヌ(フランス) 45°32′N4°54′E 16
ヴィコヴァロ(イタリア) 42°01′N12°54′E 66
ヴィジュヴァーノ(イタリア) 45°19′N8°51′E 82
ヴィスカヤ* 184
ヴィスビー(スウェーデン) 57°37′N18°20′E 108
ヴィスワ川 10, 22, 108, 110, 115, 119, 138, 140, 142
ヴィチェンツァ(イタリア) 45°33′N11°33′E 22, 34, 56, 58, 79, 91, 95, 110, 112,
ヴィテルボ(イタリア) 42°24′N12°06′E 15, 16, 58, 77, 79, 94, 95
ヴィッテンベルク(ドイツ) 51°53′N12°39′E 110, 140, 154
ヴィトゲンシュタイン* 177
ヴィーナー・ノイシシュタット(オーストリア) 47°49′N16°15′E 154
ヴィーボ・ヴァレンティア(イタリア) 38°40′N 16°06′E 22
ヴィラ・ヴァルマラーナ・スカニァラローリ(イタリア) 45°34′N11°36′E 91
ヴィラ・ヴァルマラーナ・ブレッサン(イタリア) 45°35′N11°34′E 91
ヴィラ・ヴェスコヴィーレ(イタリア) 45°19′N 11°41′E 91
ヴィラ・エモ(イタリア) 45°39′N12°02′E 91
ヴィラ・ガッツォッティ(イタリア) 45°53′N 11°34′E 91
ヴィラ・カルゾーニ(イタリア) 45°12′N 11°59′E 91
ヴィラ・カルドーニョ(イタリア) 45°35′N 11°30′E 91
ヴィラ・キエリカーティ(イタリア) 45°29′N 11°37′E 91
ヴィラ・ゴーディ(イタリア) 45°44′N11°32′E 91
ヴィラ・コルナーロ(イタリア) 45°35′N12°00′E 91
ヴィラ・ジュスティニアーニ(イタリア) 45°35′N 12°21′E 91
ヴィラ・ジュリア(イタリア) 41°56′N12°31′E 95
ヴィラ・トゥリッシーノ(イタリア) 45°34′N 11°34′E 91
ヴィラ・バドエール(イタリア) 45°03′N11°37′E 91
ヴィラ・バルバロ→ヴィラ・マーセル
ヴィラ・ピサーニ(イタリア) 45°13′N11°27′E 91
ヴィラ・ピサーニ・フェッリ(イタリア) 45°18′N 11°19′E 91
ヴィラ・ファルネジーナ(イタリア) 41°49′N 12°27′E 95
ヴィラ・フォスカーリ→ラ・マルコンテンタ
ヴィラ・ポイアーナ(イタリア) 45°16′N11°30′E 91
ヴィラ・マーセル(ヴィラ・バルバロ)(イタリア) 45°47′N11°57′E 91
ヴィランドリ(フランス) 47°21′N0°30′E 170
ヴィルサヴァン(フランス) 47°35′N1°31′E 170
ウィルトン・ハウス(イギリス) 51°05′N1°52′W 212
ヴィルナ→ビリニュス
ヴィレル・コトレ(フランス) 49°15′N3°06′E 167
ウィーン(オーストリア) 48°13′N16°22′E 10, 110, 115, 138, 140, 142, 154
ウィンザー城(イギリス) 51°29′N0°38′W 212
ウィンチェルシー(イギリス) 50°55′N0°42′E 177
ヴィンペルク(チェコ) 49°03′N13°45′E 140
ウヴェク(ロシア) 51°27′N45°58′E 125
ウェアマス→サンダランド
ウェイクフィールド(イギリス) 53°42′N 1°29′W 207
ヴェーザー川 10
ウェスカ(スペイン) 42°08′N0°25′W 110, 189
ヴェズヴィオ山(イタリア) 40°49′N14°26′E 10
ヴェストファーレン地方* 154
ヴェッテン湖 (スウェーデン) 57°30′N14°00′E 10
ウエテ(スペイン) 40°09′N2°42′W 189
ヴェネツィア* 16, 17, 115, 119
ヴェネツィア(イタリア) 45°26′N12°20′E 15, 22, 28, 34, 41, 49, 56, 58, 66, 77, 79, 82, 91, 94, 95, 108, 112, 115, 125, 138, 140, 142, 146
ヴェネツィア共和国* 15, 28, 56, 58, 77, 79, 140, 154, 186
ヴェネト* 28
ヴェーネン湖(スウェーデン) 58°00′N13°00′E 10
ヴェラーノ(イタリア) 43°57′N10°43′E 49
ヴェリキー・ウスチェク(ロシア) 60°48′N 46°15′E 125
ウェルシュプール(イギリス) 52°40′N3°09′W 207
ヴェルダン(フランス) 49°10′N5°24′E 165
ヴェルチェリ(イタリア) 45°19′N8°26′E 22, 28, 34, 52, 56, 58, 79, 110
ヴェルヌイユ(フランス) 49°20′N2°28′E 167
ウェールズ* 115, 119
ウェルズ(イギリス) 51°13′N2°39′W 207
ヴェレトゥリ(イタリア) 41°41′N12°47′E 77
ヴェローナ(イタリア) 45°26′N11°00′E 15, 22, 28, 34, 41, 49, 52, 56, 58, 77, 79, 91, 95, 108, 112, 138
ヴェロリ(イタリア) 41°41′N13°26′E 77
ヴォークリューズ* 41
ヴォージュ山脈(フランス) 48°20′N6°50′E 10
ウォーダー城(イギリス) 51°04′N2°07′W 212
ヴォルガ川 11, 108, 125,
ヴォルテラ(イタリア) 43°24′N10°52′E 15, 58
ヴォルフェンビュッテル* 154
ヴォルムス(ドイツ) 49°38′N°23′E 110
ウォールマ城(イギリス) 51°13′N1°24′E 212
ヴォーログダ(ロシア) 59°10′N39°55′E 125
ウクレス(スペイン) 39°58′N2°52′W 184
ウーズ川 207, 212
ウッチ(ポーランド) 51°49′N19°28′E 10
ウッドストック(イギリス) 51°52′N1°21′W 212
ウーディネ(イタリア) 46°04′N13°14′E 15, 22, 91
ウプサラ(スウェーデン) 59°55′N17°38′E 110
ウベダ(スペイン) 38°01′N3°22′W 189
ヴュルツブルク(ドイツ) 49°48′N9°57′E 110, 140, 142
ヴュルテンベルク* 154, 177
ウラトン・ホール(イギリス) 52°56′N1°14′W 212
ウーラフ(ドイツ) 48°30′N9°25′E 140
ウール川 170
ウルビーノ(イタリア) 43°43′N12°38′E 15, 58, 66, 79, 95, 110
ウルビーノ公国* 79
ウルヘル(スペイン) 42°16′N1°26′E 184
ウルム(ドイツ) 48°24′N10°00′E 138, 140, 154
ウンブリア* 28, 58

エヴォラ(ポルトガル) 38°34′N7°54′W 110, 184, エボラ189
エクアン(フランス) 49°01′N2°22′E 167
エクス・アン・プロヴァンス(フランス) 43°31′N5°27′E 110, 165, 177
エクセター(イギリス) 50°43′N3°31′W 207
エーグ・モルト(フランス) 43°34′N4°11′E 108
エーゲ海 11
エステ(イタリア) 45°13′N11°40′E 58
エステルゴム(ハンガリー) 47°46′N18°44′E 154
エスリンゲン(ドイツ) 48°45′N9°19′E 140
エゼル城(イギリス) 56°49′N2°40′W 212
エディンバラ(イギリス) 55°57′N3°13′W 108, 110, 115, 207, 212
エトナ山(イタリア) 37°45′N15°00′E 10
エノー* 165
エブロ川 10, 16, 17, 108, 110, 115, 119, 184, 189
エボラ県* 189
エミリア* 28, 58
エムス川 154
エムデン(ドイツ) 53°23′N7°13′E 115
エーリディル湖(トルコ) 38°00′N31°00′E 11
エル・エスコリアル(スペイン) 40°34′N4°08′E 189
エルサレム(イスラエル/ヨルダン) 31°47′N 35°13′E 108
エルトヴィル(ドイツ) 50°02′N8°08′E 140

エルバ島(イタリア) 42°40′N11°20′E 28,34,66,77,79
エルフルト(ドイツ) 50°58′N11°02′E 110,138,140,142
エルブロンク(ポーランド) 54°10′N19°25′E 138
エルベ川 10,16,17,22,108,110,115,119,138,140,142,154
エルミナ(ガーナ) 5°09′N1°19′W 122
沿岸アトラス山脈(アルジェリア) 36°00′N 5°30′E 10
エンポリ(イタリア) 43°43′N10°57′E 15,49

オウクハンプタン(イギリス) 50°44′E 4°00′W 207
オウデナールデ(ベルギー) 50°50′N3°37′E 140
オウトランズ(イギリス) 51°22′N0°25′W 212
オカ川 11
オクスフォード(イギリス) 51°46′N1°15′W 110,115,146,207,212
オークニー諸島(イギリス) 59°00′N3°00′W 10,125
オスティア(イタリア) 41°46′N12°18′E 66
オーストリア* 119,154
オーストリア大公国* 140
オスナブリュック(ドイツ) 52°17′N8°03′E 110
オスマン帝国* 77,79,115,119,141,154
オスロ(ノルウェー) 59°56′N10°45′E 10,108
オッフィダ(イタリア) 42°56′N13°41′E 66
オッフェンブルク(ドイツ) 48°29′N7°57′E 140
オッペンハイム(ドイツ) 49°52′N8°22′E 140
オデッサ(ウクライナ) 46°30′N30°46′E 11
オーデル川 10,110,115,119,138,142
オート・プラトー(アルジェリア) 34°00′N 1°30′W 10
オトラント* 58
オトラント(イタリア) 40°08′N18°30′E 22,58
オードリー・エンド・ハウス(イギリス) 52°01′N0°10′E 212
オネン(モロッコ) 35°02′N2°27′W 22
オビエド(スペイン) 43°21′N5°50′W 110,184,189
オーベルニュ* 165
オポルト(ポルトガル) 41°09′N8°37′W 10,184,189
オラン(アルジェリア) 35°45′N0°38′W 22,108,186
オランジュ* 165,177
オランジュ(フランス) 44°08′N4°48′E 110,177
オリンダ(ブラジル) 8°00′S34°51′W 122
オリンポス山(ギリシア) 40°05′N22°21′E 11
オルヴィエート(イタリア) 42°43′N12°06′E 15,34,58,66,79
オルテ(イタリア) 42°27′N12°23′E 22
オルテズ(フランス) 43°29′N0°46′W 110
オルト川 11
オルブルク(デンマーク) 57°03′N9°56′E 138
オルミュッツ(チェコ共和国) 49°38′N17°15′E 110,オロモウツ138,140,142
オルムズ(イラン) 27°31′N54°56′E 123
オルメド(スペイン) 41°17′N4°41′W 184
オルレアネ* 165,170
オルレアン(フランス) 47°54′N1°54′E 110,165,167,170,177
オワーズ川 167
オンフルール(フランス) 49°25′N0°14′E 167

カ 行

ガイヤック(フランス) 43°54′N1°53′E 177
ガイヨン(フランス) 49°10′N1°19′E 167
カウドレイ・ハウス(イギリス) 51°00′N0°45′W 212
ガエタ(イタリア) 41°13′N13°36′E 22,108
カオール(フランス) 44°28′N0°26′E 110
カークステッド(イギリス) 53°09′N0°16′W 207
カサブランカ(モロッコ) 33°39′N7°35′W 10
カザーレ(イタリア) 43°03′N11°18′E 95
カザーン(ロシア) 55°45′N49°10′E 125
カスティリオーネ・デル・ラーゴ(イタリア) 43°07′N12°03′E 15
カスティーリャ* 16,17,165,184,186
カスティーリャ・ラ・ヌエバ* 184
カスティーリャ・ラ・ビエハ* 184
カステッランマーレ(イタリア) 40°47′N14°29′E 22
カステル・ドゥランテ(イタリア) 43°40′N12°31′E 95
カステル・フィオレンティーノ(イタリア) 43°36′N10°58′E 77
カステルフランコ(イタリア) 45°40′N11°56′E 112
カストル(フランス) 43°46′N2°14′E 177
カスピ海 125
カターニァ(イタリア) 37°31′N15°06′E 58,95,110
カタルーニャ* 165,184
カタンツァロ(イタリア) 38°54′N16°36′E 79
カッタロ(ユーゴスラヴィア) 42°27′N18°46′E 58
カッシーノ(サン・ジェルマノ)(イタリア) 41°30′N13°50′E 77
カッツェネレン・ボーゲン* 177
カッファ→フェオドシア
カーディガン(イギリス) 52°06′N4°40′W 207
カディス(スペイン) 36°32′N6°18′W 108,184
カーティール・ハウス(イギリス) 50°26′N 4°10′W 212
カトー・カンブレジ(フランス) 50°05′N3°20′E 165
カナノール(インド) 11°53′N75°23′E 123
カナリア諸島(スペイン) 28°30′N15°10′W 122
カービィ・ホール(イギリス) 52°35′N0°39′W 212
カピタニア* 58
カファッジオーロ(イタリア) 43°58′N11°21′E 95
カプラニカ(イタリア) 42°15′N12°11′E 41
カプラローラ(イタリア) 42°20′N12°15′E 66,95
カミエニ(ポーランド) 53°58′N14°49′E 154
カメリーノ(イタリア) 43°08′N13°04′E 95
カヤオ(ペルー) 12°05′S77°08′W 122
カーライル(イギリス) 54°54′N2°55′W 207
カラオラ(スペイン) 42°19′N1°58′W 189
カラトラバ(スペイン) 38°54′N4°05′W 184
カラブリア* 58
カーリ(イタリア) 43°33′N12°38′E 66
カリアリ(イタリア) 39°13′N9°08′E 22,58,110,186
カリカット(インド) 11°15′N75°45′E 123
ガリシア県* 184
カリニォーラ(イタリア) 41°16′N15°54′E 77
カリーニン(トヴェーリ)(ロシア) 56°49′N 35°57′E 125
カリーニングラード(ケーニヒスベルク)(ロシア) 54°40′N20°30′E 108,110,138,140
ガリリァーノ(イタリア) 41°15′N13°40′E 77
カリンティア* 119
カルヴィ・リソルタ(イタリア) 41°13′N 14°09′E 77
カルカソンヌ(フランス) 43°13′N2°21′E 167
ガルダ湖(イタリア) 45°30′N10°50′E 15,28,34,56,66,91,95
カルタヘナ(コロンビア) 10°24′N75°33′W 122
カルタヘナ(スペイン) 37°36′N0°59′W 184,189
カルニオラ* 119
カルパティア山脈(ルーマニア/ウクライナ) 48°00′N28°00′E 11
カルパントラ(フランス) 44°03′N5°03′E 41
カルピ(イタリア) 44°47′N10°53′E 95
カレー(フランス) 50°57′N1°52′E 165,167
カレージ* 165
カレッジ(イタリア) 43°50′N11°14′E 95
カレンブルク* 154
ガロンヌ川 10,41,110,115,119,165,167,177
カーン(フランス) 49°11′N0°22′W 108,110,165,167
ガン→ヘント
ガンジス川 123
カンタブリカ山脈(スペイン) 43°00′N6°00′W 10
カンタベリー(イギリス) 51°17′N1°05′W 110,177,212
カンディア(ギリシア) 35°20′N25°08′E 108
カンティアーノ(イタリア) 43°28′N12°38′E 66
カンブレー(フランス) 50°10′N3°14′E 146,165

キウジ(イタリア) 43°02′N11°57′E 58
キエフ(ウクライナ) 50°28′N30°29′E 11,108
キエリ(イタリア) 45°01′N7°49′E 77
キオス島(ギリシア) 38°23′N26°07′E 23
キオッジァ(イタリア) 45°13′N12°17′E 34,56,58
キシニョフ(モルドヴァ) 47°01′N28°20′E 11
ギーセン(ドイツ) 50°35′N8°42′E 110
ギプスコア* 184
ギブレット(レバノン) 34°08′N35°38′E 23
キプロス島(キプロス) 35°00′N32°30′E 11,23,108
希望峰(南アフリカ) 35°00′S20°00′E 122
キムゼー(ドイツ) 48°02′N12°20′E 154
キャナン・アシュビィ(イギリス) 52°09′N 1°09′W 212
キューレムボルフ(オランダ) 51°58′N5°14′E 140
教皇領* 15,16,17,28,34,56,58,77,79,115,119,186
教皇領* 58
キール(ドイツ) 54°20′N10°08′E 110,138
キルヒハイム(フランス) 48°40′N7°30′E 140
ギルフォード(イギリス) 51°14′N0°35′W 207,212
キルワ(タンザニア) 8°55′S39°34′E 123
キングス・マナー(イギリス) 53°58′N1°05′W 212
キングズ・リン(イギリス) 52°45′N0°24′E 108,207

グアダラハラ(スペイン) 40°37′N3°10′W 184,189
グアダラハラ(メキシコ) 20°30′N103°20′W 122
グアダルキビル川 10,110,184,189
グアダルーペ(スペイン) 39°27′N5°19′W 189
グアディアナ川 10,184,189
グアヤキル(エクアドル) 2°13′S79°54′W 122
クエンカ(スペイン) 40°04′N1°28′E 189
クーシ・ル・シャトー・オーフリク(フランス) 49°32′N3°20′E 167
クスコ(ペルー) 13°32′S71°57′W 122
クズルルマク川 11
グダニスク(ダインツィヒ)(ポーランド) 54°22′N 18°38′E 108,138,140,142
クータンス(フランス) 49°03′N1°29′W 167
グッビオ(イタリア) 43°21′N12°35′E 95
クトナ・ホラ(チェコ) 49°58′N15°18′E 140
グニエズノ(ポーランド) 52°32′N17°32′E 154
クフィジン→マリアンベルデル
クライトン城(イギリス) 55°49′N3°10′W 212
グライフスヴァルト(ドイツ) 54°06′N13°24′E 110,140
クラコフ(クラクフ)(ポーランド) 50°04′N 19°57′E 10,108,110,138,140,142
クーラス宮殿(イギリス) 56°03′N3°35′W 212
グラスゴー(イギリス) 55°53′N4°15′W 10,110
クラゼス城(イギリス) 57°04′N2°30′W 212
グラーツ(オーストリア) 47°05′N15°22′E 110,140
グラド(イタリア) 45°40′N13°23′E 58
グラナダ* 16,17,184,186,189
グラナダ(スペイン) 37°10′N3°35′W 108,110,184,189
クラール川 10
グラン・サン・ベルナール峠(イタリア/スイス) 45°52′N7°11′E 165
グリニャン(フランス) 44°25′N4°55′E 167
クリフタン・メイバンク(イギリス) 50°57′N 2°35′W 212
クリュニー(フランス) 46°25′N4°39′E 52,110,115
グリーンランド島(デンマーク) 70°00′N 40°00′W 125
クルージュ(ルーマニア) 46°47′N23°37′E 138
グルタンヴォ(フランス) 47°51′N0°45′E 170
クルック島(クロアチア) 45°02′N14°34′E 34
グルノーブル(フランス) 45°11′N5°43′E 110,165,177
クルー・ホール(イギリス) 53°05′N2°27′W 212
クルランド* 119
クレイジヴァー城(イギリス) 57°10′N2°44′W 212
クレイズストン城(イギリス) 57°32′N2°27′W 212
グレイユ(フランス) 49°16′N2°29′E 167
クレス島(クロアチア) 44°58′N14°25′E 34
クレタ島(ギリシア) 35°10′N25°00′E 11,23,108
クレーフェ* 154
クレマ(イタリア) 45°22′N9°41′E 56,58,66,77,79
クレミュー(フランス) 45°43′N5°15′E 167
クレモナ(イタリア) 45°08′N10°01′E 28,56,58,77,79,95,108,138
クレルヴォー(フランス) 48°09′N4°47′E 110
クレルモン・フェラン(フランス) 45°47′N 3°05′E 167,177
グロース・クロックナー山(オーストリア) 47°05′N12°44′E 10
グロスター(イギリス) 51°53′N2°14′W 207
グロッタフェラータ(イタリア) 41°49′N12°41′E 66
クロトーネ(イタリア) 39°05′N17°08′E 108
グローネンダール(ベルギー) 50°50′N5°30′E 16

ゲディズ川 11
ケナルワース城(イギリス) 52°21′N1°34′W 212
ケーニヒスベルク→カリーニングラード
ケープ・ブルトン島(カナダ) 46°00′N61°00′W 125
ゲ・ベアン(フランス) 47°22′N1°21′E 170
ケルシ* 165
ゲルラホフスキー山(スロヴァキア) 49°06′N 20°14′E 10
ケルン(ドイツ) 50°56′N6°57′E 10,16,22,52,108,110,115,138,140,142,154
ケンドール(イギリス) 54°20′N2°45′W 207
ケンブリッジ(イギリス) 52°12′N0°07′E 110,146,212

ゴア(インド) 15°31′N73°56′E 123
コインブラ(ポルトガル) 40°12′N8°25′W 110,184,189
黄河 123
コゴリュード(スペイン) 40°56′N3°06′W 189
コシツェ(スロヴァキア) 48°43′N21°14′E 138
コゼンツァ(イタリア) 39°17′N16°16′E 79,95
ゴーダ(オランダ) 52°01′N4°43′E 140,146
コチン(インド) 9°56′N76°15′E 123
ゴットランド島(スウェーデン) 57°00′N 18°00′E 10,108
コッレ・ディ・ヴァルデルサ(イタリア) 43°25′N 11°08′E 49
コニャック(フランス) 45°42′N0°19′W 177
コバ(ロシア) 45°02′N37°28′E 23
コペンハーゲン(デンマーク) 55°41′N12°34′E 10,110,115
コマッキオ(イタリア) 44°42′N12°11′E 58
コマンジュ* 165
コムタ・ヴェネサン* 165,177
コムプタン・ウィンイェイツ(イギリス) 52°04′N 1°31′W 212
コモ(イタリア) 45°49′N9°06′E 56,58
コモ湖(イタリア) 46°00′N9°10′E 15,28,34,56,66,95
ゴーラムベリー・ハウス(イギリス) 51°45′N 0°20′W 212
ゴリツィア(イタリア) 45°47′N13°37′E 58
コリントス(ギリシア) 37°56′N22°55′E 23
コルヴェー(ドイツ) 51°47′N9°24′E 52,110
ゴルキ(ロシア) 56°20′N44°00′E 11,125
コルシカ島(フランス) 42°00′N8°00′E 10,15,16,17,22,28,34,41,52,58,66,77,79,82,94,95,108,110,115,119,186
コルチュラ島(クロアチア) 42°57′N17°08′E 34
コルトーナ(イタリア) 43°17′N11°59′E 15,58
コルドバ(スペイン) 37°53′N4°46′W 108,184,189
コロンボ(スリランカ) 6°55′N79°52′E 123
コンゴ川 122
コンスタンツ(ドイツ) 47°40′N9°10′E 16,52
コンスタンティノープル→イスタンブール
コンドーヴァー・ホール(イギリス) 52°39′N 2°46′W 212
コンピエーニュ(フランス) 49°25′N2°50′E 167

サ 行

サイザ城(イギリス) 54°20′N2°46′W 212
サヴァ川 10,22,52,58,79,95,108,115,119,138,140,142
サヴィニー(フランス) 48°33′N1°00′W 110
ザ・ヴィーネ(イギリス) 51°30′N1°21′W 212
サヴォイア* 16,17,79,140,165
サヴォイ公国* 56,58
サウサンプトン(イギリス) 50°55′N1°25′W 177
サーガートン(イギリス) 53°02′N0°58′W 16
サカルヤ川 11
ザクセン地方* 140,154
ザグレブ(クロアチア) 45°48′N15°58′E 10,22,138,140
サッソコルヴァラ(イタリア) 42°47′N12°30′E 66
サッソフェッラト(イタリア) 43°26′N12°51′E 66
サットン・プレイス(イギリス) 51°19′N0°30′W 212
サッビオネータ(イタリア) 45°00′N10°29′E 95
サハラ・アトラス山脈(アルジェリア) 34°00′N 2°00′E 10
サムフォード・コートニー(イギリス) 50°45′N 3°58′W 207
サモーラ(スペイン) 41°30′N5°45′W 189
ザーラ(クロアチア) 44°07′N15°14′E 108
サライェヴォ(ボスニア・ヘルツェゴヴィナ) 43°52′N18°26′E 10
サラゴサ(スペイン) 41°39′N0°54′W 110,184,189
サラゴザ県* 189
サラマンカ(スペイン) 40°58′N5°40′W 110,184,189
サラメア(スペイン) 38°40′N5°39′E 189
サラン・レ・バン(フランス) 46°56′N5°53′E 140
サルツァネロ(イタリア) 44°07′N9°57′E 77
サルッツオ* 58,79,165
サルッツオ(イタリア) 44°39′N7°29′E 58
ザルツブルク* 119
ザルツブルク(オーストリア) 47°54′N13°03′E 110,154
サルティジョ(メキシコ) 25°30′N101°00′W 122
サルデーニァ(イタリア) 40°00′N9°30′E 10,15,16,17,22,41,58,66,77,79,95,108,110,115,119,186
サルト川 170

サルリ(イタリア) 39°34′N8°54′E 186
サレ(モロッコ) 34°04′N6°50′W 22
サーレゴ(イタリア) 45°29′N10°49′E 91
サレルノ(イタリア) 40°40′N14°46′E 22, 34, 79, 95, 110
サロニカ(ギリシア) 40°38′N22°58′E 23, 115
サロンノ(イタリア) 45°38′N9°02′E 66
サン・カンタン(フランス) 49°51′N3°17′E 165
ザンクト・ガレン(スイス) 47°25′N9°23′E 52, 110
サンクト・ペテルスブルグ(ロシア) 59°55′N 30°25′E 11
サン・ゴタール峠(スイス) 46°34′N8°31′E 77
サン・ジェルマノ→カッシノ
サン・ジェルマン・アン・レイ(フランス) 48°53′N2°04′E 167
サン・ジミニャーノ(イタリア) 43°28′N 11°02′E 15, 28
サン・ジャン・ダンジェリ(フランス) 45°47′N 0°31′W 177
サン・ステファノ(イタリア) 43°51′N10°27′E 77
サンセポルクロ(イタリア) 43°34′N12°08′E 15, 66, 77
サンセル(フランス) 47°20′N2°50′E 177
サンタフェ・デ・ボゴダ(コロンビア) 4°38′N 74°05′W 122
サンタ・マルタ(コロンビア) 11°18′N74°10′W 122
サンタ・マリア・デ・カペリス(イタリア) 41°19′N14°18′E 41
サンダランド(ウェアマス) (イギリス) 54°55′N1°23′E 110
サンタンデール(スペイン) 43°28′N3°48′W 184
サンティアゴ* 189
サンティアゴ(チリ) 33°30′S70°40′W 122
サンティアゴ・デ・コンポステーラ(スペイン) 42°52′N8°33′W 110, 184, 189
サン・ディジェ(フランス) 48°38′N4°58′E 165
サンテニャン(フランス) 47°16′N1°22′E 170
サント(フランス) 45°44′N0°38′W 177
サント・ドミンゴ(ドミニカ) 18°30′N69°57′W 122
サン・ドニ(フランス) 48°56′N2°21′E 167, 177
サントンジュ* 165
サン・ファン(プエルトリコ) 18°29′N66°08′W 122
ザンベジ川 123
サン・ベルナルディーノ峠(スイス) 46°30′N 9°11′E 77
サン・マリノ* 10
サン・モール(フランス) 48°48′N2°30′E 167
サンルーカル(スペイン) 37°23′N6°13′W 184
サン・レオ(イタリア) 43°54′N12°20′E 66

シウダデーラ(スペイン) 40°00′N3°50′E 185
ジェクス* 165
シェトランド諸島(イギリス) 61°00′N1°30′W 10, 125
シエナ(イタリア) 43°19′N11°19′E 15, 16, 22, 28, 34, 41, 49, 56, 58, 77, 79, 94, 95, 110, 146
シエナ共和国* 15, 56, 58
ジェノヴァ* 77
ジェノヴァ(イタリア) 44°24′N8°56′E 15, 16, 22, 28, 34, 41, 49, 56, 58, 77, 79, 95, 108, 138, 186
ジェノヴァ共和国* 15, 56, 58, 79
シエラ・ネバダ山脈(スペイン) 37°25′N 2°30′W 10
シエラ・モレナ山脈(スペイン) 38°00′N 4°00′W 10
ジェル・ヴォークス(イギリス) 54°14′N1°34′W 207
シェール川 10, 170
ジェルバ島(チュニジア) 33°54′N10°56′E 108, 186
シェルブール(フランス) 49°38′N1°37′W 167
シグエンサ(スペイン) 41°04′N2°38′W 110, 189
ジジングズタウン・ハウス(イギリス) 52°58′N 6°45′W 212
シシングハースト(イギリス) 51°07′N0°35′E 212
シチェチン(シュテッティン)(ポーランド) 53°25′N14°32′E 108, 138
シチリア(イタリア) 37°30′N13°00′E 10, 16, 17, 22, 58, 77, 79, 95, 108, 110, 115, 119, 186
シチリア王国* 79
シトー(フランス) 47°10′N4°52′E 110
シーニャ(イタリア) 43°47′N11°06′E 77
シビウ(ルーマニア) 45°46′N24°09′E 138
ジブラルタル(イギリス) 36°09′N5°21′W 184
ジャクメル(ハイチ) 18°18′N72°32′W 122
ジャージー島(イギリス) 49°13′N2°07′W 177
シャテルロー(フランス) 46°49′N0°33′E 167
シャトーダン(フランス) 48°04′N1°20′E 167, 170
シャトー・ド・マドリ(フランス) 48°52′N 2°20′E 167
シャトーブリアン(フランス) 47°43′N1°22′W 167
シャーバン城(イギリス) 5057′N231′W 212
シャリエヴァル(フランス) 49°22′N1°23′E 167
シャリュオ(フランス) 48°22′N2°50′E 167
シャルトル(フランス) 48°27′N1°30′E 52, 110, 165, 167, 170, 177
ジャルナック(フランス) 45°41′N0°10′W 177
ジャロー(イギリス) 54°59′N1°29′W 110
シャロレ* 165, 177
シャロン・シュル・ソーヌ(フランス) 46°47′N 4°51′E 167
ジャン(フランス) 47°41′N2°37′E 167, 170
シャンティイ(フランス) 49°12′N2°28′E 167
シャンパーニュ* 165
シャンボール(フランス) 47°37′N1°32′E 167, 170
シュヴァルツヴァルト(ドイツ) 48°00′N8°00′E 10
ジュヴォーダン* 165
シュテッティン→シチェチン
シュテンダール(ドイツ) 52°36′N11°52′E 140
シュトゥットガルト(ドイツ) 48°47′N9°12′E 140
シュトラスブルク→ストラスブール
シュトラルズンド(ドイツ) 54°18′N13°06′E 138
シュードリー城(イギリス) 51°54′N2°01′W 212
ジュネーヴ (スイス) 46°13′N6°09′E 22, 58, 108, 110, 115, 119, 138, 140, 154, 177
シュノンソー(フランス) 47°20′N1°04′E 167, 170
シュパイアー(ドイツ) 49°18′N8°26′E 110, 138, 140, 154
シュポンハイム(ドイツ) 49°49′N7°52′E 142
ジュラ山脈(フランス) 47°25′N6°30′E 10
シュリ(フランス) 47°46′N2°22′E 170
シュルーズベリ(イギリス) 52°43′N2°45′W 207, 212
シュレジエン* 119, 140, 154
シュレスヴィヒ(ドイツ) 54°32′N9°34′E 140
ジョアンヴィル(フランス) 48°27′N5°08′E 167
上部ファルツ* 154
ショーモン(フランス) 47°29′N1°11′E 170
シラクーザ(イタリア) 37°04′N15°18′E 22, 58, 108
神聖ローマ帝国* 28, 77, 79, 119, 154, 165, 167, 177, 186
シント・マールテン(オランダ) 52°17′N5°04′E 140

スイス盟邦* 119, 140, 154, 177
スウェーデン王国* 16, 17, 115, 119
スキプタン(イギリス) 53°58′N2°01′W 207
スコットランド王国* 16, 17, 115, 119
スコピエ(マケドニア) 42°00′N21°28′E 11
スーザ(イタリア) 45°08′N7°02′E 58, 77
スタッフォード(イギリス) 52°48′N2°07′W 207
スターリング城(イギリス) 56°07′N3°57′W 212
スダン* 177
スダン(フランス) 49°42′N4°57′E 177
スティッキー・ホール(イギリス) 52°57′N 0°56′E 212
スティニァーノ(イタリア) 43°48′N10°42′E 49
スティリア* 119
ステイン(オランダ) 51°52′N4°49′E 146
ストックフィールド(イギリス) 52°59′N0°52′W 207
ストゥリ(イタリア) 42°14′N12°14′E 58
ストークオントレント(イギリス) 53°00′N 2°10′W 207
ストックホルム(スウェーデン) 59°20′N 18°05′E 10, 108, 115
ストラ(アルジェリア) 36°57′N7°06′E 22
ストラスブール(シュトラスブルク)(フランス) 48°55′N7°45′E 110, 115, 138, 140, 154, 165, 177
スビアーコ(イタリア) 41°56′N13°06′E 66, 115
スヒダム(オランダ) 51°55′N4°25′E 140
スプリット(クロアチア) 43°31′N16°28′E 58
スペイン* 115, 119, 122, 165, 167, 177
スペイン領ネーデルランド* 119
スポレート* 58
スポレート(イタリア) 42°44′N12°44′E 15, 22, 58, 66
スホーンホーフェン(オランダ) 51°57′N 4°51′E 140
スモレンスク(ロシア) 54°49′N32°04′E 108
スラン(フランス) 47°23′N0°45′W 170
スリュイス(オランダ) 51°18′N3°23′E 22
ズールゼー(スイス) 47°11′N8°07′E 140

セイハン川 11
ゼイラ(ソマリア) 11°21′N43°30′E 123
セウタ(モロッコ) 35°53′N5°19′W 22, 184, 186
セゴビア(スペイン) 40°57′N4°07′W 184, 189
ゼッカウ(オーストリア) 47°14′N14°50′E 154
セーヌ川 10, 16, 17, 22, 52, 94, 110, 115, 119, 140, 142, 146, 165, 167, 170
セバン川 207, 212
セビーリャ県* 189
セビーリャ(スペイン) 37°24′N5°59′W 22, 108, 110, 184, 189
セルダーニャ* 165, 184
セルトーヘンボス(オランダ) 51°41′N5°19′E 140, 146
セルビア* 186
セント・アンドリューズ(イギリス) 56°20′N 2°48′W 110
セント・オーガスティン(アメリカ) 29°45′N 81°19′W 122
セント・オールバンズ(イギリス) 51°46′N 0°21′W 207
セント・コラム(イギリス) 56°05′N3°12′W 212
セント・ローレンス川 125

ソーヌ川 10, 167
ソファラ(モザンビーク) 20°09′S34°43′E 123
ソフィア(ブルガリア) 42°40′N23°18′E 11
ソミュール(フランス) 47°16′N0°05′W 170, 177
ソミューロワ* 170
ソーリー(イギリス) 53°55′N2°20′W 207
ソリア(スペイン) 41°46′N2°28′W 189
ソルウェイ・モス(イギリス) 54°58′N2°56′W 207
ソールズベリー(イギリス) 51°05′N1°48′W 207
ソレント(イタリア) 40°37′N14°23′E 79
ソワソン(フランス) 49°23′N3°20′E 167
ソーンベリー(イギリス) 51°37′N2°32′W 212

タ 行

大西洋 10, 16, 17, 108, 110, 119, 122, 125
太平洋 122, 123
タイン川 212
タウエルン山脈 10
タウトゥン・ムア(イギリス) 53°51′N1°16′W 207
ダドゥリ城(イギリス) 52°30′N2°00′W 212
ターナ(ロシア) 47°11′N39°24′E 23
タナロ川 28, 34, 66
ダブリン(アイルランド) 53°20′N6°15′W 10, 110, 115,
ダブリン城(アイルランド) 53°20′N6°15′W 212
タホ川(テージョ川) 10, 22, 110, 115, 119, 184, 189
タラゴナ* 189
タラゴナ(スペイン) 41°07′N1°15′E 184, 189
タラスコン(フランス) 43°48′N4°39′E 22
ダラム(イギリス) 54°47′N1°34′W 207
タラモーネ(イタリア) 42°33′N11°08′E 22, 58
タリン(レヴェリ) (エストニア) 59°22′N 24°48′E 11, 108
ダール川 10
ダルマティア* 58, 119
タルン川 167
タロ川 77
タンジール(モロッコ) 35°48′N5°45′W 184, 186
ダーンツィヒ→グダニスク
ダンピエール(フランス) 48°44′N1°59′E 167

チヴィタヴェッキア(イタリア) 42°05′N 11°47′E 22, 41, 58, 66, 77
チヴィタ・カステラーナ(イタリア) 42°17′N 12°25′E 66, 77
チヴィダーレ(イタリア) 46°06′N13°25′E 22, 58
チェスター(イギリス) 53°12′N2°54′W 207
チェゼナ(イタリア) 44°09′N12°15′E 58
チザ峠(イタリア) 44°28′N9°55′E 77
地中海 10, 16, 17, 22, 41, 52, 82, 94, 108, 110, 119, 122, 125, 165, 167, 177, 184, 186, 189
チッタ・ディ・カステロ(イタリア) 43°27′N 12°14′E 15
チッチリー・パーク(イギリス) 51°54′N1°24′W 212
チムズ川 10, 207, 212
チャネル諸島(イギリス) 49°00′N2°00′W 10, 177
チャールコウト・パーク(イギリス) 52°13′N 1°36′W 212
チュイルリー(フランス) 48°52′N2°19′E 167
中アトラス山脈(モロッコ) 33°00′N5°00′W 10
中央高地(フランス) 45°00′N3°00′E 10
中央ロシア高地(ロシア) 54°00′N36°00′E 11
チュニス(チュニジア) 36°50′N10°13′E 10, 22, 108, 186
チューリヒ(スイス) 47°23′N8°33′E 10, 94, 115, 119, 140, 154
長江 123

ツィンナ(ドイツ) 51°59′N12°43′E 140
ツヴァイブリュッケン(ドイツ) 49°15′N7°22′E 140
ツウィード川 207, 212
ツウォレ(オランダ) 52°31′N6°06′E 140

ディウ(インド) 20°41′N71°03′E 123
ティヴォリ(イタリア) 41°58′N12°48′E 66, 95
ディエップ(フランス) 49°55′N1°05′E 167
テイ川 212
ティキサール(イギリス) 52°48′N2°01′W 212
ティサ川 11
ディジョン(フランス) 47°20′N5°02′E 22, 165, 167, 177
ティチーノ川 58
ティッチフィールド修道院(イギリス) 50°51′N1°13′W 212
ティブルズ(イギリス) 51°44′N0°02′W 212
テイム・パーク(イギリス) 51°45′N0°59′W 212
ティモール(インドネシア) 9°42′S124°40′E 123
ティラナ(アルバニア) 41°20′N19°49′E 10
ディリンゲン(ドイツ) 48°33′N10°30′E 110, 140
テイル(イギリス) 51°43′N5°11′W 207
ティレニア海 10, 15, 28, 34, 58, 66, 77, 79, 95
ティロル* 10, 119, 140, 154
ディーン・パーク・ホール(イギリス) 52°32′N 0°36′W 212
テヴェレ川 10, 15, 28, 34, 49, 52, 56, 58, 66, 77, 79, 82, 94, 95
デヴェンテル(オランダ) 52°15′N6°10′E 16, 108, 115, 138, 140, 146
テキルダー(ロドスト)(トルコ) 40°59′N27°31′E 23
テージョ川→タホ川
デスナ川 11
テラヌオヴァ(イタリア) 43°38′N11°35′E 49
テネス(アルジェリア) 36°34′N1°18′E 22
テノチティトラン(メキシコ) 19°25′N99°08′W 122
デミルカジク山(トルコ) 37°50′N35°10′E 11
テムズ川 10, 207, 212
テュービンゲン(ドイツ) 48°32′N9°04′E 110, 140
デュランス川 10, 58
デュルタル(フランス) 47°40′N0°13′W 170
テラチーナ(イタリア) 41°17′N13°15′E 58
テラ・ディ・ラヴォーロ* 58
デルータ(イタリア) 42°58′N12°25′E 95
テルニ(イタリア) 42°34′N12°39′E 22, 66
デルフト(オランダ) 52°01′N4°21′E 140
デルベント(ロシア) 42°03′N48°18′E 125
テルミニ(イタリア) 37°59′N13°42′E 22
テンダ(フランス) 44°09′N7°34′E 58
デンマーク王国* 16, 17
デンマーク・ノルウェー* 115, 119

ドイツ帝国* 16, 17, 115
ドーヴァー(イギリス) 51°08′N1°19′E 22
トゥイ(スペイン) 42°03′N8°39′W 189
ドヴィナ川 11
ドゥエー(フランス) 50°22′N3°05′E 165
トヴェーリ→カリーニン
ドゥエロ川 10, 110, 115, 119, 184, 189
トゥズ湖(トルコ) 38°00′N33°00′E 11
ドゥブロヴニク(ラグーサ) (クロアチア) 42°40′N18°07′E 22, 58, 108, 138, 186
トゥール(フランス) 47°23′N0°42′E 110, 165, 167, 170
トゥール(フランス) 48°41′N5°54′E 165
トゥールーズ(フランス) 43°37′N1°26′E 41, 108, 110, 167, 165, 177
トゥールネ(ベルギー) 50°36′N3°24′E 110, 165
ドゥルミトル山(ユーゴスラヴィア) 42°38′N 19°01′E 10
トゥレーヌ* 170
トゥーロン(フランス) 43°07′N5°55′E 165
トスカナ* 28
トスカナ公国* 79
トスカネラ(イタリア) 42°28′N11°51′E 77
トーディ(イタリア) 42°47′N12°24′E 34, 41, 49, 66, 79
ドナウ川 10, 11, 23, 52, 108, 110, 115, 119, 125, 138, 140, 142, 146, 154
ドニエストル川 11, 23
ドニエプル川 11, 108
ドニエプロペトロフスク(ウクライナ) 48°29′N35°00′E 11
ドネツ川 11
ドネツク(ウクライナ) 48°00′N37°50′E 11
ドフィーネ* 58, 165
ドラヴァ川 10, 22, 52, 79, 108, 110, 115, 119, 138, 140, 142
トラパニ(イタリア) 38°02′N12°32′E 22
トランシルヴァニア・アルプス(ルーマニア) 41°00′N25°00′E 11

トリエステ(イタリア) 45°39′N13°47′E 34,56,58,142
トリスタン・ダ・クーニャ島(イギリス) 37°15′S 12°30′W 122
ドリナ川 10
トリノ(イタリア) 45°04′N7°40′E 10,58,77,79,110,146,165
トリポリ(リビヤ) 32°53′N13°12′E 22,108,186
トリール(ドイツ) 49°45′N6°39′E 110,140,154
ドルー(フランス) 48°44′N1°23′E 167
ドール(フランス) 47°05′N5°30′E 110,140
トルトサ(スペイン) 40°49′N0°31′E 22,189
トルトーナ(イタリア) 44°54′N8°52′E 58
ドルドーニュ川 10,41,165,167,177
ドルトムント(ドイツ) 51°32′N7°27′E 138
トレヴィーゾ(イタリア) 45°40′N12°15′E 28,34,58,77,110
ドレスデン(ドイツ) 51°03′N13°45′E 154
トレド* 189
トレド(スペイン) 39°52′N4°02′W 110,184,189
トレムセン(アルジェリア) 34°53′N1°21′W 22
トレンティーノ* 58
トレンティーノ(イタリア) 43°12′N13°17′E 49
トレント(イタリア) 46°04′N11°08′E 58
トレント川 207,212
トロ(スペイン) 41°31′N5°24′W 184,189
トロス山脈(トルコ) 37°00′N33°00′E 11
ドロミティ・アルプス(イタリア) 46°20′N 12°30′E 10,77
トロワ(フランス) 48°18′N4°05′E 22,108,165,167,177
ドンカスター(イギリス) 53°32′N1°01′W 207
ドン川 11,108

ナ 行

ナイル川 123
ナヴァレンクス(フランス) 43°20′N0°45′W 177
長崎(日本) 32°45′N129°52′E 123
ナッサウ* 154,177
ナバラ* 16,17,165,184,186
ナポリ(イタリア) 40°50′N14°15′E 10,15,16,22,34,41,58,77,79,94,95,108,110,186
ナポリ王国* 15,16,17,28,34,56,58,77,79,115,119,186
ナミュール* 165
ナルニ(イタリア) 42°31′N12°31′E 22,41,66
ナルボンヌ(フランス) 43°11′N3°00′E 165,167
ナーワス城(イギリス) 54°52′N2°46′W 212
ナンサッチ(イギリス) 51°21′N0°15′W 212
ナント(フランス) 47°14′N1°35′W 110,167,170,177
ナントゥイエ(フランス) 49°02′N2°48′E 167
ナンバーンホウム(イギリス) 53°56′N0°42′W 207

ニヴェルネ* 165
ニエブラ(スペイン) 37°22′N6°40′W 184
ニコシア(キプロス) 35°11′N33°23′E 11
ニジェール川 122
ニジニイ・ノヴゴロド→ゴルキ
ニシュ(ユーゴスラヴィア) 43°20′N21°54′E 138
ニース(フランス) 43°42′N7°16′E 41,108
ニーム(フランス) 43°50′N4°21′E 167,177
ニューカッスル(イギリス) 54°59′N1°35′W 108,207
ニューステッド修道院(イギリス) 53°04′N 1°13′W 212
ニューファンドランド島(カナダ) 49°20′N 6°40′W 125
ニュー・ホール(イギリス) 51°50′N0°30′E 212
ニュルンベルク(ドイツ) 49°27′N11°05′E 108,115,138,140,142,154

ヌーシャテル(スイス) 46°60′N6°56′E 177

ネイメーヘン(オランダ) 51°50′N5°52′E 140
ネットゥーノ(イタリア) 41°27′N12°20′E 66,77
ネーデルランド地方* 140
ネーピ(イタリア) 42°14′N12°21′E 66,77
ネマン川 11
ネルトリンゲン(ドイツ) 48°51′N10°31′E 108

ノヴァーラ(イタリア) 45°27′N8°37′E 28,58,77,79
ノヴゴロド(ロシア) 58°30′N31°20′E 108
ノウル(イギリス) 51°29′N0°10′W 212
ノリッジ(イギリス) 52°38′N1°18′E 207
ノルウェー王国* 16,17
ノルマンディ* 165

ハ 行

バイエルン* 119,154
ハイデルベルク(ドイツ) 49°25′N8°42′E 110,140,142,154
バイユー(フランス) 49°16′N0°42′W 167
ハイルスベルク(ポーランド) 54°08′N20°35′E 154
ハヴァファドウエスト(イギリス) 51°49′N 4°58′W 207
パヴィア(イタリア) 45°12′N9°09′E 22,28,41,49,58,66,77,79,82,95,110
パウィス城(イギリス) 52°40′N3°20′E 212
バエサ(スペイン) 38°00′N3°28′W 189
ハエン(スペイン) 37°46′N3°48′W 184,189
ハーグ(オランダ) 52°05′N4°16′E 22
ハーゲナウ(フランス) 48°49′N7°47′E 140,154
バズージュ・シュル・ル・ロワール(フランス) 47°42′N0°11′W 170
バーセイ(イギリス) 59°08′N3°18′W 212
バーゼル(スイス) 47°33′N7°36′E 16,110,115,119,138,140,142,146,154
ハセルト(ベルギー) 50°56′N5°20′E 140
バダホス(スペイン) 38°53′N6°58′W 184
パーダーボルン(ドイツ) 51°43′N8°44′E 110
バックランド修道院(イギリス) 50°25′N 4°05′W 212
パッサウ(ドイツ) 48°35′N13°28′E 140,154
ハッテラス岬(アメリカ) 35°14′N75°31′W 125
ハットフィールド・ハウス(イギリス) 51°46′N 0°13′W 212
バーデン* 154
パドヴァ(イタリア) 45°24′N11°53′E 15,22,28,34,41,49,58,77,79,91,94,95,110,112,138,142
ハードウィック・ホール(イギリス) 53°09′N 1°20′W 212
バードゥニイ(イギリス) 53°12′N0°21′W 207
バート・シュセンリート(ドイツ) 50°55′N9°12′E 140
ハートリプール(イギリス) 54°42′N1°11′W 207
バートン・アグニス・ホール(イギリス) 54°03′N0°19′W 212
バートン・カンスタブル(イギリス) 53°46′N 0°06′W 212
ハドン・ホール(イギリス) 53°08′N1°45′W 212
ハドン・リグ(イギリス) 55°49′N2°41′W 207
バーナード・カッスル(イギリス) 54°33′N 1°55′W 207
バニャイア(イタリア) 42°25′N12°09′W 95
バニョル・シュル・セール(フランス) 44°10′N 4°36′E 177
ハバナ(キューバ) 23°07′N82°25′W 122
バーバリ海岸* 186
バハル(スペイン) 40°24′N5°45′W 184
パポス(キプロス) 34°45′N32°23′E 108
バーミンガム(イギリス) 52°30′N1°50′W 10
バラトン湖 10
バラブリッジ(イギリス) 54°05′N1°24′W 207
パリ(フランス) 48°52′N2°20′E 10,22,49,52,94,108,110,115,140,146,165,170,177
パリ* 58
バリ(イタリア) 41°07′N16°52′E 22,58,79
ハリコフ(ウクライナ) 50°00′N36°15′E 11
バーリ・ハウス(イギリス) 52°40′N0°21′W 212
バリャドリード(スペイン) 41°39′N4°45′W 110,184,189
バリングダン・コート(イギリス) 50°58′N 2°52′W 212
ハル(イギリス) 53°45′N0°20′W 108,207
バルカン山脈(ブルガリア) 42°30′N25°00′E 11
バール・シュル・オーブ(フランス) 48°14′N 4°43′E 22
バルセロナ(スペイン) 41°25′N2°10′E 10,16,22,108,110,115,184,189
ハルツ山地(ドイツ) 51°45′N10°30′E 10
ハルデルヴィク(オランダ) 52°21′N5°37′E 110
バルト海 10,110,119,138
パルマ* 15
パルマ(イタリア) 44°48′N10°19′E 28,41,56,58,77,79,82,94,95,110,138
パルマ(スペイン) 39°34′N2°31′E 108,110,185,189
パルマ公国* 79
バール・ル・デュク(フランス) 48°46′N5°10′E 167
バルレッタ(イタリア) 41°20′N16°17′E 22
ハールレム(オランダ) 52°23′N4°38′E 140
ハレ(ドイツ) 51°28′N11°58′E 110
バレアレス諸島(スペイン) 39°00′N2°30′E 10,22,108,110,115,119,185,186
パレストリーナ(イタリア) 41°50′N12°54′E 41
パレルモ(イタリア) 38°08′N13°23′E 10,22,58,79,108,110,186
バレンシア(スペイン) 39°29′N0°24′W 10,22,108,110,184,186,189
パレンシア(スペイン) 42°01′N4°32′W 110,189
バレンシア県* 184,189
バロー川 212
パロス・デラ・フロンテーラ(スペイン) 37°14′N6°53′W 184
ハンガリー* 16,17,77,141,154,186
ハンガリー帝国* 79,115,119
バンディスフッド・パーク(イギリス) 50°59′N 3°15′W 212
ハントリー城(イギリス) 57°27′N2°47′W 212
ハンプトン・コート(イギリス) 51°24′N 0°19′W 212
ハンブルク(ドイツ) 53°33′N10°00′E 10,108,115,138,140,154
パンプローナ(スペイン) 42°49′N1°39′W 184,189
バンベルク(ドイツ) 49°54′N10°54′E 110,115,140,154
ハンボール(イギリス) 53°34′N1°14′W 16
ハンワース(イギリス) 51°26′N0°23′W 212

ピアーヴェ川 15,58,77,91
ピアチェンツァ(イタリア) 45°03′N9°41′E 28,34,56,58,77,79,94,95,110,138
ビアナ(スペイン) 42°31′N2°22′W 184
ヒーヴァ城(イギリス) 51°11′N0°06′W 212
ピエーヴェ・ディ・カドーレ(イタリア) 46°27′N12°23′E 77
ピエトラクーペ(イタリア) 44°03′N11°57′E 66
ピエモンテ* 15,28
ピエモンテ君主国* 79
ピオッピコ(イタリア) 43°35′N12°30′E 79
ピオンビーノ* 15
ピオンビーノ(イタリア) 42°56′N10°32′E 56,58,66,77,82,108
ピカルディ* 165
ピコッカ(イタリア) 45°30′N9°13′E 77
ピサ(イタリア) 43°43′N10°24′E 15,16,22,28,34,41,56,58,66,77,94,95,108,110
ビショップ・オークランド(イギリス) 54°40′N 1°40′W 207
ビショップス・パレス(イギリス) 58°59′N2°58′W 212
ビスケー湾 10,146,165,167,177
ピストイア(イタリア) 43°56′N10°55′E 15,34,49,56,58,66
ピーターバラ(イギリス) 52°35′N0°15′W 110,207
ビック(スペイン) 41°56′N2°16′E 184
ピッコ・サン・ベルナール峠(フランス/イタリア) 45°40′N6°53′E 165
ピュイ・ド・サンシー山(フランス) 45°32′N 2°48′E 10
ビュジェイ* 165
ビュリー(フランス) 47°35′N1°15′E 167
ビリニュス(ヴィルナ)(リトアニア) 54°40′N 25°19′E 11,141
ヒルデスハイム(ドイツ) 52°09′N9°58′E 110
ビルバオ(スペイン) 43°15′N2°56′W 184
ピレネー山脈(フランス/スペイン) 42°56′N 0°12′E 10
ピンキ(イギリス) 55°49′N3°09′W 207,212
ヒンチングブルック・ハウス(イギリス) 52°15′N 0°11′W 212
ピンドス山脈(ギリシア) 39°00′N21°00′E 11

ファウンティンズ・ホール(イギリス) 54°04′N 1°42′W 212
ファエンツァ(イタリア) 44°17′N11°53′E 15,58,77,95
ファマグスタ(キプロス) 35°07′N33°57′E 23,108
ファルツ* 154
ファロ(ポルトガル) 37°01′N7°56′W 184
フィヴィー城(イギリス) 57°56′N2°24′W 212
フィヴィッツァーノ(イタリア) 44°14′N10°07′E 77
フィオレンツォラ(イタリア) 44°56′N9°54′E 77
フィレンツェ(イタリア) 43°47′N11°15′E 15,16,22,28,34,41,49,52,56,58,66,77,79,82,94,95,108,110,112,115,142,146
フィレンツェ共和国* 15,56,58
フィンランド湾 11
フヴァル島(クロアチア) 43°11′N16°28′E 34
フェオドシア(カッファ)(ウクライナ) 45°03′N 35°23′E 23
プエブラ(メキシコ) 19°03′N98°10′W 122
フェラーラ(イタリア) 44°50′N11°38′E 15,22,28,41,49,56,58,66,79,94,95,110,142
フェラーラ公国* 56,58,79
フェルナンド・ポー島(赤道ギニア) 3°30′N 8°42′E 122
フェルモ(イタリア) 43°09′N13°44′E 58
フェレエルネ諸島(デンマーク) 62°00′N 7°00′W 125
フォア* 165
フォカエア(トルコ) 38°39′N26°46′E 23
フォークランド城(イギリス) 56°15′N3°13′W 212
フォランブレ(フランス) 49°35′N3°18′E 167
フォリニョ(イタリア) 42°57′N12°43′E 79
フォルツハイム(ドイツ) 48°53′N8°41′E 140
フォルノヴォ(イタリア) 44°42′N10°07′E 77
フォルリ(イタリア) 44°13′N12°02′E 22,58,72
フォレーズ* 165
フォンテヌブロー(フランス) 48°24′N2°42′E 94,167
ブカレスト(ルーマニア) 44°25′N26°07′E 11
ブーク川 11
フーグリ(インド) 23°19′N88°02′E 123
ブザンソン(フランス) 47°14′N6°02′E 22,108,110,140,165
ブージー(アルジェリア) 36°49′N5°03′E 22,186
フジェール・シュル・ビエーヴル(フランス) 47°26′N1°24′E 170
ブダペスト(ブダ)(ハンガリー) 47°30′N 19°03′E 10,22,138,140,142
ブッジァーノ(イタリア) 43°49′N10°48′E 49
ブーモア(フランス) 47°19′N0°08′W 170
フュルステンヴァルデ(ドイツ) 52°22′N 14°04′E 154
プラ(クロアチア) 44°52′N13°52′E 16
フライジング(ドイツ) 48°24′N11°45′E 140
フライブルク(ドイツ) 48°00′N7°52′E 110,140,142,146
フライベルク(ドイツ) 50°55′N13°21′E 140
ブラウボイレン(ドイツ) 48°25′N9°47′E 140
ブラウンシュヴァイク地方* 154
ブラガ(ポルトガル) 41°32′N8°26′W 184,189
ブラガ県* 189
ブラガンサ(ポルトガル) 41°47′N6°46′W 184
ブラショフ(ルーマニア) 45°39′N25°35′E 138
プラセンシア(スペイン) 40°02′N6°05′W 184,189
ブラチ島(クロアチア) 43°20′N16°45′E 34
ブラックヒース(イギリス) 51°28′N0°01′W 207
ブラッチァーノ(イタリア) 42°06′N12°11′E 77
ブラティスラヴァ(スロヴァキア) 48°10′N 17°08′E 10,138,140
プラート(イタリア) 43°53′N11°06′E 15,34,66,77
プラトリーノ(イタリア) 43°51′N11°17′E 95
フラネケル(オランダ) 53°11′N5°33′E 110,140
プラハ(チェコ) 50°05′N14°25′E 10,108,110,115,138,140,142,154
ブラバン* 154,165
ブラムシル(イギリス) 51°20′N0°56′W 212
ブラリンガム・チャーチ(イギリス) 52°13′N 1°21′E 212
フランクフルト・アム・マイン(ドイツ) 50°06′N8°41′E 10,108,138,154
ブーラン(フランス) 50°09′N2°21′E 177
フランクフルト・アン・デル・オーデル(ドイツ) 52°20′N14°32′E 110,138,140
ブランシュヴァイク(ドイツ) 52°15′N10°30′E 108,138
フランシュ゠コンテ* 140,154,165
フランス* 16,17,77,79,115,119,140,154,165,167,177,184,186
ブランセペス(イギリス) 54°44′N1°39′W 207
ブランデンブルク* 140,154
フランドル* 16,17,125,165
ブーリア* 34
ブリクセン→ブレッサノーネ
ブリサック(フランス) 47°22′N0°26′W 170
ブリストル(イギリス) 51°27′N2°35′W 125,207
フリースラント地方* 154
ブリドリントン(イギリス) 54°05′N0°12′W 207
プリピャチ沼沢地 11
ブリュージュ→ブルッヘ
ブリュッセル(ベルギー) 50°50′N4°21′E 10,22,108,115,138,140,154,165
ブリンディシ(イタリア) 40°37′N17°57′E 58
ブルゴス* 189
ブルゴス(スペイン) 42°21′N3°41′W 184,189
ブルゴ・デ・オスマ(スペイン) 41°35′N3°04′W 189
ブルゴーニュ* 165
ブールジュ(フランス) 47°05′N2°23′E 110,165,167,170,177
プルゼニ(チェコ) 49°45′N13°22′E 140
フルダ(ドイツ) 50°33′N9°41′E 52,110
ブルターニュ* 165
ブルッヘ(ブリュージュ)(ベルギー) 51°13′N 3°14′E 22,138,108,140
プルート川 11
ブルノ(チェコ) 49°11′N16°39′E 138,140
ブルボン* 165
ブルーリー(フランス) 47°50′N2°56′E 110
ブルワドルフ(スイス) 47°09′N7°38′E 140
ブレイアム・ムア(イギリス) 53°56′N1°22′W 207
フレイザー城(イギリス) 57°12′N2°29′W 212

ブレージァ(イタリア) 45°33′N10°13′E 28, 58, 66, 77, 79, 108
ブレス* 165
フレスカーティ(イタリア) 41°48′N12°41′E 95
ブレスラウ→ブロツワフ
ブレッサノーネ(ブリクセン) (オーストリア) 47°27′N12°15′E 154
ブレッシ・レ・トゥール(フランス) 47°20′N 0°43′E 170
ブレーメン(ドイツ) 53°05′N8°48′E 108, 138, 154
ブレンナー峠(オーストリア/イタリア) 47°02′N11°32′E 77
プロイセン* 119, 140, 154
プロヴァン(フランス) 48°34′N3°18′E 22
プロヴァンス* 16, 17, 41, 58, 165
フロッドン・フィールド(イギリス) 55°38′N 2°10′W 207
ブロツワフ(ブレスラウ) (ポーランド) 51°05′N17°00′E 108, 138, 140, 142
ブローニュ(フランス) 50°43′N1°37′E 165, 167
フローニンゲン(オランダ) 53°13′N6°35′E 110
ブロマントー(スイス) 46°20′N6°13′E 140
フロラック(フランス) 44°02′N3°35′E 177
ブロワ(フランス) 47°36′N1°20′E 167, 170

ベアルン* 177
ベイシェヒル湖(トルコ) 37°45′N31°45′E 11
ベイジング・ハウス(イギリス) 51°16′N1°03′W 212
ベイブス湖 11
ベイルート(レバノン) 33°52′N35°28′E 11, 108
ベオグラード(ユーゴスラヴィア) 44°50′N 20°30′E 11, 115, 138
ヘクサム(イギリス) 54°58′N2°06′W 207
ベーザロ(イタリア) 43°45′N12°54′E 15, 79, 95
ベジェ(フランス) 43°21′N3°13′E 177
ベスカラ(イタリア) 42°27′N14°13′E 58
ベスキエラ(イタリア) 45°26′N10°41′E 77
ベゼナ(フランス) 43°28′N3°25′E 177
ベック(フランス) 49°22′N1°04′E 110
ベッシァ(イタリア) 43°54′N10°41′E 49
ヘッセン 177
ヘッセン侯爵領* 154
ベッルーノ(イタリア) 46°08′N12°13′E 58
ベナベンテ(スペイン) 42°00′N5°40′W 184
ベニスコラ(スペイン) 40°22′N0°24′E 16
ベネヴェント(イタリア) 41°08′N14°46′E 58, 79
ベラ(トルコ) 41°05′N28°58′E 23
ベラ・クルス(ブラジル) 19°29′S40°01′W 122
ベラクルス(メキシコ) 19°11′N96°10′W 122
ベリー* 165
ベリグー(フランス) 45°12′N0°44′E 177
ベリゴール* 165
ベルガモ(イタリア) 45°42′N9°40′E 41, 56, 58, 66, 77, 79, 112
ベルク* 154, 177
ベルゲン(ノルウエー) 60°23′N5°20′E 108
ベルージァ(イタリア) 43°07′N12°23′E 15, 22, 34, 41, 56, 58, 77, 79, 95, 110
ヘルシンキ(フィンランド) 60°08′N25°00′E 11
ヘルシングボリ(スウェーデン) 56°03′N 12°43′E 138
ヘルスフェルト(ドイツ) 50°53′N9°43′E 52
ヘルデルラント地方* 154
ベルニーナ峠(スイス) 46°25′N10°02′E 77
ペルピニャン(フランス) 42°42′N2°54′E 16, 110, 184
ヘルボルン(ドイツ) 50°41′N8°19′E 110, 140
ヘルムシュテット(ドイツ) 52°14′N11°01′E 110, 140
ベルリン(ドイツ) 52°32′N13°25′E 10, 115, 154
ベルン(スイス) 46°57′N7°26′E 10, 115, 119
ヘロナ(スペイン) 41°59′N2°49′E 16, 185, 189
ベーロミュンスター(スイス) 47°13′N8°12′E 140
ヘングレイブ・ホール(イギリス) 52°15′N 0°39′W 212
ペンザースト・プレイス(イギリス) 51°11′N 0°11′E 212
ヘント(ガン) (ベルギー) 51°02′N3°42′E 108, 138, 140
ベン・ネヴィス山(イギリス) 56°48′N5°00′W 10

ポー(フランス) 43°18′N0°22′W 167, 177
ボーヴェ(フランス) 49°26′N2°05′E 110
ボウルゾウヴァー城(イギリス) 53°14′N 1°18′W 212
ホウルデンビィー・ハウス(イギリス) 52°18′N 0°59′W 212
ポー川 10, 15, 17, 22, 28, 34, 41, 49, 56, 58, 66, 77, 79, 82, 91, 94, 95, 110, 112, 115, 119, 140, 146
ボージャンシ(フランス) 47°47′N1°38′E 170
ポズナニ(ポーランド) 52°25′N16°53′E 138
ボズワスフィールド(イギリス) 52°40′N 1°23′W 207
ボッビオ(イタリア) 44°46′N9°23′E 52, 58
ボッジォ・ア・カイアーノ(イタリア) 43°48′N 11°03′E 95
ボッジォ・インペリアーレ(イタリア) 43°45′N 11°12′E 66, 77, 95
ボッジォ・レアーレ(イタリア) 40°52′N14°17′E 95
ボッジボンシ(イタリア) 43°28′N11°09′E 77
ボーデン湖(ドイツ/スイス) 47°30′N9°00′E 10, 140, 154
ポトシ(ボリビア) 19°34′S65°45′W 122
ボドミン(イギリス) 50°29′N4°43′W 207
ボネ(アルジェリア) 36°55′N7°45′E 22, 108
ボヘミア* 16, 119, 140, 154
ポーランド王国* 16, 17, 115, 119, 141, 154
ホラント地方* 154
ポールガール(フランス) 47°31′N1°24′E 167, 170
ホルシュタイン地方* 140
ボルツァーノ(イタリア) 46°30′N11°22′E 142
ボルティコ・ディ・ロマーニャ(イタリア) 44°01′N11°47′E 49
ボルドー(フランス) 44°50′N0°34′W 110, 165, 177
ポルトエルコレ(イタリア) 42°23′N11°13′E 77
ポルトガル* 16, 17, 115, 119, 122, 184, 186
ポルト・トレス(イタリア) 40°51′N8°24′E 108
ポルト・マウリツィオ(イタリア) 43°54′N 7°59′E 41
ポルト・レカナーティ(イタリア) 43°26′N 13°39′E 16
ボローニャ(イタリア) 44°30′N11°20′E 15, 16, 22, 28, 34, 41, 49, 56, 58, 66, 77, 79, 82, 94, 95, 108, 110, 138, 142, 146
ポワティエ(フランス) 46°35′N0°20′E 110, 165, 177
ポワトゥー* 165
ボン(ドイツ) 50°44′N7°06′E 10, 115
ポン(フランス) 45°35′N0°32′W 177
ポンタ・ムッソン(フランス) 48°55′N6°03′E 110
ポンテコルヴォ(イタリア) 41°27′N13°40′E 58
ポントレモリ(イタリア) 44°23′N9°53′E 77
ポンヌ・シュル・ル・ロワール(フランス) 47°47′N0°43′E 170
ポンポーサ(イタリア) 45°02′N12°19′E 52
ボーンホルム島(デンマーク) 55°02′N15°00′E 10
ポンメルン* 154

マ 行

マイセン(ドイツ) 51°10′N13°28′E 140, 154
マイン川 10
マインツ(ドイツ) 50°00′N8°16′E 22, 52, 110, 115, 140, 154
マウント・エジカム(イギリス) 50°15′N4°11′W 212
マカオ(ポルトガル) 22°10′N113°33′E 123
マカンレス(イギリス) 52°35′N3°51′W 207
マグデブルク(ドイツ) 52°08′N11°37′E 110, 140, 154
マクリ(トルコ) 36°42′N29°10′E 23
マコン(フランス) 46°18′N4°50′E 167
マゼラン海峡 122
マチェラータ(イタリア) 43°18′N13°27′E 95
マチマ(スロヴァキア) 48°22′N17°36′E 110
マッサ(イタリア) 43°54′N10°45′E 58
マッジョーレ湖(イタリア) 46°00′N8°45′E 15, 28, 34, 56, 66
マドリード(スペイン) 40°25′N3°43′W 10, 115, 184, 189
マニラ(フィリピン) 14°36′N120°59′E 123
マヨルカ* 185
マヨルカ島(スペイン) 39°30′N3°00′E 185, 186, 189
マラガ(スペイン) 36°43′N4°25′W 22, 108, 184, 189
マラッカ(マレーシア) 2°14′N102°14′E 123
マラン(フランス) 46°19′N1°01′W 177
マリアンベルデル(クフィジン) (ポーランド) 53°44′N18°53′E 154
マリエンタール(ドイツ) 50°01′N7°38′E 140
マリッティメ・アルプス(フランス) 44°00′N 6°45′E 10
マリニァーノ(イタリア) 45°22′N9°19′E 77
マリヌ川 10, 167
マリンディ(ケニア) 3°14′S40°08′E 123
マルク伯爵領* 154
マルケ(アンコーナ辺境領)* 28
マルサラ(イタリア) 37°48′N12°27′E 22
マルセイユ(フランス) 43°18′N5°22′E 10, 16, 22, 41, 108, 165, 167, 186
マルタ島(マルタ) 35°58′N14°00′E 10, 119, 186
マールブルク(ドイツ) 50°49′N8°36′E 110, 140
マルボルク(ポーランド) 54°02′N19°01′E 138, 140
マルメ(スウェーデン) 55°35′N13°00′E 138
マン(フランス) 47°50′N1°42′E 170
マントヴァ* 15, 56, 58
マントヴァ(イタリア) 45°10′N10°47′E 15, 16, 28, 41, 49, 58, 66, 79, 82, 91, 94, 95, 112, 138
マントヴァ公国* 79
マンヌ(フランス) 47°58′N3°45′E 167
マンレサ(スペイン) 41°43′N1°50′E 189

ミッドマー(イギリス) 57°07′N2°30′W 212
ミーニョ川 184
ミュールバッハ(フランス) 47°43′N7°50′E 52
ミュンスター(ドイツ) 51°58′N7°37′E 138, 140, 154
ミュンヘン(ドイツ) 48°08′N11°35′E 10, 115, 138, 140, 154
ミラノ* 15
ミラノ(イタリア) 45°28′N9°12′E 10, 15, 22, 28, 34, 41, 49, 56, 58, 66, 77, 79, 82, 95, 108, 110, 112, 115, 138
ミラノ公国* 56, 58, 79, 186
ミレトス(トルコ) 37°30′N27°18′E 23
ミロー(フランス) 44°06′N3°05′E 177
ミンスク(ベラルーシ) 53°51′N27°30′E 11

ムサラ山(ブルガリア) 42°10′N23°40′E 11
ムーズ川 10, 22, 52, 154, 165, 167, 177
ムラセン山(スペイン) 37°04′N3°19′W 10
ムラン(フランス) 48°32′N2°40′E 177
ムーラン(フランス) 46°34′N3°20′E 167
ムルシア(スペイン) 37°59′N1°08′W 184, 189
ムルシア県* 184
ムルヤ川 10
ムレシュ川 11

メクレンブルク* 154
メクレンブルク(ドイツ) 53°52′N11°27′E 154
メザン(フランス) 44°04′N0°16′E 177
メス(フランス) 49°07′N6°11′E 110, 138, 140, 154, 165
メッシナ(イタリア) 38°13′N15°33′E 22, 108, 110, 186
メディナ・シドニア(スペイン) 36°28′N5°55′W 184
メディナ・デル・カンポ(スペイン) 41°18′N 4°55′W 184, 189
メーヌ* 165
メーヌ・ベルシュ* 170
メノルカ島(スペイン) 40°00′N4°00′E 185
メミンゲン(ドイツ) 47°59′N10°11′E 140
メリダ(スペイン) 38°55′N6°20′W 184, 189
メリダ(メキシコ) 20°59′N89°39′W 122
メリリャ(モロッコ) 35°17′N2°57′W 108, 186
メルゼブルク(ドイツ) 51°22′N12°00′E 140
メンデレス川 11

モー(フランス) 48°58′N2°54′E 167, 177
モザンビーク 15°00′S40°44′E 123
モスクワ(ロシア) 55°45′N37°42′E 11, 108, 125
モーゼル川 165
モーティマ・クラス(イギリス) 52°16′N2°50′W 207
モデナ* 15
モデナ(イタリア) 44°39′N10°55′E 28, 41, 58, 79
モデナ公国* 56, 58, 79
モドニ(ギリシア) 36°49′N21°42′E 108
モナコ(モナコ) 43°46′N7°23′E 41, 58
モラヴァ川 11
モラヴィア* 119, 140, 154
モルドヴェアヌ山(ルーマニア) 45°37′N 24°59′E 11
モンカストロ(ウクライナ) 46°01′N30°21′E 23
モンコントゥール(フランス) 46°53′N0°01′W 177
モン・サン・ミシェル(フランス) 48°38′N 1°30′W 110, 167
モン・ジュネブル峠(フランス) 44°56′N6°45′E 77, 165
モンス(ベルギー) 50°28′N3°58′E 22
モン・スニ峠(フランス) 45°15′N6°55′E 77, 94, 165
モンセラット(スペイン) 41°36′N1°48′E 189
モンセリチェ(イタリア) 45°41′N11°46′E 41
モンダヴィオ(イタリア) 43°41′N12°59′E 66
モンタキュート・ハウス(イギリス) 50°57′N 2°43′W 212
モンタルジ(フランス) 48°00′N2°44′E 167, 170
モンタルチーノ(イタリア) 43°03′N11°29′E 77
モンティエル(スペイン) 38°42′N2°52′W 184
モンティニ・ル・ガヌロン(フランス) 48°01′N 1°15′E 170
モンテ・カッシーノ(イタリア) 41°29′N13°50′E 52, 110
モンテカティーニ(イタリア) 43°53′N10°47′E 49
モンテ・サン・ジョヴァンニ・カンパーノ(イタリア) 41°38′N13°32′E 77
モンテフィアスコーネ(イタリア) 42°32′N 12°03′E 66
モンテプルチァーノ(イタリア) 43°05′N 11°46′E 15, 66
モンテムルロ(イタリア) 43°56′N11°03′E 77
モンドヴィ(イタリア) 44°23′N7°49′E 58
モンドニェド(スペイン) 43°26′N7°22′W 189
モントーバン(フランス) 44°01′N1°20′E 177
モントルイユ(フランス) 50°28′N1°46′E 167
モントレゾン(フランス) 47°09′N1°12′E 170
モンバサ(ケニア) 4°04′S39°40′E 123
モンフェラート* 15, 58, 79
モンブボン(フランス) 47°15′N1°10′E 170
モンブラン(フランス/イタリア) 45°50′N 6°52′E 10
モンペリエ(フランス) 43°36′N3°53′E 22, 41, 110, 165, 167, 177
モンレアーレ(イタリア) 38°05′N13°17′E 110

ヤ 行

ヤロスラーヴリ(ロシア) 57°34′N39°52′E 125

ユステ(スペイン) 40°09′N5°45′W 189
ユゼ(フランス) 44°01′N4°25′E 167, 177
ユゼ(フランス) 47°14′N0°18′E 170
ユトレヒト(オランダ) 52°06′N5°07′E 110, 115, 140

ヨーク(イギリス) 53°58′N1°05′W 110, 207

ラ 行

ライ(イギリス) 50°57′N0°44′E 177
ライゲイト修道院(イギリス) 51°14′N0°13′W 212
ライデン(オランダ) 52°10′N4°30′E 110, 140
ライヒナウ(ドイツ) 47°42′N9°05′E 52
ライプツィヒ(ドイツ) 51°20′N12°20′E 10, 108, 110, 115, 138, 140, 154
ライン川 10, 16, 17, 22, 52, 94, 108, 110, 115, 119, 138, 140, 142, 146, 154, 165, 177
ライン宮中伯領* 177
ラインシュタイン(ドイツ) 49°59′N7°41′E 140
ラヴァント(オーストリア) 47°26′N14°32′E 154
ラウインゲン(ドイツ) 48°33′N10°26′E 140
ラ・ヴェルリ(フランス) 47°26′N2°31′E 170
ラヴェンナ(イタリア) 44°25′N12°12′E 15, 28, 49, 56, 58, 77, 79, 110
ラウジッツ地方* 140, 154
ラ・カラオラ(スペイン) 37°11′N3°03′W 189
ラグーサ→ドゥブロヴニク
ラ・コルーニャ(スペイン) 43°22′N8°24′W 184
ラ・シャリテ(フランス) 47°11′N3°01′E 177
ラ・シューズ・デュー(フランス) 45°19′N 3°42′E 110
ラシュタン(イギリス) 52°26′N0°40′W 212
ラ・スペツィア(イタリア) 44°07′N9°48′E 77
ラツィオ* 28
ラップランド* 125
ラドロウ(イギリス) 52°22′N2°43′W 212
ラニー(フランス) 48°53′N2°43′E 22
ラパッロ(イタリア) 44°21′N9°13′E 77
ラバト(モロッコ) 34°02′N6°51′W 10
ラ・フェール(フランス) 49°40′N3°22′E 167
ラ・マルコンテンタ(ヴィラ・フォスカーリ) (イタリア) 45°26′N12°05′E 91
ラ・マルシュ* 165
ラ・ミュエット(フランス) 48°57′N2°07′E 167
ラ・ロシェル(フランス) 46°10′N1°10′W 165, 177
ラ・ロシュフーコー(フランス) 45°44′N0°24′E 167
ラ・ロトンダ(イタリア) 45°30′N11°30′E 91
ラン(フランス) 49°34′N3°37′E 110
ランカスター(イギリス) 54°03′N2°48′W 207
ラングドック* 165
ラングル(フランス) 47°53′N5°20′E 52, 167
ランジェ(フランス) 47°21′N0°26′E 170
ランス(フランス) 49°15′N4°02′E 110, 165, 177

リーヴォ(イギリス) 54°15′N1°07′W 110
リヴォニア* 119
リヴォフ(ウクライナ) 49°50′N24°00′E 138
リヴォルノ(イタリア) 43°33′N10°18′E 56, 58, 94
リヴダン・ニュー・ビールド(イギリス) 52°26′N0°30′W 212
リエージュ(ベルギー) 50°38′N5°35′E 52

リエティ(イタリア) 42°24′N12°51′E 79
リェレナ(スペイン) 38°14′N6°00′W 189
リガ(ラトヴィア) 56°53′N24°08′E 11, 108, 138
リカータ(イタリア) 37°07′N13°57′E 22
リグリア* 28
リグリア海 10, 15, 28, 34, 49, 66, 77, 79, 95
リーズ修道院(イギリス) 51°49′N0°21′E 212
リスボン* 189
リスボン(ポルトガル) 38°44′N9°08′W 10, 108, 110, 115, 125, 184, 189
リッチフィールド(イギリス) 52°42′N1°48′W 207
リッチモンド(イギリス) 54°24′N1°44′W 207
リッペ地方* 154
リトアニア* 119
リトル・モートン・ホール(イギリス) 53°06′N 2°17′W 212
リパン(イギリス) 54°08′N1°31′W 207
リーバンズ・ホール(イギリス) 54°16′N2°47′W 212
リマ(ペルー) 12°06′S77°03′W 122
リミニ(イタリア) 44°03′N12°34′E 15, 16, 22, 28, 34, 41, 49, 58, 66, 77, 79
リムーザン* 165
リモージュ(フランス) 45°50′N1°15′E 165
リャザーン(ロシア) 54°37′N39°43′E 125
リュクスーユ(フランス) 47°49′N6°24′E 52
リューネブルク(ドイツ) 53°15′N10°24′E 138, 140
リュブリャナ(スロヴェニア) 46°04′N14°30′E 10
リューベック(ドイツ) 53°52′N10°40′E 22, 108, 138, 140, 142, 154
リヨン(フランス) 45°46′N4°50′E 10, 22, 41, 94, 108, 115, 138, 165, 167, 177
リヨン湾 10
リール(フランス) 50°39′N3°05′E 10, 165
リンカーン(イギリス) 53°14′N0°33′W 207
リンツ(オーストリア) 48°19′N14°18′E 110, 138, 142
リンブルグ* 165
リンリスゴー宮殿(イギリス) 55°59′N3°37′W 212

ル・アーヴル(フランス) 49°30′N0°06′E 165, 177
ルーアン(フランス) 42°26′N1°05′E 108, 110, 165, 167, 177
ルアンダ(アンゴラ) 8°50′S13°15′E 122
ルイビンスク貯水池 11
ルーヴェン(ベルギー) 50°53′N4°42′E 110, 140, 146
ルーヴル(フランス) 48°51′N2°20′E 167
ルエルグ* 165
ルクセンブルク* 140, 154, 165
ルクセンブルク 49°37′N6°08′E 10, 165
ルクマニエール峠(スイス) 46°34′N8°48′E 77
ルーゴ(スペイン) 43°00′N7°33′W 189
ルージュモン(スイス) 46°30′N7°13′E 140
ルシヨン* 165, 184, 186
ルッカ* 15, 56, 58
ルッカ(イタリア) 43°50′N10°30′E 15, 16, 22, 28, 34, 49, 56, 58, 77, 79
ルッカ共和国* 79
ル・ピュイ(フランス) 45°03′N3°53′E 167
ル・プレッシ・ブール(フランス) 47°33′N 0°32′W 170
ル・プレッシ・マス(フランス) 47°31′N0°45′W 170
ル・マン(フランス) 47°59′N0°13′E 165, 170
ル・ムーラン(フランス) 47°21′N1°42′E 170
ルラニドロース(イギリス) 52°27′N3°32′W 212
ル・リュド(フランス) 47°38′N0°13′E 170
ルンド(スウェーデン) 55°42′N13°10′E 110

レイコック修道院(イギリス) 51°25′N2°08′W 212
レイヤー・マーニー・タワー(イギリス) 51°50′N0°48′E 212
レヴェリ→タリン
レオン(スペイン) 42°35′N5°34′W 184, 189
レオン県* 184
レグバーン(イギリス) 53°21′N0°03′E 207
レーゲンスブルク(ドイツ) 49°01′N12°07′E 110, 140, 142, 154
レシア峠(イタリア) 46°50′N10°31′E 77
レスター卿ホスピタル(イギリス) 52°12′N 1°43′W 212
レッジオ(イタリア) 44°42′N10°37′E 28, 34, 58, 79, 110
レッジオ・ディ・カラブリア(イタリア) 38°06′N15°39′E 58, 66, 77, 79, 115, 186
レッチェ(イタリア) 40°21′N18°11′E 79, 95
レーナーコースト(イギリス) 54°57′N2°54′W 207
レニァーゴ(イタリア) 45°12′N11°18′E 77
レノ川 58, 77
レマン湖(フランス/スイス) 46°30′N6°13′E 10, 77, 79, 82, 94, 140, 154, 165, 177
レリダ(スペイン) 41°37′N0°38′E 110, 184, 189
レリチ(イタリア) 44°04′N9°55′E 41
レンヌ(フランス) 48°06′N1°40′W 108, 165, 167

ロイス* 154
ロイトリンゲン(ドイツ) 48°30′N9°13′E 140
ログローニョ(スペイン) 42°28′N2°26′W 189
ローザンヌ(スイス) 46°32′N6°39′E 94, 140
ロシュ(フランス) 47°08′N0°58′E 167, 170
ロシュトック(ドイツ) 54°06′N12°09′E 110, 138, 140, 142, 154
ロシュフォール(フランス) 45°57′N0°28′W 177
ロスウェル(イギリス) 52°25′N0°48′W 212
ロスナ川 10
ロッテルダム(オランダ) 51°55′N4°29′E 10
ロット川 41, 167
ローディ(イタリア) 45°19′N9°30′E 28, 52, 56, 58, 66
ロデズ(フランス) 44°21′N2°34′E 167
ロードス(ギリシア) 36°26′N28°14′E 23
ロドスト→テキルダ
ロードス島(ギリシア) 36°25′N28°16′E 11, 23, 108
ロドピ山地(ブルガリア) 41°30′N24°30′E 11
ローヌ川 10, 16, 17, 22, 41, 58, 82, 94, 108, 110, 115, 119, 142, 146, 165, 167, 177
ローマ(イタリア) 41°53′N12°30′E 10, 15, 16, 17, 22, 28, 34, 41, 49, 58, 66, 77, 79, 82, 94, 95, 108, 110, 115, 142
ロマーニァ* 28, 58
ロマン(フランス) 45°03′N5°03′E 167
ロヨラ(スペイン) 43°15′N2°20′W 189
ロレート(イタリア) 43°26′N13°36′E 15, 66, 79, 94
ロレーヌ* 154
ロルシュ(ドイツ) 49°39′N8°35′E 52
ロワール川 10, 16, 17, 41, 52, 82, 94, 108, 110, 115, 119, 146, 165, 167, 170, 177
ロングファド城(イギリス) 51°02′N1°52′W 212
ロングリート修道院(イギリス) 51°12′N2°13′W 212
ローンスタン(イギリス) 50°38′N4°21′W 207
ロンドン(イギリス) 51°30′N0°10′W 10, 22, 108, 115, 125, 146, 177, 207, 212
ロンバルディア* 28
ロンベズ(フランス) 43°29′N0°54′E 41

ワ 行

ワークソップ(イギリス) 53°18′N1°07′W 212
ワルシャワ(ポーランド) 52°15′N21°00′E 10, 115

索　引

イタリック数字の頁は，図版または地図の説明文に対応する．

ア　行

『愛の四部作』 142
アウト・ダ・フェ 194,196
アウリスパ，ジョヴァンニ 49
アウワーテル，アルベルト 149,151
「赤いターバンの男」 *158*
アカデミー 78
アカデミア・デラ・クルスカ 78
アカデミア・デル・ディセーニォ 78
アカデミア・プラトニカ *18*
アクート，ジョヴァンニ→ホークウッド，ジョン
悪魔 162
アグリコラ，ルドルフ 139
「曙」 96
アゴスティーノ・キージ 85
『アザミとバラ』 219
アスカム，ロジャー 215
アタングラン，ピエール *128*
「アッシジの聖フランチェスコの死」 *39*
「アテネの学堂」 84
アドゥアルト・アカデミー 140
アドミラティオ 199
『アトランティス手稿』 171
アバッテ，ニコロ・デル 172
アビス王家 187
『アフリカ』 40
『アマディス・デ・ガウラ』 189,*190*,199
『アミンタ』 96
新たな信仰→デウォティオ・モデルナ
アリオスト，ルドヴィコ 96
アリストテレス 16,23,197,199
『アルカディア』 217
アルカラ・デ・エナーレス 192,202,*203*
アルチンボルド，ジュゼッペ 156,*157*
アルドゥス・マヌティウス 89,114,116,*116*
アルトドルファー，アルブレヒト 153,*153*
アルノ川 *34*
「アルノルフィーニ夫妻」 16,18,*18*,149,151
アルビッツィ家 53
アルフォンソ5世(アラゴンの) 186,187
アルフォンソ5世(ポルトガルの) 187
アルフォンソ・デ・バレンシア 192
アルベルティ，レオン・バッティスタ 51,*51*,63,68,151
アルベルトゥス・マグヌス 16
アレクサンデル6世 60,79,82
アレゴリー(寓意) 18,*18*
アレティーノ，ピエトロ 78,87,90
アレーナ礼拝堂 39,46
アレバロ，ロドリゴ・サンチェス・デ 191
アロンソ・デ・カルタヘナ 190
「アンギアリの戦い」 81
アンギエラ，ピエトロ・マルティーレ 197
『暗黒の仮面劇』 217
アンティカ体 52
アンドルエ・デュ・セルソー，J. *166*
アンドレア・デル・サルト 172
アンボワーズ城 166,171
アンリ2世 182
アンリ3世 *182*
アンリ4世 *178*

イエズス会 *189*,192
「イエスの御名の礼賛」 *196*
「イカロスの墜落のある風景」 153
イザベラ・デステ 59,*59*,*105*
イザベル(カスティーリャの) 185,*185*,*199*
『イスパニア国王総覧』 191
『イスパニア忘失誌』 192
『イスパニア略史』 191
イスラム勢力 122
『為政者論』 213
イーゼンハイム祭壇画 151,152,*162*
『イソップ寓話集』 *205*
『偉大なるフランス王政』 171
イタリア商人 108
イタリア戦争 *76*,*78*,111,165,169
『イタリア・ルネサンスの文化』 14
『イタリア例証』 26
イタリック体 52,*116*
異端審問 36,145
異端審問所 *189*,192,194,196
「イッソスの戦い」 153
「糸巻きの聖母子」 *80*
イートン・カレッジ 205
『犬の対話』 192
「祈るカール5世とその家族」 *201*
イミタティオ 199
イル・レデントーレ聖堂 100
『イングランド国民の主要航海』 217
『イングランド，スコットランドおよびアイルランド年代記』 217,*219*
『イングランドの旋律の初巻』 217
印刷 18,87,108,111,112,116,*140*,141,176,189
「インテルメッツォ」 97
インフィアマーティ 78

『ヴァイスクーニヒ(賢王伝)』 139
ヴァザーリ，ジョルジョ 15,*15*,78,93,97,158
ヴァスケス，ロレンソ 202
ヴァスコ・ダ・ガマ 121
ヴァーチュー(ロバートとウィリアム) 205
ヴァラ，ロレンツォ 48,117,187
ヴァルトゼーミュラー，ミヒャエル 109
ヴァロワ王朝 164
ヴァロワ・タペストリー 182
ヴァン・デル・ウェイデン，ロヒール 149
ヴィジリオ，ポリドーレ 215
ヴィスコンティ家 23,29,*56*,111
ヴィスコンティ，ジャン・ガレアッツォ 30,48
ヴィスコンティ，ベルナボ 29,30
ウィットニー，ジョフリー 224
ヴィットリーノ・ダ・フェルトレ 51
ウィトルウィウス 27,70
『ヴィーナスとアドニス』 217
「ヴィーナスの誕生」 *26*
ヴィニョーラ 93
ヴィラ(別荘) 21,*67*,74
ヴィラ・バルバロ *101*
ヴィラ・ファルネジーナ 85,87
ヴィラ・ラ・ロトンダ *101*
ウィラールト，アドリアン *113*
ウィレム→オラニエ公ウィレム
ウィロビー 125
ヴィンプフェリンク，ヤコブ 145
ウェサリウス，アンドレアス *118*,119
ヴェスプッチ，アメリゴ 109,121
「ウェヌス，クピド，愚行，そして時」 97,*181*
ヴェネツィア 87
ヴェネツィア共和国 78
造船所(ヴェネツィアの) 123
『ヴェネツィアの共和政治と政治政体』 113
ウェルギリウス 42
ヴェルジェリオ，ピエトロ 137
ヴェロッキオ *55*,*56*
『ヴェローナの二紳士』 217
ヴェロネーゼ 99,*99*,124
ウォットン，ヘンリー 114
ウォーベック，パーキン 207
「兎」 151
『宇宙の調和』 *133*
ウッチェロ，パオロ *48*,*69*
ウルジー枢機卿 208,209,222
『運命の迷路』 190

『永遠の智恵の円形劇場』 *144*,*145*
「嬰児虐殺」 *36*,*155*
エウゲニウス4世 60,63
エジディオ・ダ・ヴィテルボ 84
エステ家 29,96
『エセー』 176,179
エセックス伯 *207*
エティエンヌ，ロベール 116,180
エドワード4世 205
エドワード6世 211
エドワルド1世 186
エネア・シルヴィオ・ピッコローミニ→ピウス2世
「エネア・シルヴィオ・ピッコローミニの生涯」 *62*
『エピグラム』(モアの) *204*
『エプタメロン』 105
エマイユ(七宝) 172
エラスムス，デジデリウス 114,145-147,192,194,205,222
エリオット，トマス 213
エリザベス1世 *207*,213,214,*215*,221
エル・エスコリアル(宮殿) 196,200
エル・グレコ *196*,201,*201*
遠近法→パースペクティヴ
エンシナ，フアン・デル 190
エンリケ航海王子 *186*

オウィディウス 89
黄金時代(イングランドの) 219
黄金世紀(スペインの) 193,199
『黄金伝説』 40,46
『王室典礼』 189
『王の賜物』 221
「大きな草むら」 151
「置き去りにされたアリアドネ」 *23*
オスマン・トルコ帝国 *76*,111,134
オットー・ハインリヒ(ファルツ候) 156
「男の胸像」 *161*
オネットム 179
オヘーダ，アロンソ・デ 121
『オラツィア』 90
オラニエ公ウィレム 154,213
オリヴァー，アイザック *217*
「オルガス伯爵の埋葬」 *201*
オルカーニャ，アンドレア 33
オルサンミケーレ教会 23,33,63
オルテリウス 154
「オルフェオ」 *18*
音楽 128
音楽(天空の) 128
恩寵の巡礼 211

カ　行

「回想録」→「コメンタリイ」
『解放されたエルサレム』 96
科学革命 18
『格言集』(エラスムスの) 114,146,147,*147*
カクストン 116,205,*205*
『学問習得のための適切で独自の学院』 173
『学問の進歩』 219
カスティリオーネ，バルダッサーレ 17,72,*73*,94,104,171
『学校教師』 215
「カッシーナの戦い」 81
「ガッタメラータ騎馬像」 21
カトー・カンブレジの和 76,*78*,177
カトリック両王 185,188
「カトリック両王の聖母」 192
カトリーヌ・ド・メディシス 178,*179*,182,*183*
「悲しみのキリスト」 151
カバラ 20,143,156,174
『カバラの術』 143
カピターノ・デル・ポポロ 29
カブラル，ペドロ 121
カボート，ジョヴァンニ 125
カボート，セバスティアーノ 125
カムデン，ウィリアム 26
カメラ・ピクタ 68,*68*
『がらがら』 192
カラーラ，フランチェスコ 51
『ガリア戦記』 *164*
ガリカニズム 118
『カリストとメリベアの悲喜劇』 199
ガリレイ，ガリレオ 109,119,121,*133*
カルヴァン，ジャン 117,*119*,177
『ガルガンチュア』 *175*,176
カール4世 137
カール5世 *118*,134,186,*199*
カール大帝→シャルルマーニュ
カルタヘナ，アロンソ・デ 191
カルパッチョ，ヴィットーレ 66,*66*,*121*
カルロス1世 186,192
カルロス王子(ビアナ家の) 187
ガレー船 124
カレッジ 205,222
カレル1世 137
カロリング小文字 16
カロリング・ルネサンス 16
カロン，アントワーヌ 178,182
「岩窟の聖母」 82
カンパニリズモ 23
カンピン，ロベルト *24*
カンブレー同盟 78,113
カンブレーの和 171
カンポ広場(シエナの) 30,*31*

キアロスクーロ 82
騎士道 190
「騎士と死神と悪魔」 151
『奇跡の言葉』 143
義認 174
ギベリーニ(ギベリン) 28,*30*
ギベルティ，ロレンツォ 63,69
キャサリン(アラゴンの) 210
キャムデン，ウィリアム 215,217,222
95か条の提題 148,192
宮廷 67
『宮廷人』 17,72,*73*,94,104,171,191,213
九人委員会 30,33
『教会統治論』 217
共住生活兄弟団 137,146
『狂乱のオルランド』 96
共和制 23
『キリスト教綱要』 117,177
「キリストの降誕」 151
「キリストの十字架降下」 149
『キリストの生涯についての瞑想』 40
「キリストの鞭打ち」 *73*
ギルド 23,24,30
ギルランダイオ，ドメニコ *18*,*52*,*56*,74
キングズ・カレッジ 205
金襴陣営の会見 209

グアス，フアン 202
グアリーニ，ジョヴァンニ・バッティスタ 96
グアリーノ，バッティスタ 104
クイーンズ・ハウス *224*
寓意→アレゴリー
『寓意集』 224
グエルフィ(ゲルフ) 28,*30*
クーザン，ジャン 172
『愚者の船』 145
グージョン，ジャン 172
グッチャルディーニ，ルドヴィコ 154
グーテンベルク，ヨハネス 116
クライスト・チャーチ 222
クラッツァー，ニコラウス 209,*211*
グラナダ宮殿 *199*
クラナハ，ルーカス *139*,*149*,152,*152*,*155*
グラームズ城 *221*
グラモン，クロード 180
『クリスティアン・ローゼンクロイツの化学の結婚』 144,*145*
「クリストファー・ハットン卿」 *216*
「クリツィア」 81
クリッツ，ジョン・ド *219*
グリッティ，アンドレア 78,113,*114*
グリューネヴァルト，マティアス 151,*162*
クルーエ，ジャン 172,180
クルーエ，フランソワ 24,172,180
グレゴリウス13世 *92*
グレシャム，トマス 217
「クレーフェのアン」 *217*
クレメンス7世 96
クロヴィオ，ジュリオ 93
グロウシン，ウィリアム 206
「黒僧の肖像」 *215*
グロッタ 59
グロティウス，フゴー 155
黒派(ネーリ) 28
グローブ座 218
『君主論』 81,118,193
クンラート，ハインリヒ *144*,*145*

『芸術家列伝』 78,*15*,97
ケイド，ジャック 211
ゲバラ，アントニオ・デ 190
ケプラー，ヨハネス *133*
ゲルバー，ニコラス 136
ゲルフ→グエルフィ
『ゲルマニア』 138,145
厳修派 63
『建築書』(ウィトルウィウスの) 70
『建築の最初にして主要な基礎』 213
『建築四書』(パラディオの) 100
『建築論』(アルベルティの) 62
『賢王伝』→『ヴァイスクーニヒ』

『恋の虜』 189
『高潔について』 145
校訂 18
高等法院 169
工房 65
国王至上法 210
国際法 155
黒死病 30,31
孤児養育院(フィレンツェの) *70*
誇飾体 190
コスタ，ロレンツォ *129*
古代遺物 60
『国家論6巻』 174
ゴッツォリ *14*,*16*
近衛騎兵隊 165
コーパス・クリスティ・カレッジ 222
「小羊の礼拝」 149
コペルニクス，ニコラウス 119,132,*133*,155
コムーネ 12,20,*28*,30
「コメンタリイ(回想録)」 69
コラ，ジャン・ド 174
コラン，ジャック 171
『五欄対訳詩篇』 174
コルヴィナ図書館 139
コルテス，エルナン 111
コルトーナ，ドメニコ・ダ 168,171
コレージュ・ロワイヤル 174
コレット，ジョン 146,*206*
コロンナ，ヴィットリア 93,*105*
コロンブス，クリストファー 109,121,*124*,185,197
ゴンヴィル・アンド・キーズ・カレッジ *223*
コンキスタドーレス 197
ゴンザーガ家 24,95
ゴンザーガ，エリザベッタ 104
ゴンザーガ，チェチリア *104*
ゴンザーガ，ロドヴィコ 68
「ゴンザーガ家の宮廷」 *68*
ゴンサルベス 201
「コンスタンティヌスの寄進状」 18,48,117,143
コンスタンティノープル *134*
コンタリーニ，ガスパーロ 113
コンドッティエーレ 20

コンプルテンセ大学 188
『コンプルテンセの多言語聖書』 154, 192,*194*

サ 行

「最後の審判」 93,99
「最後の晩餐」(ヴェロネーゼの) 99
「最後の晩餐」(レオナルド・ダ・ヴィンチの) 82
「宰相ロランの聖母子」 149
祭壇画 44
細密画→ミニアチュール
サヴォナローラ，ジロラモ 60,79
「ザカリアへのお告げ」 *18*
サセッティ礼拝堂 *56*
『雑録』 116
サーノ・ディ・ピエトロ *32*
サマセット公 211
サラマンカ大学 188,*188*,*189*,*203*
「サルヴァトル・ムンディ(祝福するキリスト)」 *113*
サルターティ，コルッチォ 41,48, *52*
『三階級の風刺』 219
サンガロ，アントニオ・ダ 87
三言語王立学院 *173*
サン・ジョルジォ・マッジォーレ修道院 *89*,100
サン・セバスティアーノ聖堂 68
サンソヴィーノ，ヤコポ 90,91,113
サンタ・クルス学院 202
サンタ・クローチェ教会 39
サンタ・マリア・デラ・プレゼンタツィオーネ聖堂 100
サンタ・マリア・デル・フィオーレ聖堂 31
サンタ・マリア・ノヴェラ聖堂 63
サンタンドレア教会(ピストイアの) 36
サンタンドレア聖堂(マンドヴァの) 68
サンティリャーナ侯→メンドーサ，イニゴ・ロペス・デ
「三頭政治」 178
サン・ピエトロ聖堂 84,*92*
「サン・ピエトロ大聖堂の再建を視察するパウルス3世」 93
サン・フランチェスコ聖堂 34
サン・ペドロ，ディエゴ・デ 189
「サン・マルコの馬」 *134*
サンミケーリ，ミケーレ 123
三連祭壇画 44,*44*
サン・ロレンツォ聖堂 53,54,64,96

シェイクスピア 217,218,*219*
ジェイムズ1世(イングランド王) 204,224
「ジェイムズ1世」 *216*
ジェイムズ1世(スコットランド王) 219
ジェイムズ3世(スコットランド王) 219
ジェイムズ4世(スコットランド王) 204,219
ジェイムズ5世(スコットランド王) 219
ジェイムズ6世(スコットランド王) 204,221,224
ジェズアルト，カルロ 96
ジェニンス，ロバート 205
ジェファーソン，トマス 100
ジェンキンソン，アンソニー 125
ジェンティーレ，ジョヴァンニ 65
ジオット・ディ・ボンドーネ 37,39, *39*,46,*46*,*47*
「鹿狩り」 *139*
『詩学』 155
シクストゥス4世 56,62,86
シクストゥス5世 92
ジグムント1世 139
『自叙伝』(チェリーニの) *181*
システィナ礼拝堂 20,62,84,86
シスネーロス，フランシスコ・ヒメネス・デ(枢機卿) 192,*194*
『自然神学』 176
七聖詩派→プレイアド派
自治都市→コムーネ
執政府 29
七宝→エマイユ
シドニー，フィリップ 217,*217*
シトー，ミカエル 192
シニョリーア *28*,29
シニョーレ 29
シムネル，ランバート 207
シーモア，ジェーン *210*
シモン・フォン・ケルン *203*
写字室→スクリプトリア
シャトー・ド・マドリ 166
ジャヌカン，クレマン 164
シャルル7世 180
シャルル8世 57,76,*76*,164,166, 171
シャルル・ダンジュー 28
シャルルマーニュ(カール大帝) 15
ジャンヌ・ダルク 164
シャンボール城 168,*169*
宗教改革 24,111,115,117,119,142, 153,154,*177*
宗教戦争 *177*,178
「修辞学と哲学を教える聖アウグスティヌス」 *16*
「十字架降下」 *45*,84
重商主義 125
修道院解散 210
12世紀ルネサンス 16
「祝福するキリスト」→「サルヴァトル・ムンディ」
「受胎告知」 *54*
シュトゥルム，ヨハンネス 153
シュート，ジョン 213
シュトス，ファイト 160,*161*
シュポンハイム修道院 140,141
巡行 *166*,214
ジョアン2世 186
ジョアン3世 188
ジョヴァンニ・ピサーノ 33,36,*36*, 39
商業ネットワーク 108
上告禁止法 210
象徴表現 18
常備軍 165
『書簡集』(コロンブスの) *124*
贖宥 62,143,148
書斎→ストゥディオーロ
「女性の肖像」 *24*
ジョデル，エティエンヌ 175
「署名の間」 84,85
ショーンガウアー，マルティン 151, *163*
ジョーンズ，イニゴ 100,204,224
「ジョン・ホークウッド」 *48*
「白テンを抱く婦人」 82,*83*
白派(ビアンキ) 28
『新科学対話』 121
『神曲』 16,40,42
『仁慈について』 117,177
信心会 82
『新生』 42
神聖同盟 *76*,125
『神聖比例』 81
神聖ローマ帝国 *58*
新世界 197
『新世界の数十年』 197
『人体の構造について』 119
神秘学 156
新プラトン主義(ネオ・プラトニズム) 18,20,78,84,86,132,*133*
人文学 16
人文主義 17,24,48,51,109,*111*, 112,114,115,117,141,147,169, 190,191,206

「枢機卿ジョン・フィッシャー」 *223*
スカリジェル，ジョセフ・ジュストゥス 178
『スキピオ』 26
スクリプトリア(写字室) 16
スクロヴェーニ，エンリコ 39,46, *47*
スコラ哲学 *111*,173
「スタンツェ」 84,85
「ズッコーネ」 *65*
ステュアート朝 *207*
ストゥディア・フマニタティス 17, 139,140
ストゥディオーロ(書斎) 58,*59*,*72*
スピリトゥアーレ(聖霊派) 36
スフォルツァ家 24
スフォルツァ，ヴィスコンティ 180
スフォルツァ，ガレアッツォ・マリア 55
スフォルツァ，フランチェスコ 48, 55,*55*
スフォルツァ，ロドヴィコ・マリア 57,81
スフマート 80,82
スプレッツァトゥーラ 94
スペクタクル 182
スペンサー，エドマンド 217
スボン，レイモン 176
スワン座 *219*
「聖愛と俗愛」 *114*
「聖アントニウスの誘惑」(グリューネヴァルトの) 151
「聖アントニウスの誘惑」(ショーンガウアーの) *163*
「聖アンナと聖母子」 80
「聖一族の祭壇」 *161*
聖ヴィンセントの多翼祭壇画 201
「聖ウルスラの伝説」 *66*,*121*
『星界の報告』 *133*
聖グレゴリオ学院 *203*
「聖三位一体」 64,*65*,69
『政治学』(アリストテレスの) 23
「聖十字架の行列」 *113*
「聖職禄を分配するパウルス3世」 93
清新体 40
「聖なる親族」 151
『聖パウロ書簡注釈』 174
聖バルテルミ祭の大虐殺 *177*,178, *178*
「聖ヒエロニムス」 *52*
「聖ペテロ」 *161*
「聖ペテロの生涯」 64
「聖ミカエル」 *181*
聖ヨハネ騎士団 134
聖霊派→スピリトゥアーレ
「聖ロクス」 *161*
『世界史』 215
世界地図 *109*,*125*,127
『世界地図帳』 154
『世界のシンバル』 176
説教壇 *36*
「説教をするシエナの聖ベルナルディーノ」 *32*
セッセル，クロード・ド 169
セネカ 117,177
セファルディー 185
セプルベダ，フアン・ヒネス・デ 199
セルバンテス 192,199
僭主制 *28*,29
『戦術論』 81
「善政」 *39*
占星術 132
専制政治 23
「善政と悪政」 32
『戦争と平和の法』 155

造船所(ヴェネツィアの) 120
総督(ヴェネツィアの)→ドージェ
ソドマ(ジョヴァンニ・バッツィ) 87
「ソロモン王とシバの女王の会見」 *51*
ゾンキオの海戦 123

タ 行

ナ 行

ナガローラ，イゾッタ 104
「怠け者の天国」 *136*
ナンサッチ宮殿 168,214
ナントの勅令 *177*,178
ナンニ・ディ・バンコ 64

『逃げるアタランタ』 *144*
ニコラ・ダ・ウルビーノ *72*
ニコラ・ピサーノ 33,*34*,36
ニコラウス5世 62
ニッコリ，ニッコロ 49,52
日本→チパング
『ニュー・アトランティス』 219
『人間の尊厳について』 17
ニンフ・バレエ *183*

ネオ・プラトニズム→新プラトン主義
『ネーデルランド地誌』 154
ネーデルランド独立戦争 154
ネブリハ，アントニオ 188,*188*,191
ネーリ→黒派
『年代学修正』 178
『年代記』(タキトゥスの) 155

ノイマルクト，ヨーハン・フォン 137
ノーサンバランド公 211
ノース，トマス 217
ノックス，ジョン 220

ハ 行

梅毒 76
バイフ，ジャン・アントワーヌ・ド 174
「パウロの回心」 94
パオリナ礼拝堂 94
ハクルート，リチャード 217
パースペクティヴ(透視図法，遠近法) *27*,64,*65*,69,78
バターヤ修道院 *202*
パチオーリ，ルカ 81,*82*
バチカン図書館 62
パッキア，ジロラモ・デル *23*
「バッコスとアリアドネ」 *90*
バッツィ家 56,*56*
バッツィ，ヤコポ・デイ 56
バッツィ家礼拝堂 71
バッヒャー，ミヒャエル 151
ハードウィック・ホール 214
ハドリアヌス1世 18
パトロネージ 23,54,94,118
パトロン 23
バビロン捕囚 20
『ハムレット』 218
パラシオス・ルビオス，フアン・ロペス・デ 197
パラシオ・デ・インファンタード 187
薔薇十字団 144
薔薇戦争 204
パラッツォ *67*,74
パラッツォ・ヴェッキオ 97
パラッツォ・セナトリオ(ローマの) *92*
パラッツォ・デル・テ 95,156
パラッツォ・プッブリコ(シエナの) 30,32
パラッツォ・メディチ 53,*55*,63
パラディオ，アンドレア *89*,*91*, 100,*101*,113,224
パリェ，ファラン 188
パリオーニ家 84
バルジェロ 30
バルセロナ条約 186
バルデス，アルフォンソ・デ 193, 194
バルトルド・ディ・ジョヴァンニ *56*
バルトロメオ・デラ・ポルタ 80
「春」→「プリマヴェーラ」
パレ，アンブロワーズ 172,*172*
バロック 98,99
バロック・オペラ 98
バロッチ，フェデリコ *78*,95
ハワード，ヘンリー 213
バンケッティング・ハウス 204,209
ハンザ同盟 111,*137*
『パンタグリュエル』 175,176
『反蛮族論』 146,147
ハンプトン・コート 208,209
ハンフリー(グロスター公) 205

ピアンキ→白派
ピウス2世 62,63,122,125,138,219
「ピエタ像」 84,*85*
ピエロ・デラ・フランチェスカ 26, *51*,*73*
ビオンド，フラヴィオ 15,26
ピーク，ロバート *215*
ピコ・デラ・ミランドラ 17,*18*,60
『ピコ伝』 210
ピサロ，フランシスコ 111,121
ビスティッチ，ヴェスパシアーノ・ダ 49,55,187
『ヒスパニアの古代遺物』 192

『羊飼いの暦』 217
ピトゥー，ピエール 178
ピナモンテ・ボナコルシ 29
百科全書 174
ビュデ，ギヨーム *173*,174
ビューフォート，マーガレット 104,*104*
ヒューホ・ファン・デル・フース *44*,219
ビュリー城館 169
ピューリタニズム 213,214
『描写芸術に関する論文』 216
ヒリヤード，ニコラス 214,*216*,*217*
「昼」 96
ピルクハイマー，ヴィリバルト 141,*141*
ヒル・デ・オンタニョン(フアンとロドリーゴ) 202
ピントゥリッキオ *62*,219

ファースト・フォーリオ 217,*219*
ファツィオ，バルトロメオ 149
ファルネーゼ，アレクサンドロ 93
「ファルネーゼの時禱書」 93
ファン・エイク，フーベルト 158,*159*
ファン・エイク，ヤン 16,18,*18*,149,158,*158*,*159*
フアン・デ・エレーラ 200
フアン2世(カスティーリャの) 186,190
フアン2世(ナバラ王国の) 186
フアン・バウティスタ・デ・トレド 200
フィオレンティーノ，ロッソ 171
フィチーノ，マルシリオ 15,*54*,55
フィッシャー，ジョン 205,210
フィッツアラン，ヘンリー 214
フィネ，オランス 174
フィレンツェ *34*,74
フィレンツェ公会議 122
『フィレンツェ史』 53
「フィレンツェ市の前に立つダンテ」 *43*
フィレンツェ大聖堂 42,*70*
風景画 152
「フェデリコ・ダ・モンテフェルトロと息子グイドバルド」 *73*
フェデーレ，カッサンドラ 104
フェリペ2世 125,196
「フェリペ2世の肖像」 *196*
「フェリペ2世の敵を打ち破るアルバ公」 *196*
「フェリペ2世の夢」 *196*
フェリペ3世 196
フェルディナント(皇帝) 156
フェルナン・ゴメス 121
フェルナンデス，ルカス 190
フェルナンド(アラゴンの) 185,*185*,*199*
フォンタナ，ドメニコ 92
フォンタレンティ，ベルナルド 97
フォンテヌブロー宮殿 171,180
フォンテヌブロー派 172,*174*
ブキャナン，ジョージ 188,219,221,224
フス派 *16*
フッカー，リチャード 217
フッテン，ウルリヒ・フォン 136,142
『不動心について』 155
プトレマイオス 132
フマニスタ 17
フラ・アンジェリコ *45*,*62*,63
ブラウ，ウィレム *125*
プラウトゥス 81
フラチャヌイ城 156
ブラッチォリーニ，ポッジォ 49,52,*52*,137,197
プラテレスコ様式 187,*188*,202
プラトン 49,*54*,117
ブラマンテ，ドナート 81,83
フランシスコ会 63
『フランス言語の擁護と顕揚』 175
『フランスの最も卓越した建築物』 *166*
『フランスの歴史』 178
フランソワ1世 134,164,165,*165*,166,*166*,168,169,171,180,*181*,209
プランタン，クリストフ 111,154
フランチェスコ(アッシジの) 33
フランチェスコ会 23,33
フランチェスコ・ディ・ジョルジォ *70*
ブラント，セバスティアン 145
ブラントーム 168
ブリソネ，ギヨーム 176
『ブリタニア』 215
フリードリヒ2世 28
「プリマヴェーラ(春)」 16,20,*20*
プリマティッチオ，フランチェスコ 171,*172*
ブリューゲル，ピーテル(父) *136*,151,153,*155*
ブリューゲル，ヤン(次男) *129*
ブリン，アン 213
ブルクハルト，ヤーコプ 14
プルチ，ルイジ 57
ブルーニ，レオナルド 53
ブルネレスキ，フィリッポ 21,53,63-65,69,*69*,70,71
ブルボン，シャルル・ド 164
プレイアド派(七聖詩派) 174,175
プレストングレインジ 224
ブレトン 122
フレミング，ロバート 206
フロッドン・フィールドの戦い 204,219
フローテ，ゲールト 137
プロテスタント 157,*179*
フローベン 116
ブロワ城 166
ブロンジーノ，アーニォロ 97,*181*

ベアトリーチェ 42
ベアトリーチェ・デステ 81
ヘインシウス，ダニエル 155
ベガ，ガルシラソ・デ・ラ 190,191
ヘギウス，アレクサンデル 146
ベーコン，フランシス 219
ペスト 30,76
ベッサリオン 122
別荘→ヴィラ
「ペテロの磔刑」 94
ペトラルカ，フランチェスコ 15,26,*27*,40,*40*,52
ペリエ，ボナヴァンチュール・デ 176
ベリーニ，ジェンティーレ *135*
ベリーニ，ジョヴァンニ 65,*113*
ベリーニ，ヤコポ 65
「ベルヴェデーレのアポロン」 *26*
ベルカン，ルイ・ド 176
ベルゲーテ，ペドロ *194*,199
「ペルセウス」 97
「ペルセウスとアンドロメダ」 97
ペルッツィ，バルダッサーレ 87
ヘールトヘン・トット・シンス・ヤンス 151
ベルトロー，ジル 169
ベルナルディーノ 63
ベルナルドゥス(シャルトルの) 12
ヘルハルト，ニコラウス 160,*161*
ヘルメス主義 132
ヘルメス・トリスメギストス *133*
「ヘロデの前の聖ヤコブ」 *26*
辺境大諸侯→マーチ大諸侯
ヘントの祭壇画 149,*159*
ヘンリー7世 204,205,207
ヘンリー8世 204,207,210,*210*

ボイエ，トマ 169
ホーエンシュタウフェン家 28
ホークウッド，ジョン(アクート，ジョヴァンニ) 48,*48*
ボズウェル伯 220
ボスカン，フアン 191
ポステル，ギヨーム 174
ボス，ヒエロニムス 151,*162*
ボズワス・フィールドの戦い 204
「菩提樹」 *161*
ボーダン，ジャン 174
ボッカッチョ，ジョヴァンニ 41
ボック，ヒエロニムス *161*
ボッティチェリ 16,*20*
北方探検 *124*
ボドレー図書館 *223*
ボナコルシ，フィリッポ 138
ボーフォート，マーガレット 205,206
『ボヘミアの農夫』 137
ポリツィアーノ，アンジェロ *18*,104,116
ポリプティク→多翼祭壇画
ホリンシェド，ラファエル(ラルフ) 217,*219*
ボルゴーナ，フアン・デ *194*
ボルジア家 24,82
ボルジア，チェーザレ *105*
ポルティナーリの祭壇画 *44*
ホルバイン，ハンス(子) *147*,151,*206*,209,*211*,216,*217*,*223*
ポンテ・ヴェッキオ *34*
ボンフィニ，アントニオ 139
ポンポニオ・レート 51

マ　行

マイアーノ，ベネデット・ダ 208
マイアー，ミハエル *144*
「埋葬」 84
マイタンズ，ダニエル *220*
マウホ，ダニエル *161*
「マエスタ(荘厳の聖母)」(ドゥッチォの) 36,*36*,*45*
「マエスタ(荘厳の聖母)」(マルティーニの) *32*
マーガレット・テューダー 219
マキアヴェリ，ニッコロ 60,81,*81*,99,118
「マギの旅」 *14*
「マギの礼拝」 *62*
マクシミリアン1世 139,*210*
マクシミリアン2世 156
マグス(魔術師) 20,132
「マクベス」 *221*
マザッチォ 64,65,*65*,69
魔術 20,174
魔術師→マグス
魔女 162
『魔女の鎚』 162
マゼラン 121
マーチ(辺境)大諸侯 204
マーチャーシュ・コルヴィン王 138,*139*
マチューカ，ペドロ *199*
マドリガル 128
『マドリガル』 217
マニュエル・クリソロラス 49
マヌエル1世 186,188
マラテスタ，シジスモンド・パンドルフォ 48,*48*,67
「マリアの昇天」 90
マリニャーノの戦い 164,*165*
マリーニ，ルカ・ディ 191
マルガリト，フアン 192
『マルクス・アウレリウス帝の(黄金の)書』 190
マルグリット・ド・ナヴァール(マルグリット・ダングレーム) 104,*105*
マルコ・ポーロ 109
「マルスとウェヌス」 171
「マルスとネプトゥヌス」 91
マルタの戦い 123
マルティーニ，シモーネ *27*,*32*,37,40
マーロウ 217
マンテーニャ，アンドレア 24,26,*26*,59,*59*,68,*68*
「マンドラゴラ」 81
マンリケ，ホルヘ 190

ミケランジェロ *81*,84,*85*,86,*92*,93,96,97,*97*
ミケロッツォ *55*,63
ミシュレ，ジュール 14
『みだらなソネット』 90
「貢ぎの銭」 *65*
ミニアチュール(細密画) 52,*181*,214,216
ミリチュ(クロメジーシュの) 137

ムーア人の悪習慣 184
無原罪の御宿 82
無信仰 176
無神論 176
ムッサート，アルベルト 40
無敵艦隊 196,213
ムートン，ジャン *128*
『無明氏書簡集』 143

メアリ(スコットランド女王) 204,213,220,*220*,221
メアリ1世 *213*
メアリ・テューダー 196
迷信 162
「冥府への降下」 97
メッシーナ，アントネッロ・ダ *113*
メディチ家 53,54,96,111,172
メディチ，コジモ・デ 53,54,96
メディチ，ピエロ 56
メディチ，ルクレツィア・デ 104
メディチ，ロレンツォ・デ *56*,57
メナ，フアン・デ 190
「メランコリア」 *163*
メランヒトン，フィリップ 153,*155*
メルコリァーノ，パチェロ・ダ 171
メンドーサ一族 187
メンドーサ，イニゴ・ロペス・デ(インファンタード侯) *187*
メンドーサ，イニゴ・ロペス・デ(サンティリャーナ侯) 187,190
メンドーサ，ペドロ・ゴンサレス・デ(枢機卿) 187,192
メンミ，リッポ *32*

モア，トマス *204*,209-211
モスト，アルヴィーゼ・ダ・カ・ダ 125
「モーセ」 84
「モナリザ」 80
モーリー，トマス 217
モンタヌス，ベネディクトス・アリアス 154
モンタルボ，アルバロ・ディアス 189
モンタルボ，ガルシラソ・ロドリゲス・デ(ガルシ・オルドニェス) *190*,199
モンテヴェルディ，クラウディオ *113*
モンテーニュ，ミシェル・エカム・ド 176,178,*179*
モンテフェルトロ，フェデリコ・ダ 58,72,*72*
モントロ，アントン・デ 193
モンモランシー，アンヌ・ド *164*,165

ヤ　行

ヤコブス・デ・ウォラギネ(ヤコポ・ダ・ヴォラジネ) 40
ヤコポ・デ・バルバリ *82*,89
ヤノーシュ，ヴィテーズ 139

『遊女』 90
「遊星の仮面」 81
ユグノー *177*
『ユスティニアヌス法典』 174
『ユスティニアヌス法典注釈』 173
「ユディトとホロフェルネス」 *55*,64
『ユートピア』 210
ユマニスト 171,174
ユマニスム 173,*173*
ユーモア 176
ユリウス2世 84,86,113

『妖精女王』 217
傭兵隊長 48
ヨース・ヴァン・ワッセンホーフェ *73*
ヨハネス・トリテミウス 141
ヨハネス・パラエオロゴス 62
「ヨハネ黙示録」 151
「夜」 96

ラ　行

ライムンドゥス・ルルス 174
ラウラーナ，フランチェスコ 72
ラウレンツィアーナ図書館 97,*97*
ラグーナ，アンドレ 192
『ラサリーリョ・デ・トルメス』 192,193
「ラザロの蘇生」 151
『ラジォナメンティ』 90
ラス・カサス，バルトロメ・デ 197
ラテン語 40
『ラテン語入門』 188,*188*
ラファエロ *73*,*84*,85,87,*181*
ラブレー，フランソワ 175,*175*,176
ラムリー卿ジョン 214

『リウィウス論』 81
リエンツォ，コーラ・ディ 23
『リチャード3世』 217
リッピ，フラ・フィリッポ *54*
リドルフィーの陰謀 221
リナカ，トマス 206
リプシウス，ジュストス 155
リムーザン，レオナール *164*,172
リムナー 205,216
リーメンシュナイダー，ティルマン 160,*161*
「龍と戦う聖ゲオルギウス」 153,*153*
領土分割 186
リンジ，デイヴィッド 219

ルイス・デ・カモンイス 199
ルイス・デ・レオン 193,199
ルキアノス 176
『ルクレチアの略奪』 217
『ルシタニアの人々』 199
ルセナ，ヴァスコ・フェルナンデス・デ 187
ルター，マルティン 24,117,*119*,148,*149*
ルーダー，ペーター 139
ルチェライ，ジョヴァンニ 63,64
ルッツァスキ，ルッツァスコ 96
ルードヴィヒ(バイエルン公) 156
ルドルフ2世 156,157
ルフェーヴル，ジャック 174,176

『霊操』 111
「レヴィ家の祝餐」 *99*
レオ10世 *84*
レオナルド・ダ・ヴィンチ 80,*80*,81,*82*,*83*,102,*169*,171
レオーニ，ポンペオ *201*
レパントの海戦 124,*124*,125
レボンス，ジョン 205
錬金術 144,156

ロイヒリン，ヨハンネス 143,*143*
ロヴァート・デイ・ロヴァーティ 40
ロッセリーノ，ベルナルド 53
ロッソ，ジョヴァンニ・バッティスタ 171
ロット，ロレンツォ *89*
ローディの和 55,122
ロハス，フェルナンド・デ 199
ローパー，マーガレット *105*
ロベルテ，フロリモン 169
『ローマの貨幣制度』 174
ロマーノ，ジュリオ 95
『ローマの復元』 26
ローマ掠奪 76,78,82,91,111,193
ローマン体 52
ロヨラ，イグナチオ・デ 111,192
ロラード派 *16*
ローリー，ウォルター 215
ロレンツェッティ，アンブロージオ 32,37,*39*
ロンサール，ピエール・ド 174,175
「ロンダニーニのピエタ」 84

監修者

かばやま こういち
樺山紘一

1941年　東京都に生まれる
1965年　東京大学文学部卒業
現　在　東京大学文学部教授

訳者（執筆順）

とくはし よう
徳橋　曜

1960年　東京都に生まれる
1992年　東京都立大学大学院人文科学研究科
　　　　博士課程修了
現　在　富山大学教育学部助教授
　　　　(p.11—47)

のぐち まさお
野口昌夫

1954年　東京都に生まれる
1986年　東京工業大学大学院理工学研究科
　　　　博士課程修了
現　在　東京芸術大学美術学部助教授
　　　　(p.48—82)

いしかわ きよし
石川　清

1952年　東京都に生まれる
1986年　東京工業大学大学院理工学研究科
　　　　博士課程修了
現　在　愛知産業大学造形学部助教授
　　　　(p.82—121)

すえなが こう
末永　航

1955年　兵庫県に生まれる
1985年　学習院大学大学院人文科学研究科
　　　　博士課程修了
現　在　広島女学院大学生活科学部助教授
　　　　(p.121—127，136—163)

かとう きょうこ
加藤京子

1963年　東京都に生まれる
1988年　共立女子大学文芸学部卒業
現　在　共立女子大学助手を経て，
　　　　ヨーク大学大学院在学
　　　　(p.128—135，204—224)

ひきの ひろこ
久野裕子

1956年　山口県に生まれる
1979年　共立女子大学文芸学部卒業
　　　　(p.136—183)

ぬくい かずみ
貫井一美

1961年　東京都に生まれる
1987年　学習院大学大学院人文科学研究科
　　　　博士前期課程修了
現　在　武蔵野美術大学・跡見学園女子大学講師
　　　　(p.184—203)

図説 世界文化地理大百科
ルネサンス（普及版）

1998年4月20日　初　版第1刷
2008年11月20日　普及版第1刷

監修者　樺　山　紘　一
発行者　朝　倉　邦　造
発行所　株式会社　朝　倉　書　店
東京都新宿区新小川町6-29
郵便番号　162-8707
電　話　03(3260)0141
FAX　03(3260)0180
http://www.asakura.co.jp

〈検印省略〉

凸版印刷・渡辺製本

Japanese translation rights arranged with ANDROMEDA OXFORD Ltd., Oxford, England through Tuttle-Mori Agency Inc., Tokyo

ISBN 978-4-254-16867-9　C 3325　　Printed in Japan

AMERICA SIVE INDIA NOVA
Circulus Arcticus
Tropicus Cancri
Golfo Mexi
Circulus Aequinodialis
Tropicus Capricorni
Peru
Brasil
Chili
Archipelago
minore
Estrecho de Magallanes
Terra del fuego
Circulus Antarcticus